Das Reichsgesetz für Jugendwohlfahrt

Vom 9. Juli 1922

Mit den einschlägigen Bestimmungen
des Reichs und Preußens

Kommentar von

Dr. Franz Behrend
Landgerichtsrat in Berlin

1925

Berlin und München
H. W. Müller.

Druck von Dr. F. P. Datterer & Cie., Freising-München

Dem
unermüdlichen, verdienten Vorkämpfer
deutschen Jugendsonderrechts,

Dr. Paul Felisch
Wirklichem Geh. Admiralitätsrat

verehrungsvoll zugeeignet.

Vorwort.

Das nachfolgende Erläuterungsbuch entstammt sachlich einer langjährigen Tätigkeit als Vormundschafts- und Jugendrichter, zu welcher ich in einem großen Landkreise unserer Provinz berufen war. Damit waren ihm im wesentlichen die Wege gewiesen. Mit zahlreichen deutschen Richtern desselben Geschäftszweiges empfand auch ich sehr oft und lebhaft das Bedürfnis nach einem Eingreifen des Gesetzgebers auf dem jetzt vom RJWG. ergriffenen Gebiet und doch wieder bei seinem Erscheinen nicht geringe Enttäuschung. Denn der Vormundschaftsrichter ist in diesem „Jugendgesetze" entschieden zu kurz gekommen: bei seiner Abfassung, insofern man nicht einen einzigen Praktiker dieser Rechtspflege, als solchen, in Preußen so wenig wie im Reiche zuzog, — in seinem Inhalte durch unbestreitbare Herabdrückung seines Einflusses und unzulängliche Verwertung der langjährigen Ergebnisse deutscher vormundschaftsgerichtlicher Praxis. Beides planmäßig, mit wohlüberlegter Absicht. Demgegenüber will das Buch vornehmlich den Vormundschaftsrichter, zugleich aber darüber hinaus — im Sinne der von Feisenberger schon vor längerer Zeit (Juniheft, Ztrbl. Umschw. 1923 S. 51) gegebenen Anregung — die „juristischen Gesichtspunkte" des Sonderrechts zur Geltung bringen. Mein Bemühen war darauf gerichtet, noch weitergehend, mit dieser juristischen auch die soziale, vor allem sozialpädagogische Erfassung und Ergründung der Probleme zu verbinden.

Durch diese Einstellung, welche u. a. sehr gründliche Behandlung der das Vormundschaftswesen und die Fürsorgeerziehung betreffenden Abschnitte ergab, hoffe ich, ungeachtet des späten Erscheinens eine meines Dafürhaltens noch immer bestehende Lücke im Schrifttum einigermaßen auszufüllen, die selbst der ausgezeichnete Kommentar von Friedeberg-Polligkeit offen gelassen hat. — Dem Wunsche des Verlages entsprechend, habe ich die preußische Sonderausgestaltung vorzugsweise berücksichtigt, für Einzelheiten wiederum nicht zuletzt die in Groß-Berlin schon geschaffenen oder doch demnächst zu erwartenden Einrichtungen. Blumenthals gleichgerichteten Nachtrag zu Friedeberg-Polligkeit konnte ich hierfür leider nicht mehr benutzen, da bei seinem Erscheinen das Werk längst abgeschlossen, der Druck längst im Gange war. — Auch das verdienstvolle neue Unternehmen eines Wörterbuchs der Wohlfahrtspflege von Dr. Karstedt und Gen. kann ich leider nur noch hier erwähnen.

Habent sua fata libelli. Nicht minder die, welche Bücher schreiben! Wenn Friedeberg-Polligkeit, welcher gleichzeitig mit mir (Mai 1922) an den ersten Beginn der Arbeit ging, das Ziel nicht mehr erreichen durfte, so hat mir der Weg sich wesentlich länger und schwieriger erwiesen, als ich damals glaubte. Daß ich gerade zu der Zeit (April 1923) aus der ländlichen, vormundschaftsrichterlichen in die großstädtische Landgerichtstätigkeit versetzt, zu welcher der Entwurf des preuß. AusfGes. veröffentlicht wurde, blieb auf den Fortgang meiner Arbeit natürlich nicht ohne Einfluß. Zu dieser individuellen Erschwerung gesellten sich immer steigend die allgemeinen. Die unglaublich sich hinzögernde, auf den ausdrücklichen Wunsch des Verlages abgewartete Verabschiedung des Preuß. AusfGes., erst unmittelbar vor Toresschluß, dem reichsrechtlich offiziellen Einführungstermine, ließ das zu berücksichtigende Schrifttum immer mehr anschwellen, längst Fertiggestelltes beinahe veralten. Dies gilt wenigstens teilweise von der Einleitung, die ich doch nicht ändern mochte, weil sie die m. Er. für die Lösung der Aufgabe maßgebenden Grundgedanken aufzeigt. —

In welchem Geiste ich diesen zu entsprechen versucht habe, möge u. a. auch die Widmung zeigen, mit welcher ich das Buch dem Manne darbringe, der, selbst von Hause aus Jurist und ehedem Vormundschaftsrichter in ländlichen Wirkungskreisen, den besten Teil seiner Lebensarbeit daran gesetzt hat, die Wohlfahrt der deutschen Jugend auch in der Verwaltung unseres Gemeinwesens und in der Rechtsordnung zur Geltung zu bringen.

Ich erfülle eine mir angenehme Pflicht, indem ich zum Schlusse die mancherlei Anregungen und Unterstützung erwähne, welche mir zumal von den Einrichtungen der Berliner Jugendfürsorge für meine Arbeit gewährt worden sind. Bibliothekarisch empfing ich solche vor allem seitens der Bücherei des Reichstages, deren Beamten ich dafür an dieser Stelle besonderen Dank ausspreche. Von einzelnen darf ich hier des Herrn Kammergerichtspräsidenten Dr. v. Staff und des Mannes, dem das Buch gewidmet ist, besonders gedenken.

Berlin-Dahlem, im Oktober 1925. **Behrendt.**

Inhaltsverzeichnis.

Verzeichnis der wichtigsten Abkürzungen.

(Die Zitierweise der Gesetze allg. Inhalts ist diejenigen des deutschen Juristentages.)

Ausf.	=	Ausführung.
AusfAnw.	=	Ausführungsanweisung des Min. für Volkswohlf. v. 29. März 1924 zum RJWG. (in der Fassung der Notverordnung) u. zum Preuß. Ausführungsgesetz.
AG.	=	Preuß. Ausführungsgesetz zum Reichsgesetz für Jugendwohlfahrt v. 29. Mai 1924 (Preuß. GesSammlung S. 180).
Bäumer	=	Dr. Gertrud Bäumer, Dr. Hartmann u. Dr. Becker, Kommentar z. RJWG. Berlin, Herbig 1923.
Begr.	=	Begründung.
Beh.	=	Behörde.
Beschl.	=	Beschluß.
Bez.	=	Bezirk.
BezJA.	=	Bezirksjugendamt.
Blaum	=	Dr. Blaum, Prof. Dr. Kiebesell u. Dr. Storck, Kommentar z. RJWG., Mannheim, Bensheimer 1923.
Entw.	=	Entwurf.
Fr.-P.	=	Friedeberg (Dr. E. †) u. Polligkeit (Dr. W.), Kommentar z. RJWG. Berlin, Karl Heymann 1923.
FE.	=	Fürsorgeerziehung (FEBeh., FEAusf. usw.)
FZ.	=	Fürsorgezögling.
GWR.	=	Gemeindewaisenrat.
Jug.	=	Jugend.
JA.	=	Jugendamt.
JH.	=	Jugendhilfe.
K.	=	Kind (PflK.; PflK.schutz).
Komm.	=	Kommentar.
KommVbd.	=	Kommunalverband.
LJA.	=	Landesjugendamt.
Min. f. Vwf.	=	Minister für Volkswohlfahrt.
NB.	=	O. Noelle u. Wilh. Boschan, Das preuß. Gef. über die Fürsorgeerziehung Minderj. v. 2. Juli 1900 mit der Änderung des Gesetzes v. 7. Juli 1915 (3. Aufl.) Berlin, Franz Vahlen 1915.
Notvdn.	=	Verordnung über das Inkrafttreten des Reichgesetzes für Jugendwohlfahrt v. 14. Februar 1924.

Pfl.	=	Pflege.
R.	=	Recht.
S.	=	Sinne (im Sinne).
SchA.	=	Schutzaufsicht
Verf.	=	Verfahren.
Vdn.	=	Verordnung.
V. ü. F. (auch FürsPflVdn.)	=	Verordnung über die Fürsorgepflicht v. 13. Februar 1925.
Vmd.	=	Vormund.
Vmsch.	=	Vormundschaft.
Volkswohlf.	=	Amtsblatt (und Halbmschrift) des Min. f. Volkswohlfahrt.
WR.	=	Waisenrat
ZtrblVmschw.	=	(auch nur Ztrlbl.) = Zentralblatt für Vormundschaftswesen, Jugendgerichte u. Fürsorgeerziehung, seit 1. April 1924 (XVI. Jahrg.) für Jugendrecht u. Jugendwohlfahrt, herausgegeben von Ad. Grabowsky.

Reichsgesetz für Jugendwohlfahrt.

Vom 9. Juli 1922.

(RGBl. I S. 633).

Der Reichstag hat das folgende Gesetz beschlossen, das mit Zustimmung des Reichsrats hiermit verkündet wird:

Abschnitt I

Allgemeines.

§ 1. Jedes deutsche Kind hat ein Recht auf Erziehung zur leiblichen, seelischen und gesellschaftlichen Tüchtigkeit.

Das Recht und die Pflicht der Eltern zur Erziehung werden durch dieses Gesetz nicht berührt. Gegen den Willen des Erziehungsberechtigten ist ein Eingreifen nur zulässig, wenn ein Gesetz es erlaubt.

Insoweit der Anspruch des Kindes auf Erziehung von der Familie nicht erfüllt wird, tritt, unbeschadet der Mitarbeit freiwilliger Tätigkeit, öffentliche Jugendhilfe ein.

§ 2. Organe der öffentlichen Jugendhilfe sind die Jugendwohlfahrtsbehörden (Jugendämter, Landesjugendämter, Reichsjugendamt), soweit nicht gesetzlich die Zuständigkeit anderer öffentlicher Körperschaften oder Einrichtungen, insbesondere der Schule, gegeben ist.

Die öffentliche Jugendhilfe umfaßt alle behördlichen Maßnahmen zur Förderung der Jugendwohlfahrt (Jugendpflege und Jugendfürsorge) und regelt sich, unbeschadet der bestehenden Gesetze, nach den folgenden Vorschriften.

Abschnitt II

Jugendwohlfahrtsbehörden.

1. Jugendamt.

a. Zuständigkeit.

§ 3. Aufgaben des Jugendamts sind:
1. der Schutz der Pflegekinder gemäß §§ 19 bis 31;
2. die Mitwirkung im Vormundschaftswesen, insbesondere die Tätigkeit des Gemeindewaisenrats, gemäß §§ 32 bis 48;
3. die Fürsorge für hilfsbedürftige Minderjährige gemäß §§ 49 bis 55;*
4. die Mitwirkung bei der Schutzaufsicht und der Fürsorgeerziehung gemäß §§ 56 bis 76;
5. die Jugendgerichtshilfe gemäß reichsgesetzlicher Regelung;
6. die Mitwirkung bei der Beaufsichtigung der Arbeit von Kindern und jugendlichen Arbeitern nach näherer landesrechtlicher Vorschrift;
7. die Mitwirkung bei der Fürsorge für Kriegerwaisen und Kinder von Kriegsbeschädigten;
8. die Mitwirkung in der Jugendhilfe bei den Polizeibehörden, insbesondere bei der Unterbringung zur vorbeugenden Verwahrung, gemäß näherer landesrechtlicher Vorschrift.

§ 4. Aufgabe des Jugendamts ist ferner, Einrichtungen und Veranstaltungen anzuregen, zu fördern und gegebenenfalls zu schaffen für:
1. Beratung in Angelegenheiten der Jugendlichen;
2. Mutterschutz vor und nach der Geburt;
3. Wohlfahrt der Säuglinge;
4. Wohlfahrt der Kleinkinder;
5. Wohlfahrt der im schulpflichtigen Alter stehenden Jugend außerhalb des Unterrichts;
6. Wohlfahrt der schulentlassenen Jugend.

Das Nähere kann durch die oberste Landesbehörde bestimmt werden.

§ 5. Die Behörden des Reichs, der Länder, der Selbstverwaltungskörper und die Jugendämter haben sich gegenseitig und die Jugendämter einander zur Erfüllung der Aufgaben der Jugendwohlfahrt Beistand zu leisten.

---

*) Aufgehoben zusammen mit Abschn. V (unter Vorbehalt der §§ 49 Abs. 1—2 sowie 55) durch Notvdn. v. 14. Februar 1924 Art. 2; s. unten.

§ 6. Das Jugendamt hat die freiwillige Tätigkeit zur Förderung der Jugendwohlfahrt unter Wahrung ihrer Selbständigkeit und ihres satzungsmäßigen Charakters zu unterstützen, anzuregen und zur Mitarbeit heranzuziehen, um mit ihr zum Zwecke eines planvollen Ineinandergreifens aller Organe und Einrichtungen der öffentlichen und privaten Jugendhilfe und der Jugendbewegung zusammenzuwirken.

§ 7. Das Jugendamt ist zuständig für alle Minderjährigen, die in seinem Bezirk ihren gewöhnlichen Aufenthaltsort haben. Für vorläufige Maßnahmen ist das Jugendamt zuständig, in dessen Bezirk das Bedürfnis der öffentlichen Jugendhilfe hervortritt.

Streitigkeiten über die Zuständigkeit werden durch die oberste Landesbehörde und, wenn die Jugendämter verschiedenen Ländern angehören, durch das Reichsverwaltungsgericht entschieden.

b. Aufbau und Verfahren.

§ 8. Jugendämter sind als Einrichtungen von Gemeinden oder Gemeindeverbänden für das Gebiet des Deutschen Reichs zu errichten. Die oberste Landesbehörde bestimmt die Abgrenzung der Bezirke, für welche die Jugendämter zuständig sind.

§ 9. **Zusammensetzung,** Verfassung und Verfahren des Jugendamts wird auf Grund landesrechtlicher Vorschriften durch eine Satzung des zuständigen Selbstverwaltungskörpers geregelt.

Als stimmberechtigte Mitglieder des Jugendamts sind neben den leitenden Beamten in der Jugendwohlfahrt erfahrene und bewährte Männer und Frauen aller Bevölkerungskreise, insbesondere aus den im Bezirk des Jugendamts wirkenden freien Vereinigungen für Jugendwohlfahrt und Jugendbewegung auf deren Vorschlag, zu berufen. Diese Vereinigungen haben Anspruch auf zwei Fünftel der Zahl der nichtbeamteten Mitglieder.

In das Jugendamt sollen hauptamtlich in der Regel nur Personen berufen werden, die eine für die Betätigung in der Jugendwohlfahrt hinreichende Ausbildung besitzen, die insbesondere durch eine mindestens einjährige praktische Arbeit in der Jugendwohlfahrt erworben ist.

Das Vormundschaftsgericht ist zur Teilnahme an den Sitzungen des Jugendamts berechtigt und hat in ihnen beratende Stimme.

§ 10. Sofern für den Bezirk einer Gemeinde oder eines Gemeindeverbandes ein Wohlfahrtsamt oder eine andere der Wohlfahrtspflege dienende geeignete Einrichtung der staatlichen oder der Selbstverwaltung besteht, können ihr nach näherer Maßgabe der Landesgesetzgebung durch die oberste Landesbehörde oder eine Satzung des zuständigen Selbstverwaltungskörpers die Aufgaben des Jugendamts übertragen werden unter der Voraussetzung, daß die Einrichtung den Vorschriften des § 9 entspricht.

Besteht für einen Bezirk ein Gesundheitsamt oder eine entsprechende Behörde, so können dieser die gesundheitlichen Aufgaben übertragen werden. In diesem Falle müssen die Behörden im Einvernehmen mit dem Jugendamte vorgehen.

§ 11. Das Jugendamt kann die Erledigung einzelner Geschäfte oder Gruppen von Geschäften besonderen Ausschüssen, in welche auch andere Personen als seine Mitglieder berufen werden, sowie Vereinigungen für Jugendhilfe und für Jugendbewegung oder einzelnen in der Jugendwohlfahrt erfahrenen und bewährten Männern und Frauen widerruflich übertragen. Das Nähere regelt die Reichsregierung entsprechend dem § 15 oder die oberste Landesbehörde. Die Verpflichtung des Jugendamts, für die sachgemäße Erledigung der ihm obliegenden Aufgaben Sorge zu tragen, wird hierdurch nicht berührt.

2. Landesjugendamt.

§ 12. Zur Sicherung einer gleichmäßigen Erfüllung der den Jugendämtern obliegenden Aufgaben und zur Unterstützung ihrer Arbeit sind Landesjugendämter zu errichten.

Größere Länder können mehrere Landesjugendämter errichten.

Kleinere Länder können ein gemeinsames Landesjugendamt errichten. Die Jugendämter eines Landes oder eines Landesteils können dem Landesjugendamt eines anderen Landes angeschlossen werden. Auch kann für Jugendämter verschiedener Länder oder Landesteile ein Landesjugendamt errichtet werden.

§ 13. Dem Landesjugendamte liegen ob:

1. die Aufstellung gemeinsamer Richtlinien und die sonstigen geeigneten Maßnahmen für die zweckentsprechende und einheitliche Tätigkeit der Jugendämter seines Bezirkes;
2. die Beratung der Jugendämter und die Vermittlung der Erfahrungen auf dem Gebiete der Jugendwohlfahrt;

3. die Schaffung gemeinsamer Veranstaltungen und Einrichtungen für die beteiligten Jugendämter;
4. die Mitwirkung bei der Unterbringung Minderjähriger;
5. die Zusammenfassung aller Veranstaltungen und Einrichtungen, die sich auf die Fürsorge für gefährdete und verwahrloste Minderjährige beziehen;
6. die Mitwirkung bei der Fürsorgeerziehung gemäß § 71;
7. die Vermittlung von Anregungen für die freiwillige Tätigkeit sowie die Förderung der freien Vereinigungen auf allen Gebieten der Jugendwohlfahrt und ihres planmäßigen Zusammenarbeitens untereinander und mit den Jugendämtern im Bereiche des Landesjugendamts;
8. die Erteilung der Erlaubnis zur Annahme von Pflegekindern durch Anstalten sowie die Aufsicht über Anstalten gemäß § 29.

Weitere Aufgaben können dem Landesjugendamte durch die oberste Landesbehörde übertragen werden.

§ 14. Zusammensetzung, Verfassung und Verfahren des Landesjugendamts sowie seine Stellung zu den Jugendämtern werden landesrechtlich geregelt. Im übrigen gelten § 9 Abs. 1 und 2 und § 10 Abs. 1 entsprechend mit der Maßgabe, daß in das Landesjugendamt insbesondere Vertreter von Jugendämtern und Justizbehörden zu berufen sind.

3. Reichsjugendamt.*)

§ 15. Zur Sicherung einer tunlichst gleichmäßigen Erfüllung der Aufgaben der Jugendämter kann die Reichsregierung mit Zustimmung des Reichsrats Ausführungsvorschriften erlassen.

4. Beschwerde.

§ 18. Das Beschwerderecht gegen Entscheidungen des Jugendamts und des Landesjugendamts regelt sich nach Landesrecht.

Bei Rechtsbeschwerden aus diesem Gesetz entscheidet im letzten Rechtszug das Reichsverwaltungsgericht. Das Nähere regelt die Reichsregierung mit Zustimmung des Reichsrats.

---

*) „Die §§ 16 und 17 über das Reichsjugendamt treten nicht in Kraft"; Notvdn. v. 14. Februar 1924, Art. 1 Z. 2 S. 2.

Abschnitt III

Schutz der Pflegekinder.

1. Erlaubnis zur Annahme.

§ 19. Pflegekinder sind Kinder unter 14 Jahren, die sich dauernd oder nur für einen Teil des Tages, jedoch regelmäßig, in fremder Pflege befinden, es sei denn, daß von vornherein feststeht, daß sie unentgeltlich in vorübergehende Bewahrung genommen werden.

§ 20. Wer ein Pflegekind aufnimmt, bedarf dazu der vorherigen Erlaubnis des Jugendamts. In dringenden Fällen ist die nachträgliche Erlaubnis unverzüglich zu bewirken. Wer mit einem solchen Kinde in den Bezirk eines Jugendamts zuzieht, hat die Erlaubnis zur Fortsetzung der Pflege unverzüglich einzuholen.

Steht von vornherein fest, daß ein Kind unentgeltlich oder nicht gewerbsmäßig in vorübergehende Bewahrung genommen wird, so genügt die Anmeldung bei dem Jugendamte.

§ 21. Die Bestimmungen dieses Abschnitts finden keine Anwendung, wenn eheliche Kinder bei Verwandten oder Verschwägerten bis zum dritten Grade verpflegt werden, es sei denn, daß diese Personen Kinder entgeltlich, gewerbsmäßig oder gewohnheitsmäßig in Pflege nehmen.

Die Bestimmungen dieses Abschnitts finden ferner keine Anwendung auf Kinder, die aus Anlaß auswärtigen Schulbesuchs für einen Teil des Tages in Pflege genommen werden, sowie auf solche Kinder, die zum Zwecke des Schulbesuchs in auswärtigen Schulorten in Familien untergebracht sind, wenn diese von der Leitung der Schule für geeignet erklärt und überwacht sind.

§ 22. Die Voraussetzungen für die Erlaubnis, ihr Erlöschen und ihren Widerruf können nach § 15 oder durch die Landesjugendämter näher bestimmt werden.

Die Erlaubnis kann widerrufen werden, wenn das körperliche, geistige und sittliche Wohl des Kindes es erfordert.

§ 23. Zuständig für die Erteilung und den Widerruf der Erlaubnis ist das Jugendamt, in dessen Bezirk die Pflegeperson ihren gewöhnlichen Aufenthalt hat.

2. Aufsicht.

§ 24. Pflegekinder unterstehen der Aufsicht des Jugendamts. Das gleiche gilt für uneheliche Kinder, die sich bei der Mutter befinden.

Die Aufsichtsbefugnisse, insbesondere soweit sie für das gesundheitliche und sittliche Gedeihen des Kindes erforderlich sind, werden nach § 15 oder durch die Landesjugendämter geregelt.

§ 25. Auf Grund von Vorschriften nach § 15 oder von Richtlinien der Landesjugendämter können Pflegekinder durch Anordnung der Jugendämter von der Beaufsichtigung widerruflich befreit werden.

Uneheliche Kinder sollen, so lange sie sich bei der Mutter befinden, von der Beaufsichtigung widerruflich befreit werden, wenn das Wohl des Kindes gesichert ist.

Uneheliche Kinder, die gemäß § 1706 Abs. 2 des Bürgerlichen Gesetzbuchs den Namen des Ehemanns der Mutter führen, können, so lange sie sich bei der Mutter und deren Ehemann in Pflege befinden, widerruflich von der Beaufsichtigung befreit werden. Das gleiche gilt von Kindern, die bei ihren Großeltern oder ihrem Vormund verpflegt werden.

§ 26. Wer ein gemäß § 24 Abs. 1 der Aufsicht unterstehendes Kind in Pflege hat, ist verpflichtet, dessen Aufnahme, Abgabe, Wohnungswechsel und Tod dem Jugendamt unverzüglich anzuzeigen. Die näheren Bestimmungen werden nach § 15 oder durch die Landesjugendämter getroffen.

3. Vorläufige Unterbringung.

§ 27. Bei Gefahr im Verzuge kann das Jugendamt das Pflegekind sofort aus der Pflegestelle entfernen und vorläufig anderweit unterbringen.

Das Jugendamt ist verpflichtet, das zuständige Vormundschaftsgericht von der erfolgten Wegnahme unverzüglich zu benachrichtigen.

4. Behördlich angeordnete Familienpflege, Anstalts- und Vereinspflege.

§ 28. Bei Kindern, die von anderen reichs- oder landesgesetzlich zuständigen Behörden in Familienpflege untergebracht werden, steht die Erteilung der Erlaubnis und die Aufsicht diesen Behörden zu. Doch kann die Übertragung dieser Befugnisse von diesen Behörden auf das örtlich zuständige Jugendamt durch die zuständige Reichs- oder Landesbehörde angeordnet werden.

§ 29. Die Landesjugendämter können Anstalten, die Kinder in Pflege nehmen, von der Anwendung der Bestimmungen der §§ 20 bis 23 widerruflich befreien. Die Befreiung kann nur versagt werden, wenn das Landesjugendamt Tatsachen feststellt, die die Eignung einer Anstalt zur Aufnahme von Pflegekindern ausschließen.

Die Bestimmungen der §§ 24 bis 26 finden mit der Maßgabe Anwendung, daß an die Stelle der Jugendämter die Landesjugendämter treten und die Regelung der Aufsichtsbefugnisse der Landesgesetzgebung vorbehalten bleibt.

Das Landesjugendamt kann bestimmen, inwieweit die Vorschriften dieses Abschnitts auf Pflegekinder, die unter der Aufsicht einer der Jugendwohlfahrt dienenden, von ihm für geeignet erklärten Vereinigung stehen, Anwendung finden.

Landesrechtlich kann an Stelle der Landesjugendämter die oberste Landesbehörde für zuständig erklärt werden.

5. Strafbestimmungen.

§ 30. Wer ein Pflegekind ohne die vorgeschriebene Erlaubnis oder Anmeldung in Pflege nimmt oder nach Erlöschen oder Widerruf der Erlaubnis in Pflege behält oder wer den gemäß § 22 Abs. 1 erlassenen Vorschriften entgegenhandelt, wird mit Geldstrafe bis zu einhunderttausend Mark oder mit Haft oder mit Gefängnis bis zu drei Monaten bestraft.

Die gleiche Strafe trifft denjenigen, der in den nach § 26 vorgeschriebenen Anzeigen wissentlich unrichtige Angaben macht oder die Leiche eines Pflegekindes oder unehelichen Kindes ohne die vorgeschriebene Anzeige beerdigt.

Wer der in § 26 vorgeschriebenen Anzeigepflicht nicht nachkommt, wird mit Geldstrafe bis zu eintausendfünfhundert Mark oder mit Haft bestraft.

Die Bestrafung tritt nur auf Antrag des Jugendamts ein. Die Zurücknahme des Antrags ist zulässig.

6. Ermächtigung für die Landesgesetzgebung.

§ 31. Die Befugnis der Landesgesetzgebung, weitere Vorschriften zum Schutze der Kinder zu erlassen sowie Ausnahmen von den Vorschriften der §§ 20 bis 24 für die Unterbringung von Kindern in ländlichen Bezirken zuzulassen, bleibt unberührt.

Abschnitt IV

Stellung des Jugendamts im Vormundschaftswesen; Anstalts- und Vereinsvormundschaft.

1. Amtsvormundschaft.

a. Allgemeine Bestimmungen.

§ 32. Das Jugendamt wird Vormund in den durch die folgenden Bestimmungen vorgesehenen Fällen (Amtsvormundschaft). Es kann die Ausübung der vormundschaftlichen Obliegenheiten einzelnen seiner Mitglieder oder Beamten übertragen. Im Umfang der Übertragung sind die Mitglieder und Beamten zur gesetzlichen Vertretung der Mündel befugt.

§ 33. Auf die Amtsvormundschaft finden die Bestimmungen des Bürgerlichen Gesetzbuchs mit folgender Maßgabe Anwendung. Ein Gegenvormund wird nicht bestellt; dem Amtsvormund stehen die nach §§ 1852 bis 1854 des Bürgerlichen Gesetzbuchs zulässigen Befreiungen zu. Von der Anwendung ausgeschlossen sind die §§ 1788, 1801, 1835, 1836 Abs. 1 Satz 2 bis 4 und Abs. 2, 1837 Abs. 2, 1838, 1844 und 1886.

§ 1805 des Bürgerlichen Gesetzbuchs findet mit der Maßgabe Anwendung, daß die Anlegung von Mündelgeld gemäß § 1807 des Bürgerlichen Gesetzbuchs auch bei der das Jugendamt errichtenden Körperschaft zulässig ist. Hat das Jugendamt Aufwendungen zum Zwecke der Führung der Vormundschaft gemacht, so sind ihm diese aus dem Vermögen des Mündels zu ersetzen. Allgemeine Verwaltungskosten werden nicht ersetzt.

Der Amtsvormund hat auf das religiöse Bekenntnis oder die Weltanschauung des Mündels oder seiner Familie bei der Unterbringung Rücksicht zu nehmen.

§ 34. Die Landesgesetzgebung kann bestimmen, daß weitere Vorschriften des ersten Titels des dritten Abschnitts im vierten

Buche des Bürgerlichen Gesetzbuchs, welche die Aufsicht des Vormundschaftsgerichts in vermögensrechtlicher Hinsicht betreffen, gegenüber dem Amtsvormund außer Anwendung bleiben. Die Prüfung der Schlußrechnung und die Vermittlung ihrer Abnahme durch das Vormundschaftsgericht bleiben hiervon unberührt.

b. Gesetzliche Amtsvormundschaft.

§ 35. Mit der Geburt eines unehelichen Kindes erlangt das Jugendamt des Geburtsorts die Vormundschaft.

Bis zum Eingreifen des zuständigen Vormundschaftsgerichts hat das Amtsgericht des Geburtsorts die erforderlichen vormundschaftsgerichtlichen Maßnahmen zu treffen.

Auf uneheliche deutsche Kinder, die im Ausland geboren sind und im Deutschen Reiche ihren Aufenthalt nehmen, finden, falls eine deutsche Vormundschaft noch nicht eingeleitet ist, die Bestimmungen von Abs. 1 mit der Maßgabe Anwendung, daß das nach § 7 dieses Gesetzes zuständige Jugendamt die Vormundschaft erlangt.

§ 36. Der Standesbeamte hat die nach § 48 des Reichsgesetzes über die Angelegenheiten der freiwilligen Gerichtsbarkeit vom 17./20. Mai 1898 (Reichsgesetzblatt S. 189/771) dem Vormundschaftsgericht zu erstattende Anzeige über die Geburt eines unehelichen Kindes dem Jugendamt zu übersenden. Dieser Anzeige ist eine Mitteilung über das religiöse Bekenntnis anzufügen. Das Jugendamt hat unter Weiterreichung der Geburtsanzeige den Eintritt der Vormundschaft (§ 35) dem Vormundschaftsgericht unverzüglich anzuzeigen.

§ 37. Das Vormundschaftsgericht hat dem Jugendamt unverzüglich eine Bescheinigung über den Eintritt der Vormundschaft zu erteilen, die bei der Beendigung der Vormundschaft zurückzugeben ist.

§ 38. Auf Antrag des Jugendamts oder einer unverehelichten Mutter kann für eine Leibesfrucht ein Pfleger bestellt werden, auch wenn die Voraussetzung des § 1912 Satz 1 des Bürgerlichen Gesetzbuchs nicht gegeben ist. Der Pfleger wird mit der Geburt des Kindes im Einverständnis mit dem Jugendamt Vormund. In diesem Falle findet § 35 keine Anwendung. Die Vormundschaft wird bei dem Vormundschaftsgerichte geführt, bei dem die Pflegschaft anhängig war.

§ 39. Sobald es das Wohl des Mündels erfordert, soll das die Vormundschaft führende Jugendamt bei dem Jugendamt eines anderen Bezirkes die Weiterführung der Vormundschaft beantragen. Der Antrag kann auch von dem Jugendamt eines anderen Bezirkes sowie von der Mutter und von einem jeden, der ein berechtigtes Interesse des Mündels geltend macht, gestellt werden. Das die Vormundschaft abgebende Jugendamt hat den Übergang dem Vormundschaftsgericht unverzüglich anzuzeigen.

Gegen die Ablehnung des Antrags kann das Vormundschaftsgericht angerufen werden.

§ 40. Das Vormundschaftsgericht hat das Jugendamt auf seinen Antrag als Amtsvormund zu entlassen und einen Einzelvormund zu bestellen, soweit dies dem Wohle des Mündels nicht entgegensteht.

c. Bestellte Amtsvormundschaft.

§ 41. Das Jugendamt kann unter den Voraussetzungen des § 1773 des Bürgerlichen Gesetzbuchs mit seinem Einverständnis vor den im § 1776 des Bürgerlichen Gesetzbuchs als Vormünder berufenen Personen zum Vormund für einen Minderjährigen bestellt werden, soweit nicht ein geeigneter anderer Vormund vorhanden ist.

Auf die bestellte Amtsvormundschaft finden die §§ 1789 und 1791 des Bürgerlichen Gesetzbuchs keine Anwendung. Die Bestellung erfolgt durch schriftliche Verfügung des Vormundschaftsgerichts.

2. Stellung des Jugendamts zum Vormundschaftsgericht und zur Einzelvormundschaft.

§ 42. Das Jugendamt ist Gemeindewaisenrat. § 11 gilt entsprechend.

Die Landesgesetzgebung kann örtliche Einrichtungen zur Unterstützung des Jugendamts in den Geschäften des Gemeindewaisenrats treffen.

§ 43. Das Jugendamt hat das Vormundschaftsgericht bei allen Maßnahmen zu unterstützen, welche die Sorge für die Person Minderjähriger betreffen, insbesondere durch Begutachtung bei der Festsetzung von Geldrenten für den Unterhalt Minderjähriger. Vor Entscheidungen in den Fällen des § 1635 Abs. 1 Satz 2, des § 1666, des § 1727, des § 1728 Abs. 2, des § 1729 Abs. 2, des § 1750 Abs. 1 und des § 1751 Abs. 2 des Bürgerlichen Gesetzbuchs muß das Vormundschaftsgericht das zuständige Jugendamt hören. Bei Gefahr im Verzuge kann das Vormundschaftsgericht einstweilige Anordungen auch schon vor Anhörung des Jugendamts treffen. Es kann das Jugendamt mit der Ausführung der Anordnungen aus § 1631 Abs. 2, § 1636 Satz 2 des Bürgerlichen Gesetzbuchs und sonstiger Anordnung mit dessen Einverständnis betrauen.

Das Landesjugendamt kann auf Antrag des Jugendamts Mitglieder oder Beamte des Jugendamts ermächtigen, Beurkundungen gemäß §§ 1718 und 1720 Abs. 2 des Bürgerlichen Gesetzbuchs vorzunehmen, sowie die im § 1706 Abs. 2 des Bürgerlichen Gesetzbuchs bezeichneten Erklärungen entgegenzunehmen und zu beglaubigen.

§ 44. Das Jugendamt soll die Bestellung einer Einzelperson als Vormund beantragen, wenn dies dem Interesse des Mündels förderlich erscheint. Es kann auch die Bestellung eines Mitvormundes für einen bestimmten Wirkungskreis beantragen.

Die Bestellung kann von einem jeden, der ein berechtigtes Interesse des Mündels geltend macht, und von diesem selbst, wenn es das 14. Lebensjahr vollendet hat, beantragt werden. Sie kann auch von Amts wegen erfolgen. Vor der Entscheidung soll das Vormundschaftsgericht das Jugendamt und tunlichst die Mutter des Mündels hören.

§ 45. Das Jugendamt hat die Vormünder, Beistände und Pfleger seines Bezirkes planmäßig zu beraten und bei der Ausübung ihres Amtes zu unterstützen. Die näheren Bestimmungen hierüber werden nach § 13 Abs. 1 Nr. 1 und § 15 getroffen. § 11 gilt entsprechend.

3. Mitvormundschaft, Gegenvormundschaft. Pflegschaft und Beistandschaft des Jugendamts.

§ 46. Die vorstehenden Bestimmungen gelten entsprechend für die Bestellung des Jugendamts zum Mitvormund, Gegenvormund, Pfleger oder Beistand und für die Übertragung einzelner Rechte und Pflichten eines Vormundes auf das Jugendamt.

4. Anstalts- und Vereinsvormundschaft.

§ 47. Vorstände von Anstalten, die unter der Verwaltung des Staates oder einer öffentlichen Körperschaft stehen, sowie Vorstände solcher privaten Anstalten oder Vereine, die vom Landesjugendamte für geeignet erklärt sind, können auf ihren Antrag zu Vormündern bestellt werden (Anstalts- oder Vereinsvormundschaft). Auch können sie zu Pflegern oder Beiständen bestellt werden. Ebenso können ihnen einzelne Rechte und Pflichten des Vormundes übertragen werden. Das Jugendamt muß in den Fällen, in denen der Minderjährige von ihm bevormundet oder versorgt ist, vorher gehört werden.

Auf die Anstalts- und Vereinsvormundschaft finden die Bestimmungen der §§ 33, 40, 41 und 44 mit der Maßgabe Anwendung, daß ein Gegenvormund bestellt werden kann. Insbesondere ist die Bestellung eines Jugendamts zum Gegenvormunde zulässig.

§ 48. Artikel 136 des Einführungsgesetzes zum Bürgerlichen Gesetzbuch und die §§ 1783, 1887 des Bürgerlichen Gesetzbuchs werden aufgehoben. Dem § 1784 des Bürgerlichen Gesetzbuchs wird folgender Abs. 2 angefügt: „Diese Erlaubnis darf nur versagt werden, wenn ein wichtiger dienstlicher Grund vorliegt."

Dem § 1786 Nr. 1 des Bürgerlichen Gesetzbuchs werden die Worte hinzugefügt: „welche zwei und mehr noch nicht schulpflichtige Kinder besitzt oder glaubhaft macht, daß die ihr obliegende Fürsorge für ihre Familie die Ausübung des Amtes dauernd besonders erschwert."

Abschnitt V*)

Die öffentliche Unterstützung hilfsbedürftiger Minderjähriger.

§ 49. Minderjährigen ist im Falle der Hilfsbedürftigkeit der notwendige Lebensbedarf einschließlich der Erziehung und der Erwerbsbefähigung und die erforderliche Pflege in Krankheitsfällen zu gewähren; bei ihrem Ableben ist für ein angemessenes Begräbnis Sorge zu tragen.

Bei Beurteilung der Notwendigkeit der Leistungen ist das Bedürfnis nach rechtzeitiger, dauernder und gründlicher Abhilfe

*) Als Ganzes aufgehoben durch Art. 2 Notvdn. v. 14. Febr. 1924 (vgl. oben zu § 3 Z. 3) „mit Ausnahme" des § 55 und unter Vorbehalt der Abs. 1 und 2 § 49 „im Sinne des § 6 Verordn. üb. Fürs.Pflicht vom 13. Febr. 1924".

gegen Störungen der körperlichen, geistigen und sittlichen Entwicklung der Minderjährigen zu berücksichtigen.

Die Reichsregierung kann mit Zustimmung des Reichsrats bestimmen, unter welchen Voraussetzungen und in welchem Umfang Aufwendungen für eine über die Erwerbsbefähigung hinausgehende Berufsvorbildung übernommen werden dürfen. Soweit die Reichsregierung solche Anordnungen nicht erläßt, können sie durch die oberste Landesbehörde getroffen werden.

§ 55. Sofern zur Verhütung der Verwahrlosung eines hilfsbedürftigen Minderjährigen besondere Aufwendungen durch Entfernung des Minderjährigen aus seiner bisherigen Umgebung erforderlich sind, bewendet es bei den Vorschriften über die Fürsorgeerziehung Minderjähriger.

Abschnitt VI

Die Schutzaufsicht und die Fürsorgeerziehung.

1. Die Schutzaufsicht.

§ 56. Ein Minderjähriger ist unter Schutzaufsicht zu stellen, wenn sie zur Verhütung seiner körperlichen, geistigen oder sittlichen Verwahrlosung geboten und ausreichend erscheint.

§ 57. Das Vormundschaftsgericht ordnet die Schutzaufsicht von Amts wegen oder auf Antrag an. Antragsberechtigt sind die Eltern, der gesetzliche Vertreter und das Jugendamt. Das Vormundschaftsgericht muß das Jugendamt vor der Entscheidung über die Schutzaufsicht hören.

Die Entscheidung des Vormundschaftsgerichts ist den im Abs. 1 Genannten und dem Minderjährigen, wenn er das 14. Lebensjahr vollendet hat, bekanntzugeben, soweit ihr Inhalt nach dem Ermessen des Vormundschaftsgerichts ihm ohne erziehlichen Nachteil mitgeteilt werden kann.

Ist das Vormundschaftsgericht nicht das des gewöhnlichen Aufenthaltsorts des Minderjährigen, so soll auf Antrag des Jugendamts die Abgabe an dieses Gericht gemäß § 46 des Reichsgesetzes über die Angelegenheiten der freiwilligen Gerichtsbarkeit stattfinden, sofern nicht besondere Gründe dagegen sprechen.

§ 58. Die Schutzaufsicht besteht in dem Schutze und der Überwachung des Minderjährigen. Derjenige, der die Schutzaufsicht ausübt (Helfer), hat den Erziehungsberechtigten bei der Sorge für die Person des Minderjährigen zu unterstützen und zu überwachen. Die Schutzaufsicht umfaßt die Sorge über das Vermögen nur, insoweit der Arbeitsverdienst des Minderjährigen in Betracht kommt.

Der Helfer kann für alle Angelegenheiten, für gewisse Arten von Angelegenheiten oder für einzelne Angelegenheiten bestellt werden.

Über den Umfang seines Wirkungskreises entscheidet die Bestellung.

Der Helfer hat bei der Ausübung seines Amtes das Recht auf Zutritt zu dem Minderjährigen. Die Eltern, der gesetzliche Vertreter und die Personen, denen der Minderjährige zur Verpflegung und Erziehung übergeben ist, sind verpflichtet, dem Helfer Auskunft zu geben.

Der Helfer hat dem Vormundschaftsgerichte jeden Fall, in dem es zum Einschreiten berufen ist, unverzüglich anzuzeigen.

§ 59. Die Schutzaufsicht erlischt mit der Volljährigkeit des Minderjährigen oder durch die rechtskräftige Anordnung der Fürsorgeerziehung. Sie ist aufzuheben, wenn ihr Zweck erreicht oder die Erreichung anderweit sichergestellt ist.

§ 60. Die Ausübung der Schutzaufsicht wird vom Vormundschaftsgerichte dem Jugendamt oder nach Anhörung des Jugendamts einer Vereinigung für Jugendhilfe oder einer einzelnen Person, soweit die beiden letzteren zur Übernahme der Schutzaufsicht bereit sind, übertragen. Bei der Übertragung ist auf das religiöse Bekenntnis oder die Weltanschauung des Minderjährigen tunlichst Rücksicht zu nehmen. Das Vormundschaftsgericht hat den Helfer zu entlassen, wenn dies dem Wohle des Minderjährigen förderlich erscheint. Die näheren Bestimmungen über die Ausübung werden von der Reichsregierung mit Zustimmung des Reichsrats oder von der obersten Landesbehörde getroffen.

Über die Führung des unter Schutzaufsicht gestellten Minderjährigen ist dem Vormundschaftsgericht auf Verlangen Bericht zu erstatten.

Das Jugendamt kann die Schutzaufsicht ohne gerichtliche Anordnung ausüben, so lange der Erziehungsberechtigte damit einverstanden ist; es hat in diesem Falle das Vormundschaftsgericht von dem Eintritt der Schutzaufsicht zu benachrichtigen.

§ 61. Eine zur Zeit der Anordnung der Schutzaufsicht bestehende Beistandschaft (§§ 1687 ff. des Bürgerlichen Gesetzbuchs) soll insoweit aufgehoben werden, als sich ihr Wirkungskreis mit dem der Schutzaufsicht deckt.

2. Die Fürsorgeerziehung.

§ 62. Die Fürsorgeerziehung dient der Verhütung oder Beseitigung der Verwahrlosung und wird in einer geeigneten Familie oder Erziehungsanstalt unter öffentlicher Aufsicht und auf öffentliche Kosten durchgeführt.

§ 63. Ein Minderjähriger, der das 18. Lebensjahr noch nicht vollendet hat, ist durch Beschluß des Vormundschaftsgerichts der Fürsorgeerziehung zu überweisen:

1. wenn die Voraussetzungen des § 1666 oder des § 1838 des Bürgerlichen Gesetzbuchs vorliegen und die Entfernung des Minderjährigen aus seiner bisherigen Umgebung zur Verhütung der Verwahrlosung erforderlich ist, eine nach dem Ermessen des Vormundschaftsgerichts geeignete Unterbringung aber anderweit nicht erfolgen kann;
2. wenn die Fürsorgeerziehung zur Beseitigung der Verwahrlosung wegen Unzulänglichkeit der Erziehung erforderlich ist.

Für den Fall, daß Aussicht auf Erfolg der Fürsorgeerziehung besteht, kann diese auch noch angeordnet werden, wenn der Minderjährige das 18., aber noch nicht das 20. Lebensjahr vollendet hat.

Maßgebend für die Altersgrenze ist der Zeitpunkt, in dem der Antrag bei Gericht eingeht oder das Verfahren gemäß § 65 oder § 67 eingeleitet wird; der Zeitpunkt ist aktenkundig zu machen.

§ 64. Artikel 135 des Einführungsgesetzes zum Bürgerlichen Gesetzbuch wird aufgehoben.

§ 65. Das Vormundschaftsgericht beschließt von Amts wegen oder auf Antrag. Antragsberechtigt ist das nach § 7 zuständige Jugendamt. Das Antragsrecht kann landesgesetzlich ausgedehnt werden.

Das Vormundschaftsgericht muß vor der Beschlußfassung das Jugendamt, es soll, soweit dies ohne erhebliche Schwierigkeiten geschehen kann, den Minderjährigen, seine Eltern und seinen gesetzlichen Vertreter hören; weitere Anhörungen kann die Landesgesetzgebung vorschreiben.

Der Beschluß ist mit Gründen zu versehen und muß, wenn er auf Anordnung der Fürsorgeerziehung lautet, den Eintritt der gesetzlichen Voraussetzungen unter Bezeichnung der für erwiesen erachteten Tatsachen feststellen.

Das Vormundschaftsgericht kann die ärztliche Untersuchung des Minderjährigen anordnen und auf die Dauer von höchstens sechs Wochen ihn in einer zur Aufnahme von jugendlichen Psychopathen geeigneten Anstalt oder in einer öffentlichen Heil- und Pflegeanstalt zur Beobachtung unterbringen lassen.

Der die Fürsorgeerziehung anordnende Beschluß ist den Antragsberechtigten, dem gesetzlichen Vertreter, den Eltern, der Fürsorgeerziehungsbehörde und ferner dem Minderjährigen selbst, wenn er das 14. Lebensjahr vollendet hat und insoweit sein Inhalt nach dem Ermessen des Vormundschaftsgerichts ihm ohne erziehlichen Nachteil mitgeteilt werden kann, zuzustellen. Der die Fürsorgeerziehung ablehnende Beschluß ist dem Antragsteller, der Fürsorgeerziehungsbehörde und, wenn eine vorläufige Fürsorgeerziehung (§ 67) angeordnet ist, ferner allen Personen zuzustellen, denen diese Anordnung zugestellt ist.

Gegen den Beschluß steht die sofortige Beschwerde mit aufschiebender Wirkung den Antragsberechtigten, der Fürsorgeerziehungsbehörde und, wenn der Beschluß auf Fürsorgeerziehung lautet, ferner dem gesetzlichen Vertreter, den Eltern und dem Minderjährigen zu, wenn er das 14. Lebensjahr vollendet hat.

Ist das Vormundschaftsgericht nicht das des gewöhnlichen Aufenthaltsorts des Minderjährigen, so soll auf Antrag des Jugendamts die Abgabe an dieses Gericht gemäß § 46 des Reichsgesetzes über die Angelegenheiten der freiwilligen Gerichtsbarkeit stattfinden, sofern nicht besondere Gründe dagegen sprechen.

§ 66. Das Fürsorgeerziehungsverfahren kann durch Beschluß des Vormundschaftsgerichts auf längstens ein Jahr ausgesetzt werden. Die Aussetzung kann aus besonderen Gründen durch Beschluß des Vormundschaftsgerichts auf höchstens ein weiteres Jahr verlängert werden. Über das vollendete 20. Lebensjahr hinaus kann das Verfahren nicht ausgesetzt werden.

Gegen die Aussetzung steht dem Jugendamt und der Fürsorgeerziehungsbehörde das Recht der sofortigen Beschwerde zu.

Für die Dauer der Aussetzung muß eine Schutzaufsicht gemäß §§ 56 ff. angeordnet werden.

§ 67. Bei Gefahr im Verzuge kann das Vormundschaftsgericht die vorläufige Fürsorgeerziehung des Minderjährigen beschließen; gegen den Beschluß steht den im § 65 Abs. 6 Genannten die sofortige Beschwerde zu. § 18 Abs. 2 des Reichsgesetzes über die Angelegenheiten der freiwilligen Gerichtsbarkeit findet keine Anwendung.

§ 68. Für schleunige, auf Grund dieses Abschnitts zu treffende Maßregeln ist neben dem im § 43 des Reichsgesetzes über die Angelegenheiten der freiwilligen Gerichtsbarkeit bezeichneten Gericht einstweilen auch dasjenige Gericht zuständig, in dessen Bezirk das Bedürfnis der Fürsorge hervortritt. Das Gericht hat von der angeordneten Maßregel dem endgültig und nunmehr ausschließlich zuständigen Gerichte Mitteilung zu machen.

§ 43 Abs. 2 des Reichsgesetzes über die Angelegenheiten der freiwilligen Gerichtsbarkeit findet auch Anwendung, wenn über die Person, in Ansehung deren eine Verrichtung des Vormundschaftsgerichts erforderlich wird, eine Schutzaufsicht oder ein Fürsorgeerziehungsverfahren anhängig ist.

§ 69. Im Falle der Familienerziehung ist der Minderjährige mindestens bis zum Aufhören der Schulpflicht in einer Familie seines Bekenntnisses, im Falle der Anstaltserziehung soweit möglich in einer Anstalt seines Bekenntnisses unterzubringen.

Minderjährige ohne Bekenntnis sollen nur mit ihrem Einverständnis, sofern sie ihr Bekenntnis selbst bestimmen können, andernfalls mit demjenigen des Erziehungsberechtigten in einer Familie oder in einer Anstalt eines bestimmten Bekenntnisses untergebracht werden.

Den Erziehungsberechtigten muß von dem Orte der Unterbringung des Kindes sofort Mitteilung gemacht werden, sofern dadurch der Erziehungszweck nicht ernstlich gefährdet wird. Gegen eine Verweigerung dieser Mitteilung steht den Erziehungsberechtigten das Recht der Beschwerde an das Vormundschaftsgericht zu.

In Ausführung einer angeordneten Fürsorgeerziehung kann die Erziehung in der eigenen Familie der Minderjährigen unter öffentlicher Aufsicht widerruflich angeordnet werden, wenn dadurch die Erreichung des Zweckes der Fürsorgeerziehung nicht gefährdet wird. Innerhalb der ersten drei Monate nach Ausführbarkeit des Fürsorgeerziehungsbeschlusses bedarf die Anordnung der Zustimmung des Vormundschaftsgerichtes. Gegen die Verweigerung der Zustimmung steht der Fürsorgeerziehungsbehörde die sofortige Beschwerde zu.

§ 70. Die Landesgesetzgebung regelt die Ausführung der Fürsorgeerziehung und bestimmt die Fürsorgeerziehungsbehörde sowie die Träger ihrer Kosten. Nach Möglichkeit ist die Fürsorgeerziehungsbehörde mit dem Landesjugendamte zu vereinigen. Die durch die vorläufige Fürsorgeerziehung entstehenden Kosten fallen dem für die endgültige Anordnung der Fürsorgeerziehung zuständigen Kostenträger auch dann zur Last, wenn die Fürsorgeerziehung endgültig nicht angeordnet wird. Besteht über den Ersatz der Kosten zwischen den Fürsorgeerziehungsbehörden für den gewöhnlichen und vorübergehenden Aufenthaltsort Streit, so gilt § 7 Abs. 2 entsprechend.

Eine von dem zuständigen Vormundschaftsgericht angeordnete Fürsorgeerziehung eines Minderjährigen muß von der Fürsorgeerziehungsbehörde des Ortes, der die Zuständigkeit des Vormundschaftsgerichts begründet hat, ausgeführt werden. Sie soll regelmäßig sich bei der Ausübung der Fürsorgeerziehung der Jugendämter bedienen. Die Ausführbarkeit der Fürsorgeerziehung tritt mit der Rechtskraft, bei der vorläufigen Fürsorgeerziehung mit dem Erlasse des Beschlusses ein. Die Unterbringung soll unter ärztlicher Mitwirkung erfolgen. Minderjährige, die an geistigen Regelwidrigkeiten leiden (Psychopathie, Epilepsie, schwere Erziehbarkeit usw.) oder an schweren ansteckenden Erkrankungen (Tuberkulose, Geschlechtskrankheiten usw.), sind, soweit es aus hygienischen oder pädagogischen Gründen geboten erscheint, in Sonderanstalten oder Sonderabteilungen unterzubringen.

Die Fürsorgeerziehungsbehörde gilt für den Abschluß von Dienst- und Lehrverträgen als gesetzlicher Vertreter des Minderjährigen.

Die Fürsorgeerziehungsbehörde ist befugt, die Entmündigung eines Fürsorgezöglings wegen Geisteskrankheit oder Geistesschwäche zu beantragen.

§ 71. Das Landesjugendamt ist, soweit es nicht selbst Fürsorgeerziehungsbehörde ist, nach näherer Bestimmung der Landesgesetzgebung bei der Ausführung der Fürsorgeerziehung zu beteiligen; es soll insbesondere bei dem Erlaß allgemeiner, grundsätzlicher Anordnungen über die Art ihrer Ausführung gutachtlich gehört werden und ist zu Vorschlägen über die Ausführung befugt; ihm kann ferner die Mitwirkung bei wichtigen Maßnahmen der Fürsorgeerziehungsbehörde und bei der Aufsicht über die in Anstalten seines Bezirkes untergebrachten Zöglinge sowie die Zuständigkeit zur Entscheidung von Beschwerden über Anordnungen der Fürsorgeerziehungsbehörde, die die Ausführung betreffen, übertragen werden, sofern dafür nicht die Gerichte für zuständig erklärt werden.

§ 72. Die Fürsorgeerziehung endigt mit dem Eintritt der Volljährigkeit.

Die Fürsorgeerziehung ist früher aufzuheben, wenn ihr Zweck erreicht oder anderweitig sichergestellt ist, und zwar von Amts wegen oder auf Antrag der im § 65 Abs. 6 Genannten mit Ausnahme des Minderjährigen. Die Aufhebung kann auch unter Vorbehalt des Widerrufs erfolgen, dessen Ausübung landesgesetzlich zu regeln ist.

Landesgesetzlich kann bestimmt werden, daß für die Entscheidung über die Aufhebung gemäß Abs. 2 das Vormundschaftsgericht oder die Fürsorgeerziehungsbehörde zuständig ist mit der Maßgabe, daß der Antragsteller, wenn die Fürsorgeerziehungsbehörde zuständig ist und die Aufhebung ablehnt, binnen zwei Wochen seit Zustellung des ablehnenden Beschlusses die Entscheidung des Vormundschaftsgerichts anrufen kann, gegen dessen Beschluß die sofortige Beschwerde stattfindet. Sofern das Vormundschaftsgericht für die Aufhebung der Fürsorgeerziehung zuständig ist, muß es vor seiner Entscheidung die Fürsorgeerziehungsbehörde gutachtlich hören; dieser steht gegen den die Fürsorgeerziehung aufhebenden Beschluß die sofortige Beschwerde mit aufschiebender Wirkung zu.

Der Antrag auf Aufhebung kann außer vom Jugendamt nicht vor Ablauf eines Jahres seit der Rechtskraft des die Fürsorgeerziehung anordnenden Beschlusses gestellt, ein abgewiesener Antrag kann vor dem Ablauf von 6 Monaten nicht erneuert werden.

§ 73. Die vorzeitige Entlassung eines Minderjährigen wegen Unausführbarkeit der Fürsorgeerziehung aus Gründen, die in der Person des Minderjährigen liegen, ist unter der Voraussetzung zulässig, daß eine anderweitige gesetzlich geregelte Bewahrung des Minderjährigen sichergestellt ist.

§ 74. Die gerichtlichen Verhandlungen sind gebühren- und stempelfrei; die baren Auslagen fallen der Staatskasse zur Last. Die nach § 65 Abs. 2 zu hörenden Personen können im Falle ihrer Vernehmung vor Gericht Ersatz ihrer Auslagen nach den für Zeugen geltenden Vorschriften verlangen. Dies gilt jedoch nicht für den Minderjährigen und seine Eltern. Verträge über die Unterbringung von Minderjährigen zur Ausführung der Fürsorgeerziehung sind stempelfrei.

§ 75. Die Kosten der Fürsorgeerziehung sind dem Kostenträger auf sein Verlangen aus dem pfändbaren Vermögen des Minderjährigen oder des auf Grund des Bürgerlichen Rechts zu seinem Unterhalt Verpflichteten zu erstatten. Die näheren Bestimmungen trifft die Landesgesetzgebung. Allgemeine Verwaltungskosten werden nicht ersetzt.

§ 76. Wer, abgesehen von den Fällen der §§ 120, 235 des Strafgesetzbuchs, einen Minderjährigen, bezüglich dessen das gerichtliche Verfahren auf Unterbringung zur Fürsorgeerziehung eingeleitet oder die Unterbringung zur Fürsorgeerziehung angeordnet ist, dem Verfahren oder der angeordneten Fürsorgeerziehung entzieht, oder ihn verleitet, sich dem Verfahren oder der Fürsorgeerziehung zu entziehen, oder wer ihm hierzu vorsätzlich behilflich ist, wird auf Antrag der Fürsorgeerziehungsbehörde mit Gefängnis bis zu zwei Jahren und mit Geldstrafe bis zu hunderttausend Mark oder mit einer dieser Strafen bestraft. Die Zurücknahme des Antrags ist zulässig.

Der Versuch ist strafbar.

Schlußbestimmungen.

§ 77. Welche Behörden die in diesem Gesetze der obersten Landesbehörde*) übertragenen einzelnen **Aufgaben wahrzunehmen** haben, bestimmt die Landesregierung.

§ 78. **)

Freudenstadt, den 9. Juli 1922.

Der Reichspräsident
Ebert.

Der Reichsminister des Innern
Dr. Köster.

---

*) „oder dem Landesjugendamt" — Einschaltung der NotVerordn. vom 14. Febr. 1924 Art. 1 Z. 2.

**) Aufgehoben durch NotVerordn. v. 14. Febr. 1924 Art. 3 s. Näheres unten.

Einführungsgesetz zum Reichsgesetz für Jugendwohlfahrt*)

vom 9. Juli 1922 (Reichsgesetzbl. I S. 647. 808).

Der Reichstag hat das folgende Gesetz beschlossen, das mit Zustimmung des Reichsrats hiermit verkündet wird:

Art. 1. Das Reichsjugendwohlfahrtsgesetz tritt am 1. April 1924 in Kraft. Die Reichsregierung kann mit Zustimmung des Reichsrats bestimmen, daß es ganz oder teilweise für einzelne Länder oder Jugendamtsbezirke zu einem früheren Zeitpunkt in Kraft tritt. [In diesem Falle gilt § 78 entsprechend.]

Art. 2. Vorschriften der Landesgesetze, die die Jugendwohlfahrt betreffen, bleiben insoweit unberührt, als sie mit den Bestimmungen des Reichsjugendwohlfahrtsgesetzes vereinbar sind.

[**Art. 3.** Bis zum Erlasse des in § 3 Nr. 5 vorgesehenen Reichsgesetzes ist die Landesgesetzgebung befugt, die Jugendgerichtshilfe zu regeln.]

Art. 4. Die auf Grund der Art. 135 und 136 des Einführungsgesetzes zum Bürgerlichen Gesetzbuch erlassenen Landesgesetze gelten als mit dem Inkrafttreten des Reichsjugendwohlfahrtsgesetzes aufgehoben.

Art. 5. Die Bestimmung des § 69 Abs. 2 tritt spätestens am 1. Januar 1926 in Kraft; sie kann landesgesetzlich zu einem früheren Zeitpunkt in Anwendung gebracht werden.

Art. 6. In den Fällen des § 47 des Reichsgesetzes für Jugendwohlfahrt gelten die Anstalten als geeignet, solange nicht die Landesjugendämter auf Grund vorliegender Tatsachen gegenteilig entscheiden.

Art. 7. Die Landesgesetzgebung erläßt die zur Durchführung des Gesetzes erforderlichen Uebergangsvorschriften, soweit sie nicht von der Reichsregierung unter Zustimmung des Reichsrats getroffen werden.

[**Art. 8.** Für die ersten drei Jahre nach dem Inkrafttreten des Gesetzes kann die Reichsregierung mit Zustimmung des Reichs-

*) Die durch die Verordnung vom 14. Februar 1924 aufgehobenen Bestimmungen des EinfGes. sind in diesem Abdruck durch eckige Klammern gekennzeichnet, ebenso die jetzt — durch den Erlaß des JGG. vom 16. Febr. 1923 — überholte des Art. 3.

rats einer Landesregierung auf Antrag Befreiung von der Verpflichtung zur Errichtung von Jugendämtern in überwiegend ländlichen Bezirken erteilen. Hierbei kann von dem nach § 78 auf das Land entfallenden Anteil ein entsprechender Betrag vom Reiche einbehalten werden.]

Art. 9. Solange ein Reichsverwaltungsgericht noch nicht errichtet ist, tritt an die Stelle dieses Gerichts in den Fällen des § 7 das Bundesamt für das Heimatwesen und in Fällen des 18 das Reichsgericht.

Verordnung über das Inkrafttreten des Reichsgesetzes für Jugendwohlfahrt.

Vom 14. Februar 1924.

Auf Grund des Ermächtigungsgesetzes vom 8. Dezember 1923 (RGBl. I S. 1179), verordnet die Reichsregierung nach Anhörung eines Ausschusses des Reichsrats und des Reichstags:

Art. 1. Artikel 8 des Einführungsgesetzes zum Reichsgesetz für Jugendwohlfahrt vom 9. Juli 1922 (RGBl. I S. 647) erhält folgende Fassung:

Bis auf weiteres sind Reich und Länder nicht verpflichtet, Bestimmungen des Reichsgesetzes für Jugendwohlfahrt durchzuführen, die neue Aufgaben oder eine wesentliche Erweiterung bereits bestehender Aufgaben für die Träger der Jugendwohlfahrt enthalten. Es wird daher — unter Aufrechterhaltung des Gesetzes im übrigen — folgendes bestimmt:

1. Die oberste Landesbehörde kann den Gemeinden oder Gemeindeverbänden (§ 8) die Befugnis erteilen, statt der Einrichtung von Jugendämtern nach den §§ 9 und 10 die dem Jugendamt obliegenden Aufgaben einer anderen nach Maßgabe des Gemeindeverfassungsrechts gebildeten Amtsstelle der Selbstverwaltung oder einer anderen geeigneten Amtsstelle zu übertragen, die erforderlichenfalls eine auf die Jugendwohlfahrt hinweisende Zusatzbezeichnung zu führen haben. Hierbei ist den im Bezirk der Amtsstelle wirkenden freien Vereinigungen für Jugendwohlfahrt und Jugendbewegung eine den Bestimmungen

des § 9 Abs. 2 entsprechende Mitwirkung innerhalb der Amtsstelle durch die Satzung zu gewährleisten.

2. Die Durchführung der §§ 12—14 über das Landesjugendamt wird dem Ermessen der Länder überlassen. Die §§ 16 und 17 über das Reichsjugendamt treten nicht in Kraft. Im § 77 wird hinter „Landesbehörde" eingeschoben „oder dem Landesjugendamt".
3. Die oberste Landesbehörde kann von der Durchführung der Aufgaben des § 3 Nr. 5—8 befreien.
4. Eine Verpflichtung zur Durchführung der im § 4 bezeichneten Aufgaben besteht nicht.
5. Die oberste Landesbehörde kann auf Antrag die Altersgrenze des § 19 herabsetzen. Die Herabsetzung ist nur zulässig, wenn die Durchführung des § 19 eine wesentliche Erweiterung bestehender Aufgaben bedeuten würde.
6. Die oberste Landesbehörde kann auf Antrag Gemeinden und Gemeindeverbände von der Durchführung der Bestimmungen über die gesetzliche Amtsvormundschaft (§§ 35 bis 40) befreien.
7. Die Ausübung der Schutzaufsicht (§ 60) darf auf ein Jugendamt nur mit seinem Einverständnis übertragen werden.
8. Die Bestimmung des § 70 Abs. 2 Satz 5 wird aufgehoben.

Art. 2. Der Abschnitt V des Reichsgesetzes für Jugendwohlfahrt einschließlich des § 3 Nr. 3 wird mit Ausnahme des § 55 aufgehoben. Bis zum Erlaß anderer Bestimmungen gelten die Vorschriften im § 49 Abs. 1 und 2 als Vorschriften im Sinne des § 6 der Verordnung über die Fürsorgepflicht vom 13. Februar 1924.

Art. 3. § 78 des Reichsgesetzes für Jugendwohlfahrt wird aufgehoben.

Art. 4. Diese Verordnung tritt am 1. April 1924 in Kraft.

Berlin, den 14. Februar 1924.

Der Reichskanzler.	Der Reichsminister des Innern.
Marx.	Dr. Jarres.

(Preußisches) Ausführungsgesetz zum Reichsgesetze für Jugendwohlfahrt v. 9. Juli 1922.

(RGBl. I S. 633). Vom 29. März 1924.

Der Landtag hat folgendes Gesetz beschlossen:

I. Die Jugendwohlfahrtspflege als Selbstverwaltungsangelegenheit.

§ 1. Die Aufgaben der öffentlichen Jugendwohlfahrtspflege mit Ausnahme der Ausführung der Fürsorgeerziehung sind Selbstverwaltungsangelegenheiten der Gemeinden und Gemeindeverbände.

II. Aufbau der Jugendwohlfahrtsbehörden.

§ 2. **Bezirksabgrenzung.** (1) Für jeden Stadt- und für jeden Landkreis ist ein Jugendamt zu errichten.

(2) In der Stadtgemeinde Berlin ist für jeden Verwaltungsbezirk ein Jugendamt (Bezirksjugendamt) zu errichten. Die Rechte des Magistrats gegenüber den Bezirken — nach dem Gesetz über die Bildung einer Stadtgemeinde Berlin vom 27. April 1920 (Gesetzsamml. S. 123) — bleiben unberührt.

(3) Innerhalb eines Landkreises können auf Antrag von Gemeinden oder Gemeindeverbänden (rheinische Bürgermeistereien, westfälische Ämter) von mehr als 10000 Einwohnern, in der Provinz Hannover auch auf Antrag selbständiger Städte (§ 27 Abs. 1 der Kreisordnung für die Provinz Hannover vom 6. Mai 1884 — Gesetzsamml. S. 181 —) durch Beschluß des Kreisausschusses für diese besondere Jugendämter errichtet werden. Gegen die die Errichtung ablehnende Entscheidung des Kreisausschusses steht den Antragstellern die Beschwerde an den Bezirksausschuß zu, der endgültig entscheidet.

(4) Ist ein besonderes Jugendamt errichtet, so können ihm weitere Gemeinden, Landbürgermeistereien und Ämter auf Grund des Zweckverbandsgesetzes vom 19. Juli 1911 (Gesetzsamml. S. 115) angegliedert werden.

Zusammensetzung der Jugendämter.

§ 3. Für Zusammensetzung, Verfassung und Verfahren der Jugendämter sind vorbehaltlich der folgenden Bestimmungen die auf Grund der Gemeindeverfassungsgesetze zu erlassenden Satzungen maßgebend, die der Bestätigung durch die Beschlußbehörde bedürfen.

4. (1) Dem Jugendamte gehören an:

1. Ein bis vier leitende Beamte des Selbstverwaltungskörpers, unter ihnen der Vorsitzende (§§ 7 bis 9), welcher bei Stimmengleichheit den Ausschlag gibt. Diese Mitglieder, unter denen sich der leitende Fachbeamte des Jugendamts befinden muß, werden vom Vorstande des Selbstverwaltungskörpers bestimmt.
2. Höchstens die fünffache Zahl (mindestens zehn) von in der Jugendwohlfahrt erfahrenen und bewährten Männern und Frauen.

(2) Zwei Fünftel dieser Zahl (Abs. 1 Ziffer 2) werden vom Vorstande des Selbstverwaltungskörpers auf Grund von Vorschlägen ernannt, die von den freien Vereinigungen zu machen sind, welche sich ganz oder vorwiegend mit der Förderung der Jugendwohlfahrt befassen oder der Jugendbewegung dienen, soweit sie in dem Bezirke wirken, für den das Jugendamt errichtet ist. Die Vereinigungen haben mindestens die doppelte Anzahl der auf sie entfallenden Vertreter vorzuschlagen. Die Vorgeschlagenen müssen die Wählbarkeit für Ehrenämter des Selbstverwaltungskörpers besitzen. Über die Zulassung der Vereinigungen zur Ausübung des Vorschlagsrechts und die Zahl der von ihnen zu stellenden Vertreter entscheidet der Vorstand des Selbstverwaltungskörpers. Bei der Entscheidung ist auf die Bedeutung der Vereinigungen für die Jugendwohlfahrtspflege Rücksicht zu nehmen. Gegen die Entscheidung können die Vorschlagsberechtigten sowie die Vereinigungen, deren Vorschlagsrecht abgelehnt ist, binnen zwei Wochen Beschwerde beim Regierungspräsidenten erheben.

(3) Unter den verbleibenden drei Fünfteln müssen sich befinden je ein evangelischer und ein katholischer Geistlicher, soweit Kirchengemeinden dieser Bekenntnisse im Bezirke vorhanden sind, sowie ein Rabbiner, soweit Synagogengemeinden im Bezirke vorhanden sind und der Rabbiner im Bezirk ansässig ist, sowie zwei Lehrpersonen (Lehrer und Lehrerin). Die vorbenannten geistlichen Mitglieder werden von den zuständigen Stellen der betreffenden Religionsgesellschaften ernannt oder gewählt, die Lehrpersonen werden von der Vertretung des Selbstverwaltungskörpers nach Mehrheitsbeschluß gewählt.

(4) Im übrigen werden die in der Jugendwohlfahrt erfahrenen Männer und Frauen von der Vertretung des Selbstverwaltungskörpers auf Grund der für die Wahlen von Ehrenbeamten geltenden Vorschriften gewählt.

§ 5. (1) Soweit sie nicht schon auf Grund des § 4 Mitglieder des Jugendamts sind, sind zur Teilnahme an seinen Sitzungen berechtigt und haben in ihnen beratende Stimme:

1. der Kreisschulrat;
2. der Kreismedizinalrat;
3. der Gewerberat;
4. der Vormundschaftsrichter.

Sind mehrere solcher Beamten im Bezirk angestellt, so erfolgt die Auswahl durch die vorgesetzte Dienstbehörde.

(2) Den im Abs. 1 genannten Personen steht gegen die Gemeinden und Gemeindeverbände ein Anspruch auf Vergütung für die Teilnahme an den Sitzungen nicht zu.

§ 6. Die Amtsdauer der Mitglieder des Jugendamts beträgt 4 Jahre. Mit dem Ablaufe dieser Frist endet auch das Amt der Ersatzleute.

§ 7. **Stadtjugendämter.** (1) In den Städten regelt sich der Vorsitz und die Stellvertretung des Vorsitzenden nach den Vorschriften der Städteordnung über Deputationen und Kommissionen.

(2) Die Satzungen der Berliner Bezirksjugendämter werden durch Ortsgesetz geregelt. In den Bezirksjugendämtern haben Bezirksbürgermeister, Bezirksämter und Bezirksversammlungen die Befugnisse der entsprechenden städtischen Stellen.

§ 8. **Kreisjugendämter.** (1) In den Kreisjugendämtern führt den Vorsitz der Landrat als Vorsitzender des Kreisausschusses. Der Stellvertreter im Vorsitze wird, soweit die Satzung nichts Abweichendes bestimmt, vom Kreisausschusse gewählt.

(2) Wird Gemeinden oder Gemeindeverbänden von mehr als 10000 Einwohnern oder selbständigen Städten der Provinz Hannover, für die kein besonderes Jugendamt errichtet ist, durch die Satzung des Kreisjugendamts das Recht der Vertretung zugebilligt, so haben die Berechtigten Anspruch auf Berufung der von ihnen zu bezeichnenden Vertreter.

§ 9. **Jugendämter in Landgemeinden, rheinischen Landbürgermeistereien und westfälischen Ämtern.** In Landgemeinden, rheinischen Landbürgermeistereien und westfälischen Ämtern regelt sich der Vorsitz u. dessen Stellvertretung nach der Gemeindeordnung. Die Stellvertretung kann durch die Satzung anderweit geregelt werden.

§ 10. **Wohlfahrtsämter.** (1) In Gemeinden und Gemeindeverbänden, in denen gemäß § 2 ein Jugendamt zu errichten ist und in denen ein Wohlfahrtsamt oder eine andere der Wohlfahrtspflege dienende geeignete Stelle der Selbstverwaltung besteht oder errichtet wird, können durch Satzung die Aufgaben des Jugendamts dieser Stelle oder einem Ausschusse dieser Stelle im Rahmen der nach Maßgabe der Gemeindeverfassungsgesetze diesen Amtsstellen oder Ausschüssen zustehenden Befugnisse übertragen werden. Jedoch muß die Zusammensetzung der Stelle oder des Ausschusses, soweit es sich um die Wahrnehmung der Aufgaben des Jugendamts handelt, den Erfordernissen des § 4 entsprechen. Auch ist hierbei die Beteiligung der im § 5 genannten Personen sicherzustellen.

(2) In der Stadtgemeinde Berlin können in jedem Verwaltungsbezirk, in dem ein Wohlfahrtsamt oder eine andere der Wohlfahrtspflege dienende geeignete Stelle der Bezirksverwaltung besteht oder errichtet wird, durch Ortsgesetz die Aufgaben des Jugendamts dieser Stelle oder einem Ausschusse dieser Stelle übertragen werden. Abs. 1 Satz 2 und 3 gelten entsprechend.

§ **11.** **Gesundheitsämter.** (1) Die Übertragung der gesundheitlichen Aufgaben eines Jugendamts auf ein Gesundheitsamt oder eine entsprechende Behörde (§ 10 Abs. 2 des Reichsgesetzes für Jugendwohlfahrt) erfolgt durch Satzung des Selbstverwaltungskörpers. Sie ist auch zulässig, wenn das Gesundheitsamt oder die entsprechende Behörde im Rahmen eines Wohlfahrtsamts besteht.

(2) Verbleiben die gesundheitlichen Aufgaben beim Jugendamte, so ist bei ihrer Bearbeitung ein Arzt zuzuziehen.

Landesjugendämter.

§ **12.** (1) Die Provinzialverbände, in der Provinz Hessen-Nassau die Bezirksverbände Wiesbaden und Cassel, der Kommunalverband der Hohenzollernschen Lande und die Stadtgemeinde Berlin können zur Erfüllung der Aufgaben aus § 13 mit Ausnahme von Ziffer 8 des Reichsgesetzes für Jugendwohlfahrt ein Landesjugendamt errichten. Die Aufgaben des Landesjugendamts können auch einem bei demselben Kommunalverband errichteten Landeswohlfahrtsamt oder einer bei diesem errichteten anderen der Wohlfahrtspflege dienenden Stelle übertragen werden.

(2) Die aus § 77 des Reichsgesetzes für Jugendwohlfahrt und Nr. 2 der Verordnung über das Inkrafttreten des Reichsgesetzes für Jugendwohlfahrt vom 14. Februar 1924 sich ergebenden Rechte der Landesregierung bleiben unberührt.

§ **13.** (1) In das Landesjugendamt sind Vertreter von Jugendämtern und Justizbehörden zu berufen.

(2) Die Vorschriften der §§ 4 und 10 finden entsprechende Anwendung mit der Maßgabe, daß an Stelle des Regierungs-

präsidenten der Oberpräsident tritt. Die Beteiligung von Sachverständigen auf dem Gebiete der Schule, der Heilkunde und der Gewerbeaufsicht mit mindestens beratender Stimme ist sicherzustellen.

(3) Im übrigen richten sich Zusammensetzung, Verfassung und Verfahren der Landesämter nach dem Gemeindeverfassungsrechte.

§ **14.** Die aus § 29 des Reichsgesetzes für Jugendwohlfahrt sich ergebenden Rechte stehen dem Minister für Volkswohlfahrt zu; dieser kann sie ganz oder teilweise an Stellen der Staats- oder Selbstverwaltung übertragen.

III. Rechtsmittel.

§ **15.** (1) Gegen die Entscheidung der Jugendämter oder der Stellen, welchen jugendamtliche Aufgaben übertragen sind, steht der Einspruch zu:

1. wenn durch Nichtanwendung oder unrichtige Anwendung des bestehenden Rechtes, insbesondere auch rechtsgültiger Satzungen, das Interesse eines Kindes oder einer Gruppe von Kindern verletzt ist, dem gesetzlichen Vertreter und den Eltern des Kindes oder denjenigen, die berechtigt sind, die Interessen der Gruppe zu vertreten, inbesondere auch den gemäß § 29 des Reichsgesetzes für Jugendwohlfahrt von der Aufsicht des Jugendamts befreiten Anstalten und für geeignet erklärten Vereinigungen;
2. ferner unabhängig vom Vorliegen der Voraussetzungen zu 1, wenn die Entscheidung die Erlaubnis zur Aufnahme eines Pflegekindes oder die Aufsicht über ein Pflegekind betrifft, den von der Entscheidung Betroffenen sowie den Eltern und dem gesetzlichen Vertreter des Kindes.

(2) Der Einspruch ist bei derjenigen Stelle einzulegen, welche die Entscheidung erlassen hat. Ist diese Stelle eine andere als der Vorstand des Selbstverwaltungskörpers, so ist der Einspruch diesem zur Entscheidung vorzulegen.

§ **16.** (1) Gegen den auf Einspruch ergehenden Beschluß des Vorstandes des Selbstverwaltungskörpers findet binnen einer Frist von zwei Wochen die Beschwerde an die Kommunalaufsichtsbehörde und in den Fällen aus § 15 zu 1 wahlweise die Klage im Verwaltungsstreitverfahren statt.

(2) In den Beschlüssen des Vorstandes des Selbstverwaltungskörpers ist auf diese Vorschriften hinzuweisen.

§ **17.** Im Verwaltungsstreitverfahren entscheidet im letzten Rechtszuge das reichsgesetzlich zuständige Gericht, soweit Verletzung des Reichsrechts gerügt wird.

IV. Fürsorgeerziehung.

§ 18. (1) Fürsorgeerziehungsbehörden sind die Provinzialausschüsse, in der Provinz Hessen-Nassau die Landesausschüsse der Kommunalverbände Wiesbaden und Cassel, der Magistrat der Stadtgemeinde Berlin, der Kreisausschuß des Kreises Herzogtum Lauenburg und der Landesausschuß der Hohenzollernschen Lande.

(2) In den Fällen aus § 63 Abs. 2 des Reichsgesetzes für Jugendwohlfahrt muß das Vormundschaftsgericht vor der Beschlußfassung die Fürsorgeerziehungsbehörde hören.

§ 19. (1) Im Falle der vorläufigen Fürsorgeerziehung hat die Fürsorgeerziehungsbehörde bis zum rechtskräftigen Abschlusse des Verfahrens dem Vormundschaftsgerichte von dem Orte der jeweiligen Unterbringung des Minderjährigen Nachricht zu geben.

(2) Nach rechtskräftigem Abschlusse des Verfahrens ist das Vormundschaftsgericht auf sein Ersuchen von dem Orte der jeweiligen Unterbringung des Minderjährigen zu benachrichtigen.

(3) Die Beendigung der Fürsorgeerziehung vor Eintritt der Volljährigkeit ist dem Vormundschaftsgerichte mitzuteilen.

§ 20. Bei der Ausführung der Fürsorgeerziehung ist das Landesjugendamt zu beteiligen, soweit ein solches errichtet ist. Die Beteiligung ist durch den Minister für Volkswohlfahrt zu regeln.

§ 21. (1) Für die Entscheidung über die Aufhebung der Fürsorgeerziehung gemäß § 72 Abs. 2 des Reichsgesetzes für Jugendwohlfahrt ist die Fürsorgeerziehungsbehörde zuständig. Gegen ihren ablehnenden Beschluß kann der Antragsteller binnen zwei Wochen vom Tage der Zustellung an die Entscheidung des Vormundschaftsgerichts anrufen.

(2) Bei einer unter Vorbehalt des Widerrufs erfolgten Aufhebung der Fürsorgeerziehung steht die Ausübung des Widerrufs der Fürsorgeerziehungsbehörde zu. Diese hat vorher das Jugendamt zu hören. Die Anhörung kann in dringenden Fällen nachträglich erfolgen. Ist die unter Vorbehalt des Widerrufs erfolgte Aufhebung der Fürsorgeerziehung gemäß Abs. 1 durch das Vormundschaftsgericht erfolgt, so bedarf innerhalb der ersten drei Monate nach der Aufhebung der Widerruf der Zustimmung des Vormundschaftsgerichts.

§ 22. Träger der Kosten der Fürsorgeerziehung sind die Kommunalverbände, bei denen Fürsorgeerziehungsbehörden bestehen (§ 18). Sie erhalten zu diesen Kosten aus der Staatskasse einen Zuschuß von zwei Dritteln.

§ **23.** (1) Für die Erstattungsforderungen der Kommunalverbände an die Minderjährigen oder die zu ihrem Unterhalte Verpflichteten sind Tarife zugrunde zu legen, welche von dem Minister für Volkswohlfahrt nach Anhörung der Kommunalverbände festgesetzt werden. Die Kosten der allgemeinen Verwaltung der Fürsorgeerziehung, des Baues und der Unterhaltung der von den Kommunalverbänden errichteten Anstalten bleiben hierbei außer Ansatz. Die Kommunalverbände sind berechtigt, in besonderen Fällen die Tarife bis zur Höhe der entstandenen Selbstkosten zu überschreiten.

(2) Für die Fürsorgeerziehung Schulentlassener sollen von diesen und den zum Unterhalte Verpflichteten Kosten nur dann erhoben werden, wenn sie in Anstalten untergebracht oder durch Krankheit arbeitsunfähig sind.

(3) Wird gegen den Erstattungsanspruch Widerspruch erhoben, so beschließt darüber auf Antrag des Kommunalverbandes der Bezirksausschuß endgültig. Zwei Drittel der durch die Kommunalverbände von den Erstattungspflichtigen eingezogenen Beträge sind auf den Beitrag des Staates anzurechnen.

§ **24.** (1) Die Kommunalverbände haben für die Ausführung der Fürsorgeerziehung und für die Verwaltung der von ihnen errichteten Erziehungsanstalten Anweisungen zu erlassen.

(2) Die Anweisung bedarf der Genehmigung der Minister für Volkswohlfahrt und für Wissenschaft, Kunst und Volksbildung hinsichtlich der Bestimmungen, welche sich auf die Aufnahme, die Behandlung, den Unterricht und die Entlassung der Minderjährigen beziehen.

§ **25.** Wenn schulpflichtige zur Fürsorgeerziehung überwiesene Minderjährige der öffentlichen Volksschule ohne sittliche Gefährdung der übrigen die Schule besuchenden Kinder nicht zugewiesen werden können, so hat der Kommunalverband dafür zu sorgen, daß ihnen während des schulpflichtigen Alters der erforderliche Schulunterricht anderweitig zuteil wird. Im Streitfall entscheidet der Oberpräsident nach Anhörung der Schulaufsichtsbehörde.

§ **26.** (1) Die Oberpräsidenten und in höherer Instanz der Minister für Volkswohlfahrt haben die Aufsicht über die Ausführung der Fürsorgeerziehung durch die Kommunalverbände und die von ihnen zur Unterbringung von Minderjährigen benutzten Anstalten zu führen. Jedoch bleiben Bestimmungen, nach denen anderen staatlichen Behörden das Recht der Fachaufsicht zusteht, unberührt.

(2) Soweit den Landesjugendämtern Aufsichtsrechte zustehen, sollen Besichtigungen der staatlichen Behörden im Benehmen mit den Landesjugendämtern erfolgen.

V. Übergangsvorschriften.

§ **27.** (1) Soweit Beamte einer Gemeindearmenverwaltung auf Grund des Artikels 78 § 4 des Preußischen Ausführungsgesetzes zum Bürgerlichen Gesetzbuch alle oder einzelne Rechte und Pflichten von Vormündern über Minderjährige haben, gehen diese Rechte und Pflichten auf das Jugendamt über, zu dessen Bezirke die Gemeinde gehört.

(2) Soweit Beamte oder Angestellte von Kreisen oder Gemeinden Vormundschaften als Sammelvormünder kraft Bestellung auf Anweisung ihrer Anstellungsbehörde führen, gehen diese Vormundschaften auf das Jugendamt über.

(3) Bei Errichtung der Berliner Bezirksjugendämter hat der Magistrat Berlin über die Verteilung der Vormundschaften Bestimmungen zu treffen.

§ **28.** (1) Sind die Gemeinden, deren Beamte oder Angestellte die Vormundschaft ausüben, nicht Träger des Jugendamts, so werden diese kraft Gesetzes beamtete Mitglieder des Jugendamts und gelten betraut mit den vormundschaftlichen Obliegenheiten im Sinne des § 32 des Reichsgesetzes für Jugendwohlfahrt. Diese Mitglieder werden bei der Zahl der beamteten Mitglieder des Jugendamts gemäß § 4 Abs. 1 nicht mitgerechnet.

(2) Die Abs. 1 Satz 1 vorgesehenen Wirkungen erlöschen einen Monat nach Aufkündigung seitens des Trägers des Jugendamts oder der Gemeinde.

§ **29.** (1) Die auf Grund des § 27 eintretenden Amtsvormundschaften gelten als bestellte Amtsvormundschaften, soweit es sich um die Überleitung einer Mitvormundschaft, Gegenvormundschaft, Pflegschaft, Beistandschaft oder um eine Vormundschaft über eheliche Mündel handelt, in anderen Fällen als gesetzliche Amtsvormundschaften.

(2) Die Bestallungen der bisherigen Sammelvormünder gelten als Bescheinigungen im Sinne des § 37 des Reichsgesetzes für Jugendwohlfahrt und sind durch einen Vermerk des Jugendamts als solche zu kennzeichnen.

§ **30.** Soweit auf Grund des Artikels 78 § 1 des Preußischen Ausführungsgesetzes zum Bürgerlichen Gesetzbuche Vorstände von Anstalten die Rechte und Pflichten eines Vormundes über Minderjährige haben, oder soweit Anstaltsvorstände auf Grund des § 12 des Gesetzes über die Fürsorgeerziehung Minderjähriger bestellt sind, bleiben die Vormundschaften bestehen und gelten als bestellte Anstaltsvormundschaften im Sinne des § 47 des Reichsgesetzes für Jugendwohlfahrt.

§ **31.** (1) Auf schwebende Fürsorgeerziehungsverfahren finden die Bestimmungen des Reichsgesetzes für Jugendwohlfahrt mit folgender Maßgabe Anwendung:

(2) Ist der Antrag vor Inkrafttreten des Gesetzes gemäß Abs. 1 des § 4 des Gesetzes über die Fürsorgeerziehung Minderjähriger gestellt, so ist der Beschluß auch dem Antragsteller zuzustellen, dem das Recht der sofortigen Beschwerde aus Abs. 4 des § 4 zusteht. Sind die Anhörungen gemäß Abs. 2 des § 4 erfolgt, so bedarf es im ersten Rechtszuge nicht mehr der Anhörung des Jugendamts vor der Beschlußfassung.

(3) Beschlüsse auf vorläufige Unterbringung, die auf Grund des § 5 des Gesetzes über die Fürsorgeerziehung Minderjähriger erlassen sind, gelten als Beschlüsse über Anordnung der vorläufigen Fürsorgeerziehung gemäß § 67 des Reichsgesetzes für Jugendwohlfahrt. § 5 Abs. 2 des Gesetzes über die Fürsorgeerziehung Minderjähriger ist nur anwendbar, wenn der Beschluß auf Ablehnung des Antrags auf Fürsorgeerziehung oder die Einstellung des Verfahrens vor Inkrafttreten dieses Gesetzes rechtskräftig geworden ist.

§ **32.** Auf die auf Grund der bisherigen gesetzlichen Bestimmungen überwiesenen Minderjährigen finden die Bestimmungen des Reichsgesetzes für Jugendwohlfahrt Anwendung.

§ **33.** (1) Bis zur Errichtung der Satzungen werden die Zuständigkeiten der Jugendämter durch den Vorstand des Selbstverwaltungskörpers wahrgenommen. Die §§ 11 und 32 des Reichsgesetzes für Jugendwohlfahrt finden Anwendung.

(2) Kommt die Satzung bis zum 1. Oktober 1924 nicht zustande, so wird sie von der Aufsichtsbehörde erlassen.

VI. Ausführung des Gesetzes.

§ **34.** Mit der Ausführung des Gesetzes wird der Minister für Volkswohlfahrt beauftragt.

VII. Aufhebung bisheriger Gesetze.

§ **35.** Das Gesetz über die Fürsorgeerziehung Minderjähriger vom 2. Juli 1900 und 7. Juli 1915 (Gesetzsamml. 1900 S. 264

und 1915 S. 113) sowie Artikel 78 des Preußischen Ausführungsgesetzes zum Bürgerlichen Gesetzbuche vom 20. September 1899 (Gesetzsamml. S. 177) werden aufgehoben.

VIII. Inkrafttreten des Gesetzes.

§ **36.** Dieses Gesetz tritt am 1. April 1924 in Kraft.

Das vorstehende, vom Landtage beschlossene Gesetz wird hiermit verkündet. Die verfassungsmäßigen Rechte des Staatsrats sind gewahrt.

Berlin, den 29. März 1924.

Das Preußische Staatsministerium.

(Siegel.)

Braun. Hirtsiefer.

Einleitung.

I. Allgemeines.

Unsere Zeit steht im Zeichen der „Volkswohlfahrt“. In bemerkenswertem Gegensatze zu dem schweren Zusammenbruche unseres Volkstums, welcher, durch Weltkrieg und Revolution herbeigeführt, seinerseits sich als Ursache und Nährboden ungewöhnlich gesteigerter Selbstsucht und zahlreicher trüber Schmarotzerbildungen des Verkehrslebens erwies, regen gerade in der Gegenwart weit mehr als in irgend einer Epoche der deutschen Geschichte sich mannigfache, mit erhöhtem Eifer betätigte Kräfte, welche die Lebensführung der schlechter gestellten Volksgenossen zu erleichtern und zu verbessern suchen, nicht zum eigenen Vorteil, sondern in uneigennütziger Selbstentäußerung und Hintanstellung persönlicher Belange, um so das Dasein der Gesamtheit und dadurch der einzelnen „menschenwürdig“ zu gestalten und zu erhalten [1]). Schon geraume Zeit hat Preußen sein eigenes Ministerium für Volkswohlfahrt. In ersten Anfängen ist somit der Grundsatz des Art. 151 der Reichsverfassung vom 11. August 1919, welcher gerade dieses Kennwort des „menschenwürdigen“ Daseins feierlich zum Leitsatze der neuen Wirtschaftsordnung erklärt, bereits zur Tat geworden,

---

[1]) Vgl. dazu im allgemeinen Helene Simon, Aufgaben u. Ziele. der neuzeitlichen Wohlfahrtspflege S. 8 u auch S. 13. Etwas überschwänglich, aber doch mit ansprechendem Idealismus sprach schon am 1. Dez. 1909 auf einer zu Breslau — Hauptversammlung des schlesischen Gefängnis-Vereins — über das „internationale Problem der Jugendfürsorge“ gehaltenen Vortrage v. Staff von einer „Wohlfahrtsbewegung, welche die Kulturwelt in einem Umfang u einer Tiefe durchflutet, wie noch keine geschichtl. Epoche sie gezeitigt hat.“ Auch Hedemann N. 29 zu seiner Jena'er Rektoratsrede v. 1919 sieht in dem Aufrufe der provis. Regierung vom 4. März 1919 — kaum voll berechtigt — ein „großes Programm der Volkswohlfahrt!“ — Sehr charakteristisch ferner, daß im Herbst 1922 die Führer zweier großen politischen Parteien (unter sich ziemliche Gegenpole) fast gleichzeitig den Gedanken des Textes aussprachen: Stresemann (Breslau: „Es scheine oft fast, als ob alle moralischen Dämme eingerissen wären . . . ., mit welcher Rücksichtslosigkeit sich die Einzelinteressen gegenüber der Gesamtheit durchzusetzen versuchen“) und Wels (Nürnberg: „Das Gemeinwohl und das Recht jedes arbeitenden Menschen, ein menschenwürdiges Dasein zu führen.“) —

— in Anfängen, freilich noch behaftet mit Unebenheiten, die man als Kinderkrankheiten ansprechen möchte, noch nicht frei von einem Zuviel, das gelegentlich als künstliche Steigerung, als Überspannung berührt. Gleichwohl ein hocherfreuliches Zeichen dafür, daß vor allem, was gegenwärtig an unserem Volksleben „wuchert“, in diesem unzerstört und unzerstörbar ein guter, gesunder Kern fortbesteht, daß ein Anfang der Selbstbesinnung gemacht und die Hoffnung auf den Wiederaufstieg berechtigt ist.

Durchaus in den Rahmen der vorbezeichneten, für unsere Zeit, als eines ihrer „Zeichen“, charakteristischen Bewegung gehört das Sondergesetz, dessen Erläuterung hier unternommen wird. Diesen Stempel hat es sich selbst an hervorragender Stelle, durch seinen Namen, gegeben. Es will und soll nach letzterem ein „Jugendwohlfahrtgesetz“ [2]), d. h. ein Gesetz über oder (richtiger) „für“ die „Wohlfahrt“ eines Teiles und zwar, wie sogleich hervorzuheben, des zweifellos wichtigsten Teiles unseres Volkes, der „Deutschen Jugend“ sein. Das will vielleicht etwas befremdlich scheinen. Die Wohlfahrt der Menschen oder auch nur gewisser menschlicher Kreise mag durch Einrichtungen, durch Maßnahmen der Verwaltung (im allgemeinsten Sinne) herbeigeführt, zumindest gefördert und gewährleistet werden können; sie gesetzlich „vorschreiben“ zu wollen, erscheint bedenklich, ja von vornherein aussichtslos. Freie Bildungen, die natürliche, durch die Administrative nur geregelte Auswirkung spontaner Kräfte, nicht gesetzgeberischer Zwang stellen sich der einfachen Betrachtung als das gegebene Mittel dar, das Volksleben in diesem Sinne zu beeinflussen und zu heben. Dieser Umstand und gewisse zu ihm in Beziehung stehende Einzelheiten sind auch für das Verständnis des Gesetzeswerkes, den tieferen Einblick in sein Ganzes von Bedeutung: zunächst ist schon hier zu erwähnen, daß das Gesetz selbst ex professo wohl einer ganzen Reihe verwandter (synonymer) Wendungen, deren noch zu gedenken sein wird, aber nicht eigentlich des Ausdrucks „Jugendwohlfahrt“, in bewußter Prägung eines Kunstausdrucks, sich bedient. Letzterer erscheint,

[2]) So wurde ganz genau in der 2. Lesung des 29. Reichstagsausschusses der Gesetzestitel vorgeschlagen, aber ohne Erfolg und ohne Begründung der Ablehnung. Sachlich jedenfalls treffender als die endgültige, etwas farblosere (vgl. später unter III) Bezeichnung an welcher allein das „für“ als den Kern der Sache treffend zu begrüßen ist.

nur mehr untechnisch, in mehreren am Eingange begegnenden, sehr allgemeinen, teilweise fast nichtssagenden Formeln („zur Förderung der Jugendwohlfahrt" — § 6 —, „zur Erfüllung der Aufgaben der Jugendwohlfahrt" — § 5 —, „für die Betätigung in der Jugendwohlfahrt hinreichende Ausbildung", „in der Jugendwohlfahrt erfahrene Männer und Frauen aller Bevölkerungskreise" — § 9 Abs. 3 und Abs. 2 — oder, noch allgemeiner, ebendort „Vereinigungen für Jugendwohlfahrt und Jugendbewegung" (!), —) Formeln, die, eben weil solche, den Begriff selbst voraussetzen, aber nicht seinen Kern erschließen. Allein einmal erhebt sich das Gesetz wenigstens zu dem „äußeren" Anschein einer Legaldefinition, § 2 Abs. 2, durch den Klammerzusatz „Jugendpflege und Jugendfürsorge" und bietet so in der Form, obzwar nicht auch in der Sache, eine Begriffsbestimmung. Dies fällt umso mehr ins Gewicht, als die unmittelbare Gesetzesquelle des neuen Jugendrechts, die für unser Sondergesetz grundlegende Bestimmung des Art. 7 Z. 7 der Reichsverfassung [3]) — als Gesetzgebungsmaterie, für welche „das Reich" berufen ist — ebenfalls nicht die „Jugendwohlfahrt", sondern die „Jugendfürsorge" nennt. Das legt die Auffassung nahe, daß der Bezeichnung des Gesetzes als (Reichs)-Jugendwohlfahrtsgesetzes nur die Bedeutung eines geeigneten, zusammenfassenden Namens zukomme. Dem ist aber bei näherem Zusehen keineswegs so. Wohl ist der Zweifel berechtigt, ob für die Schöpfer des Gesetzes selbst diese Bezeichnung mehr als eben ein in Ermangelung eines besseren gebildeter, leicht sich einprägender Name gewesen, ob also von ihnen bereits eine gewisse Grundrichtung der Jugendrechtsordnung in jener Benennung bewußt ihren sinnfälligen Ausdruck empfangen sollte [4]). In Wahrheit gibt es jedenfalls schon im geltenden Rechte einen besonderen, scharf umrissenen Begriff „Jugendwohlfahrt" von bestimmtem Inhalt. Ihn müssen wir klar er-

[3]) Felisch in Festgabe für Liebmann (deutsche Jugendpolitik nach dem Friedensvertrage) I S. 65 vindiziert auch der im Texte genannten Bestimmung der Reichs-Verfassung als „richtiger" den Ausdruck „Jugendwohlfahrt" und begrüßt an dem preußischen Entwurf von 1918 besonders beifällig die nachträgliche Namensveränderung aus Jugendfürsorge in Jugendwohlfahrt-Gesetzentwurf.

[4]) In diesem Sinne wohl hebt Felisch a. a. O. S. 66 hervor, daß das Reichsjugendwohlfahrtsgesetz aus der im Reichministerium im Innern eingerichteten „Kulturabteilung, die sich außer mit Schule und Wissenschaft vorwiegend mit der Wohlfahrtspflege befaßt", hervorgegangen sei.

kennen, wenn wir in das Verständnis unseres Gesetzes wirklich eindringen und aus ihm herausholen wollen, was es — nach seiner Stellung im Gesamtsystem des geltenden Rechts, nach seinem unmittelbaren Inhalt und vor allem nach der Eigenart der von ihm geregelten Materie — bieten kann und, letzten Endes, bieten will. Daß diese Begriffsgröße als schon vorhandene selbständige bisher in das Allgemeinbewußtsein der Rechtserkenntnis noch nicht eingedrungen, noch nicht deren Gemeingut geworden, ist in mehrfacher Beziehung von kennzeichnender, wenn auch nicht befriedigender Bedeutung. Diese Tatsache verrät einen Mangel an sozialer Einsicht in das Wesen allen Rechts und klar „richtiger" Rechtshandhabung. — Auch die Stelle, an welcher sich der Schlüssel für die Erfassung des so geschauten Begriffs der „Jugendwohlfahrt" befindet, scheint in dieser Tragweite bisher nur von wenigen verstanden, wenn überhaupt schon gewürdigt worden zu sein: sie befindet sich in unserem BGB. selbst, in § 1666, jener zwar äußerlich in den Rahmen eines enger umgrenzten Ausschnitts aus dem Jugendrechte (der „rechtlichen Stellung der ehelichen Kinder") eingepaßten, aber doch für die Grundsätze, welche überhaupt diesen Teil unseres geltenden Rechts, das Jugendrecht, beherrschen, so überaus bedeutungsvollen, ja zentralen Bestimmung. Nicht so unmittelbar freilich, wie man aus dieser These an sich folgern könnte. Vielmehr gewinnt der Rechtssatz des § 1666 BGB. den ihm zugeschriebenen Inhalt voll erst durch die Anknüpfung an eine Parallele, welche ziemlich versteckt und in einem anderen Teile des Systems sich findet, und vielleicht deshalb, soweit ersichtlich, ebenfalls noch nie herangezogen worden ist: versteckt, obwohl die in erheblichen Teilen wörtliche Übereinstimmung der Fassung die, mindestens hinsichtlich des letzten Zieles, obwaltende Gleichgerichtetheit beider Vorschriften längst hätte in die Augen springen und zur Geltung gelangen lassen sollen! Sehr merkwürdiger Weise ist nämlich bisher noch nie darauf hingewiesen worden, daß nicht ohne tieferen Grund die in § 1666 für den Voraussetzungstatbestand gebrauchte Wendung von der „Gefährdung des Wohles" (des Kindes) sich — in der Hauptsache — wörtlich identisch in § 87 BGB. findet[5]).

[5]) Seine weittragende rechtsgrundsätzliche Bedeutung habe ich neuerdings zweimal darzulegen versucht: Ihering's Jahrbücher (Abhandlung über die Familienstiftungen) Bd. 72 S. 244 und Archiv des öff. Rechts (Abhandl. über „milde Stiftungen") Bd. 6 (n. F.) S. 307. Angedeutet findet sich der

Auch dort als „Gefährdung des Wohls“, — allerdings nicht einzelner, sondern der über diesen stehenden Allgemeinheit, — des „Gemeinwohls“. Aber gerade diese höhere Richtung der letztgedachten Vorschrift weist den Weg zu dem Ziele der — unmittelbar — einer niedrigeren Stufe der sozialen Ordnung angehörenden, des § 1666. Die tatsächlich vorhandene innere Beziehung zwischen beiden muß nur auch äußerlich hergestellt, ja beinahe nur ausgesprochen werden. Hierzu bedarf es keines langen Suchens. Wie die Voraussetzungen, diese sogar in ihrem Wortlaut, übereinstimmen, so decken sich auch, mindestens in weiterem Sinne, die von beiden Normen geordneten Rechtsfolgen. Beide bestimmen für den Fall der „Gefährdung“ eines gewissen „Wohles“ zu deren Abstellung ein Eingreifen der Staatsvertretung, der — zuständigen — Behörde. Es bedarf keiner Ausführung, daß unter höherem Gesichtspunkte die „Behörde“ stets als die Hüterin und Wahrerin des Gemeinwohls in Betracht kommt[5a]). Auch, ja — für jede geläuterte Auffassung, — in vornehmster Art, die Behörde, welche die „Gefährdung“ des § 1666 abzuwenden die Amtspflicht hat. Ihr obliegt also durch jene Amtspflicht, sich des „Gemeinwohls“ anzunehmen. Die Erfüllung dieser Pflicht oder, was dasselbe, die Sorge für das Wohl des „geistig **oder** leiblich gefährdeten Kindes“ ist Sorge für das Gemeinwohl, genau so wie, nur ein wenig unmittelbarer, die Erfüllung der aus § 87 sich ergebenden Amtspflicht. Hiermit wird der Zusammenhang zwischen dem „Wohle“ des Kindes oder, da „des“ zweifellos hier so generell wie nur möglich zu verstehen ist, der Kinder überhaupt, der Kindergesamtheit und dem Gemeinwohle durchsichtig klar. Offenbar ist er durchaus ein wechselseitiger: auf dem „Wohle der Kinder“ beruht das „Gemeinwohl“, auf diesem jenes. Das eine wird durch das andere bedingt und bewirkt, also gewährleistet und ebenso umgekehrt. Damit aber haben wir sofort auch den Begriff der „Jugendwohlfahrt“ gewonnen, und zwar in streng formal zivilrechtlichem Sinne, als einen fest umschriebenen Rechtsbegriff bereits unserer gel-

---

im Texte über § 1666 BGB. ausgesprochene Gedanke in RGR. Komm. Nr. 1 zu § 1666, woselbst unter Berufung auf Seuff.s Archiv Bd. 67 Nr. 191 ein „Verein zur Förderung der Jugendwohlfahrt“ als beschwerdeberechtigt anerkannt.

[5a]) Vgl. hierzu auch die allgemeinen Bemerkungen über den „Sozialstaat“ (!) in „Einleitung“ zu Piloty-Schneider's Verwaltungsrecht.

tenden Ordnungen. „Jugendwohlfahrt" ist das Wohl unserer „Kinder", auf welchem das „Gemeinwohl" (unserer Allgemeinheit) beruht und welches daher aus diesem seinen — letzten Endes bestimmenden — Inhalt empfängt, welches selbst eine der Grundlagen des „Gemeinwohls" — ja, eine hervorragend wichtige! — bildet und gerade auch um deswillen von dem Gemeinwohle pfleglichst gehütet und geschützt wird[5b]). Diesen Grundbegriff müssen wir mit aller Rückhaltlosigkeit und Entschiedenheit auch dem hier zu erörternden Sondergesetze unterlegen. Er bildet so die Achse, um die sich in dem Gesetze alles dreht, die einzige wirklich zuverlässige Richtschnur für sein Verständnis und seine Anwendung, welche sich aus ihm wie von einem Angelpunkte aus fast von selbst und mühelos ergeben. Aus ihm sind aber ohne weiteres auch einige fernere Grundsätze abzuleiten: zunächst und als bedeutendster, daß das Gesetz in denkbar stärkstem Grade als ein „soziales" aufzufassen und zu handhaben ist, im besten Sinne dieses Wortes, in jenem Geiste etwa, in welchem ich den Begriff an anderer Stelle zu bestimmen versucht habe: dahin, daß „sozial" — „positiv sozial" — ist jede menschliche Betätigung, welche geeignet und bestimmt ist, die Lebenshaltung einer Volksgemeinschaft (und ihrer einzelnen Teile und Angehörigen) nach irgend einer Seite, der „körperlichen, geistigen, sittlichen und wirtschaftlichen, also kulturell — im weitesten Sinne des Wortes zu beeinflussen und zu heben"[6]). Sodann, daß mit dem vorliegenden Gesetze der Anfang einer gesetzgeberischen Erfassung und Gestaltung der Volkswohlfahrt überhaupt gemacht ist durch Bearbeitung ihrer anbaufähigsten und, wie zu hoffen steht, auch ertragreichsten Fläche. Endlich, — was alsbald näher darzulegen sein und dann klarer werden wird — daß das Gesetz gerade zufolge dieser inneren Grundeinstellung ein Gesetz des „Kindes", und zwar, wie vorgreifend hinzugefügt sei, ein solches insbesondere des deutschen Kindes sein will und soll.

[5b]) Eine Anbahnung der Erkenntnis dieser nicht nur rein idealen, sondern gleichzeitig praktisch-sozialen, ja beinahe wirtschaftlichen Bedeutung aller, also auch der Jugendwohlfahrt bei Marg. Berent, Jena'er Jugendgerichtstagung von 1920 Ber. S. 55: „von dieser Einstellung her gelangen wir dazu, nicht die Caritas allein als Triebfeder sozialer Arbeit anzusehen, sondern in einem lebendigen und starken Gerechtigkeitsgefühl die Grundlage sozialer Gesinnung zu erkennen."

[6]) Jhering's Jahrbuch a. a. O. S. 162.

II. Quellen und Entstehungsgeschichte des Reichsjugendwohlfahrtsgesetzes (und des Preuß. Ausführungsgesetzes dazu.)

1) Die Quellen, aus denen die (neue) Gesetzesprägung unseres geltenden Jugendrechts geschöpft hat, sind mannigfacher Art. Zum Teil liegen seine Wurzeln tiefer verborgen, als man glauben möchte. Im wesentlichen sind zwei große Kategorien zu unterscheiden.

A. Die gesetzlichen Quellen.

Sie sind teils in, teils außer dem deutschen Vaterlande zu suchen. Auf fremdem Boden, was als charakteristisch, bedauernd, festzustellen ist, in viel breiterem Ausmaße als daheim. Hier, im heimischen geschriebenen Rechte, finden sich nur sehr vereinzelte Ansätze zur Ausgestaltung eines besonderen Jugendrechtes. Hauptsächlich in den wenigen Ausnahmevorschriften, welche auf dem Gebiete des Strafrechts den „Jugendlichen" eine Sonderstellung zuerkennen. Denn die Bestimmungen des gemeinen bürgerlichen Rechts, in erster Linie des deutschen BGB., über die fehlende oder doch eingeschränkte „Geschäftsfähigkeit" unerwachsener Personen, der „Minderjährigen", über die (schon unter I erwähnte) „rechtliche Stellung des ehelichen Kindes" und ebenso über diejenige der unehelichen Kinder können und dürfen noch nicht für ein „Jugendrecht" im eigentlichen Sinne, in der Bedeutung, in welcher es jetzt — endlich! — seinen gesetzlichen Niederschlag gefunden hat, reklamiert werden, weder als dessen Vorläufer noch auch, viel weniger, als seine Erscheinungsformen. Sie sind der Ausdruck der rein formalen Konsequenzen aus den Grundlagen des zivilrechtlichen Gesamtsystems und ermangeln nach ihrem positiven Gehalt und wesentlich auch nach dem Gedanken ihrer Urheber der Durchdringung mit jenem sozialen Geiste, ohne den ein wahres Jugendrecht unmöglich ist. Wohl aber ist diese Anlage zu erkennen oder doch zu verspüren in dem Anwachsen des Verlangens nach einer Erfassung und Behandlung der „Jugendlichen" als „besonderer" Teilnehmer unserer Rechtsgemeinschaft, welches sich in der Entwicklung eben jener auf sie bezüglichen Strafrechtsnormen, seit Jahrzehnten einem deutlichen, immer stärkeren Anschwellen der Bewegung gleich, bemerkbar macht. Vornehmlich das Bestreben, den „Jugendlichen" so lange wie möglich vor einem **Vollzuge** der, an sich, nach dem Gesetze, von ihm verwirkten Strafe zu **bewahren**, gab dieser Entwicklung ihr eigenartiges Gepräge, welche in Preußen durch die Allerhöchste Verordnung vom 23. Oktober 1895, ganz erkennbar hauptsächlich auf „Jugendliche" zugeschnitten, noch greifbarer durch die Allgemeine Verfügung des Justizministers vom 14. März 1917 und, mit einem erheblich stärkeren Schritte vorwärts, mit genereller Übertragung der bedingten Strafaussetzung und den späteren gänzlichen Straferlasses auf die Gerichte, durch diejenige vom 19. Oktober 1920 sich vollzog. Triebkräftig und immer stärkere Geltung beanspruchend und findend, bricht durch bewußte Privilegierung der „Jugendlichen" in bezug auf die Strafaussetzung schon hier, auf einem zwar begrenzten, aber doch hervorragend wichtigen Gebiete des Rechtslebens, die Erkenntnis sich Bahn, daß auch von Rechts bzw. von „Gerichts" wegen der noch in körperlicher und geistiger Entwicklung, innerem wie äußerem Werden begriffene Mensch prinzipiell anders behandelt werden müsse als der, bei dem diese Entwicklung abgeschlossen ist. Mit dem Siege dieses Rechtsgedankens war der bedeutsamste Anfang zur Erstellung eines besonderen Jugendrechts gemacht und ihm, da auch hier vor allem der Anfang schwer, der Boden geebnet. Freilich brauchte es geraume Zeit, bis es ihm gelang, die Hülle der engen Spezialnormen zu sprengen, auf deren Grunde er zunächst schlummerte, und jene Herrschaft eines obersten Rechtsgrundsatzes zu erringen, mit der er — ausdrücklich — in die Reichsverfassung vom 11. August 1919 übergegangen ist. Aber einmal vom Gesetzgeber erkannt und aufgegriffen, verschwand er nicht mehr aus den unser öffentliches Leben beherrschenden Strömungen. Das zeigte sich besonders deutlich bei den Arbeiten an der Strafrechtsreform, sowohl des materiellen Strafrechts wie des Rechtsganges, welche im Anfange dieses Jahrhunderts begannen, in der immer stärkeren Berücksichtigung der **Jugend** als eines die strafrechtliche Behandlung des Menschen eminent, ja entscheidend beeinflussenden Umstandes im Sinne eines besonderen „Jugendrechts" auch hier aber doch noch mehr tastend und unsicher. Zu einer fest zupackenden, entschiedenen Stellungnahme kam es erst durch die Vorlegung des Entwurfs (oder richtiger: der) Entwürfe eines deutschen **Jugendgerichtsgesetzes**. Ihre Bedeutung ist legislatorisch eine ganz außerordentliche: denn mit ihnen wurde zum ersten Male auf deutschem Boden von Gesetzes wegen der Standpunkt angenommen, daß die „Jugend" ihr Recht für sich heischt und verdient, Recht in doppeltem oder, wenn man so will, in dreifachem Sinne: als Setzung materieller Normen, als Rechtsgang und auch als Organisation der zur „Pflege", zur Anwendung des Rechts berufenen Behörden, der Gerichte. Was bis dahin allein in ziemlich systemlosen Ansätzen — in ersterer Beziehung im Deutschen Reichsstrafgesetzbuch (von 1876) §§ 55 ff., in letzterer mehr nur in einzelstaatlichen Anordnungen der zuständigen Zentralbehörden, regelmäßig der Justizverwaltungen, so für Preußen durch die Allgem. Verfügung vom 24. Januar 1908 — gewirkt hatte, wurde hier ganz bewußt zum leitenden Gedanken eines eigenen Gesetzes erhoben [7]), welches in der Statuierung dieses Rechtsprinzips geradezu aufging. — Hiermit war der entscheidende Schritt getan [8]): wenn auch erst auf einem einzelnen, so doch zweifellos besonders vorbildlichen Gebiete war eine besondere Jugendrechtsordnung geschaffen. Die damit betretene Bahn wurde nicht wieder verlassen, — aus innerer, zwingender Notwendigkeit, weil sie nicht wieder verlassen werden konnte. Nicht sowohl, ja nicht in erster Linie durch die beharrliche Fortdauer der gesetzgeberischen Arbeiten eben an diesem besonderen Jugendgerichtsgesetz [9]). Nein, vornehmlich durch die Rückhaltlosigkeit, mit welcher die neue Verfassung des Deutschen Reiches den Grundsatz aussprach, daß der Jugend die Rechtsordnung sich besonders anzunehmen habe, in den programmatischen, eine neue Zeit der Jugendrechts-

[7]) Bekämpft in der gesetzgeberischen Entwicklung hauptsächlich, jedenfalls besonders heftig von Oetker, so noch verhältnismäßig kurz vor der Verabschiedung, im „Recht" Nr. 15/16 von 1922 S. 119 ff. Aber wohl kaum mit Recht! — Gerade was O. an dem „Verluste des Gegensatzes (!) von Strafe und Erziehung", an der „Sanktionierung einer Vertauschung (!) der Folgen von Bruch der öffentlichen Rechtsordnung und Erziehungsbedürfnis" tadelt, macht nach der überwiegenden und sicher zutreffenden Auffassung — trotz des Opfers der „Generalprävention" zugunsten einer Spezialprävention — den kennzeichnenden Wert dieser Gesetzgebung, deren Inangriffnahme zum ersten Male auf deutschem Boden der Jugend gegeben hat, was der Jugend ist, und die zu diesem Zwecke mit vollem Recht über Strafrechtsdoktrinen trotz ihrer scheinbaren rechtsphilosophischen Unerschütterlichkeit hinwegschritt.

[8]) Vgl. hierzu auch J. Stern, Der Weg zum Jugendgesetz (Felisch's Schriften über Jugendpolitik Heft 2 S. 13)

[9]) Ueber die besondere Entstehungsgeschichte des Jugendgerichtsgesetzes vgl. jetzt den Kommentar dazu von Kiesow S. S. IX—XXXI und die allerdings sehr kurze Skizze bei Francke, Einleitung S. 9.

entwicklung ankündigenden Artt. 120 und 122, welche — positiv — die „Erziehung des Nachwuchses zur leiblichen, seelischen und gesellschaftlichen Tüchtigkeit“ [10]), sowie — negativ — den „Schutz der Jugend gegen Ausbeutung, sowie gegen sittliche, geistige oder körperliche Verwahrlosung“ zu Pflichten der staatlichen Gemeinschaft erheben, jene als den Eltern oder, richtiger allen von Natur zur „Erziehung eines Kindes“ Berufenen obliegende, nur hinsichtlich der Erfüllung von der „staatlichen Gemeinschaft“ zu „überwachende“, diese durchaus eindeutig als eine geradezu die Allgemeinheit (den „Staat und die Gemeinde“ unmittelbar) betreffende.

Durch Bezeichnung als „oberste“ Pflicht der Eltern wird die durch Art. 120 sanktionierte „Erziehung des Nachwuchses“ mit deutlich erkennbarer Absicht noch besonders unterstrichen. Beide Aussprüche [11]) ein Versprechen des Reichs an seine Angehörigen zugunsten der deutschen Jugend [12]): das Versprechen besonderer staatlicher Fürsorge, die auch in der Rechtsbildung, zumal der Gesetzgebung, sich auswirken soll. Seiner Einlösung dient das vorliegende Sondergesetz. Es ruht insofern sachlich auf den Schultern jener Bestimmungen der Reichsverfassung [13]).

Im Gegensatze zu dieser Spärlichkeit im deutschen Rechte fließen im Auslande die Quellen besonderen Jugendrechtes ungleich stärker und reichlicher. Es ist eine bemer-

[10]) An diese Formulierung knüpft, unmittelbar u. wörtlich der jetzige § 1 Abs. 1 an. Viel weniger prägnant, ja beinahe etwas verschwommen die Redaktion des REntw.: „Recht auf körperliche, geistige und sittliche Erziehung!“ Näheres unten zu § 1.

[11]) Eine gewisse Unterschätzung erweist diesen Sätzen der Reichsverfassung wohl Stier-Somlo, RVerf. S. 115 (nur: „sozialethische (!) Grundsätze mit Beziehung zum Staate“); andererseits findet sich aber nicht selten auch Ueberschätzung, so z. B. bei Smoschewer, Jur. Wochenschr. 1924 S. 784.

[12]) Auch die Beschränkung auf das „Deutsche Kind“ — § 1 Abs. 1 — steht in innerer Harmonie mit der Zurückführung des RJWG. auf die RVerf. Denn die in dem Texte gedachten Aussprüche finden sich in dem 2. Hauptteile der RVerf., überschrieben: „Grundrechte und -pflichten der Deutschen!“ (Allerdings Art. 135 RVerf.: „Bewohner des Reichs“; aber analog auch im RJWG. § 7 Abs. 1: „für alle Minderjährigen, die im Bezirke des Jugendamtes ihren gewöhnlichen Aufenthalt haben.“)

[13]) Blaum, Soz.-Praxis und Archiv für Volkswohlfahrt 1920 S. 548 ff. spricht als hauptsächlichsten Vorläufer des RJWG. das Württembergische JAGes. v. 8. Oktober 1919 an Für den spezifischen materiellen Inhalt des RJWG. zweifellos zutreffend. Daß im Reiche die gesetzgeberische Bewegung so stark in Fluß kam, ist aber doch wohl in erster Linie auf die RVerf. und ihre Zusagen zurückzuführen.

kenswerte geschichtliche Tatsache, daß dieselben germanischen Länder, Deutschland und die Schweiz, welche die größten pädagogischen Genies aller Zeiten, einen Pestalozzi, einen Fröbel, einen August Hermann Franke u. a. m. hervorgebracht, welche mithin durch Einzelleistungen der „Jugendwohlfahrt“ schon früh vorbildlich waren und ihrer weltgeschichtlichen Entwicklung entschieden vorauseilten, in der staatlichen Jugendarbeit so spät, fast als die letzten, auf den Plan traten[14]). Hier mußte das Ausland zur Nachahmung anfeuern, damit aus dem Anstoße, welchen von jenen führenden Geistern die Einsicht in die Dringlichkeit der Aufgabe empfangen, allmählich die besondere deutsche Jugendgesetzgebung erwuchs. Hauptsächlich die Völker angelsächsischer Rasse! — Der einschlägigen Entwicklungsformen kann hier natürlich nur in lapidaren Zügen gedacht werden[15]). Als geschlossene, allgemeine Beachtung heischende und findende Bewegung setzte sie, was charakteristisch genug, zuerst außerhalb der alten Welt ein: in dieser selbst hatten, auf englischem Boden, vereinzelte Rufer im Streite freilich schon im 18. Jahrhundert ihre Stimme zugunsten einer Ausnahmestellung der Jugendlichen im Strafrecht und Strafverfahren, zumal hinsichtlich des Strafvollzuges, erhoben. Keiner von diesen, unter denen der Philanthrop Robert Young besonders hervorragt, welcher 1780 in London eine eigene Gesellschaft zur Verhütung von Verbrechen Jugendlicher begründete, vermochte aber bereits, die Stellungnahme des Staates und seiner Gesetzgebung wirklich zu beeinflussen. Hier schritt die neue Welt vor den anderen zur Tat. Denn Englands Infant life Protection Act aus dem Jahre 1872 hatte einem besonderen Jugendrechte den Weg doch nur in großen Umrissen gewiesen, Süd-Australien sich 1890 noch auf die Verwaltungsanordnung beschränkt, daß das gerichtliche Verfahren gegen verwahrloste

---

[14]) Nicht viel besser allerdings Frankreich, das trotz Rousseau's Emile (nach Goethe: das „Naturevangelium der Erziehung“) bis heute noch keine grundlegende, umfassende Jugendgesetzgebung — das Gesetz vom 22. Juli 1912 ist auf ein sehr enges Sondergebiet beschränkt — besitzt; eher rührt schon das belgische Kinderschutzgesetz vom 15. Mai 1912 auch an gewisse Grundprobleme.

[15]) Die Skizze des Textes folgt im wesentlichen der von v. Staff in seinem — Oktober 1920 vor der Rhein. Westf. Gefängnisgesellschaft (abgedruckt in deren 93. Jahresber.) gehaltenen — Vortrage, welcher zwar auch die Jugendgerichtsgesetzgebung zum Gegenstande hatte, aber durch seine Betonung der „sozialen Seite der Frage“ — S. 32 — die richtige Grundeinstellung bewies und hervorhob.

und verbrecherische „Kinder“ von anderen zu trennen sei. Dem Grundsatze, daß dem Jugendlichen im Rechtsleben überhaupt eine Sonderstellung gebühre, weil er selbst besonders geartet, gab erst im Jahre 1894 Kanada gesetzliche Prägung durch eine Bill, welche nicht nur die Trennung der Verfahren gegen Jugendliche, sondern grundsätzlich zwingend auch den Ausschluß der Öffentlichkeit anordnete. Von dieser durchgreifenden Umgestaltung des Rechtsganges (gegen Jugendliche unter 16 Jahren) bis zur Schaffung eigener Gerichtsbehörden war kein weiter Weg. Sie geschah zuerst in Chicago mit der Errichtung eines children Court, der dort am 1. Juli 1899 in Wirksamkeit trat. Seinem Beispiele folgten schnell genug andere amerikanische Staaten, die in überwiegender Mehrzahl juvenil Courts — eine kennzeichnende Erweiterung der Bezeichnung Chicagos! — errichteten und mit besonderer Sorgfalt ausgestalteten. Unter ihnen nimmt Colorado mit seinem Jugendgerichtsgesetz vom 7. März 1902 einen besonderen Rang ein durch die ausdrückliche Vorschrift, daß der Jugendgerichtshof als eine Art Vormundschafts- und nicht als Strafgericht tätig sein solle [16]). Das jenseits des Ozeans in so breiter Anlage und mit so regem Eifer gegebene Vorbild fand vornehmlich in dem angelsächsischen Staate diesseits desselben Widerhall: auch England ging zu eigenen Jugendgerichtshöfen über, vor allem aber zu einer grundlegenden und umfassenden Regelung des Jugendwesens durch die sogen. Children Act von 1908, einer Erfüllung der Forderungen Robert Youngs und der ihm Gleichgesinnten. Im übrigen Europa schloß sich diesem Beispiele der eigenen Jugendgerichtshöfe zunächst nur Belgien an. — Durch das Institut der Jugendtribunale sui generis war auch die Einstellung zum materiellen Rechte der Jugendlichen mit einem Schlage gewandelt. Hier war im Gegensatze zu der in Deutschland, vor allem auch in Preußen, mehr nur gefühlsmäßig angebahnten Berücksichtigung einer Sonderstellung der „Jugend“ im

---

[16]) Nach Hoffmann's (A. G. Rat Leipzig) auf dem 5. Deutschen Jugendgerichtstage — Jena, September 1920 — gehaltenen Vortrage, Ber. (H. 4 Schr. des Ausschusses für Jugendgerichte und Jugendgerichtshilfe der Deutschen Zentrale für Jugendfürsorge) S. 21. Ein um 1870 in Großbritannien in Kraft getretenes Kinderschutzgesetz erwähnt die Begründung zum preuß Entw. von 1918 bei Schlosser S. 47, ohne nähere Angaben, gemeint wahrscheinlich die infant life protection Act vom 25. Juli 1872, über welche Grabowsky, Preuß. Verw.-Blatt 1906, 28. Jahrg. S. 234 und unten, Vorbemerkung zum Abschnitt III zu vergl.

Rechtsleben, zumal im Strafrecht, mit klarem Blick und fester Hand zugestrebt worden. Sinnfällige Einrichtungen stellten planmäßig ebenso die Notwendigkeit eines besonderen Rechts wie die Möglichkeit seiner Durchführung lebendig vor Augen. Der durch die Wucht der greifbaren Tat vollzogene Umschwung der gesamten Rechtsanschauungen über Jugendliche wurde bald Gemeingut der ganzen Kulturwelt. Denn, wie ein hervorragender Praktiker des Jugendrechts treffend sagt[17]), ist „mit dem Worte Jugendgericht bereits ein ganz bestimmtes... pädagogisches Programm umschrieben.... Darin liegt der Kerngedanke eingeschlossen, daß der Jugendliche von der Rechtsordnung anders behandelt werden müsse als der Erwachsene. Während die Rechtsordnung früher den Jugendlichen als verkleinerte Ausgabe des Erwachsenen (!) betrachtete...., wissen wir heute, daß es sich um viel mehr als einen Gradunterschied handelt, nämlich um einen Wesensunterschied!!" Dieses Gesamturteil ist Wort für Wort zu unterschreiben. Von der Einführung der selbständigen Jugendgerichtshöfe in gewissen maßgebenden Ländern schreibt sich in der Tat eine neue Epoche des Jugendrechts, ja, die Epoche des besonderen Jugendrechts der gesamten Welt her. In den darauf gerichteten Gesetzen des Auslandes liegen also die Wurzeln, ja, letzten Endes die stärksten Triebe des Jugendsonderrechts, welches etwas spät nunmehr auch auf deutschem Boden sich zu entfalten beginnt. Dieser rechts- und gesetzgebungsgeschichtlichen Tatsache tut die Gegnerschaft, welche der sogen. „anglo-amerikanische Weg" gerade von gewichtiger deutscher Seite, in erster Linie bei den Beratungen über das (künftige) Jugendgerichtsgesetz[18]), fand, keinen Eintrag. Der bahnbrechende Einfluß des rückhaltlosen Bekenntnisses zu einem besonderen Jugendrechte und dessen Priorität bleibt ein unbestreitbares „anglo-amerikanisches" Verdienst. Auch Deutschland

---

[17]) Hoffmann a. N 16 a. O. Die dort an die Spitze des Referats gestellten Sätze treffen den Wesenskern des ganzen Problems ebenso wie manche besonders beifallswürdige Einzelaussprüche, so z. B S. 27, daß (schlechthin) „das jugendliche Seelenleben seinem innersten Wesen nach verschieden ist von dem der Erwachsenen." Vgl. auch ähnlich Helene Simon, Schmollers Jahrbuch 39 H. 1 S. 241 (Das Jugendrecht. „Ein soziolog. Versuch").

[18]) Bes. von Prof. Dr. Liepmann-Hamburg in seinem Korreferat zu Hoffmann, vgl. N. 16 (von Liepmann auch der im Texte wiedergegebene Ausdruck: „anglo — amerikanischer Weg —!") Andererseits vgl. v. Staff's — oben N. 1 — „internationales Problem der JugFürs.!"

hat er nicht nur durch typische Einzelheiten, so durch den probation officer als Mustereinrichtung der Jugendrechtspraxis,[19]) sondern vor allem als eine der wesentlichsten Bedingungen der deutschen Jugendwohlfahrt nachhaltig befruchtet.

B. Die Praxis des Jugendrechts.

Die in ihr beruhenden Quellen unseres Jugendsonderrechts treten naturgemäß nicht so plastisch hervor, wie die aus der Gesetzgebung nachweisbaren, sind aber ebenfalls bedeutsam. Im engeren, landläufigen Sinne der gerichtlichen Jugendrechtspflege freilich tritt bei sachlicher Betrachtung die „Praxis" in den Hintergrund. Nicht, weil die Gerichte in spezifischen Jugendrechtsfragen sich nicht eifrig genug oder ihrer Aufgabe nicht gewachsen gezeigt hätten. Sondern vornehmlich, weil bis vor kurzem die maßgebenden, fast nur dem Strafrechte zugewandten Bestimmungen, z. B. in Preußen die Verfügung des Justiz-Ministers vom 24. Januar 1908 über die Behandlung der Strafsachen gegen Jugendliche[20]) — der Ausdruck: Einrichtung von Jugendstrafgerichten wäre hier noch viel zu kühn! — ihre Bewegungsfreiheit zu sehr hemmten, als daß freie Entfaltung der Rechtspflege zur Entwicklung eines deutschen Jugendrechts bestimmend hätte beitragen können. Dies war anderen Organen des öffentlichen Lebens vorbehalten, welche — und eben weil sie — den Belangen Jugendlicher „freier" nachgehen konnten. Zwei große Gruppen sind hier unterscheidend hervorzuheben, von bemerkenswerter starker innerer Ungleichartigkeit. Die Träger der — auch technisch so genannten — „freien Liebestätigkeit" oder „offenen Jugendfürsorge" und während des Weltkrieges die stellvertretenden Generalkommandos. Das Zusammenwirken dieser beiden Gegenpole während des letzteren, für

---

[19]) Vgl. meine Abhandlg. über die „Schutzauff. im RJWG." (damals noch Entw.!) ZentrBlatt Vmschw., Jahrg. XIII Nr. 20, auch unt. Vorbem. zu Abschn. VI. (In gleichem Sinne wohl Hoffmann, a. a. O. S. 25: „Ideeller Gehalt des amerikanischen Probationssystems!")

[20]) Die aber doch nur erst die notdürftigsten Grundlinien u. Anfänge einer JugStrafrechtsordng. gab (ein „Notstandskind", Hel. Simon a. N. 17 a. O. S. 274): tunlichste Abtrennung der Hauptverhandlungen gegen Jugendl. von denen gegen „Erwachsene", weitestgehende Vereinigung der Funktionen von JugStraf- u. Vmschrichter, aber noch im S. bloßer „Personalunion" — wogegen der Antrag des Ausschusses f. JugGer. usw. (vgl. den N. 16 gen. Ber. Vorw. S. VI) an den ReichsjustMin 1909 „gesetzliche innere Verschmelzg. (Realunion) beider Arbeitsgebiete" forderte — Verbot von Presseberichten über Verhandlgen gegen Jugendl.

unsere Jugend selbst und für die Gestaltung der sie betreffenden sozialen Anschauungen und ihnen geltenden Rechtsordnung so bedeutungsvollen Zeitabschnittes ist zugleich eigenartig und lehrreich. Zu wesentlich erhöhter Betätigung, welche bleibende Spuren hinterlassen hat, gelangte in den Kriegsjahren hinsichtlich der Jugend naturgemäß zwar der erstere Kreis, die „freie Liebestätigkeit". Von gänzlich verschiedenem Ausgangspunkte, mit sehr ungleichen Mitteln, strebte aber auch die letztere Instanz dem nämlichen großen Ziele zu, Erhaltung eines tüchtigen, körperlich wie geistig gesunden, zukunftsstarken Nachwuchses durch Stützung der wankenden, Kräftigung und Ermunterung der starken, Zurückführung der gefallenen Jugend. So gefaßt, gehörte diese Aufgabe ja ohne weiteres zur „Zuständigkeit" dieser heimatlichen militärischen Befehlsstellen. Daß sie den Bereich ihrer Gewalt gerade nach dieser Seite gelegentlich selbständig erweiterten, großzügig, ja, dem äußeren Scheine nach, rücksichtslos vorgingen, durchgreifend, gegen Auswüchse harmloserer und ernsterer Natur [21]) mit Rauchverboten, Erlassen gegen unziemlichen Kneipenbesuch, gegen verderbliche Darbietungen usw. radikal einschritten, ist ihr unbestreitbares Verdienst. Aus dieser Tendenz, die deutsche Jugend und durch sie das Volksganze vor der „Kriegsverletzung" unwiederbringlicher Schädigungen zu bewahren, ergab sich von selbst die Wechselwirkung zwischen ihrem Walten und der „Fürsorge" jener anderen Organisationen: beide arbeiteten einander ergänzend Hand in Hand, die Kommandostellen hauptsächlich durch Abhilfe gegen schon eingetretene Schädigungen, die „Vereinigungen" und offenen Jugendfürsorgeeinrichtungen durch vorbeugende Verhütung dieses Eintritts. Zu diesem Grundcharakter wuchs sich nämlich die „freie, offene" Jugendfürsorge neuerdings, zumal im Weltkriege, mehr und mehr aus. Nicht zuletzt unter dem Einflusse der an ihr führend beteiligten Frauen, welche in erheblichem Maße der Weitergestaltung des Jugendwesens und Jugendrechts ihren Stempel aufdrückten. So liegt die beiden

[21]) Vgl. dazu im allg. Hellwig, Arch. f. Strafr. Bd. 65 S. 146 ff.; dens. ZentrBl. Vmschw. XIV S. 114 Nr. 5. Bes bemerkenswert die bezügl. Erlasse des in Cassel eingerichteten, für Prov. Hessen u Thüringen zuständigen stellvertr. XI. Gen. Kommandos — ebenso gewürdigt z. B. auch von v. Liszt, Vortr. vor der Berliner jurist. Gesellsch., Febr. 1916 —; ferner u. a. Vdn. des stellvertr. kommand. Generals VII A. K.'s v. 13. Dez. 1915 u. die Bekanntmachg. dazu der Stadt Crefeld v. 30. April 1918 (Zeitschr. „Die JugFürs." 1918 S. 59).

Faktoren gemeinsame schwerwiegende Bedeutung darin, daß die stellvertretenden Generalkommandos ebenso wie die „freie Liebestätigkeit" die allgemeine Aufmerksamkeit auf die an der deutschen Jugend zu erfüllenden Aufgaben lenkten und insbesondere in den Wirren und Schwierigkeiten des Krieges das öffentliche Interesse daran, zumal dasjenige der Gesetzgebung, wachhielten. Neben diesen Strebungen großen Stils spielen vereinzelte, Gleiches bezweckende amtliche Betätigungen wie der Erlaß des Preußischen Kultusministeriums vom 18. Januar 1911 über die tunlichste Bildung geeigneter Organisationen für die Jugendpflege in jedem Regierungsbezirke, die Verfügung des preußischen Justizministers vom 18. Februar 1918 mit ihren Richtlinien für die Vormundschafts- und Jugendrichter hinsichtlich der „Kriegswaisen" eine mehr untergeordnete Rolle. Doch verdienen in diesem Zusammenhange auch sie Erwähnung. Durch diese Entwicklungskoeffizienten war aber einem wahren, echt sozialen Jugendrechte nur der Boden bereitet. Es auf diesem wirklich erbaut zu haben, ist das Werk der geistig führenden Persönlichkeiten, welche dem Gedanken der Notwendigkeit eines besonderen Jugendrechts im Allgemeinbewußtsein des deutschen Volkes zum Siege und der abstrakten Erkenntnis zur tatsächlichen Durchführung verholfen haben[22]). Denn diese Persönlichkeiten haben teils als einzelne, teils in den hierfür begründeten Vereinigungen den noch planlos auseinandergehenden Versuchen der amtlichen Anläufe erst die richtigen Bahnen gewiesen und sie zur Stetigkeit und Zielbewußtheit erstarken lassen. Ein wenigstens kurzer Hinweis auf sie ist selbstverständliche Dankespflicht und darf auch in der knappsten Übersicht über die Entwicklung des Jugendrechts nicht fehlen, wenn auch Vollzähligkeit in einer solchen nicht möglich[23]). An erster Stelle

[22]) Vor allem ebenfalls durch die immer stärkere Beteiligung der Frauen an dem, was die Jugend angeht So die schon in Jena, Bericht (vgl. N. 16) S. 16 u. bes. S 60 u. S. 62, erhobene Forderung ihrer Zulassung zum Schöffen- u. Geschworenenamt, erfüllt durch das RGes. v. 25. April 1922 (Nr. 33/1922), u. ihre außerordentl. umfassende Heranziehung bei der öffentl. Erörterung der gesetzgeberischen Vorarbeiten zum RJWG., dessen Entw. allen, auch den politischen, Frauenvereinen zur Begutachtung mitgeteilt wurde. Vgl. die Verhandlungen u. Entschließungen der Kölner Frauentagung Herbst 1921 u. dazu meine Abhandlg. Leipz. Zeitschr. v. 15. Juni 1922.

[23]) Auch hier sind die deutschen Frauen keineswegs zu vergessen: Anna v. Gierke mit ihrer vorbildlichen Schöpfung des jetzt auf ein Menschenalter zurückblickenden Charlottenburger „Jugendheims", Gertrud Bäumer, die langjährige Pionierin der echten Sozialisierung der deutsch. JugFürs., u.

ist hier Felisch zu nennen, der durch sein mit großer Beharrlichkeit immer wieder in die öffentliche Erörterung geworfenes Ceterum censeo, daß das „Kind", der „Jugendliche" in diesem Sinne, als ein im Vergleich zu dem Erwachsenen anders geartetes Wesen, weil „vom Triebleben beherrscht und von seinem Ich und sinnlichen Eindrücken ausgehend" [24]), auch ein anders geartetes subjektives Recht benötige und verdiene, mit am stärksten auf die jetzt vollbrachte gesetzgeberische Tat hingewirkt hat. Nicht wenige seiner Gedanken sind als grundlegende, als leitende Gesichtspunkte in das Sondergesetz übergegangen, zum Teil fast wörtlich in der von ihm gegebenen Formulierung, so vor allem das von dem Gesetze an die Spitze gestellte „Recht (!) des Kindes auf Erziehung". Materielle Würdigung werden diese Gedanken erst später zu finden haben. Hier ist aber der unermüdlichen Werbearbeit um ein auf klare Erkenntnis der Bedürfnisse und Ziele gegründetes Jugendsonderrecht zu gedenken, welche Felisch als unvergängliches Verdienst geleistet hat. Vermöge ihrer darf er ohne Übertreibung zu den geistigen Vätern des Jugendwohlfahrtsgesetzes selbst gerechnet werden. Ihnen sind aber nach dem früher Gesagten auch die Männer zuzugesellen, welche kriminalistisch neue Anschauungen über das Jugendrecht durchgesetzt haben, so vor allem v. Liszt, Köhne und

---

zahlreiche andere. Bes. auch durch ihre triebkräftige Ausgestaltg. der JugGer.-Hilfe: Elsa v. Liszt, Berlin, Gräfin Bose, Weimar, u. a m., u. mit ihrer vielfachen stillen Sammelarbeit, von welcher das Werk von Dr. Käthe Mende und Hildegard Böhme, die „JugFürsVereine im Deutschen Reich" — vgl. unten zu § 6 — zeugt. Ferner die konfessionellen Führer der JugBewegung hervorzuheben: von kathol. Seite der besonders in Wort und Schrift gleich rührige Pater Noppel, Soz. Jesu (vgl. z. B. den schon N. 15 gen. Jahresber. S. 49 für das Bemühen N.'s um Klärung wichtiger Grundfragen), der Diözesanpräses Lenné, von evang. Seite Pastor Bentel, Pastor Backhausen u a. m. Eine Uebersicht über diese Entwicklg. der deutsch. Jug.-Wohlf. bei Felisch a. N. 3 a. O. S. 65.

[24]) Die im Text wiedergegebene Wendung wörtlich von F. (mehrfach) gebraucht; prägnanteste Kennzeichnung seines grundsätzlichen Standpunktes, dessen literarische Niederschläge zahlreich, u. auch in sich schärfste Formulierung des zentralen Gedankens eines JugSonderrechts, dessen Erkämpfung sich F. zur Lebensaufgabe gemacht hatte. Bes. bemerkenswert seine Vorträge vor der Berliner jurist. Gesellsch: Nov. 1917 über Notwendigkeit eines einheitlichen deutschen Jugendrechts u. Juni 1921 über den Entw. des RJWG.; ferner die von ihm als Ehrenvorsitzenden des „Freiwill. ErzBeirats für die schulentlassenen Waisen" — vgl. darüber unt. zu § 4 Z. 6 — insbes. seiner Abt. für JugRecht im Jan. 1919 als „Entw. eines JugNotrechts" ausgearbeitete „Verordn. zur Regelung der JugWohlf.", mitgeteilt a. N. 3 a. O. S. 66 ff.

v. Staff[25]). Denn auch sie leitete über die Reform des materiellen und formellen Strafrechts hinaus der sehr viel allgemeinere Gedanke, daß der Eigenart des „Jugendlichen" als einer für sich zu begreifenden menschlichen und sozialen Größe auch eine Eigenart des ihn beherrschenden Rechts entsprechen müsse. Indem für die Bemühungen um das besondere Jugendgerichtsgesetz die Erkenntnis, „daß die Frage der Erziehungsfähigkeit und Erziehungsnotwendigkeit an die Spitze gestellt werden sollte", geradezu der rote Faden, der „entscheidende Fortschritt" wurde[26]), haben ferner die ihm geltenden Arbeiten von Freudenthal, Kohlrausch u. a. keineswegs allein für dieses Spezialgesetz Wert, sondern auch gewisse Fundamente zu dem großen Gesamtbau gelegt, von welchem das jetzt vorliegende Sondergesetz hoffentlich nur den erstvollendeten, wenn auch wichtigsten Abschnitt darstellt. Deshalb sind schließlich auch die an diesem selbst Beteiligten, neben den hervorragend dafür tätigen Vereinigungen, — allen voran die „Deutsche Zentrale für Jugendfürsorge" unter der bewährten Leitung des im November 1923 verstorbenen früheren Staatssekretärs des Reichsjustizamts, Dr. Lisco und die katholische „Caritas", — auch die um das Zustandekommen verdienten Einzelpersönlichkeiten: der frühere Referent im Reichsministerium des Innern **Köbner**, welchem hauptsächlich der Regierungsentwurf zum Reichsgesetz vom 9. Juli 1922 zu verdanken ist, der für das preußische Ausführungsgesetz zu diesem, ebenso wie für die Ausgestaltung des Jugendfürsorgewesens in Preußen schlechthin unermüdlich tätige Referent im Preußischen Ministerium für Volkswohlfahrt, Friedeberg, den ein frühzeitiger Tod (April 1923) den Abschluß der einen und die Früchte der anderen Arbeit nicht mehr erleben ließ, der Leiter des Deutschen Vereins für öffentliche und private Fürsorge, Polligkeit, und die Vor-

---

[25]) Im Enderfolge gleich, in den Wegen u. Anschauungen mit interessanter u. wertvoller Differenzierung: v. Liszt durch seinen allgemeinen strafrechtl. Ausgangspunkt von der „soziologischen" Natur alles Verbrechens als Wegbereiter des bes. JugStrafrechts, Köhne als langjähriger Praktiker am „Jug.-Gericht" der Reichshauptst. (AG. Berlin-Mitte) die Betonung des ErzGedankens in der Behandlg. straffälliger Jugendl. verwirklichend, v. Staff mit seinen Vorträgen — außer dem N. 1 und N. 15 genannten schon ein solcher im Jahre 1892 zu Breslau — Verständnis für die Belange eines bes Jug.-Rechts durchsetzend, vor allem mit seiner dringenden Forderung nach „raschem u. energischem Handeln."

[26]) So, wörtlich, Kohlrausch in dem einleitenden Referat der Jena'er JugGerTagung 1920, Ber. S. 3.

sitzende der Deutschen Zentrale für Jugendwohlfahrt, MdR. Frau Neuhaus, diese beiden namentlich in der letzten für das Inkrafttreten des RJWG. und besonders für dessen Einführung in Preußen so kritischen Zeit (vgl. unten) rastlos in der Bekämpfung der sich entgegenstellenden Schwierigkeiten, zu erwähnen.

2) Nicht eigentlich zu den Quellen, aus denen unser Gesetz hervorgegangen, wohl aber zu den Erscheinungen, aus denen es zu begreifen ist, gehören gewisse Vorläufer und Vorboten, mit denen im Landesrecht sich das Gesetz selbst bereits ankündigt, insofern durch sie einzelne besonders wichtige Einrichtungen des nunmehrigen Reichsgesetzes innerhalb des engeren bundesstaatlichen Bereichs schon eingeführt worden waren. Insbesondere waren in solcher Vorwirkung die „Jugendämter" bereits von der Gesetzgebung einiger, allerdings nur weniger Bundesstaaten erfaßt worden. Unter ihnen steht Württemberg an erster Stelle, welches durch sein Gesetz vom 8. Oktober 1919 diese Institution mit dem 1. April 1920 bei sich offiziell eingeführt hatte [27]). Daneben hatte vor dem Kriege nur Bayern Ansätze zu einer einheitlichen Organisation dieser Behörden gemacht [28]). Im übrigen sind bemerkenswerte gesetzgeberische Versuche dieser Art nicht zu verzeichnen [29]).

3) Auf allen diesen Grundlagen aufbauend, schritt man am Ende des verflossenen Jahrzehnts mit Ernst an eine umfassende gesetzliche Grundlegung des deutschen Jugendrechts. Zuerst, dem Zuge der Zeit entsprechend, welcher damals — vgl. NN. 27 und 28 — auch in Süddeutschland mehr auf eine partikularistische Jugendgesetzgebung drängte, auf einem einzelstaatlichen deutschen Schauplatze, allerdings dem größten, Preußen. — Im Jahre 1918 wurde hier der Entwurf eines „Jugendfürsorgegesetzes" eingebracht, (vgl. hierzu u. a. auch „Jugendrecht und Jugendgesetzgebung" von LGR. Dr. Stern, Berlin,

---

27) Vgl. die „amtl. Begründung" (des Reichsmin.s des Inn.) zu dem Entw. RJWG. S. S. 23 u. 24. Für Württemberg kommt auch die dortige Anwendung des Art. 147 EG. z. BGB. (Vorbehalt zu Gunsten landesrechtl. Ersatzformen f. d. Vmschger.) hier wesentlich in Betracht: Zuweisung vmschgerichtl. Geschäfte an Verwaltungsbehörden, die „Amts- u. Oberamtspflegen." —

28) So, wörtlich, die „amtl. Begründg." — vgl. N. 27 — S. 22.

29) Insbes. ist auch das Kinderschutzges. v. 30. März 1903 nicht eigentl. hierher zu rechnen, da nicht sowohl klarer Einsicht in die Sonderbedürfnisse der Jug., die hier doch noch eine mehr sekundäre Rolle spielen, als gewerbe- (industrie-) technischen u. allgemein sozialpolitischen Rücksichten entsprungen.

in Festschr. zum 25jährigen Bestehen des Freiw. Erz. Beirats für die schulentlassenen Waisen in Berlin, S. 33 ff.), ein überaus bedeutsamer Vorgang, besonders durch die generelle und grundsätzliche Einführung der „Jugendämter", welche sich an die Organisation der preußischen Verwaltungsgebiete, der Kreise, anlehnen sollten. Noch mehr vielleicht durch die Grundtendenz des Ganzen, derjenigen des jetzt vorliegenden Reichsgesetzes so nahe verwandt, daß der ursprünglich für das preußische Gesetz geplante Name dementsprechend ebenfalls in „Jugendwohlfahrtsgesetz abgeändert wurde[30]). Vor allem aber gesetzgebungsgeschichtlich als der ausschlaggebende Anstoß zu einer entscheidenden Wendung in der gesamten Jugendrechtsentwicklung. Zwar das Preußische Abgeordnetenhaus pflichtete dem Vorschlage, es zunächst bei einem Landesjugendgesetze bewenden zu lassen, bei. Der noch im gleichen Jahre — September 1918 — in Berlin zusammengetretene „Deutsche Jugendfürsorgetag" aber stellte sich dazu in ausgesprochenen Gegensatz mit dem Verlangen, „daß das ganze Reichsgebiet durch ein lückenloses Netz öffentlicher Jugendämter überspannt" werde[31]), heischte also eine grundlegende Reichsgesetzgebung. Nach der damaligen Reichsverfassung war hierfür zunächst noch die Klippe mangelnder Zuständigkeit dieser Instanz zu überwinden. Der Umsturz und das aus ihm hervorgegangene Werk der Weimarer Nationalversammlung ebnete auch hierfür die Wege: denn in Art. 7 Z. 7 des Grundgesetzes vom 11. August 1919 wurde — in bewußtem Hinblick auf das geschichtlich Erreichte — als Mittel zu diesem Zwecke unter die (normalen) Gegenstände der Reichsgesetzgebungskompetenz neben der „Bevölkerungspolitik", „der Mutterschafts- und Säuglings-" auch „die Kinder- und Jugendfürsorge" aufgenommen[32]). Schnell schritt man nun an die Lösung dieser Aufgabe. Den Auftakt hierzu gab die Bundesratsverordnung vom 15. Februar 1917 über die Beaufsichtigung der Wohlfahrtspflege sowie die Einführung der Jugendämter und Wohlfahrtsämter (gegen welche sich aus Besorgnis über die zu weitgehende Einengung der freien Wohlfahrtspflege

[30]) Vgl. schon N. 3 a. E.

[31]) So formuliert die Stellungnahme dieser Tagung die amtl. „Begründung" zum Entw. des RJWG. S. 22.

[32]) Zufolge der „Begründung." S. 23 wäre schon nach der RVerf. v. 16. April 1871 in der sog. „Kompetenzkompetenz" des Reiches die verfassungsmäßige Grundlage zur reichsrechtl. Erfassung des Sondergegenstandes unseres Ges's gegeben gewesen. Zweifelhaft!

der Caritasverband in der Denkschrift zum Preußischen Jugendfürsorgegesetzentwurf von 1918 S. 10 und der Schrift des Prälaten Werthmann wandte. Schon während des Jahres 1919 wurde im Reichsministerium des Innern der Entwurf eines Reichsjugendwohlfahrtsgesetzes ausgearbeitet: dieser ging zunächst, nachdem ihn gemäß Art. 57 der Verf. die Reichsregierung als solche sich zu eigen gemacht, an den Reichsrat, welcher von seinem auf Art. 60 Verf. beruhenden Rechte zur gesetzgeberischen Mitarbeit in recht erheblichem Umfange Gebrauch machte, nämlich teils die Reichsregierung zu mehrfachen Abänderungen bestimmte, teils selbst beträchtliche wichtige Gegenvorschläge aufstellte, deren bedeutendste die Einrichtung des Jugendamts und die landesgesetzlichen Vorbehalte betrafen. Sie sodann der Reichsminister des Innern den Entwurf des Hauptwurden, soweit von der Reichsregierung nicht anerkannt, ihrem Entwurfe unter der Bezeichnung „Beschlüsse des Reichsrats" ein- bzw. angefügt. Mit diesen Ergänzungen und einer eingehenden (76 Druckseiten starken) amtlichen Begründung legte und des Einführungsgesetzes unter dem 15. März 1921, als Drucksache Nr. 1666 der Reichstagssession 1920/21, dem Reichstage zur „Beschlußfassung" vor (unter den „Entwürfen des Deutschen Reichstags 1921" als Nr. 14 bei Carl Heymann amtlich veröffentlicht). Das Reichsparlament setzte zur Vorbereitung seiner Entschließung unverzüglich, noch am 19. März 1921 (in seiner 89. Sitzung), einen besonderen, den 29. Ausschuß[33]) ein, welcher die Beratung des Entwurfs am 15. April 1921 begann und in zwei Lesungen, — die erste unter Trennung einer vorgängigen „General-" von der demnächstigen „Spezialdebatte" (der einzelnen §§) — bis zum 1. Februar 1922 beendete. Das Ergebnis seiner Arbeit bildet eine stattliche Zahl von Zusätzen (teils ganzer Abschnitte, teils einzelner Sätze, teils nur eingefügter Satzwendungen) zu den §§ des Regierungsentwurfs, welche als Abänderungsvorschläge dieser Herkunft in einem Neudruck des letzteren gesperrt kenntlich gemacht wurden. Den so umredigierten Entwurf reichte der Ausschuß

[33]) Zusammenges. u. a. aus 12 Vertretern („Kommissaren") der Reichsregierung — 4 Mitgliedern des Reichsmin.'s des Inn., je 2 des Reichsarbeits- u. preuß. Finanzmin., je 1 des Reichsfinanz-, Reichsjustiz-, der preuß. Justiz- u. VolkswohlfMin.n — u. 6 Mitgliedern des Reichsrats, unter verhältnismäßig starker Beteiligung von Frauen (als Delegierter allein 3: Gertrud Bäumer, Dorothea Hirschfeld u. MinRat Dr. Dünner), aber gänzlicher Ausschaltung aktiver Praktiker des Vmschrechts (vgl. Vorwort)

unter der Bezeichnung „Beschlüsse des Ausschusses" nebst einem „Bericht" über seine Beratungen (veröffentlicht als Drucksache Nr. 3959 der 1. Wahlperiode 1920/22 des Reichstags) am 10. März 1922 dem Reichstage[34]) mit dem Antrage ein, ihm durch Beschluß seine verfassungsmäßige Zustimmung zu geben und, gleichzeitig, eine Reihe mit dem Gesetze innerlich zusammenhängender, für dessen Erfolg bedeutsamer Entschließungen zu fassen, insbesondere über Bewilligung von Reichsmitteln für die „private Jugendhilfe und Jugendbewegung", über zeitgemäße Umgestaltung des Armenrechts und baldige Verabschiedung auf verwandte Materien bezüglicher gesetzgeberischer Arbeiten. Der Reichstag gab dem erstgedachten Antrage mit nur geringfügigen Abänderungen[35]) statt. Nachdem auch der Reichsrat verfassungsmäßig zugestimmt hatte, wurde das Gesetz nebst dem dazu gehörigen Einführungsgesetze unter dem 9. Juli 1922 vom Reichspräsidenten gemäß Artikel 70 der Reichsverfassung — unter verantwortlicher Gegenzeichnung des Reichsministers des Innern — ausgefertigt und als „Reichsgesetz für Jugendwohlfahrt"[36]) in der am 29. Juli 1922 ausgegebenen Nr. 54 des Reichsgesetzblattes von 1922 verkündet. —

Für Preußen übersandte das Staatsministerium am 20. April 1923 den aus 36 Paragraphen bestehenden Entwurf eines Ausführ.Ges. mit ausführlicher „Begründung" (20 S.) an den Präsidenten des Staatsrats. Von diesem wurde er dem „Gemeinde- und Verfassungsausschuß" übergeben und in letzterem — Berichterstatter Dr. Kaiser, Dortmund — alsbald beraten. Der Ausschuß beantragte am 15. Mai 1923 beim Staatsrate eine größere Zahl von (unter 8 Ziffern aufgeführten) Änderungen (Drucksache des Preußischen Staatsrats Nr. 187/1923). Dieser Antrag war Beratungsgegenstand der schon am 16. Mai 1923 abgehaltenen (16.) Sitzung des Staatsrats, wiederum mit Dr. Kaiser, Dortmund, als Berichterstatter und

---

[34]) Ber. des Reichstags 1922 Nr. 20 – Reichst. Drucks. I 1920/22 Nr. 3959; Ber. Erst. in der Kommiss. im Reichst.: Abg. Frau Dr. Lüders.

[35]) Ein Beispiel der wenigen Einzelfälle der jetzige S. 2 Abs. 1 § 48 (in der AusschFassg.: § 49). Im übrigen fast nur Zählungsänderungen (Vereinbarung der §§ Nummerierung mit den — zahlreichen — Streichungen des Aussch.). Vgl. über diese Reichst. Beratungen v. 13. u. 14. Juni 1922 den „gekürzten Ber." ZentrBl. Vmschw. XIV S. 101 ff.

[36]) Diese Benennung wurde anstelle der auch v. RegEntw. gebrauchten: „RJWG." vom Ausschusse zu Beginn seiner 2. Lesung auf einen (mit Gründen nicht versehenen) Antrag Nr. 125 beschlossen; vgl. schon oben N. 2.

dem Erfolge, daß der Staatsrat sich dem „Antrage des vereinigten Gemeinde- und Verfassungsausschusses" ohne Debatte anschloß (vgl. den ausführlichen als Drucksache des Preußischen Staatsrats veröffentlichten Bericht über diese 16. Sitzung). Ein dementsprechender Antrag ging am 16. Mai 1923 an das Preußische Staatsministerium (unter gleichzeitiger Mitteilung einer Abschrift an den Landtag). Dieses sandte unter dem 26. Mai 1923 mittels von dem Ministerium für Volkswohlfahrt gegengezeichneten Schreibens den „Entwurf" eines Ausführungsgesetzes zum Reichsjugendwohlfahrtsgesetz nebst „Begründung" an den Präsidenten des Preußischen Landtags unter Hinweis darauf, daß der Preußische Staatsrat nach Art. 40 Abs. 2 Preußischer Verfassung Gelegenheit zur gutachtlichen Äußerung erhalten und die obengedachten (8 Ziffern) Änderungen befürwortet habe. Von ihnen nahm das Staatsministerium selbst (im Schlußabsatz seines Anschreibens) nur die Vorschläge Z. I und VI an mit dem Bemerken, daß es „im übrigen dem Gutachten (des Staatsrats) nicht zuzustimmen vermöge, sich aber damit einverstanden erkläre, daß vor Erlaß der in Nr. 14 (des Regierungsentwurfs) vorgesehenen Verordnung die Landeshauptleute und der Staatsrat gehört werden", und unter Berichtigung eines in § 19 enthaltenen Druckfehlers: „Landes"- statt „Bezirksausschüsse". — Den so vom Staatsministerium geänderten, vom Staatsrate begutachteten Entw. beriet der Landtag erstmals im Plenum am 11. Juni 1923 und überwies ihn ohne jede sachliche Erörterung sofort dem zuständigen Ausschusse (für Bevölkerungspolitik). Dieser ernannte den Bureauinspektor Bräucker, Iserlohn, (SozDem.) zum Berichterstatter und unterzog den Entwurf in 11 Sitzungen, von denen fünf vor den Sommerferien 1923 stattfanden, unter Teilnahme von Vertretern der Preußischen Ministerien für Volkswohlf. und des Innern, sowie je zwei Abgesandten der Ministerien der Finanzen und für Wissenschaft, Kunst und Volksbildung bis zum 17. März 1924 einer eingehenden Beratung. Das Ergebnis wurde in den beiden Drucksachen Nr. 7630 A und 7630 B (Preuß. Landtags, 1. Wahlper., 1. Tag. 1921/24), jene den ausführlichen „Bericht des Ausschusses für Bevölkerungspolitik" (mit verschiedenen, insbesondere den Schriftwechsel der beteiligten Ministerien wiedergebenden Anl. 98 S. stark), diese die „Zusammenstellung des Entw. eines Ausführungsgesetzes z. Reichsg. f. Jugendwohlf. v. 9. Juli 1922 in der Fassung der Verordn.

über das Inkrafttreten des Reichsges. f. Jugendwohlf. v. 14. Februar 1924 mit den Beschlüssen des Ausschusses für Bevölkerungspolitik" enthaltend, niedergelegt. Während der Arbeiten des Ausschusses wurde — dies veranlaßte deren mehr als halbjährige vom 9. Juli 1923 bis 23. Jan. 1924 dauernde, nur durch einmaligen Zusammentritt am 4. Dez. 1923 unterbrochene Pause — durch die immer verhängnisvoller sich verdüsternde Finanzlage des Reiches das Zustandekommen des Gesetzes, genauer sein Inkrafttreten in den an Zahl weitaus überwiegenden deutschen Ländern, welche, Preußen voran, das Reichsges. bis dahin noch nicht bei sich eingeführt hatten, arg in Frage gestellt. (Vgl. meinen Art. Beil. der DAZ., Reichsausg. 7. Dez. 1923). Allen Ernstes hatte im Herbst 1923 der „Deutsche Städtetag (vgl. Zentrbl.-Vmschw 1923 XV Nr. 8 S. 144) von der Reichsregierung die Sistierung des ganzen legislatorischen Unternehmens „bis auf weiteres" gefordert. Den eifrigen Bemühungen und Gegenvorstellungen der freien Vereinigungen, insbesondere der Deutschen Zentr. für freie Jugendwohlf. (s. ihre Eingabe an die Reichsregierung vom 22. Oktober 1923, ZentrBl. Vmschw. a. a. O. S. 142) und ihrer Vorsitzenden, der Reichstagsabg. Frau Neuhaus (vgl. oben) gelang nach zahlreichen größeren und kleineren Konferenzen, deren wohl entscheidendste am Vormittage des 8. Dez. 1923 im Preuß. Ministerium für Vw. stattfand und von einer imposanten allgemeinen Kundgebung im Reichstagsplenarsaale am gleichen Tage gefolgt war, die Abwendung dieses Verhängnisses. Durch eine Notverordnung der Reichsregierung v. 14. Febr. 1924 (Nr. 39 Reichsanz. 1924) wurde auf der Grundlage des Ermächtigungsgesetzes vom 8. Dez. 1923 der Ausweg gefunden: obzwar, im Verein mit der ihr unmittelbar vorangegangenen Notverordn. über die Fürsorgepflicht. v. 13. Febr. 1924 (Reichsanz. Nr. 38) stark abbauend, entschied sie doch das Schicksal des RJWG. zu seinen Gunsten — durch Proklamierung des 1. April 1924 als Geltungsbeginns für das ganze Reich. Im Zeichen dieses „Kompromisses" (vgl. darüber näher Becker Zentr.Bl. Vmschw. Märzh. 1924) vollendete nun auch Preußen die Einführungsarbeiten. (Vgl. meinen Art. in Neuen Preuß. [Kreuz] Zeitg. v. 8. April 1924 Nr. 167). Der Ldt.Ausschuß beschloß die Beratung des Entwurfs in fünf Sitzungen von Ende Januar bis 17. März 1924. In unmittelbarer Folge beriet — am 18., 19. und 20. März 1924 — das Landtagsplenum das Ausführungsgesetz (vgl. die offiziellen Protokolle über diese, 304., 305. und 306. Sitzung, besonders S. 21 606 ff., 21 643 ff.) in 2 und sofort anschließender 3. Lesung, aus welcher die fast unveränderte Annahme des vom Ausschusse umredigierten Regierungsentwurfes als Endergebnis hervorging. So vom Parlamente verabschiedet, wurde er bereits unter dem 29. März 1924 in der am 31. März 1924 zu Berlin ausgegebenen Nr. 24 der Preuß. Ges.Samml. 1924 durch das Staatsministerium verkündet (entsprechend der Notverordn. mit Kraft ebenfalls seit 1. April 1924). Noch unter dem gleichen Tage erging vom Preuß. Min. für Vw. eine umfassende Ausführungsanweisung, nachdem schon unter dem 19. März 1924 (Nr. 12 JustMinBl. 1924, S. 127—129) der Preuß. Justizminister eine die Umstellung des amtsgerichtlichen Geschäftsbetriebes auf das Reichs- und das Preuß. JugendwohlfGes. regelnde Allgem. Verfügung (Nr. 124) veröffentlicht hatte.

III. Anlage, Terminologie und Grundgedanken des Gesetzes.

Schon die Benennung des Gesetzes „Reichsgesetz für Jugendwohlfahrt" verdient Aufmerksamkeit. Kennzeichnend ist ihre Unbestimmtheit, ein offenbar absichtlicher Mangel an Prägnanz, der als solcher selbst prägnant wirkt. Die Erwägung, welche dafür leitend war, in einem schon vorgeschrittenen Stadium der Ausschußberatungen durch diesen Titel den Vorschlag des Regierungsentwurfs „Reichsjugendwohlfahrtsgesetz" abzulehnen oder doch zu verändern, wird am richtigsten formuliert als eine von den Gesetzgebern bewußt geübte Zurückhaltung in bezug auf den Gegenstand ihrer Arbeit. Nicht ein die „Jugendwohlfahrt" in ihrem ganzen Ausmaße er- und umfassendes Sondergesetz ist unternommen, sondern nur ein Mittel zu diesem Zwecke, welches neben anderen dafür nicht minder geeigneten lediglich Glied eines größeren, insoweit ungeschriebenen Systems ist. Auch hiermit wie mit dem Ausdruck Jugendwohlfahrt selbst — ebenfalls anstelle anderer erwogener (vgl. das Spätere) vom Gesetzgeber mit Überlegung gewählt — kommt das Menschheitsideal zum Ausdruck, welches das Gesetz sich zum Ziele gesteckt hat[37]): tunlichster Vervollkommnung der Jugend, der das Ganze

[37]) Alice Salomon nannte in ihrem auf dem Kongreß der D. Zentr. f. JugFürs. — Juni 1922 — gehaltenen Vortrage das RJWG. das „Pro-

durchdringende hochbeschwingte Idealismus allgemeiner Lebens-, ja Weltanschauungen. —

Der hauptsächlichste Grundbegriff der „Jugendwohlfahrt" ist vom Gesetze nicht bestimmt. Es setzt offenkundig ihn vielmehr voraus. Hiermit hängt die Mannigfaltigkeit verschiedenartiger Ausdrücke für ihn zusammen, welche an sich alle als technische gelten könnten, aber prinziplos nebeneinander vikarierend erscheinen. Neben den substantivischen Surrogaten der „Jugendwohlfahrt", den beinahe zu Schlagworten abgegriffenen „Jugendhilfe" und „Jugendbewegung", — hauptsächlich in der Verbindung „Vereinigungen für Jugendhilfe und Jugendbewegung" (§§ 11 und auch 9 RJWG.) begegnen in ziemlich willkürlichem Wechsel synonyme Wendungen: „das körperliche, geistige oder sittliche Wohl des Kindes" — § 22 — „das gesundheitliche und sittliche Gedeihen des Kindes" — § 24 Abs. 2 —, das (bloße) „Wohl des Kindes" — § 25 Abs. 2 —, das „Wohl des Mündels" — § 39 Abs. 1 —, das „Wohl des Minderjährigen" — § 60 Abs. 1 — ohne ersichtlichen Grund für den ihnen damit vor dem kürzeren und doch gleichbedeutenden „Jugendwohlfahrt" eingeräumten Vorrang. Die nächstliegenden Konkurrenzausdrücke des letzteren, „Jugendpflege" und „Jugendfürsorge" erscheinen im ganzen Gesetz nur einmal, in dem ebenfalls schon (oben S. 37) erwähnten Klammerzusatze des § 2 Absatz 2. Auch diese ungleichmäßige, beinahe planlose Terminologie spiegelt den Mangel an Abklärung des zentralen Hauptbegriffs wieder. Ihn füllen auch die Materialien nicht aus: allerdings stellt die Begründung — S. 20 ff., besonders S. 22 und S. 24 — tiefsinnige und wohlklingende Betrachtungen über Wesen und Inhalt der „Jugendwohlfahrt" an, welche von dem „einheitlichen großen Gebiete sozialer Fürsorge, dem man nur nach großen einheitlichen Gesichtspunkten und mit großzügig angelegten Mitteln gerecht zu werden vermag" (S. 20), von dem „großen Ziel einer ausreichenden sozialen Fürsorge (!) für alle schutz- und aufsichtsbedürftigen Minderjährigen (!)" u. a. m. sprechen. Aber diese beschreiben wohl, bestimmen jedoch ganz und gar nicht. Verhältnismäßig den größten Wert hat von ihnen noch die Unterscheidung von „Jugendfürsorge" und „Ju-

---

gramm einer Generation, die die Wendung vom Materialismus zum Idealismus vornimmt; allerdings stehe diesem weitgespannten Erziehungsideal eine trübe Resignation weiter Kreise gegenüber" (!)

gendpflege" (Begr. S. 24), dahin[38]), daß erstere den von der „Gesellschaftsordnung" schon abgewichenen oder in unmittelbarer Gefahr solcher Abweichung stehenden Jugendlichen dieser Ordnung wieder einpassen („eingliedern"), letztere das noch innerhalb ihrer sich bewegende Kind in ihr bestärken, „sozial tüchtiger und brauchbarer machen wolle". Wenngleich nicht gerade neu, doch als autoritative Feststellung einer für unser Gebiet besonders wichtigen, ja tragenden Unterscheidung terminologisch und begrifflich fördernd, zumal indem sie dem „Klammerzusatze" des § 2 seinen bestimmten, hinsichtlich der Gesamtauffassung des Gesetzes weiterführenden Inhalt gibt. Letzteres auch, insofern sie die universelle Richtung des Gesetzes in Sachen der Jugendwohlfahrt kennzeichnet. Aber auch so bedeutet sie mehr nur eine negative Grenzziehung, nicht eine Erschließung des Begriffs. Dieser läßt sich nur gewinnen aus der inneren Beziehung der „Jugendwohlfahrt" zum Gemeinwohle, noch genauer: der Wechselbeziehung beider, vermöge deren Jugendwohlfahrt" diejenige förderliche Einwirkung auf die Jugend — oder doch deren Ergebnis — bedeutet, welche zum Gemeinwohle[38a]) als eine seiner vornehmsten Quellen und Bedingungen beiträgt, indem sie einen besonders wichtigen Teil des Volksganzen tüchtig, nach außen und innen widerstandsfähig macht und damit dieses selbst für die Zukunft sicherstellt, und welche eben deshalb umgekehrt auch von ihm gewährleistet und geschirmt wird. Diese bewußte, abgeklärte Rücksicht auf, die Anknüpfung unmittelbar an das Gemeinwohl geht aber unserem Gesetze, seinem Gesamtsystem und seinen Einzelheiten in erheblichem Umfange ab.

---

[38]) Vgl. auch Schmidt in seinem Vortrage auf der mehrerwähnten (s. N. N. 15) Oktober-Tagung der Rhein.-Westf. Gefängn.-Gesellsch. Jahresber. S. 42.

[38a]) Auch die privaten Aeußerungen, welche einen Bestimmungsversuch des Grundbegriffs enthalten, sind zahlreich und zum Teil recht gelungene wenigstens nicht von der Hand zu weisen. Mit am besten Anna v. Gierke in ihrem Vortrage auf der schon berücksichtigten (oben N. 22 a. E.) Kölner Frauentagung: das „Wesen der JugWohlfahrt liege darin, jedes gezeugte Menschenleben durch Pflege und Erziehung zur vollen körperlichen, geistigen und sittlichen Reife zu bringen." Doch wird auch hier, wie überall sonst, nicht ganz mit der wünschenswerten Schärfe auf das „Gemeinwohl" als solches, gerücksichtigt. Das Wesentliche ist doch, daß auch die „JugWohlfahrt" oder vielmehr gerade sie an vornehmster Stelle auf die Lebenshaltung des Volksganzen zurückwirkt, für deren „Hebung" in dem früher — unter I — ausgeführten Sinne sie von außerordentlich schwerwiegender Bedeutung ist. —

So wenig wie den Begriff der Jugendwohlfahrt zumal definiert das Gesetz den ihm übergeordneten der „Jugend". Das muß zunächst eigenartig berühren. Umso mehr, als verwandte Gesetzesquellen hier mit genau bestimmten, festen Begriffsgrößen arbeiten. Das RStGB. verstand bekanntlich unter „Jugendlichen" die im Lebensalter zwischen vollendetem 12. und vollendetem 18. Lebensjahre Stehenden, das „Jugendgerichtsgesetz" hat diese Bestimmung übernommen, nur die Anfangsgrenze auf das 14. Lebensjahr hinaufgerückt. Auch das gewerbliche „Kinderschutzgesetz" hat eine zahlenmäßige Altersgrenze (13. Lebensjahr). Die oben als „Zurückhaltung" dargelegte Grundtendenz des RJWG. läßt eine bewußte Selbstbescheidung auch in der Abstandnahme von dieser begrifflichen Festlegung erkennen. Wie der Gesetzgeber überhaupt der ausgestaltenden Anwendung freiesten Spielraum gewährt, durch Unterlassung jeder reglementierenden Beengung, damit die angestrebte, sozial segensreiche Auswirkung in Einzelfällen nicht der Fessel des Gesetzesbuchstabens unterliege, so kehrt er bei dem Zentralbegriffe seines Systems, der „Jugend", diese Anlage in ganz besonderem Grade hervor. Letzterer zeigt nach beiden Seiten, der des Anfangs, wie der des Endes, eine ausgesprochene Elastizität. Diese Offenheit der Grenzen wurde schon im Vorbereitungsstadium als beabsichtigte betont: „Der Schutz für das Kind beginnt schon vor seiner Geburt", sagt programmatisch die „Begründ." zu § 4 des Entwurfs. Die Fürsorge für die werdende Mutter, welche der „Mutterschutz vor und nach der Geburt" vorsieht, ist die eine, das in § 4 Z. 6 enthaltene Gegenstück, „die Wohlfahrt der schulentlassenen Jugend", die andere Äußerung dieses Prinzips. Beide Bestimmungen sind unverändert aus dem Regierungsentwurfe in das endgültige Gesetz übergegangen, freilich gegenwärtig durch den von der Notverordnung Art. 1 Z. 4 ausgesprochenen Dispens hinsichtlich ihrer Verwirklichung stark in Frage gestellt. Mit Recht sagt also auch auf dem Boden des RJWG. Schmidt (a. N. 38 a. O. S. 42), daß die Jugendzeit (9 Monate vor der Geburt anfängt und) mit dem 21. Lebensjahre eigentlich noch nicht aufhört[39].

---

[39]) Auch die freie Liebestätigkeit, insbes. der Freiw. ErzBeirat für d. schulentlass. Jug. hat mit der JugFürs. bei dem vollendeten 21. Lebensjahre grundsätzlich nicht Halt gemacht. Die in der Vorbereitg. des RJWG. mehrfach, so gelegentl. auch von dem Verf. vorgeschlagene Ausdehnung der Fürs.-Erz. bis zum vollendeten 24. Lebensjahre ist leider nicht Gesetz

Auch aus vereinzelten Vorschriften, welche nach dieser Seite einer anderen Deutung fähig scheinen, kann doch in Wahrheit eine feste Abgrenzung des Begriffs „Jugend" nicht hergeleitet werden. Vielmehr will das Gesetz planmäßig eine möglichst breite Schicht des deutschen Volkes erfassen, also ein umfassendes Kindergesetz von der Art der fremden Rechten, besonders dem anglo-amerikanischen, schon seit längerer Zeit eigenen, z. B. der englischen childrens Act von 1908 [39a]), sein. Damit führt es in das System des deutschen Rechts einen diesem neuen Begriff, den des „Kindes" im dargelegten Sinne des noch entwicklungs- oder, technischer, erziehungsfähigen und -bedürftigen Menschen zum Unterschiede von dem in dieser Entwicklung bereits fertigen (dem „Erwachsenen", wie letztere Kategorie technisch jetzt das JGG. §§ 26, 28 Abs. 3 u. sonst nennt) ein [40]), gegenüber dem bisherigen geschriebenen Rechte Deutschlands, vor allem den großen Zivil- und Strafrechtskodifikationen, welche, soweit überhaupt, die verschiedenen Altersstufen des Menschenlebens nur mehr nach äußeren schematischen Abgrenzungen berücksichtigten, ein sehr bedeutsamer Fortschritt der Rechtsanschauung und damit zugleich ein wichtiger Abschluß der Rechtsentwicklung, welche als solche ebenfalls den geistigen Pionieren des deutschen Jugendrechts zu danken sind, in erster Linie Paul Felisch. Die Anerkennung des „Kindes" im Rechte, um welche er ganz besonders eifrig gerungen hat, ist mit § 1 Abs. 1, also an der Spitze des RJGW. für immer feierlich vollzogen. Aber der Wohlfahrt nicht jedes „Kindes", sondern nur derjenigen des „deutschen", und damit dem eigenen Volke, gilt die Sorge des Gesetzgebers. Das ergibt nicht nur wörtlich der auch in dieser Beziehung programmatische Anfang, sondern auch der Geist des ganzen Gesetzes. Auch diese „nationale" Ausprägung ist sehr bemerkenswert: das deutsche Volk soll in „seinem" Kinde und durch dieses geschützt werden. Denn als ein Schutzgesetz — im letzten und höchsten Sinne des Wortes — zugunsten der deutschen Jugend stellt es sich bei genauerer Betrachtung, nach der

---

geworden. Auch Hel Simon a. N 1 a. O. S. 12 bezeichnet als „Ziel der JugWohlf. die Schaffung eines einheitlichen Unmündigenrechts von der Geburt bis zur Mündigkeit."

[39a]) Auf dieses englische Gesetz verweist, aber mit wohl unberechtigter Beanstandung seiner Tragweite, ausdrücklich auch schon die amtl. „Begrdg." S. 21.

[40]) Dem steht offenbar auch das soeben über den Mangel einer Bestimmung des Begriffs Gesagte nicht entgegen.

Tragweite aller seiner Bestimmungen dar, derart, daß es passend geradezu auch „Jugendschutzgesetz“ heißen könnte.

Die von dem Gesetzgeber auf dem Wege zu diesem Ziele geübte „Zurückhaltung“ hat aber auch den Gesamtplan in bestimmter und sehr erheblicher Art beeinflußt. In diesem Sinne hat der Reichsgesetzgeber sich für ein sog. bloßes „Rahmengesetz“ entschieden [41]). Nicht nur, daß er aus triftigen Gründen dem ernstlich erwogenen Rufe nach einem einheitlichen deutschen „Jugendgesetze [42]) sich verschloß und mit der Jugendrechtskodifikation in bezug auf den Umfang Selbstbeschränkung übte; auch inhaltlich ließ er diese walten. Nur was zur Erreichung des angegebenen Endzwecks im ganzen Deutschen Reiche als Mindestes unerläßlich, sollte in das Sondergesetz Aufnahme finden, alles übrige der Landesgesetzgebung vorbehalten bleiben, die Betätigung der „sozialen, kulturellen und politischen Eigenheit und Stammesverschiedenheit“ der einzelnen Teile des großen Gesamtvaterlandes auf diesem Gebiete unseres Volkslebens also weitgehende Freiheit behalten. Den greifbaren Ausdruck dieses gesetzgeberischen Standpunktes, welchen § 16 in dem der Reichsregierung beigegebenen und mit dieser das „Reichsjugendamt“ bildenden „Reichsbeirat für Jugendwohlfahrt“ gefunden, hat Art. 1 Z. 2 S. 2 der Notverordnung aufgegeben. — In dem so gezogenen „Rahmen“ will das Gesetz der „Wohlfahrt“ des deutschen Kindes nach allen Richtungen dienen. Das gehört zu der „Verwaltung“, welche das Reich seinen Staatsangehörigen pflichtmäßig schuldet. Aber es ist nicht allein eine formale Funktion der Staatsverwaltung, welche in diesem engeren Ressort aufgeht. Auch andere wichtige Berufs- und Lebenskreise, die Organe der Rechtspflege, die Vertreter der kirchlichen Behörden, die Diener der Religion, die Ärzte, die Lehrer u. a. m., vor allem aber die „freie Liebestätigkeit“, werden zur

[41]) Vgl. aus den Materialien bes. die „Begründ.“ S. 23 u. Prot. der AusschBeratungen S. 5. Hier nur die materielle Bedeutung des Begriffs zu erörtern, die formale, mehr rechtsverfassungsmäßige erst später. Die Erscheinung der „Rahmengesetze“ in der neueren Gesetzgebungstechnik eine ziemlich beliebte u. häufige. S. u. a. z. B das „Sozialisierungsgesetz.“

[42]) Bes. eindringlich u. beharrlich gefordert von Felisch, so noch mit seinem Vortr. vor der Berliner Jurist. Gesellsch. November 1917 u. in einer eigenen aus demselben Jahre stammenden Schrift, aber nach dem Selbstber. von Felisch auf der Düsseldorfer (vgl. N. 15) Tagung, Jahresber. S. 54, ebenfalls nur als bloßes „Rahmengesetz“. Ferner u. a. auch von Pater Noppel (vgl. N. 23 a. E.) u. dazu im allg. „Begrdg.“ S. 21.

Mitarbeit aufgerufen: erst aus dem, was auch sie zum Besten der Jugend beisteuern, in Verbindung mit den (unmittelbar) behördlichen Maßnahmen, keineswegs aus diesen allein, erfließt die wahre, volle „Jugendwohlfahrt".

Aus diesem Leitgedanken ergeben sich dem Gesetzgeber fast von selbst: a) die Bedürfnisse, noch genauer, die Gattungen von Bedürfnissen, denen er abzuhelfen bestrebt ist; b) die Mittel für diesen Zweck. Aber noch allgemeiner, war, diese beiden Seiten durchdringend, damit auch schon der Geist bestimmt, in welchem an die Lösung der Aufgabe heranzutreten war. Wenn der Reichsgesetzgeber allein die Grundbedingungen für die „Wohlfahrt" der deutschen Jugend ordnen und durch diese von ihm aufgestellten conditiones, sine quibus non lediglich den Grundriß des Auf- und Ausbaues zeichnen wollte, so mußte es ihm darauf ankommen, aber andererseits auch genügen, die „Jugend" vor Schädigungen ihrer Entwicklung zu bewahren. Durch letztere Einstellung, welche die ganze Entwicklung des Jugendsonderrechts und die schonende Reserve gegenüber dem Landesrecht mit sich brachte, war die Gesamtanlage des Werkes notwendig gegeben als eine überwiegend vorbeugende Ausgestaltung dieses Jugendrechts unter Zurückstellung mehr der repressiven, an sich zweifellos nicht minder bedeutsamen Seite[43]). Diese vorbeugende Richtung, die wie ein roter Faden die Einzelvorschriften des Gesetzes durchzieht und in gewissen besonderen Einrichtungen, so vor allem der Schutzaufsicht (Abschnitt VI Teil 1) geradezu handgreiflich zutage tritt, kennzeichnet die mit dem Gesetze „befolgte Jugendpolitik". So hat man seit Felisch, welcher selbst gelegentlich die Jugendpolitik bestimmt hat[44]) als „die auf der Staatswissenschaft beruhende

---

[43]) Diese „vorbeugende Hilfe" als Ersatz für u. als Vorteil vor der „repressiven JugPflege" betont mit bes. Beziehg. auf die „im S. des Armenrechts Hilfsbedürftigen" Kinder. Begrdg. S. 30. — Andererseits ist mit R. sehr lebhaft für eine möglichste Universalität der JugWohlfArbeit eingetreten worden, so z. B. von Ammann, ZentrBlVmschw. XIV S. 49. Mit Hinblick hauptsächlich auf den Wettstreit der Aerzte (vgl. das im Texte soeb. Vorhergegangene u. unt. zu § 10 Abs. 2) warnte schon der RegVertreter im 29. RTAusschusse dringend vor einem „Ressort-Partikularismus". Das gilt natürlich auch gegenüber anderen Einseitigkeiten, so z. B. zu starker Betonung des konfessionellen Moments, von der u. a. auch Pater Noppel nicht ganz frei ist.

[44]) Heft 4 der im Auftr. des „Freiw. ErzBeirats" herausgegeb. Quartalien. Vgl. auch Jahresber. über die Düsseldorfer Oktob.-Tagung, woselbst von Felisch wörtlich nach ersterer Stelle zitiert, S. 56 u. S. 52.

Staatskunst, die als ein Teil der allgemeinen Politik mit den Mitteln des Erreichbaren die besten Maßnahmen und Einrichtungen im Staate für die Jugend trifft", sich gewöhnt, die Gesamtheit der leitenden Gedanken zu bezeichnen, nach denen ein Jugendsonderrecht zu gestalten und zu handhaben sei. Diese Vorstellungs- und Ausdrucksweise hat aber nur beschränkte Berechtigung. Das Wort „Jugendpolitik", welches sich wesentlich im Sinne Felisch's auch Pater Noppel zu eigen gemacht hat, ist mit Vorsicht zu gebrauchen. Es setzt die Behandlung unserer Fragen in zu nahe Beziehung zu einer Betrachtungsweise, welche ihnen nicht frommen und daher für sie nicht angenommen werden kann. Politik ist von einem gewissen Opportunismus niemals ganz zu trennen, wie ja auch kein Geringerer als Bismarck darunter die „Kunst des Möglichen" begriffen hat. Der Jugend gegenüber aber ist nicht irgend ein „Opportunismus" am Platze, welcher doch nur zu leicht in dem zu Leitenden den Eindruck erweckt, daß die Leitenden selbst eines klaren Planes und festen Zieles ermangeln[45]), sondern eine von vornherein festgelegte Richtlinie, eine ausgesprochene Unerschütterlichkeit der letzten höchsten Grundsätze. Vielleicht hängt es mit den Gedankenreihen der „Jugendpolitik" zusammen, daß unser Gesetz diese Festigkeit des Gesamtplanes leider an mehr als einer Stelle vermissen läßt. Innere Berechtigung hat in Sachen der Jugend in Wahrheit nur eine ganz andere Grundidee, anders als die durch das Kennwort „Jugendpolitik" ausgedrückte: diejenige einer stark gesteigerten „Pflege" des Rechts, die gar nicht hoch genug gehoben werden kann, ja geradezu zu einer Kultur des Jugendrechts werden muß!

Möglichst allseitig der „Wohlfahrt" des „deutschen Kindes" dienen will also unser Sondergesetz, hauptsächlich, indem es vorbeugend den Gefahren wehrt, welche die „Jugend" bedrohen. Welchen besonderen Lebensgebieten wendet es sich in diesem Bestreben zu, welche Mittel erscheinen ihm dafür tauglich? Die ersteren ergeben ohne weiteres die vorstehenden, allgemeinen Ausführungen, die letzteren, etwas weiter ausholend, nur kompliziertere Gedankengänge. Wenn durch die Wohlfahrt der deutschen Jugend ein besonders wichtiger Grundstein gelegt werden soll für das Wohl der deutschen Allgemeinheit, muß erstere offenbar nach jeder Richtung erstrebt und erreicht werden,

---

[45]) Vgl. dazu auch meine Ausf. in Leipz. Zeitschr. v. 15. Juni 1922.

nach der materiellen, wie nach der ideellen, beides in des Wortes weitester Bedeutung. Diesem Standpunkte entsprechend, will das Gesetz (§ 1 Abs. 1) durch seine Ordnung und die sie bildenden Einrichtungen dem deutschen Kinde" Erziehung zur „leiblichen, seelischen und gesellschaftlichen Tüchtigkeit" gewährleisten. Darum trachtet es, dieses zu bewahren — denn um die sorgliche Verhütung von Schädigungen ist es ihm in erster Linie zu tun — vor Verkümmerung, Verarmung und Verwahrlosung. Unter Hinzutritt der Fürsorge, welche das von der Rechtsordnung schon entwickelte Vormundschaftswesen leistet, leiten aus diesen Erwägungen sich von selbst die „Aufgaben" der „Jugendwohlfahrt" her, und zwar die den erstgedachten Gesichtspunkten entsprechenden als bestimmte Typen von Spezialaufgaben: die Fürsorge für die Pflege-, oder, mit dem volkstümlichen Ausdrucke, die Ziehkinder, — die Regelung der Fürsorgeerziehung, welcher als Gegenstück eine dem bisherigen geschriebenen Jugendrechte noch fehlende neue Einrichtung, die „Schutzaufsicht" zur Seite gestellt ist, und die Fürsorge für die Armenkinder oder gesetzestechnisch die „hilfsbedürftigen Minderjährigen". Jedem dieser — mit Einrechnung des Vormundschaftswesens vier — Typen korrespondiert ein Hauptabschnitt des Gesetzes: Abschnitt III Schutz der Pflegekinder; Abschnitt VI Schutzaufsicht und Fürsorgeerziehung; Abschnitt V öffentliche Unterstützung hilfsbedürftiger Minderjähriger; Abschnitt IV Stellung des Jugendamts im Vormundschaftswesen. — So ist das System unseres Gesetzes durchsichtig und klar, weil in seinen Grundlinien einfach und in sich geschlossen. Ebenso einfach aufgebaut ist, bei näherem Zusehen, auch der Apparat, welcher diesem System dient. Da die „Wohlfahrt" der deutschen Jugend zu den unmittelbaren Belangen der deutschen Allgemeinheit gehört, so obliegt auch die Erfüllung der soeben bezeichneten Aufgaben dieser, der Allgemeinheit oder, genauer, ihrer Organisation, dem Staate. Die „Jugendwohlfahrt" ist also Sache des deutschen öffentlichen Rechts und zwar durchgehend im ganzen Deutschen Reiche, also des gemeinen deutschen Rechts. Daher haben überall im Reiche eigene Beamte oder Beamtenorganismen, also Behörden, sich der „Jugendwohlfahrt" anzunehmen, „Jugendämter", wie das Gesetz sie treffend nennt, und zwar Ämter, die in dieser ihrer Eigenschaft und Bestimmung grundsätzlich sich gleichen, das Reich insoweit uniformieren und um der gleichartigen letzten Wirkung willen von Reichswegen auch Übereinstimmung ihrer hauptsächlichsten Beschaffenheit zeigen müssen. Das ergibt die Reichsinstitution der Jugendämter, welche in einer gewissen hierarchischen Ordnung von Landesjugendämtern überwölbt werden sollen, über denen als höchste Spitze das Reichsjugendamt gedacht war. Der Regelung dieses Behördenmechanismus gilt der II. Abschnitt des Gesetzes, der in gewissem Sinne der grundlegende des ganzen Werkes ist.

So ist die äußere und innere Struktur des Sondergesetzes, welches aus 78 Paragraphen besteht (den fünf erwähnten Abschnitten geht unter der Überschrift „Allgemeines" ein kurzer, nur zwei Paragraphen umfassender Einleitungsabschnitt vorher) und von einem in 9 Artikel zerfallenden Einführungsgesetz begleitet ist[45a]), klar gegliedert, von ansprechender Symmetrie und Folgerichtigkeit und leicht verständlich. Das gilt im wesentlichen auch von den einzelnen Haupttendenzen und neuen Leitgedanken, welche in und mit dem Gesetze Geltung erlangt haben. Im Vordergrunde steht unter diesen auch äußerlich der Grundbegriff der öffentlichen Jugendhilfe. Sogleich in § 1 leuchtet er als für das Ganze zentraler und bestimmender klar hervor. Auch die Terminologie dieses Begriffs ist unverkennbar technischen Charakters[46]). Begrifflich und sprachlich bildet er eine (in beiden Beziehungen) glückliche, mit Absicht und Überlegung vollzogene Bereicherung unseres Rechtssystems. Aus dem Gedankenaufbau des Ganzen konnte ein anderer Fundamentalbegriff als dieser nicht wohl analysiert, eine treffendere Wortprägung nicht gewonnen werden. Die Willensmeinung des Gesetzgebers und zumal die Grundsätzlichkeit ihrer Richtung liegen offenkundig zu Tage. Nur „Hilfe" soll der deutschen Jugend von Gesetzeswegen erwiesen werden; diese aber als „Hilfe" schlechthin, also uneingeschränkt, tunlichst alle Lebensgebiete umfassend und vom Staate ausgehend, also als öffentliche. Als („bloße") Hilfe soll sie allein dort, wo der Ju-

[45a]) Aus bestimmten wohlerwogenen Gründen habe ich die im Texte gegebene, hier wie im Nächstfolgenden, bes. auch unter IV, auf dem ursprünglichen, unverstümmelten RGes. beruhende Darstellung trotz der einschneidenden Abänderungen, welche seitdem die NotVdn. gebracht hat, fast unberührt bei behalten. Vgl. auch Vorwort.

[46]) Als „gesetzestechnischen" bezeichnet ihn wörtlich die „Begrdg." S. 26. Diese ihre allgem. Ausführungen, im wesentl. beifallswürdig u. zu dem Besten zu rechnen, was in den Materialien überhaupt enthalten, sind auch als Grundlage in der weiteren Entstehungsgeschichte des RJWG. festgehalten worden.

gend die Selbstfürsorge fehlt oder nicht ausreicht, Platz greifen. Der Vorrang anderer Träger dieser Fürsorge wird also nicht angetastet, ja, mehr, ausdrücklich anerkannt in dem Sinne, daß der Gesetzgeber ihre Pflichten in der ganzen Schwere und Tragweite aufrechterhält und positiv festlegt. Damit tritt der Staat grundsätzlich in die Rolle eines lediglich ergänzende Sorge für die Jugend leistenden Organismus zurück. Hieraus wiederum folgt, daß seine wesentlichsten Obliegenheiten in dieser Richtung sind: die Überwachung dieser Sorge — von welcher Stelle sie auch geleistet werden möge — und die Aufstellung einheitlicher Grundsätze, nach denen sie zu gewähren ist. Also auch hier jene Zurückhaltung, welche wir schon früher als bestimmende Eigenschaft, als nota specifica des Gesetzes kennen gelernt haben! Freilich ist sie keineswegs allein für die Ausgestaltung der wesentlichsten Punkte des Systems leitend gewesen, diese vielmehr stark auch durch die Rücksicht auf die Natur der an unserer Jugend zu erfüllenden Aufgaben und den durch sie bedingten stärkeren („natürlichen") Beruf anderer Teilnehmer des Gemeinlebens beeinflußt worden. Demgemäß tritt die „öffentliche Jugendhilfe" auch nicht einseitig zugunsten kleiner auserwählter Gruppen zurück, vornehmlich den durch Natur und „Gesetz" bestimmten „Erziehungsberechtigten", deren „Recht und Pflicht" in § 1 Abs. 2 feierlich als „nicht berührt" vorbehalten werden, sondern ebenso auch hinter den „freiwilligen" Organisationen; nur „unbeschadet" der letzteren, ihrer „Selbständigkeit und ihres satzungsmäßigen Charakters" soll nach § 1 in Verbindung mit § 6 die „öffentliche Jugendhilfe" Platz greifen[47]). Durch alle diese klar und leicht sich aufrollenden Gedankenreihen ist das Wesen der „öffentlichen Jugendhilfe". Der inhaltlichen, materiellen Überzeugungskraft und damit zugleich der Beruf des „Jugendamts" selbst bestimmt. Denn dieses ist die äußere Verkörperung der „öffentlichen Jugendhilfe". Der inhaltlichen, materiellen Zurückführung des Systems auf einen einheitlichen Grundgedanken entspricht durchaus die formale Konzentration seiner Durchführung in einer einheitlichen Behörde. Diese wird damit zur Achse des Ganzen und als solche, weil Essentiale, weil eines der Minima, von denen für die deutsche „Jugendwohlfahrt"

[47]) Deshalb ist aber nicht ohne weiteres der Auffassg. der „Begrdg." S. 26 u. S. 27 von der bloßen „Subsidiarität" der „öffentl. JugHilfe" schlechthin beizupflichten. Vgl. näheres dazu unt. bei § 1 Abs. 3.

nicht abgegangen werden kann, im ganzen Reiche gleichmäßig gefordert. Das **Jugendamt** ist die reichsrechtliche Jugendwohlfahrtsbehörde κατ' ἐξοχήν; es ist im ganzen Deutschen Reiche von gesetzeswegen diejenige amtliche Stelle, welcher offiziell die Wohlfahrt der deutschen Jugend in eminentester Weise anvertraut ist. Daraus wieder folgt zwingend eine außerordentliche Präponderanz, ein starkes in den Vordergrund Treten gerade des Jugendamts in dem Gesamtkreise der amtlichen Stellen, welche nach Gesetzen oder Verwaltungsregeln die Jugendwohlfahrt zu pflegen haben, und eine weitgehende Zentralisierung von Funktionen verschiedenster Art bei ihm. Auch diese beiden Normen bilden durchaus beherrschende Grundzüge des Gesetzes, die erstere freilich nur für den Bereich der Organisation als solcher, sachlich unbeschadet der „Zurückhaltung" in bezug auf die materielle Wirksamkeit. Diese gibt auch hier wiederum sich deutlich kund: in der verhältnismäßig geringen Zahl der durch unmittelbares Eingreifen zu erledigenden Funktionen (genau genommen) nur die beiden Ziff. 1 und 3 des § 3) und der weitgehenden Beschränkung auf bloße „Mitwirkung" (so z. B. § 3 Z. 2 im „Vormundschaftswesen"; § 3 Z. 4 bei der „Schutzaufsicht und der Fürsorgeerziehung"; Z. 7 „bei der Fürsorge für Kriegerwaisen und Kriegsbeschädigtenkinder"; Z. 8 in der „Jugendhilfe bei den Polizeibehörden"), mehr noch, insoweit — § 6 — ihm bloß anregende, fördernde, und „gegebenenfalls (!) schaffende" Betätigung zugewiesen worden ist. — Nicht unzutreffend hat man daher neuerdings (wieder) den Kern der Gesamttätigkeit der Jugendämter, den „Querschnitt durch ihre Arbeitsgebiete" auf die Formel einer — bloßen — „Erziehungsauswahl und Erziehungsaufsicht" gebracht und die „nur ausnahmsweise" stattfindende unmittelbare erzieherische Einwirkung des Jugendamtsbeamten auf den Jugendlichen betont[48]). Aber trotz oder vielleicht auch gerade wegen, mindestens in nahem innerem Zusammenhange mit dieser Selbstscheidung, („Zurückhaltung") hat der Gesetzgeber die Maxime klar erkannt und bewußt betätigt, daß für den Erfolg seiner Schöpfung nicht

[48]) Diese Gestaltg. des JA. mit größtem Eifer u. zähester Beständigkeit bes. v. Klumker erstrebt u. erreicht. Vergl. dazu Ammann, a. N. 43 a. O. S. 47. Gut, wenn auch etwas sehr allgemein u. unbestimmt der Schluß der Leitsätze, welche die Konferenz der D. Zentr. f. JugFürs. am 12. u. 13. Juni 1922 Z. 7 a. E. für den Aufbau des JA. in den Großstädten aufstellte, (Z. 7 a. E.: „Das Ziel ist schnelle, Vertrauen weckende u. erhaltende persönl. Arbeit des JA.")

die „Einrichtungen“ und deren möglichst vollkommene Form, sondern die Persönlichkeiten, durch welche sie zu einem lebendigen und Leben erweckenden Organismus werden, die Hauptsache sind. Men, not measures ist der richtige Wahlspruch auch für die Gestaltung dieses Neulands unseres Rechts überhaupt und seines wesentlichsten, ihm das Gepräge gebenden Gebildes[49]). In diesem Sinne legen ganz mit Recht die das JA. betreffenden Sondervorschriften der §§ 9 und 11 als Ausstrahlungen jener letzten prinzipiellen Grundlagen schwerwiegenden Nachdruck auf die Beteiligung von „in der Jugendwohlfahrt bewährten und erfahrenen Männern und Frauen aller Bevölkerungskreise“. Aus dem deutschen Volke selbst heraus soll, seiner gegenwärtigen demokratischen Staatsverfassung entsprechend, auch der staatlichen Fürsorge für die Wohlfahrt der Jugend der Boden bereitet werden, diese also letzten Endes selbst erwachsen! Dafür ist unerläßlich, daß die Normen dieser Staatswirksamkeit, ihr Apparat erfüllt werden mit dem Geiste, welchen charaktervolle, geistig reife und sittlich gefestigte, Verständnis und Herz für die Jugend besitzende Menschen, gleichviel welchen Lebensalters, Standes und Geschlechts verbreiten. Wie dies für die mehr zu Hilfsorganen der Jugendämter „neben den leitenden Beamten“ berufenen stimmberechtigten Mitglieder und „Ausschüsse“ vom Gesetze ausdrücklich angeordnet worden, so gilt es, obzwar mehr unausgesprochen, aber nicht minder selbstverständlich in gleichem, ja, erhöhtem Grade für diese Beamten selbst. Auch sie benötigen unbedingt der gleichen „Eignung“ für das Amt. Auch hier will das Gesetz nach seinem klaren Sinne viel stärker und entscheidender auf die Person des Beamten[50]), als auf die Struktur des Amtes, den äußeren Kreis seiner Rechte und Pflichten, die Beschaffenheit des zu ihrer Ausübung bzw. Erfüllung ihm dargebotenen Instruments abstellen. Das ist die natürliche, folgerechte und

[49]) Sehr beherzigenswert „Begrdg.“ S. 37, ferner ebendort S. 35 (zu § 7 des Entw.) u. das von ihr übernommene Wort des P. Backhausen. s. auch Ammann a. a. O. S. 48/49. Auch Alice Salomon a. a. O.: „nur durch neue Menschen können neue Verhältnisse geschaffen werden!“

[50]) So, richtig, u. a. auch von der Denkschr. des Karitasverbandes zum Preuß. JugFürsGes., entwickelt in ihren „Grundsätzen der kath. Karitas in der JugFürs.“ S. 9: „Erziehen ist Einzelarbeit von Person zu Person.“ Allein dieses nach beiden Seiten richtig durchgeführte „Persönlichkeitsmoment verbürgt jene wahre „Jugendwohlfahrt“, welche der Gesetzgeber selbst immer wieder als sein letztes Ziel, als sein „höchstes Gesetz“ hinstellt.

unabweisbare Wiederspiegelung des ebenfalls durchaus grundlegenden Umstandes, daß dem Gesetze, wie am deutlichsten § 43 ausprägt, „die Sorge für die Person des Minderjährigen" obenansteht. Denn diese „Sorge für die Person" kann am besten und segensreichsten nur von der Person erwiesen werden. Einer aus diesem Geiste geborenen, von ihm durchdrungenen „Jugendwohlfahrt" soll und will die geläuterte „Erziehung" dienen, welche das Ethos unseres neuen Jugendrechts, zumal des vorliegenden Reichsgesetzes, bildet.[50a]) Sie ist dem „Jugendamt" als solchem anvertraut.

In der Gesamtheit aller dieser Gedanken haben wir die leitenden Tendenzen, aus denen sich das System des RJWG. zusammensetzt.

IV. Verhältnis zum sonstigen Rechte — Geltungsbeginn und Uebergangsvorschriften.

1) **Rahmengesetz.** Vermöge seines Charakters als „Rahmengesetz" (vgl. unter III) entspricht das RJWG. nicht dem Art. 13 Abs. 1 der Reichsverfassung. Das „Reichsrecht" dieses Gesetzes „bricht" grundsätzlich nicht das „Landrecht" über denselben Gegenstand. Vielmehr hat es letzterem gegenüber von vornherein die Tendenz der Duldsamkeit. Wie es nur Anpassung an gewisse Mindestgrundlagen und -grundlinien vom Landesrecht fordert, so gesteht es diesem auch von sich aus Selbstanpassung zu. Ja, dieses Zugeständnis geht wesentlich weiter als jene Forderung. Das tritt an dem Brennpunkte des Systems, dem „Jugendamt", am hellsten in die Erscheinung. Allein, daß Jugendämter „als Einrichtungen von Gemeinden oder Gemeindeverbänden" zu errichten sind, fordert kategorisch zwingend § 8, „für das Gebiet des Deutschen Reiches". In welcher Art überläßt es landesrechtlicher Vorschrift und der durch sie getragenen Satzung der Selbstverwaltungskörper. Mit sehr ausgiebiger Freiheit: denn „Zusammensetzung, Verfassung und Verfahren" sind — § 9 — dieser Instanz vorbehalten und auch die räumliche Abgrenzung ihrer Zuständigkeit unterliegt der Bestimmung durch „die oberste Landesbehörde" (im Sinne des § 77). Nur spärliche Normativbestimmungen mindern diese grundsätzliche Souveränität des Landesrechts und der noch engeren „Selbstverwaltungsverbände". Selbst die impe-

[50a]) Vgl. unten zu § 1 Abs. 1.

rativ angeordnete Zuziehung „stimmberechtigter Mitglieder", also das kollegiale Element des Jugendamts und die Bestimmung der notwendigen Eigenschaften für diese „Mitgliedschaft" ziehen noch wieder einen recht weiten, ja dehnbaren Rahmen, der als solcher überaus mannigfach ausgefüllt werden kann. Das Gleiche gilt von den Jugendämtern höherer Ordnung, den Landesjugendämtern. Auch sonst erfüllt weitgehende Rücksichtnahme auf das Landesrecht den Ausspruch des Art. 2 Einführungsgesetzes, daß die „Vorschriften der Landesgesetze, die die Jugendwohlfahrt betreffen, insoweit unberührt bleiben, als sie mit den Bestimmungen des Gesetzes selbst vereinbar sind". Nicht nur, daß dauernd bezüglich gewisser Behörden — „oberste Landesbehörden"! — oder vorübergehend bezüglich gewisser zur Zeit des Erlasses des RJWG. noch fehlender Reichsgesetze (Reichsgesetz über die Jugendgerichtshilfe; Art. 3 Einführungsgesetzes) gelassene Lücken vom Landesrechte zu schließen sind, greift es auch in Besonderheiten auf dieses zurück, teils mittels Ermächtigung der Landesgesetzgebung — § 31 — teils durch bezugnehmende Vorbehalte, z. B. (Vorschriften grundsätzlicher Natur), § 18 Abs. 1 — Regelung des Beschwerderechts gegen Entscheidungen des JA. und des LandesJA.; § 34 — Erweiterung der dem „Amtsvormund" gegenüber außer Anwendung bleibenden Vorschriften des BGB., welche die Aufsicht des Vormundschaftsgerichts in vermögensrechtlicher Hinsicht betreffen; § 42 Abs. 2 — örtliche Einrichtungen zur Unterstützung in den Geschäften des Gemeindewaisenrats; § 70 — Ausführung der Fürsorgeerziehung und Bestimmung der „Fürsorgeerziehungsbehörden" sowie der Kostenträger, und (Vorschriften über Einzelheiten), § 65 Abs. 1 S. 2: Ausdehnung des Antragsrechts hinsichtlich der Fürsorgeerziehung; § 65 Absatz 2 Halbsatz 2: Anordnung weiterer Vernehmungen vor Beschlußfassung über Fürsorgeerziehung, — § 29 Abs. 4 Ersatz der Landesjugendämter durch die „oberste Landesbehörde" (für die „widerrufliche Befreiung" der Anstalten und Vereine von der Pfl.K.aufsicht) usw. Aus alledem schon erhellt, daß zu der vom Reiche ausgehenden Neuordnung des Jugendrechts die Länder weit mehr beisteuern sollten, als sonst gewöhnlich. Nicht nur dem Umfange, sondern auch der Art nach. Das Reichsgesetz selbst heischt geradezu den Hinzutritt ergänzenden Landesrechts. Das sprechen die Materialien (Begr. S. 23, Prot. der Ausschußber. S. 5) bei der Erläuterung des „Rahmengesetzes" richtig aus und erhebt die soeben gewürdigte positive Ausgestaltung der Jugendämter über jeden Zweifel. Diese vom Reichsrecht selbst dem Landesrechte zugewiesene Rolle läßt sich dahin formulieren, daß hier nicht die bisherige partikuläre Ordnung der zwingend und übermächtig ein- und durchgreifenden reichsrechtlichen angepaßt, vielmehr diese zu jener in ein Verhältnis gebracht wird, welches letztere in der Hauptsache fortbestehen läßt und ihren materiellen Inhalt nur mehr in die neuen Formen des Reichsrechts gießt, also in der Hauptsache nur direkte Verstöße gegen erstere, Verletzung ihrer unverbrüchlichen Grundlagen vermeidet. Dadurch ist der Beruf zumal der Ausführungsgesetze[51]) von vornherein dem, welchen diese sonst zu erfüllen pflegen, sehr unähnlich: sie ordnen sich dem Hauptgesetze hier nicht als unselbständige Anhängsel unter, sondern — eher als die Hauptsache in der Verbindung — in sehr wesentlichen Beziehungen über. Die Besonderheit dieses Gesetzesstandes wird noch durch einen weiteren bemerkenswerten Umstand erhöht. Die Zurückhaltung, welche das RJWG. selbst übt, verlangt es seinerseits in erheblichem Umfange auch von dem zur Ergänzung aufgerufenen Landesrechte: bis zu den kleinsten Gruppen der Träger von Rechtsbildung, bis in die Urzelle des „Selbstverwaltungskörpers" (§ 9 Abs. 1) hinein möglichste Autonomie und Bewegungsfreiheit)[52])! Von der höheren Stufe des größeren Verbandes aus erfolgt die Regelung hauptsächlich durch „Richtlinien". Letztere kennzeichnen sogar grundsätzlich den vornehmsten Beruf einer ganzen Behörde, des Landesjugendamts. (§ 13 Z. 1!)

2. **Derogation.** Nich geringere Duldsamkeit übt das RJWG. auch gegenüber dem auf die gleiche Materie bezüglichen Reichsrechte. Es huldigt also grundsätzlich nicht der Rechtsregel lex specialis derogat legi generali. Dies proklamiert es ausdrücklich am Eingange (§ 2 Abs. 2): „unbeschadet der bestehenden

---

[51]) Auf diese wies bereits die „Begrdg." S. 53 nachdrücklichst hin mit der bemerkenswerten wörtlichen Ablehnung eines „schablonierenden, alles bis ins einzelne regelnden Reichsgesetzes." Vgl. auch Schmidt a. mehrf. a. O. S. 42. — Eine dankenswert vollständige und übersichtliche Zusammenstellung der bis jetzt ergangenen landesrechtl. AusfGesetze zum RJWG. bringen die NNo. 3 u. 4 (vom Juni und Juli) 1924 des ZentrBl. f. Vmschw.

[52]) Sogleich im Anfange der Ausschußberatungen über das Reichsgesetz sprach zufolge der Prot. S. 5 der Vertreter der Reichsregierung davon, daß „das Reich die Notwendigkeit der Bewegungsfreiheit der Länder durchaus anerkennen werde."

Gesetze". Auch sie will es, vornehmlich ihrem Inhalte nach, nicht verdrängen oder umstürzen, sondern tunlichst erhalten und fortgestalten: durch neue Formen und Einrichtungen, welche den alten Sinn der Rechtsordnung nurmehr anders ausdrücken. Aber dieser Standpunkt ist keineswegs ausnahmslos festgehalten, sondern vielfach durchbrochen worden. In nicht ganz wenigen Punkten des Systems hat sich das neue Sondergesetz bewußt und ausdrücklich an die Stelle des schon vorhandenen Rechts, zumal Reichsrechts gesetzt, teilweise in der kategorisch vernichtenden Form unmittelbarer „Aufhebung", so in §§ 48 Abs. 1 S. 1 und 64 bezüglich der Artt. 135 und 136 des EG. zum BGB. und der §§ 1783, 1787 des BGB. selbst, ein Eingreifen, welches bezüglich der aus Artt. 135 und 136 des EG. zum BGB. erwachsenen Landesgesetzgebung Art. 4 des EG. sachgemäß abrundet, teilweise durch sachliche Beseitigung, insbesondere Verneinung der „Anwendbarkeit" gewisser an sich auf das Verhältnis zutreffender Vorschriften, so z. B. durch die sehr zahlreiche Paragraphen des Vormundschaftsrechts des BGB. umfassende „Ausschließung" in § 33 Abs. 1 S. 3, durch die „Nichtanwendbar"erklärung in § 50 Z. 6, § 67 S. 2 u. a. Ja, endlich, allerdings sehr selten, auch durch ganz materielle Anordnungen, welche den entsprechenden, bisher geltenden Normen „Absätze anfügen" oder „Worte hinzufügen", so in § 48 Abs. 1 Satz 2 und ebendort Abs. 2. Aber auch diese Ausnahmen verleugnen den Grundgedanken des Sondergesetzes nicht, daß das schon vorhandene reichsgesetzliche Jugendsonderrecht tunlichst bestehen bleiben soll. Denn offenbar deshalb werden die angetasteten Bestimmungen so genau und vollzählig wie möglich genannt. — Freilich reicht auch das daneben einhergehende Bestreben nach Rechtseinheit über die Gesetzgebung hinaus bis zur Anwendung des Rechts. Unerläßliches Mittel für eine gedeihliche Entwicklung des neuen Jugendrechts und der in ihm beschlossenen sozialen Keime scheint eine im ganzen Reiche tunlichst gleichmäßige Praxis der Jugendämter. In diesem Sinne wird die auf Art. 77 RVerf. beruhende Befugnis der Reichsregierung, zur Ausführung von Reichsgesetzen allgemeine Verwaltungsvorschriften zu erlassen, hier — § 15 — mit besonderem Hinblick auf ausgleichende Beeinflussung der JÄ. unterstrichen, unter gleichzeitiger erneuter Hervorkehrung des „rahmengesetzlichen Charakters" durch das ausdrückliche Verlangen der

Zustimmung des Reichsrats[53]). Aber nicht bloße „Ausführungsvorschriften", auch die lebendige Sorge einer dafür zuständigen Behörde sollte nach dem System des RJWG. vereinheitlichend wirken: zu diesem Behufe war in dem Reichsjugendamte der §§ 16, 17 eine eigene Behörde geschaffen, bei welcher die Erfahrungen dieser Jugendämterpraxis aus dem ganzen Reiche wie in einem Brennpunkte zusammenlaufen sollten, um von dort an die Peripherie ausgestrahlt und hinsichtlich ihrer sachgemäßen, gleichmäßigen „Verwertung" überwacht zu werden. Eine nach dem eigenartigen Zuge der Dezentralisation, welcher, durch das Gesetz hindurchgehend, sich mit dem Bestreben, zu zentralisieren kreuzt, auch den Landesjugendämtern — § 13 Z. 2 und Z. 5 — zugewiesene Funktion. (Durch den „Abbau" der Notverordnung vom 14. Februar 1924 ist — Art. 1 Z. 2 S. 2 — das erstere Instrument, die Reichsbehörde, ganz verschwunden, das letztere hier fast bis zur Bedeutungslosigkeit verblaßt, da — Z. 2 S. 1 — die Einrichtung der Landesjugendämter „dem Ermessen der Länder überlassen" und in Preußen zumal nach § 12 Abs. 1 S. 1 AusfGes.s, den „Provinzialverbänden" usw. nur freigestellt worden ist, so daß praktisch auch der Bereich ihrer Wirksamkeit kein allzu ausgedehnter werden dürfte.) — Noch stärker fast als durch diese generellen Zuständigkeiten ist an einem Einzelpunkte des Systems, hinsichtlich der Fürsorgeerziehung, das Streben nach Rechtseinheit unmittelbar zu prägnantem Ausdruck gekommen: durch „Verreichlichung", nach dem Vorgange der in der Reichsverfassung von 1919 Artt. 89, 97 und 88 den Großverkehrsmitteln der Eisenbahnen, der Wasserstraßen wie früher schon der Post und Telegraphie zuteil gewordenen Behandlung, an Bedeutung erhöht dadurch, daß mit der Fürsorgeerziehung die von dem RJWG. dem Vormundschaftsrechte neu eingefügte und damit zum Bestande des Reichsrechts gemachte „Schutzaufsicht" verkettet worden ist. So haben wir für das Verhältnis von Reichs- und Landesrecht auf unserem Gebiete eine Kombination zweier entgegengesetzter Tendenzen: intensiv — straffe Zusammenfassung, ja, geradezu „Unitarisierung", soweit Rechtseinheit für notwendig erachtet ist, extensiv — Selbstbeschränkung, ja darüber hinaus große Nachgiebigkeit gegen

[53]) Dieses Erfordernis folgt allerdings unmittelbar aus der Vorschrift des Art. 77 RVerf.

andere Jugendrechtsquellen, so daß in der Tat unmittelbar auf dem Boden des Gesetzes die verschiedenartigen sozialen, kulturellen und politischen „Eigenheiten und Stammesverschiedenheiten“ voll zur Geltung und Auswirkung gelangen werden. Denn erst aus dem Ausbau des RJWG. durch das ihm parallele Reichs- und das Landesrecht erfließt die künftige Gesamtordnung der deutschen Jugendwohlfahrt.

3. **Anderweite Vorbehalte, Lücken.** Entsprechend seiner „Zurückhaltung“ gegenüber reichs- und landesgesetzlichen Bildungen des eigenen, vermeidet das RJWG. jede Grenzüberschreitung in andere, obzwar benachbarte und verwandte Rechtsgebiete. Auch dieser Grundzug ist kennzeichnend. Schon in der Vorbereitung des Gesetzes kam dies durch das engere Programm des bloßen Jugendwohlfahrts- unter Ablehnung eines universellen „Jugendgesetzes zum Ausdruck[54]); noch konkreter ward man bereits damals sich einig, daß zahlreiche bestimmte, ebenfalls die Jugend und ihre Lebensfragen berührende Materien ausgeschieden werden müßten, so die Rechtsverhältnisse der unehelichen Kinder, das Schulwesen, die religiöse Erziehung der Kinder, das Jugendgerichtswesen (mit Einschluß der Jugendgerichtshilfe), das Krüppelwesen u. a. m.. Sie wurden eigener spezialgesetzlicher Regelung vorbehalten. Auch dies kommt zum Teil in dem Gesetze selbst zum Ausdruck: besonders plastisch bei der (jetzt technisch) sogen. „Jugendgerichtshilfe“[55]). § 3 Z. 5 bezieht auch sie dem „Aufgabenkreise der Jugendämter“ ein, überläßt aber ihre Normierung ausdrücklich der spezialgesetzlichen Regelung; grundsätzlich dem damals erst in Aussicht genommenen Reichsgesetz, welches inzwischen unter dem 16. Febr. 1923 ergangen, am 1. Juli 1923 in Kraft getreten ist und die „Jugendgerichtshilfe“ in den §§ 22 und 42 erfaßt hat. Die gleiche Konzession ist für enger umgrenzte Spezial„aufgaben“ in anderen Ziffern derselben Stelle (§ 3) unmittelbar der Landesgesetzgebung gemacht: die „Mitwirkung“ a) bei der „Beauf-

---

[54]) Vgl. hierzu die „Begr.“ S. 21 u. auch schon oben zu N. 39a.

[55]) Die „JugGerichtshilfe“ ist auch hier in dem vorherrschenden, spezifischen Sinne der dem Jugendstrafrichter zu erweisenden Hilfe gemeint, zu welcher also die „VormundschGerichtshilfe in (gewissem) Gegensatze steht. S. näheres unten zu § 3 Ziff. 5 u. bes. zu § 43. Doch spricht auch schon die „Begr.“ S. 30 von einer „JugGerHilfe im weiteren S.“, die „auch außerhalb der Verfolgung einer Straftat Bedeutung gewinne im Rahmen der vormundschaftsgerichtl. Maßnahmen für gefährdete, schutzbedürftige oder verwahrlosende Minderj. als Schutzaufsicht (!)“

sichtigung der Arbeit von Kindern und jugendlichen Arbeitern", b) in der „Jugendhilfe bei den Polizeibehörden, insbesondere bei der Unterbringung zur vorbeugenden Verwahrung"[56]) verbleibt „näherer" „landesrechtlicher Vorschrift". Auch hier streift unser Gesetz nur mehr tangential ein gewisses Jugendwohlfahrtsgebiet, überläßt aber dessen Ordnung Sondergesetzen, deren Erlaß es fordert, und auf die es selbst in die Zukunft hinein verweist. — Nur zwischen den Zeilen sind noch weitere nahe verwandte Gesetzgebungsaufgaben vom RJWG. bewußt ausgeschieden und der Sonderregelung zugewiesen worden. Das brachte schon die bereits gewürdigte prinzipielle Abstandnahme von einem umfassenden kodifizierenden Jugendgesetze mit sich. Die Materialien zeigen aber zweifelsfrei, daß die Gesetzgeber sich der vollen Tragweite jener Abstandnahme bewußt geworden sind. Wie in diesem Sinne die „Begründung" (S. 20) ausspricht, daß „dieses Gesetz nur einen Ausschnitt der für die Jugend geltenden gesetzlichen Bestimmungen umfasse", so haben auch die Mitglieder des 29. Reichstagsausschusses schon in der „Generaldebatte"[57]) sehr wohl an den Komplex anderer die Jugend angehender Gegenstände, die „Besserung der rechtlichen Stellung der unehelichen Kinder", das Schulwesen, das „Jugendgerichtsverfahren" als aus der unternommenen von selbst sich ergebende weitere Aufgaben der deutschen Gesetzgebung gedacht. Wenn hieraus Greifbares bisher nur bezüglich des letzten hervorgegangen ist, so sind doch sehr bedeutsame Anfänge der Reformarbeit auch bei den anderen gemacht[58]). Auch daß auf einem unserem Gesetze besonders nahe verwandten Gebiete, dem der religiösen Kindererziehung, schon am 15. Juli 1921 ein selbständiges Gesetz zustandegekommen, ist ein unbestreitbarer Fortschritt der Jugendgesetzgebung. Ob und inwieweit freilich die Ausführungsgesetze die Versprechungen halten werden, welche das Reichsgesetz durch auf sie (bzw. die Landesgesetzgebung überhaupt) bezugnehmende Vorbehalte gegeben, ist jetzt, nachdem

---

[56]) Ein in dieser Ausprägung neuer, besonders erklärungsbedürftiger Begriff! Genaueres bei § 3 Z 8. — Beachtenswert übrigens die terminologische Unterscheidung zwischem diesem „nach näherer landesrechtl. Vorschrift" (§ 3 Z. 6 u. auch Z. 8) und dem „werden landesrechtl. geregelt" z. B. des § 14 S. 1 Letzteres die eigentlich. „Ausfüllung" des Gesetzesrahmens.

[57]) Protok. der Ausschußberatungen S. 2. In der Generaldebatte wurden grade die auch im Texte genannten Gesetze besonders erwähnt.

[58]) Dem Vernehmen nach steht insbesondere die Verabschiedung des Sondergesetzes über „uneheliche Kinder" nahe bevor.

die allgemeine Finanznot auch die Jugendgesetzgebung so stark erschüttert hat, im Zeichen der dieser Katastrophe entsprungenen Verordnung vom 14. Febr. 1924 äußerst zweifelhaft geworden. Das preußische Ausführungsgesetz jedenfalls hat sich hier größtes Maß auferlegt und entsprechend der auch vom Wohlfahrtsminister in seiner AusfAnw. unter I a. E. ausgesprochenen Maxime, „die Gemeinden vor vermehrten Kosten zu bewahren, ihnen keine neuen Aufgaben aufzuerlegen oder bereits bestehende Aufgaben zu erweitern", die Vorbehalte der Ziff. 6 und 8 des § 3 nicht erledigt.

4. **Verhältnis zum fremden Rechte.** In der Hauptsache gelten insoweit auch für das RJWG. die Grundsätze der Artikel 7 ff. EG. zum BGB. Unmittelbare Beziehung hat aus diesem „internationalen Privatrechte" zu unserem Gesetze allerdings nur Abs. 2 des Art. 7 EG. zum BGB., demzufolge ein nach deutschem Gesetze (dem Lebensalter nach) noch minderjähriger Ausländer auch nach Erlangung der deutschen Reichsangehörigkeit die „rechtliche Stellung eines Volljährigen behält", wenn er nach den Gesetzen des eigenen (früheren) Heimatstaates rechtswirksam (durch Erreichung des dort erforderlichen Alters oder gültige Volljährigkeitserklärung) schon vorher volljährig geworden war. Durch Außerkraftsetzung fast des ganzen Abschnitts V des RJWG. (Art. 2 Notverordnung) hat aber auch diese Bestimmung an praktischer Bedeutung jetzt wesentlich verloren.

Im übrigen ist hier kurz nur Folgendes zu bemerken: an sich folgt das RJWG. mit der Betonung des „deutschen Kindes", also (vgl. oben unter III) der deutschen Reichsangehörigkeit als der Grundlage für die Anwendbarkeit seiner Bestimmungen dem Prinzip des sogen. „Personalstatuts". Aus richtigen Opportunitätserwägungen läßt es dieses aber durchkreuzen oder doch nicht unwesentlich mildern und modifizieren durch den Gedanken des Fürsorgebedürfnisses. So wenigstens wird zum Prinzip verallgemeinert werden müssen die Vorschrift des Satzes 2 Abs. 1 des § 7, daß „für vorläufige Maßnahmen", für solche aller Art, also für jeden objektiven Dringlichkeitsfall, — gleichviel und mithin auch ohne Prüfung, ob er einen in- oder ausländischen „Jugendlichen" betreffe! — „das Jugendamt zuständig ist, in dessen Bezirk das Bedürfnis der öffentlichen Jugendpflege hervortritt"[59]). Nähere

[59]) Wesentlich eingeschränkter die „Begrdg." S. 36 zu dem (damaligen)

Darlegungen müssen auch hierzu den Sondererläuterungen verbleiben.

5. Zeitliches Verhältnis zum sonstigen Recht. Geltungsbeginn. Auch in der Feststellung des zeitlichen Geltungsverhältnisses hatte das RJWG. jede Schroffheit gegenüber dem sonstigen Rechte vermieden. — Art. 1 EG. bestimmt den 1. April 1924 lediglich als Normaltermin des Geltungsbeginns. Auch diese Bestimmung ist elastisch und erhöht damit wieder die Anpassungsfähigkeit des neuen Jugendsonderrechts selbst. Die für dieses „normierte" Einlassungsfrist braucht nicht eingehalten zu werden. Weitgehende Durchbrechungen, ja gänzliche Beseitigung sind zulässig: für einzelne Länder, unterschiedslos welche und wieviele, ja selbst nur für einzelne „Jugendamtsbezirke" kann „die Reichsregierung mit Zustimmung des Reichsrats" einen „früheren", d. h. beliebig früheren Zeitpunkt des Inkrafttretens, sei es des ganzen, sei es von Teilen des Gesetzes bestimmen. Mit dieser bis zum äußersten gesteigerten Dehnbarkeit seines zeitlichen Geltungsbereichs ist auch den Sonderwünschen verschiedener Reichsteile entgegenkommend Rechnung getragen. Von dieser Abänderungsermächtigung hat die Reichsregierung nur in Ansehung der Länder Württemberg, Thüringen, Hamburg und Lübeck Gebrauch gemacht, indem es für sie durch die Verordnung vom 6. Juli 1923 (RGBl. I S. 554; das ursprünglich in diese auch einbezogene Bremen wurde später durch die Verordnung vom 13. August 1923 — RGBl. I S. 819 — wieder daraus gestrichen) den „früheren Zeitpunkt" festsetzte: auf den 1. November 1923 für Hamburg, den 1. Oktober 1923 für die drei anderen genannten Länder. Im übrigen ist gemäß der Notverordnung vom 14. Febr. 1924 Art. 4 das RJWG. in den deutschen Einzelländern am 1. April 1924 in Kraft getreten mit alleiniger Ausnahme nur von Bayern, wo, gewissen Mitteilungen aus dem Reichsministerium des Innern zufolge, das Inkrafttreten mit stillschweigender Genehmigung der Reichsregierung sistiert ist, bis dem neuen bayerischen Landtage der Erlaß des Ausführungsgesetzes möglich sein wird. Der am 1. April 1924 eingetretene Geltungsbeginn für Preußen (vgl. oben II a. E.) zumal erstreckt

---

§ 8 a. E.: der „Satzung der einzelnen JA. bleibe es überlassen, nach Maßgabe des Landesrechts (!) im Bedürfnisfalle die Zuständigkeit auf die Fürsorge für ausländische Minderjährige zu erstrecken!" Doch wohl eine Verkennung der Tragweite des (jetzigen) § 7 Abs. 2.

sich auch auf Hohenzollern, das ja in dem preußischen Ausführungsgesetze durchgehend berücksichtigt worden ist, nicht aber (bisher) auch auf Waldeck, (das sonst vielfach an der preußischen Verwaltung teil hat). — An der Singulärvorschrift des Art. 5 EGs. über den Geltungsbeginn des § 69 Abs. 2 RJWG., also der dort geregelten „Unterbringungsart“ bekenntnis l o s e r Minderjähriger, gegen welche die Fürsorgeerziehung angeordnet worden, „ultimativ“ für den 1. April 1926, mit unbeschränkter „landesgesetzlicher“, d. h. der Gesetzgebung j e d e s b e l i e b i g e n deutschen Landes gelassener Freiheit schon „früherer“ Anwendung, ist auch durch den neuerlichen „Abbau“ der Jugendwohlfahrtsgesetzgebung nicht gerührt worden. Wohl aber hat die an sich schon ziemlich einschneidende Bresche, welche in die Geschlossenheit und Einheit des neuen Systems Art. 8 EG. zum RJWG. gelegt hatte durch Nachlaß einer dreijährigen „Karenzzeit“ für die „Errichtung von Jugendämtern“ in überwiegend ländlichen Kreisen“, abhängig von dahingehendem „Antrage einer Landesregierung“ und ebenfalls einer Anordnung „der Reichsregierung mit Zustimmung des Reichsrats“, durch die wiederholt erwähnte Notverordnung eine ganz wesentlich veränderte Ausdehnung und Gestalt erhalten. Zwischen dem extremen Antrage des Deutschen Städtetages (vgl. oben unter II), das RJWG. „bis auf weiteres“ zu suspendieren, und dem „Kompromisse“ (abgedruckt im Dezemberheft ZentrBl. für Vmschw. von 1923, S. 162), welches als Ergebnis der Konferenz vom 8. Dez. 1923 (vgl. ebenfalls schon unter II) der Reichsregierung vorgeschlagen wurde und eine dreijährige Atempause hauptsächlich für die Errichtung der Jugendämter und die Einführung der Amtsvormundschaft, aber auch andere wichtige Neuerungen empfahl, hat die Notverordnung den Mittelweg gefunden, „bis auf weiteres“ Reich und Länder von der Durchführung solcher Bestimmungen des RJWG. zu entbinden, „welche neue Aufgaben oder eine wesentliche Erweiterung bereits bestehender für die Träger der Jugendwohlfahrt enthalten“. Unter 8 Ziffern sind diese Aufgaben („daher“) im einzelnen näher genannt: die Einrichtung der Jugendämter, welche sogar durch eine „andere geeignete Amtsstelle“ (die erforderlichenfalls eine auf die Jugendwohlfahrt hinweisende Zusatzbezeichnung zu führen habe) ersetzt werden, und die obligatorische Amtsvormundschaft, von welcher die oberste Landesbehörde auf Antrag Gemeinden und Gemeindeverbände befreien kann, ragen auch hier hervor. Der nachgelassene

Dispens von den Jugendwohlfahrtsaufgaben: des § 4 schlechthin, von denjenigen des § 3 Ziff. 5—8 durch „Befreiung" seitens der obersten Landesbehörde, sowie die Freistellung der Errichtung von Landesjugendämtern und der Beibehaltung des gesetzlichen Pflegekinderschutzalters (14. Lebensjahr) runden diesen „Abbau" neben der schon früher erwähnten gänzlichen Aufgabe des Reichsjugendamtes und des Abschnittes V des Gesetzes sowie anderen Einzelheiten derart ab, daß von dem ursprünglichen stolzen Gebäude fast nur wenige Grundmauern, ein Torso, stehen geblieben sind.

Eine Übergangsbestimmung besonderer Art enthält das preußische Ausführungsgesetz § 33: nach Absatz 2 ist als der äußerste Termin, bis zu welchem die Satzungen der Selbstverwaltungskörper über die Jugendämter „zu errichten" sind, der 1. Oktober 1924 vorgesehen. Nach diesem werden sie von der „Aufsichtsbehörde", d. h. der Kommunal-Aufsichtsbehörde, „erlassen", entstehen also nicht mehr aus dem Selbstverwaltungskörper selbst, sondern werden diesem von außen auferlegt. „Bis zur Errichtung der Satzungen", d. i. nach Vorstehendem wohl zeitlich äußerstens bis 1. Oktober 1924, werden „die Zuständigkeiten der Jugendämter durch den Vorstand der Selbstverwaltungskörper wahrgenommen". — Endlich ist durch die Ausführungsanweisung des Preuß. Ministers für Volkswohlfahrt vom 29. März 1924 bei den wesentlichsten Befreiungen, welche auf Grund der Notverordnung vom 14. Febr. 1924 — hinsichtlich der Jugendgerichtshilfe, des Pflegekinderalters, der Amtsvormundschaft — von den Anforderungen des RJWG. nachgelassen werden können, der 1. Juli 1924 als letzter Zeitpunkt (für die Einreichung diesbezüglicher Anträge) bestimmt.[59a])

V. Kritik.

Einem Gesetze von so weittragender sozialer, rechtlicher, rechtspolitischer, ja, sogar kultureller Bedeutung schuldet auch der Kommentator eine kurze, kritische Stellungnahme, dem so sehr hohen Menschheitsideale des Gesetzgebers entsprechend, freilich mit von vornherein strengerem Maßstabe. Dieser gebietet allerdings nicht unbedingt die schon von Alice Salomon geäußerte „trübe Resignation", die neuestens auch wieder in den Verhandlungen des Preuß. Landtages hervortrat.

[59a]) Vgl. hierzu auch unten S. 119.

Auf folgende Grundlinien lassen sich die hauptsächlichsten Beanstandungen zurückführen, welche nicht sowohl irgend einen Tadel aussprechen, als vielmehr durch Aufzeigung seiner Schwächen und Mängel die Anwendung des Gesetzes erleichtern sollen.

Wie jeder Idealist, will auch das Jugendwohlfahrtsgesetz zuviel, entfernt sich zu weit von der rauhen Wirklichkeit, ist also nicht genügend „realpolitisch". Wenn es auch selbst sich dieser äußeren Hemmungen durch die eigenen Einschränkungen und Vorbehalte immer wieder bewußt wird, so kann doch der Vorwurf, daß an mehr als einer Stelle das Gesetz nicht so recht den Fuß zur Erde bekommt, dem Ganzen nicht erspart werden. Aus diesem Kardinalfehler ergeben sich fast durch einfache Ableitung einzelne, z. T. recht schwerwiegende Hauptmängel. 1. Das Gesetz verallgemeinert zu sehr, 2. das Gesetz leidet an einem Zuviel der Gedanken und auch der Voraussetzungen, 3. das Gesetz ist nicht frei von Unklarheiten und Unebenheiten, 4. der grundlegende Plan des Gesetzes ist nicht folgerecht und vollständig durchgeführt. Dieser Einzelheiten ist hier näher zu gedenken. Doch ist insoweit apodiktische Kürze umso mehr berechtigt, als gerade diese Eigentümlichkeiten die schon mehrfach (unter II a. E. und IV) beleuchtete weitere legislatorische Entwicklung, den Um- und Abbau des bereits verkündeten Gesetzes bestimmend gestaltet, in diesem also einen beredten Zeugen gefunden haben.

1. Das Gesetz verallgemeinert zu sehr. Das Streben, fast möchte man sagen, die Sucht, gewisse Einrichtungstypen, die bisher vielleicht an vielen, aber doch immer nur einzelnen Stellen erprobt worden, zum deutschen Gemeingut zu machen, drückt dem Ganzen geradezu den charakteristischen Stempel auf. Auch hier ist in erster Linie auf das Jugendamt und seine reichsgesetzliche „Verankerung" hinzuweisen. Sie steht derart im Vordergrunde, daß nicht mit Unrecht von dem 29. Ausschuß der Name „Jugendamtsgesetz" als der passendste erwogen wurde. Gerade gegen diese restlose Verallgemeinerung aber bestanden doch von vornherein sehr gewichtige Bedenken. Bei aller Bewährung in einer großen Zahl von Städten bedeutete für andere Teile Deutschlands seine Einführung doch etwas ganz Neues, Ungewohntes, für das schon deshalb, aber auch aus sachlichen Gründen, die rechte Einfühlungsfähigkeit fast zwingend fehlen mußte. Diese innere Fremdheit ergab sich dort besonders

aus ganz bestimmten, dem Jugendamt gegebenen Zuständigkeiten und dem damit vollzogenen Bruche mit langjährigen Überlieferungen, die als solche in grundlegenden Anschauungen des Volkes fast unlösbar verwurzelt sind: weder das JA. als Amtsvormund, wenngleich nur aller unehelicher Kinder, noch das Jugendamt als Gemeindewaisenrat hatten Aussicht, in ländlichen Bezirken, jedenfalls denen des Nordens, wirklich volkstümlich zu werden. Denn hier, zumal in ersterem Punkte, handelt es sich nicht um bloße Rechtsformen, sondern um Teile des persönlichen Seins gerade des kleinen Mannes, mit denen durch Zeiten und Generationen sein Denken und Fühlen innig verwachsen ist. Im Volke, mindestens dem des flachen Landes, glaubt der „uneheliche" Großvater an sein überkommenes „Anrecht" auf die Vormundschaft über das uneheliche Kind der Tochter mit jener naiven Selbstverständlichkeit, welche die Verbundenheit des Bluts und das auf ihr beruhende natürliche Gefühl gerade bei ihm hervorrufen. Daß er darauf zugunsten nicht einzelner bewährter, vertrauenswürdiger, Persönlichkeiten, sondern einer „Behörde"[60]) verzichten soll, mußte sein Widerstreben gegen die Neuerung zweifellos steigern. Denn auch der einfache Mann fühlt in diesen Dingen richtig und erfaßt instinktiv das Wesen dieser Besonderheit: Interessen, die er zu seinen allerpersönlichsten zählt, glaubt er bei dem unpersönlichen, nicht eigentlich sichtbaren und lebendigen Amte nicht so gut aufgehoben wie bei dem in Fleisch und Blut mit ihm verkehrenden Einzelnen. Er erkennt also unbefangen von selbst die Gefahr des „Bureaukratisierens", die ja durch den Gesamtaufbau des Gesetzes keineswegs ausgeschlossen ist[61]). Das beruht auf dem eingeborenen Zuge zum Individualisieren, der gerade auf diesem Lebensgebiete vorherrscht und sich gegen jede Hinneigung zum

[60]) Als „Behörde" betrachtete und bezeichnete (nicht mit Unrecht) auch die bisher schon eingerichteten Formen amtlicher Vmsch. die überwiegende einschlägige Rechtsprechung. So z. B der Beschluß des Bayer. OberstLG. vom 9. Jan. 1920, abgedruckt im „Recht" 1920 als Nr. 736 der „oberstrichterl. Rechtsprechung Deutschlands." Auch die „Begr." zum Preuß. JugFürsGesEntw. anerkannte als die „idealste Art der Vmsch." die Auswahl der nach Lage des einzelnen Falles z. Uebernahme der Vmsch. geeigneten Person seitens des VmschGer. mit Rücksicht darauf, daß „die Fürsorge für die Mündel individuell zu gestalten (!) ist."

[61]) Vgl. u. a. meine oben N. 45 gen. Abhdlg. Ferner hierüber und hiergegen auch schon Oetker im „Recht" 1920 S. 230, dieser allerdings — s. sofort N. 62 — mit einer sehr wesentlichen Abweichung von dem Standpunkte des Textes.

Schematisieren, Schablonisieren[62]) in natürlicher Reaktion auflehnt. — Nicht viel anders steht es mit der Verdrängung des bisher eingebürgerten örtlichen „Gemeinde"-Waisenrats durch das Jugendamt: auch hier schneidet das Diktat des Gesetzes, § 42 Abs. 1, tief in unser Volksleben ein. Der an dem gleichen Orte wohnende, in der Regel der eigenen Person, wie dem Familienzusammenhange nach wohlbekannte bisherige „Waisenrat" war trotz mannigfacher Unvollkommenheiten seiner Betätigung im einzelnen als vertrauter Helfer und Berater jedenfalls mit unseren ländlichen Gemeinden eng verwachsen, im Laufe der Zeit unlösbarer Bestand ihrer Lebensgewohnheiten und Anschauungen geworden. Auf welchem Rechtsgebiete aber ist die Rücksichtnahme hierauf so angebracht, ja geboten, wie auf denjenigen des Familienrechts im weitesten Sinne. So ist es denn auch überaus kennzeichnend, daß die Selbsterkenntnis des Gesetzgebers, welche sich unbestreitbar in den noch vor dem Inkrafttreten vorgenommenen Rückbildungen kundgibt, in ausgeprägtester Art gerade diese beiden Punkte des Systems erfaßt hat. Auch in dem Ausbau, welchen Art. 8 EGs. durch die Verordnung vom 14. Febr. 1924 erfahren hat, heben sich doch als weitaus markanteste Züge die außerordentliche Abmilderung der „allgemeinen" Einrichtung des Jugendamts — Ziff. 1 — und die nicht mehr (wie Art. 8 selbst) auf „überwiegend ländliche Bezirke" beschränkte, sondern auf „Gemeinden und Gemeindeverbände" schlechthin erstreckte „Befreiung von der gesetzlichen Amtsvormundschaft" (Ziff. 5) heraus. Daß unsere Finanznot an positiven gesetzgeberischen Abbauentschließungen gerade diese beiden Erleichterungen gezeitigt, beruht ohne Frage auf dem hier dargelegten inneren Wesen der bezüglichen Gesetzeseinrichtungen. — Freilich gehören auch manche von dem „Abbau" unberührt gebliebene Institutionen in die Reihe dieser unberechtigten Verallgemeinerungen: das vom Reichsgesetz bis

[62]) Vor welchem Fehler charakteristischerweise besonders von Frauenseite gewarnt worden ist. S. außer den schon berücksichtigten Aeußerungen Anna v. Gierke's auf der Kölner Herbsttagung bes. auch Alice Salomon in dem oben erwähnten Vortrage: „die Erz. ruht oft sicher und gut auf dem mütterlichen Instinkt, auf dem Charakter und der Lebensauffassung der Eltern!" S. aber ferner auch Pater Noppel, Düsseldorfer GesVerBer. S. 49. — Befremdlicherweise redet Oetker a. N. 61 a. O. S. 238 grade aus der Erwägung, daß „die Einzelvmsch des BGB keineswegs immer das geeignete Mittel ist, jedem Mündel doch das erreichbare Maß von Fürsorge zuteil werden zu lassen" zu Ungunsten der letzteren der Amtsvmsch. grundsätzlich das Wort.

zuletzt festgehaltene (§ 9 Abs. 2), von Preußen (Ausführungsgesetz § 4 Abs. 2) demgemäß übernommene Verlangen der Berufung von zwei Fünftel der stimmberechtigten Jugendamtsmitglieder aus den „Vereinigungen für Jugendwohlfahrt und Jugendbewegung“ beruht auf der stillschweigenden, keineswegs ausnahmslos in allen Teilen Deutschlands zutreffenden Voraussetzung, daß solche „Vereinigungen“ überall vorhanden sind![63])

2. Innerlich nahe verwandt, wenn auch ungleich in der Erscheinungsform ist die dem Gesetze eigene Häufung von Kriterien und Erfordernissen, die einem oft nicht ganz zur Abklärung gebrachten Überreichtum an Gedanken entspringen. Ist die soeben unter 1. gedachte Schwäche mehr quantitativer oder extensiver Art, so wirkt diese Häufung als eine solche intensiver Natur. Sie wirkt als solche. Denn vielfach besteht die Häufung nur der Erscheinung nach, und korrespondiert dem äußeren Überflusse keineswegs immer ein ebenso reicher innerer Kern. Dies besonders, soweit die Bestimmungen sich auf das allgemeine soziale Gebiet begeben und an ihm zugehörige Grundfragen rühren: so bei der Behandlung der sogen. „freien Liebestätigkeit“ für Jugendliche — § 6, der sich geradezu in Tatbestandsmerkmalen gar nicht genug tun kann, indem er von der „Wahrung der Selbständigkeit und des satzungsmäßigen Charakters“ von „Unterstützung, Anregung und Heranziehung zur Mitarbeit“, von „allen Organen und Einrichtungen der öffentlichen und privaten Jugendhilfe und der Jugendbewegung“ spricht. Man möchte die Redaktoren hier fast eines gewissen Schwulstes zeihen, der auch nicht etwa durch das Bestreben gerechtfertigt wird, der vagen und fließenden Abgrenzung dieses

[63]) Diese Voraussetzung ist vom Gesetze selbst deutlich erkennbar gemacht durch den Zusatz: „im Bezirke des JA. wirkenden“, welcher sich allerdings (ausdrücklich) nur in § 9 Abs. 2, nicht auch in § 11 findet, aber in letzterem zweifellos sinngemäß zu ergänzen ist. — Die weitere Verschiedenheit der Erwähnung der „Vereinigungen“ in den beiden Vorschriften: § 9 Abs. 2 „V.en für JugWohlfahrt u. JugBewegung“, — § 11 „V.en für JugHilfe u. JugBewegung“ entbehrt der überzeugenden inneren Berechtigung. Auch durch die eben erwähnte „Voraussetzung“ wird diese Ungleichmäßigkeit nicht einleuchtender. Daß etwa der Gesetzgeber das Vorhandensein von „Ven für JugWohlfahrt“ p. p. in jedem JABezirke selbstverständlicher voraussetzen durfte als ein solches der in § 11 genannten Gruppen, wird man nicht sagen können. Tatsächlich hat z. Zt. wohl nur die — in beiden §§ erwähnte — Jug„Bewegung“ die ausgesprochene Vermutung für sich, in jedem, auch dem kleinsten Bezirke durch V.en oft recht beachtlicher Art verkörpert und vertreten zu sein.

Gebietes durch eine tunlichst alle Verhältnisse umfassende Ausdrucksweise gerecht zu werden. In Gesetzen ist jeder Pleonasmus — ein solcher aber liegt hier vor — stets und unbedingt zu beanstanden. Dies gilt letzten Endes auch von der Eingangswendung des § 4, welche das schlichte, dem Sinne nach völlig hinreichende „fördern" zu einem „anregen, „fördern und gegebenenfalls schaffen" ausweitet. Und § 49 Abs. 2, welchen für „hilfsbedürftige Minderjährige" Art. 2 S. 2 der Notverordnung vom 14. Febr. 1924 „bis zum Erlasse anderer Bestimmungen" als Erfüllung der Vorschrift des § 6 Abs. 1 der die „Fürsorgepflicht" (überhaupt) regelnden Schwesterverordnung vom 13. Febr. 1924 gelten lassen will, schießt wohl ebenfalls über das Ziel hinaus mit seiner Abstellung auf „das Bedürfnis nach rechtzeitiger, dauernder und gründlicher Abhilfe gegen Störungen der körperlichen, geistigen und sittlichen Entwicklung der Minderjährigen"! Diese Hochspannung des gesetzgeberischen Wollens, wenigstens dem Ausdrucke nach, die Steigerung der Bestimmung der Ziele kennzeichnet das Gesamtsystem des RJWG. Sie tritt am ausgeprägtesten in der fast erdrückenden Fülle von Obliegenheiten zutage, welche bei dem Jugendamte angehäuft sind, aus dem Bestreben heraus, diese Behörde tunlichst an jeder, aber auch jeder öffentlichen Betätigung für die Jugend teilhaben zu lassen. Die darin liegende außerordentliche Übertreibung erweist sich als solche, beinahe greifbar, teils an der geringen inneren Homogenität der durch diese Konzentration bei einer Stelle verknüpften „Aufgaben" — man denke z. B. an § 3 Z. 4 einer- und Ziff. 7 andererseits („Mitwirkung": dort bei der Schutzaufsicht und der Fürsorgeerziehung; hier bei der Fürsorge für Kriegerwaisen und Kinder von Kriegsbeschädigten) oder an die noch stärkere innere Gegensätzlichkeit der „Aufgaben" des § 4 Ziff. 2—4 zu denen des § 3 — teils an den Schwierigkeiten der praktischen Durchführung dieser Konzentration. Diese sind wohl am größten bezüglich der Realunion von Gemeindewaisenrat und Amtsvormund[64]). Sie wirkt, wenn man die Zuständig-

[64]) Diese Kombination war früh auch schon seitens der Kritik des Reg.-Entw. beanstandet worden, ja hatte aus letzterem vielleicht den stärksten Widerspruch erfahren. So zielt auf sie doch wohl auch Oetker a. N 61 a. O. ab, wenn er auf der einen Seite die zwingende JAVmsch. über alle unehelichen Kinder bekämpft, auf der anderen befürwortet, das JA. dem VmschGerichte unter Leitung des VmschRichters als seines Vorsitzenden einzugliedern. Durch die „Maßgabe" des § 42 Abs. 2 kann in der Auswirkung diese „Realunion" zwar abgeschwächt werden. Gehoben werden

keiten" der §§ 43 und 45, also den Beruf des Jugendamts zur Unterstützung des Vormundschaftsgerichts bei allen Maßnahmen einer „Sorge für die Person der Minderjährigen" mit ihren besonderen Spielarten des Antragsrechts bezüglich der Schutzaufsicht und Fürsorgeerziehung (§ 57 und 65) und denjenigen zur planmäßigen Beratung der Vormünder hinzunimmt, fast wie eine groteske Überbürdung. Man wird mit Recht in die Vereinbarkeit dieser Kompetenzen starke Zweifel setzen[65]). Umso mehr, als sie in der Abschwächung des vormundschafts gericht lichen Einflusses, der bescheidenen, diesem im Jugendamt zugewiesenen Rolle (§ 9 Z. 4: — nur! — „beratende Stimme") eine Kehrseite hat, welche diese Bevorzugung des Jugendamts in ein beinahe grelles Licht setzt. Für die gerade durch letzteres Kräfteverhältnis vollzogene und ausgedrückte Verdrängung einer Instanz, die als „Obervormund" in großen Teilen des Reiches der gegebene Hüter aller Jugendbelange und damit das natürliche Organ der Jugendwohlfahrt und Jugendhilfe schien, ist der Gesetzgeber die wahre Rechtfertigung schuldig geblieben. Nicht zuletzt geht sie äußerlich auf die negative Tatsache zurück, daß an dem Zustandekommen des Reichsgesetzes nicht ein einziger

---

aber die aus ihr entspringenden Schwierigkeiten auch dadurch keineswegs, ganz abgesehen davon, daß die elastische „Kann"vorschrift eine unmittelbare Betätigung des JA. als Gemeindewaisenrat bis in die Peripherie seines Bezirks immer noch zuläßt (was z. B. auch in Preußen durch das AusfGes. positivrechtlich keineswegs ausgeschlossen ist). — Näheres auch hierzu in den Sondererläuterungen. — Vgl. im allgemeinen zu Obigem auch meine Abh. in Leipz. Zeitschr.

[65]) Auch hierzu ist ein Eingehen dem Komm. selbst vorzubehalten. Kritisch mag hier nur darauf hingewiesen werden, daß der Gesetzgeber sich der Inkompatibilität der von ihm dem JA. zugewiesenen vielfältigen vmschrechtlichen Bestimmungen kaum ganz bewußt geworden sein dürfte. Sonst hätte er wohl selbst den Widerspruch erkannt, welcher einmal nach der Norm des § 1850 BGB. (Beruf der GemWR.e zur „Ueberwachung" der Vormünder ihres Bezirks) in der Betrauung gerade des JA. mit einem so besonders wichtigen Ausschnitt aus dem Vmschwesen, — sodann eben in dieser letzteren „Aufgabe" des JA. und derjenigen nach § 45 unseres Ges. (generelle Beratung der Vormünder und Pfleger durch das JA.) liegt. Der zu Beaufsichtigende soll selbst beaufsichtigen, der zu Beratende selbst beraten! Diese Häufung von Unvereinbarkeiten war keineswegs ohne Aufgabe tragender Grundprinzipien des Ganzen unvermeidlich. Man hätte hier bedenkenlos gesetzgeberisch sich auf weniger beschränken dürfen und der Entwicklung der Praxis vertrauen sollen, welche vielfach schon von selbst gerade im Vmsch.-wesen den JA. die richtige Stellung gegeben hatte. (So z. B. in Lübeck, wo „dem JA." seitens des GemWR. von Anlässen zum Einschreiten nach § 1666 BGB. Kenntnis zu geben war.)

noch in der Praxis stehender Vormundschaftsrichter mitgewirkt hat. (Für das Preuß. Ausführungsgesetz, an dessen Redaktion ein kommissarisch im Ministerium für Volkswohlfahrt beschäftigter Praktiker der Vormundschaftsrechtspflege mitgewirkt hat, waren insoweit durch das Reichsgesetz die Bahnen gewiesen)[66]). Dieser allzu starken Belastung des Jugendamts mit Funktionen innerlich nicht fern steht das Bestreben des Gesetzes nach möglichster Vollkommenheit seiner Ausgestaltung: auch hier hat die zu weitgehende Scheu vor jeder Einseitigkeit eine Zuvielseitigkeit ergeben. Daß „alle" Bevölkerungskreise Vertreter und Vertreterinnen stellen, daß diese „in der Jugendwohlfahrt erfahren und bewährt" (!) sein müssen, daß tunlichst alle („die") in dem Bezirke wirkenden freien Vereinigungen für Jugendwohlfahrt und Jugendbewegung mit „Vorschlägen" zu berücksichtigen sind[67]), kommt auf ein Maximum hochwertiger Leistungen hinaus, das, wie jeder derartige Versuch, zu einer gewissen Unfruchtbarkeit verdammt ist. Die Zulassung „besonderer" Ausschüsse bringt diese Überspannung des gesetzlichen Mühens, welche auch hier in einer gewissen Unruhe des Wortreichtums, der häufigen Umständlichkeit der Ausdrucksweise sich wiederspiegelt, noch stärker zur Geltung. Auch dieses Allzuviel grade hat schon jetzt die großen finanziellen Schwierigkeiten heraufbeschworen, welche als Folge eines solchen Mangels an Selbstbeschränkung füglich nicht ausbleiben konnten. Der Widerruf des Wirkungskreises aus § 4, welchen Art. 1 Z. 4 der Notverordnung, wenn auch verschleiert, ausspricht, ist bereits ein recht schwerwiegendes Bekenntnis der Undurchführbarkeit des geschriebenen Gesetzessystems, welches auch durch Beschwichtigungsversuche, wie die Versicherung der Preuß. AusfAnw. unter IID 2, daß darin „gegenüber den Bestimmungen des RJWG. keine" Änderung liege, nicht aus der Welt geschafft wird. Ohne zuviel Pessimismus wird man auch der Beteiligung der „freien Vereinigungen" in der Praxis größere Schwierigkeiten vorhersagen müssen, als wohl am grünen Tisch erwartet worden ist.

3. Das Gesetz ist nicht frei von schwerwiegenden Unklarheiten, Unebenheiten und Unstimmigkeiten. Auch dazu ist nur

[66]) Vgl. hierzu schon oben N. 33.

[67]) Vgl. hierzu die etwas sehr allgemeine Opposition von Pater Noppel, Düsseld. GesVerBer. S. 49.

grundlegender Dinge zu gedenken, und sind Einzelheiten mehr äußerlicher Art außer Betracht zu lassen. So gewisse Planlosigkeiten im Aufbau und der äußeren Erscheinung; nach ersterer Seite z. B. Mängel der Hauptdisposition, wie die Einschaltung des Abschnitts IV zwischen Abschnitte III und V, während doch die Erwägung, daß diese beide sich der materiellen Not Jugendlicher zuwenden, ihre unmittelbare Folge ergeben hätte oder, noch äußerlicher, die redaktionelle Heraushebung der „Tätigkeit als Gemeindewaisenrat" durch „insbesondere" in § 3 Z. 2, obwohl andere Seiten dieser Jugendamts-„Mitwirkung im Vormundschaftswesen" viel breiter und gewichtiger ausgestaltet sind; nach der letzteren die zum Teil schon gewürdigten Uneinheitlichkeiten der Terminologie, u. a. die ungleichmäßigen Umschreibungen der Jugendwohlfahrt, denen sich, schwerwiegender, der ohne erkennbaren inneren Grund vorgenommene Wechsel vom „Kinde" des § 1 und des ganzen Abschnittes III, insbesondere § 19, zum „Minderjährigen" des Abschnitts V zugesellt[68]). Von viel größerer Tragweite, ja fast verhängnisvoller Bedeutung sind die unmittelbar an der Wurzel des Ganzen liegenden Unabgeklärtheiten. Vor allem, daß die im eigentlichsten Sinne begriffliche Beziehung der „Jugendwohlfahrt" zum Gemeinwohle von den Gesetzgebern wohl überall gefühlt, aber nicht aus dem mehr dunkeln Empfinden heraus zur scharfen, deutlichen, bisweilen vielleicht rücksichtslosen Erkenntnis erhoben worden ist. Diesem fundamentalsten Mangel entspringen zahlreiche, mehr an der Außenseite liegende, in erster Linie eine unverkennbare Unsicherheit hinsichtlich des zentralen Grundbegriffs (der „Jugendwohlfahrt") selbst, die ihrerseits wiederum ganz wesentlich zu den unter 2) gedachten Übertreibungen ge-

[68]) Auch hiergegen hat sich bereits Oetker in der mehrfach gen. Besprechung des Entw. gewandt mit dem Vorwurfe, seine „Fassungen ermangelten öfters der Präzision und Durchsichtigkeit." Zumal letzteres Wort trifft auf die im Texte gedachte Ungleichmäßigkeit zu; der erstere Anstand wäre wohl mehr gegen die unter anderem Gesichtspunkte bereits gewürdigten Fälle zu elastischer und vager Ausdrucksweise zu erheben. — In der Sache ist zweifellos mit dem „Kinde", welchem nach § 1 das ganze Gesetz gilt, und dem „Minderjährigen", welchem sich Abschn. V zuwandte, keinerlei Unterschied, sodaß auch die subtilste Terminologie zu dieser doppelten Ausdrucksweise nicht Anlaß gehabt hätte und die Durchführung eines einheitlichen Gesetzesausdrucks zur Bezeichnung derjenigen, deren „Wohlfahrt" das Ges. regelt, ebenso unbedenklich wie glücklicher gewesen wäre. Vgl. auch hierzu schon Früheres, bes unter III.

führt hat, welche die klare, einheitliche, Schlichtheit zeigende und Schlichtheit bedingende Grundlinie vermissen lassen. Mit ihr in nahem, innerem Zusammenhange stehen andere kaum minder tiefgehende allgemeine Unebenheiten, als allgemeinste die ganz ungenügende Abklärung des Begriffs des „Rahmengesetzes". So oft und viel in der Vorbereitung des Gesetzes gerade dieses Kennwort gebraucht und betont worden ist, hat man sich um die doch unerläßliche Klarheit über seinen Sinn nie wirklich bemüht. In diesem Mangel wurzeln die zahlreichsten der schon erwähnten wesentlichen Schwächen: die etwas zickzackartigen Äußerungen des „Zurückhaltungsprinzips"[69], die zwischen diktatorischer Reglementierung und weitgehender, bis in die kleinsten Einheiten heruntergehender Autonomie, zwischen ausgesprochener „Verstaatlichung" und freier Zulassung privater Betätigung, zwischen dem Drängen nach schleunigem Abschluß der Reichsgesetzgebung und ungewöhnlich geduldiger Nachsicht mit Inkraftsetzung hochwichtiger Teile, zwischen zentralisierender Vereinheitlichung, ja fast kühner Unitarisierung und einer manchmal zersplitternden Partikularisierung wechselnd, mehr als einmal den Eindruck erwecken, daß mit der einen Hand gegeben, mit der anderen genommen wird[70]. Dem Begriffe des „Rahmengesetzes" hätte entsprochen, mit möglichst einfachen, aber ebenso bestimmten und festen Strichen nur das Gerüst des Baues aufzuführen und seine Ausfüllung ebenso einfach und einheitlich dem Landesrechte, den „Ausführungsverordnungen" zu überlassen. Damit wäre das trotz allem Abbau noch verbliebene,

---

[69]) Auf diese Seite hatte u. a. früh schon Friedeberg in seiner Kritik, D. Jur. Z. von 1920 S. 354f., bes. S. 357, das Augenmerk gelenkt, allerdings mit etwas anderer Grundauffassung als hier vertreten: er bezeichnet allein die bezügl. der „namhaften, durch die neue Organisation entstehenden Kosten" geübte „Zurückhaltung" als „überraschende", scheint aber mit der zu Grunde gelegten Auffassung des „Rahmengesetzes" (im übrigen) einverstanden. Denn er glaubt, dort feststellen zu können, das Ges. ziehe „mit Recht (!) den Rahmen nicht zu weit; es bleibe seine Aufgabe, für die wichtigsten Punkte einheitliches R. zu schaffen."

[70]) Das konnte schon Friedeberg a. a. O. nicht wegleugnen; er erwähnt allerdings nur die „Reihe nicht sehr befriedigender Kompromisse", zu denen der RegEntw in der Materie der „öffentl. Unterst. Hilfsbed. Minderj." genötigt war. Vgl. ferner über die „Kompromißnatur" des Ges. überhaupt Köhler in den einleitenden Bemerkungen seines Ber. über die SachverstKonferenz des Arch. d. deutschen Berufsvormünder in Thale, Okt. 1922 — im ZentrBlVmschw XIV S 183 (Dez. H. 1922). Darüber, daß schließlich das so stark mit Kompromissen arbeitende Ges. selbst das Objekt eines solchen im Großen gehaltenen wurde, s. schon ob. S. 58.

ein wenig labyrintisch anmutende Gewirr von Regeln und Ausnahmen, von Normen und Einschränkungen vermieden worden. Auch andere, grade an das „Rahmengesetz" anlehnende Grundbegriffe kranken an einer gewissen Verschwommenheit: so z. B. derjenige der „Richtlinien", dessen fließende Grenzen schon bald im Anfange der Ausschußberatungen betont wurden[71]), und der doch als streng technischer in das Gesetz — § 13 Z. 1 — übernommen worden ist, ein wenig auch der des „Trägers" zumal des Jugendamts.[72]) So ist das tastende Suchen, welches (vgl. oben zu II) die langwierige Entstehung des Werkes kennzeichnet, in diesem selbst noch keineswegs ganz überwunden. Das zeigt u. a. auch das Schwanken hinsichtlich der für die Jugendamtstätigkeit maßgebenden örtlichen Beziehung, die, teils oder richtiger normal, in dem „gewöhnlichen Aufenthalte" der Minderjährigen selbst — § 7 Abs. 1 S. 1 — teils in dem „Aufenthalt" schlechthin — § 50 Z. 1 — in demjenigen eines dem Minderjährigen persönlich Verbundenen — § 23, der „Pflegeperson" — teils endlich — § 35 Abs. 1 bzw. § 7 Abs. 1 S. 2 — in einem bestimmten Ereignisse, der Geburt des unehelichen Kindes bzw. in dem Hervortreten des Fürsorgebedürfnisses erblickt wird. Auch die Berücksichtigung gewisser Allgemeinmomente der Umwelt eines Jugendlichen weist gelegentlich bedeutsame Unsicherheiten auf: so besonders in Abs. 2 § 33 („Unterbringung" des unehelichen Kindes durch den JA.-Amtsvormund) die Abstellung auf das „religiöse Bekenntnis oder die Weltanschauung" des Mündels selbst „oder seiner Familie", wie auch der Ausbau des in der Fürsorgeerziehung tätigen Behördenapparates, die nicht recht durchsichtige Konkurrenz von Jugendamt und „Fürsorgeerziehungsbehörde" des festen Prinzips entbehrt. So bleibt bei

---

[71]) Vgl. Prot. S. 5, wo bereits richtig das Fließende gerade dieses Ausdrucks hervorgehoben wurde (man wisse nicht, ob es sich bei den „Richtlinien" nur um Anregungen, Empfehlungen handle oder um bindende Anordnungen.

[72]) Eine Art Legaldefinition dieses Begriffs fand sich, allerdings an einer sehr späten Stelle des Ges., nämlich in seinem Schluß § 78, (der jetzt durch die Notvdn. Art 3 in Wegfall gekommen ist!): durch den als Klammerzusatz ausgesprochenen Hinweis auf § 8 Diese „authentische" Erklärung des Grundbegriffs ist aber alles andere als eine glückliche. Selbst, wenn sie nicht in dem endgültigen Gesetzestexte fehlte, wäre ihre Verweisung an die Stelle, welche das RJWG. ihr gegeben hatte, eine sehr verfehlte. Die Einführung und die wenn auch nur ganz allgemein gehaltene Bestimmung des Begriffs (in einem Klammerzusatze gleichartig etwa demjenigen des § 2 Abs. 2) gehörte natürlich in den § 8 selbst. Die tatsächliche Behandlung dieses Punktes beleuchtet nicht uncharakteristisch die Technik des Ges. überhaupt.

allem anerkennenswerten Streben nach Einheit und Geschlossenheit des Systems das Ganze, zumal jetzt nach dem „Reinigungsprozesse" des Abbaues, doch mehr ein loses Gefüge innerlich nur eingeschränkt verwandter, verbundener Teile, mehr eine äußere Verquickung von Justiz- und Verwaltungs-, auch Verfassungsrecht, materiellem Recht und Verfahrensvorschriften in nicht allzu sicherer Ordnung und überzeugender Anordnung als eine organische, in sich ruhende Einheit. Es wird sehr viel inneren lebendigen Sinnes für Jugendwohlfahrt, ja, geradezu eines gewissen seelischen Schwunges bedürfen, um in der praktischen Handhabung diese Einheit daraus zu gestalten und nicht unter dem Drucke der äußeren Schwierigkeiten, welche in der Notverordnung ihre offizielle Anerkennung gefunden haben, jener Ernüchterung zu verfallen, die von einer ablehnenden Kritik des Gesetzes, den über dieses abgegebenen, ungünstigen Gesamturteilen als unvermeidlich vorhergesagt worden ist[73]).

In dieser Richtung wird auch der 4. Hauptmangel wirken, — daß der Plan, zwar nicht das gesamte Jugendwesen, aber doch die „Jugendwohlfahrt" in allen ihren Beziehungen gesetzgeberisch zu erfassen, nicht bis zum letzten Ende durchgeführt worden, vielmehr noch ein bedauerlich großer Rückstand geblieben ist. Eine ganze Reihe von Gebieten, die von einem solchen Ausbau gar nicht zu trennen sind und nach einer baldigen gesetzlichen Regelung oder gesetzgeberischen Reform (denn hierher gehören auch solche, welche die bisherige Rechtsordnung bereits ergriffen, bezüglich deren aber die Unzulänglichkeit des geltenden Gesetzesstandes sich herausgestellt hatte, so vornehmlich die die „Personensorge" betreffenden) geradezu verlangend rufen, sind übergangen

[73]) Das härteste Gesamturteil, welches über das gesetzgeberische Unternehmen gefällt worden, ist wohl das von Felisch in seiner Düsseld. Auslassung, GesVerBer. S. 54: es „enthalte einiges JugRecht, treibe etwas JugPolitik ohne jeden Zusammenhang mit anderen einschlägigen Gesetzen und beschäftige sich im übrigen (!) mit der JugWohlf." Diese Bewertung (Okt. 1920) galt allerdings noch der unveröffentlichten RegVorlage, dürfte seitens ihres Urhebers dem fertigen Ges. gegenüber aber kaum wesentliche Abwandlungen erfahren. An der oft erwähnten Entwicklung, welche noch das bereits verabschiedete und verkündete RJWG. durchmachen mußte, hat diese Einschätzung gewiß eine Stütze von Gewicht. Immerhin ist auch das Werturteil F's, wie jedes dieser Art, durch die eigene Grundeinstellung, ja wenn man will, die Welt- und Lebensanschauung bedingt. — Auch Oetkers Allgemeinbeurteilung ist in der Hauptsache ablehnend. Vor allem aber Hel. Simons Urteil über das vorliegende „Unmündigenrecht" am mehrgen. O

worden.[73a]) Gerade diese Unvollständigkeit fällt durch die an anderer Stelle (§ 43, vgl. oben) so sehr in den Vordergrund gerückte „Sorge für die Person der Minderjährigen" besonders in die Augen und läßt mit Bedauern in diesem Leitgedanken mehr nur ein vages Idol als eine scharf und klar erfaßte Aufgabe vermuten. Sonst wäre nicht recht verständlich, daß im Rahmen eines die gesamte „Jugendwohlfahrt" ordnenden Spezialgesetzes die rechtliche Stellung der Kinder aus geschiedenen Ehen, die Fürsorge für sie im Falle einer Wiederverheiratung der Mutter, die Annahme an Kindesstatt, die Ehelichkeitserklärung und Erlangung der rechtlichen Stellung eines ehelichen Kindes, sämtlich der Revision dringend bedürftige Gegenstände, übergangen werden konnten. Auch der Pflegschaft und Beistandschaft, sowie der elterlichen Personensorge schlechthin zu gedenken, wäre nicht unangebracht gewesen. Noch unbefriedigender wird den Juristen, wie den Sozialpolitiker das Schweigen über wichtige allgemeinere, ihrem Wesen nach durchaus der Gesamtmaterie zugehörige Fragen berühren, so nicht zuletzt ein gewisses Zurücktreten des eigentlich hygienischen Moments. Die unbestreitbar erfreuliche Steigerung der Beteiligung ärztlicher Sachverständiger an der Fürsorgeerziehung, insbesondere — § 65 Abs. 4, § 70 Abs. 3 — durch Hebung des Verständnisses für die Probleme der sogen. „Psychopathen"fürsorge und ähnliche Anordnungen sind doch nur positivrechtliche Einzelheiten. Von einer wahren Durchdringung mit echt sozialhygienischer Einsicht, an sich einem der wesentlichsten Postulate einer Jugendwohlfahrtsordnung, ist das vorliegende Gesetz leider recht fern. Hier steht es hinter manchen Vorläufern entschieden zurück, so besonders auch dem preuß. Jug.fürs.ges.entwurf von 1918: im Verhältnis zu der dort zwingend geforderten Zugehörigkeit (mindestens) eines Kreisarztes zum Jugendamt — § 6 Z. 1 Preuß. Entw. — als hauptamtlichen Mitgliedes, mit dem Nachlasse (§ 8) der Beiordnung noch eines „von der Gemeinde angestellten Arztes", bedeutet die auf dem Boden des Reichsgesetzes jetzt von dem Preuß. AusfGes. — § 5 — angeordnete Beteiligung dieser Instanz lediglich an den „Sitzungen des Jugendamts", und dort nur mit „beratender Stimme", ohne Frage einen Rückschritt. Noch mehr vielleicht die gänzliche Streichung

[73a]) Hierauf beruht der vom 29. RTAusschuß am Ende der ersten Beratung beschlossene Appell an die Reichsregierung wegen schleuniger Einbringung weiterer Jugendgesetze!

gewisser, von jenem Entwurfe vorgesehener Bestimmungen betr. der Pflegekinder aus dem Gesetze, so, daß die „Aufsichtspersonen“ berechtigt sind, jederzeit die Wohnung der „Haltefrau“ zu besichtigen und zu verlangen, daß das Kind einem von ihnen zu bezeichnenden Arzte zur Prüfung seines Gesundheitszustandes vorgeführt wird[74]. Ganz zu kurz gekommen ist in dem RJWG. die Wohnhygiene. Als eine der, zumal gegenwärtig, wesentlichsten Grundlagen unseres gesamten Volkslebens ist sie für die Jugendwohlfahrt und jede sie betreffende Gesetzgebung von geradezu handgreiflicher Bedeutung[75]. Daher ist auf die enorme Verantwortung, welche in den Fragen der Hygiene, zumal der Wohnungshygiene, mit Beziehung auf unsere Jugend beschlossen ist, schon lange und eindringlichst von Autoritäten des Jugendrechts hingewiesen worden[76]. Dem steht die Verkümmerung auch anderer Seiten der Sozialhygiene in unserem Gesetze sehr nahe, welche in der von der Frauenrechtlerin Helene Simon[77] mit berechtigtem Unwillen vermißten gesetzgeberi-

---

[74] Vgl. hierzu die „Begr.“ zum preuß. Entw. v. 1918, bes. S. 52 und S. 53. — Gewiß bietet für die jetzt im Gesetze fehlenden Vorschriften der bezügl. Inhalt der AusfVorschriften, — welche schon bisher, zumal auch in Preußen, auf diese Einzelheiten eingingen, — Ersatz. Doch darf die Bedeutung, welche grade die gesetzliche Erfassung als solche hat, und ihre stärkere Einwirkung auf die Praxis nicht unterschätzt werden. Zutreffend daher, auch insofern, der noch allgemeiner gehaltene Tadel Oetkers a. a. O. S. 237: „den Vorzug hätte doch gesetzliche Aufstellung der wesentlichsten Aufsichtsr.e mit ergänzendem Hinweis auf Regelungen der JÄ. gehabt.“

[75] Im allgemeinen wird auch diese Materie durch ZZ. 3—6 des § 4 erledigt. Aber abgesehen davon und von dem jetzt erfolgten „Abbau“ dieses Paragraphen hätte von vornherein die Jugendhygiene als solche präziser und ausdrücklicher Erwähnung bedurft, welche mit dem farblosen, alles umfassenden Ausdruck „Wohlfahrt“ nicht erreicht ist. Auch hier kann dem Ges. der Vorwurf des Mangels eines ganz klaren, strikten und plastisch hervortretenden Prinzips nicht erspart werden. Ungenügend in dieser Richtung natürlich auch die ganz allgemein gehaltene Norm des § 1 Abs. 1: „körperliche“ Ertüchtigung!

[76] So u. a. von v. Liszt mit dem von Hel. Simon a. a. O. S. 16 herangezogenen Ausspruche: „ein gutes Wohnungsgesetz wird mehr Verbrechen verhindern, als ein Dutzend Strafparagraphen!“ — Dem Ges. voran war auch hierin die freie (nicht behördliche) JugFürsorge, welche die Wichtigkeit des sozialhygienischen Mrments überhaupt schon lange erkannt und zur Tat gemacht hatte, so z B. durch die von der D. Zentr. f JugFürs. bereits Ende 1916 geschaffene, mit einer eigenen Ärztin besetzte „sozialhygienische Abteilung“ (s. dazu ZentrBlVmschw. 1918 S. 37). Vgl. auch Zeitschr. „die JugFürsorge“ 1918 S. 29.

[77] A. a. O. S. 15. Dem dort erhobenen generellen Vorwurfe, es „fehle die enge Verkettung aller in Betracht kommenden Aufgaben: Schulunterricht, Schulpflege, Berufsberatung, Lehrlingswesen, Kinderarbeitsschutz“ wird man, wenngleich bedauernd, Recht geben müssen.

schen Regelung der „Schulspeisung“ hätte zur Geltung kommen können. Und auch die vielbeklagte unzulängliche Durchbildung[77]) des Jugendarmenwesens, welche jetzt zur völligen Preisgabe des ihm geltenden V. Abschnitts (Notverordnung Art. 2) geführt hat, gehört in diesen Zusammenhang.

So ist das Gesamtbild von befriedigender Vollständigkeit recht fern und besonders nach dem gegenwärtigen Stande der Dinge mehr in einer etwas niederdrückenden Unabgeschlossenheit befangen.

Der Ausstellungen an dem Geschaffenen sind danach viele und zweifellos gewichtige. Sie dürfen aber keinenfalls entmutigen. Im Gegenteil, ihre klare und sachliche Erkenntnis soll den schon oben geforderten Optimismus und Idealismus, welchem das Gesetz selbst huldigt, und durch den es vorbildlich ist, schließlich auch in seiner Anwendung heben und beschwingen. Der Anfang einer Neuordnung unserer „Jugendwohlfahrt“ ist gemacht. Unter Überwindung sehr erheblicher Schwierigkeiten, die gerade zuletzt noch sich fast unübersteiglich entgegentürmten, ist der Weg betreten worden, auf welchem fortgeschritten werden kann und werden muß, um die so erfreulichen Keime einer Entwicklung, die unstreitbar jetzt gelegt sind, zur Entfaltung zu bringen, vor allem die richtige — grundsätzliche — Auffassung der letzten Aufgaben der Jugenderziehung, ganz besonders das Verständnis und die angemessene Würdigung ihrer **vorbeugenden** Bestimmung[78]). Gerade aus dem, was an dem Gesetze noch nicht befriedigt, was noch zu bessern bleibt, erwächst allen, die zu seiner Anwendung berufen, eine große und erhabene Aufgabe. An sie gilt es mit klarem, offenem Blick, Entschlossenheit, Vertrauen und ehrlichem Streben, kurz, mit Einsetzung der besten Kräfte heranzugehen, um so eine für unsere Jugend und damit für Volk und Vaterland förderliche und segensreiche Lebensordnung erstehen zu lassen.

---

[78]) Auf diese Grundrichtung jedes wahren JugRechts ist schon früh und vielfach hingewiesen worden, so sehr treffend z. B. von **Reicher**, „die Fürs für die verwahrl. Jug.“, 3. Teil, 2. Bd. S. 272: „wichtiger als das Heilen ist das Vorbeugen“. — Auch Hel. **Simon** kennzeichnete bereits in ihrem 1915 veröffentl. Auff. über „das JugRecht“ — Schmollers Jahrb. Bd 39 S. 227 ff.; vgl. schon oben N. 17 (und N. 20)! — am Schlusse die Aufgabe des „vereinheitlichten Unmündigenrechts“ als „eine Kette **vorbeugender** Maßnahmen, welche umfassen und regeln die **gesamte** öffentl. und charitative JugFürsorge von der Geburt an bis zur Volljährigkeit.“ Vgl. auch **Friedeberg** a. N. 69 a. O. und meinen Auff. über die Schutzaufsicht ZentrBlVmschw. Februar-Heft 1922.

Reichsgesetz für Jugendwohlfahrt.

Vom 9. Juli 1922. (RGBl. Teil I Seite 633).

Abschnitt I.

Allgemeines.

Vorbemerkungen.

Der 1. Abschn. gibt durch 2 §§ in großen Zügen die Grundgedanken, die das von dem Gesetze gebotene System des neuen Jugendrechts tragen: Ziel und Zweck einer gesetzlichen Regelung der JugWohlf. (§ 1), Mittel und Wege zu ihrer Erreichung (§ 2). Ziel und Zweck ist die Heranbildung zur Tüchtigkeit oder wie man jetzt, zwar nicht eben sprachschön, sagt: die „Ertüchtigung" des „Deutschen Kindes", die restlose Ertüchtigung, welche alle Seiten der menschlichen Persönlichkeit umfaßt. Mittel dazu die Bereitstellung der „öffentlichen Jugendhilfe" u. ihre Ausgestaltung in solcher Art, daß sie ein zuverlässiges, jederzeit bereites Instrument zur Herbeiführung der Wohlfahrt unserer Jugend darstellt. Dementsprechend bringt § 1 in wenigen allgemeinen Sätzen die Statuierung jener höchsten Aufgabe, § 2, nicht minder lapidar, die Zweckbestimmung u. die Hauptlinien des Aufbaues dieser Organisation. Eine treffliche Darlegung der beherrschenden Allgemeingedanken u. damit „den Sinn des ganzen Gesetzes" gibt der von Dr. Alice Salomon auf der Konferenz der „Deutschen Zentrale f. JgdFürsorge" am 12. Juni 1922 gehaltene Vortrag, über welchen das Referat im ZentrBl. f. Vmschw., August-Doppelheft 1922 S. 93 ff. u. das oben Einl. S. 59 Gesagte zu vergleichen sind.

Der Reichstag hat das folgende Gesetz beschlossen, das mit Zustimmung des Reichsrats hiermit verkündet wird:

§ 1.

Jedes deutsche Kind hat ein Recht auf Erziehung zur leiblichen, seelischen und gesellschaftlichen Tüchtigkeit.

Das Recht und die Pflicht der Eltern zur Erziehung werden durch dieses Gesetz nicht berührt. Gegen den Willen des Erziehungsberechtigten ist ein Eingreifen nur zulässig, wenn ein Gesetz es erlaubt.

Insoweit der Anspruch des Kindes auf Erziehung von der Familie nicht erfüllt wird, tritt, unbeschadet der Mitarbeit freiwilliger Tätigkeit, öffentliche Jugendhilfe ein.

Anmerkungen:

A. Abs. 1: der in dieser Gesetzesbestimmung enthaltene Satz stammt von Felisch, der sich für dieses „Recht des Kindes" am lebhaftesten eingesetzt hat, vgl. oben Einl. S. 63 u. bes. Jahresber. der Berl. Jur. Ges.

f. 1917 S. 90 ff. — Der Abschnitt wirft die Fragen auf nach Bedeutung und Beschaffenheit, Inhalt und etwaigem Schutz dieses „Rechtes auf Erziehung".

a) „Bedeutung und Beschaffenheit". Zwei Gegenpole möglicher Auffassungen sind zu unterscheiden. Herabdrückung des Satzes auf die Stufe eines rein „programmatischen", des bloßen Programms einer Sozialpädagogik einer-, — Gewährung eines echten, d. h. insbesondere des regulären geordneten Rechtsschutzes teilhaftigen subjektiven „Rechts" andererseits. Jene verflüchtigt den Satz zu einem Schemen, ähnlich den „Grundrechten" des II. Teils der Weimarer Reichsverfassung; diese verstärkt ihn zu einem subjektiven Rechte sui generis und führt von selbst vor die weitere Frage nach der höheren Kategorie, zu der dieses „Recht" gehört. Es liegt sehr nahe, an die „subjektiven öffentlichen Rechte" im Sinne von Georg Jellinek's „System der subjektiven öffentlichen Rechte" zu denken. Diese Einordnung aber ergibt sehr subtile Unterfragen: gelten wirklich die Wesensmerkmale Jellinek's für das „Recht des Kindes auf Erziehung" oder entfallen sie, ganz oder teilweise? Nach Jellinek ist wesentlichstes Kriterium jedes „subjektiven öffentlichen Rechts" ein Können, — Können gegenüber der Gesamtheit! „Kann" das Kind vermöge des „Rechts" des § 1 Abs. 1 „gegenüber der Gesamtheit" etwas, und was? Man wird diese Frage verneinen. Deshalb aber doch nicht die ganze Kategorie. Weiter führen schon andere Gesichtspunkte, so der a. a. O. S. 49 ausgesprochene Satz, daß „das Können Resultat eines Gewährens bestimmten Inhalts" sei oder der andere dem subjektiven öffentlichen Rechte zumal geltende — S. 56 —, daß dieses Können „die Möglichkeit, den Staat in individuellem Interesse in Bewegung zu setzen" bedeute. Vgl. auch Gierke, D.Priv.R.Bl. I bes. S. 253: „Den Inhalt .... bildet ein äußeres Lebensinteresse, ein Anteil am menschlichen Kulturerwerb!" — Die Frage kann, weil keineswegs reine Doktorfrage, auch vom Kommentar nicht ganz in den akademischen Bereich verwiesen werden; das in § 1 Abs. 1 proklamierte „Recht" ist zu sehr wesentlicher Grundstein des ganzen Systems, als daß nicht ein volles Eindringen in dieses durch Klarheit über jenes bedingt würde. Daher ist die Stellungnahme der „Begründung" S. 23, die als „programmatische Formulierung" anerkannte Gesetzesvorschrift schaffe zwar kein klagbares Recht des Kindes, stelle aber die Verantwortung des Staates, im Rahmen des Abs. 3 für die Erziehung jedes Kindes zu sorgen, außer Zweifel", ebenso unzulänglich wie unbefriedigend. Volle Aufklärung kann nur ein Zurückgehen auf richtige Ausgangspunkte der Rechtslehre bringen, besonders u. a. O. Mayer's (DVwR. II, [2. Aufl.] S. 696) Satz, daß das Klagerecht nicht entscheidend ist für den Begriff und das Vorliegen eines subjektiven öffentlichen Rechts. Auch die Darlegung Mayer's weist der juristischen Erkenntnis hier die richtigen Wege, — s. a. a. O. S. 124 (jetzt, 3. Aufl. S. 125) ff. — daß „Schutz im Wege Rechtens" — der von dem engeren spezifischen „Rechtsschutze" zu unterscheiden sei — genüge, daß ein „Beschwerderecht", die „rechtssatzmäßig zugelassene Beschwerde gegen Maßnahmen der Verwaltungsbehörden" stets das Ergebnis, die Widerspiegelung eines „entsprechenden subjektiven öffentlichen Rechts" sei, und daß dieses Beschwerderecht immer sich durch eine „förmliche Beschwerde" bewähre. Damit ist die Frage auch für unseren § 1 Abs. 1 beantwortet, die (scheinbare) Schwierigkeit überwunden. Ohne Zweifel soll das „Beschwerderecht" nach § 18 RJWG. (nach dem ergänzenden Landesrecht) auch dem „Rechte" unseres § 1 Abs. 1 zur Seite stehen. Hierdurch ist im Sinne O. Mayer's dieses zum subjektiven öffentlichen Recht gestempelt, das „System" der letzteren also um ein wesentliches Glied bereichert, das Stadium des bloßen „Anspruches", mit dem noch Felisch sich begnügen wollte, bedeutsam überschritten Die Sphäre, in welche dieses „Kindesrecht" gehört, ist also die des öffentlichen Rechts. Schon in der Entstehungszeit des Gesetzes wurde, so besonders von Friedeberg in seiner Besprechung des Entwurfs (D. Jur.Ztg. von 1920, S. 357 u. oben S. 68 u. S. 89) hingewiesen auf den Unterschied zwischen einem „privatrechtlichen" und einem „öffentlichrechtlichen" Erziehungsanspruche des Kindes, jener im BGB., dieser in unserem Sondergesetze geregelt. Diese formalrechtlich nicht von der Hand zu weisende Distinktion übersieht und unterdrückt aber, was beide „Ansprüche" eint: den ihnen gemeinsamen sozialen Kern. Richtiger betont H. Simon, Neuzeitliche Aufgaben der Wohlfahrtspflege, S. 13, daß alle „Erziehung" Gemeinschaftsaufgabe, die Familienerziehung zumal nur „anvertraute Gemeinschaftsaufgabe" ist. Auf Familienerziehung geht der im „Familienrecht" des BGB. geregelte (Friedeberg's „privatrechtlicher") Erziehungsanspruch, auf staatliche Erziehung das in § 1 Abs. 1 festgestellte „Kindesrecht", beide also auf Erfüllung der „Gemeinschaftsaufgabe", jener auf mittelbare, — durch einen delegierten Bestandteil der Gemeinschaft, — dieses auf unmittelbare, durch die Gemeinschaft selbst. Der „private" und der „öffentlichrechtliche" Erziehungsanspruch sind mithin wesensgleich. Nicht ihr Inhalt, sondern nur ihre verschiedengeartete Beziehung zur „Gemeinschaft" oder, was dasselbe ist, die Verschiedenartigkeit der Passivbeteiligten berechtigt, sie zu unterscheiden, jenes dem Privat-, dieses dem öffentlichen Rechte zuzuweisen.

b) Inhalt des Rechts aus § 1 Abs. 1. Ihn ergibt die Beantwortung folgender Unterfragen: 1) Wem steht das Recht zu? 2) Gegen wen richtet es sich? 3) Worauf geht es?

Man kann die beiden ersten Fragen solche nach dem Inhalte im weiteren, — die letzte nach dem im engeren Sinne nennen.

Zu 1). Das Recht des § 1 Abs. 1 steht „jedem deutschen Kinde" zu: also „grundsätzlich" nur den Kindern, welche die deutsche Staats-, richtiger, die deutsche Reichsangehörigkeit oder, ganz genau, die Staatsangehörigkeit im Deutschen Reiche besitzen, diesen ohne Ausnahme. Welche „Kinder" diese Voraussetzung erfüllen, regelt jetzt Artikel 110 Abs. 1 ReichsVerf. (v. 11. Aug. 1919). Er behält jedoch die maßgebende Bestimmung „einem Reichsgesetze" vor, welches als Spezialgesetz seine lex generalis ergänzen soll. Da ein solches bisher nicht ergangen ist, so beantworten sich (vgl. Stier-Somlo, ReichsVerf. S. 107) die einschlägigen Fragen „bis auf weiteres" nach den Grundsätzen des Reichsgesetzes vom 22. Juli 1913. Infolge der grundlegenden Veränderung der politischen, zumal außenpolitischen Verhältnisse, unter denen letzteres ergangen, stellen sich seiner Anwendung eben jetzt in mehrfacher Hinsicht erhebliche Schwierigkeiten entgegen. Sie betreffen in der Hauptsache die Stellung α) der Kinder, welche in den durch den Versailler Frieden vom Deutschen Reiche abgetrennten („abgetretenen") Gebieten, β) derjenigen, welche in den schon vor diesem „Vertrage" als „Ausland" geltenden Gebieten leben, der sogen. Auslandsdeutschen. Auf die einzelnen, zum Teil überaus intrikaten Fragen, die sich hieraus ergeben, kann in diesem Rahmen nicht eingegangen werden. Es muß der Hinweis genügen, daß die Staatsangehörigkeit von Fall zu Fall, durch bisweilen ziemlich verwickelte Erörterungen festgestellt werden muß. Wertvolle Darlegungen betreffs der ersteren Kategorie bei Crusen in Festgabe f. Liebmann, Abt. I, S. 48 ff. („Verlust der Staatsangehörigkeit auf Grund des Friedensvertrages"); seine Übersicht ist im wesentlichen zutreffend. Besonders strittig auf der Grundlage des Friedensvertrags ist die staatsrechtliche Stellung des „Saargebiets", korrekter „Saarbeckengebiets", welches Stier-Somlo a. a. O. S. 104 ohne Begründung dem Reichsgebiete ab-, Crusen a. a. O. S. 49 zweifellos richtiger wegen § 27 der Anl. zu Art. 50 VersFV., in Ansehung der gegenwärtigen Staatsangehörigkeit der Einwohner, diesem zuspricht; übereinstimmend hiermit neuerdings das Schreiben des Auswärtigen Amtes an „sämtliche Länderregierungen" vom 20. September 1922 und ferner Fr.-P., Nr. 1 zu § 1, ungenügend Bäumer, Abs. 1 zu § 1. Für die letztere Kategorie in besonderer Beziehung auf die preußischen Staatsangehörigen beachtlich die Verfügung des Ministeriums des Innern II a S. G. 2490 „betr. Nachprüfung der Staatsangehörigkeitsverhältnisse der Auslandsdeutschen" vom 10. Februar 1921 (und deren zumal auf die in Posen lebenden preußischen Auslandsdeutschen bezügliche Ergänzung vom 14. März 1921) — Grotefend, Gesetzgeb. Mater. von 1921 S. 205/6, — (Angabe der diplomatischen Stellen, welche für die im Auslande lebenden Preußen die „Heimatscheine" auszustellen haben; in den Vereinigten Staaten von Amerika die schweizerischen Vertretungen, in Elsaß-Lothringen die Deutsche Botschaft in Paris usw.)

Bestimmend ist für die „deutsche" Reichsstaatsangehörigkeit nach allgemeinen Grundsätzen: bei ehelichen Kindern diejenige des Vaters, bei unehelichen der Mutter — welchen Grundsatz für die Beurteilung des gegenseitigen „Rechtsverhältnisses" zwischen Eltern bzw. unehelicher Mutter und Kind Art. 9 und 10 EG. zum BGB. wieder besonders ausgesprochen; neuestens auch, allerdings sehr viel mittelbarer, Fürs.Pfl.Vdn. § 12 Nr. 3 und Preuß. Ausf.Vdn. dazu § 4 Z. 2 S. 2. Das RJWG. hat das hiermit angenommene Prinzip des „Personal"statuts (vgl. hierzu z. B. Windscheid-Kipp, Pand. I § 34 Nr. 3) aber nur als Grundsatz sich zu eigen gemacht. (Durch diesen Grundsatz gewinnt die „Deutsche Kindes"eigenschaft gegen früher noch ganz wesentlich an Bedeutung. Immerhin erschien sie doch auch dem bisherigen Rechte schon als etwas derart Wertvolles, daß zu ihrer freiwilligen Aufgabe, also zu einem Antrage auf Entlassung eines — bevormundeten — Kindes aus der deutschen Staatsangehörigkeit, die Genehmigung des deutschen Vormundschaftsgerichts gefordert wurde, Maercker-Köhne-Feist, Nachlaßbehandl. ([19. Aufl.] I S. 103. —) Regelmäßig freilich wird, wo das Gesetz von dem „Kinde" spricht, so in § 19 Definition der „Pflegekinder", § 35 Abs. 1: „mit der Geburt eines unehelichen Kindes erlangt das JA. des Geburtsortes die Vormundschaft" an der Beschränkung auf das deutsche Kind festzuhalten sein. (Vgl. hierzu auch Einleitung unter IV, 4) Ausnahmen hatte das Gesetz selbst für „hilfsbedürftige Minderjährige" statuiert in § 50 Abs. 1 Z. 2. Die hier anerkannte Durchkreuzung des Nationalitätsprinzips durch dasjenige des „Fürsorgebedürfnisses" (vorläufige Abhilfe gegen „Gefahr im Verzuge") hat als solche zweifellos Anspruch auf Allgemeingeltung insbesondere auch für den ganzen Bereich des Abschnittes VI (Sch.Auff., ebenso die F.E.), wird also von der „Aufhebung" durch Art. 2 der Notverordn. vom 14. Febr. 1924 nicht berührt, wie sie andererseits die obenerwähnte Neuregelung der öffentlichen „Fürsorge" unverkennbar beherrscht. Es wäre mit den sozialen und ethischen Grundgedanken des Gesetzes unvereinbar, aber auch sozialpolitisch unsachgemäß, wenn von der menschlich selbstverständlichsten „einstweiligen" Fürsorge das nicht-deutsche Kind ausgeschlossen wäre. Übereinstimmend Entsch. des Kammergerichts vom 6. Mai 1921 (abgedruckt in der Rechtsprechung der OLGer.e 1922 S. 96/97) diese jedoch mit der nicht zu billigenden Begründung (ausschließlich) aus dem Interesse des Staates (der Allgemeinheit) gegenüber den von Verwahrlosung bedrohten Kindern (deren Duldung — was unbestreitbar — ihn „gefährdet"), nicht auch umgekehrt der letzteren gegenüber jenem. Durch andere Vorschriften, so z. B. Ziff. 3 § 50 Abs. 1 war aber der Gesamtrechtsstand des RJWG. ein ziemlich disparater. —

Das Recht steht endlich jedem deutschen Kinde zu. Vgl. hierzu „Einleitung", III, S. 62; besonders das dort über die Neuheit des Begriffs gegenüber dem BGB. (Gegensatz: Kind-Erwachsener) Gesagte! Das vielbesprochene „Zeitalter des Kindes" hat nunmehr in die deutsche Gesetzgebung seinen Einzug gehalten. — Auch des Fehlens jeder gesetzlichen Erläuterung, jeder Definition zumal in bezug auf seine zeitliche Dauer, ist dort bereits gedacht worden. Hierzu sind anderen Bestimmungen des RJWG. mittelbare gewichtige Anhaltspunkte zu entnehmen: vor allem der des § 72 Abs. 1, welcher in Verbindung mit § 63 Abs. 3 und § 66 Abs. 1 S. 3 ergibt, daß die Ordnung des Sondergesetzes nur an die Schwelle der Volljährigkeit reicht. Bezüglich dieses, wie aller subjektiven „Rechte" ist die „Zuständigkeit" im eigentlichen Sinne von der Ausübung und damit auch der „Legitimation" zu letzterer zu unterscheiden.

2) Die Frage, gegen wen das Recht sich richtet, die Frage der passiven Rechtszuständigkeit, ist im Gesetze nicht, jedenfalls nicht unmittelbar, beantwortet. Zu folgern ist aber unbedenklich aus Abs. 2 des § 1, daß das spezifische Kindes„recht" gegen die Volksgemeinschaft — in ihrer offiziellen Ordnung als Staat — gehen soll. Denn die durch ein Ungeschick der Redaktionstechnik (vgl. das hierüber noch unter b) zu Sagende) in zwei Sätze (des Abs. 2) auseinandergerissenen Kategorien der „Eltern" und der „Erziehungsberechtigten" schlechthin sind insoweit eins (Satz 1 des Abs. 2 § 1), daß die Stellung gewisser Erzieher „durch dieses Gesetz nicht berührt" werde, ist dem wahren Sinne nach über seinen Wortlaut auf die weitere Kategorie — der „Erziehungsberechtigten" überhaupt oder der von der „Natur" zur Erziehung Berufenen — auszudehnen. Vgl. im wesentlichen übereinstimmend schon die „Amtliche Begr. (zum Reichsentw.) S. 26/27. — Nicht mit der Kindeserziehung durch die geborenen, aber auch keineswegs mit derjenigen durch alle gekorenen Erzieher jedoch will das Gesetz sich unmittelbar, ex professo, beschäftigen, sondern mit der von Staatswegen zu leistenden, für welche eine vom Staate befohlene, durch seine Autorität gewährleistete „öffentliche" Einrichtung, die „öffentliche Jugendhilfe" als Mittel sich darbietet. Unser Gesetz ist also ebensosehr ein Sondergesetz der Staatspflicht zur, wie des Kindesrechtes auf Erziehung! Das

wird, freilich mehr indirekt, durch die beiden folgenden Absätze klarer. Im Sinne des Gesamtsystems des RJWG. ist der Begriff der „Erziehungsberechtigten" zweifellos der übergeordnete im Verhältnis zu dem der „Eltern". Das zeigt deutlich § 51 Abs. 1 — „Elternteil" als besondere Kategorie der „Erziehungsberechtigten".

Abs. 3) Der Rechtsinhalt im engeren Sinne. Das Gesetz hat sich hier über sich selbst hinaus entwickelt: aus dem eng an Art. 122 RVerf. angeschlossenen Rechte auf „körperliche, geistige und sittliche Erziehung" des Reg.Entw. ist (vgl. oben S. 65) das dem Art. 120 daselbst nachgebildete, auch in der Fassung vollkommenere, vor allem wesentlich abgerundetere und tiefer durchdachte, auf „Erziehung zur leiblichen, seelischen und gesellschaftlichen Tüchtigkeit" geworden. Diese Umgestaltung bringt authentisch zum Ausdruck, daß die Erziehung nicht Selbstzweck, sondern Mittel zu einem höheren Endzweck sei. Diese wie jener sind aus sich heraus verständlich und benötigen keiner Erklärung seitens der Rechtslehre. „Erziehung" und „Tüchtigkeit" sind Elementarbegriffe, der juristischen Analyse nicht bedürftig, ja kaum zugänglich. Nur ganz wenige Hinweise sind nicht zu entbehren: in der „Erziehung" liegen die Vorstellungsmomente der Anleitung und des Vorbildes, an sich einander gleichwertig, weshalb im RJWG. das letztere nicht so sehr zugunsten des ersteren hätte zurücktreten dürfen. Damit hängt zusammen, daß die Personen, welche hinsichtlich der Erziehung der Jugend „näher" stehen als der Staat, auch im Verhältnis zu ihm nicht bloß Rechte auf, sondern ebenso sehr Pflichten zu — richtiger betreffs — dieser Erziehung haben; demgemäß hätten sie neben dem Staat nicht nur als „Erziehungsberechtigte" wie in Abs. 2 S. 2 des § 1, erwähnt, sondern auch als „Erziehungsverpflichtete" gewürdigt werden müssen. (Vgl. hierzu gerade den trefflichen Ausspruch von Polligkeit, Jahrb. d. Fürs. II, S. 37: „**Das Recht der Erziehung ist belastet mit der Pflicht der ordnungsmäßigen Ausübung!**")

Das führt auf die in neuerer Zeit immer lebhafter erhobene Forderung der Elternerziehung, erweitert: „der Erziehung der Erzieher", von Felisch, „Neuordnung der Menschenliebe" S. 79 ff. zu dem ungewöhnlichen, aber sachlich vielleicht noch besseren Ausdruck: „Erziehung der Erzogenen" umgeprägt. Ihr hat das Reichsges. nur sehr mittelbar Rechnung getragen: nicht, indem es sie ihrer Wichtigkeit entsprechend — ebenso „programmatisch" und als Axiom — feststellt wie das „Kindesr." auf Erz., sondern mehr nur andeutungsweise, „perspektivisch", in § 9 durch die Forderung der (Abs. 2) Heranziehung „in der JugendWft. erfahrener und bewährter Männer und Frauen aller Bevölkerungskreise" als stimmberechtigter JA.-Mitglieder neben den leitenden Beamten und, sogleich (Abs. 3 ebda.) anschließend, der „hinreichenden Ausbildung" in der Jug.-Wohlf. und ihres Erwerbs durch mindestens einjährige praktische Arbeit darin. — Gute Anregungen hierzu gab auch Köbner, Konferenz d. dtsch. Ztr. f. Jug.Fürs., Ber. im ZBl.Vormschw. XIV S. 99. Nicht minder denn für den Begriff der Erziehung ist das Pflichtmoment für die „Tüchtigkeit" wesentlich: er erschöpft sich keineswegs in der — freilich prominenten — Vorstellung einer möglichst vollkommenen Entwickelung aller Kräfte der Persönlichkeit; ihm ist ebenso sehr eigen und unerläßlich diejenige von der Tauglichkeit für das Gemeinwohl und damit von dem Gefühle subjektiver Verantwortlichkeit nach dieser Seite (auch hierzu gute Bemrkgn. bei Polligkeit a. a. O. S. 29 u. S. 33 ob.). Diesen prinzipiellen Hauptsachen gegenüber sind selbst bemerkenswerte Einzelheiten von untergeordneter Bedeutung. Nur wenige seien kurz erwähnt: so die durch das RJWG. nicht angetastete spezialgesetzl. Regelung einzelner Erziehungszweige, voran der relig. Kindererz. durch das R.Ges. v. 15. Juli 1921 (in Preuß., lt. Verordn. d. Reichspräs. v. 8. Sept. 1921, seit 1. Okt. 1921 in Kraft). Seine Hauptgrundsätze: Verbindlichkeit „freier Einigung" der — sorgeberechtigten — Eltern über die relig. Erz. der Kinder, mangels solcher Maßgeblichkeit des BGB. (der Vorschr. über R. u. Pfl., für die „Person des" Kindes zu sorgen), Selbstbestimmungsrecht des mehr als 14-, Widerspruchsrecht (gegen Rel.Änd.) des mehr als 12jähr. Kindes (gegebf. Pflegerbestellung für dieses), Zuständigkeit der Vmsch.Ger. bei Streitigkeiten, jedoch nur auf Anruf, ohne Offizialeingreifen, bürgerl. Wirkungslosigkeit der „Verträge" über rel. Erz. (vgl. zu allem die gute Übers. bei Boschan „Recht" 1922 S. 49 ff. und die Spez.Kommentare u. a. z. B. den von v. Bonin). Auch die „staatsbürgerl. Erz." (Erz. z. „lebendigen Staatsgesinnung") ist jetzt f. Preußen, bes. durch einen Anfang August 1922 bekannt gegebenen Erlaß des Kultusmin. — vornehmlich gegen JugVerbände und Schüler-Vereine, die „dem Erziehungswillen des Staates"(!) entgegenarbeiten, allg. gegen jede „Gefährdg. der Erz. z. Bürgern der deutschen Republik" i. S. des Art. 146 R.Verf. sich richtend — geregelt worden. Die individuelle (individualisierende) Grundnatur aller Erziehung sowohl hinsichtlich des Erziehers als des zu Erziehenden tritt jetzt auch in Deutschland erfreulicherweise immer mehr in das Allgemeinbewußtsein. Das öffentliche Verständnis für Erz.Probleme, zweifellos die schwierigsten der Menschheit, (vgl. J. Stern der Weg zur Jug.Gesetzgbg.; Felisch, Schriften f. Jug.politik Heft 2 S. 29: über den „Erziehungsgedanken in der deutschen Geistesgeschichte" und neuerdings über dessen Ausmündung in den „Erziehungsstaat" Natorp, Deutsch. Weltberuf 1918, auch insb. über die Erz.Ziele nach dem Kriege" den Vortr. v. Alois Fischer aus der Serie „z. Frage der BerufsVmdsch., als Sonder-Abdr. 1917 ersch.) wächst bei uns ganz unverkennbar: früher vernachlässigte Seiten der Kindererz., Zurückführung z. Natur (Waldschulen!), verständnisvolle Behandlung der Sexualfragen (sex. Aufklärung) entwickeln sich zusehends. Die Individualisierung birgt aber stets eine gewisse Gefahr der Eigenbrödelei. Vor solchen Extremen kann nicht ernstlich genug gewarnt werden. (Beisp. u. a. der v. Else Erdmann in Soz. Mon.H. 1921, S. 1104, als „wundervolles" Wort aus dem Kölner — Mai 1921 — Psychopathen-Fürs.-Kongr. berichtete Ausspruch: „jedes Kind muß neu entdeckt werden"!). Nicht zuletzt im Hinblick auf die Spezialisierung des R. in „leibliche, seelische und gesellsch. Tüchtigkeit", (Art. 121 R.Verf. bringt dieselben Eigenschaften in Verbindg. mit „Entwicklg." der unehel. Kinder, während Art. 148 Abs. 1 — vgl. ob. — von „persönlicher u. berufl. Tüchtigkeit" spricht). Der Sinn der beiden ersten Attribute ist einfach und klar. — Die „leibliche" Tüchkeit rückt die „Erz.aufgaben" des RJWG. nahe an das Betätigungsgebiet der — an sich außerhalb liegenden (vgl. alsbald) — „Jugendbewegung" heran. Die Ausdrücke des Reg.entw. „geistig" und „sittlich" sind wohl in der Hauptsache deshalb durch das umfassendere „seelisch" ersetzt, um zweifelsfrei subtilere menschliche Seiten wie das Gemüt, den Charakter, das Temperament usw. mit einzubeziehen. Auch sonst außerhalb des eigentlichen

Rechtsgebietes liegende Bereiche werden dadurch mit ergriffen, so will Pastor Beutel i. d. Mtsschft. „Innere Mission“ Nov.Hft. 1922 S. 209 in dieser Fassung die Anerkennung des „relig. Moments“ in der Erziehung finden. Das ist nicht abzuweisen, wenn man sich vor Augen hält, daß hiermit die „relig. Erz.“ im technischen Sinne des Ges. v. 15. Juli 1921 nicht identisch ist! In der Tat ist gesetzgebungsgeschichtlich auf diese Änderungen der Fassung des Abs. 1 wohl die Stellungnahme des kath. Caritasverbandes, welcher darauf drang, — vgl. seine Denkschr. z. Entw. unseres Gesetzes S. 7 — daß so das relig. Moment zur Geltung komme, von ausschlaggebendem Einflusse gewesen. Über die sittliche Ertüchtigung im allgemeinen vgl. die treffliche Schrift v. Dietr. Schäfer a. d. Sept.Heft 1919 der „Hochwart“. Wesentlich dunkler ist schon das Moment der „gesellschaftlichen“ Tüchtigkeit: in erster Linie gedacht ist wohl an die Fähigkeit der Selbstbehauptung, also der Durchsetzung der eigenen Persönlichkeit innerhalb der menschlichen Gesellschaft, was im wesentlichen der soeben erwähnten „beruflichen Tüchtigkeit“ des Art. 148 R.Verf. gleichkäme. Unabgeklärt hat dem Gesetzgeber hier aber gewiß auch eine Rücksichtnahme auf das Gemeinwohl, nämlich der Gedanke an die Ertüchtigung zur Erfüllung der in Art. 163 Abs. 1 festgestellten „sittl. Pflicht“ vorgeschwebt. Zutreffend ist in neuerer Zeit auch im deutschen Schrifttum (z. B. Marcull, Preuß. Verw.Bl. 1903, 24. Jahrg., S. 581) auf Verhältnis und Unterschied von „Fürsorge“ und „Erziehung“ hingewiesen worden: „Fürsorge“ der weitere, „Erziehung“ der engere Begriff, (ähnlich, wenn auch nicht ganz übereinstimmend, scheidet die französische Rechtssprache „Protection“ und „Tutelle“: Protection = Fürsorge f. verlassene, gefundene, von den Eltern vernachlässigte: enfants abandonnés, Tutelle = Fürsorge für verwahrloste, sittlich gefährdete Kinder.)

B. Abs. 2: Das Gesetz bezeichnet hier (vgl. z. A.), **allerdings negativ, das von ihm ergriffene Gebiet der Kindererz., in diesem Sinne seinen** Gegenstand; ihn bildet von der JW. dasjenige, was übrig bleibt **nach Aus**scheidung der „nicht berührten“ Teile unseres Volkslebens. Jedoch mit einer zwiefachen Impräzision: einmal durch Verteilung der Norm über zwei Abs. des §, welche sie anstelle einer einfachen, bündigen Bestimmung, halb negativ halb positiv, aussprechen. Sodann durch unrichtige, ja widerspruchsvolle Abgrenzung des Gebietes selbst. Nicht allein die Stellung (das „Recht und die Pflicht“, welche Wendung redaktionell das RJWG. dem gem. bürgerlichen Recht angleicht, vgl. bes. §§ 1627, 1628, 1631 BGB.) der Eltern in Bezug auf die Kindererz. — wie anscheinend nach der positiven Fassung des S. 1 Abs. 2 — liegen außerhalb des Aufgabenkreises des RJWG., sondern diejenige aller „Erziehungsberechtigten“ überhaupt. Aus dieser Einsicht erwähnt letztere § 1 selbst sofort im nächsten Satze, indem er — fast mit dem entgegengesetzten Extrem zu weitgehender Verallgemeinerung — ihre Stellung gegen jede Antastung verwahrt, sofern diese nicht durch „ein Gesetz — sc. ausdrücklich! — erlaubt“ werde. Klarer und einfacher ausgedrückt: die Befriedigung des Kindes „rechts“ auf Erziehung durch die normalen Erzieher, die „Erziehungsberechtigten“, ist nicht ein Teil der eigenartigen Ordnung des SonderGes. Sie wird von ihm als selbstverständlich und deshalb als besonderer Ordnung nicht bedürftig vorausgesetzt. Mit dem größten Recht bei den normalen Erz.organen, den

Eltern. Sie werden deshalb, aber nur i. S. eben dieser Hervorhebung, a potiori, als einleuchtendstes Beispiel genannt und so dem leitenden Gedanken die stärkste Prägung gegeben. In Wahrheit hat an der Spezialordnung auch die sonst von „Erz.berechtigten", welchen Begriff als maßgebenden das Gesetz ganz richtig an anderer Stelle, z. B. § 69 Abss. 2. u. 3 verwendet (vgl. übrigens auch R.Verf. v. 1919, Art. 146) geleistete Erz. grundsätzlich nicht teil. Ja, noch mehr, ihre Normierung durch „ein" Gesetz überhaupt erscheint ganz deutlich als etwas Singuläres. Regelmäßig soll diese Erziehung frei von allem „Eingreifen" (der Behörde und) des Ges.gebers sich vollziehen, allein „dem Willen" (und dem Gewissen) des „Erzieh.ber." selbst unterstehen. Dieser Kreis (der „Erzieh.ber.") ist aber eher auf Ausweitung als auf Einengung angelegt: er gleicht sachlich demjenigen der „sonstigen Erzieher", welche terminologisch glücklicher, das Preuß. FürsErzGes. vom 2. Juli 1900, in der Fassung vom 7. Juli 1915, in § 1, Z. 3, neben „die Eltern" stellte, d. s. nach der herrschenden Meinung (vgl. Nölle-Boschan, N. 18 z. § 1 cit. S. 65, dieser mit der allerdings nicht unbedenklichen Ausdehnung auf alle, die „tatsächlich die Erziehung ausüben"!) alle Träger des Personensorgerechts (ebenso auch Polligkeit a. a. O. S. 27) die Vormünder die mit der Erz. betrauten Pfleger usw. (Der gleiche Gedanke, nur in noch stärkerer Dehnung, beherrscht das „Kinderschutzges.", bes. § 3.) Ihre erz. Wirksamkeit soll normaler Weise nach menschl., durch die individuelle Lage des Falles bestimmten, nicht nach gesetzl. Regeln sich betätigen: nur mit wenigen, als solche bewußt statuierten Ausnahmen.

Eine wesentliche, grundsätzliche Maßgabe aber fügt das RJWG. selbst C) in Abs. 3 an. Durch die Freiheit der „natürlichen" Erziehung soll „das (deutsche) Kind" nicht in seiner Erz. überhaupt gefährdet oder gar um diese gebracht werden. Für den Fall und in dem Maße ihres Versagens oder ihrer Unzulänglichkeit tritt der Staat „helfend" ein und gewährt seinerseits die — anderweit — fehlende Kindererz. Diese staatliche Erz.leistung, mit welcher also grundsätzlich nur eine aus der normalen Ordnung der Dinge sich ergebende Lücke gefüllt wird, bezeichnet das Gesetz technisch als „öffentliche Jugendhilfe". Die Pflicht des Staates zu ihr wird durch Abs. 3 nicht minder „programmatisch" als das „Recht" des Abs. 1 ausgesprochen, ist also nunmehr ebenfalls verankert. Ihre Eigenschaft als bloßes Surrogat wird besonders durch die Abstellung auf die „Familie" deutlich. Denn die Familie ist der von der Natur zur Kindererz. berufene Verband. Diese gehört normaler Weise zu ihren Aufgaben (Art. 120 R.Verf.). Dessen ist sich der Gesetzgeber voll bewußt: das „insoweit", welches das Anwendungsgebiet der „staatl." Erz.wirksamkeit abgrenzt, beruht auf wohldurchdachter Selbstbeschränkung, ist sinngemäß durch „nur" zu ergänzen. Das ergibt nachstehende Stufenfolge der zur „Erziehung" berufenen Kreise: „Eltern" und ihnen bürgerl.-rechtl. gleichstehende Erz.-„berechtigte" in erster, — „Familie" in zweiter, — „Staat" in dritter Linie. Denn die ausdrückl. Erwähnung der „Familie" in Abs. 3 nach „Eltern" (S. 1) und „Erziehungsber." (S. 2) in Abs. 2 hat tieferen Sinn: aus ihr spricht die Erkenntnis von den Gemeinschaftsaufgaben, der soz. Funktion dieses an sich lediglich auf natürlichen Beziehungen beruhenden und durch sie zusammengeschlossenen Verbandes. Diese in der

Gegenwart (vgl. auch hierzu EinleitS. 68 und meine Abh. Iherings Jahrb. Bd. 72, S. 167 sowie neuestens aus den Verhandlungen der 3. Tagung über Psychopathenfürs. — Heidelberg, 19. Sept. 1924, die Erörterungen über die „Gemeinschaftserz." als „Ersatz für die Fam." mit dem Ziele: durch die Gemeinsch. zur Gemeinsch. „erziehen", ZentrBl. Jug.recht XVI S. 171) mehr und mehr durchdringende Einsicht beherrscht zwar das RJWG. noch nicht mit voller Klarheit — sonst hätte sie wohl schärferen und unmittelbaren positiv. Ausdruck gefunden —, aber auch ihre mittelbare, zwischen den Zeilen vollzogene Durchsetzung in Abs. 3 ist ein bemerkenswerter Fortschritt rechtlicher und sozialer Anschauung: die Einsicht in das wechselseitige Verhältnis von Staat und Familie in Dingen der Kindererz. Nicht allein als Ersatz, sondern auch als Gewährsmann der letzteren kommt ersterer in Betracht: wie diese jenem durch die Jug.erz. in der Erfüllung seiner letzten und höchsten Bestimmung „hilft", so hat nicht minder er ihr bei der Wahrnehmung der hieraus sich ergebenden Aufgaben zu „helfen", durch geeignete Einwirkung, Anleitung und Überwachung die „Familie" dazu tauglich zu erhalten oder, wo nötig, zu machen. Auch hierin bewährt sich die ihm, dem Staate, obliegende, von ihm in Abs. 3 zugesagte „öffentl. Jug.hilfe". Mögen diese unausgesprochenen Grundgedanken und -sätze sich auch mehr nur als entferntere Perspektiven erschließen, so sind sie doch von dem Gesamtsystem des Sonderges., als geschlossenem Ganzen, nicht zu trennen. Den zentralen Begriff („Familie") selbst setzt Abs. 3, beinahe naiv, als einen unserem R. in bestimmtem S. bekannten voraus. In Wahrheit ist er (vgl. ebens. m. Abh., bes. S. 174 ff.) dies aber nur in sehr beschränktem Maße. An sich läßt er die Doppeldeutung der einheitlichen geschlossenen Haushaltung einer- (so jetzt FürsPflVdn. § 8 Abs. 3 u. 4), des soz. Verbandes andererseits zu. Hier springt allerdings bei näherem Zusehen leicht in die Augen, daß nach dem Grundstandpunkte des Ges. allein die letztere Bedeutung in Betracht kommt. Das tritt in helles Licht durch die — auch in dieser Beziehung wichtige — Bezugnahme des Abs. 3 auf die „freiwillige Tätigkeit", die sog. „freie Liebestätigkeit" „unbeschadet deren Mitarbeit" die staatl. Erz. diejenige der Familie ergänzen bzw. ersetzen soll. Denn damit ist, so deutlich und nachdrücklich wie möglich, die soz. Natur aller Jugenderz. unterstrichen. Jeder zu diesem Werke geeignete und bereite Faktor soll dazu aufgeboten, durch ihr Zusammenwirken, dessen Bedeutung auch § 6 betont, — indem er seine Förderung, (das „planvolle Ineinandergreifen") zur Obliegenheit der J.Ae. erklärt —, eine möglichst vollkommene Lösung dieser wichtigsten nationalen Aufgabe verbürgt werden. Unter Meidung jeder Einseitigkeit stellt Abs. 3 damit ganz deutlich auf die sozial gerichteten Größen unseres öffentl. Lebens schlechthin ab. In ihren Rahmen paßt auch die „Familie" nur als „sozialer Verband"! Ihr gegenüber soll die staatl. Erz. grundsätzl. etwas Schonendes haben, tunlichst jeder Gewaltsamkeit sich enthalten, der eigenen Selbstzucht und Selbsterkenntnis vertrauensvoll freie Hand lassen. Daher wurde z. B. nicht ganz unberechtigt in den Reichstagsberatungen über den 6. Abschnitt des Ges. (vgl. dort) die Bezeichnung „Schutz"- statt „Fürsorge"Erz. gefordert. In diesem erst dem geschärften Blick sich erschließenden tieferen Sinne, aber auch nur in ihm, darf man von „Subsidiarität" der „öffentl. Jug.Hilfe" sprechen. — So jetzt wieder — aber mit ungenügender Hervorhebung der soz. Seite dieses Verhältnisses — Friedeberg-Polligkeit, Komm. Nr. 7 zu § 1 und oben S. 68.

Neben diesen allg. Grundgedanken der Abs. 2 und 3 haben Einzelheiten untergeordnete Bedeutung. Zu erwähnen sind nur gewisse bemerkenswerte Ungenauigkeiten:

a) nach den Regeln des bürgerl. Rechts, auf die das Sondergeſ. deutlich verweist, haben niemals „die Eltern", d. h. beide Eltern zus. — kumulativ — sondern immer nur ein Elternteil, im formal strengsten Sinne, „das Recht" und auch die Pflicht (die Rechtspflicht) zur Erz. Die Gemeinsamkeit ist höchstens eine virtuelle, insofern bei Fortfall sowie bei tatsächl. oder rechtl. Behinderung des einen Elternteils ipso iure der andere eintritt. Elternrecht und -pflicht z. Kindeserz. besteht daher im nichtjuristischen, ethischen oder soz. Sinne. In diesem aber unterliegt der Satz, daß das RJWG. seine Sphäre „nicht berühre" erheblichen Beanstandungen. Mindestens durch seine unausgesprochenen Grundsätze und Gebote „berührt" es die Kindeserz. der Eltern aber sehr mannigfach; denn auch ihr ist letztes Ziel und Richtung durch den Hinweis auf das Gemeinwohl maßgebend gewiesen. Vgl. dazu jetzt Rheinstein, ZBlVorm. XV, S. 208 unt., der richtig das in der Rechtsprechung bezgl. des § 1666 BGB. jetzt vorherrschende „Verschuldensprinzip" (vgl. die von Rheinstein gegeb. Nachweisungen) als „eine abgeschwächte Modifikation des Wohlfahrtsprinzips" bezeichnet. Bei dieser tieferen Betrachtungsweise ist Abs. 1 § 1 mit dem S. 1 Abs. 2 dess. unvereinbar: denn unter dem dargelegten Gesichtswinkel umspannt jener Satz selbstverst. auch die von den Eltern „dem Kinde" geschuldete, weil überhaupt jede, gleichviel von welcher Seite kommende, Erz.

b) In diesem engeren Sinne (vgl. z. a.) wird die Stellung der „Eltern" nicht allein nicht durch das vorliegende, sondern überhaupt durch kein Gesetz „berührt", weil — grundsätzl. — schlechthin unantastbar.

c) Von den „Eltern" sind die auch nach bürgerl. R. ihnen gleichstehenden Kategorien, die Adoptiv-Eltern, der Vater des für ehel. erklärten, des legitimierten Kindes, ja selbst die unehel. Mutter nicht verschieden; sachgemäß hätte dies auch S. 1 Abs. 2 durch korrektere, weniger enge Fassung ausgedrückt.

d) Bei tieferem gedankl. Eindringen hätte sich S. 1 Abs. 2 durch Abs. 3 erübrigt, da allein des S. 2 Abs. 2 Gehalt neu und erheblich ist, insbes. die innere Gleichartigkeit von „Eltern" und „Erz.Berecht." dartut (vgl. hierzu, besonders markant, auch § 3 Ges. v. 30 März 1903!)

e) Dem Wechsel der Terminologie vom „R." zum „Anspr." (auf Erz.) entspricht nur scheinbar eine sachl. Verschiedenheit der Tatbestände, in Wahrheit hat er lediglich redaktionelle, ja, fast rein grammatikal. Gründe und Berechtigung („erfüllten" mit dem „R.", des Abs. 1 sprachl. unvereinbar. Anders hier allerdings Polligkeit a. S. 98 a. O. S. 52/3 das „Recht" auf ordnungsmäße Erz. . . .: „das Interesse des Kindes daran, daß die Eltern ihre Erz.Gewalt nicht pflichtwidrig ausüben", „Anspruch" entsteht, sobald dieses „Interesse" des Kindes „durch das Verhalten der Elt. verletzt wird"; eine kaum allg. überzeugende und zumal f. d. RJWG. nicht angemessene Distinktion!)

Hingegen beruht zweifellos auf planmäß. u. wohlberechtigter Absicht die ungleichartige Bezeichnung des zu berücksichtigenden Ges. in S. 1

u. in S. 2 Abs. 2 („dieses Ges." dort — „ein Ges." hier). Möglichste Weite des Ausdrucks sollte alle denkbaren Gebiete der Ges.gebung einbegreifen, die eine Regelung, ja, auch nur eine Berührung des Jug.Erz.-Wesens mit sich bringen können. — In Wahrheit begegnen Vorschriften, die in das Elt.R. zur Bestimmung üb. d. persönl. Verhalten ihrer K.r eingreifen, keineswegs nur im bürg. R., aus welchem letzteren § 1666 Abs. 1 mit § 1838 S. 2 BGB. die vornehmsten Beispiele —, sondern z. B. auch i. Strafr. u. im Gewerber., aus ersterem z. Zeit des Erlasses des RJWG. die jetzt durch §§ 5, 6, 7 JGG. verdrängten (vgl. dazu Francke Komm. — München H. W. Müller 1923 —, der N. 1 zu § 5 nicht unrichtig die Konkurrenz des Straf- neben dem Vmdsch.richter als eine „Nebenregierung" in Erz.angelegenheiten bezeichnet!) §§ 55, 56 Abs. 2 RStGB. bzw. KinderschutzGes. § 13, RGewO. § 42b Abs. 5 in Verbindung mit § 148 K. 7b). Zweifelhafter in dies. Hinsicht der Charakter v. Pönalsanktionen wie § 361 Z. 9 u. Z. 10 RStrGB. Auch diese betreffen zwar das Verhalten der Elt. (Z. 9 auch der „Erz.Berecht.") bezügl. der Kinder, aber doch mehr als öffentl.rechtl. Koerzitiv-Vorschrft. (die Auslegung von elterl. pp. Pflichten läßt sich ihnen nur mehr mittelbar nach der „Normentheorie" Bindings entnehmen). Gleichwohl werden sie, soweit das R. u. diese Pflicht der Elt. betreffend, durch das RJWG. natürlich nicht „berührt", im wesentl. aber jetzt durch dieses erledigt. Neuestens tritt das Vorherrschen des eben geb. anderen Charakters dieser anspornenden Vorschr. mehr nach der administrat. und allg. soz. Seite in § 20 FürsPflV. v. 13. Februar 1924 hervor. — Nicht „berührt" werden ferner auch die (sonstigen) Gesetze, welche ein „Eingreifen" (des Vmdsch.-Ger.) mit dem „Willen" des „Vaters" bzw. der sorgeberecht. Mutter vorsehen, — § 1631 Abs. 2 S. 2 in Verbg. mit § 1686 BGB. (f. d. Vmd. gilt der dort anerkannte Grundsatz nicht entsprechend, da das ihn betr. „Eingreifen" nach § 1838 BGB. nicht von seinem Willen abhängig ist; ohne Zweifel wird es freilich wie gegen, ebenso, ja noch mehr, mit seinem Willen zugelassen sein. Übereinst. Maercker-Köhne-Feist, Nachl.Beh. (19. Auflage, II S. 440). § 1838 selbst ist deshalb unbedingt zu den nach § 1 Abs. 2 S. 2 in Betr. komm. Gesetzen zu rechnen, da er f. d. eigenartigen Fall, daß neben einer angeordn. Vmdsch. noch ein Elternteil die Pers.sorge weiter hat — wieder verheir. Mutter bzgl. der erstehel. Kinder, §§ 1697 in Verb. mit 1696, ferner Mutter, deren Ehemann ohne Auflösung der Ehe elterl. Gewalt „verwirkt" hat, § 1698 BGB. — den „Willen" dieses Elternteils durch Bezugnahme u. i. Rahmen des § 1666 ausgeschaltet. — § 1631 Abs. 2 S. 2 zit. hat sich übrigens f. d. gesetzgeber. Fortentwicklung des Jug.-WohlfRechts insofern bedeutsam erwiesen, als er in mehreren deutschen Ländern, bes. Hamburg u. Lübeck zu der sehr segensreichen Einricht. der „freiwilligen" Fürs.Erz. geführt hat. —

Die praevia lex, welche § 1 Abs. 2 S. 2 für eine Antastung des natürl. Kindes-Erz.R. (ähnlich wie § 2 RStrGB. für diejenige des Menschenrechts auf Straflosigkeit) fordert, ist also bereits mannigfach vorhanden.

§ 2.

Organe der öffentlichen Jugendhilfe sind die Jugendwohlfahrtsbehörden (Jugendämter, Landesjugendämter, Reichsjugendamt), soweit nicht gesetzlich die Zuständigkeit anderer öffentlicher Körperschaften oder Einrichtungen, insbesondere der Schule, gegeben ist.

Die öffentliche Jugendhilfe umfaßt alle behördlichen Maßnahmen zur Förderung der Jugendwohlfahrt (Jugendpflege und Jugendfürsorge) und regelt sich, unbeschadet der bestehenden Gesetze, nach den folgenden Vorschriften:

a. Zuständigkeit.

1. Allgemeines.

§ 2 knüpft mit seinem wesentlichsten Inhalte unmittelbar an § 1 (Schlußabs.) an; er erläutert den von diesem neu in die Rechts-Ordn. u. Gesetz.sprache (nur) eingeführten Begriff der „öff. Jug.H.“ Allerdings redaktionell wenig glücklich, weil nicht in äußerer ununterbroch. Folge, sond. unter Einschaltung eines anderen Gegenstandes: der Organe“ der öff. J.H. — Auch ihre Bestimmung freilich dient mittelbar der Erschließung jenes Grundbegriffs. Sie geht auf dessen äuß. Erscheinung, die sie beschreibt, Abs. 2 auf den Gehalt u. damit das Wesen der „öff. Jug.H.“ (sie „umfaßt“!). Diese Trennung ist jedoch keine ausschließende: auch Abs. 1 trifft den Wesenskern. Beide Absätze lassen den Ausdruck „öff. Jug.H.“ als technischen deutlich hervortreten. Bereichert ist damit in Wahrheit allein die Rechtssprache, nicht auch der Kreis der Rechtsvorstellungen: schon seit Jahrzehnten ist auch in Deutschland auf die Unerläßlichkeit u. Wichtigkeit einer staatl. Anteilnahme, also behördl. Mitwirkung an der Jug.Erz. immer wieder hingewiesen worden. üblicherweise allerdgs. regelmäßig noch mit der Wendung: „behördl. Jug.Fürs.“. Die Verdrängung dieser etwas farblosen Bezeichnung durch die Terminologie des RJWG. ist durchaus zu begrüßen. Die Neuheit und eigenartige Bildung der letzteren bringt den Rechtsbegriff als einen solchen sui generis, den Terminus als technischen in voller Prägnanz zum Bewußtsein. Als solchen will § 2 (vgl. oben S. 60) ganz unverkennbar auch die Bezeichnungen der beiden Hilfsbegriffe „Jug.-Wohlf.“ u. „JugWohlfBehörde“ stempeln, von denen jene das Wesen, diese die Auswirkung der „öff. Jug.H.“ ergeben. Im Zusammenhange gerade hiermit ist schon vor der Entstehung des RJWG.s einer treffenden Definition der „JugWohlf.“ angelegentlichste Sorgfalt zugewendet worden, so bereits im Mai 1919 v. d. D. Zentr. f. JugFürs. mit der Formel „JugWohlf.“: die „Gesamtheit der Bestrebungen zur Förderung(!) der Jugend aller Altersklassen“. — Das Gesetz gibt hier der äußeren Form nach eine Legal-Definition durch den knappen Klammerzusatz „Jug.-Pfl. u. Jug.Fsg.“. Dieser wird aber schon durch seine äußere Dürftigkeit, die mehr skizziert, noch weniger allerdings sachlich, befriedigen. Wohl werden jetzt vielfach (vgl. Begründ. S. 23/24) mit beiden Ausdrücken feste Begriffsvorstellungen verbunden u. zumal ihr gegenseit. Verhältnis (vgl. schon Einl.S. 60) dahin bestimmt, daß J.Pfl. die Einwirkung auf die sittl. u. materiell. noch gesunde —, Jugfsg. diejenige auf die in einer diesen Richtungen angekränkelte Jugend begreift. Aber diese Unterscheidung trifft doch nicht den Kern der Sache und wird im Einzelfalle häufig versagen: denn auch die noch unberührte Jug. kann einer gewissen „Fsg.“, die nicht mehr intakte einer „Pfl.“ (i. wahren Sinne) nie ganz entraten. (In Preußen besteht seit einiger Zt. bei dem Ministerium f. Vlkswohlf. ein besond. Referat für „staatl." Jug.Pfl.; bei dem dem Reichsmin. d. Innern angegliederten „Archiv f. Jug.wohlf." gibt es eine Abteil. f. „Jug.pfl. u. Jug.beweg. in Fühlung mit dem „Ausschuß der deutsch. Jug.Pfl. Ver.e"). So, richtig, Kumkers (Art. „Jug.Pfl. u. Jug.Bew." im Hdwörterb. der Staatswissenschaft, 4. Aufl.) Hinweis, daß „auch in die Jug.Fürs. . . . . Formen der Jug.Pfl., ja, der Jug.Bewgg. eindringen; die „wichtigste Grenze" zwischen „Jug.Fürs." und „Pfl." liege in der „Freiwilligkeit" der letzteren, derzufolge bei ihr der Staat „an die engen Grenzen der Förderung durch Zuschüsse und Beratung gebunden" sei. Ähnlich früher schon Petersen, der große Organisator d. Hamburg. JugFürs., in seinem 1912 ersch., noch immer normgebend. Buche „Gedanken über d. Organis. der Jug.Fürs.": die (amtl.) „öffentl. JugFürs." richte sich im Unterschied von der freiwilligen „auf Verhütung eintretender u. Heilung eingetretener körperl. u. sittl. Verwahrlos." als die „i. öff. Interesse liegenden Aufgaben". Petersen betont richtig auch die Abhängigkeit von der Verfügbarkeit „öff. Geldmittel" und Unterstützung durch staatl. oder gemeindl. Autorität sowie die Zurückführung auf „gesetzl. Vorschrift oder Gem.Satzg.", verkennt aber doch noch etwas das mehr Fließende der beiden Lebenskreise. Ferner neuestens Dr. Richter (Ober-Reg.Rat im Vwf.Min.) in Nr. 18 der „Volkswohlf." (Amtsbl. des VwfMin.) von 1921 S. 366 ff., welcher die „Beziehungen von Jug.pfl. und Jug.bewegg. zur JugFürs." mit bes. Hinblick auf die Sch.Aufsicht treffend beleuchtet und über die organisatorische Verbindung der Jug.pfl. mit der Jug.fürs. Hecker Zentr.Bl. Jug.r. Sept.heft 1924 S. 136 pp. — Auch die beiden Ausdrücke des RJWG. sind also nur mehr Notbehelfe ohne zwingenden Anspruch auf Geltung. Das mindert ihren Wert als Stützen einer Definition der „Jug.Wohlf.", also in d. v § 2 Abs 2 verwendeten Bedeutung. Für eine solche taugt nur, (s. auch hierzu Einl.) die Anknüpfung an „das Gemeinwohl". „Jugendwohl" ist nichts anderes als derjenige Zustand — „Zust." im weitesten Sinne, mit Einschl. sowohl des Verhaltens wie des Ergehens — unserer Jug., welcher in dauerndem vollstem Einklange mit dem Gem. Wohl steht, — Jug.„Wohlf.", die Summe der auf das JugWohl i. S. gericht. Lebensbetätigungen behördl. u. freier, amtl. u. privater Natur. Vgl. hierzu auch u. a. Felisch „Neuordnung der Menschenliebe" S. 143 u. das dort von Posener gegeb. gute u. vollst. Schema der JugFürs. Das wahre Korrelat dieser — richtigen. — „JugWohlf." ist immer eine Fsge f. d. Jug., — Jug.-„Fürs." in dem freien abgeklärt. S., in welchem neuestens auch die Fürs.-PflVdn. v. 13. Februar 1924 ganz unverkennbar den Begriff der Fsge zugrundelegt, welcher Wort und Begriff gleichwohl ebfl. als einen ganz bestimmten Ausschnitt aus d. Arbeit a. d. Jug. festlegt. — Dieser freiere Begriff der Jug.Wohlf. u. d. Jug.Fürs. eignet bei näherem Zusehen im Grunde auch dem RJWG.; ihm allein entspricht die Universalität der Quellen, aus denen „Jug.Wohlf." entspringen soll, und der sie tragende Aufbau, dessen nach dieser Seite entschiedensten Ausdruck wir in §§ 6 u. 11, vor allem aber in d. absichtl. weiten u. unbestimmt. Formulierung des Abs. 2 § 2 „alle Maßnahmen z. Förderung usw." haben, u. der als leitender Gedanke auch Abs. 2 § 9 beherrscht: die starke Beteiligung der „freien Vereinigungen f. Jug.Wohlf. u. Jug.-Beweg.", sowie der auf diesen Gebieten „bewährten u. erfahrenen Persönlichkeiten", nicht zuletzt auch der oben gewürdigte programmat. Vorbehalt des Abs. 3 § 1 „unbeschadet der Mitarbeit freiwill. Tätigkeit". Aus ihm unmittelbar ist auch der Begriff der „öff. J.H." abzuleiten: als die „organisierte" in den Dienst dieses Jug.Wohls und dieser Jug.Wohlf. gestellte Beteiligung der „Öffentlichkeit", — organisiert, weil durch eigene „Organe", nämlich durch hierfür bestimmte u. bestellte Behörden sich vollziehend u. auswirkend. Jede diesem letzten Ziele dienende Tätigkeit v. Behörden auf d. Grundlage eines Ges. (auch dies im weitesten Sinne), also in staatl. geregelten Formen u. unter staatl. Kontrolle! —

Auch zu dieser Erkenntnis führt bei eindringender Beobachtung das Gesetz selbst, § 2 und zwar dessen Eingang: „Organe der öff. J.H. sind . . ." welcher zum Wesen d. „öff. JH" das Vorhandensein v. „Organen" fordert, d. h. v. gliedmäßigen Bestandteilen, durch die Kraft u. Eigenart der öff. J.H. nach außen sich betätigen, und welcher — § 2 Anf. — diese Organe gerade in „Jug. Wohlf. Behörden" findet, d. h. Behörden, die eben nur f. diesen Dienstzweig, die „Jug.Wohlf." schlechthin, da sind. Die Gesamtordnung des RJWG. wird also erfreulicherweise von richtigen, geläuterten Grundbegriffen beherrscht und ist nicht in den Fesseln des Klammerzusatzes ans. § 2 gebunden. Auch Abs. 1 § 2 bestimmt demnach, obzwar etwas verborgen, zutreffend das Wesen der „öff. J.H." Nur die formale Redaktion (Abs. 2 § 2) trägt noch die Spuren der alten unentwickelten Anschauungsweise, die u. a. auch durch ihre der Begründung entbehrende Gutheißung bei Bäumer Komm. S. 38 nicht gebessert wird und daher von Friedebg-Polligkeit N. 5 Abs. 1 a. E. z. § 2 berechtigte einschränkende Kritik erfährt. Die Bemühungen d. neueren Schrifttums um Klärung u. Reinigung jener Grundbegr. (vgl. außer d. schon erwähnt. die fast noch treffenderen Ausf. Klumkers im Art. „JA.", Hdwrtb. d. Staatswissenschaften, IV. Aufl. S. 517: „daß alle behördl. Kindes-Fs. wie d. VmdschErz. ErzFsg. ist", ferner, daß „langsam (!) sich die Erkenntnis verbreitete, daß in aller Kinder-Fsg. ein Stück Erz-Arbeit steckt, und daß sich darin die Einheit des Arbeitsgebietes findet, die sächl. Einheit aller Kinder- u. Jug.Fsg.", die „Erz." ist —; auch die ausgez. Definition Eugen Guttmanns, sozialist. Mtshft 1921, S. 1100: „die Fürs. überhaupt stellt ein aktives Eintreten der Allgemeinheit f. d. Einzelnen dar", die höchstens durch einen Hinweis auf d. Wechselseitigkeit: „u. die daraus sich ergebende Einstellg. des Einzelnen auf die Allgemeinheit"! zu ergänzen wäre, gehört hierher, ferner auch gewisse auf d. soz. Wohlf.Pflege überhaupt bzgl. Ausführungen der Rechtsprechung, so z. B. Entsch. Preuß. OVG. Bd. 53 S. 156, welche diese Anschauungen bereits anerkannten, haben hier den verdienten gesetzgeber. Erfolg gehabt. Denn diese geläuterten, innerlich allein haltbaren Grundbegriffe: „Jug.Wohlf." u. „öff. J.H." u. die mit ihrer Annahme vollzog. Zurückführung des J.Wesens schlechthin auf d. Gemeinwohl bilden geradezu das Ethos der ganzen JugWohlf. und des ihr geltenden Gesetzes; (vgl. zu letzterem schon oben Einl. S. 70 unten, allerdings auch das. S. 60).

Neben dieser Wesensbestimmung d. „öff. J.H." liegt der Schwerpunkt des § 2 in den beiden Grundsätzen der Konzentration u. d. Universalität, welche aller behördl. Betätig. f. Jug.Wohlf. i. S. des RJWG. Richtung geben sollen; jener ist in Abs. 1, dieser in Abs. 2 ausgesprochen, der letztere in Wahrheit als unmittelbare nächste Folge des ersteren: denn möglichste Vereinheitlichung der behördl. „JH.“-Tätigkeit bedingt von selbst auch ihre allumfassende Anlage. Beide Grundsätze sind aber zu Gunsten des Bestehenden erhebl. abgeschwächt durch Einschränkungen des Gesetzes selbst, deren techn. Ausdruck die Vorbehaltswendungen „soweit nicht ... gegeben ist“ — Abs. 1 — u. „unbeschadet“ der u. s. w. — Abs. 2 — (letztere, vgl. § 1 a. E. auch sonst dem Gesetze geläufig) — bilden. Über das Verhältnis des R.J.W.G. zu and. Ordnungen d. Jug.Wohlf. also zu „gleichartig. Ges.“ (im weit. Sinne) s. Einl. IV Z. 1. „Die Gesetze“, welche Fr.-P. Nr. 6 zu § 2 als „in Frage kommend“ aufführt, sind z. großen Teil erklärte Grundlagen des RJWG. Das Lichtspielgesetz v. 12. 5. 1920 aber bezeichnet die kürzlich erschienene Sammlung von Stranz-Horwitz-Behrend richtig als „Ergänzung“ des RJWG. Hinsichtl. der von Abs. 1 vorbehaltenen anderweiten „Zuständigkeiten“ ist auch die Formulierung bemerkenswert; zumal die Abstellung auf die ziemlich vieldeutigen „anderen! öffentl. Körperschaften“ als den J.Ae. ebenbürtig und („oder“) die „Einrichtungen“, eine auch rein sprachlich recht unbestimmte und dehnbare Kategorie, kehrt die ausgeprägte Duldsamkeit des RJWG. gegenüber konkurrierenden Instanzen (vgl. Einl. III) besonders stark hervor. Dieser Sinn wird durch die nur exemplifikative („insbesondere“) Erwähnung der Schule unter den „Einrichtungen“ wesentlich verstärkt (gerade bezügl. ihrer hat übrigens praktisch die Erwägung besondere Bedeutung, daß das „gesetzl.“ nicht allein auf die schon vorhandenen, sondern auch die künftig erst noch zu erlassenden Gesetze, also auch das in Vorbereitung befindliche Reichsschulges. geht!) Über den besonderen Anwendungsfall einer Betätigung der „Schule“ an der „Förderung der Jug.Wohlf.“ in § 21 Abs. 2 s. unt. dort. Das Verhältnis der Schule zum RJWG. war im Sommer 1922 Gegenstand eines besonderen Lehrgangs, dessen Ergebnisse in der bei Herm. Beyer u. S. Langensalza, erschienenen Sonderschrift (Heft 908 des Pädag. Magazins) enthalten sind. — Zu den „öffentl. Körperschaften“ gehört nicht die Kirche als solche; wohl ist auch sie zur Fürs. f. d. D. Jug. berufen und um diese gerade gegenwärtig (vgl. Mtsschrift „Innere Mission“ Nov.Hft. 1922) ernsthaft bemüht. Aber diese Anteilnahme gehört zum Gebiete der „freiwilligen“ Tätigkeit, jetzt zum mindesten zweifellos seit der (RV. Art. 137 Abs. 1) Trennung von Kirche und Staat. Denn „öffentl. J.H.“ im Sinne des RJWG. ist ja nur die vom Staate und seinen „Organen“ ausgehende. Einen Ausgleich für den Zwiespalt, welcher sich aus dieser Stellung der Kirche sachlich — wenn man will, moralisch — ergeben mag, hat in Preußen jetzt § 4 Abs. 3 Ausf.Ges. durch Anordnung der obligatorischen Zugehörigkeit mindestens eines kath. und eines evang. Geistlichen zum JA. gefunden. Das ist aber nicht eine Widerlegung, sondern eine Bestätigung unserer Auffassung: denn die Geistlichen sind, wie Abs. 4 § 4 cit. klar ergibt, ein Teil der Gruppe des J.A., deren Zugehörigkeit auf ihrer „Erfahrung“ in der Jug.Wohlf. beruht. Diese wird aber durch die praktische Arbeit in der „privaten“ J.H. („Bewährung“) gewonnen; vgl. durchaus übereinstimmend Preuß. AusfAnw. II A 12 und neuestens z. B. die durch das Pr. G. vom 8. April 1924 (GesSamml. 1924 S. 121 ff.) verkündete Verfassung für die unierte Landeskirche Preußens Art. 62 Abs. 2 Ziff. 2 (betr. die Stellung der Kreissynode!) — — — Zweifelhafter nach dieser Seite ist schon die

Stellung des V m d s c h G e r., welches B l a u m Komm. N. 1 Ziff. 2 Frdbg-P. N. 3, Bäumer Komm. Abs. 1 zu § 2 schlechthin zu den „Einrichtungen" rechnen. Seine betreuende und ergänzende Obsorge über die JugErz., deren prägnantesten Ausdruck § 1666 BGB. bildet, die aber auch in § 1631 und in der obervormundschaftlichen Aufsicht des § 1837 zur Geltung kommt, ist an sich zweifellos „öffentl. JH." im Sinne des § 1 Abs. 3 und bleibt dies auch unter dem RJWG. trotz mancher gerade in diesem enthaltenen Schmälerungen seiner Stellung (vgl. § 45). Eine ausdrücklich von dem RJWG. vorbehaltene, „gesetzlich" begründete Zuständigkeit der VmdschGer.e, welche auch auf dem unmittelbaren Gebiete der JugWohlf. liegt, ist diejenige zur Anordnung der FürsErz.; an der gesetzlichen Grundlage einer „öffentl. JH." auch dieser Instanz fehlt es also nicht. Fällt aber das VmdschGer. unter eine der Typen, welche § 2 Abs. 1 als sonstige „Organe" dieser Betätigung nennt? Die Frage ist keineswegs von rein theoretischer Bedeutung, sondern für das Verhältnis von VmdschGer. und JA. in Sachen der JugWohlf., die Abgrenzung ihrer Beteiligung und deren gegenseitige Ergänzung wesentlich! Zweifellos n i c h t unter die „öffent. Körperschaften", aber auch die Auffassung des VmdschGer. (noch mehr der „VmdschRicht.") als „Einrichtung" ist, obzwar nicht schlechthin sprachwidrig, zumal nicht dem Sprachgebrauch des RJWG. (§ 8: JA. als „Einrichtung"!) entgegen, so doch ungewöhnlich und bedenklich. Zweifelsfreier und angemessen weit hätte das Gesetz auch hier von „Organen" gesprochen. Bei Einbeziehung der Gerichte, soweit mit Vmdsch.-wesen befaßt, unter die „Einrichtungen" des § 2 Abs. 1 wird man folgerecht a l l e irgendwie in JugFürs. tätigen Behörden mit den drei genannt. Komm.n hierher rechnen müssen: die „Gewerbe-Inspektion", „Medizinal-" und auch „Polizeibehörden". Man muß sich aber der hierin liegenden Inpräzision und ihrer Tragweite bewußt bleiben. Letztere wiegt besonders schwer für die Abgrenzung gegen die „private" JH., welche nach Abs. 2 und nach § 11 RJWG. der „freiwilligen Tätigkeit" zufällt. Mag auch ein Hand-in-Hand-arbeiten beider, der „öffentl." und der „privat." JH. gerade heute (vgl. S t e i n w e g Zentrbl. für Vmdschschw. XV S. 177 ff., ferner auch die sehr treffende, von Bäumer, Komm. S. 153 N. 1 wiedergegebene Äußerung von Lenné welche vorzüglich die „V e r s c h i e d e n a r t i g k e i t, aber Gleichw e r t i g k e i t und Selbständigkeit der öffentl. und privat. JH." betont als der „beiden Ausstrahlungen desselben Verantwortlichkeitsgefühls des Volksganzen gegenüber seinem Nachwuchs"!) mehr als je Gebot der Stunde sein, so verursacht eine fließende Grenzziehung nach wie vor doch auch praktisch Bedenken: denn die „öffentl." JH. ist stets „Pflicht" und kann kraft des „Rechts" (aus § 1) gefordert werden, die „private" niemals. Nur zu letzterer sind zweifellos die Religions-Gesellschaften, noch mehr diejenigen zur Pflege einer bestimmten „Weltanschauung" (Art. 137 RV.) berufen, welche Fr.-P. N. 3 Abs. 1 a. E. ohne nähere Begründung als „öffentl." Körperschaften hierher stellt. Weshalb sie hierin vor der „Kirche" oder den „Kirchen" (vgl. ob.) etwas voraushaben sollten, ist schlechterdings nicht ersichtlich. Abzulehnen ist aber auch die Einbeziehung der Krankenkassen, Versicherungsanstalten und Berufsgenossenschaften, welche Fr.-P., übereinstimmend mit Blaum ebenfalls lehrt. Die von ihnen an der — oder auch für die — Jug. geleistete Fürs.

hat gar keine Beziehung zur JugErz. (sondern bekämpft gewisse ganz anders geartete allgemeine Notstände). Diese Beziehung ist Begriffs-element der „öffentl." JH.; auch das droht durch die etwas verwaschene Formulierung des § 2 Abs. 2 verloren zu gehen. Wohl aber sind „öffentl. Körperschaften" in diesem Sinne die Gemeinden, in praxi vor allem die Stadtgemeinden, kraft der von ihnen ausgeübten „Waisenpfl." (die allerdings, dem Zusatz „andere" zufolge § 2 Abs. 1 wohl nicht im Auge hat, sondern, da sie ja die vornehmsten „Träger" des JA. sind, mit den Jugendwohlfahrtsbehörden identifiziert). Diese ist auch in Preußen durch das RJWG. trotz §§ 47 und 42 (vgl. dort) unberührt geblieben.

Mit all diesen Vorbehalten, welche insoweit als Ausnahme die Regel bestätigen, bleibt doch Norm: die „gesetzl. Ordnung der JugWohlf." ist das RJWG., ihr Organ die von diesen gesetzten Jugendwohlfahrts-behörden, richtiger, (s. Vorbem. zu §§ 3 ff.) die Jugendwohlfahrtsbehörde (das JA.). Sie vermitteln (verwirklichen) jene Ordnung durch die „öffentl." JH. Für diese sind sie normalerweise zuständig. Durch sie erfassen die Behörden grundsätzlich (so ausdr. § 2 Abs. 2!) „alle Maßnahmen zur Förderung der JugWohlf." — Die Bedeutung der letzteren Tatsache erhellt noch mehr durch eine — negative — Erwägung: die Förderung der Jugendbewegung scheidet aus der „öffentl." JH. aus. Das ergibt einesteils das Gesetz selbst ganz klar und zweifelsfrei, indem es in § 6, § 9 Abs. 2 die JugBewegg. neben: dort der JH. (öffentl. und privat.) hier der JugWohlf. nennt, sodann und vor allem die Einsicht in das Wesen der „Jugendbewegung". Unter JugBeweg. werden wir die Gesamtheit der auf eine Hebung und Vervollkommnung unserer Jug. gerichteten Bestrebungen verstehen müssen, welche (vgl. Bäumer, Komm. S. 48 und Richter a. oben a. O. bes. S. 367) aus ihr selbst heraus, also von innen her, im Gegensatz zur JugHilfe, die von außen her auf die Jug. einwirkt. Allerdings sind praktisch gerade diese esoterischen und exoterischen Jugend-Beeinflussungen keineswegs immer scharf zu trennen: auch die „JugBeweg." (im weiteren Sinne) kann ihrer Grundlage nach sehr wohl zu einer dem § 1 Abs. 2 entsprechenden JugHilfe werden (s. aus der Denkschrift des Caritasverbandes zum RJWG. S. 9 und die vortreff-lichen Ausführungen Beilage X S. 371 ff. Komm. von Fr.-P.!).

Abschnitt II.

Jugendwohlfahrtsbehörden.

Vorbemerkungen.

1. Das RJWG. selbst hatte folgendes System: die Arbeit an der „Jugwohlf.", die „öfftl. JugHilfe" sollte von einer gleichmäßig über das ganze Reich ausgebreiteten, in möglichst zahlreichen Stellen vorhandenen („dem lückenlosen Netz" der Begr. S. 22) Behörde, dem Jugendamt (JA.) geleistet und dieses wie tunlichst überall, so auch für alles (die ganze Jugwohlf.) er- bzw. eingerichtet werden, vermöge seiner räumlich-sachlichen allumfassenden Gestaltung also der extensiven „Lückenlosigkeit" des „Netzes" eine intensive der materiellen Betätigung entsprechen. Allgegenwart und Konzentration: die wesensbestimmenden Kennzeichen des JA. des RJWG.! — Über dieser untersten Stufe und

Grundform, der normalen, eine JugWohlfBeh. höherer Ordnung, ebenfalls eine amtl. Einrichtung, bestimmt, durch selbständige Wirksamkeit „zur Förderung der JugWohlf.“ (§ 2) beizutragen, aber mit einer derjenigen der JA. doch wesentl. ungleichen Anlage: nicht zu jedem örtl. Punkte des Raum- und jedem sachl. des (JugWohlf.) Arbeitsgebietes in unmittelbarer Beziehung stehend, berufen, Einzelfälle zu erledigen, (abgerechnet die Beteiligung an der FürsErz.-Ausführung, welche als Ausnahme die Regel bestätigt), sondern vielmehr in weiterem Abstand von dem Betätigungsgegenstande Typen von Fällen („Aufgaben“) sachgemäß zu gestalten, damit auf die Wirksamkeit der JA. ausgleichend, zusammenfassend, läuternd, richtunggebend einzuwirken und so aus der Vielfältigkeit der Einzelmaßnahmen und -erfahrungen Grundsätze abzuklären, als „Richtlinien“ fruchtbarer Fortbildung der Jugendwohlfahrtsarbeit. Auch diese „höheren“ Jug.wohlf.beh. nach dem RJWG., gleich den JA. grundsätzl. obligatorisch („sind zu errichten“, § 12 Abs. 1), aber zur Vermeidung einer zu unbegrenzten Fülle von Material angelehnt an in sich abgeschlossene größere Teile des deutschen Reichsgebietes, die „Länder“, in den ausgedehnteren unter ihnen an deren größere Abschnitte, so in Preußen z. B. die Provinzen, welche nach geschichtl. Erfahrg. erhebliche Gleichmäßigkeiten in den Grundlinien der (JugWohlf.) Lebenserscheinungen und -tatsachen aufweisen und zweckentsprechende Typisierung gewährleisten, nach dieser räumlichen Anknüpfungr nicht unpassend technisch „Landes-JA.“ genannt. Über dieser Überwölbung der JA. als Spitze der „Pyramide“ (so im Dez.Heft 1922 der „Frau“, Gertrud Bäumer mit treffendem Bilde) ein Reichs-JA. (§§ 16, 17). Auch dieses JugWohlfBeh. im eigentlichsten S.: also geschaffen, s e l b s t ä n d i g jugendfürsorgerisch mitzuarbeiten, nicht etwa (bloß) die Tätigkeit der anderen vorgen. Behkategorien als „höhere Instanz“ zu korrigieren, nämlich mit der positiven Obliegenheit, in die jugendwohlfahrtliche Betätigung des ganzen Reiches, insbes. diejenige der JA. (welche sinngemäß aber nur vorzugsweise, nicht ausschließend genannt sind) als einheitlichen Grundton den des Einklanges mit dem wahren „Jug.wohl“ zu bringen, für welchen Zweck dem RJWG. „Sammlung der Erfahrungen auf dem Gebiete der JugWohlf.“ bei dem Reichs-JA. als zentralem Brennpunkte und deren Ausstrahlung in die Niederungen der praktischen Einzelanwendung durch „Übermittlung an die Landes-JA.“, sowie „auch sonstige Sorge für die Verwertung der gesammelten Erfahrungen“ geeignetste Mittel schienen. Auch das RJA. nach dem RJWG. in durchgeführter Symmetrie obligatorisch (ebenfalls: „ist zu errichten“, § 16 Abs. 1 S. 1). — In diesen einheitlich gegliederten, folgerecht durchgeführten Grundriß hat die Notverordn. vom 14. Februar 1924 (weiter kurz nur „Notverordn.“) sehr beträchtl. Einbruch getan: das Reichs-JA. ist ganz gefallen, Art. 1 Ziff. 2 S. 2, die Einrichtung der Landes-JA. dem (freien) „Ermessen der Länder überlassen“, ebda S. 1, Übertragung aller dieser Beh.art im RJWG. zugewiesenen — einzelnen — „Aufgaben“ an andere Behörden der Landesregierung gem. § 77 RJWG. gestattet. Die JA. selbst — dies wohl das schwerwiegendste! — können mit „Ermächtigung der obersten Landesbehörde“ e r s e t z t werden durch „eine andere, nach Maßgabe des Gemeindeverfassungsrechts gebildete Amtsstelle der Selbstverwaltung“ oder — sogar! — (irgend) „eine andere geeignete Amtsstelle“. Also vor der Ingebrauchnahme ein „Abbau“

des vom RJWG. hier in Abschn. II errichteten Gebäudes, welcher nur einige lose verbundene Grundmauern stehen läßt.*) In Verbindg. mit diesem Verzicht auf die (obligatorische) Einheit des Apparats ein nicht minder bedeutsamer Nachlaß der sachl. Anforderungen, zuerst an die JA.: ein sehr wesentl. Teil der ihnen — in den grundlegenden §§ 3 und 4 — gestellten „Aufgaben" und damit der JugWohlf. selbst fallen lassen, so unmittelbar das Arbeitsgebiet des § 4, von welchem Notverordn. Ziff. 4 selbst entbindet (durch Verneinung „einer Verpflichtung zur Durchführung"), mittelbar die Hälfte derjenigen aus § 3, nämlich die dort Ziff. 5—8 genannten, von denen „die oberste Landesbeh. befreien kann". Das System des RJWG. jetzt also in räuml. wie sachl. Hinsicht arg durchlöchert; die „Lückenlosigkeit", die Gleichförmigkeit, die Konzentration (der JugWohlf. bei einer Behörde; diese wenigstens in ihrer Auswirkung), der konforme, hierarchische (allerdings nur mehr eine hierarchia ordinis, nicht iuristictionis!) Aufbau des Gesamtapparats, alles dieses im RJWG. zwingend gemeinrechtl. Reichsinstitutionen, sind geopfert. Geblieben nur: das JA. als normale Grundform, im Verhältn. zu welchem die zugelassenen Ersatzbehörden Anomalien, und der Beruf dieser Normalbehörde für sämtl. grundlegenden, im öffentl. Leben hervortretenden Angelegenheiten der JugWohlf. Demgegenüber die Beschränkung des Landes-JA. auf Typisierung der Jugendwohlfahrtsarbeit durch Er- und Vermittlung von „Richtlinien" und Schaffung gemeinsamer (das ist auf größere räuml. und finanzielle Grundlage angewiesene) „Veranstaltungen", abgesehen von der einen nach wie vor ihm zufallenden unmittelbaren Jugendwohlfahrtsangelegenheit, der Beteilig. an der „Ausführung der FürsErz." Dieser Verschiedenheit entsprechend eine Beziehung allein der erstgedachten Beh.art, als der Beh.einheit der öffentl. JugHilfe, zu deren örtl. und sachl. Gegenstande. Nur „das JA." hat demgemäß eine bestimmte „Zuständigkeit" (§§ 7 bzw. §§ 3 und 4), gewisse „Aufgaben" im engeren S. Das Landes-JA. hat sich, von der letztgedachten Ausnahme abgesehen, grundsätzlich seiner „Obliegenheiten" zufolge deren mehr abstrakter Natur unbekümmert um — und nicht gebunden durch — solche konkreten Beziehungen zu entledigen. Der dargelegten Verteilung der jug.wohlfahrtlichen Funktionen konform nach wie vor, folgerecht und sachl. angemessen, die Anknüpfung der JA. und nur dieser an die Gemeinden als sie „tragende" Verwaltungseinheit. Schließlich in der Ausgestaltung der JA. die unmittelbare Beteiligung der freien JugFürs. durch Berufung von Vertretern der hierin tätigen „Vereinigungen" und von jugendwohlfahrtlich „bewährten und erfahrenen" Einzelpersönlichkeiten, ein Element, welches vom Anfang bis zum Schlusse als das unverzichtbarste der ganzen Ordnung angesehen worden ist. — Diese von dem „Abbau" verschonten Grundformen hat Preußen so sich sämtlich zu eigen gemacht: das AusfGes. sieht das JA. als die ordnungsmäßig und daher der Regel nach zu errichtende Jugendwohlfahrtsbehörde vor (§ 2 Ziff 1: „ist zu errichten"). In diesem S. ist es obligatorisch und für das Gebiet des Freistaates „lückenlos" herzustellen („für jeden Stadt- und für jeden Landkreis".) Die Substituierung einer anderen gem.verfass.rechtl. „Amtsstelle der Selbstverwaltung" oder gar einer dieser letzteren Sphäre

*) Der Übersichtlichkeit wegen mußte auch hier manches an anderen Stellen schon Gesagte wiederholt werden.

fremden entspricht nicht der Norm der preuß. Ordnung. Nur die schon durch das RJWG. (§ 10) selbst nachgelassene Betrauung bereits bestehender Wohlf.ämter mit den Verrichtungen, — der „Zuständigkeit" — der JA. ist auch in die preuß. Ausgestaltg. (§ 10 AusfGes.) ausdrückl. übernommen. — Landes-JA. können auch in Preußen in Anlehnung an die Provinz.verfassg., nämlich von den Provinz.verbänden und den ihnen gleichgestellten provinziellen Organisationen, demgemäß auch von Groß-Berlin errichtet werden und sind nach Lage der Verhältnisse in Provinzen usw. mit einem komplizierteren Gemeinleben, also mit überwiegend industrieller Bevölkerung und durch diese gegebenen schwierigeren und umfassenderen JugWohlf.„aufgaben" sicher zu erwarten. Der Aufgabenkreis sowohl der JA. wie der Landes-JA. gegenüber dem Rahmen der Notvdn. vom Pr. A.G. nicht verengert; insbes. ist (vgl. Ausf.Anw. des Preuß. Min. f. Vwf. vom 29. März 1924 [weiterhin nur Ausf.Anw.] II C 1) eine Abstandnahme von den „Aufgaben" der ZZ. 5—8 — des § 3 — grundsätzl. nicht beabsichtigt (vgl. näheres zu § 3 selbst) und liegt auch (s. ebenf. AusfAnw. IV Z. 2) Befreiung von der JA.-Amtsvmdsch., wie sie Art. 1 § 6 Notvdn. gestattet, nicht im S. des preuß. Ges.gebers. — Für Groß-Berlin eine Reihe von Singularitäten angeordnet, die aber die Grundlagen des Systems — auch des für das engere preuß. Gebiet angenommen — nicht berühren. Auch hierüber vgl. die Einzelerläuterungen.

Die preuß. Sondergestaltg. kehrt den Charakter der Jug.wohlf.arbeit als „Selbstverwaltungsangelegenheit (der Gemeinden und Gemeindeverbände)" bes. heraus. Das Reichsges. spricht dies nicht geradezu aus, sondern unterstellt es mehr und berührt es eher nur beiläufig (§ 9 Abs. 1 „Satzung des zuständ. Selbstverwalt.körpers"), ist aber ganz zweifelsfrei ebenfalls von der Einsicht in dieses Wesen als die grundlegende Natur der „öff. Jug.Hilfe" — im engeren S. der von besonderen amtlichen „Organen" (§ 2) geleisteten Jug.wohlf.arbeit — durchdrungen. (Begr. zu § 9 RegEntw. S. 36): Das preußische AusfGes. eröffnet seine Ordnung der Materie mit der Feststellung dieses Charakters. Sie ist nicht eigentl. „programmatisch" wie die Sätze (§ 1), mit denen das RG. anhebt. Denn sie weist weniger in die Zukunft als in die Vergangenheit. Sie formt das Ergebnis einer stetigen, jetzt schon recht langen gemeindegeschichtl. Entwicklg. (Vgl. dazu Schoen, R. d. Komm. Vbde 1897 S. 2 ff.) Die Selbstverwaltg. der Städte, welche seit der Stein-Hardenberg'schen Reform im Gemeinleben gerade Preußens immer breiter in den Vordergrund getreten war, hatte sich im Laufe der Zeit mehr und mehr dem Wohlf.wesen zugewandt. Teils aus materiellen Gründen, einem gewissen Selbsterhalt.triebe stattgebend, da eine geordnete und erfolgreiche Wohlf.pflege die Kommunen durch Bekämpfung von Not entlastet, durch Hebg. des Verkehrs und sonstigen öffentl. Lebens bereichert, — teils aber auch aus ideellen Beweggründen, da die pflegerische Fürs. für die wirtschl. und sozial Bedrückten den engeren, mit den Verhältn. vertrauten Verbänden menschlich am nächsten lag. Dem Vorbilde der Städte folgten etwas zögernd und in unvollkommeneren Formen, aber doch ebenfalls stetig die ländl. Kommunalverbände, vornehml. die Kreise und die ihnen angehörenden kleineren Einheiten, die Landgemeinden usw. Entsprechend der fast ausschließlichen Erfüllg. der auf dem Wohlf.gebiete sich ergebenden Pflichten beanspruchten diese städt. und ländl. Verbände hier immer stärkere Rechte, die freie Bestimmung fast bis zu einer gewissen Souveränität und tunlichst ohne sachl. Einschränkungen. So war der Stand bereits zu Beginn dieses Jahrh. Vgl. Bitter's Handwörterb. der Preuß. Verw. (2. Aufl.) Leipzig 1911, Art.: „Gemeinden": „auf dem Gebiete der Wohlf.pflege sind die Gemeinden berechtigt, alles in den Bereich ihrer Wirksamkeit zu ziehen, was die materielle Wohlf. und geistige Entwicklung ihrer Angehörigen zu fördern geeignet ist." ! Große Städte wie bes. Berlin (vgl. Wölbling, Ges. über die Stadtgem. Gr.-Berlin S. 24 und Berliner Stadtrecht S. 18 u. S. 40 ff.) hatten die „Wohlf.pflege" schon längst zu einer bes. Verwalt.„gruppe" (für Berlin unterscheidet W. an ersteren Ort jetzt deren 7) ausgestaltet. Es war natürlich, daß mit dem Hervortreten bes. Interesses für die JugWohlf. die Städte und, hier freilich in ausnehmend schleppender und mangelhafter Nacheiferung, die Landkreise sich auch der Entfaltg. dieses Sonderzweiges zuwandten. So hatten wir schon vor der Inangriffnahme der ges.geber. Arbeiten in zahlreichen Städten Preußens, vereinzelt auch, zumal im Westen, auf dem Lande eine selbständig entwickelte (vgl. AusfAnw. II A Z. 2) Jug.wohlf.pflege, in einer Reihe von Groß- und Mittelstädten eigene JA. (daher der Vorantritt Preußens — mit seinem Entw. von 1918 — in der Sonderges.gebg., vgl. Einl. II.) Dieser Verwaltungsrechtsstand wird jetzt in Preußen gesetzl. verankert (AusfGes. § 1).

Von den in der Rechtslehre vertretenen Auffassungen des Begriffs der „Selbstverw.", vgl. dazu bes. Art. „Selbstverw." in dem gen. Handwört.buch und Stier-Somlo, Handb. des kommunalen Verfass.- und Verw.rechts I S. 1 ff., außerdem Blodig, die Selbstverw. als R.sbegriff (Wien 1894), Preuß, Selbstverw., Gem., Souveränität (Festg. f. Laband) hat das preußische AusfGes. den von Gierke-Schäffle vertretenen Begriff, nicht den ihm wesensungleichen Gneist's angenommen. Ersterer bestimmt die Selbstverw. als das R. korporativer Verbände auf selbständige Verwaltung ihrer Angelegenheiten, letzterer als die Erledigung staatl. Angelegenheiten durch unbesoldete Ehrenbeamte! Für Preußen aber ergibt abgesehen von dem ganz deutlich in Abs. 1 § 4 hervortretenden Grundsatze, daß die Mitglieder des JA. keineswegs (ausschließlich) Ehrenbeamte sind, das vorstehend über die geschichtl. Entwicklg. Dargelegte, daß es sich hier nur um die erstere Form der Selbstverw. handeln kann. Zu dieser gehören nach § 1 AusfGes. „die", also alle „Aufgaben der öffentl. Jug.wohlf.pflege"; nicht allein die vom R.Ges. selbst als „Aufgaben" bezeichn. Angelegenheiten der §§ 3 und 4, sondern auch die dem § 6, ja selbst die dem § 5 entsprechende Betätigung der JA. — Dem Ges. haftet aber eine doppelte Impräzision an: nicht schlechthin „Selbstverw.angelegenh. der Gemeinden und Gemeindeverbände" sind die „Aufg. der öffentl. Jug.wohlf.beh." Zu den letzteren gehört auch, vgl. oben, die Wirksamkeit der Landes-JA. Diese aber knüpft nicht an die Gemeinden pp. als kommunale Einheit, sondern an größere kommunale Verbände an. Das Ges. schließt im Hinblick hierauf selbst „die Ausführg. der FürsErz." aus. Denn sie ist ja den Gemeinden entzogen und — § 18 — den Provinzialausschüssen zugewiesen. Hieraus folgt aber keineswegs daß sie nicht den Selbstverw.angelegenheiten zuzurechnen sei. Denn auch diese provinziellen Vertretungen (vgl. Bitter's Handwörterb. Art. „Prov.ausschuß" und auch Art. „Kommunalverband") dienen der Verwaltung kommunaler Angelegenheiten. Die Folgerung der Ausf.-Anw. II A 1 a. E., daß die Ausführg. der FürsErz. „staatl. Auftragsangelegenheiten“ sei, ist daher entschieden abzulehnen. Zu dieser Entgegenstellung — die staatl. Auftragsangelegenheiten sind (vgl. den Ausschußbericht S. 8 ff.) das Gegenstück der (eigentl.) Selbstverw., weil nicht aus eigenem R., in freiwilliger Wahrnehmung eines solchen, sondern kraft höheren Befehls von den Gem. besorgt — berechtigt die Ausnahme des § 1 AusfGes., bei welcher der Nachdruck auf der Zuständigkeit der „Gemeinden“ usw. liegt, nicht. Das innere Wesen der FürsErzAusführg. aber, die (vgl. zu § 70) keineswegs allein Repressivmaßnahme staatlichen Selbstschutzes ist, sondern einen sehr starken jug.fürs.ischen Einschlag hat, verbietet sie geradezu.

Nach der Gestaltung, welche Preußen endgültig — AusfGes. §§ 7 und 8 — angenommen, sind die Jug.wohlf.beh. in den Organismus der Selbstverwaltungskörper eingebaut. Die von dem Entw. § 3 S. 2 und S. 3 vorgesehene Ordnung, daß sie aus diesem Rahmen als selbständige kommunale Beh. heraustreten, nur finanziell an den Haushaltsplan des Ganzen gebunden sein sollten, (preuß. Begr. S. 13) bewußt — vgl. Ausschußbericht S. 26 ff. und bes. S. 62 und 63 — zu Gunsten dieser organischen Verschmelzung aufgegeben. In innerem Zusammenhange mit letzterer hat für Preußen fortan der Begriff des „Selbstverw.körpers“, welchen das R.Ges. § 9 Abs. 1 nur als die zum Erlasse der „Satzung“ zuständige Stelle erwähnt, und seines Vorstandes erhöhte, ja zentrale Bedeutg.: § 4 Abs. 1 Z. 1, Abs. 2, Abs. 3. „Selbstverw.körper“ ist nach Schoen, a. a. O. S. 6 das „Subjekt der Selbstverw.“ und zwar in der jetzt vorherrschenden deutschen Gestalt die „korporativ organisierte Gesamtperson des öffentl. Rechts mit eigener Verfassg., eigenen Organen und eigenen Mitgliedern“, welcher die Selbstverw. zukommt. Hieraus folgt wiederum, daß die bes. Stelle, durch welche sie die Selbstverw. ausübt, selbst keine eigene Verfassg., Organe und Mitglieder hat, sondern diese eben von dem Selbstverw.körper empfängt. So auch jetzt das preuß. AusfGes. Sie sind hier nicht selbständige Beh., sondern Teile der kommunalen Gesamtbeh. Die von Fr.-P. Vorbem. a. E. zu Abschnitt II S. 30 und 31 aus der Eigenschaft der JA. als „öffentl. Beh.“ gezogenen Folgerungen also entsprechend einzuschränken (z. B. ist bei Beleidigungen eines JA. danach nicht dieses, sondern der Vorstand des Selbstverw.-körpers, also der Magistrat oder der Kreisausschuß als juristisch beleidigt anzusehen, ebenso in bürgerl. R.streitigkeiten die aktive und passive Parteifähigkeit zu beurteilen. — Auch nach dieser Richtg. gelten für Berlin und manche westl. Provinzen [Westfalen, Rheinprovinz] gewisse Besonderheiten: vgl. darüber unten zu §§ 8 und 9 und zumal für Westfalen Neukamp, Staats- und Selbstverwaltg. in Westfalen.)

2. Im einzelnen der Stoff des Abschn. II hauptsächl. nach dem Gesichtspunkte von Wirkung und Form der Jug.wohlf.beh. gegliedert, Diesem Einteilungsprinzip entspricht eine gewisse Verschiedenheit auch der gesetzgeberischen Behandlg., die bemerkenswert. Die erste Seite vorwiegend vom Reichsr. selbst geordnet, wenn auch mit wichtigen Vorbehalten für landesrl. Ergänzung, — die zweite ausgesprochen der eigentl. Erledigung durch das Landesr. selbst zugewiesen. Die Voranstellung der „Wirkung“ im wesentl. in der damit erreichten unmittelbaren Anknüpfung an den Begriff der „öffentl. JugHilfe“, § 2, be-

begründet, welchen die Bestimmung der „Aufgaben" der Jug.wohlf.beh. am natürlichsten analysiert. Diese Anordnung ganz prägnant und rein allerdings nur bei der normal. Jug.wohlf.beh., dem JA., hervortretend, welchem der Unterabschn. 1 gilt, der demgemäß wieder in die Teile: a „Zuständigkeit", b „Aufbau und Verfahren" zerfällt. Ihm schließen sich als weitere Unterabschn. an: 2. „Landes-JA.", 3. „Reichs-JA." *), 4. „Beschwerde".

1. Jugendamt.

a) Zuständigkeit.

§ 3.

Aufgaben des Jugendamts sind:

1. der Schutz der Pflegekinder gemäß §§ 19 bis 31;
2. die Mitwirkung im Vormundschaftswesen, insbesondere die Tätigkeit des Gemeindewaisenrats, gemäß §§ 32 bis 48;

[3. die Fürsorge für hilfsbedürftige Minderjährige gemäß §§ 49 bis 55;]

4. die Mitwirkung bei der Schutzaufsicht und der Fürsorgeerziehung gemäß §§ 56 bis 76;
5. die Jugendgerichtshilfe gemäß reichsgesetzlicher Regelung;
6. die Mitwirkung bei der Beaufsichtigung der Arbeit von Kindern und jugendlichen Arbeitern nach näherer landesrechtlicher Vorschrift;
7. die Mitwirkung bei der Fürsorge für Kriegerwaisen und Kinder von Kriegsbeschädigten;
8. die Mitwirkung in der Jugendhilfe bei den Polizeibehörden, insbesondere bei der Unterbringung zur vorbeugenden Verwahrung, gemäß näherer landesrechtlicher Vorschrift.

§ 4.

Aufgabe des Jugendamts ist ferner, Einrichtungen und Veranstaltungen anzuregen, zu fördern und gegebenenfalls zu schaffen für:

1. Beratung in Angelegenheiten der Jugendlichen;
2. Mutterschutz vor und nach der Geburt;
3. Wohlfahrt der Säuglinge;
4. Wohlfahrt der Kleinkinder;
5. Wohlfahrt der im schulpflichtigen Alter stehenden Jugend außerhalb des Unterrichts;

---

*) Dieser auch durch die Notverordn. nicht etwa als Ganzes, sondern nur in seinen wesentlichsten Teilen (§§ 16 u. 17 „über das Reichs-JA.") aufgehoben!

6. Wohlfahrt der schulentlassenen Jugend.

Das Nähere kann durch die oberste Landesbehörde bestimmt werden.

I. Gemeinsames. Die beiden §§ dienen der offiziellen gesetzl. Feststellg. des bestimmungsmäßig. Wirkungskreises der JA. Auch, soweit dieser sonst aus dem vorliegenden Ges. selbst sich ergibt, ist er in den beiden §§ auf gewisse daraus abstrahierte Grundformen zurückgeführt. Aus den „Aufgaben" folgt auch das Wesen der Jug.wohlf.beh. und der von ihr geleisteten „öffentl. JugH.", weil dieses äußerlich nur aus der Betätigung, der Auswirkung zu erschließen.

II. Verhältnis von § 3 und § 4. Eine im Schrifttum sehr verbreitete, fast schon gemeingebräuchl. gewordene Unterscheidung (vgl. z. B. Becker Ztrlbl. Vmdschw. Sept. 1922 S. 121 und dagegen schon meine Abh. im Dez.-Heft „Das Land" S. 37) stellt § 3 und § 4 in dem Sinne einander gegenüber, daß jener die „obligatorischen", dieser die „fakultativen" Aufgaben der JA. behandle. Durch den grade den „Aufgaben"kreis bes. schwer betreffenden „Abbau" der Notverordn. hat diese an sich anfechtbare Artunterscheidung ihren Wert zweifellos vollends verloren. Richtiger wird sicher das Wesen der Zweiteilung (vgl. meine Ausf. a. a. O.) getroffen, wenn man in § 3 den primären, in § 4 den sekundären Beruf der JA. findet. Die Klärung des Verhältnisses der beiden „Aufgaben"gruppen wird aber noch wesentl. gefördert durch Berücksichtigung gewisser sonst ihnen beigelegter ungleicher Eigentümlichkeiten: a) auf dem Betätigungsgebiete des § 3 ist überall die betreute Jugend selbst das unmittelbare Objekt der behördl. Wirksamkeit, — auf demjenigen des § 4 diese Beziehung vielfach nur eine mittelbare. Ein sehr erhebl. innerer Grund hierfür — und darin ist letztlich der springende Punkt des ganzen Dualismus zu erblicken — ist, daß die „Aufgaben" des § 3 sich der Jugend zuwenden, bei welcher durch irgendwie geartete bes. Umstände ein bes. FürsBedürfnis vorliegt, wenn man will, einer im soz. Sinne nicht ganz „normalen" Jug., § 4 umgekehrt aber gerade die normalen Verhältnisse und Erscheinungen der Jug. zum Gegenstande hat und zu erfassen sucht. (Darum auch spricht § 3 nirgends, § 4 fast durchweg von der „Wohlfahrt" der betr. Jug.stufe. Damit hängt (teilweise) zusammen b) die äußere Verschiedenheit der Betätigung. Sie vollzieht sich in den Fällen des **§ 3** in **erster Linie** „büromäßig", d. h. konkreter gesprochen, auf der Behörde selbst, in deren Amtsstuben und Akten; im Bereiche des **§ 4** umgekehrt ganz ausgesprochen grade draußen „im Leben". Dies wieder beruht, durch eine gewisse Wechselwirkung, c) darauf, daß die „öffentl. JugH." des § 3 ihrer Erscheinungsform nach mehr eine abstrakte, nicht gegenständl. verdichtete und insofern sinnl. wahrnehmbare, diejenige des § 4 hingegen — zu sehr wesentl. Teilen — eine in sächl. „Einrichtungen und Veranstaltungen" (so auch die Terminologie des § 4 selbst!) verkörperte ist. Endlich d) daß die Beteiligung des JA. an den durch § 3 ihm zugewiesenen Angelegenheiten — selbst dort, wo auf bloße „Mitwirkung" dem Gesetzesausdrucke nach beschränkt, wie in Z3. 2, 4, 6—8, — doch zweifellos eine amtl. maßgebende, bestimmende ist, während § 4 sie über eine „anregende, fördernde und — gegebenenfalls! — schaffende" nicht erhebt. Doch sind diese Verschiedenheiten nicht zu strengen, ausschließenden Gegensätzen gestaltet, vielmehr fließen in Bezug auf sie die Gruppen mehrfach ineinander, sodaß die zu a—d entwickelten Gesichtspunkte als sichere Kriterien nicht gelten können; immerhin haben sie den Wert, das Verständnis für die Bedeutung der Gruppeneinteilung und so auch die praktische Handhabung zu erleichtern.

III. Einzelnes. 1. § 3. a) Das RJWG. selbst hatte hier in groß angelegter Art annähernd das gesamte Gebiet der „JugFürs." in dem unter II gekennzeichneten S. umspannt. Nach der so stark eingreifenden Beschränkung durch die Notverordng. Art. 1 (vgl. Vbmk. I) sind als reichsrechtl. zwingende Grundlagen nur mehr spärliche Reste verblieben. — Für Preußen nimmt die AusfAnw. II C 1 zu diesem „Abbau" dahin Stellung, daß sie zwar grundsätzl. die Übernahme der „Aufgaben" aus § 3 ZZ. 6—8 „dem Ermessen der Gemeinden und GemVerbände überläßt", hierbei jedoch von der Erwartung „ausgeht, daß bezügl. der Erfüllg. dieser Aufgaben ein Rückschritt gegenüber dem bish. Zustande nicht eintritt". Praktisch bedeutet dies, daß eine Erfüllg. a) der „Aufg." aus Z. 8 im Ganzen doch nur mehr eine Ausnahme bilden, näml. allein in einer kleinen Zahl größerer Städte Platz greifen wird, welche bereits eine „vorbeugende JugH. bei Polizeibeh." eingerichtet haben; (vgl. dazu neuestens den Erlaß des Vwf.min.s vom 24. Juli 1924 betr. „Richtlinien über die Abgrenzg. des Aufg.kreises der PflegeA. u. anderer Fürs.Stellen für sittl. Gefährdete gegenüber der Polizei" — III F 3850 — Volkswohlf. S. 317 ff., bes. zu 2 III, 4 A a u. 4 D, welcher die Entwicklung dieser Einrichtung hinsichtl. ihrer Ausdehnung [„zunehmende Anzahl von Orten"!] höher einschätzt.) b) daß auch die Wahrnehmung der „Aufg." aus ZZ. 6 und 7, bes. der letzteren durch die JA. an kleineren Orten und in ländl. Bezirken zufolge der hier so knapp verfügbaren Mittel und Persönlichkeiten eine recht eingeschränkte, über bescheidene Ansätze nicht hinausgehende bleiben wird. — Eine mehr als nur befürwortende, näml. geradezu normative Richtschnur hat die AusfAnw. a. a. O. nur einer der von dem Generaldispens des Art. 1 Z. 3 Notverordn. umfaßten Nr. des § 3 zugewendet: dem § 3 Z. 5 bezügl. dieser Aufgabe bedarf es einer bes. „Befreiung", welche der Min. f. Vwf. seiner eigenen Zuständigkeit vorbehalten und für deren Nachsuchung es — wie bezügl. des „Pflegekindschutz"alters, vgl. zu § 19 — als Zeitschranke den Endtermin des 1. Juli 1924 bestimmt hatte, auch sachl. diesen „Befreiungsanträgen", welche „durch die Hand der Dienstauss.beh." ihm einzureichen sind, nicht allzu viel Aussicht auf Erfolg eröffnend, nämlich „nur, wenn nachgewiesen wird, daß andere geeignete und bewährte Einrichtungen oder Stellen vorhanden, welche die Aufgaben der JugGerHilfe wahrnehmen können". Da der Min. weiter für die „Befreiungsanträge" Beifügung einer „Äußerung des zust. JugGer. darüber, ob und inwieweit die Durchführung des JGG. bei Stattgabe des Antrages gewährleistet, und allg. „möglichste Unterstützung und weitere Betrauung bestehender erprobter Einrichtungen oder Stellen mit der bisher geleisteten Arbeit" wünschte, war von der ministeriell. Praxis nennenswerte Preisgabe dieser JA.-Wirksamkeit nicht zu erwarten. — Nachträglich ist durch den Erlaß des Min. f. Vwf. v. 15. Mai 1924 III F 1127, I M die Zuständigkeit zur Befreiung (auch) von der „Aufgabe" der Z. 5 auf die Reg.Präs.en u. für Gr.-Berlin den Ober-Präs.en in Charlottenburg übertragen worden; sie haben jedoch „bis zum 1. Okt. 1924 zu berichten" über die Zahl der beantragten u. über diejenige der bewilligten Befreiungen. In den diesem Erlasse beigefügten „Richtlinien“ (vgl. „Volkswohlfahrt“ 1924 S. 223) sind die schon in der Ausf.Anw. aufgestellten, soeben dargelegten Gesichtspunkte im wesentl. beibehalten. Bemerkenswert ist die dort unter III eingeführte Zuständigkeit des LGerPräs. für den Fall einer Differenz zwischen Jug.ger. (welches ablehnen) u. Reg.Präs. (welcher stattgeben will). Letzterer „hat sich alsdann mit dem zuständigen L.Ger.Präs. in Verbindung zu setzen“, — sofern ohne Erfolg eines „Einvernehmens“, mit der Pflicht unverzügl. Berichts (der nach IV a. E. auch sonst „in zweifelhaften Fällen“ geschuldet wird) an den Min. selbst. — Unmittelbar durch die Notverordn. selbst, Art. 2 S. 1, ist, in untrennbarem Zusammenhange mit der Aufhebg. des ganzen Abschn. V RJWG. (vgl oben) Nr. 3 in Wegfall gebracht. Darüber, daß im sachl. Ergebnisse diese Bestimmung dem Gesamtrechtsstande auf der Grundlage der FürsPflVdn. nicht ganz entspricht, s. hier alsbald und zu § 49.

Inhaltlich ist zu den einzelnen „Aufgaben“ folgendes zu sagen: sie scheiden sich nach zwei Untergruppen, — eine dem § 3 des RJWG. selbst entnommene, seinem System auch durchaus konforme, ZZ. 1—4 — und eine andere, aus sonstigen Quellen des geschrieb. R., also den außerhalb des RJWG. liegenden entlehnten, ZZ. 5—8. Innerhalb der letzteren weisen die „Aufgaben“ wiederum teils auf das Reichs-, so ausdr. Z. 5, stillschweigend Z. 7, teils auf das Landes-R. hin, auf diesen ganz erkennbar überwiegend i. S. erst noch zu schaffenden, also als Ausfüllung vorbehaltenen künftigen Landes-R.

Im besond. bedarf es über die erste Untergruppe hier keiner näheren Erläuterung. Sie deckt sich vollständig mit der Einteilung und dem Inhalte des weiteren RJWG., Abschn. III Z. 1, — IV Z. 2, — V Z. 3, — VI Z. 4. Die durch die Aufhebung von Abschn. V im Ges. entstandene Lücke hat (vgl. soeben u. A) die Z. 3 an sich mitbeseitigt Durch die bisherige beschränkte Aufrechterhaltung des § 49 — Notverordn. Art. 2 S. 2 — ist aber für die JA. auch hier noch eine gewisse Wirksamkeit in Wahrheit verblieben.

b) Für die andere Untergruppe, ZZ. 5—8, gilt das Folgende:

aa) Z. 5. Die JugGerHilfe. Die vom RJWG. vorbehaltene „Regelung“, welche „bis zum Erlasse des (hier) vorgesehenen Reichsgef.“ durch Art. 3 EG. (zum RJWG.) der Landesgesetzgebung zugesprochen war, ist inzwischen reichsrechtl. durch das JGG. vom 16. Febr. 1923, in Kraft im ganzen Reichsgebiete seit 1. Juli 1923, erfolgt. Zentral in diesem durch § 22: Heranziehung „der (also aller) Organe der JugGerH. in allen Abschn. des Verf. in Jug.sachen“ (vgl. Francke, Komm. S. 50). — Man kann nach dem JGG. die JugGerH. scheiden in eine formale und eine materielle, — jene bestehend mehr in der äußeren Beteiligung der „Organe“, also auch der JA. an dem Strafrechtsgange gegen Jugendliche, diese in der fürsorger. Einwirkung auf die kriminellen Jugendl. aus Anlaß eben ihrer Straffälligkeit, zumal während, aber auch nach Ablauf des Verfahrens. Zu der „formalen“ Jug.-GerH. vgl. bes. Francke a. a. O. II zu § 22. Ihre wesentl. Betätigung in § 22 Abs. 2, § 27 Abs. 1, § 29 Abs. 3, § 31 Abs. 3, § 32 Abs. 1, § 34 Abs. 2 JGG. (s. dazu überall die Komm. von Kiesow u. von Francke). — Beteiligung des JA. am JugStrafverf. selbst — aber auch, was leicht übersehen wird, in § 20 Abs. 1 (Vorschlag der JugSchöffen durch das

JA.) geregelt. Ergänzend treten Anordnungen der Justizverw. hinzu, z. B. die für Preußen durch die JMinVfg. vom 19. Jan. 1924 (JMinBl. 1924 S. 34) eingeführte Bekanntmachung des RJMin. vom 3. Dez. 1923 (Ztrbl. Vmdschw. XV S. 249): Auskunft aus dem Strafregister auch an (LJA. und) JA.! — Die „materielle" JugGerH. wird ihre Ausgestaltung nach dem pflichtmäß. JugFürsErmessen der einzelnen JA. unter Berücksichtigg. der bei ihnen obwaltenden örtl. und allg. sozialpädagog. Verhältnisse empfangen. Möglichst nahe Fühlung der Gerichte und JA. grade hier sehr wesentlich, Förderung zumal auch von den VmdschGer. durch Mitteilung aller ihnen über die Verhältnisse, vor allem die Fam. des Jugendl. bekannten Umstände zu erwarten, ferner auch Mitteilg. solcher Straffälle, in denen Jugl. nicht Sub-, sondern Objekte, seitens der Gerichte an die JA. zweckmäßig (in Berlin schon in weitem Umfange eingeführt). Auch großzügige, über ausgedehnte räuml. Gebiete erstreckte Organisationen sachl. wertvoll. So z. B. in Thüringen schon seit längerer Zeit ein Landesverband für JugGerH. vorhanden. In Berlin neuerdings eine „Vereinigung für JugGer. und JugGerH." begründet. Ztrbl. XVI S. 13; s. dort auch Mitteilungen über die beachtenswerten Anregungen, welche auf der im Rahmen des 38. Deutschen Fürs.tages am 7. März 1924 gehaltenen Aussprache gegeben wurde u. vgl. neuestens den Bericht über d. am 17. u. 18. Sept. 1924 in Heidelberg abgehaltenen 6. Deutsch. Jug.ger.tag, Ztrbl. Jug.r. XVI S. 164 ff. bes. S. 165.

bb) Z. 6. Die Beteiligg. am gewerbl. JugSchutz. Dieser hat bisher seine wesentlichste gesetzl. Grundlage nicht, wie nach der Fassung von Z. 6 anzunehmen wäre, im Landes- sond. im Reichs-R. (vgl. schon Begr. zum RJWG.-Entwurf S. 20): RGewO., auch HGB., ferner HausarbeitsG. und vor allem das sog. „Kinderschutzges." vom 30. März 1903 (s. dazu schon Einleit. z. B. S. 61 und über seine — auch zivilrechtl. Bedeutg. — als „SchutzGes." RGEntsch.ZS. Bd. 105 Nr. 102 S. 336 ff.). Vgl. im allg. die „Kartenauskunftei des Fürs.wes.", Doppelh. 1920—1922 S. 10a. Selbstverständlich erstreckt sich die dem JA. obliegende Mitwirkg. am „gewerbl." JugSchutz auch auf die in diesen ReichsGes. begründeten Beziehungen. überhaupt ist das Begriffselement „gewerblich" keineswegs eng etwa nur im S. „industrieller" Beschäftigung der Jugendl. (diese vom „KinderschutzGes." vorwiegend berücksichtigt), sondern jeder bezahlten auf „Verdienst" hinauskommenden (vgl. auch die in dieser Richtg. bedeutsame Entsch. des RG. ZS. Bd. 95 Nr. 93 S. 283 ff. hilfsweise Beschäftigg. eines Knaben im landwirtschaftl. Betriebe des Nachbarn „nicht zur Tändelei" an der Masch. und dabei empfangene Verletzg. deshalb „Betriebsunfall"!) und eine gewisse „Ausnutzung"sgefahr begründenden Beschäftigung zu verstehen. Darum auch das in Vorbereitg. befindl. „Hausgehilfengesetz" von Bedeutg. — Was „Landesrechtl. Vorschr." hier noch „näher" regeln soll, und welche Art des Landesr., ob zumal förml. Gesetz, gemeint, nicht recht ersichtlich. Das preußische AusfGes. zum RJWG. begnügt sich nach dieser Seite mit der recht mittelbaren Ergänzung, welche § 5 Abs. 1 Z. 3 durch die Beteiligg. des „Gewerberats" als mit beratender Stimme Teilnahmeberechtigten an den Sitzungen des JA. bringt, und der noch entfernteren Erfassung dieser bes. JugFürs. durch die „Sicherstellung" einer „Beteiligung von Sachverständigen ...... der Gewerbeaufsicht an den LJA". § 13 Abs. 2 S. 2. Praktisch die Beibehaltung der in manchen Großstädten analog den Schulpflegerinnen, welche übrigens selbst zu fürsorgl. Bewachung der Kinderarbeit, wie in Charlottenburg erprobt (vgl. auch hierzu die sof. näher zu nennende Abh. von Kloke) Eignung und auch reichlich Gelegenheit haben, schon eingeführte Gewerbe- und Fabrik-Pflegerinnen dringend wünschenswert. Sonstige wertvolle Anregungen bes. bei Kloke (Mag.rat — Frankfurt a. M.) in der Sonderbeil. zum DezHft. 1922 des Ztrbl. Vmschw. „Das Jugendamt" S. I—III, ferner bei Gerda Simon, Soz. Praxis 1920 S. 775 ff. und über vorbildl. Einrichtungen des Auslandes Schiff, internat. Studium über Stand Arb.Schutzes bei Beg. des Weltkrieges S. 34 ff. — S. ferner im Zentrbl. Jugr. Okt. 1924 S. 173 die Mitteilgen. betr. das „Übereinkommen über die gewerbl. Nachtarbeit u. über das Mindestalter für die Zulassg. der Kinder z. Arbeit in d. Landwirtschaft", von der 1. Intern. Arb.konferenz Washington 1919 angenommen, von Österreich am 6. Juni 1924 ratifiziert. — Die „Kinderschutzges.e" des Auslandes in der Mehrzahl nicht wie das offiziell so genannte deutsche von 1903 auf die Fürs. für die Beteiligung der Jugendl. an gewerblicher pp. Arbeit beschränkt, sondern meist umfassende Jug.fürs.ges.e schlechthin. Vgl. jetzt über den Entwurf eines neuen englischen Kinderschutzges., in welchem sogar die spezifische Seite unseres § 3 Z. 6 stark zurücktritt, Dr. K. Mende, Zentrbl. Jugr. XVI S. 153 ff.

cc) Z. 7. Diese fürs. „Mitwirkung" beruhte bei Erlaß des RJWG. in der Hauptsache auf dem RVersG. vom 17. Mai 1920 bzw. der — diesem vorhergegangenen — Reichsverordn. vom 8. Febr. 1919. — Jetzt ist die Kriegsbesch. und Kriegshbl.Fürs. eingebaut in die Fürs.Pfl.Vdn. vom 13. Febr. 1924 (RGBl. 1924 S. 100) § 1 Z. a. Durch diese Verschiebung der gesetzgeber. Grundlage in der Sache nichts Erhebliches geändert. Die den JA. zufallende Beteiligung an dem im eigentl. S. „fürs." Bestande dieser öffentl. sozial. Betätigg. wird auch nach der Gesetzesänderg. in der Hauptsache gleich fortdauern (bisher scharfe Scheidung zwischen der Rentenfeststellg., welche Sache der Versorgungs-A. und der engeren „Fürs." für Kriegsbesch. und Kriegshinterbl., welche der bereits allg. bestehenden WohlfA. oblag. Die spezifische Richtung auf Jug.-Fürs. kam aber hier vor allem auch durch die Einrichtung der „JugAusschüsse zur Geltung, welchen als begutachtendem Hilfsorgane der „HauptfürsStellen", das ist der für die Provinzen eingerichteten Behörden der Kriegsbesch. und Kriegshinterbl. Fürs. regelmäßig oder doch sehr vielfach auch Vertreter der Wohlf.- bzw. der schon vorhand. JA. angehörten, jedenfalls aber mindestens ein Vertreter der „öff. Jug.wohlf.", Vertreter, welche die bes. Belange der Jugendl. in der Handhabg. dieser SozFürs. zu wahren hatten, anerkannt zumal durch die „Richtlinien" des Reichsarbeitsmin., beruhend auf § 23 Reichs-Vers.-Ges. bzw. der dort angezogenen Vdn. vom 8. Febr. 1919 und veröffentl. im RVBl. vom 8. April 1921. Ferner auch, mehr materiell, in der vorzugsweisen Zuwendung von Mitteln — der für diesen Zweig ausgeworfenen Reichsmittel — an solche Vereine und Anstalten, die der JugFürs. dienen. Vgl. hierzu Riebesells namens der „Freien Vereinigg. großstädt. JA." in dem unter bb) gen. Sonderh. S. IV gemachten Vorschläge pp. sowie Nilson, Reichsvers.R. und Fürs.wesen, Verl. E. Dünnhaupt-Dessau, bes. S. 618 ff., ferner aus der Zeit der Vorbereitg. des RJWG. Doroth. Hirschfeld „Jug.-Fürs." XV S. 6—8 und dies. „Soz. Praxis" XXX Nr. 38 bes. S. 979, 980. Auch die Bez.- und Landes-Fürs.-Verbände, welche nach der Fürs.-

Pfl.-Vdn. Träger wie der gesamten öffentl. Fürs. also auch der für die Kriegsbesch. und Kriegshinterbl. geworden sind, können einer sehr erhebl. unterstützenden Mitwirkg. der JA. nicht entraten, ja bei dem starken JugFürs. Einschlag, welchen jede Fürs. für Kriegswaisen u. Kriegsbesch.-Kinder notwendig haben muß, wird fast zwangsläufig die Entwicklung — wofür jetzt schon eine starke Tendenz besteht, insofern man sehr dazu neigt, die Frage, ob JA. oder BezFürsVerbd. als reine „Personenfrage" zu behandeln (angelegentlich insbes. auch schon von Dor. Hirschfeld, Soz. Praxis XXXII S. 233 befürwortet) — die gänzliche Überlassung dieses Teils der Kriegsbesch.- und Kriegshinterbl.-Fürs., soweit solche wirklich fürsorgerisch, an die JA. ergeben. Ihre Mitwirkung nach dieser Seite übrigens so selbstverständlich, daß für die Vorschrift § 3 Z. 7 keineswegs dring. Bedürfnis: denn alle bei der Kriegsbesch.- pp. Fürs. hervortretenden wahrhaft jug. fürs. Notwendigkeiten, wie z. B. Schutzaufs. oder gar FürsErz. über Kriegswaisen oder Kriegsbesch.-Kinder, auch deren „öffentl. Unterst.", ihre vmdschl. Betreuung, die Schutzkontrolle über ihre „fremde" Pflege, sind ohne weiteres wesensgemäße Obliegenheit der JA. zumal nach dem System des RJWG. — Auch in den organisatorischen Neuerungen, welche an der gesetzgeberischen Abänderung durch die Fürs.Pfl.Vdn. die Hauptsache, verleugnen sich diese Erwägungen über das Verhältnis der eigentlichen Jug.- zu der Kriegshbl.- und Kriegsbesch.Fürs. keineswegs; nicht zuletzt (§ 34 F.Pfl.V.) durch die Ausgestaltung des „beim Reichsarb.min.m errichteten Reichsausschusses der Kriegsbesch.- u. Kriegshbl.Fürs.". Denn dieser setzt sich nach Bestimmung des Reichsarb.min.s (auf Grund „Anhörung der Beteiligten") zusammen aus je 8 Vertretern der Hauptfürs.-Stellen u. der „Vereinigg.en der Kriegsbesch. u. Kriegshbl., ... ferner aus 3 Vertretern aus den Kreisen sozial erfahrener Personen". Diese Heranziehung (der „Vereinigg.en" u. der „sozial Erfahrenen") sichert auch in Zukunft dem jug.fürs.chen Elemente in der Kriegsbesch. pp. Fürs. die unmittelbare Geltendmachung („Vertretung") in der zuständigen Reichszentrale. Dem gleichen Gedanken wird letzten Endes die weitere Bestimmung des § 34 cit. gerecht, daß „die Aufg.n der Hauptfürs.- und der Fürs.Stellen auch anderen Behörden übertragen werden können unter der Voraussetzung" der Ergänzung durch „Beiräte" oder der Sicherstellung anderweiter Mitwirkung von „Vertretern der Kriegsbesch. und Kriegshbl." selbst. — Vgl. dazu für Preußen § 10 der Ausf.Vdn. (z. F.Pfl.Vdn.) v. 17. April 1924, dessen Abs. 1 zwar die (also alle) Aufgaben der Hauptfürs.- u. Fürs.Stellen den Behörden der Landes- u. Bez.-Fürs.Vbde. zuweist, dessen Abs. 3 aber die Fortgeltung der von den Kriegsbesch. u. Kriegshbl. Vereinigg.n eingereichten Vorschlagslisten ausspricht.

dd) Z. 8. Diese „Aufgabe" knüpft an eine neuzeitl. vornehml. in größeren Städten (vgl. schon ob. S. 119 u. die Nachweisungen von Gertr. Kirschner, Soz. Praxis XXX S. 1001) ausgebildete jug.fürs. Erweiterung der Pol.Beh.en. Bes. vorbildl. und großzügig gestaltet in Berlin, — der dortigen „Wohlfahrtsstelle" im PolPräs., Zweigstelle des Städt. JA. (Abt. JugFürs. A.) Eine Sonderanwendung der „Gefährdeten-Fürs." (vgl. über diese meine Abh. Ztrbl. Vmschtw. Mai-Heft 1923 S. 32 ff.), gerichtet hauptsächl. auf solche Jugendl., bei denen die „Gefährdung", der äußeren Erscheinung nach, mit einer gewissen Obdachlosigkeit und Unstetigkeit und hierin begründetem „Unterbringungs"bedürfnis einhergeht, daher vor allem für jugendl. Landstreicher, ferner Dirnen, Bettler, Arbeitsscheue wichtig, und sachlich neben der soz.-pädagog. Betreuung stark durch hygienisch. Einschlag gekennzeichnet, bes. Bekämpfung der Geschlechtskrankheiten bei beiden Geschlechtern, ärztl. Untersuchungen der Aufgegriffenen und Eingelieferten (G. Kirschner a. a. O. S. 1002). In der Auswirkung einer „Schutzhaft", d. h. einer im wohlgemeinten Interesse des Betroffenen selbst platzgreifenden Freiheitsbeschränkung, sehr ähnlich (vielf., so in Berlin, auch in Abteilungen der Gefängnisse und insofern gefängnisartigem Gewahrsam vollzogen), aber doch nie den jug.f ü r s o r g l. Charakter verleugnend: möglichst sofortige Verständigung der Angehörigen, falls tunlich freie Rückbeförderung in die Heimat, — auf Grund des Erlasses des preuß. Min. für Vwohlf. vom 9. April 1920, II B 334 — sonst Verbringung in Heime und Kindergärten; gesond. Behandlung der Psychopathen und Obdachlosen (der überaus sorgfältig durchgearbeitete Dienst bei der von Marg. D i t t m e r geleiteten Berl. Stelle hält eigene Sprechstunden zur Erteilung von Rat und Hülfe, bringt Veröffentl. wichtiger Mitteilungen im „Tagesdienst", der Tageszt g. des Pol.Präs., hat bes. Kraft für die — recht zahlreichen — „Selbstmelder", auch für die Schutzhäftlinge nach Geschlechtern verschiedene Fürs.). Wertv. Ergänzg. sehr vielfach die sog. „PflegeA.", welche daneben an mehreren großen Plätzen bestehen (vgl. schon oben u. Anni B l u m e n f e l d, Ztrbl. Vmdschw. XIV S. 234), vor allem ebenf. in Berlin, mit dem Wirkungskreise der eigentlich der Z. 8 entspr. Stellen sich überschneidend, nämlich bes. Stellen der Fürs. für gefallene Mädchen und Frauen, welche sich dieser sowohl nach der gesundheitl. wie nach der sittl. Seite annehmen, nach der ersteren nicht bloß in Krankheitsfällen, sondern auch durch Beistand während der Schwangerschaft, vom 6. Monat an einsetzend mittels Unterbringung als „Hausschwangere" usw., Fürs. bis zur Niederkunft, ja über diese hinaus, darum zweckmäßiger vielleicht dem Gesundheits-A. anzugliedern. Die Berührg. mit der JugFürs. liegt hier in dem tatsächl. starken Überwiegen der „Erstmaligen", die zum sehr großen Teil — vgl. die Zusammenstellg. bei A. Blumenfeld, a. a. O. S. 235 — unter 21, ja sogar unter 18 Jahren (vgl. zu dem allen ebf. G. Kirschner a. a. O.). — Im Ganzen also bietet Z. 8 sehr reiches Feld für wahre JugFürs., da die v o r b e u g e n d e „Bewahrung" durchaus in den Vordergrund zu stellen. — Die gesetzl. Grundlagen für diesen Fürs.Zweig zumal in Preußen bisher noch sehr unzulänglich; hier fast nur das Ges. zum Schutze der persönl. Freiheit vom 12. Februar 1850, die Verordn. über die Pol. vom 11. März 1850, zumal § 6 Z. a) und Z. f) und ferner das preuß. Ges. über die allg. Landesverwaltg. vom 31. Juli 1883 § 138 Nr. 2, sowie der Erlaß des Min. des Innern vom 11. Dez. 1907 von Bedeutung. Klare gesetzl. Ausgestaltung noch nicht vorhanden und darum bei der demnächstigen landesrechtl. Einführung des in Vorbereitg. befindl. Bewahrungs-Ges., vgl. u. zu § 73, sehr angezeigt. Übereinstimmend schon N i e b e s e l l, Ztrbl. Vmdschw. XIV S. 23. (Zweifellos n i c h t unter Nr. 8 fällt die in Preußen fortan nach Ausf.Anw. IV Z. 14 von dem JA. zu veranlassende Zuführg. der FZ. in die zur Ausführung der Fürs. berufenen Familien oder Anstalten, vgl. unten zu § 70, die G ö z e Nr. 8 zu § 3 fälschl. dazurechnet: k e i n e Jug.hilfe „b e i den PolBeh.", — schon deshalb nicht, weil diese ja aus der FürsErz. jetzt gänzlich ausgeschaltet. Literatur u. a. der Leitfaden von Dr. Frieda Dünsing über polizeil. Maßnahmen. Mannigfache Berührungspunkte gerade mit diesem Jug.fürs.zweige hat auch die besondere „Fürsorge" f. Geistes- u. Gemütskranke, deren gesetzgeberische Erfassg. jetzt ebenfalls in angelegentl. Vorbereitg. befindlich. Vgl. die Vorschläge von Beyer (Ob.Reg.Rat im Min. f. Vwf. in „Volkswohlfahrt", Okt. 1924 S. 394 ff.).

2. § 4 A. Hier hat — vgl. Vorbem. — der „Abbau" der Notverordn. bes. stark eingegriffen; Art. I Z. 4: Erlaß (jeder) „Verpflichtg. zur Durchführg. dieser Aufgabengruppen. Die für Preußen durch die Ausf.-Anw. II C 2 insoweit ausgesprochene — bloße" — „Erwartung, daß auch weiterhin die bisher freiwillig übernommenen Aufgaben nach Maßgabe ihrer (der beteiligt. Gemeinden) Leistungsfähigk. durchgeführt" werden, dürfte voraussichtlich folgendes Ergebnis haben: sparsame Fortsetzung der nach diesen Seiten in größeren und mittleren Städten schon betätigten „öffentl. JH."; Stillstand, ja, — bedauerlicherweise — auch in manchen Orten Absterben der in Landbez. und kleinen Städten bisher im wesentlichen über Anfänge noch nicht hinaus gediehenen „öfftl." Einrichtungen. Denn für die „Aufgaben" dieser Gruppe die finanzielle Frage (vgl. schon hier Vorbem.) von bes. Bedeutung. Insoweit auch die Unterscheidung der Gruppen der §§ 3 und 4 nach dem Gesichtspunkte, ob die Erfüllung der „Aufgaben" als solche Kosten verursacht oder nicht, berechtigt!) Darum grade für diesen Bereich Entfaltung der „freien Liebestätigkeit" zumal in den letztgedachten Gebieten jetzt dringend notwendig und ihre „Förderung" (vgl. alsb. zu § 6) auch deshalb „Aufgabe" der JA. Hierin die — obzwar beschränkte — Parallelität der Gruppenbildg. §§ 3 und 4 mit dem Gegensatze von geschlossener und offener JugFürs. begründet.

B. Besonderes. Die Gruppe des § 4 setzt sich sachl. und zeitl., richtiger: qualitativ und quantitativ, ein sehr hohes Ziel. In erster Hinsicht: Erfassung des „Kindeswohls" (§ 22 Abs. 2; vgl. dort), des „Gedeihens" des Kindes (§ 24 Abs. 2; s. dort) schlechthin, in allen seinen Belangen u. Bedürfnissen (vgl. auch hierzu schon Vorbem. zu diesem §). Daher auch die umfassende, unbestimmte Terminologie „Schutz" (Z. 2), „Beratung" (Z. 1), „Wohlfahrt" (ZZ. 3—6); in letzterer: Umspannung der ganzen Jugend v. ersten Anfange des Lebenskeimens an bis unmittelbar hin zur Schwelle der Volljährigkeit (vgl. Einl. zu III). Darum die Ordnung der Einzel-„Aufgaben" — bis auf Z. 1 — durchaus dem natürl. physiologischen Werdegange des Menschen angepaßt. — Über die danach dem JA. zugewiesenen Wirkungskreise im einzelnen folgendes zu sagen:

aa. Z. 1. Eine sehr allg., beinahe etwas vage Bestimmung. „Beratung" — seitens des JA. im weiteren S. — bei keiner der acht „Aufgaben" zu entbehren, als „Angelegenheiten der Jugendlichen" (bis auf Z. 2) deshalb alle anzusprechen. Gemeint ist aber ganz offenbar (vgl. auch Begr. z. Reichsentw. S. 32) in erster Linie die Berufsberatung, also Unterstützung des sozialen Fortkommens, ein bes. Anwendsfall der „gesellschaftl." Ertüchtigung (vgl. § 1 Abs. 1) der Jugl. Hier wird sich die Betätig. des JA. sehr nahe mit derjenigen anderer Stellen berühren. Insbes. der sog. Arbeitsnachweisstellen, für welche jetzt das Reichs-Arbeitsnachw.Ges. v. 22. Juli 1922, in Kraft seit 1. Okt. 1922 (in Preußen vorbereitet durch den März-Erlaß v. 18 März 1919: Schaffung von Berufs-Ämtern) maßgebend (vgl. dazu Riebesell i. d. Beilg. „Das JA."

Nr. 2, z. AprilHft. 1923 des Ztrbl. f. Vmschw. u. dens. ebenda Mai 1922 S. 23, auch das Referat v. Käthe Gäbel i. Ztrbl. Vmdsch. XIV S. 220) insbes. über den mit dem gen. Reichs-Ges. zus.häng. Streit, ob die „Arbeitsversorgg." der Jugl. den JA. oder den gen. Spezialeinrichtungen zufallen soll. Heranziehung der ersteren jedenf. dringend erwünscht, ihre alleinige Betrauung mit dieser Angelegenheit aber v. der persönl. u. geldl. Leistungsfähigkeit des einzelnen JA. abhängig. — Auch die Erwerbslosenfürs., soweit Jug. betreffend — vgl. darüber E. Strnad, Ztrbl. Vmschw. XV S. 189 — kommt hier in Betracht, (vgl. hierzu Reichsvdn. v. 13. Okt. 1923 Ztrbl. Vmschw. XV S. 137 sowie die Bekanntm. v. 16. Febr. 1924, RGBl. S. 127 §§ 5, 14 und 15; Ztrbl. Vmschw. XV S. 248). Bei genügender Zeit und Kraft für die JA. aber auch außerhalb dieses engeren Rahmens hier reiche Entfaltungsmöglichkeit: auf d. Lande Auswahl geeigneter Dienststellen, in kleinen Städten Nachweis v. Handwerkslehren, kaufmänn. Stellungen u. dgl.! — Ein besonderes Reichsgesetz über die Berufsausbildung befindet sich in Vorbereitung. In Preußen bestehen bes. Landesberufsämter, so z. B. für Gr.-Berlin; nach dem von diesem für die Zeit vom 1. Juli 1922 bis 30. Juni 1923 erstatteten Berichte ging in diesem Jahre etwa die Hälfte aller von Volks- wie auch von Mittel- u. höheren Schulen Entlassenen durch die Hand der „Berufsberatung".

Jedoch diese „Beratung" keineswegs beschränkt auf d. „gesellschaftl. Ertüchtigung" also das materielle Fortkommen; auch wichtige hygienische Fragen, z. B. Aufklärung über Gefahren der Geschlechtskrankheiten, verderbl. Schmutz- u. Schundliteratur u. Darbietungen an sich durchaus hierher gehörig. (Bei der Weite der Fassung ist letzten Endes auch die Erfüllung der Aufgabe aus Z. 2 eine Beratung in „Angelegh." der Jugendl.). Vgl. im allg. Fr.-P. Beilage XIII, S. 390.

bb Z. 2. Mutterschutz vor u. nach der Geburt. Auch dieser nach d. Gedanken des RJWG. möglichst weit zu spannen. Man kann derjenigen des Ges. selbst noch eine andere Zweiteilung hinzufügen: medizinischen u. juristischen Mutterschutz. Jede dieser beiden Arten sowohl „vor wie nach der Geburt" angebracht u. v. Ges. gewünscht. A) Der medizin. Muttersch.: als solcher vor der Geburt, im wesentl. mit der „Schwangerenfürs." zusammenfallend, welche allerdings v. d. FürsPflichtVdn., obzwar ausdrücklich in § 1 Z. f als generelle „Fürs."Aufgabe genannt, doch nicht unwesentl. eingeschränkt ist. (§ 11 Abs. 5 „Schwangerschaft an sich nicht als Krankheit i. S. der vorstehenden Bestimmungen anzusehen"!) Dies deshalb von bes. praktischer Bedeutung, weil das für die „minderbemittelten" Klassen wichtige Reichsges. über die „Wochenfürs." v. 9. Juni 1922 (nebst der Verordn. v. 18 Aug. 1923) durch die FürsPflVdn. § 32 Abs. 1 c aufgehoben ist. Nicht aufgehoben das RGes. über die Wochen-„Hilfe": ebenf. v. 9. Juni 1922 (RGBl. Nr. 41/1922). „Wochen-Hilfe": soz. Wohltaten zu Gunsten der während 6 Monate im letzten Jahre vor d. Entbindung öffentl. versichert gewes. Wöchnerin. „Bis zum Erlasse neuer Vorschriften gelten — Abs. 2 § 32 cit. — (übrigens auch) diejenigen über Wochenfürsorge fort." Wesentlichster Inhalt dieser Soz.Ges. in der Richt. medizin. Muttersch.s vor der Geburt: ärztl. Behandlung u. Geldbeiträge bei Schwangersch.Beschwerden (ebenso wie bei der Entbindg. selbst). Medizin. Muttersch. nach der Geburt: in erhebl. Umfange gleichfalls auf d. ebengen. Gesetze beruhend, Wochengeld auf 10 Wochen, davon mindestens 4 nach der Entbindg., Stillgeld bis Ablauf der 12. Woche nach der Niederkunft. (Vgl. in Frankreich die mutualités maternelles: Darlehnsgewährg. an Wöchnerinnen.) Auch sonst Stillprämien schon vielfach eingeführt. Das JA. wird hier um des erwarteten Kindes willen in der Richtung zu wirken haben, daß alle nach den geltenden Bestimmungen der werdenden Mutter zu Gebote stehenden sozialen Wohltaten von ihr auch richtig u. voll ausgenutzt werden. Die Zuwendung der letzteren selbst obliegt anderen Instanzen, so die der Woch.Fürs. jetzt den „Fürs.Vbden" unter zulässiger Heranziehung der Krankenkassen als ihrer „Beauftragten"; vgl. Erlaß des preuß. Min. f. Vwf., 24. Juni 1924, Volkswohlfahrt S. 346. Neuestens über die „Gestaltung der Woch.-Fürs." unter der Fürs.Pfl.Vdn. Schwéers (vom Hauptgesundh.Amt Berlin), Zentrbl. Jugr. XVI, S. 183—188. — Der juristische Muttersch. a) vor der Geburt hauptsächl. auf rechtzeitige Belangung des Erzeugers gerichtet. Sicherstellung der Erlangung der Alimente. Hier angemessener Gebrauch der Behelfe aus § 1716 BGB.s — „einstweilige Verfgg." auf Hinterlegung des Unterhalts für die ersten 3 Monate! — außerordentl. wichtig. Ausgestaltung dieser DA.-Betätigung gar nicht sorgfältig genug zu betreiben. (In manchen Großstädten schon sehr entwickelt, so bes. in Lübeck, wo eigene „Rechtsstreitabteilungen" dafür eingerichtet, auf deren Bestehen durch öffentl. Anschläge u. Angebote hingewiesen wird. Sie empfangen selbst die eidesstattlichen Versicherungen der werdenden Mütter u. vernehmen auch die von diesen bezeichneten Erzeuger.) Ferner sehr wesentl. rechtzeitige u. geeignete Anwendung des § 38 RJWG. selbst, Pflegerbestellg. für erst in Erwartung befindl. K.er (vgl. Näheres dort). b) Nach der Geburt: als „Mutterschutz" i. engeren S., vornehml. bestehend in der Beitreibung der der Mutter selbst zustehenden sogen. „Entbindungs- und 6 Wochenkosten" (materiell allerd. durch obengen. Reichsges. v. 9. Juni 1922 z. großen Teil erledigt), i. weiteren S. auch d. Hilfe bei Unterbringung des Neugeborenen hierher zu rechnen, also Zusammentreffen mit den aus dem Pfl.kind.schutz u. d. Amts-Vmsch. (über Uneheliche) sich ergebenden Funktionen.

Praktisch naturgemäß die ganze Z. 2 überhpt. in erster Linie f. unehel. Mütter v. Bedeutg., denen auch d. Fürs.Pfl.Vden. (§ 8 Abs. 2) eine gewisse Sonderstellung „hinsichtl. der innerhalb v. 6 Monaten nach Geburt des Kindes notwend. werdenden Fürs.Maßnahmen" einräumt. Bei dem starken Überwiegen der medizin. Seite „Übertragung" des Muttersch. an ein „Gesundheitsamt" i. S. des § 10 bes. angelegentl. zu erwägen. Sehr wichtig f. d. medizin. Muttersch. natürlich auch eine gute u. richtige Ausgestaltung des Hebammenwesens; in Preußen jetzt dafür maßgeb. Ges. v. 22. Juni 1922.

cc. Säuglingsfürs. (Wohlf. der Säuglinge) Z. 3. Tatsächl. wenigstens als Wirksamkeit der „freien Liebestätigkeit" der „offenen" Fürs. (vgl. ob.) schon sehr weit verbreitet. „Planmäßiger" Einbau dieser schon vorhandenen Säuglingsfürs. gemäß § 6 in die JA.-Wirksamkeit dringend wünschenswert. Auch diese „Aufgabe" nach der Natur der Sache vorwiegend hygienischer Art. Vgl. u. a. Lina Wolff, „Die Frau" 1922 S. 48 ff. Gute Vorbilder i. Ausland, bes. wiederum Frankreich: consultations de nourrissons! — zumal im Départ. de Calais sehr vervollkommnet — Stellen, von denen die Mütter während der ganzen Säuglingszeit unentgeltl. allseitig beraten werden. In Deutschland bisher hauptsächl. regelmäßige Vorstellungen der Säuglinge in ärztlichen Sprechstunden, Untersuchungen durch die Ärzte pp. u. Hausbesuche durch die — meist ehrenamtlichen, in großen Städten bezirksmäßig tätigen — Fürsorgedamen. Auch hier sehr nahe Berührung mit den Obliegenheiten des Pfl.kind.schutzes. Daher z. B. in erhebl. Umfange die örtl. Polizei-Verordnungen u. Anweisungen über jenen, so die in Gr.-Berlin gültigen unmittelbar f. d. „Säugl.-Fürs." verwendbar. Aber auch die Bestrebungen zur Bekämpfg. der Säuglingssterblichkeit hier zu erwähnen (vgl. die v. Münsterberg im Jahrb. „Die Weltwirtschaft" I. Jahrg. S. 340 gen. Gesellsch., bestimmt, die Kuhställe unter ständiger Kontrolle zu halten, u. so die Verbreitung einwandfreier Milch allg. zu gewährleisten). Durch die starke Betonung des gesundheitlichen Moments („leiblichen Wohls") weist auch die Säugl.Wohlf. stark auf eine Zuteilg. an Gesundheits-A. hin (wie diese tatsächlich, so z. B. jetzt in Gr.-Berlin, sich in ganz hervorragender Weise mit der Überwachg. der Milch — auf genügenden Vitamin-Inhalt usw. — befassen!). Eine ausschließl. medizin. Betätigungsart die „Säugl.Fürs. jedoch keineswegs. Auch hier schon sozial-pädagogische Rücksichten sehr ernstl. zu beachten. Ferner materielle Rücksichten sozl. Art., z. B. rechtzeitige zweckentsprechende Eingehung gewisser Versicherungen zur späteren Versorgung der Knaben bei Berufsbeginn, der Mädchen bei Verheiratung u. dgl. mehr.

dd. Wohlfahrt der Kleinkinder. (Z. 4.) Der eben erörterten Säugl.-Fürs. innerl. sehr nahestehend, aber doch auch mit manchen durchaus selbständigen Bedürfnissen u. Betätigungs.möglichkeiten (vgl. i. allg. die treffenden Ausführgen. von Elfriede Strnad, Ref. der „Danz. Tagung" über „Erz.Fragen der frühen Kindheit" Ztrbl. Vmschw. XV S. 93); Kinderhorte, Kindergärten, Kleinkinderschulen hier schon v. großer Bedeutg., bes. f. d. Kl.Kinder der minder bemittelt. Klassen, berufstätig dem Hause ferngehaltener Eltern. In den ganz groß angelegten „Jugendheimen", so in dem zu Charlottenburg, im Pestalozzi-Fröbelhaus in Schöneberg sind sie meist ein (und zwar der wichtigste) Bestandteil des großen Instituts (zu dem gewöhnl. auch „Krippen", Einrichtgen. z. Bewahrung von Säuglingen bzw. Kindern unter 2 Jahren gehören). Gutes Mittel, vorübergeh. Bewahrg. i. S. der §§ 19, 20 Abs. 2, vgl. dort, die stets an sich etwas bedenkl., entbehrlich zu machen. Verhütung jeglicher Schädigung gerade dieser Altersstufe durch mater. Erwerbsnot der „Erz.-Berechtigten" ein ungemein schwerwiegendes soz. Interesse (vgl. auch Helene Simon i. Schmoller's Jahrb. Bd. 39 S. 279: f. d. Ausbau der Kl.Kinderfürs. als unerläßliches Bindeglied zwischen einer guten u. segensreichen Entwicklg. der Säugl.- u. der Schulkinder-Betreuung). Auf dem Lande sächliche Veranstaltungen der eben gen. Art meistens nicht vorhanden, daher die Kontrolle durch die „Kreis-Fürsorgerinnen", sowie durch geeignete Vertrauenspersonen, bes. weibl., hier von größter Bedeutung und dringend geboten. Ein besonderer, sehr wichtiger Zweig zumal der Kl.Kinder-Fürs. die Krüppel-Fürs., f. Preußen durch das Spezial-Ges. v. 6. Mai 1920 und die dazu vom Preuß. Min. f. Vwf. (als der „oberste Landesbeh.") ergangene Ausf.Anw. v. 26. Juni 1920 geregelt. Vgl. Ztrbl. Vmschw. XV S. 226.

ee. Z. 5. Wohlfahrt der Schulpflichtigen (vgl. i. allg. Fr.-P. Beil. 8 des Anh. S. 365 ff.). Das Ges. selbst hier fraglos wesentl. zu eng, deshalb ausdehnend auszulegen: die Beschränkung „außerhalb der Schule" schlechterdings unannehmbar. Auch „in der Schule" Betreuung der Schulpflichtigen durch die Jug.Wohlf.Beh. unerläßl.; darum nach dieser Seite die Einrichtung der „Schulpflegerinnen", welche gerade in den Betrieb der Schule selbst hineinragt, bes. wichtig (vgl. dazu Anna v. Gierke, Ztrbl. Vmschw. 1918 S. 50 ff.), ferner gesundheitl. Veranstaltgen., welche unmittelbar mit dem Schulbetriebe selbst zusammenhäng., bedeut. sam. In erster Linie z. B. die Waldschulen, geradezu plastisches Beisp. auf den Unterricht selbst erstreckter soz. Jug.Fürs. (1. Typus nach Münsterberg a. zu Z. 3 a. O. S. 344 i. d. Stadt Charlottenburg). Daneben aber natürl. auch Einrichtungen, welche außerh. der Schule liegen, die Schulpfl. gerade in ihrem Verhalten während der „schulfreien" Zeit betreuen sollen, nicht zu entbehren. Hier manche Übereinstimmungen — wenigstens der Erscheinung — mit der Kl.Kinder-Fürs.: auch hier Horte sehr wertvoll (vgl. Elis. v. Harnack, Fürs. f. schulpfl. K.er in Kinderhorten, Berl. v. Trowitzsch 1918; mit sehr lehrreichen Hinweisen über die Vielseitigkeit der Einwirkung solcher Horte), ferner Überwachung außerschulmäßiger Arbeit bes. der gewerbl. Arbeit, also Erfüllung der „Aufgabe" des § 3 Z. 6, vor allem auch eine richtig ausgebildete und gehandhabte „Gefährdeten-Fürs." (vgl. meine Abhdlg. Ztrbl. Mai 1923) f. diese Altersstufe, die der Geschlechtsreife nahesteht. Jahrgänge außerordentl. wichtig. Den Schulbetrieb selbst betreffende Eingriffe in manche streng „schulmäßige" Angelegenheiten nicht ganz zu vermeiden, so Überwachung der Schulhygiene, Gewähr f. genügende helle u. luftige, im Winter hinlänglich heizbare Schulräume, ausreichende Erholungspausen u. deren zweckmäßige Anwendung, genügende Ausgestaltg. des Turnunterrichts zu erwähnen. (Hel. Simon, Neuzeitl. Aufgaben der Wohlfahrtspflege S. 13, vermißt nicht mit Unrecht im RJWG. jede Berücksichtigung der Schulspeisung. In England sehr mustergültig gestaltet, insofern die Schulküchen dort auch Lehrstellen f. d. zu speisenden Schülerinnen selbst, die Mittel durch keine richtig verteilte Beisteuern der Allgemeinheit aufgebracht; beachte dazu die engl. Hungry children Act.) Wichtig für diesen Zweig jug.amtl. Tätigkeit (vgl. auch Ztrbl. XV S. 225) auch die Einrichtung der Eltern„Beiräte", mit denen ein richtiges Verhältnis anzustreben sein wird.

ff. Z. 6. Unter „Schulentlassenen" sind die nicht mehr zum Besuche der Volksschule Verpflichteten, also die mehr als 14jährigen zu verstehen. Nach dem Standpunkte der sonstigen Reichsges.gebg. — JGG. § 1 u. RJWG. selbst § 63 (Normal-Höchstalter d. Fürs.Erz.) — kann man zwei Unterstufen dieser Altersgruppen unterscheiden: die noch nicht und die mehr als 18jährigen (etwas anders, innerl. nicht recht überzeugend, unterscheiden die „Grundsätze u. Ratschläge f. Jug.Pfl.", die Anlage z. Erl. des Preuß. Kult.-Min.s v. 18. Jan. 1911 — vgl. Fr.-P. S. 378 u. zu Z. 4 — die Jahrgänge v. vollendeten 14.—17. u. die v. 17. bis vollendeten 20. Lebensjahr, v. d. Stande des RJWG. auch insofern abweichend, als dieses zweifellos — vgl. die häufigen früheren Darlegungen — das vollendete 21. Lebensjahr als Abschluß ansieht). Mehr negativ ist diese Unterscheidung im preuß. AusfGes. § 23 Abs. 2 — vgl. unt. zu § 70 — gedacht (Fürs.Erz. Schulentl.). — „Einrichtungen u. Veranstaltungen" — f. diese Stufe der Deutsch. Jug. bestehen bereits ziemlich mannigfach u. erheblich: teils als staatl., teils als solche der priv. Fürs., „freien Liebestätigkeit". Unter den ersteren stehen die Fortbildungsschulen voran — in Preußen hptsächl. durch das Ges. v. 19. Mai 1913 (Ges.S. 301/2) auf ges. Grundlage gestellt. Jetzt dafür maßgebend die Vdn. v. 28. März 1919. Diese keineswegs nur f. d. geistige u. berufliche, sondern auch f. d. moralische Förderung sehr bedeutsam, — teils ländl. Fortbildungs-, teils städtische Fach- oder Gewerbeschulen, als „Pflicht"-Anstalt.n allerdings vornehml. für die Arbeit g e b e r - Gruppen ausgestaltet, denen Strafen drohen für verabsäumte Anhaltung zum regelmäßigen Besuche der ihnen anvertrauten Jugl., — auf das weibl. Geschlecht bisher nur in den Städten ausgedehnt. — Von privaten Schöpfungen dieser Richtg. trat bes. der von F e l i s c h begründete freiwillig. Erz.Beirat f. d. schulentlassenen Waisen hervor mit großem Aktionsradius dadurch, daß als „Waisen" a l l e des Vaters u. seiner Fürs. e n t b e h r e n d e n Schulentlass. (mögen sie auch „nur dauernd vom Vater verlassen oder selbst unehel. sein") begriffen. Im übrig. vgl. wegen der Wirksamkeit dieser Gründg. die verschiedenen Jahresber.e aus d. Schrften. d. Deutsch. Vereins f. Armenpfl. u. Wohltätigk. u. auch den 1900 im 1. Hft. der „JugFürs." erschienenen, sowie neuerdings die Jubiläumsschrift aus Anlaß des 25jähr. Bestehens. Seine Obsorge gerade f. d. in Rede stehenden Lebensjahrgänge ist im Reiche u. zumal in Preußen vielfach nachgeahmt worden. So nach diesem Beispiel 1900 ein „D e u t s c h e r Ztrl.Verein z. Fürs. f. d. schulentlass. Jug." gegründet worden. Im wesentl. den diesem zugedachten „Aufgaben" zu genügen, suchte die Deutsch. Zentrale f. JugFürs., seit Juni 1923 (Ztrbl. XV S. 103) „Zentrale f. freie JugWohlf." mit einer Unter-Abtg., der „Arbeitsgemeinschaft v. Fachverbänden der JugH.", welche gerade hier zu eindringender Betätigg. berufen. Die Fürs. f. Schulentl. in bes. naher Berührung mit der „Jug.Pflege", dies in neuerer Zeit auch von amtl. zentral maßgebender Seite nachdrücklichst betont: so durch den Erlaß des Preuß. Staatsministeriums v. 17. Juni 1923, welcher die „einheitl. Jug.Pflege" in ihrer bes. Beziehung auf die Schulentlassenen geradezu als „Volkssache" bezeichnete, (vgl. Ztrlbl. XV S. 157) i. wesentl. gleichmäßig übernommen vom ReichsMin. des Innern durch dessen Erlaß v. 22. März 1924, III 2266 (vgl. ferner neuerdings die Verfügung des Min. f. Vwf. über Verhütg. der Arbeitslosigkeit der Schulentlass. v. 15. Febr. 1924, Ztrbl. Vmschw. XVI 20ff. mit allg. sehr beherzigenswerten „Richtlinien" f. geeignete jug.fürsl. Einwirkungen auf Schulentlassene). Auch die — auf K.er u n d Jugl. bezügl. — sehr charakteristische Vdn. d. Preuß. Min. f. Vwf. v. 6. Febr. 1922 betr. ihre Fernhaltung von R e n n p l ä t z e n [Ztrbl. XIV S. 76] hierher zu stellen!) Nach dem Inkrafttreten des RJWG. jetzt durch die beiden Verfggen. des Preuß. Min. f. Vwf. v. 8. u. bzw. v. 19. April 1924 III 431/24 bzw. 500/24: dieser allerdings der Betätigg. der JA. auf dem Gebiete des § 4 Z. 6 einen etwas engen Rahmen insofern ziehend, als er nur die mehr mittelbare Einwirkg. auf dem Umwege über die §§ 6 u. 11 des RJWG. zuläßt. — Gerade nach der Seite der Schulentl. auch sonstige allg. soz. wichtige Volkseinricht.gen bemerkenswert, welche sondergesetzl. Regelung teilweise schon gefunden haben, teilweise in absehbarer Zeit erhalten sollen. So vor allem das Lichtspielwesen durch das schon mehrfach erwähnte Reichs-Lichtspiel-Ges., der Kampf gegen Schund u. Schmutz in Wort u. Bild usw. Wohl am grundsätzlichsten R.Verf. Art. 118 Abs. 2 u. dazu R i e b e s e l l, Ztrbl. Vmschw. XV S. 23. Auch örtliche (Poliz.)Verordn.gen, welche einzelne Auswüchse, so den Unfug des Rauchens ganz junger Schulentlass. durch Verbot des Verkaufs von Rauchmaterial an sie, also mittelbar bekämpfen, hier von Wichtigkeit; vgl. die neuerliche interessante Entsch. des Kammerger. Straffenats (mitgeteilt DAZ. v. 15. Nov. 1924), welche im Hinblick auf eine Pol.Vdn. Stettin v. 25. März 1910 (Verbot des Verkaufs v. Tabak, Zigarren, Zigaretten an Nicht-16jährige) allgemein die Gültigkeit solcher Pol.Vdn. bejahte. Gerade bei den Schulentlass. die „Wohlfahrt“ sehr vielfach durch Erfüllg. anderer dem JA. schon in § 3 gestellter „Aufgaben“ zu erreichen oder doch zu gewährleisten. So durch die „vorbeugende Unterbringg.“ (vgl. zu § 3 Z. 8), auch die soz. Kriegs-Fürs. (vgl. zu § 3 Z. 7), die Schutzaufsicht, § 3 Z. 4 usw. Daß eine sorgfältig ausgestaltete, gut arbeitende „Gefährdeten-Fürs.“ gerade f. diesen Lebensabschnitt von allergrößter Wichtigkeit, bedarf kaum der Hervorhebung. S. grade dazu die auch jug.fürsorg. höchst beachtl. Ausführungen von Francke, Ztrlbl. Vmschw. XVI S. 7 ff. über die „Kriminalität der 18jährigen u. ihre Bekämpfg.“ u. denselben schon ebd. XIV S. 6 ff. üb. die „Reifezeit“. Hier endl. auch die „Jug.Bewegung“ bes. entwickelt u. beachtl., (vgl. hierüber zu § 2), in welcher unbestreitbar Keime auch erziehlicher — gegenseitiger — förderl. Einwirkg. enthalten (vgl. die Leitsätze v. Irmg. Jäger a. E. Ztrbl. Vmsch. XIV S. 219).

Bei aller so erhebl. Annäherung an die „Jug.Pfl.“ nicht zu übersehen, daß mit ihr die Betätigg. des JA. aus § 4 doch nicht identisch. Letztere als unmittelbare Wirksamkeit notwend. jug.fürs. Natur (wenn u. soweit, vgl. auch hierüber zu § 2 a. E., dies Gegensatz ist zur Jug.Pflege), auch die Erfüllg. der „Aufgaben“ § 4 in erster Linie bestimmt, Bedürfnissen der Jug. abzuhelfen, gewisse Mängel abzustellen. Die reine Jug.Pfl. hingegen — darin wohl das schärfste Kriterium der beiden Erscheingen. zu finden — darauf gerichtet die Lage, allg. Lebenshaltg. der Jug. nach irgend einer Seite zu verbessern (Darbietg. vollkommenerer Lebensmöglichk.en, zumal in körperl., bes. hygienischer u. geistiger Beziehg.) darum bes. Verdeutlichg. bedürftig, was § 4 Abs. 1 mit der nur „gegebenenfalls“ vom JA. erwarteten, „Schaffung“ von „Einrichtungen“ pp. meint. (Vgl. neuestens, im wesentl. übereinstimmend, Hecker, Ztrbl. Jugr. XVI S. 135 bis 137, der allerdings in erster Linie den organisatorischen Einfluß der Errichtg. der JA. auf die „Jug.pflege“ erörtert.) Hier bes. wichtiges Feld f. d. durch Abs. 2 vorbehalt. „nähere Bestimmung der oberst. Landes-Beh.“, welche bemerkenswerter Weise in die Form einer — bloßen — „Kann“Vorschrift gekleidet ist, deren übrigens RJWG. eine bes. große Zahl aufweist (vgl. auch z. B. § 11 Abs. 1, § 12 Abs. 2, Abs. 3, § 13 Abs. 2, § 15 usw.). Da die „Anregung u. Förderung“ an sich von vornherein stets in sehr großem Umfange dem Ermessen des JA. anheimgegeben, also nur schwer durch Weisgn. in bestimmte Bahnen zu bringen, die Regelg. der dritten Erfüllungsart (des — „gegebenenfalls“ — Schaffens!) umso notwendiger u. wichtiger. Jetzt freilich gerade nach dieser Seite die Sachlage durch die finanziellen Verhältnisse u. die ihnen Rechnung tragende Notvdn. wesentl. geändert, der Vorbehalt des Abs. 2 daher durch die im Eingange zu diesem § gedachte überaus allg. u. überaus zurückhaltende „Empfehlung“ der AusfAnw. II C 2 bis auf weiteres erledigt. Gleichwohl als feste Grundbestandteile der JA.-Betätigung nach § 4 gewisse Mindest-„Einrichtungen“ zu fordern, welche nach dieser Richtung bei größeren Jug.-Wohlf.Behörden jetzt schon zieml. ausnahmlos eingebürgert u. bewährt: Anlegung von „Kartotheken“ in möglichst Einzelheiten berücksichtigender, umfassender u. übersichtl. Ausgestaltung, bei größeren JA. zusammengefaßt zu einer „Zentral-Kartei“, u. Abhaltg. regelmäßiger in geeigneter Art bekanntgemachter, je nach ihrem Gegenstande erprobten Fachkräften zugewiesener „Sprechstunden“!

§ 5.

Die Behörden des Reichs, der Länder, der Selbstverwaltungskörper und die Jugendämter haben sich gegenseitig und die Jugendämter einander zur Erfüllung der Aufgaben der Jugendwohlfahrt Beistand zu leisten.

§ 6.

Das Jugendamt hat die freiwillige Tätigkeit zur Förderung der Jugendwohlfahrt unter Wahrung ihrer Selbständigkeit und ihres satzungsmäßigen Charakters zu unterstützen, anzuregen und zur Mitarbeit heranzuziehen, um mit ihr zum Zwecke eines planvollen Ineinandergreifens aller Organe und Einrichtungen der öffentlichen und privaten Jugendhilfe und der Jugendbewegung zusammenzuwirken.

Die beiden §§ sprechen die Ergänzungsbedürftigkeit der JA.-Tätigkeit (im engeren S.) aus. Allein die Erfüllung der „Aufgaben" aus § 3 u. § 4 vermag zufolge unvermeidlicher Einseitigkeiten (Unzulänglichkeiten) die „Jug.wohlf." nicht dem § 2 Abs. 2 zur vollsten Genüge zu „fördern". Hinzutreten müssen teils öffentl., teils private „Organe", deren Wirksamkeit auf das gleiche letzte Endziel geht. Dieser Gedanke der abschließenden, helfenden „Mitarbeit" (§ 1 Abs. 3), des „Beistandes" ist beiden §§ gemeinsam, — desgl. derjenige eines Gegenseitigk.verhältnisses, wenn auch ausdrückl. dies. Wechselwirkg. nur § 6 a. E. betont (dort freilich in klarer wörtl. Ausdehnung auf „alle" öffentl. Organe der Jug.hilfe). Ein nur mehr äußerl. Gegensatz liegt darin, daß in § 5 ein Anspruch, in § 6 eine Pflicht der JA. anscheinend die Hauptsache; in Wahrheit auch nach jenem eine Pflicht, nach diesem ein Anspruch für die JA. begründet. Denn beide Vorschr.en beherrscht von der grundsätzlichen Reziprozität jeder dem JA. zu erweisenden Hilfstätigkeit.

Im einzelnen enthält:

a) § 5: 2 Grundsätze, einen ausgesprochenen, einen mehr stillschweigend aufgestellten. Der erstere u. hauptsächl. die Norm der obligatorischen sog. „Amtshilfe" neu, der letztere schon in § 2 Abs. 1 (vgl. zu dies.) anerkannt, auch dort mehr durch Umkehrung, negativ, hier, § 5, nur zu einer bestimmten wichtigen Folgerg. fortgeführt: dem Leitsatz, daß auch „andere" Beh. (§ 2 Abs. 1: „öffentl. Körpersch." od. „Einrichtgen") zur „öffentl. Jug.hilfe" berufen. Teils die Einheitlichkeit aller Jug.Fürs. schlechthin, teils einfache Erwägungen der Arbeitsteilg. u. Kräfteökonomie gebieten, daß die verschiedenen dafür verfügbaren öffentl. „Organe" nicht aus- sondern zueinander streben. § 5 erhebt diese Richtschnur zur offiziellen eigentl. Pflicht der Beteiligten, unter Einbeziehg. der JA. selbst, welche auch ihre Erfüllg. letzten Endes der Jug., primär, der Erscheing. nach, den „anderen" Organen schulden. — In dieser Gestalt stark der generellen Einrichtg. nachgebildet, welche als „Rechtshilfe", ebenfalls durchaus obligatorischen u. umfassenden Charakters, in der „streitigen" u. „freiwilligen" Gerichtsbarkeit schon einen unentbehrlichen Bestand unseres Verkehrs u. gesamten öffentl. Lebens bildet: § 157 GVG.s bzw. § 2 FGG.s, vgl. auch Art. 7 Z. 3 R.Verf. (mit seiner, technisch von ihm so gen.,

„Amtshilfe“ zwischen Beh. Hingegen z. B. § 49 Preuß. Landesverw.Ges.s noch: „Rechtshilfe“ der in § 48 bez. Verwalt.beh.n!) Nach diesen Vorgängen die Zuständigkeit der Reichsges.gebg. zur Statuierg. einer dem § 5 entsprechenden alle „Beh.“ einschl. derjenigen der Selbstverwaltg. des gesamten Reichs umfassenden Pflicht unbezweifelbar. Diese „Pflicht“ durchaus auch von praktischer Tragweite: Nichterfüllg., d. h. grundlose Ablehng. oder ungenügende Leistg. der „Amtsh.“ mit den administrativen u. zivilrechtl. Folgen jeder Amtspflichtwidrigkeit verknüpft, — Beschwerde, sei es verwaltungsmäßige, in Preußen gemäß § 52 ff. L.Verw.Ges., sei es im Dienstaufsichtswege, u. U. disziplinelle Ahndung einer-, Haftung für materielle Nachteile andererseits. Ferner, vom mehr idealen Standpunkte, die Verpflichtg. auch der „anderen“ Beh.n, auf diesem Gebiete dem höchsten letzten Zwecke des „Jug.wohls“ u. seiner „Förderg.“ zu dienen. — Einzelanwend.gen von praktischer Bedeutg. bes. im Pfl.K.Sch. (Abschn. III), in der vmsch.lichen Betätigung (Abschn. IV), auch im Fürs.Erz.Wesen (Abschn. VI[2]) zahlreich: so z. B. das polizeil. Meldewesen als Ergänzg. der JA.-Kontrolle des § 20, die Mitteilungspflicht der St.A. nach § 36, Mitteilungs- u. Auskunftspflichten der Polizei-, aber auch geistl., Schulbehörden usw. im Fürs.Erz.Verf. § 65 (zur Vorbereitg. des JA.-Antrags selbst u. auch zu seiner Weiterverfolgg.) u. a. m.; — umgekehrt das JA.: z. B. Auskunftserteilg. an Schulen über Fam.n für Fälle des § 21 Abs. 2 u. v. m. Im Vmsch.wesen hat schon jetzt die Praxis des RJWG. bes. Aufmerksamkeit der auf Führg. von Unterhaltsprozessen unehel. K.er durch die JA. bezügl. „Amtshilfe“ gewidmet, die zweifellos die Möglichkeit erheblicher Einspar.gen bietet. Das JA. B., welches für das die Vmsch. über das klagende K. führende JA. A. durch Amtshilfe den Prozeß am (insofern auswärtigen) Wohnorte B. des Erzeugers führt, ein sehr verwendbarer Ersatz für bezahlte R.beistände, insbesondere Rechtsanwälte (diese „Amtsh.“ — des einen JA. für das andere — natürl. auch auf Einzelverricht.gen solcher Prozeßführg., z. B. die Wahrnehmg. bloßer Beweistermine, sog. „Requisitionen“, auszudehnen, aber nicht etwa auf gänzl. oder teilweise — Prozeßhilfe zugunsten auswärtiger Einzelvmder. zumal nicht nach dem Grunds. des § 45, vgl. dort: „Vormünder pp. seines Bez.“!). Auf diesen Gesichtspunkt auch bereits von maßgebender Stelle hingewiesen: so vom Präsidenten des Kamm.Ger. durch eine Anweisg. an die Prozeßrichter, für Unterhsr.sstreitigkeiten solcher von JA.n bevm.deter Mdl. von der Bestellung eines Armenanwalts tunlichst abzusehen! Hierzu recht interessant der — ZentrBl. Vmschw. XV S. 80 — veröffentl. Bescheid des Thüring. Min.s an den Berufsvmd. Weimar, demzufolge „nur etwaige Reisekosten des Amtsvmd.s, ferner Ausgaben für Papier u. Porto“ als „erstattbare Auslagen“ in e. R.sstreit des Mdl.s gegen seinen außerehel. Vater „in Betracht kommen“, im übr. aber (auch) diese „öffentl. Jug.fürs. unentgeltlich zu gewähren“ ist (u. deren Kosten den „Kostenträger“ des JA. treffen). Nach der im Zentrbl. Jugr. XVI S. 145 berichteten „Mitteilg.“ hat der Deutsche Städtetag ein etwa 100 deutsche Städte umfassendes Gegenseitigkeitsverhältnis geschaffen, um die auswärtige Prozeßführg. f. unehel. K.er zu erleichtern, bestehend in a) Wahrnehmung der Gerichtstermine, b) (auf bes. Wunsch) Prozeßführung, ausgenommen Klageanfertigung „mit den Beschränk.gen der Vollm.“ gem. § 83 ZPO., c) — ausnahmsweise — Wahrnehmg. der Ger.Termine f. Einzelvm.der bei (nur ausnahmsweise auszusprechender) Empfehlung des auswärtigen JA.

Bezügl. der „Beschwerde" gegen etwaige Versagg. der „Amtsh." seitens der JA. insbes. noch die Anwendbarkeit des § 18 (vgl. zu dies. unten) zu erwägen. Nach dem R.Ges. die Frage nicht ganz unzweifelhaft, da an sich die Versagg. doch unbedenkl. als Verstoß gegen das RJWG. anzusehen, Beschwerde über sie also eine solche „aus diesem Ges.": doch wird in aller Regel das wesentliche Tatbestandselement des § 18 Abs. 1: „Entschd.gen" hier fehlen, und die bes. positivrechtl. Ausgestaltg. dieses Abs. 1 durch das preuß. Ausf.Ges. § 15 läßt den dort vorgesehenen „Einspruch" für diese Fälle offenbar nicht zu.

In der sachl. Richtg. — wenn auch nicht unbedingt im „Rahmen" — des § 5 liegt ein genereller, also dauernder Zusammenschluß des JA. mit ebens. auf Jug.fürs. gerichteten Beh.n zu einer „Arbeitsgemeinschaft", über die bloße „Beistands"leistg. für Erledigg. von Einzelfällen hinaus. Solche Fürs.„gemeinschaften" bestehen bei größeren JA. mit gutem Erfolge schon jetzt vielfach, so z. B. in Hamburg zwischen dem JA., dem Wohlf.A. u. dem ArbeitsA. (vgl. dazu den Ber. über das Refer. des Direktors Dr. Hertz v. 17. Juni 1924, Zentr.Bl. Vmschw. XVI S. 70: Forderung „eines lebendigen Verhältnisses zwischen JA. u. ArbeitsA.!")

b) § 6. Die von § 1 Abs. 3 ausdrückl. gewahrte „Mitarbeit freiw. Tätigkeit" darf nicht ein zusammenhangloses Nebeneinanderhergehen dieser Strebungen neben dem Berufe der JA. (u. LJA.) für Jug.wohlf. u. seiner Erfüllg. darstellen. Auch hier vielmehr eine organische, geregelte Verbindg. unerläßl., welche die beiden Betätiggs.arten als die Durchführg. eines einheitlichen, bestimmten „Planes", also als nach einer höheren Ordng. ineinander gefügt erscheinen lassen. Hieraus erwächst dem JA. als dem behördl. Halt u. „Rückgrat" aller Jug.fürs. eine bes. Pflicht, im weiteren S. geradezu eine neue „Aufgabe" neben den in §§ 3 u. 4 gestellten: diejenige der Einwirkg. auf solche Planmäßigkeit, — das „planvolle Ineinandergreifen aller", welche, sei es kraft behördl. Amtspflicht, sei es „freiwillig", an der Jug.wohlf. arbeiten. Diese „Aufgabe", gerade eine gewisse „Planmäßigkeit" in die Jug.fürs. hineinzubringen u. dadurch die Erreichg. ihres letzten Zieles zu gewährleisten, auch sonst dem JA. vom JRWG. gesetzt: in § 45 durch die, allerdings ihrem gegenständl. u. räuml. Ausmaße nach wesentl. beschränktere, Obliegenheit, die Wirksamkeit der Vmder pp. (des eigenen Bezirkes) zu einem solchen Jug.-Wohlf.-Kosmos zusammenzufügen. Hier in § 6 durch die Gesetzesfassg. auch insofern bes. prägnant, als die Beziehg. des JA. zu der — mehr ungreifbaren — „freiw. Tätigkeit" selbst zwar teilweise, aber auch nur z. T., gleich derjenigen zu den materiellen Schöpf.gen jener formuliert (in § 6 ebenso wie in § 4: „anzuregen" u. zu „unterstützen", welches letztere doch wohl dem „fördern" des § 4 synonym!), im Gegens.e zu § 4 jedoch die eigene unmittelbare Einwirkg. des JA. nicht ledigl. bedingt: „geg.falls", sondern unbedingt gefordert ist, ferner auch durch die klare, imperativische Vorschrift: „hat heranzuziehen"! — Damit diese Einwirkg. des JA. zu einer wirklichen Einheit der Jug.wohlf.arbeit führe, aber ferner noch logisch u. sozial geboten, daß sie nicht bei der freiw. Tätigkeit halt macht, sondern auch die — außerh. des JA. sich vollziehende — amtliche einbegreift. Das JA., welches nach dem Ideal des Ges. selbst an der gesamten Jug.Fürs. (im weitesten S.) beteiligt, muß, da dieses Ideal doch nicht erreichbar, wenigstens der richtunggebende Mittelpunkt dieser Gesamtarbeit sein, mit allen an ihr Beteiligten in lebendiger Fühlg.

stehen u. die Fäden des Ganzen derart leiten u. verknüpfen, daß möglichst jeder kleinste Teil dem anderen u. vor allem dem Ganzen dient. Diese Einheitlichkeit u. Planmäßigkeit, insbes. der enge Zusammenhang zwischen amtl. („öffentl.") u. privater Fürs. aber nicht nur ein hohes Menschheitsideal, sondern, zumal gegenwärtig, durch dringende materielle Rücksichten vorgezeichnet: die dadurch zu erzielenden Ersparnisse u. Entlast.gen der „öffentl." Organisationen, vor allem des Staates selbst. Darum jetzt geradezu ein „Zug der Zeit"; als solcher neuerdings insbes. auch die Regelg. des allg. Fürs.wesens beherrschend, Fürs.Pfl.Vdn. § 5 Abs. 4—: „Fürs.stellen als Mittelpunkt der öffentl. u. zugleich Bindeglied zwischen öffentl. u. freier Wohlf.pflege", bestimmt, „darauf hinzuwirken, daß öffentl. u. freie Wohlf.pfl. sich zweckmäßig ergänzen". Abs. 1: übertragg. von Aufgaben der Fürs.verbände „unter (eigener) Verantwortg." an „Verbände od. Einrichtg.n der freien Wohlf.pflege". Für Preußen § 19 der Ausf.Vdn. z. Fürs.Pfl.Vdn. (v. 17. April 1924, Ges.S. S. 210 ff.): „Beteiligg. — in mögl. weitem Umfange — der Verb.de u. Einricht.gen der freien Wohlf.Pfl. bei der Fürs."! Vgl. hierzu schon Steinweg, Ztrbl. Vmschw. XV Nr. 10, bes. S. 178 über die bewußte Beseitigg. der §§ 60 u. 61 Fin.Ausgl.Ges. (durch § 5 cit., welcher ja nach dem Eingange der Fürs.Pfl.Vdn. ausdrückl. auf die III. Steuernotvdn. zurückgeht). Ganz unverkennbar in diesem S. ruft neuerdings auch der Erl. des Preuß. Vwf.min. v. 23. Dez. 1923 (vgl. Ztrbl. Vmschw. XV S. 249) dazu auf, daß das „ganze Volk eine Notgemeinsch. der Jug.wohlf." bilde. Auch der Abbau durch die Notvdn. v. 14. Febr. 1924 weist ganz deutlich nach dieser Seite, da die in Art. 1 Z. 1 a. E. betonte „Mitwirkg. der freien Vereinig.gen usw." zweifellos nicht allein um dieser selbst willen zur unverbrüchl. Norm gemacht ist. — In der prakt. Durchführg. kann das Zusammenwirken der „öffentl." u. der „freien" Jug.Hilfe natürl. verschiedene Formen annehmen, die einem mehr oder minder intensiven Grade entsprechen: es kann sich auf die bloße „Heranziehg." der letzteren als selbständigen Faktors gem. uns. § 6 beschränken, kann auch zur (widerrufl.) „übertragg." von Geschäften oder Geschäftsarten des JA. an die „Organe" der „freien Jug.wohlf." entspr. § 11 erstarken u. im Höchstgrade sogar zu einer gewissen Verschmelzg., alsdann wohl regelmäßig auf Grund von § 10 werden. Für letztere enthält die jetzt, seit der Fürs.Pfl.Vdn. so starke Tendenz der Einheit aller Wohlf.Fürs. (vgl. unten zu § 10) starke Entwickls.keime. Über die ältere Praxis auf diesem Gebiete gute Bemerk.gen u. Fingerzeige schon bei E. v. Düring, Sozialistische Mon.Hefte 1921 S. 748 ff. (bes. S. 750), sowie über die „Nutzbarmachung der Jug.bewegung", welche nach § 6 a. E. ebenfalls in diese Vereinheitlichg. fällt, II a. E. der „Leitsätze" von Irmg. Jäger, Schwerin i. M., mitgeteilt Ztrbl. Vmschw. XIV S. 219 und schon oben S. 129.

Für eine ersprießl. Wirksamkeit des JA. im S. des § 6 sehr wesentl. eine möglichst genaue u. vollständige Kenntnis der in seinem Bez., aber auch außerh. bestehenden „freiw." Organisationen. Ein wertvolles Hilfsmittel dafür bietet das mit großer Sorgfalt im Auftrage der Zentr. f. Jug.fürs. gearbeitete Sammelwerk von Hildeg. Böhme u. Dr. Käthe Mende, die „Jug.fürs.Vereine im D. Reiche", Verlag Zillessen Berlin 1918, das nicht nur ein sehr genaues u. übersichtl. „Verzeichnis", sondern auch ein treffl. Wegweiser durch die gesamte deutsche „freiw. Tätigkeit" schlechthin, bes. dank den klaren Ausführungen im Eingange u. den in ihnen enthaltenen leitenden Gesichtspunkten. Nach Möglichkeit werden die JA. dahin zu streben haben, selbst für den eigenen Bez. Sondernachweis.gen der vorhandenen Vereine pp. — „Kataster", so von Dr. Marie Kröhne, Ztrbl. Vmschw. XIV S. 219 vorgeschlagen, — zu schaffen u. auf dem laufenden zu halten. Vgl. ganz allgemein über das Bedürfnis dieser Amtskunde schon früher Feisenberger, die Jug.fürs. 1919 S. 70. — Wie die behördl. „Organe" der Jug.hilfe (vgl. oben zu § 5 a. E.), so können natürl. auch die „freiw.n" unter sich gewisse feste Verbind.gen, „Arbeitsgemeinsch.en" eingehen; s. z. B. von der D. Zentr. f. Jug.fürs. mit dem Ausschuß der D. Jug.verb.e tatsächlich erfolgt (Ztrbl. Vmschw. XIV S. 100), ferner auf der Sachverstdgen. Konfer. der Zentr. f. Jug.fürs. Zusammenschluß der Mädchenschutzorganisationen dringend empfohlen (Ztrbl. Vmschw. XIV S. 219 u. „Die Frau" Dez.Heft 1922 S. 84 ff.). Diese Gemeinsch.en für das von dem JA. zu erzielende „planvolle Ineinandergreifen" sogar sehr förderl.! — Wie hierin, so überhaupt in der eigenen Betätigg. die „freiw." Organisationen trotz dieser dem JA. auferlegten Einwirkg. auf sie vollständig frei: jenes hat „ihre Selbständigkeit zu wahren", durch die „Heranziehung" nicht zu beeinträchtigen aus der sehr richtigen Erwägg., daß sie dem Jug.fürs.-Zwecke nur eben dann wirkl. dienen werden, wenn ihre Entfaltg. nach diesem Ziele hin durch keine „bureaukratischen" Eingriffe u. Einschränk.gen, keinerlei „reglementierende" Anleitg. verkürzt u. erschwert wird, da gerade bei der „freiw." Tätigkeit ungemein viel auf der „Liebe zur Sache" (darum auch „allg. freie Liebestätigkeit" gen.) beruht, die durch Eineng.gen seitens des JA. leicht leiden könnte. Deshalb insbes. auch der „satzungsmäßige Charakter" unantastbar, d. h. weder Umgestalt.gen noch Beanstand.gen der „Satz.gen" u. ihrer Beobachtg., z. B. in Bezug auf Zustandekommen von Beschlüssen der Vereinig.gen, Abstimmungen, Aufnahmebeding.gen usw. seitens des JA. zulässig. — Verschieden von, wenn auch verwandt mit der Heranziehg. des § 6 die „Übertragg. von Geschäften" des § 11. Hier Ersatz des JA. durch „Vereinig.gen" usw. in bestimmten, genau umschriebenen einzelnen Angelegenheiten (vgl. näheres zu § 11), dort Ergänzg. der JA.-Betätigung durch sie in der allg., beiden gemeinsamen Richtg. (Im Hinblick auf ihre innere sachl. Beziehg. die beiden §§ 6 u. 11 jetzt auch von der neuesten Min.Vdn. über Jug.pflege — vgl. oben zu § 4 — inbezuggenommen.) —

Einen Sonderfall des „Zusammenwirkens der JA. mit (freien) Vereinig.gen" regelt § 42 JGG.: „Ausübg. der Jug.Ger.Hilfe im Benehmen mit den Vereinig.gen, die sich mit der Jug.fürs. beschäftigen". Die dort vorbehaltenen „näheren Vorschr.en der Landesregierungen" für Preußen bisher nicht erlassen. Vgl. dazu Francke, Komm., bes. N. II zu § 42 cit., welcher vor allem zutreff.d mit richtigen Beisp.n hervorhebt, daß auch hier seitens des JA. unzulässig „Beding.gen, die sich als Eingriff in Selbständigkeit u. satzungsmäßigen Charakter der freiw. Tätigkeit darstellen" der aber in manchen Einzelheiten das mit der Jug.fürs. vereinbare Maß dieser Heranziehg. doch wohl überschreitet, so z. B. in der Zulassg. der „Übertragg." des Jug.schöffenvorschlags auf Vereine od. gar „Einzelpersonen"(!), auch derjenigen der Teilnahme an der Hauptverhandlg. gegen Jugendl. (§ 31 Abs. 3 S. 3). Gerade die bewußt zurückhaltende Fassg. des § 42 S. 1 cit., welche offenbar prinzipal eine Tätigkeit der JA. selbst u. nur mehr sekundär die Fühlg. („Benehmen") mit den Vereinig.gen will, muß vor zu ausgiebiger Anwendg. des § 11 RJWG. warnen u. zur Beschränkg. auf die Behandlgsweise nach § 6 mahnen.

§ 7.

Das Jugendamt ist zuständig für alle Minderjährigen, die in seinem Bezirk ihren gewöhnlichen Aufenthaltsort haben. Für vorläufige Maßnahmen ist das Jugendamt zuständig, in dessen Bezirk das Bedürfnis der öffentlichen Jugendhilfe hervortritt.

Streitigkeiten über die Zuständigkeit werden durch die oberste Landesbehörde und, wenn die Jugendämter verschiedenen Ländern angehören, durch das Reichsverwaltungsgericht entschieden.

Als sichere Grundlage erspießl. Wirksamkeit bedarf das JA. nicht nur der Feststellg. des gegenständl., (vgl. §§ 3, 4, auch §§ 5 u. 6) sondern auch des räuml. Bereichs seiner Wirksamkeit. Letztere gibt § 7 Abs. 1. Die von ihm in S. 1 aufgestellte Norm enthält allerdings noch einen anderen, sehr schwerwiegenden Grdsatz, den man bezeichnen kann als die Bestimmung des personellen Bereichs der JA. Der erstere, die Regelg. der Zuständigkeit, u. zwar, wie in fernerer Antithese zu §§ 3, 4 ff. am besten zu sagen, der örtl. im Unterschiede u. in Ergänzg. der aus diesen sich ergebenden sachl., geht von einer R.sanschauung aus, welche dem früheren deutschen R.sstande in Fragen der „Zuständigkeit" nicht geläufig: der Maßgeblichkeit des „gewöhnl. Aufenthalts", während die bisherigen wichtigsten Zuständigktsnormen des deutsch. Reichsr.s auf dem Begriffe des „Wohnsitzes" aufbauten. Bestimmend für die Abweichg. des RJWG. von der hergebrachten Beziehg. dieser beiden R.sbegriffe („Zuständigkeit" u. „Wohnsitz") gewisse Erwäg.gen, die unbestreitbar sachgemäß: a) die formalrechtl., daß „Minderj." selbständig einen Wohnsitz noch nicht begründen können, § 8 BGB.s, b) die mehr praktische, eigentl. jug.fürs.rische, daß für das „Jug.wohl" generell wie im Einzelfalle dasjenige JA. am besten sorgt, welches tatsächl. (nicht dasjenige, welches nach der R.sregel) dauernd — dies zweifellos der Sinn des „gewöhnl. Aufenth." — mit dem Jugendl. örtl. verbunden ist. Dieser Gedanke, daß solche dauernde örtl. Verbundenheit überhaupt Fürs.bedürfnisse erhebl. Art am sichersten kundbar macht u. am vollständigsten befriedigen läßt, beherrscht, wie er in der neuen Ges.gbg. auch sonst immer stärker hervortritt (so Unt.st.wohns.ges. v. 30. Mai 1908 § 10, R.Ges. üb. Wochenfürs. v. 9. Juni 1922 § 1), jetzt vor allem die Fürs.Pfl.Vdn. § 7 Abs. 2: „endgült. Verpflichtg. (zur Fürs.) desj. Bez.Fürs.Vbdes, in dessen Bez. der Hilfsbedürftige ... den gewöhnl. Aufenth. hat"! Dem gesellt sich c) mehr technisch, dienstpragmatisch, offenbar noch die überlegg., daß bei Jugendl. der „Wohnsitz" — im R.ssinne — oft nur schwer zu ermitteln u. umständlich zu erreichen sei, der „gewöhnl. Aufenth." hingegen dem Eingreifen des JA. klar u. nahe liegen wird.

Gerade die eigentl. jug.fürs.rische Erwägung zu b), aber nicht unerhebl. auch die mehr technisch-praktische zu c) ließen aber die Zuständigk.regelg. unvollständig erscheinen, wenn sie allein die auf „gewöhnl." Aufenth. beruhende Jug.fürs. träfe, für die aus einer „ungewöhnl." Aufenth.beziehung sich ergebenden Verhältnisse keinerlei Bestimmung darböte. Dieser Rücksicht genügt S. 2, Abs. 1, indem er auch für die Fälle des nur „vorübergehenden" Aufenth. eine gewisse Zuständigk. begründet. Sie ist aber ebenso wie die sie auslösende örtl. Beziehg. selbst nur eine — zeitlich u. dementsprechend ganz richtig auch sachl. — begrenzte, nämlich nicht auf die ganze (fast unabsehbare) Jug.fürs. schlechthin erstreckt, sondern auf Einzel„maßnahmen" beschränkt, u. zw. auf solche, welche auch an dem Orte des nur mehr zufälligen „vorübergehenden" Verweilens sich als unabweisbar ergeben trotz Mangels einer wahren örtl. Beziehg. des Jugendl. zu ihm: „vorläuf. Maßnahmen", — d. s. sinn- u. sachgemäß solche, die keinen Aufschub dulden, bei denen also eine „Gefahr im Verzuge" (vgl. zu § 27 Abs. 1 u. zu § 67, ferner auch zu § 68 Abs. 1) liegt, die eben dieser ihrer Beschaffenheit u. Bestimmung nach gerade an dem Orte bzw. in dem „Bezirke" ergriffen wrdn. müssen, in welchem das „Bedürfnis" nach ihnen als bes. „öff. Jug.hilfe" hervortritt. Dies. Gesichtspunkt des jeweiligen dringenden, „vorläuf. Maßnahmen" erfordernden „Fürs.bedürfnisses", welcher ebenfalls schon dem bisherigen Reichsr. keineswegs fremd (vgl. z. B. § 37 Abs. 2 FGG.s, teilweise mit § 7 Abs. 1 S. 2 wörtl. übereinstimmend), die unentbehrl. Ergänzg. des Prinzips des „gewöhnl. Aufenth." Demgemäß jetzt auch von der Fürs.Pfl.Vdn. § 7 Abs. 1, ebenfalls nur in Ansehg. „vorläuf. Unterstützg." angenommen. Das RJWG. beherrscht die ergänzende Norm unbezweifelbar (§ 27 Abs. 1, s. dort) auch, insoweit die Hauptnorm — „gewöhnl. Aufenth. des Minderj." — bewußt u. grundsätzl. durchbrochen ist, zumal im Pfl.K.Sch., Abschn. III, für welchen der gewöhnl. Aufenth. der Pfl. Person die Zuständigk. bestimmt (§ 23 s. dort), und im übr. mit manchen positiven Einzelausgestalt.gen: so mehrfach in dem durch die Notvdn. „abgebauten" § 50; solche hat andererseits auch die normale Maßgeblichkeit des „gewöhnl. Aufenth.s" des Minderj. in Beziehg. auf das Vmschger., § 65 Abs. 7, ergeben, dessen Zuständigkeit vom JA., eben weil dieses im Regelfalle dasjenige des letzteren Ortes, durch „Antrag" auch an ihm bzw. für den Bezirk dieses Ortes begründet werden kann. Nicht der „gewöhnl.", sondern der „Aufenth." schlechthin, wenigstens der Fassung nach, bestimmend nach § 25 Abs. 1 JGG.s („Aufenth. z. Zt. der Anklageerhebg."); sinngemäß mit Francke, Komm. S. 53 aber wohl auch auf den „gewöhnl." Aufenth. zu beziehen, da eine Verhandlg. von Jug.straff.en vor dem Ger. eines nur vorübergehenden an sich u. nach der ganzen so stark das Erzieh.moment betonenden Ausgestaltg. des jetzigen Jug.strafverf.s wenig zweckentsprechend wäre. (Für Preußen zumal offenbar diese Auffassg. leitend bei der etwas komplizierten Ordnung der Zuständigk.n durch die J.Min.Vf. v. 20 Juni 1923, JMBl. 1923 S. 451, welche in der Hauptf. auf Vereinigg. der vmdsch.- u. jug.strafrichterl. Geschäfte in einer Hand abzielt durch die grundsätzl. Anordng., daß die Einleitg. eines Jug.strafverf. — wenigstens für dessen Dauer — auch die vmsch.lichen Gesch.e an den Jug.richter zielt.)

Das natürl. Gegenstück der „örtl. Zuständigk." (einer Beh.) ist der Begriff des „Bezirks" als desjenigen Ausschnitts aus dem Staatsgebiete, über welchen sich jene erstreckt. Die Anknüpf.g an den „gewöhnl. Aufenth. des Minderj." rundet sich daher erst dann zu einer geschlossenen

Zuständigk.norm, wenn diese örtl. Bestimm.g zu dem Bezirksbegriffe in innere Beziehg. gesetzt. Dies tut § 7 Abs. 1 S. 1, indem er durch den „Bezirk", denjenigen, „in" dem der Minderj. gewöhnl. Aufenthalt hat, das normal zuständige JA. bestimmt.

Diese durchsichtige, man kann sagen: abgestufte Normierung: — gewöhnl. Aufenth., dessen Zugehörigkeit zu einem bestimmten Bez., des letzteren Unterstellg. unter ein JA. — müßte nach der Abgrenzg., die zufolge § 8 S. 2 (s. dort) „der obersten Landesbeh." zugewiesen, an sich jeden Zweifel ausschließen, welches JA. für den einzelnen Minderj. tätig zu werden habe. Nach der Unvollkommenheit menschl. Einricht.gen u. Anlagen ist aber gleichwohl mit solchen Zweifeln, „Konflikten" zu rechnen. Für ihre Lösung die erforderl. Bestimmung in Abs. 2 enthalten: „Kompetenzkonflikte" der JA. (die nach den Erfahr.gen der Praxis meist wohl „negative" sein werden, aber auch „positive" sein können), sofern diese demselben deutschen Einzelstaate zugehörig, von dessen oberster Landesbeh., andernfalls von dem — erst noch zu schaffenden — Reichsverwalt.ger., bis zu seiner Errichtg. nach Art. 9 E.G. zum RJWG. vom Bundesamt f. Heim.wesen zu entscheiden. Analogien bieten: für die erstere Regelung (Beruf.g der „ob. L.beh.") z. B. in Preußen die dem Just.Min.m zugeteilte Entsch. über die gerichtl. „Zuständigk." für Antr.e auf Namensänder.gen, ferner auch für sonstige Angelegenh.n der freiw. Ger.barkeit, die bisher in einem (jetzt) „abgetretenen" Gebiete bearbeitet worden, — für die letztere die Zuständigkeit des Reichsger. nach § 30 Abs. 1 S. 1 FGG., die allerdings durch das R.Ges. v. 22. Mai 1910 — leider — für § 46 Abs. 2 S. 1 FGG. aufgegeben ist. Die etwas eigenartige Unstimmigkeit zwischen der höchsten Landes- u. der Reichsinstanz: dort Verwalt. b e h., hier Verwalt. g e r i c h t, nach letzterer Seite wohl aus politischen Rücksichten, Scheu vor Unitarismus, zu erklären.

Die Ersetzung des nach der Finanzlage bis auf weiteres nicht zu erwartenden Reichsverwalt.ger.s durch das B.A. f. d. Heim.wesen in anbetracht dessen schon sehr reicher Spruchpraxis gerade über Zuständigk.fragen durchaus sachgemäß. —

Von den in § 7 Abs. 2 geregelten „Konflikten" verschieden ist der „Kompetenz-Konflikt" im techn. s t a a t s r e c h t l. S.e, welcher dann zu „erheben" ist, wenn eine gerichtliche Beh., z. B. das Vmsch.-, „Jugend"- oder ein sonstiges Gericht in die Zuständigk. der Jug.wohlf.-, der Verwalt.beh. eingreifen sollte. (Vgl. Laband, Staatsrecht [2. Aufl.] II S. 352 ff.)

Der dem Abs. 1 S. 1 mehr mittelbar zu entnehmende Grundsatz, daß das JA. für a l l e „Minderj.", also bis an die Schwelle der Volljährigkeit, zuständig ist, „welche usw.", deckt sich hinsichtlich der Erstreckung der „Jugend" über a l l e ihre Abschnitte von der Geburt, ja sogar von der Zeit „v o r" dieser bis zur Vollendung des 21. Lebensjahres mit dem auch schon in § 4 (vgl. dort) zugrundeliegenden leitenden Gedanken und geht hinsichtl. der Ausnahmslosigk. der „bezirks"zugehörig. Minderj. als auf „öff. Jug.hilfe" Anspruchsberechtigten über § 1 Abs. 1 — „jedes d e u t s c h e Kind" in bemerkenswerter Weise hinaus. Latente, aber doch programmatische Anerkennung des umfassenden (generellen) v o r b e u g e n d e n Berufs der JA.!

b. Aufbau und Verfahren.

§ 8.

Jugendämter sind als Einrichtungen von Gemeinden oder Gemeindeverbänden für das Gebiet des Deutschen Reichs zu errichten. Die oberste Landesbehörde bestimmt die Abgrenzung der Bezirke, für welche die Jugendämter zuständig sind.

Der § beginnt die Behandlung der „Form" der JA. (vgl. Vorbem. a. E.) mit dem Grundsatze ihrer räumlichen Allgegenwart, welche ergänzt die sachl. Universalität (§§ 3—6) und persönliche Allgegenwart (§ 7). Besond. scharfe Korrelation zu letzterem, § 7: nach ihm kein JA. ohne Bezirk, nach § 8 kein Bezirk ohne JA. Das „lückenlose Netz öffentl. JA." (Begrdg. z. Reichsentw. S. 22), welches das ganze Reich umfassen soll —: „für das Gebiet des Deutschen Reiches" —! Diese Grundform erhält aber ihre nähere Bestimmung in einer sehr wesentl. Beziehung, nämlich in Ansehung der „Abgrenzung" der „Zuständigk.bezirke" (vgl. hierüber soeben zu § 7) „durch die oberste Landesbeh.", d. i. die Zentralinstanz des einzelnen Landes. Auch die normale Jug.Wohlf.Beh. gleich anderen Beh., welche auf Reichsges. beruhen und daher „für das Gebiet des Deutschen Reichs" eingerichtet sind, z. B. die Justiz-, Steuerbehörden usw., solche der „Länder", aber kraft zwingend gemeinen Reichsr.s von ihnen zu schaffen. Also nicht etwa deutsche JA. wie z. B. deutsche Postbeh.n, sondern preußische, bayerische, mecklenburgische JA. usw., nur dem Kerne des grundlegenden Typs nach einheitl. gestaltet. Auch an letzterem aber hat die Notvdn. sehr stark gerührt (vgl. schon ob. Vorbem. unter 1). Das obligatorische JA., welches § 8 Abs. 1 grundsätzl. verkündet, jetzt in sehr weitem Maße ersetzbar: durch Gebrauch einer von der „obersten Landesbeh." den Gemeinden oder Gem.verbänden zu erteilenden Ermächtigg., „die dem JA. obliegenden Aufgaben einer anderen nach Maßgabe des Gem.Verfass.-R.s gebildeten Amtsstelle der Selbstverwaltung oder einer anderen geeigneten Amtsstelle zu übertragen." (Letzterer „erforderl.falls" mit „Zusatzbezeichng.", welche auf Jug.wohlf. bezügl.) Diesen Ausweg verfolgen näher die Ausführ.gen („Richtlinien") des Reichsmin. d. Inn. v. 22. 3. 24 III 2266 (betr. die Errichtung von JA.), welche sich sogar u. U. mit zieml. bescheidenen Ersatzformen begnügen wollen, nämlich einer Ausgestaltg. allein der „Berufsvmsch."; diese sei in den „Mittelpunkt der Organisation" zu stellen, „zum Rückgrat der Organis." zu machen. Bei solcher Genügsamkeit in der Tat schon vorhandene „Amtsstellen", insbes. solche der Selbstverwalt. zur Erfüllung der Norm des § 8 (in ihrer „abgebauten Gestalt") durchaus geeignet.

Preußen hat — grundsätzl. — auf eine Ausübung dieser weitgehenden Ermächtigung (Art. I Z. 1 Notvdn.) verzichtet und an dem normalen obligatorischen JA. des Reichsges. festgehalten, — Preuß. Ausf.Ges. § 2 S. 1 — nur mit der schon aus dem Reichsges. sich ergebenden Maßgabe (§ 10) der Betrauungsmöglichkeit bereits vorhandener „Wohlf.Beh.n" bzw. deren Teile mit den JA.Verrichtungen — Preuß. Ausf.G. § 10, Abs. 1 — auch hier mit einer den besonderen Verhältnissen von Gr.-Berlin Rechnung tragenden Modifikation für diese „Stadtgemeinde" (§ 10 Abs. 2).

Nach dem Reichsges. baut die Jug.Wohlf.Beh.-Einheit auf auf der politischen Selbstverwalt.seinheit der „Gemeinde" (vgl. über diese Zurückführg. Blaum, Soz. Praxis u. Arch. f. Volkswohlf. 1920, S. 548: „Gemeinde-Wohnort, Wohnort = Sitz der sozialen Bedürfnisse“) mit der sachgemäßen Ergänzung durch ihre organische Erweiterg., den Gem.verband. Letztere an sich selbstverständl., da die Gemeinde hier als „Gebietskörperschaft“ in Betracht kommt. (Vgl. die grade auf das JA. § 8, S. 1 ausgezeichnet passende Definition bei v. Herrnritt, Österreich. Verw.R. S. 201: „Gemeinde = Gebietskörpersch. des öffentl. R.s, welche die Förderg. der Gesamtheit sozialer Aufgaben der in ihr vereinten Personen innerh. der Grenzen und Kräfte eines örtl. Verbandes bezweckt“!) Als solche kann sie natürl. sich mit anderen zu einem gemeinsamen „Zwecke“ zusammenschließen: denn der „Gemeindeverband“ des § 8, S. 1, d. h. als politische Einheitsgröße, welche JA. zu errichten hat, immer „Zweckverband“. (Vgl. dazu bes. für Preußen Schoen, R. d. kommunalen Verb.e in Preußen S. 13: „Beruf der K.Ve. für a priori unbegrenzte und unbegrenzbare Gesamtheit von Staatsaufgaben mit lokalem Charakter“; auch Otto Mayer, Deutsch. Verw.R. Bd. II, 2. Aufl., SS. 686 u. 693: „Zweckverband“, in welchem „gewisse Verwalt.einrichtg.n den übereinstimmenden Zwecken der Verbundenen dadurch dienen, daß sie ihnen gemeinsam zugehören und gemeinsam von ihnen verwaltet werden.“ (Analogien aus dem bish. a) Reichsr. z. B. § 680 Abs. 5 ZPO., b) Preuß. Landesr., Schiedsm.Ordn. § 1 Abs. 1 S. 2, § 3 Abs. 2.) Preußen hat für den „Aufbau“ der Grundform der Jug.Wohlf.Beh. sich die letztere Alternative zu eigen gemacht: „Träger“ grundsätzlich „Gem.everbände“, nämlich die Kreise: „Stadt-“ u. „Landkreise“. Sie sollen „lückenlos das System“ der JA. verwirklichen, denn „für jeden Stadt- und für jeden Landkreis ist ein JA. zu errichten.“ (§ 2, Abs. 1 Ausf.Ges.) In Würdigung der ungewöhnl. politischen und sozialen Verhältn.e von Groß-Berlin hier die Abwandlung, daß jeder nach Maßgabe des Ges. v. 27. April 1920 gebildete Verwaltungsbezirk ein JA. (Bez.JA.) zu errichten hat. (§ 2 Abs. 2 S. 1 Ausf.Ges.s) Solcher Verw.Bez.e gibt es nach dem gen. seit 1. 10. 20 in Kraft befindl. Ges.: 20 (vgl. Anl. 2 der Nr. 19 Jahrg. 1920 Preuß. Ges.Samml., enthaltend allein dieses Ges.) § 14 Abs. 1; entsprechend der grundsätzl. Ausgestaltung dieses bes. Gr.-Berliner Gem.everf.Rechts, der Sondergestaltung der grundsätzl. Durchführung, § 27 d. Ges. v. 27. 4. 1920, auch die einzelnen Bez. JA. von der Gr.-Berliner Zentralstelle, dem Magistrate, nicht unabhängig. Seine „Rechte gegenüber den Bezirks-JA. bleiben unberührt.“ Ausf.Ges. § 2 Abs. 2 S. 2.

Mit diesen Bestimmungen der Norm nach für Preußen die Anweisung des § 8 S. 2 Reichsges.s erledigt. Im Hinblick auf die eigenartigen Verhältnisse gewisser, bes. westl. Provinzen aber in Abs. 3 des § 2 Ausf.Ges. noch ein weiterer Vorbehalt gemacht, — also teilweise Durchbrechung des Prinzips, daß „Gemeindeverbände“ Träger des JA. in der ihm durch Abs. 1 gegebenen positiv-rechtl. Gestalt. „Auf Antrag“ von Gemeinden oder Gem.Verb.n, rheinischen Bürgermeistereien, westfälischen Ämtern, ebenso — in Hannover — auf Antrag von selbständigen Städten können besond. JA. auch innerhalb von Kreisen (d. h. Landkreisen) errichtet werden. Voraussetzung bezügl. der rheinisch-westfälischen Gemeinden und Gem.verbände: Seelenzahl von mehr als 10000. Nach Ausf.-Anw. II A. 3 gesetzgeberisch. Grund hierfür die Erhaltg. gewisser mit Jug.Fürs. befaßter Behörden, welche in den gen. „westl. Provinzen“ schon vorhanden. Zuständig für die Errichtung solcher aus dem „Kreisrahmen" heraustretender JA. der Kreisausschuß (als Kommunalbehörde, also nach den gewöhnl. Grundsätzen der Geschäftsbehandlg., Kreisordng. §§ 130, 134, 136 ff.) Jedoch seine „ablehnende Entschdg." nicht endgültig, vielmehr durch „Beschwerde", d. h. administrative Beschwerde anfechtbar, welche an den — nunmehr endgültig entscheidenden — Bezirksausschuß geht. Eine sonstige Durchbrechung der „Kreisgrundlage" nach Preuß. Ausf.Ges. aber nicht zulässig, insbes. nicht „Zusammenlegung mehrerer Kreise zu einem JA.-Bezirke" (diese „unzulässig", Ausf.-Anw. II A. 3), ferner nicht — vgl. Ausf.Anw. II A. Ziff. 5 — beliebiger „Zusammenschluß kleinerer Gemeinden zur Bildg. eines bes. JA. innerhalb eines Kreises". Ausnahme allein für den Fall, daß der Tatbestand des § 2 Abs. 3 Ausf.Ges. die „Absplitterung" eines Außenbezirks und bedeutende Erschwerung seiner Versorgung durch das Kreis-JA. ergeben hat. Durch solche und „ähnliche" Bedürfnisse können diese ungünstig gelegenen einzelnen Gemeinden oder Gemeindeverbände von dem Kreis-JA. fort- und „dem innerhalb des Kreises errichteten" Sonder-JA. zugeführt werden: — „auf Grund des Zweckverbdsges.es v. 19. Juli 1911, Ges.Samml. S. 115". — § 2 Abs. 4 des Ausf.Ges. Eine deutliche positiv-rechtl. Bestätigung der Auffassung, daß durch die Errichtung von JA. die mehreren Gemeinden sich zu „Zweckverbänden" vereinigen.

§ 9.

Zusammensetzung, Verfassung und Verfahren des Jugendamts wird auf Grund landesrechtlicher Vorschriften durch eine Satzung des zuständigen Selbstverwaltungskörpers geregelt.

Als stimmberechtigte Mitglieder des Jugendamts sind neben den leitenden Beamten in der Jugendwohlfahrt erfahrene und bewährte Männer und Frauen aller Bevölkerungskreise, insbesondere aus den im Bezirke des Jugendamts wirkenden freien Vereinigungen für Jugendwohlfahrt und Jugendbewegung auf deren Vorschlag, zu berufen. Diese Vereinigungen haben Anspruch auf zwei Fünftel der Zahl der nichtbeamteten Mitglieder.

In das Jugendamt sollen hauptamtlich in der Regel nur Personen berufen werden, die eine für die Betätigung in der Jugendwohlfahrt hinreichende Ausbildung besitzen, die insbesondere durch eine mindestens einjährige praktische Arbeit in der Jugendwohlfahrt erworben ist.

Das Vormundschaftsgericht ist zur Teilnahme an den Sitzungen des Jugendamts berechtigt und hat in ihnen beratende Stimme.

Auch in § 9 bewährt sich das Reichsges. ausgesprochen als „Rahmengesetz". Die eigentl. Regelg. des Gegenstandes sogleich, in Abs. 1, landesrechtl. Vorschriften — und, da auch diese wiederum nur als engerer „Rahmen“ gedacht sind — „auf Grund“ ihrer einer Satzung zugewiesen. Aber das Reichsr. selbst begnügt sich hier nicht, wie soeben in § 8, mit einer mehr abstrakten allgemeinen Norm, sondern zeichnet selbst in wenn auch wenigen, aber doch bestimmten Strichen einen unverzichtbaren „Rahmen“ vor. — Abs. 2, Abs. 3 —! Durch diese Ordnung sollen die JA. ihre Gestalt erhalten in bezug auf „Zusammensetzung, Verfassung und Verfahren“, (da auch die Legalüberschrift des ganzen Unterabschn. die letzte Seite dieser Ordng., das „Verfahren“ schon ausdrückl. erwähnt, im S. des Reichsges. „Zusammensetzung und Verfassung“ Teile des „Aufbaues“. Man kann sagen: des inneren im Gegens. zu dem durch § 8 geregelten äußeren „Aufbau der JA.“ „Zusammensetzung, Verfassung“: jedoch zweifellos ein Pleonasmus; denn auch die Zusammensetzung ist unerläßl. Bestandteil der Verfassg., in Abs. 1 wohl nur deshalb herausgehoben, weil § 9 selbst in Abs. 2 und Abs. 3 (vergl. soeben) „rahmenartig“ auch die „Zusammensetzung“ trifft. Dieser innere „Aufbau“ den räumlichen und menschlichen Verschiedenheiten der einzelnen Teile des „Gebietes des Deutschen Reiches“ (§ 8) anzupassen, daher ebenso wie der äußere hinsichtl. der genaueren Regelg. grundsätzl. Sache der Länder. Aber mit der reichsrechtl. Beschränkung ihrer gesetzgeber. Zuständigkeit, daß auch sie nur Grundlagen und Grundsätze schaffen dürfen, welche nähere Ausgestaltung erst von einem noch wesentl. engeren Kreise, dem „zuständigen Selbstverwaltungskörper“, d. i. der „Errichter“ oder Träger des JA., zu empfangen haben. über „Selbstverwaltungskörper“ vergl. schon ob. Vorbem. zu diesem Abschn., üb. das allgemeine, bes. das dem Gemeinwohl zugewandte Wesen der „Verfassung“ vergl. meine Abhandl. in Iherings Jahrb. Bd. 72 S. 202 ff., auch dort — S. 205 ff. — über den Begriff der „Satzung“ als der äußeren Erscheinungsform der „Verfassung“, der Selbstordnung. Auch im Hinblick auf die Zurückführung der JA. auf die Gemeinden pp. als „Selbstverwaltungskörper“ die Zuweisung der — ersten — Ausfüllung des reichsrechtl. Rahmens an das Landesr. durchaus dem Gesamtsystem des gegenwärtigen R.s entsprechend. Denn das R. der „Selbstverwaltungskörper“ ist bis zur Gegenwart Landesr. Auf dieses einschlägige Landesr. verweist für Preußen ausdr. auch § 3 des Ausf.Ges., indem er die zu „erlassenden Satzungen“ auf die Grundlage der „Gem.verfass.sges.“ stellt. Als solche Gemeindeverfass.sgesetze kommen in Preußen in Betracht: A) Die Städteordnungen, nämlich a) für die östlichen Provinzen vom 30. 5. 1853, b) für Westfalen vom 19. 3. 1856, c) Rheinprovinz vom 15. 5. 1856, d) Schleswig-Holstein vom 14. 5. 1869, e) Hannover vom 24. 6. 1858, f) Hessen-Nassau vom 4. 8. 1897. Dazu noch g) Gem.deverf.ges. Frankfurt a. M. einschl. Sachsenhausen vom 25. 3. 1867 und h) für die hohenzollernschen Lande deren Gem.ordnung v. 2. 7. 1900. Vgl. zu ihnen allen näheres in Bitter's Hdwört.buch, Art. Städte-Ordn.en (2. Aufl.) S. 594 ff. B) Die schon mehrfach erwähnte Kreisordn. v. 13. Dez. 1872 (in geringerem Maße auch die Landgem.eordng.)

Nach den Grundsätzen dieser Quellen müssen die „Satzungen“ erlassen werden, welche Gestalt und Betrieb der einzelnen JA. (einschl. des „Verfahrens“ d. i. der Gesamtheit der Grundsätze, nach denen die Jug.wohlf.tsbeh.n äußerl. in d. Erscheinung treten, sei es im unmittelbaren, zumal mündl., sei es im mittelbaren schriftl. Verkehr; Teil davon die Ordnung der vor dem JA. stattfindenden Verhandlungen, noch engerer Ausschnitt dieses Teils die von ihm abzuhaltenden „Sitzungen", vergl. unt. zu Abs. 4) ergeben. Der hierin begründeten, schon reichsrechtl. ausdrückl. anerkannten Autonomie der Selbstverwalt.gskörper in Preußen aber eine wesentl. Schranke gezogen: die Satzungen bedürfen der „Bestätig. durch die Beschlußbehörden." (§ 3 Ausf.Ges.s) Zu beachten dabei die etwas eigenartige Ungleichmäßigkeit gegenüb. § 33 Abs. 2 Ausf.Ges.s. Dort Zuständigkeit der „Aufsichtsbehörde"! — Über Beschlußbeh. vergl. Bitter Handwört.b. (2. Aufl.) Art. „Beschlußverfahren" u. f. — Es sind das in Preußen, woselbst dieses Institut in der Hauptsache auf den §§ 121—123 u. 125 L.Verw.Ges.s beruht (vgl. O. Mayer [3. Aufl.] S. 128) a) der Kreisausschuß, daneben der Stadtausschuß (nach Bitter: „Stadtausschuß = der Ausschuß, welcher in den städtischen Angelegenheiten anstelle des Kreisausschusses tritt", jedoch nur für diejenigen Sachen, deren Entscheidg. ihm durch bes.re gesetzl. Vorschriften, (L.Verw.Ges. § 4, Abs. 2, übertragen), b) der Bezirksausschuß, c) der Provinzialrat (von denen der letztere immer, die beiden anderen überwiegend, nämlich soweit nicht ausdrückl. das Verwalt.streitverf. vorgeschrieben, im „Beschlußverf." tätig werden; vgl. über den Prov.rat § 54 LVerwGes.). Nicht geordnet im Preuß. Ausf.Ges. die Frage der Beschwerde bei etwaiger Versagg. der Bestätigg. durch den Kreisausschuß. Daher nach den allgemeinen Grundsätzen über administrative Beschwerde — vgl. Land.verw.Ges. §§ 50 ff. — zu beurteilen. Entscheidg. über die Beschwerden in ordentl. Sitzungen. § 55. Ebenso folgt solchen Grundsätzen die Frage etwaiger Widerruflichkeit, welche nach dem allg. Gesichtspunkte des „Gemeinwohls" dahin zu beantworten sein dürfte, daß nicht eigentl. Widerruf, sondern nur Eingreifen der „Aufsichtsbehörde" zulässig, wenn einmal „bestätigte" Satzung im Laufe der Zeit mit diesem Gesichtspunkte nicht mehr vereinbar. Hier außerdem noch eine äußere, ebenfalls schwerwiegende zeitliche Schranke dieser Autonomie durch die Übergangsvorschr. — § 33 Abs. 2 — gezogen. Die Satzung muß „bis zum 1. Oktober 1924" von dem zuständigen Selbstverw.skörper erlassen sein. Ist sie bis dahin nicht zustande gekommen, so wird sie von der Aufsichtsbehörde „erlassen", d. h. dem Selbstverw.skörper oktroyiert. Über die Auff.sbehörden zu vergl. die Darstell.gen der Kommunal-Aufsicht, Bitters Hdw.buch (2. Aufl.) I S. 1049, auch Hatschek, Deutsch. u. Preuß. Staatsr. I S. 123: „Kommunale Auff. kein Direktions- und Anweis.gsrecht des Staates, bedeutet noch weniger eine Vorschr. darüber, wie im Einzelfalle zu entscheiden." — Vgl. ferner Stein, Verw.Lehre I Abs. 2, Schmieder, Preuß. Verw.bl. Bd. 25 S. 483 ff.; nach diesem Selbstverwaltung Regel, Staatsaufsicht Ausnahme (Gesetzl. Quelle für Städte, Städteordng. v. 30. 5. 1853 § 76, die Landkreise Kreisordng. § 177 ff. In Verbindg. mit § 7 des Zuständigk.Ges. v. 1. 8. 1883 „unter gewisser Mitwirkung des Provinzialrates". Hiernach Regel: Auff.behörde der Regierungspräsident unter beschränkter Beteiligung des Bezirksausschusses zuständig, dieser also für die zu oktroiierende Satzung. Über diesem der Oberpräsident (der nach den jetzt im Gange befindl. Reformbestreb.gen bezügl. der Preuß. Verwaltung, für welche in der Hauptsache 3 Tendenzen zu unterscheiden sind: Abschaffg. der Reg.Präs.n — so Pr. Städtetag —, Beibehaltg. der letzteren, Abschaffg. des Ob. Präs.ms — so Landkreistag —, Beibehaltg. beider mit klar abgegrenzter Zuständigk. — so Landeshauptleute) vielleicht demnächst ganz in Fortfall kommt) als bisher höchste und letzte Instanz. In Gr.-Berlin statt des

Regierungspräs. der Oberpräsident, statt des letzteren der Min. des Innern. Vgl. neuestens auch Lewald, Reg.Präs. in D.A.Z. v. 9. Dez. 1924. Für die hiernach den Selbstverwalt.gskörpern offen gelassene „Einlass.gsfrist" durch die Eingangsvorschr. d. § 33 Abs. 1 Ausf.Ges.s die Fortgeltung der bisherigen Satzung pp. ermöglicht; denn ihr zufolge „werden bis zur Errichtung der Satzungen (also längstens bis 1. 10. 24) die Zuständigkeiten der JA. durch den Vorstand des Selbstverwalt.gskörpers wahrgenommen", mit den aus §§ 11 u. 32 RJWG. folgenden „Übertrag.gs"rechten. Groß-Berlin hat von dieser Überleitung durch eine „Zwischenregelung" v. 3. Mai 1924, veröffentl. in Nr. 109 des Gem.Bl.s, dahingehenden Gebrauch gemacht, daß es bis zur Errichtung der Satzung die Wahrnehmung der JA.-Zuständigkeit für den Bereich der Stadt Berlin bei der Zentraldeputation für Jug.wohlf. (d. i. das JA. der Stadt Berlin) beläßt und auf die Bezirksämter vorläufig „überträgt" mit der Abgrenzung zwischen Magistrat und Jug.-Bezirksämtern (Bezirks-JA.), welche sich aus der am 1. und am 9. 6. 1921 erlassenen Satzung der gen. Deputation und aus den dazu veröffentlichten Grundsätzen ergibt.

Als maßgebendes Landesr. stellt das Ausf.Ges. selbst für die so noch „zu erlassenden Satzungen" (in § 4) folgende Normen auf, die den „Rahmen" des Reichsges. näher präzisieren: I. Es müssen dem JA. angehören: 1. „ein bis vier leitende Beamte" des Selbstverw.gskörpers, unter ihnen der Vorsitzende des JA. mit ausschlaggebender Stimme bei Stimmengleichheit und ferner der „leitende Fachbeamte". Dieser letztere wenigstens wird, wie schon aus der hervorhebenden Bezeichnung als Fachbeamter zweifellos ersichtl., den Voraussetzungen des § 9 Abs. 3 RJWG. zu genügen haben, d. h. eine hinreichende „Ausbildung" besitzen und zwar durch „mindestens einjährige praktische Arbeit in der Jug.wohlf." erworben haben müssen. Über Mittel, solche Ausbildg. zu erlangen, vgl. u. a. bes. Hartmann, Ztrbl. Vmschw. XV S. 15; ferner sind auch nach dieser Seite gute Vorbilder grade in Gr.-Berlin vorhanden, worüber Näheres zu entnehmen dem Ber. des JA. der Stadt Berlin für die Zeit vom 1. 10. 1920 bis 31. 12. 1922, bes. S. 9: Soziale Frauenschulen, ferner Seminar für Jug.wohlf. bei der Deutsch. Hochsch. f. Politik und vor allem, sehr beifallswürdig, zahlreiche praktische sogen. „Ausbild.shauptstellen", d. h. Stellen bei den JA. (des Berliner Bezirks) selbst, in denen die Aspiranten durch Halbdienst während einer gewissen Ausbild.gszeit Praxis erlangen. — Die Zahlenbestimmung des § 4 Abs. 1 Z. 1: „ein bis vier" übrigens in sich widerspruchsvoll, da „Vorsitzender" — vgl. sof. — und „leitender Fachbeamter" in praxi nicht identisch sein können, mithin nur „ein" leitender Beamter nicht mögl. Den Vors. weist das Ausf.Ges. selbst zu: a) für die Landkreise, die Kreis-JA. im engeren (techn.) S., dem Landrat als Vors.den des Kreisausschusses, mit Wahlr. des letzteren bezügl. des Stellvertreters (welches jedoch durch die Satzung abweichend geregelt werden kann), b) für die Städte dem zuständigen Deputationsvorsitzenden, dem sog. „Dezernenten", nämlich „Dezernenten" κατ' ἐξοχήν — der für das „Dezernat der Jug.wohlf." berufen ist. Auch er wird naturgemäß in gew. Grade Spezialist (der Jug.wohlf.) sein müssen, gleichwohl aber bei größeren JA., für die allein diese Organisation tatsächlich in Frage kommen wird, eines „Fachbeamten" — mit abgeschlossener Vorbildg., also „geschult" im prägn. S. — nicht entraten können. Hier kommt bes. deutl. der organische

„Einbau" der JA. in die Gemeinde- bzw. Kreisverfassung zum Ausdruck, für welche im Gegens. zum Entw. sich das Preuß. Ausf.Ges. selbst entschieden hat. S. ob. Vorbem. — Über „Deputationen" vgl. bes. Bitters Hdwörterbuch Bd. I S. 375.

Deputationen gleich: Ausschüsse zu dauernder Verwaltg. und Beaufsichtigg. einzelner Zweige des städt. Selbstverw.bereichs (ihre Bildung und Zusammensetzg. sowie die Regelung ihres Wirkungskreises nach Umfang und Inhalt im wesentl. Sache der städt. Autonomie). Grundsätzl. schon anerkannt durch die Städteordnung v. 19. 11. 1808 (Stein-Hardenberg) § 175 bes. § 179 ff. und die Instruktionen v. 25. Mai 1835 dazu. (Vergl. hierzu Galland, Preuß. Verw.Bl. XXV, S. 639 ff., neuestens u. a. auch Bürgerm. Schablow in D.A.Z. v. 11. Dez. 1924), die nach Ministerialverfgg. v. 27. 11. 1900 auch für die neu erworbenen Teile Preußens anwendbar. Beauftragt mit dem Vorsitze der Deputation in den alten Provinzen und in Frankfurt a. M. der Bürgermeister bzw. (dies bes. f. d. neueren Prov.en von Bedeutg.) ein Magistratsmitglied. Nach § 28 Instr. v. 1835 aber innerh. des der Deputation anvertrauten Verwaltungskreises die R.e u. Pflichten der (d. h. aller) Deputationsmitglieder die gleichen wie die der Magistratsmitglieder. S. hierzu bes. § 18 Abs. 2. Die Mitgliedschaft in einer städt. Deputation ist — soweit nicht Magistratsmitgliedern selbst zugewiesen — Ehrenamt, zu dessen Annahme jeder stimmfähige Bürger verpflichtet (Bitter, a. a. O. III). Für Groß-Berlin insbes. maßgebend § 26 Z. 1 Ges. v. 27. 4. 1920 (u. dazu die Ausf.Anw. v. 29. 6. 1910), nach welchem für die Bildung von Bezirksdeputationen übereinstimmender Beschluß der beiden Bez.körperschaften, d. s. Bez.samt und Bez.sversammlung, erforderl. Jedoch hier mit der erhebl. Abwandlung, daß die nach dieser Seite bestimmenden „Satzungen" der Berliner Bezirks-JA. durch Ortsgesetz geregelt werden. § 7 Abs. 2 S. 1 Ausf.Ges. „Ortsgesetz" nicht identisch mit dem „Ortsstatut", wenn auch derselben Gattung angehörig. Verl. über „Ortsstatut" Bitters Hdwört.b. Bd. II S. 236, auch Art. „Gemeindestatut", ebd. Bd. I S. 708. Unrichtig, mindestens ungenau daher Wölbling, Ges. betr. die Gem. Groß-Berlin, Nr. 13 § 13: „Ortsgesetz d. h. Ortsstatut"! — § 13 Abs. 3: Erforder. des „Ortsstatuts" zur Übertragung der Vertretungsbefugnisse nach außen an die Verwaltungsdeputationen und -kommissionen. Auch seine Ausführung in „Berliner Stadtr." S. 37: diese Ortsstatuten kann man „gewissermaßen" als „Gesetze" der Stadtgemeinde bezeichnen, — vgl. ebd. S. 18 — zu beanstanden. Am richtigsten wohl danach zu unterscheiden: das „Ortsgesetz" stets der speziellen ausdrückl. Genehmigung bedürftig (für Groß-Berlin des Oberpräsidenten). Ortsstatut nur der generellen ein für alle Male erteilten. — Singuläre ergänzende Vorschriften über die Zusammensetzung dieses Teils der JA. (§ 4 Ziff. 1) bieten noch § 8 Abs. 2, § 9 des Ausf.Ges.s. Nach ersterem solche Gemeinden (oder Gemeindeverbände) von mehr als 10 000 Einwohnern oder hannoversche selbständige Städte, welche kein „besonderes" JA. haben, sofern durch die Satzung berechtigt, innerhalb des Kreis-JA. vertreten zu sein, zuständig, diese Vertreter selbst zu bezeichnen (mit Anspruch auf Berufung der so „bezeichneten" Vertreter); nach § 9 in den Landgem.den, rheinischen Bürgermeistereien und westfälischen Ämtern Vorsitz und Stellvertretung des Vorsitzenden durch die Gem.ordnung bestimmt, welche in letzterem Punkte (Stellvertretung) durch die Satzung abänderbar. Hier die Erwähnung (auch) „der Landgemeinden" auffallend, da tatsächl. Landgem.den wohl auch in Anwendung des § 2 Abs. 3 S. 1 Ausf.G.s niemals „besondere" JA. errichten werden.

Zusammenfassend ergibt sich danach für diesen Bestandteil des JA. folgende Regelung: in den Städten Bestimmung des Vorsitzenden, seines Stellvertreters und der sonstigen „leitenden Beamten" durch den Vorstand des Selbstverwaltungskörpers, d. h. den Magistratsdirigenten (Bürgermeister), das „Verwaltungsorgan", Ausf.Anw. II Abs. 7, welches aber hier an die „Regeln der Vorschr.n der Städte-O. über Deput.n u. Kommissionen" gebunden ist (§ 7 Abs. 1, mit alleiniger Ausnahme von Groß-Berlin, § 7 Abs. 2). Auf dem Lande Vorsitzender gesetzl. bestimmt: Landrat; Stellvertreter vom Kreisausschusse gewählt, sonstige leitende Beamte vom Landrate bestimmt.

2. Diesen „leitenden Beamten" steht gegenüber ein Ausschuß*), welcher, für Preußen, in Ausfüllung des durch § 9 Abs. 2 Reichs-Ges.s gezogenen „Rahmens", nach Zahl und Beschaffenheit durch § 4 Abs. 1 Z. 2 bzw. Abs. 2 u. Abs. 3 Ausf.Ges.s näher geregelt wird: a) Die Zahl nach oben durch Verhältnis zu derjenigen der leitenden Beamten begrenzt, höchstens fünffach so groß wie die Zahl jener, also Höchstzahl 20, nach unten absolut: mindestens 10, also genau die Hälfte der zulässigen Höchstzahl. (Letzteres Zusatz des Landtags-Ausschusses zu dem Reg.Entw. des Ausf.Ges.) b) Beschaffenheit: allgemein, man kann sagen, mehr abstrakt, u. zw. für den ganzen „Ausschuß" (wörtl.), in Übereinstimmung mit dem Reichsges. bestimmt durch den letzten Grundgedanken der ganzen Ordnung, die Jug.wohlf.; „Erfahrung und Bewährung" in dieser ergeben bei „Männern und Frauen aller Bevölkerungskreise" die Eignung (vgl. dazu schon Einl. S. 70 u. S. 87), also nicht maßgebend: Geschlecht, Beruf, Stand, sonstige Stellung im bürgerl. Leben, an sich auch (nicht) Alter. Die beiden letzteren Beziehungen mit der Einschränkg. allerdings der aus den weiteren Bestimmungen — in Abs. 2 bzw. Abs. 3 — sich ergebenden Besonderheiten. Diese bestehen nämlich in bezug auf A) zwei Fünftel des Ausschusses als unerläßliches Erfordernis in den Bedingungen für die Wählbarkeit zu Ehrenämtern des Selbstverwalt.körpers. Über Gemeinde„ehrenämter" vgl. Fölsche, Ehren-A. in Preußen usw. § 23, Artt. in Bitters Hdwört.b., Gemeindeämter, (2. Aufl.) S. 674 ff. und Ehrenämter daselbst S. 439. Danach: Ehrenamt = Staats-, Kommunal- oder sonstiges Amt, dessen Träger es nicht berufsmäßig gegen Entgelt, sondern ohne Besoldung u. insofern freiwillig bekleidet. Viel besser aber als diese mehr äußere Bestimmung (nach der Entgelt.keit) O. Mayer, D.Verw.R. II [2. Aufl.] S. 293: „das Ehrenamt bedeutet, daß die Dienstpflicht, mit der es geführt wird, eine reine Leistg. an das Gemeinwesen darstellt, das den Mann in solcher Weise für sich in Anspr. nehmen will." Das ist wahrhaft sozial treffend. Die „Leistg. an das Gem.wesen" als solche oder, was damit identisch, an das Gemeinwohl, hier: das Jug.wohl, macht das Wesen des „Ehren-A." aus! Über die Verpflichtg. zur Übernahme solcher Gemeindeehrenä.:

*) Darüber, daß das „Beirats"-System — beamteter Kern mit ihm angegliederten Beirat — bewußt aufgegeben worden ist, vgl. u. a. Friedeberg, Besprechung des Reichs-Entw.s, Zentralbl. Aprilhft. 1922 S. 2.

Jebens, Preuß. V.Bl. Bd. 25 S. 499, Preuß., das Städt. Amtsr. in Preußen (bisher schon Gemeinde-ehrenamt jug.fürs. Art: z. B. der Gemeindewaisenrat). Die Verpflichtung zur Übernahme nach Bitter, Art. Gemeindeamt, geschichtlich aus dem R. der Selbstverwaltung (Stein-Hardenberg'sche Reformen!) als deren Gegenstück herzuleiten. Vgl. dazu auch O. Mayer, a. a. O. S. 294 N. 4 und die mit Recht von ihm so nachdrücklich betonten Wendungen in § 14 Preuß. StädteO. von 1808. Nach Jebens a. a. O. S. 499 und S. 505 aber auch gewisse „Strafen", d. h. bestimmte Nachteile auf grundlose Ablehnung gesetzt. Für die Wahl zu solchen Gemeindeehrenä. jetzt maßgebend das Gef. üb. die vorläuf. Regelung der Gemeindewahlen vom 9. April 1923, Ges.Samml. 1923 S. 83 ff. Nach § 2 zur Wahl grundsätzl. aktiv wahlberechtigt: alle über 20 Jahre alten deutschen Männer und Frauen, die seit ununterbrochen sechs Monaten ihren Wohnsitz im Gem.egebiet haben und im Besitze der bürgerl. Ehrenr.e sind; wählbar, also passiv wahlberechtigt, die Vorgenannten, soweit über 25 Jahre alt. Die zwei Fünftel, — mit welcher Quotenbestimmung das Preuß. Ausf.Ges. sich unmittelbar an die Norm des Reichsges., § 9 Abs. 2 S. 2 anschließt: („Anspruch der Vereinigungen" auf zwei Fünftel Beteiligung) — nicht frei, beinahe nach Willkür, der vielleicht großen unterschiedslosen Menge der so Qualifizierten, sondern einer bestimmt sich abhebenden Richtung in ihr, einer spezifischen, der freien Liebestätigkeit, genauer den „im Bezirke, für welchen das JA. errichtet ist, wirkenden freien Vereinigungen, welche sich ganz oder vorwiegend mit der Förderung der Jug.wohlf. befassen oder der Jugendbewegung dienen", zu entnehmen. (Über den stark „bekenntnismäßigen" Einschlag, welchen zwar nicht eingestandenermaßen, aber doch unverkennbar diese volle „mitgliedschaftliche" Beteiligg. der „Vereinig.gen" hat, die in der Vorbereitg. des Reichsges.s von manchen, so bes. von Klumker — vgl. Friedeberg a. a. O. — u. der Reichstagsabg. Frau Neuhaus gleichsam als unverbrüchliches Axiom, als wichtigster Bestand des Ganzen gefordert wurde, s. unten zu § 33 Abs. 3.) Die Aufnahme erfolgt durch den Vorstand der Selbstverwaltungskörper im Wege der „Ernennung" auf der Grundlage von Vorschlägen der Vereinigungen. Letztere müssen zur Ermöglichung geeigneter, sichtender Auswahl „mindestens die doppelte Anzahl der auf die entfallenden Vertreter" vorschlagen. Der Vorstand des Selbstverwaltungskörpers hat aber hier noch über das an sich schon weitgehende „Ernennungs"recht hinaus sehr erhebliche leitende Bestimmung. Er „entscheidet über die Zulassung der ‚Vereinigungen' zur Ausübung des Vorschlagsrechts und die Zahl der von ihnen zu stellenden Vertreter". Gesetzlich, lediglich mit der sehr allgemeinen, etwas vagen Anweisung, auf die „Bedeutung der Vereinigungen für die Jug.wohlf.-pflege Rücksicht zu nehmen". Seine Entscheidungen sind insoweit aber anfechtbar, sowohl die Ablehnung der Zulassg. überhaupt wie auch die nur beschränkte Zulassung, d. h. die Zurückweisung grade der von den Vereinigungen beantragten Vertreterzahl bzw. aller oder eines Teils eben der von ihnen Vorgeschlagenen; gegen diese: Beschwerde beim Regierungspräsidenten — für Gr.-Berlin entsprechend an den Oberpräsidenten —, welche an zweiwöchige Frist (laufend von Bekanntgabe der Entscheidung an, ihrer Dauer nach mit der Normalfrist des Preuß. L.Verw.Ges. § 51 übereinstimmend) gebunden ist. Keine Anfechtung vorgesehen für rein positive „Entscheidungen" d. h. solche, welche den Anträgen der Vereinigung voll entsprechen, also nicht Anfechtungsrecht anderer Vereinigungen, nur weil sie etwa glauben, durch Zulassung einer ihnen nicht genehmen Vereinigung beeinträchtigt zu werden. Dies dürfte wenigstens die allein sinngemäße Auslegung sein. Aus der Fassung: „die Vorschlagsberechtigten" u. der hier sogleich wiedergegebenen Empfehlung der Aus.Anw. (II A 11) des Systems der „verbundenen Listen" ist allerdings auch das Gegenteil herzuleiten. — Über „Jug.wohlf." und „Jug.bewegung" vergl. oben zu § 2. — Ob über die Beschwerde der Regierungspräsident endgültig entscheidet oder weitere Beschwerde an den Oberpräsidenten zulässig, im Gesetze nicht ausgesprochen, nach allgemeinen Grundsätzen wohl zu bejahen. Offenbar um jede unzweckmäßige und die Reinheit der jug.fürs.ischen Ziele trübende Konkurrenz möglichst auszuschließen, empfiehlt Ausf.Anw. II A Z. 11 Zusammenschluß der Vereinigungen zu tunlichst „gemeinsamen Vorschlägen", unter Berufung auf eine insoweit schon bewährte „mit Erfolg durchgeführte" Praxis; verfehl aber zweifellos, wenn auch hier (vergl. unt. zu § 29) — Ausf.Anw. ebd. Z. 10 — als Vereinigungen u. a. Stiftungen genannt werden. Denn diese: sachliche Einrichtungen mit Kuratorien, welche unter die „freien(!) Vereinigungen" des § 4 Abs. 2 zweifellos nicht fallen. Um das Vorschlagsrecht der Vereinig.gen in Bewegung zu setzen, nach Aus.Anw. II A 10 a. E. Aufforderung durch Schriftform oder öffentl. Bekanntmachung (durch den „Vorst.d des Selbstverw.körpers") geboten. Für die Entscheidungen zweifellos nur die erstere anwendbar. Die „Eignung" d. h. „Erfahrung und Bewährung in der Jugendwohlfahrt" kann mit äußeren Eigenschaften, insbes. der Bekleidung gewisser Ämter zusammentreffen: Kreisschulrat, Kreismedizinalrat, ferner Vmsch.srichter, sodaß auch diese gemäß § 4 Abs. 2 Ausf.Ges.s Mitglieder des JA. werden können, so richtig die Ausf.Anw. II A 16; über Zweckmäßigkeit u. Wünschbarkeit eines solchen Ergebnisses s. bes. in Ansehung des Vmsch.richters unten.

B) Dem aus den „Vereinigungen" hervorgehenden Bestandteile des JA., dieser Untergruppe des durch Abs. 1 Z. 2 des § 4 Ausf.Ges. bestimmten Teiles, steht eine andere größere, drei Fünftel der „in der Jug.wohlf. Erfahrenen und Bewährten" umfassende gegenüber: § 4 Abs. 3 u. Abs. 4. Im Unterschiede von jener soeben erörterten wird sie grundsätzlich nicht durch „Vorschläge" und kritisch sichtende Ernennung, sondern durch reine Wahl, allerdings mit nicht unerhebl. Maßgaben durch gewisse Pflichtzugehörigkeit (s. sof.), gebildet, Abs. 4, erfolgend von der Vertretung des Selbstverwaltungskörpers, also in den Städten der Stadtverordnetenversamml., in den Landgemeinden dem Kreistage, auf Grund der für die Wahl von Ehrenbeamten geltenden Vorschriften, also z. B. in Groß-Berlin gem. Ges. v. 28. Okt. 1920 nach den Grundsätzen der Verhältniswahl. Auch hier im übr. ohne bestimmte Unterscheidungen, vor allem in gleichmäßiger Ausdehnung auf „Männer und Frauen" (§ 4 des Ges. selbst). Diese in der Höchstzahl also 12 umfassende Gruppe am stärksten (mehr noch als die im weiteren S. ebenfalls dafür anzusprechenden Vertreter der „Vereinig.gen") den „Bürgerdeputierten" zu vergleichen, welche schon jetzt anderweit in kommunalen Angelegenheiten neben den amtlichen Organen tätig sind auf der Grundlage der StädteO. (für d. östl. Prov.en) § 59, der rhein. StädteO. § 54, westfäl. § 59 usw.; vergl. ebens. Fölsche a. a. O. S. 101. In richtiger Würdigung unbestreitbarer sozialer Lebenserfahrungen und, um eine entsprechende Jug.wohlf.„eignung" dieser

Untergruppe möglichst zu gewährleisten, anordnet das Gesetz unmittelbar, Abs. 3, gewisse Pflichtmitglieder zwiefältiger beruflicher Einstellung und Herkunft, nämlich solcher a) aus dem geistlichen und b) aus dem Lehrerstande. Diese Pflichtmitglieder, welche nach Ausf.Anw. II A Z. 12 und Z. 13 auf die in Rede stehenden Untergruppen „anzurechnen" sind, werden zu einem Teil, — soweit Geistliche — für das JA. präsentiert, in dasselbe „von den zuständigen Stellen der betr. Religionsgesellsch.en ernannt oder gewählt." Als solche für diese Bestimmung „zuständigen Stellen" werden anzusehen sein, da Abs. 3 als geistliche Pflichtmitglieder des JA. fordert „je einen evangelischen und katholischen Geistlichen, soweit Kirchen dieser Bekenntnisse im Bezirke (des JA.) vorhanden sind, sowie einen Rabbiner, soweit Synagogen im Bez. vorhanden und der Rabbiner im Bez. ansässig ist": α) bezüglich der protestantischen Geistl., § 143 II 11 ALR.s, die Konsistorien, vgl. dazu auch Schoen, Ev. Kirchenr. in Preußen (1903) Bd. I S. 248 und Preuß. Ges. vom 3. Juni 1876; β) für die katholischen Geistl. § 115 II 11 ALR. der Diözesanbischof (oder -erzbischof) durch ihre kirchenverfass.mäßigen Organe, in der Regel das Generalvikariat der Diözese als „ernennende" Instanzen, während γ) für die Rabbiner, vgl. Preuß. Ges. v. 27. Juli 1847 (Ges.Samml. S. 263) über die Verhältnisse der Juden u. jüdischen Synagogengemeinden §§ 51 u. 52 nebst Ges. vom 28. Juli 1876 (Ges.Samml. S. 353) die in Abs. 3 ebenfalls zugelassene „Wahl" in Betracht kommen dürfte. Zu b) die „Lehrpersonen", ebenfalls der Zahl und auch dem Geschlecht nach genau bestimmt, nämlich „Lehrer und Lehrerin" (also von jeder Gattung ein Vertreter) werden gewählt, und zwar ebenfalls „von der Vertretung des Selbstverwaltungskörpers", aber — zwingend — „nach Mehrheitsbeschluß".

Sowohl die Angehörigen der Hauptgruppe (§ 4 Abs. 1 Z. 1), wie diejenigen der Untergruppen ebd. Z. 2 sind „Mitglieder des JA.", d. h. nach dem reichsgesetzl. § 9 Abs. 2 festgelegten „Rahmen", „stimmberechtigte" Mitgl., welcher Beisatz wiederum durch Umkehrung aus § 9 Abs. 4 Reichsges.s (§ 5 Preuß. Ausf.Ges.) seine nähere Bestimmung empfängt: „berechtigt zur entscheidenden Stimme". Demgemäß gehören sie nur für gesetzl. bestimmte Zeit dem JA. an, § 6 AusfGes.: für vier Jahre. Eine nach ausdrücklicher Bestimmung auch „das Amt der Ersatzleute", also insbes. der „Stellvertreter im Vorsitze" (vgl. § 7 Abs. 1, § 8 Abs. 1) umfassende peremtorische Frist, sachlich die Übereinstimmung mit der allgemeinen Amtsdauer der Angehörigen parlamentarischer Körpersch.en, des Reichstages, des Landtages, der Kirchenvertret.gen usw. herstellend. — Wichtigster Unterschied zwischen den „Mitgliedern" des Abs. 1 Z. 1 und denen der Z. 2 die Zuständigkeit einer Besoldung nur für jene, nicht für diese; also alle Mitglieder der Z. 2 als solche, — selbst wenn im übrigen Inhaber eines öffentl. Amts wie insbes. die vorgenannten „Pflichtmitglieder", aber auch sonstige wegen ihrer ausgesprochenen Eignung „gewählte" oder etwa von Vereinigungen vorgeschlagene Beamte — (unbesoldete) „Ehrenbeamte". „Ehrenbeamte" mindestens im weiteren S., da ja das JA. eine Behörde bzw. doch ein Beh.bestandteil, also alle seine Mitglieder Beamte sind. Demgemäß gebührt ihnen nur „Entschädigung für Zeitverlust"; inwieweit und nach welchen Grundsätzen, bestimmt die „Satzung", welche in dieser Richtung alle Mitglieder gleich zu behandeln hat. — Neuestens empfiehlt angelegentlichst im Sinne einer ganz bestimmte Seiten der JA.-Tätigkeit fördernden Anleitung der Erlaß des Min. f.

Jwohlf. v. 8. April 1924 „als dringend erwünscht" die stimmberechtigte Mitgliedschaft auch der Kreis-Jug.Pfleger bzw. Pflegerinnen. — Von diesen Mitgliedern verschieden „die Hilfspersonen", insbes. das Bureauhilfspersonal des JA., welches je nach Umfang und Schwierigkeiten des Geschäftskreises und verfügbaren finanziellen Mitteln verschieden groß auszugestalten sein dürfte; jedoch nicht schlechthin als unzulässig zu verschließen diesem Kreise die Mitgliedschaft des einen oder anderen im Bureaudienst besonders Erfahrenen und Bewährten aus dem Gesichtspunkte des Abs. 3 oder auch Abs. 2 § 4 Ausf.Ges.

Im Ganzen stellt der so zusammengesetzte Körper des JA. einen „Ausschuß" innerhalb des Organismus der Selbstverwaltung (Ausf.Anw. II A 7) dar, wie er für die Bearbeitung bes. wichtiger städtischer pp. Angelegenheiten der Praxis des kommunalen R.s, zumal der städtischen, schon bisher bekannt war, vgl. bes. Leidig, Pr. StaatsR., Berlin 1892, S. 182 ff., vornehml. S. 183: Verwaltungsausschüsse (die „zur dauernden Verwaltg. oder Beaufsichtigg. einzelner Zweige der städt. Verwaltgg. als bleibende Ausschüsse niedergesetzt" und deren „Mitglieder öffentl. Beamte sind") überall Organe des Stadtvorstandes und zur Befolgung seiner Anordn.gen verpflichtet. So ist denn auch das JA. nach der ausdrückl. Feststellung Ausf.Anw. II A 7 dem „Vorstande des Selbstverwaltungskörpers nachgeordnet"; letzterer selbst „für die Verwaltung verantwortlich", wie er nach der positiven Ordnung des Ausf.Ges.s auch sehr weitgehende Rechte besitzt, insbesondere hinsichtl. der Beschwerde gegen „Entscheid.gen der JA." („§ 15 Abs. 1, § 16 Abs. 1 Ausf.Ges." Legalzitat der Ausf.Anw. II A 7). Näheres unten zu § 18 —, jedoch ist in Sachen der eigentl. Jug.Fürs., um deren möglichster Reinheit willen das JA. verhältnismäßig unabhängig gestaltet, ihm „weitgehende sachliche Selbständigkeit zu gewährleisten, die zur fruchtbaren Arbeit auf dem Gebiete der Jug.wohlf.pflege dringend erforderlich ist." — Ausf.Anw. II A 7 a. E. — Demgemäß auch der Satzung, welche „das Nähere regelt", größte Freiheit in allen Einzelheiten gelassen, mit Einschränkung allein durch die Formen und Normen, welche § 4 Ausf.Ges. selbst ergibt. Diese teils freiheitliche, teils gesetzlich beschränkte Sonderstellung gerade unserer Ausschüsse (Deputationen) innerhalb des Kommunalorganismus starke Analogien mit der „Schuldeputation" ergebend, auf welche auch Ausf.Anw. II A 8 ausdrücklich hinweist (auch sie „abweichend" von dem Gemeindeverfassungsgesetz geregelt); vergl. über die Schuldeputationen, welche jetzt auf §§ 43, 44, 47 Abs. 10 und § 57 des Volksschul-Unterhaltungsges.s vom 28. Juli 1906 beruhen, bes. v. Rohrscheidt im Kommentar zu dies. Ges. 3. Aufl. S. 232 ff., auch Trautmann Pr.Verw.Bl. Bd. 25 S. 641, für Berlin insbes. Wölbling, Berliner Stadtr. 1911, S. 85; in Berlin besondere Schuldeputation für die einzelnen Verwaltungsbezirke.

II. Als eine nicht dem JA. selbst angehörige, die dem JA. durch § 6, s. dort, zur Pflicht gemachte „planvolle Zusammenarbeit mit anderen Organen der öffentl. Jug.hilfe" sinnfällig verkörpernde Ergänzung schon durch das Reichsges. § 9 Abs. 4 berücksichtigt: das „zur Teilnahme an den Sitzungen des JA. mit beratender Stimme" berechtigte Vormundschaftsgericht. Für Preußen ist diese Einrichtg. dch. § 5 Ausf.Ges.s, „landesrechtlich", d. h. die vorbezeichnete „Teilnahmeberechtigung" auch auf andere der Jug.Fürs. nahestehenden öffentl. Organe (vgl. ob. zu § 2

Abs. 1) ausgedehnt: den „Kreisschulrat", den „Kreismedizinalrat" und den „Kreisgewerberat", und ist das vom Reichsges. Abs. 4 dieser Beteiligung gewürdigte „Vormundschaftsger." näher präzisiert zum „Vormundschafts**richter**", so daß also der auch jetzt noch in weitem Maße mit vormundschaftlichen Geschäften befaßte „Rechtspfleger" nicht hierher gehört. Aus einer etwaigen Mehrheit solcher Beamten „im Bezirk" (des JA.) trifft „die vorgesetzte Dienstbehörde" die Entscheidung; beim Vormundschaftsrichter z. B. mithin der Landgerichtspräsident. Diesen nur „zur Teilnahme berechtigten", nur „beratend" mitwirkenden Personen steht keinerlei Entgelt für solche Beteiligung an der JA.-Tätigkeit zu, ihr „Anspruch auf Vergütung für die Teilnahme an Sitzungen" durch § 5 Abs. 2 Ausf.Ges. ausdrückl. abgelehnt. Klarer Beweis der Gegensätzlichkeit ihrer Stellung zu derjenigen der Mitglieder (allerdings die Mitgliedschaft auch dieser nach § 4 Abs. 3 vielleicht sogar nach Abs. 2 keineswegs ausgeschlossen; vgl. schon ob.). Von dieser nur „beratenden" Aufzählung bes. bedenklich diejenige des „Vormundschaftsgerichts" (fast noch mehr in der preuß. positiven Ausprägung als „Vmsch.richter") in Anbetracht der gerade ihm gebührenden entscheidenden Stellung gegenüber vornehmlich allen „Anträgen" des JA., vgl. z. B. § 27 Abs. 2 und vor allem der verschied. Beziehungen zwischen JA. u. Vmschgericht, gem. Abschn. IV, ferner auch im Fürs.Erz.Verfahren zufolge § 65 Abs. 1 S. 2 und über die Bedeutung dieser Verquickung neuerdings Friedländer, Ztrbl. XVI S. 56 ff.; auch Oetker, Jurist. Wch.schr. 1924 S. 278 und den Bericht über mein Referat auf der Danziger Tagung Juni 1923, Ztrbl. Vmschw. Aug.-Heft S. 100. Aus den zumal von Oetker dargelegten zutreffenden Erwägungen werden die Vormundschaftsrichter von der ihnen durch § 5 Abs. 1 Z. 4 Ausf.Ges., § 9 Abs. 4 R.G.s eingeräumten Befugnis zweckmäßigerweise nur spärlichen und vorsichtigen Gebrauch machen.

Die „**Sitzungen**" des JA. begegnen hier zum ersten und einzigen Male im RJWG. (und entsprechend im Preuß. Ausf.Ges. § 5). „Sitzungen": förmlich angesagte, — grundsätzlich — auch nach einer bestimmten Gesch.s-Odng. abgehaltene u. mit einer vorher festgestellten Tagesordnung einberufene Vollversammlungen der Gesamtbehörde, deren Leitung an sich dem Vorsitzenden des JA., mindestens aber seinem ordentl. Stellvertreter (§ 7 Abs. 1, § 8 Abs. 1 S. 2 Preuß. Ausf.Ges.s) gebührt. Bei der unvermeidl. Schwerfälligkeit u. den auch nicht unerheblichen Kosten dieses Apparates (in Preußen letztere durch die von Ausf.Anw. II A 15 ausdrückl. „**allen** Mitgliedern", vgl. oben, zuerkannten „Entschädigungen für Zeitverlust" gegeben!) werden sie, zumal auf dem Lande, wo die an der Peripherie des JA.-Bezirks wohnenden, **nicht** „beamteten" Mitglieder oft nur sehr umständlich heranzuziehen sind, lediglich in größeren Zeitabständen u. für Angelegenheiten u. Fragen von sehr tiefgreifender grundsätzl. Bedeutung (die dann über größere Fristen entsprechend anzusammeln sind) abgehalten werden dürfen. Näheres wird nach diesen Gesichtspunkten auch über die „Sitzungen" die Satzung zu bestimmen haben, ebenso über mehr formelle Punkte, Verpflichtg. z. Erscheinen, Entschuldbarkeit etwaigen Ausbleibens, Abstimmungsordnung, auch die etwaige äußere Legitimation für die Zulassung zu den „Sitzungen". — Die Bedeutung der letzten Frage geht über die Teilnahme an den Sitz.gen offenbar hinaus: überhaupt zu erwägen, ob u. in welcher Art den „Mitgliedern" als solchen, also allen, mindestens den ehrenamtl., ein Ausweis über diese ihre Eigenschaft geschuldet wird. Die Unentbehrlichkeit sicher zu bejahen; die Form kann bes. bei den „Vertretern der Vereinig.gen" dem Ermessen des „Vorstandes des Selbstverwaltungskörpers" überlassen bleiben, wird aber besser allgemein durch die Satzung geregelt.

Inzwischen sind, während der Drucklegung, vom Preuß. Min. f. Vwf. die Entwürfe von „Mustersatzungen" je für ein ländliches u. ein städtisches JA. bekannt gegeben worden (abgedruckt Zentr.Bl. Jug.R. XVI SS. 117—120, Aug. 1924). Sie geben in großen Teilen die vorstehend dargestellten Bestimmungen des Ausf.Ges.s wieder (was auch in einer offiziellen Anmerkung — zu dem städt. JA.Entwurf — anerkannt und mit dem Bestreben begründet wird, „alle Vorschriften geordnet zusammen zu haben") u. beschränken sich im übrigen, vgl. ebenfalls diese Anm., ausdrücklich auf „Vorschläge". Von letzteren sind folgende Einzelheiten hervorzuheben: sowohl die „Vereinigungen", wie die „Rel.-Gesellschaften" sind mit Monatsfrist aufzufordern, ihre Vorschläge einzureichen bzw. ihre Vertreter zu benennen; der Aufforderung an die letzteren ist eine „Mitteilung der Satzung" beizufügen, diejenigen an die ersteren sind „durch öffentl. Bekanntmachg." (im Kreisblatt bzw. „amtl. Blatt der Stadt") zu bewirken. — Der Zusammentritt des JA. geschieht „nach Bedarf, in der Regel vierteljährlich einmal", — bei den KreisJA. mit der Maßgabe, daß auf Antrag „von wenigstens 1/3 seiner Mitglieder" das JA. berufen werden muß. Diese Sitzungen sind nicht öffentlich; die Einladungen, welche außer auf die „Mitglieder" auch auf die mit beratender Stimme Teilnahmeberechtigten auszudehnen sind, haben „unter Mitteilung der Tagesordnung" zu erfolgen. Beschlüsse werden mit einfacher Stimmenmehrheit gefaßt; bei Stimmengleichheit entscheidet der Vors. Die Beschlußfähigkeit ist bei den KreisJA. durch Anwesenheit von mindestens 1/3, bei den StadtJA. von mindestens 1/2 der Mitglieder bedingt. — Als „Obliegenheiten des JA." werden, gleichmäßig bei Kreis- wie StadtJA., genannt: 1. Aufstellg. von „Grundsätzen u. Richtlinien" für Erfüllung der JA.Aufgaben, sowie Erlaß der Geschäftsordnung („für die Verwaltgs.-tätigkeit"); 2. die den Haushaltsplan betreffenden Arbeiten — bei den StadtJA. als Mitwirkg. „bei der Aufstellg.", bei den KreisJA. nur als solche „bei den Vorbereitungen" für diese formuliert — einschließl. Jahresabrechnungsvorprüfung u. Jahresberichtserstattg.; 3. Beschlußfassg. (bei den StadtJA. bemerkenswerter Weise als „grundsätzliche" Beschlußfassung bezeichnet) über die Verwendg. der im Haushaltplan ausgeworfenen u. gebilligten Mittel; 4. „Entscheidg. über alle Fragen grundsätzl. Art." — Die Vorbereitg. der Verhandlg.en u. insbes. die Leitg. der „Sitzungen" (denen die soeben genannten 4 Kategorien wohl sämtlich vorzubehalten sein werden) sowie die Vollziehg. der gefaßten Beschlüsse kommt dem JAVors. zu; außerdem d. Führg. d. „laufenden" Geschäfte", ja, im Dringlichkeitsfalle, auch „selbständige" Entschdg. in satzungsgemäß dem „JA. in seiner Gesamtheit" zugewiesenen Angelegenheiten, mit der Pflicht nachträglichen Berichts an dieses. — Die „Delegation" gemäß § 11 — s. alsb. dort — kann u. a. auch an einen „Fachausschuß" erfolgen (bei den KreisJA., ganz genau, als „Fach- oder Ortsausschuß" bezeichnet); bei seiner Zusammensetzung ist für d. KreisJA. „angemessene" Beteiligung der freien Vereinigg.en f. Jug.wohlf. u. Jug.Bewegg. ausdrücklich vorgesehen, daneben diejenige von Nicht-Mitgliedern; bezügl. letzterer, die auch bei den StadtJA. berücksichtigt, sind hier die Eigenschaften, welche die „Wählbarkeit" zu Mitgliedern bedingen, erforderlich. — Die „Ausübung der vmdsch.lichen Obliegenheiten" im S. von § 32 S. 2 RJWG. (s. auch dort) ist bei den KrJA. einem Kreisausschußsekretär, bei den StadtJA. einem städt. Beamten od. JA.Mitgliedern zugedacht, in beiden Fällen unter „Leitg. des Vors. bzw. dessen Stellvertreters nach den näheren Bestimmungen des JA."; abweichend vom Ges.e selbst aber nur als „widerrufliche (!) Übertragung". — Als „Gemeindevorstand" i. S. des § 4 Abs. 2 Ausf.Ges.s kommt für die KreisJA. der Kreisausschuß, für die StadtJA. der „Magistrat bzw. Oberbürgermeister" in betracht. Ihm ist demgemäß stets der „Einspruch" aus § 15 Ausf.Ges.s „zur Entscheidg. vorzulegen, falls ihm nicht stattgegeben wird." Gegen seine Beschlüsse also findet Beschwerde bzw. Klage im Verwaltungsstreitverfahren statt. — Der dienstaufsichtlichen Unterstellung der JA.Beamten u. Angestellten insonderheit ist nur für die KreisJA. gedacht: durch Übertragung an den Landrat als Vors. des Kreisausschusses. — Den Erlaß der Satzg. erwarten diese Entwürfe: a) für die KreisJA. von einem Beschlusse des Kreistages, b) für die StadtJA. von einer „Festsetzg." (sc. offenbar durch die städt. Körpersch.en). — Das Verhältnis zu den ordentlichen Behörden des JA.„Trägers" drücken sie aus bei jenen als Bestellg. eines bes. Ausschusses bei (!) der Kreisaussch.verwaltg. bzw. beim Kreiswohlf.amt, — bei diesen als solche einer „Deputation" — Unterausschusses der Deputation f. Wohlf.pflege — des Wohlf.amtes, „welche(r) die Bezeichnung JA. führt".

Ferner ist jetzt (vgl. ob.) die JA.Satzg. der Stadt Bielefeld erlassen worden, welche dem vom dortigen Dezernenten Binder in der Juni-Tagung zu Wilhelmshagen (s. sogl. zu § 10 S. 159) mitgeteilten Plan durchaus entspricht. Vgl. auch noch über die tatsächl. Ausgestaltg. des JA. im Kreise Blankenburg (Harz) die interessanten Mitteilungen des Reg.Ass v. Hinüber, ZentrBlJugR. XVI S. 114 ff.: JA. als „Teil des Ausschusses des Kreisfürs.amts" mit der Folge der Geschäftsführung durch die Beamten dieser Behörde, als welche die Kreisfürsorgerinnen und zwei Kreisfürs.schwestern, sowie drei Berufsvormünder in Betracht kommen, (neben dem Vorsitzenden des Kreisausschusses). Bei der sachl. u. räuml. Berührung braunschweigischer Verhältnisse mit Preußen auch für letzteres nicht ohne Bedeutung!

§ 10.

Sofern für den Bezirk einer Gemeinde oder eines Gemeindeverbandes ein Wohlfahrtsamt oder eine andere der Wohlfahrtspflege dienende geeignete Einrichtung der staatlichen oder der Selbstverwaltung besteht, können ihr nach näherer Maßgabe der Landesgesetzgebung durch die oberste Landesbehörde oder eine Satzung des zuständigen Selbstverwaltungskörpers die Aufgaben des Jugendamts übertragen werden unter der Voraussetzung, daß die Einrichtung den Vorschriften des § 9 entspricht.

Besteht für einen Bezirk ein Gesundheitsamt oder eine entsprechende Behörde, so können dieser die gesundheitlichen Auf-

gaben übertragen werden. In diesem Falle müssen die Behörden im Einvernehmen mit dem Jugendamte vorgehen.

A. Abs. 1. Aus Erwägungen der Praktikabilität, nämlich technischer Vereinfachung und nicht zuletzt auch materieller Ersparnisse, hatte schon das Reichs-Ges. einen gewissen Ersatz des bes. JA. durch ein gleichartiges Surrogat vorgesehen: durch ein in der betreffenden Gemeinde bereits vorhandenes „Wohlfahrtsamt" oder eine andere der Wohlf.pflege dienende geeignete staatl. oder „Selbstverwaltungs"einrichtung, indem es alles Nähere bezügl. dieser Durchbrechung des Prinzips eines „lückenlosen Netzes der JA." der Landesges.gebg. oder der Satzung überließ, mit der einzigen einschränkenden Norm der keinesfalls erläßlichen Vorschriften des § 9 Abs. 2 (vgl. darüber soeben zu § 9). — Der „Abbau" der Notvdn. Art. 1 Z. 1 (vgl. Vorbem. zu diesem Abschn.) ist auf diesem Wege erheblich weitergeschritten, jedoch ebenfalls nur im S. einer Ermächtigung an die zuständigen Landesinstanzen (die auch in § 10 Abs. 1 Reichsges. schon gen. „oberste Landesbehörde").

Preußen hat aber von dieser fast unbegrenzten Freiheit hinsichtl. des obligatorischen JA. nur sehr beschränkten Gebrauch gemacht, nämlich sich mit e i n e m dem § 10 Abs. 1 Reichsges.s unmittelbar angeglichenen Surrogat begnügt, in Ausf.Anw. II A Z. 21 ausdrücklich als einzige Abwandlung hervorgehoben, welche auf der Grundlage des § 10 Reichsges.s und Art. 1 Z. 1 Notvdn. in Preußen zulässig. Diese auch im Ausf.Ges. grade in **§ 10** Abs. 1 enthaltene, also auch rein äußerlich, der Anordnung nach, mit dem Reichsges. ganz kongruente Abwandlung besteht in der Zulassung einer „Übertragung der JA.-Aufgaben durch die Satzung" an „ein Wohlfahrtsamt oder eine andere der Wohlf.pflege dienende geeignete Stelle der Selbstverwaltung" bzw. einen „Ausschuß dieser Stelle". Gegenüber dem Reichsges. insofern eine Präzisierung, als hier n u r die kommunalen, nicht wie in jenem ausdrücklich auch die „staatlichen" „der Wohlfahrtspflege dienenden" Einrichtungen dazu gehören, aber Übereinstimmung, insofern außer dem „Wohlfahrtsamt" die ihm g l e i c h artigen „Stellen" berücksichtigt sind. Auch diese „Übertragung" hat aber sachlich eine sehr erhebliche Schranke, da die in § 9 Reichsges. als zwingender Bestand aufgestellte und vorgeschriebene „Zusammensetzung" auch für das Surrogat, welches eben die Verpflichtungen des JA. übernehmen soll, unverzichtbar: es muß daher ebenfalls aus zwei in sehr wichtigen Beziehungen ungleichartigen (vgl. eingehd. zu § 9) Teilen bestehen, d. h. sowohl „leitende Beamte", besoldete Angehörige wie ehrenamtliche unbesoldete „Mitglieder" umfassen, deren Gewinnung und Herkunft, sei es aus „Vereinigungen" des Bezirks, sei es aus gewissen Ämtern (Geistliche und „Lehrpersonen") durchaus den genauen Einzelanordnungen des § 4 Preuß. Ausf.Ges. untersteht, mit Einschluß des durch § 5 vorgesehenen Ausbaues, welcher dort — § 10 Abs. 1 S. 3 — auch für solche Surrogate „sicherzustellen" ist. Praktisch hat diese schon vom Reichsges. vorgesehene Anknüpfung an die öffentl. Organe der allgemeinen „Wohlfahrtspflege" jetzt durch die Neuregelung des Fürsorgewesens an Bedeutung außerordentl. gewonnen: § 3 Abs. 1 Fürs.Pflicht-Vdn. v. 13. Febr. 1924 weist mit seinem grundsätzlichen Bestreben, in der Durchführung a l l e „Fürsorgeaufgaben" desselben örtl. Bereichs wieder tunlichst einander gleichzustellen, ganz deutlich auch auf eine Vereinheitlichung des

Fürsorgewesens im S. der höheren Gattung der hierher gehörigen Erscheinungen hin, also möglichste behördliche Zusammenfassung insbes. der allgemeinen mit der Jug.Wohlf. Bei der gegenwärtigen schwierigen Finanzlage wird diese Verbindung, zumal auf dem insoweit schlechter gestellten flachen Lande, aber auch in Städten mit beschränkten Mitteln für derartige kommunale Zwecke — wie für Preußen Ausf.Anw. II A 9 ausdrückl. anerkannt — voraussichtl. die natürliche Erledigung der Anforderungen des RJWG. und des Preuß. Ausf.Ges.s darstellen. Als hierfür maßgebende normale Form des künftigen JA. wird man in den oben genannten Gebieten wohl einen „Ausschuß" des allgemeinen Kreis- oder städtischen Wohlf.amts zu erwarten haben. Im wesentl. etwa von der Art, wie ihn unter Vorlegung einer Mustersatzung Stadtrat Binder-Bielefeld auf der Tagg. des Archivs f. JugWohlf. v. 17. Juni 1924 Ztrbl. XVI S. 70, vgl. auch S. 144 u. S. 119ff., empfohlen hat: als Ausschuß f. Jug.wohlf. mit zusätzlicher Bezeichnung „ständig" bzw. „JA.", bestehend aus a) einem Beamten des Wohlf.Amts, sofern dieser die für Jug.fürs. erforderliche Eignung besitzt, als „leitendem Fachbeamten", unter größeren Verhältnissen vielleicht noch einem weiteren Mitgliede des Magistrats bzw. des Kreisausschusses und ferner der entsprechenden, mindestens 10 betragenden Zahl von Mitgliedern aus den „freien Vereinigungen" und aus den Reihen der (sonst) in der JugWohlf. „erfahrenen und bewährten" Männer und Frauen. Eine Übertragung der JA.-Tätigkeit auf das gesamte Wohlf.amt bzw. die ganze gleichartige sonstige Wohlfspflege-„stelle" hier praktisch nicht in Frage kommend, da diese Ämter bzw. „Stellen" erfahrungsgemäß derart mit anderweiten Obliegenheiten befaßt, also mit Arbeit überlastet sind, daß sie unmöglich auch noch die Funktionen des JA. (schlechthin) übernehmen können. Die Einzelheiten hat auch hier durchaus die Satzung zu regeln, welcher insoweit grundsätzlich freier Spielraum gelassen, die nur ihrerseits auf das „Gemeindeverfassungsgesetz" aufbauen, in deren „Rahmen" sich halten soll. Für Groß-Berlin eine Besonderheit dahin nachgelassen, daß verwaltungsbezirksmäßig die JA.-Aufgaben dem jeweilig vorhandenen Wohlfahrtsamt oder der gleichartigen „geeigneten Stelle der Bezirksverwaltung" übertragen werden können: erforderlich dafür, wie für jegliche Organisation auf der Grundlage der Jug.wohlf., welche innerhalb Groß-Berlins errichtet werden soll, „Ortsgesetz" — vgl. hierüber ob. zu § 9 — mit den bestimmten richtungweisenden Maßgaben, welche im allgem. für diese Übertragung an „Wohlfahrtsstellen" ausgesprochen sind, d. h. Erfüllung der „Erfordernisse des § 4" und „Sicherstellung" der Anordnungen des § 5 — § 10 Abs. 2 Ausf.-Ges.s. — Die Regel wird auch innerhalb Groß-Berlins bei Gebrauch von der Ermächtigung des § 10 Abs. 1 und 2 Ausf.-Ges., wie sicher zu erwarten, nur Betreuung eines „Ausschusses" der betreffenden Stelle mit den JA.-Aufgaben bilden, so daß die oben erwähnten von Binder gemachten Vorschläge hier entsprechend anwendbar. (Jetzt allerdings durch den „Abbau" der Berliner BezA. beinträchtigt.) — Durchaus praktisch und auf angemessener Würdigung der Lebensverhältnisse der Gegenwart beruhend die generelle preuß. Ausdehnung der „Rahmen"-Bestimmung des § 10 von den bereits bestehenden auf die erst noch zu errichtenden Wohlf.Einrichtungen.

B. Abs. 2. Einer sehr starken Strömung, welche sich bereits in der Vorbereitung des RJWG.s mit großer Lebhaftigkeit dahin geltend machte, daß gewisse Zweige der Jug.fürs. wegen ihrer besond. gearteten Bedürfnisse, nämlich weil die Gesundheitspflege im weitesten Sinne betreffend, nicht zu den besonderen „Aufgaben" der Jug.wohlf.s-behörde, sondern denjenigen Kreisen gehörten, welche durch ihre berufliche ausgesprochene Sachkunde diesen Bedürfnissen am besten genügen, — den Medizinalpersonen — trägt § 10 Abs. 2 RJWG. und der ihm entsprechende § 11 Preuß. Ausf.Ges.s Rechnung. Vgl. über die gesetzgeberische Vorgeschichte näheres bei Friedeberg Ztrbl. Vmschw. Aprilhft. 1922 S. 3 und besonders den Bericht über die Verhandlungen des Gesundheitsfürsorgetages in Berlin vom 25. Juni 1921 (Sonderschr. des Verl. Kriegerdank Berlin). Von letzterem hat — vgl. hierzu ferner die Einzelschr. von Gottstein „Gesundheitsamt und Wohlfahrtsamt", auch Lisa Wolff, „Die Frau" 1922, S. 56 ff. und die Richtsätze der Konferenz der Deutschen Zentr. f. Jug.fürs. von Lembke bzw. von Caspari, Ztrlbl. Vmschw. XIV S. 83 bzw. S. 87 sowie aus dem Sonderberichte vor allem die Referate von Silberstein S. 25 ff., v. Drigalski S. 39, Hanauer S. 42 und sonst — in Preußen zumal schon der Ministerialbeschluß vom 30. April 1921 über Bildung eines „Landesgesundheitsrats für Preußen", Ges.Samml. S. 369 einen gewissen Präzedenzfall insofern geschaffen, als dieser in § 1 Abs. 1 den genannten Gesundsheitsrat als die Behörde zur Beratung des Staatsministeriums, insbes. des Ministers f. Vwf. in allen Fragen der sozialen Hygiene vorsah, und ferner § 4 Ziff. f und h die Gesundheitsfürsorge (soziale Hygiene) bzw. die Schulgesundheitspflege für die Ausschüsse dieser neuen Behörde in Anspruch nimmt. Zweifellos benötigen eine ganze Anzahl von Fürs.betätigungen, welche nach der „Aufgaben"umschreibung der §§ 3 und 4 den JA. zukommen, besond. fachmännische Behandlung (vgl. das früher über Mutterschutz, Säuglingsfürsorge, Kleinkinderbetreuung und Schulkinderfürsorge Gesagte, ferner das später über Mitwirkung des Arztes zumal des Psychiaters bei der FE. zu Sagende). Die möglichst vielseitige und eindringliche Beteiligung des Arztes an der „öffentl. Jug.hilfe" schlechthin in allen Einzelzweigen ihrer Betätigung ist nicht angelegentlich genug zu befürworten. Insbes. werden die JA. bzw. die ihre Verrichtungen wahrnehmenden Ersatzstellen nach fester Regel mit solchen ärztlichen Helfern Hand in Hand zu arbeiten haben, wie dies z. B. in Lübeck, — vgl. hierzu meine Abhandl., Ztrbl. Vmschw. Maiheft 1923 S. 35 — schon jetzt sehr vollkommen entwickelt. Darüber hinaus ganze Zweige der Jug.fürs. eigenen Gesundheitsämtern oder der Teilstelle eines solchen, bzw. einer anderen, ihm „entsprechenden Behörde" zu übertragen, wegen der Gefahr der Zersplitterung, der Konkurrenz eines Zuviel von Behörden, welche vielfach mehr negative Ergebnisse zeitigen würde, bedenklich und nicht ratsam. Die Warnungen eines Kenners von Rang, wie des Direktors Dr. Hertz-Hamburg in seinem Refer. v. 17. Juni 1924, Ztrbl. XVI S. 70 sind durchaus zu beherzigen. Das Preuß. Ausf.Ges. § 11 läßt — Abs. 2 — die bloße Zuziehung des Arztes zum JA. für die „gesundheitlichen Aufgaben" — unter „Verbleib" der letzteren beim JA. — ausdrücklich zu, wobei sachgemäß der Begriff dieser „Aufgaben" weit zu fassen sein wird, um so die Beteiligung „des Arztes" in der oben dargelegten umfassenden Art zu erzielen. Diese Norm der obligatorischen ärztlichen „Zuziehung" hätte nach Lage der allgemeinen Gesamtverhältnisse, nicht zuletzt der finanziellen, sicher auch für Preußen genügt und wohl einen klareren eindeutigen Rechtsstand geschaffen, als die (wiederum) allzuvielen Erwägungen, Rücksichten und Möglichkeiten stattgebenden Bestimmungen des § 11. Dieser trägt deutlich den Stempel einer gewissen Ängstlichkeit vor dem früher aus ärztlichen Kreisen hervorgetretenen Widerstand gegen die ausschließliche Berufung des JA. für „gesundheitliche Aufgaben", hat offenbar nicht ohne Absicht, ihre „Übertragung" an ein (besonderes) „Gesundheitsamt oder eine entsprechende Behörde", d. h. den Übergang dieses Teiles der JA.-Tätigkeit auf sie grundsätzlich zugelassen, mit dem anpassenden Zugeständnisse, daß dieses Spezialamt (die „entsprechende Behörde") auch „im Rahmen eines Wohlfahrtsamts" bestehen kann. (Jedoch muß es sich, wenigstens nach der Fassung des Gesetzes, immer um eine eigene innerhalb des Wohlf.A.s — seines „Rahmens" — bestehende abgegrenzte wahre „Behörde", also mindestens eine, wenn auch kleine, so doch selbständige Sektion dieses Amts handeln; die „Übertragg." nur an einen ihm angehörenden, im S. der Behördorganisation unselbständigen Beamten, etwa den Kreiskommunalarzt, ebenso auch etwa diejenige an den Kreisarzt, erscheint mit dieser Fassung nicht vereinbar!)

Bei der Schwierigkeit klarer, sicheren Abgrenzung „der gesundheitlichen Aufgaben", bei der unbedingten Notwendigkeit „planvollen Ineinandergreifens" (§ 6) der gesamten JA.-Tätigkeit — als unerläßlicher Grundlage des planvollen Gefüges mit den (allen) außerhalb des JA. stehenden Stellen —, welche eine scharfe Aussonderung des gesundheitlichen Gebiets unmöglich macht, ist Anwendung des § 11 Abs. 1 Ausf.Ges. nicht zu empfehlen.

§ 11.

Das Jugendamt kann die Erledigung einzelner Geschäfte oder Gruppen von Geschäften besonderen Ausschüssen, in welche auch andere Personen als seine Mitglieder berufen werden, sowie Vereinigungen für Jugendhilfe und für Jugendbewegung oder einzelnen in der Jugendwohlfahrt erfahrenen und bewährten Männern und Frauen widerruflich übertragen. Das Nähere regelt die Reichsregierung entsprechend dem § 15 oder die oberste Landesbehörde. Die Verpflichtung des Jugendamts, für die sachgemäße Erledigung der ihm obliegenden Aufgaben Sorge zu tragen, wird hierdurch nicht berührt.

Nicht sowohl äußere amtstechnische als rein sachliche jug.fürsorgerische Erwägungen machen neben dem gänzlichen Ersatz des JA. durch eine „andere" Behörde („Stelle", „Einrichtung") — durch § 10 des Reichs- und für Preußen des Ausf.Ges. zugelassen — auch einen nur teilweisen für einzelne Angelegenheiten oder „Gruppen" von solchen, also für gewisse Ausschnitte aus der JA.-Betätigung wünschenswert. Diese Erwägung ergibt den Grundsatz der sogenannten „Delegation" oder „Delegierbarkeit" der Aufgabenerfüllung seitens des JA. Sie ist im Zivilrecht etwa mit der Erfüllung von Verbindlichkeiten durch „Hilfspersonen", § 278 BGB., zu vergleichen, insbesondere auch insofern, als die Art und Folge dieser Hilfstätigkeit zu Lasten des eigentlich Verpflichteten geht:

§ 11 S. 3 RG., „Verpflichtung des JA., für die sachgemäße Erledigung der (ihm obliegenden) Aufgaben Sorge zu tragen". Die „ihm obliegenden": offenbar Pleonasmus, nicht etwa eine Einschränkung der Verpflichtung des JA. allein auf gewisse „Aufgaben", welche eben stets ihm „obliegen", sondern nur hervorhebende nähere Bezeichnung der Obliegenheiten („einzelne Geschäfte oder Gruppen von Geschäften"), als gleichwohl nach wie vor dem JA. „obliegender" Aufgaben. Hiermit klar ausgedrückt, daß solche „Geschäfte" stets Sache des JA., insofern „innerhalb" seines Betätigungsbereichs bleiben, die Maßgaben des § 11 nur mehr Entlastung, also Ausgleich des allzu leicht überlastung verursachenden Konzentrationsprinzips (vgl. Einl. und ob. zu § 3 und 4) bezwecken. Ferner diesem Gesichtspunkte der bloßen „bestimmt umgrenzten" Hilfstätigkeit gemäß: Fortdauer der „Bestimmung" des JA. über die „Erledigung der Geschäfte", „Bestimmung" in generellem, mehr abstrakten Sinne, nämlich über die Frage, ob die „übertragung" aufrecht erhalten werden soll oder nicht. Deshalb grundsätzlich (nur) „widerrufliche übertragung" zulässig. Ausübung des Widerrufs durch die gleichen Grundsätze beherrscht wie in sonstigen Fällen seiner Zulassung im RJWG., insbes. z. B. § 22 (vgl. näheres grade dort), § 25 usw. Maßgebend auch hier das höchste, letzte Jug.wohl, welches durch die „übertragung" nie beeinträchtigt werden darf, sondern im Gegenteil stets gefördert werden muß. Auch in formaler Beziehung der Widerruf natürlich gleich zu behandeln, vor allem geeigneter Bekanntgabe an die betreffenden Stellen bedürftig. — Ob die „übertragung" und deren Widerruf „im Wege der Beschwerde" nach § 18 „anfechtbar", nach dem Reichsges. nicht klar. Nach der Preußischen Formulierung der Voraussetzungen für dieses Recht, in § 15 Z. 1 Ausf.Ges., wohl zu verneinen, da von einer „Anwendung des bestehenden Rechts" bei dieser „Delegation" füglich nicht die Rede sein kann, hier vielmehr ein Ermessen des JA. obzuwalten hat*). Diesem vom Reichsges. in bezug auf die Handhabung des § 11 ein recht großer Spielraum gelassen: weder die „Geschäfte" selbst, die Objekte der „übertragung"**), noch deren Empfänger, ihre Subjekte, näher bestimmt. Lediglich für letztere eine sehr allgemeine Richtschnur,

*) über das „Ermessen" als administratives Grundprinzip von höherer algemeinerer Bedeutung s. die guten Bemerk.gen bei O. Mayer, D.Verw.R. (3. Aufl.), S. 160 ff. (auch schon vorher S. 99, 100). Er stellt die Unterscheidung zwischen „freiem (d. i. immer auch gleichzeitig: pflichtmäßigem) Ermessen" und „Willkür" darauf ab, „ob die Tatsachen die Wirkung (usw. der getroffenen Maßnahme oder Entschließg.) hervorbringen konnten bei einem ordentl. Verwalt.gsbeamten?" Auf das „freie Ermessen" der Jug.wohlf.behörde schlechthin anwendbare Formulierung! Denn ein „ordentl. Verwalt.gsbeamter" der Jug.wohlf. ist nur derjenige, dessen Anschauungen und Handlungen mit der Jug.wohlf. selbst voll im Einklang, der also für diese Seite des Gemeinwohls die erforderliche „Eignung" besitzt.

**) Das RJWG. selbst hat einige — recht wenige — Anwendungsfälle des § 11, das Preuß. Ausf.Ges. nur einen einzigen: jenes in den §§ 42 Abs. 1 S. 2 u. 45 S. 3, dieses in § 33 Abs. 1 S. 2; die beiden ersteren in der positiven, sachlich nichssagenden Fassung: „gilt entdurch die auch hier übereinstimmung mit § 9 Abs. 2, maßgebende Abstellung auf „Erfahrung und Bewährung" in der Jug.wohlf. gegeben. Jug.fürsorgerische Eignung also für die Übernahme solcher „Geschäfte" (bzw. Geschäftsgruppen) vom JA. unerläßliche Vorbedingung. Im übrigen vom Gesetz selbst § 11 S. 1 eine große Auswahl von Delegationsmöglichkeiten zu Gebote gestellt: A) „besondere Ausschüsse" des JA. selbst, sei es lediglich aus dessen „Mitgliedern" bestehend, sei es durch Einberufung auch „anderer Personen" ergänzt, B) ganz außerhalb des JA. stehende a) „Vereinigungen für Jug.hilfe und Jug.bewegung" und b) „einzelne in der Jug.wohlf. erfahrene Männer und Frauen". Also sehr ausgesprochene Parallelität zu der „Zusammensetzung" des JA. nach § 9 Abs. 2; ebenfalls die gleichen „Vereinigungen" (die terminologische Verschiedenheit: in § 9 — „für Jug.wohlf. und -bewegung", in § 11 — „für Jug.hilfe und Jug.bewegung" hier sachl. bedeutungslos) und die gleichartigen Einzelpersonen berücksichtigt. Die „Übertragung" kann sich danach teils als bloße „Absonderung" an engere Kreise der großen Gesamt-Jug.wohlf.beh. — „Ausschüsse" im eigentlichen technischen Sinne, — teils als „Aussonderung" an Außenstehende vollziehen. Welche Art der Delegation zweckentsprechend, nach persönlichen und lokalen Verhältnissen des JA.-Bezirks zu entscheiden; in Landbezirken z. B., in denen „Vereinigungen" wenig zahlreich, ist, da selbst solche mit größeren räumlichen Entfernungen zu kämpfen haben, nicht die „Übertragung" an sie, sondern an Einzelpersonen besonders zu empfehlen, — die Verhältnisse in Großstädten hingegen werden die Form der „Ausschüsse"-bildung sachgemäßer erscheinen lassen. Bei der Ergänzung der „Ausschüsse" durch Nichtmitglieder natürlich auch Einbeziehung der Kategorien des § 5 Preuß. Ausf.Ges. keineswegs ganz ausgeschlossen, vielmehr häufig vielleicht zweckentsprechend.

Die durch § 11 S. 2 vorbehaltene „nähere Regelung" ist von Reichs wegen, d. h. entsprechend § 15 RJWG., bisher nich erfolgt. Die „oberste Landesbehörde" hat in Preußen sich mit sehr kärglichen Hinweisen begnügt, Ausf.Anw. II A in ZZ. 20 und 22. Unter diesen ist die Vorschr. Z. 20 a. E. hervorzuheben, der zufolge bei Anwendung des § 11 „dafür Sorge zu tragen ist, daß zur Zusammenfassung und Führung der Jugendwohlfahrt ausgebildete Fachkräfte vorhanden sind," aus dem hier soeben dargelegten Grundsatze der fortdauernden Vollverantwortlichkeit des JA. auch hinsichtlich der delegierten „Geschäfte". In mehr materieller Richtung erweist die Bezugnahme auf die „Finanznot" und die auf ihr be-

---

sprechend"(!). An der Unterscheidung des § 11 selbst gemessen, könnte man geneigt sein, § 45 RJWG.s u. § 33 Preuß. Ausf.Ges.s mehr auf Geschäfts-Gruppen, § 42 auf Einzelgeschäfte zu beziehen. Wenn auch nur positive Sonderausgestaltungen des allgemeinen Prinzips des § 11, sind doch auch sie für die Richtung, in welcher dieses praktisch gehandhabt werden soll, bezeichnend. Nicht sowohl Bezugnahme auf § 11 wie die §§ 42 u. 45 citt. als vielmehr eine besondere Durchführung desselben gesetzgeberischen Gedankens, eine „Delegation" durchaus sui generis ist § 32 S. 2, allerdings nur als „Absonderung" (vgl. oben) — „der vm.schaftl. Obliegenheiten" — anerkannt und ferner der Fassung nach von § 11 auch durch die (äußere) Weglassung der Widerruflichkeit verschieden.

ruhende Empfehlung einer „Heranziehung aller Kräfte der freien Jug. und Wohlfahrtspflege in weitestem Maße". — Z. 20 a. A. — die letzten Ziele und Tendenzen der der preuß. „obersten Landesbehörde" vorbehaltenen Regelung, zumal „der Delegation auf Ausschüsse, Vereinig.gen u. Einzelpersonen". Im übrigen wird auch hier die Praxis, vor allem aufmerksamste Verfolgung der wirklichen Betätigung der Delegatare und entsprechende Anleitung von höheren Stellen, sei es durch Landes-JA., soweit bestehend, gem. § 13 Zz. 1, 2 und 7, sei es der Landeszentralinstanz, Grundsätze erst noch zu entwickeln haben. Auf einer von der Deutsch. Zentr. f. Jug.fürs. im Okt. 1922 veranstalteten Konferenz eine Einigung über die zur Delegation geeigneten Geschäfte nicht erzielt. Jetzt empfiehlt die mehrgen. Verfügung des Min. f. Vwf. v. 8. und 19. April 1924: Verknüpfung der JA. mit Jug.pflegeorganisationen im Wege des § 11. — Als eine schon vor Inkrafttreten des Gesetzes in Groß-Berlin praktisch gewordene Sonderanwendung der „Übertragung" nach § 11 die Einrichtung der „Wohlfahrtskommissionen", sowie der Wohlfahrtskreise in den Verwaltungsbezirken der Stadtgemeinde Berlin anzusprechen, über welche besondere Richtlinien unter dem 22. März 1922 Gem.Bl. der Stadt Berlin „Teil VII" veröffentl. worden sind. Nach ihnen sind die gem. § 2 Z. 1 der „Richtlinien" durch die Bezirke zu wählenden Kommissionen — mit der (nach III dort) vier Jahre betragenden Amtsdauer — aus (§ 4) unbesoldeten Ehrenbeamten gebildete „Organe" der Bezirkswohlf.- und -JA. zur Ausführung von Aufgaben dieser Ämter nach § 2 Abs. 1, d. h. also Teilträger dieser Aufgaben, weil zur Entlastung der JA. bzw. der Deputation für Jug.-wohlfahrt von Groß-Berlin selbst bestimmt.

2. Landes-Jugendamt.

Vorbemerkungen.

Vgl. schon Vorbem. zu diesem Abschn. u. ferner auch hier zu § 12. In der Entstehungsgeschichte des Gesetzes treten gerade die LJA. durch einen bes. lebhaften Kampf um ihre Einführung überhpt. u. bes. um die ihnen zu gebende Gestalt u. Stellung hervor. S. hierzu aus d. Schrifttum Kipp's Bespr. des ersten Entw. in „Jug.Fürs.", Jahrg. XV Nr. 1 S. 2, ferner aus der Zeit kurz vor der Verabschiedung des Gesetzes die zieml. prononzierte Stellungnahme v. Hartmann auf d. Konferenz der D. Zentr. f. Jug.Fürs., Ztrbl. Vmschw. XIV S. 91 und das Referat von Schmidt, ebenda S. 93. In der H.ptsache drehte sich der Streit darum, ob JLA., wenn auch nur in beschränktem Umfange, Aufsichtsinstanz des JA. werden und ferner, ob es zumal auf dem Boden der Preuß. Verwaltungsorganisation den schon vorhandenen Provinzial-Instanzen ein- oder nur angegliedert oder ganz selbständig an die Seite treten sollte. —

Das Reichsges. hat sich gegen eine — grundsätzl. — Aufsichtsstellung u. ferner, als Norm, für das selbständige LJA. entschieden, — außerdem für den Zwang zur Errichtung, allein mit gewissen teils räumlichen, aus der verschiedenen Größe u. teilweise eigenartigen Lage der „Deutschen Länder" hergeleiteten (§ 12 Abss. 1, 2 u. 3), teils sachlichen, dem § 10 Abs. 1 angepaßten Zugeständnissen (Erleichterungen). Die Notvdn. hat ebenso grundsätzlich das obligatorische LJA. wieder aufgegeben

u. durch Einfügung der Wendung „oder dem LJA." in § 77 neben (auch) der „oberst. Landesbehörde" den Landesregierungen eine weitgehende Machtvollkommenheit auch bez. dieser Einrichtung erteilt mit dem Erfolge großer Elastizität der das LJA. betr. gesetzl. Bestimmungen derart, daß diese Behörde leicht u. in erheblichem Maße durch eine andere ersetzt werden kann. Hiervon hat **Preußen** bes. auf dem Gebiete des Pfl.-Kinder-Schutzes teils durch die Ausf.Anw. seines Min. f. Vwf. (u. III Z. 4; vgl. zu §§ 22, 24, 25, 26), teils auch durch das Ausf.Ges. selbst (§ 14 f. u. zu § 29) ausgiebigen Gebrauch gemacht.

§ 12.

Zur Sicherung einer gleichmäßigen Erfüllung der den Jugendämtern obliegenden Aufgaben und zur Unterstützung ihrer Arbeit sind Landesjugendämter zu errichten.

Größere Länder können mehrere Landesjugendämter errichten.

Kleinere Länder können ein gemeinsames Landesjugendamt errichten. Die Jugendämter eines Landes oder eines Landesteils können dem Landesjugendamt eines anderen Landes angeschlossen werden. Auch kann für Jugendämter verschiedener Länder oder Landesteile ein Landesjugendamt errichtet werden.

Abs. 1 ergibt das Wesen der LJA. u. stellt die soeben gekennzeichnete (vgl. Vorb. zu dies. Unt.abschn.) Ablehnung ihres aufsichtlichen (die Ausf.Anw. II B Z. 1 S. 1 spricht offenbar in diesem S. von den nicht den LJA. gestellten „obrigkeitlichen Aufg.en" u. kennzeichnet im übr. positiv die „Stellung der LJA. zu den JA." in gleicher Weise) Berufs fest. Sie haben vielmehr die JA. in „ihrer Arbeit zu unterstützen" u. dienen (so) „zur Sicherung einer gleichmäßigen Erfüllung der den JA. obliegenden Aufgaben" Gesetzgeberischer Grund ganz offenbar die Erwägung, daß die v. RJWG. angestrebte möglichst große Zahl v. JA., also Vereinzelung der Jug.Wohlf.Arbeit auch in sachlich möglichste Kleinarbeit, die Gefahr einer „Eigenbrötelei", einer „Kirchturmspolitik" des einzelnen, nur eben seinem Bez. zugewendeten JA. birgt. Dies eine Gefährdung der Deutsch. Jug.Wohlf. überhaupt! Denn auch sie auf „planvolles" Ineinandergreifen aller ihrer „Organe" dringend angewiesen, die Bestimmung des ganzen Gesetzgebungswerkes nur zu erreichen, wenn jedem Teile der Gesamtorganisation ein letztes Gesamtziel vorschwebt. Darum bei aller unerläßlichen Individualisierung u. Einstellung auf lokale Besonderheiten u. Bedürfnisse doch auch eine nicht unerhebliche Gleichmäßigkeit des Grundtons unverzichtbar. Auch ihre Herbeiführung unmittelbare „Förderung der Jug.Wohlf. selbst". Sie nur möglich dch. Stellen, welche, auf der räumlichen Grundlage eines größeren Bez. aufgebaut, den weiteren Blick haben, vor allem aus der Beziehung gewisser ausgedehnteren Bereichen gemeinsamer Eigentümlichkeiten zur Jug.Wohlf. am besten die richtigen Grundlinien für deren zweckentsprechende Gestaltung zu erkennen u. durchzusetzen vermögen. In der Klarstellung u. Verwirklichung solcher „Grundlinien" ist die „Unterstützung" der eigenen Arbeit der JA. enthalten u. zeigt sich die Sicherung ihrer wahren letzten „Aufgabe", nämlich des Einklangs der bes. „Aufgaben"erfüllung mit dem Jug.- und dadurch dem Gemeinwohl. — Zuzugeben, daß bei dieser höchsten jug.fürsorgerischen Grundauffassung das obligatorische LJA. — wie nach § 12 Abs. 1 RJWG. — an sich als natürlich gegeben, ja vielleicht gradezu geboten. Doch kann die Tragweite des Verzichts darauf, welchen auf Grund der Notvdn. Preußen in § 12 Abs. 1 Ausf.Ges.s ausgesprochen hat, die Beschränkung auf das bloß fakultative LJA. („können errichten") nicht so hoch veranschlagt werden, wie dies z. B. Göze, Komm.Vorb. zu Abschn. 2 tut. Bei der starken Annäherung anderer Kommunalstellen, bes. ihrer Wohlf.-Einrichtungen an den spezif. Arbeitsbereich der Jug. Wohlf. eine im wesentl. ausreichende Ersatzleistg. von ihnen auch hinsichtl. der dem LJA. vom RJWG. gegebenen Bestimmung wohl zu erwarten.

Abs. 2. Diese Norm, zu welcher das Reichsges. die zu Abs. 1 entwickelten allg. Erwägungen über den inneren Zusammenhang zwischen gewissen größeren räumlichen Einheiten, Bereichen u. bestimmten Volksanschauungen u. Gepflogenheiten u. wiederum deren Bedeutung für die Jug. Fürs. geführt haben, in erster Linie für Preuß. (daneben noch Bayern, allenf. Württemberg) von Bedeutung. Preußen hat sie auch nach dem Dispens der Notvdn. dahin sich zu eigen gemacht, daß die „Provinzialverbände", in Hessen-Nassau sogar die Bez.Verbände Wiesbaden u. Kassel, in Hohenzollern dessen „Kommunalverband" u. schließlich entsprechend dem Grundsatze des § 1 L.Verw.Ges.s auch die Stadtgem. Groß-Berlin (in der ihr dch. das Ges. v. 27. Apr. 1920 gegebenen Gestalt) die „Träger" von LJA. werden sollen. Über Provinzialverbd. pp. vgl. unten zu § 70 („Provinzialausschüsse" u. „Kommunalvbd.") sowie Hatschek, Deutsch. u. Preuß. Staatsr. (1922), S. 122. — Gesetzl. maßgebend jetzt Art. 72 Preuß. Verfassung. — Über die Substitution eines L.Wohlf.A. pp. in Preußen s. sogl. zu § 14.

Abs. 3. Drei Zweckmäßigkeitsvorschriften, nach dem Vorbilde insoweit gleichartiger, auf anderen Gebieten uns. Staatsverwaltg. schon bestehender Einrichtungen getroffen, teils, u. zwar sehr erheblich, auf finanz. Rücksichten beruhend, teils auch in den oben dargelegten allg. jug.fürsorgerischen Erwägungen begründet (vgl. dazu f. die Schweiz Briner, Ztrbl. Vmschw. Nov. 1922, S. 162). Das gemeinschftl. LJA. ein Analogon z. B. zum gemeinsamen Ober-L.Ger. der Thür. Staaten in Jena. Das „an ein" LJA. eines and. Landes angeschlossene JA. dem allg. verwaltungsrechtl. Anschlusse Waldeck's an Preußen zu vergleichen. Auch eine Eingliederung gewisser Bez.e v. Anhalt in ein Preuß. LJA., etwa dasj. der Prov. Sachsen, käme nach der enklaveartigen Lage mancher Teile dieses Landes zu Preußen in Betracht. — (Über die Kosten-Gesichtspunkte, welche bei dieser Regelung v. Erheblichkeit vgl. u. a. Oetker, „Recht" 1920, S. 237 u. dens. jetzt „Jur.W.schr." 1924, S. 279). —

Ein auf ander. Gebiete liegendes bedeutsames Seitenstück der LJA. ist schon jetzt das „Landes-Arbeitsamt"; auch der L.Fürs.Vbd. der Fürs.-Pfl.Vdn. hat erhebliche u. zahlreiche Berührungspunkte.

§ 13.

Dem Landesjugendamte liegen ob:

1. die Aufstellung gemeinsamer Richtlinien und die sonsti-

gen geeigneten Maßnahmen für die zweckentsprechende und einheitliche Tätigkeit der Jugendämter seines Bezirkes;
2. die Beratung der Jugendämter und die Vermittlung der Erfahrungen auf dem Gebiete der Jugendwohlfahrt;
3. die Schaffung gemeinsamer Veranstaltungen und Einrichtungen für die beteiligten Jugendämter;
4. die Mitwirkung bei der Unterbringung Minderjähriger;
5. die Zusammenfassung aller Veranstaltungen und Einrichtungen, die sich auf die Fürsorge für gefährdete und verwahrloste Minderjährige beziehen;
6. die Mitwirkung bei der Fürsorgeerziehung gemäß § 71;
7. die Vermittlung von Anregungen für die freiwillige Tätigkeit sowie die Förderung der freien Vereinigungen auf allen Gebieten der Jugendwohlfahrt und ihres planmäßigen Zusammenarbeitens untereinander und mit den Jugendämtern im Bereiche des Landesjugendamts;
8. die Erteilung der Erlaubnis zur Annahme von Pflegekindern durch Anstalten sowie die Aufsicht über Anstalten gemäß § 29.

Weitere Aufgaben können dem Landesjugendamte durch die oberste Landesbehörde übertragen werden.

Der § zergliedert die allg., hier in Vorbem. u. zu § 12 Abs. 1 erörterte Wesensbestimmung der LJA. in eine Reihe einzelner „Obliegenheiten". Über ihren bes. Inhalt, da er teils aus sich selbst, teils aus dem in Bezug genommenen RJWG. heraus ohne weiteres verständlich, nähere Ausführungen entbehrlich. In der Hauptsache zweifelhaft nur Z. 4: „Mitwirkung bei der Unterbringung", welche auf die Fürs.Erz. nicht bezogen werden kann, da letzterer in Z. 6 nochmals bes. gedacht ist, aber auch nicht etwa auf § 27 hinweist, da dieser nur eine Zuständigkeit des JA. mit gewissem Nachprüfungsrecht des Vmdsch.Ger. (vgl. zu § 27) kennt. Am richtigsten hier teils an die „Unterbringung", welche § 7 Z. 4 J.Ger.Ges.s als „Erz.Maßnahme" nennt, u. ferner an bes. geartete „Unterbringungen" z. B. in Krüppelanstalten, Erholungsheimen usw., welche Bäumer S. 68 wohl zu Unrecht unter Z. 3 bringen will, zu denken. — Z. 5 deutet auf Einrichtungen, welche der „Aufgaben"-erfüllung des § 3 Z. 8 entsprechen, u. deren angemessene Typisierung der Sache selbst nur dienen kann, hin, i. S. einer Verallgemeinerung solcher Einrichtungen u. ihrer Stärkung dch. geeignete Normativbestimmungen. — Z. 6 deckt sich sachlich mit der Norm des § 71 Halbs. 1, welche deshalb neben § 13 Z. 6 überflüssig u. für Preußen zu weiterem Überfluß nochmals in § 20 Ausf.Ges.s wiederholt ist, mit d. Vorbehalt näherer Regelg. dch. d. Min. f. Vwf. (vgl. unten zu § 71). Die auch in der Fassung sehr generell gehaltenen allg. „Obliegenheiten" der ZZ. 1, 2, 3 u. 7 liegen ganz in den Bahnen der mehrfach betonten Gesamtstellung der LJA. u. machen noch nähere Regelung dch. die zuständ. Landes-Zntrl.-Instanz dringend erwünscht, welche f. Preuß. freilich (s. welches Aus.Anw. II B 1

i. d. H.ptsache nur die Formulierung des Ges. wiederholt) bis jetzt fehlen; auf jed. Fall wird die Praxis hier noch festere deutlichere Gr.dformen herausklären müssen. — Z. 8 ist in Preußen in Anwendg. der Ermächtigung des Art. 1 Z. 2 S. 1 der Notvdn., welche „die D.chführung (also insbes. auch deren Umfang) der §§ 12—14 dem Ermessen der Länder überläßt", ganz in Wegfall gebracht („mit Ausnahme von Z. 8"), § 12 Abs. 1 S. 1 Ausf.Ges., — in folgerechter Berücksichtigung des § 14 ebenda, welcher die „Rechte aus § 29 RJWG." schlechthin f. d. Min. f. Vwf. in Anspruch nimmt.

(Aus Z. 1 wäre noch der Begriff der „Richtlinien" näher zu bestimmen: Anleitungen, Empfehlungen, mit zwar nicht grade formal verbindlicher Kraft — also insbes. nicht ganz gleich den „Anweisungen", z. B. der vielgen. Ausf.„Anw." vom 29. März 1924, die, weil von der amtl. berufenen Stelle innerh. ihrer Zuständigkeit erlassen, befolgt werden müssen, — aber doch, weil von authentischer Seite herrührend, mit innerem materiellem Anspruch auf Maßgeblichkeit!)

Abs. 2. Die hier zugelassene, dem rahmengesetzlichen Charakter des RJWG. entsprechende „Erweiterung der Aufgaben der LJA. dch. die oberste Landesbeh." jetzt, bis auf weiteres, zufolge der gerade umgekehrt stark einschränkenden Tendenz der Notvdn. u. der auf ihr beruhenden Gesetze, in Preuß. zumal angesichts der weitgehenden Neigung der „obersten Landesbeh.", ihre Zuständigkeit hervorzukehren u. auszubauen — vgl. Ausf.Anw. III Z. 4 u. dazu schon mehrfach, — gegenstandslos.

§ 14.

Zusammensetzung, Verfassung und Verfahren des Landesjugendamts sowie seine Stellung zu den Jugendämtern werden landesrechtlich geregelt. Im übrigen gelten § 9 Abs. 1 und 2 und § 10 Abs. 1 entsprechend mit der Maßgabe, daß in das Landesjugendamt insbesondere Vertreter von Jugendämtern und Justizbehörden berufen sind.

Konform der Behandlung der JA. überweist auch die „Organisation", d. h. (vgl. die gesetzl. überschrift des Unt.Abschn. 1b dieses Abschn.): „Aufbau u. Verfahren" der LJA. das RJWG. dem LandesR. Nur bestimmte Grundformen, als zwingend aus d. Grundauffassg. des RJWG. sich ergebende, auch hier dch. den reichsrechtl. „Rahmen" vorgeschrieben: die auch für die JA. nach ReichsR. unerläßlichen der Absätze 2 u. 3 des § 9. Hier „bricht" (was aber die wenig glückliche Eingangswendung: „im übrigen" nicht recht deutlich macht) das ReichsR. das LandesR. — (Vgl. dazu im allg. Einleit. S. 71.) — Aus ersterem also die Grundlinien des „Aufbaues" auch der LJA. dahin zu entnehmen, daß 2 H.ptbestandteile zu unterscheiden: A) eine Gruppe leitender „Beamten" u. B) ein Ausschuß v. Sachverständig., nämlich von in d. Jug.Wohlf. „erfahrenen u. bewährten Männern u. Frauen aller Bevölkerungsklassen". — Neben dies. Beschränkg. der landesrechtl. Regelung dch. das Mehr, welches hier das Reichsr. für sich beansprucht, auch diejenige für die LJA. verbindl., welche sich ergibt aus dem Weniger, welches allein Abs. 1 des § 9 RJWG. zuläßt, — der Zurückdrängung des Landesr.s dch. die

„Satzg." der zuständ. kommun. Stelle, in Preuß. also des Provinz.-Vbd.s Also auch den LJA. A) „Zusammensetzg." aus jenen eben gedacht. beiden H.ptbestandteilen, B) Satzg. zur genauen Einzelausgestaltg. zwingend wesentl. — Dem Landesr. zur Regelg. nur derjen. Raum freigelassen, welcher nach der Verbindg. dieser beid. reichsrechtl. Gr.delemente noch verbleibt. — Aber auch dies nur mit einer weiteren imperativischen „Maßgabe": der Forderung, daß jedenfalls „insbes. Vertreter von JA. u. Justizbehörden in das LJA. zu berufen sind".

Preußen füllt diesen Raum aus: 1) dch. den allg. Gr.dsatz des S. 2 Abs. 1 § 12 Ausf.Ges.s, daß „die Aufgaben des LJA. auch einem bei dems. Kommun.Vbd. (normal also: Prov.Vbd.) errichteten Land.Wohlf.A. oder einer bei diesem errichteten anderen der Wohlf.Pfl. (entsprech.) dienenden Stelle übertragen werden können", — also landesgesetzl. „entspr. Anwendg." der auch v. RJWG. selbst hier „entspr." anerkannten Norm des § 10 Abs. 1 (vgl. z. dies.), 2) dch. die Sonderregelg. des § 13, von welchem Abs. 1 nur eine wörtl., so jedenfalls, entbehrl. Wiederholung der vorged. „Maßgabe" des § 14 a. E. RJWG.s enthält, aber alle näheren Gesichtspunkte u. Hinweise, denen gemäß diese „Vertreter v. JA.- u. Just.-Beh." auszuwählen u. zu berufen, ja selbst zu der Frage, welche Just.Beh.n und welche bzw. wieviele JA. zu berücksichtigen sind (auch der Begriff der „Vertreter" ist etwas vage; offenbar von Angehörigen, also „Mitgliedern" im Sinne des § 9 Abs. 2 RJWG.s, § 4 Ausf.Ges.s — vgl. dort — dieser Behörd.arten zu verstehen), ebenso wie die Ausf.Anw. schuldig bleibt, — Abs. 2 sich auf §§ 4 u. 10 d. Ausf.Ges. selbst zurückbezieht „mit d. Maßgabe", daß als zuständ. Instanz f. d. „Beschwerde", über Nicht- oder nicht unbeschränkte Berücksichtigung der Vorschläge der „Vereinigung" pp. hier statt des Reg.Präsid. (entspr. dem größ. Bereiche, auf welchem das LJA. aufgebaut ist) der Ober-Präsid. entscheidet, u. mit der ferneren, die Vorschrift des § 5, in gew. Art auch den Gedanken des § 26 Abs. 1 S. 2 in Verbindung mit Abs. 2 durchführenden Regel einer „Sicherstellg." von „mindestens beratender Beteilg. von Sachverständigen auf dem Gebiete der Schule, der Heilkunde u. der Gewerbeaufsicht" (§ 13 Abs. 2 S. 2). Die „Satzg.", welche gem. § 13 Abs. 3 „im übrigen nach dem Gem.verfassungsrechte (auch hier als der die Satzung tragenden Grundlage) Zusammensetzg., Verfassg. u. Verfahren der LA." (so inf. eines offenkundig. Redaktionsversehens hier statt LJA. gesagt) regeln soll, wird also unbedgt. insbes. die Beteiligg. der dem § 4 Abs. 2 entspr. „Vereinigungen" sowie der Lehrpersonen und der Geistl. nach § 4 Abs. 3 vorzuschreiben haben (so, ausdrücklich, auch Ausf.-Anw. II B Z. 2 S. 2); auch die „Wahl" nach d. Gr.dsätzen f. „Ehrenbeamte" ist für die Zusammensetzg. des betr. Teils der LJA. in gleicher Weise wie bei den JA. maßgebend. Andere Fragen hingeg., so diejenigen der Amtsdauer, also Anwendbarkeit des § 6, der Entgeltlichkeit bzw. des „Anspruchs auf Zeitverlustentschädgg.", des Zeitpunktes ferner, bis zu welchem die Satz.gen der LJA. zu erlassen, die Zulässigkeit etwaiger Auferlegg. der Satzg. durch die „Aufsichtsbeh." vom Ausf.Ges. u. auch von d. Ausf.Anw. nicht beantwortet. Für die beiden ersteren die entspr. Geltg. der Vorschriften über JA. wohl zu bejahen, für d. letzteren zu verneinen.

Entsprechend dem Gr.dsatze des § 10 Abs. 1 RJWG.s sowie des § 10 Ausf.Ges.s muß auch das als LJA. fungierende Wohlf.A.

bzw. dessen „Ausschuß" aus den beiden hier näher gekennzeichneten „H.ptbestandteilen" zusammengesetzt und „satzungsmäßig" verfaßt sein. Vgl. näheres ob. zu § 9.

An der Ordnung der LJA., wie sie aus dem Zusammenhalt des RJWG.s mit dem Ausf.Ges. für Preußen sich ergibt, müssen zumal hinsichtl. des letzteren zwei Unvollständigkeiten etwas auffallen, — Unvollständigkeiten mindestens der äußeren Erscheinung nach: das Fehlen einer — ausdrücklichen — Bestimmung über die „Stellung der (LJA.) zu den JA.", § 14 S. 1 a. E. RJWG.s und dasjenige einer solchen über den Übergang (wesentl. Teile) der Verrichtungen der LJA. auf die Preuß. „oberste Landesbeh.", d. i. nach § 34 Ausf.Ges.s den Min. f. Vwf. — In ersterer Hinsicht bietet die Zuteilung der „Aufgaben-Erfüllung aus § 13" in Abs. 1 S. 1 des Preuß. Ausf.Ges.s doch nur einen unzulänglichen Ersatz. Die Ausführungen der Anw. II B Z. 1 bes. S. 4 (vgl. oben zu § 12 a. A.) können nicht eigentlich als „Landes r e c h t" anerkannt werden. Die Lücke benötigt also der Ausfüllung durch sinngemäße Auslegg., für welche allerdings die ebengedachten Darleg.gen der Ausf.Anw. sehr stark ins Gewicht fallen. — Noch bedenklicher erscheint formalrechtl. die a n d e r e Lücke: nach § 12 Abs. 2 Ausf.Ges.s bleiben (nur) „die Rechte der Landesregierung aus § 77 RJWG.s und (Art. 1) Nr. 2 Notvdn. u n b e r ü h r t". Das bedeutet doch, daß die Stelle, welche zufolge § 77, in der Erweiterung durch Art. 1 Z. 2 Notvdn., die „einzelnen Aufgaben der . . . LJA. wahrzunehmen hat", erst noch durch „die Landesregierung" zu bestimmen i st. Allerdings spricht die Ausf.Anw. a. a. O. S. 5 — sehr apodiktisch — aus, daß (auch, wo LJA. „errichtet" werden) „alle anderen" (sc. als die durch § 12 S. 1 Ausf.Ges.s) ihnen zugewiesenen, also die außerhalb des durch die ZZ. 1—7 des § 13 RJWG.s umschriebenen Kreises liegenden „Aufgaben dch. den Min. f. Vwf. wahrgenommen w e r d e n". Aber es ist doch zu fragen, ob der Min. f. Vwf. in d e m Sinne die „Landes r e g i e r u n g" darstellt, daß er sich selbst ohne weiteres die Zuständigkeit der LJA. vindizieren darf, u. mindestens bleibt eine eigenartige Unstimmigkeit, daß für e i n e solche Zuständigkeit, diejenige aus § 29 RJWG.s, trotz der Neuredaktion des § 77 u. trotz des ausdrücklichen Vorbehalts im Abs. 4 des § 29 auch der Preuß. Ges.geber eine besond. landes g e s e t z l i c h e Bestimmung, § 14 Ausf.Ges.s, als nötig erachtet hat, für die anderen n i c h t!

3. Reichsjugendamt.

Vgl. Vorbem. zu dies. Abschn. u. Einleitg. S. 74/75.

§ 15.

Zur Sicherung einer tunlichst gleichmäßigen Erfüllung der Aufgaben der Jugendämter kann die Reichsregierung mit Zustimmung des Reichsrats Ausführungsvorschriften erlassen.

Diese Bestimmung ist der einzige Rest des vom RJWG. vorgesehenen Systems einer r e i c h s mäßig zentralen Gestaltg. der „öff. Jug.hilfe". Konform jetzt auch hier die Ausgestaltg. der allg. „Fürsorge" (Fürs.Pflicht-Vdn. § 6 Abs. 2) durch die Preuß. Ausf.Vdn. vom 17. April 1924 (Ges.-Samml. S. 210 ff.). Beide Regelungen, sowohl diejenige, welche die „Jug.-wohlf." angeht, als auch die die allg. „Fürs.Pflicht" betreffende Sonderanwendungen des Art. 77 R.Verf., demzufolge die „Reichsregierung die zur Ausführg. der Reichsgesetze erforderl. allgem. Verwalt.vorschriften erläßt" u. hierzu dann „der Zustimmung des Reichsrats bedarf, wenn die Ausführg. der Gesetze den Landesbeh. zusteht". Letztere Voraussetzg. sowohl in Ansehg. des § 6 Fürs.Pfl.Vdn., wie insbes. des vorliegenden § 15 erfüllt; vgl. hinsichtl. des letzteren näheres ob. zu § 8. —

Bemerkenswert an der Fassung des § die Gleichmäßigkeit der Eingangswendg. mit § 12 (die umständlichere in diesem gewählte Formel: „der den JA. obliegenden Aufg.n" sachlich ohne jede Bedeutg., s. oben § 12; die Hinzufügung „tunlichst" in § 15 Ausfluß der mehrfach betonten Zurückhaltg. — vgl. schon Einleitg. unter III — der Reichsgesetzgebg. in bezug auf die Durchführg. der Jug.wohlf.arbeit). — Charakteristisch bes. dch. die Nichterwähnung der LJA.: auch damit ausgedrückt, daß die eigentliche „öff. Jug.hilfe" in den Händen der JA. liegt; die LJA.-Betätigung deshalb einer „ausgleichenden" vereinheitlichenden Einwirkg. von einer Reichsspitze her nicht, mindestens nicht unmittelbar, bedürftig (ja vielleicht nicht einmal fähig). — Zweck der Zentralisierung, auch von Reichs wegen, „Sicherung" (der gleichmäßigen Erfüllg. usw.), als vorbeugende Ausschaltg. der ungünstigen Einflüsse zentrifugaler partikularistischer, ja in der höchsten Steigerung sogar lokaler Richtungen u. Anschauungen. Endzweck: die „Erfüllg." (der Aufg.n der JA.), d. h. die wahre, echt jug.fürs.rische, mit den höchsten Zielen des Jug.wohls übereinstimmende Betätigung der JA. Vgl. auch hierüber schon zu § 12. —

Kein konkreter Anwendungsfall des § 15 die vielgenannte Notvdn. v. 14. Febr. 1924, wenngleich technisch den Erfordernissen des Art. 77 cit. in seiner Umgestaltg. dch. das Ermächtig.Ges. v. 8. Dez. 1923 genügend: denn die Notvdn. nicht zur „Aus"-, sondern gerade zur Einführg. des RJWG. ergangen! Wohl aber in letzterem selbst mehrfach Anwendungen des Prinzips des § 15 enthalten: so § 11 („nähere Regelg." der „Delegationen"), § 18 Abs. 2 S. 2 („näh. Regelg. der R.sbeschwerden aus" dem RJWG., zumal ihres „letzten R.szuges"), § 25 Abs. 1 (Anordnungen der JA. über „widerrufl. Befreiung der Pfl.Kinder von der Auff.pflicht"), § 26 S. 2 („näh. Bestimmung" der Anzeigepflicht bes. Veränderungen hinsichtl. der Pfl.K.er), § 45 S. 2 („näh. Bestimmung" über die planmäßige Beratg. der Vm.der dch. das JA.) u. s. m. Eine reine Anwendg. des § 15 von dies. Vorschriften allerdings nur § 18 Abs. 2 S. 2; in allen übrigen Fällen alterniert mit der Reichsstelle eine Landesinstanz: in § 11 — unmittelbar — die oberste Landesbeh., in den anderen die LJA., welche jetzt allerdings, jedenfalls für Preußen, auf Grund des dch. die Notvdn. ergänzten § 77 RJWG s u. des § 12 Abs. 2 Preuß. Ausf.-Ges.s ebenfalls dch. die oberste Landesbeh., also in Preußen den Min. f. Vwf., ersetzt sind (vgl. näheres oben zu § 14 a. E.). Einen besonderen, sehr prägnanten Fall des § 15 stellte ferner im ursprüngl. RJWG. § 78 Abs. 1 S. 2 dar: Feststellg. der Grundsätze über die Verteilg. des Reichskontigents zu den Kosten der JA.; jetzt ebenfalls dch. die Notvdn. — Art. 3 — beseitigt.

Die verfassungsmäßig, dem § 15 entsprechend erlassenen „Ausführ.-Verordn.gen" unbedenklich als „reichsrechtliche R.sverordn.gen" anzusehen, welche — vgl. dazu R.Ger., Entsch. Ziv.S. Bd. 102, S. 161, 165; Bd. 107 S. 375 u. Bd. 107 S. 379 — einem Reichsgesetze gleichstehen, insbes. auch im Sinne und Rahmen des § 15 Abs. 1 Z. 1 Preuß. Ausf.Ges., welcher als „bestehendes Recht" auch sie hinsichtlich ihrer Nicht- oder unrichtigen

Anwendung dem Rechtsmittel des „Einspruchs", also der erneuten Erörterung durch eine „höhere Instanz" (s. hierüb. sof. z. Unt.Abschn.Beschw. S. 174) zugänglich macht. — Der zumal richterl. Nachprüfung in bezug auf ihr verfassungsmäßiges Zustandekommen (vgl. auch dazu R.Ger. a. a. O.) unterliegen demgemäß diese Verordn.en der Reichsregier. ohne weiteres, **nicht** aber auch einer solchen in bezug auf ihre jug.wohlf.liche Eignung.

Vgl. hierzu neuestens auch noch den Beschluß des Kammergerichts 9. Ziv.Sen.s vom 13. Nov. 1924, abgedruckt in D.A.Z. v. 28. Nov. 1924, Nr. 561/1924, über die Kraft und Bedeutung von Reichs-Ausführungsvorschriften (zur III. St.N.Vdn.) und die dort zitierten Auslassungen über den Begriff des „Rahmenges." in JurWschr. 1924 S. 1175 u. DJZ. 1924 S. 521), dessen spezifische Bedeutung durch die in § 15 nachgelassenen Reichs-Ausführungs (u. -ausfüllungs-)vorschriften ebenfalls noch besonders hervortritt *).

§§ 16, 17

aufgehoben dch. Notvdn. Art. 1 Z. 2 S. 2.

4. Beschwerde.

§ 18.

Das Beschwerderecht gegen Entscheidungen des Jugendamts und des Landesjugendamts regelt sich nach Landesrecht.

Bei Rechtsbeschwerden aus diesem Gesetz entscheidet im letzten Rechtszug das Reichsverwaltungsgericht. Das Nähere regelt die Reichsregierung mit Zustimmung des Reichsrats.

Nicht sonderl. glückl. ist die an den Schluß des Abschn. „J.Wohlf.-Beh.n"! (als teilweise deren gegenseitiges Verhältnis betreffend) gestellte Regelg. d. Beschwerdewesens.

Das RJWG. selbst gibt sich in der H.ptsache auch hier d.chaus als „**Rahmenges.**". Nur sehr wenige eigene Normen: die h.ptsächlichste die in § 18 Abs. 1 mittelbar ausgespr., daß es gegen „**Entscheidungen**" der JA. u. der LJA. Beschwerden **gibt** (dch. Umkehrung also: daß andere Maßnahmen, reine Verfüg.gen, einstweilige Anordn.gen usw. der „Beschwerde" **nicht** unterworfen sind). Daneben, weniger plastisch hervortretend, die heraushebende Unterscheidg. der „**Rechtsbeschwerden**" u. anderen (d. i. Verwaltungs-; vgl. dazu jetzt bes. O. **Mayer**, D. Verw.-R. [3. Aufl.], S. 122 ff., bes. S. 124) Beschw. als auch für das Gebiet des RJWG. bedeutsam. Endlich die Bestimmung der höchsten Reichs-Inst. für die „Beschwerden" ersterer Art, sofern „Rechtsbeschw.n **aus** dies. Gesetze" dch. Berufung des — erst noch zu schaffenden — Reichs-Verw.Ger. (vgl. dazu bei § 7 Abs. 2 näheres), ersatzweise bis zu dessen Errichtung nach Art. 9 a. E. E.G.s z. RJWG. des Reichs-Gerichts mit dem Vorbehalt näherer Regelung dieser höchstinstanzl. Zuständigkeit dch. Ausf.-Vorschrift gem. § 15 (welche wohl vor allem d. zuständ. Senat u. auch d. etwaige bes. Geschäfts-Ordng. zu bestimmen haben wird, bisher aber noch **nicht** vorliegt). Im übrigen die Regelg. dem Landesr. überlassen. Diesem

*) Nach dem jetzt, Ende Januar 1925 (der Stadtverordn.Versammlung) vorliegenden Satzungsentwurfe erhält **Groß-Berlin** ein (bes.) LJA.

hätte daher an sich auch die nähere Bestimmung des Begriffs der „Entscheid.gen" zugestanden. Preußen gibt eine solche nicht, geht vielmehr von dem Begriffe, dessen allgemeine R.snatur am besten wohl ebenfalls von O. Mayer, a. a. O. (3. Aufl.), Bd. I S. 232 getroffen ist mit der Erklärung als „befehlender Verwalt.gsakt, der nur ausspricht, was schon der Rechtssatz für diesen Fall gewollt hat, also als . . . Akt gebundenen Inhalts" (vgl. auch ib. dort S. 92 ff., bes. S. 96 u. an anderer Stelle — S. 62 — im Hinblick grade auf die Bedeutg. der „Entscheid.gen" im modernen Verwalt.gsrecht die glücklich geprägte Formel von der „tunlichsten Justizförmigkeit der Verwaltung", als gegebenen einfach aus, beschränkt sich ferner auf eine Ordnung allein der „R.sbeschw.den aus" dem RJWG. und gedenkt endlich auch in keiner Weise der „Beschwerden" gegen „Entscheid.gen" der LJA. (was offenbar auf seiner diese gr.nsätzlich nicht als wesentl. Behörd.Bestand anerkennenden Stellungnahme beruht). § 15 in Verbd. mit § 17 Ausf.Ges.s! — Als Grundtyp der „Beschwerde" kennt dieses Preuß. Landesr. nur den „Einspruch", einzulegen b. derj. Stelle, welche (selbst) die „Entscheidg." erlassen hat, — mit der Folge eines über („auf") ihn ergehenden Beschlusses des „Vorstandes des Selbstverwalt.gskörpers" (vgl. ob. zu § 9); gegen diesen die Beschwerde an die Kommunal-Aufsichtsbehörde (vgl. auch hierüber oben bei § 9); u. in einer bestimmten Art von Fällen, nämlich denen aus § 15 Z. 1 Ausf.Ges.s die „Klage im Verwaltungsstreitverfahren" (§ 16 Abs. 1), über die, sofern „Verletzg." des Reichsr.s gerügt wird, im letzten Rechtszuge das reichsgesetzl. zuständ. Gericht, also dasjenige des § 18 Abs. 2 (vgl. soeb.) entscheidet, § 17 Ausf.Ges.s. — Über den „Einspruch" im allg. vgl. auch die scharfsinnigen Ausführungen bei O. Mayer, a. a. O. (3. Aufl.), S. 123 ff., der ihn treffend als eine „zur förmlichen verstärkte Gegenvorstellg.", in Parallele zu dem Verhältnisse zwischen der „einfachen" und der „förmlichen Beschwerde", kennzeichnet, als R. auf „nochmalige Prüfung und neue obrigkeitliche Willensäußerung über das Verhältnis (wo möglich, Abänderung des eigenen — früheren — Aktes der Behörde)" und demgemäß dieses R. „dem Einzelnen auch nur soweit, als das Gesetz es verleiht, zugesteht", Darlegungen, welche Wort für Wort auf den „Einspruch" des Preuß. Ausf.Ges.s §§ 15—17 passen und insbes. auch die hier (vgl. alsbald) gelehrte Berechtigg., ja Verpflichtg. der JA.-Stelle, „bei" welcher „der Einspr. eingelegt wird" (d. h. gegen deren „Entscheidg." er sich richtet) zur Selbstabänderung ergeben. — Über das rechtliche Wesen (den „Begriff") der „Verwalt.gsrechtspflege" s. denselben ebenda § 13 S. 131 ff. —

Die nähere Ausgestaltg. dieser Ordng. ist folgende:

1) Das „R.smittel" (aus § 18 RJWG.) ist gegeben in jedem Falle, sofern die „Entsch." betrifft a) „die Erlaubnis zur Aufnahme eines Pfl.K.s", §§ 20 ff. RJWG. oder b) die „Aufsicht" über ein solches, §§ 24 ff. Diese „Entsch.n" behandelt das Preuß. Ausf.Ges. also stets als solche, welche R.sgrundsätze des RJWG.s in bestimmtem S. zur „Anwendg." bringen (vgl. näheres zu den gen. §§).

2) Außerhalb dieses Sonderbereichs der Jug.wohlf.: unter den „Voraussetzungen" entweder einer „Nicht- oder einer unrichtigen Anwendg. des bestehenden R.s", zu welchem selbstverständlich hier in erster Linie die Vorschriften des RJWG.s selbst, zufolge ausdrückl. Bestimmung des § 15 Abs. 1 Z. 1 aber „insbes. auch r.sgültige Satzungen", d. h. solche,

welche auf der Ordnung des RJWG.s beruhen, gehören, sofern dch. diese „R.sanwendg." das „Interesse eines K.es oder einer Gruppe von K.ern verletzt ist". — „Interesse": offensichtlich bewußt so weit u. unbestimmt gefaßt; sachlich aber doch identisch mit dem „rechtlichen Interesse" des — ebenfalls die „Beschwerde" regelnden — § 57 Z. 1 FGG.s bzw. dem (durchaus synonymen) „berechtigten Interesse" des § 44 Abs. 2 RJWG.s selbst (s. dort), also nicht weniger u. nicht mehr bedeutend als alle in der „Jug.wohlf." begründeten Belange schlechthin, das Gleiche, was § 25 Abs. 2 mit „Wohl des K.es", § 24 Abs. 2, nur etwas mehr zugespitzt, mit „Gedeihen" des K.s ausdrückl. — „Eines K.s": eines bestimmten, im Mittelpunkte des konkreten Falles stehenden; „Gruppe von K.rn": eine durch Gleichartigkeit der jug.fürs.rischen Bedürfnisse u. „Interessen" zur Gattung zusammengeschlossene Mehrheit. — „Verletzung" gleichfalls weit auszulegen: jeder Widerspruch mit dem Jug.wohl, welcher dessen „Beeinträchtigung" (vgl. hierzu die allgemeine Norm des § 20 Abs. 1 FGG.s: „die Beschw. steht jedem zu, dessen R. dch. die Vfgg. beeinträchtigt wird") ergibt, ja auch nur befürchten läßt.

Die „Voraussetz.gen" des Falles unter 2) stark dem R.smittel der „Revision", insbes. in bürgerl. R.sstreitigkeiten angeglichen, auch in der Fassg. der Bestimmung. Vgl. ZPO. § 549 („Revision nur darauf zu stützen, daß die Entsch. auf der Verletzg. eines Reichs-Ges.s beruht") u. § 550 („Ges. verletzt, wenn eine R.snorm nicht oder nicht richtig angewendet"!). Hierin auch starke Verwandtschaft mit dem Verwalt.-streitverfahren begründet, welches nach der positiven Ordnung des Preuß. Ausf.Ges.s dessen „R.smittel"system ja erst völlig ausbaut (vgl. sof.). S. dazu außer den schon erwähnten allgemeinen Ausführungen O. Mayer's, denselb. ebenda, S. 158, wo er für die Preuß. Verw.R.spflege (nach ihm auf einer „Anfechtungsklage wegen Ges.widrigkeit" beruhend) als wesensgemäße Begründg. eine solche „nach der Formel der Revision" fordert, als Ziel, wie bei der Revision „die Aufhebg. des angefochtenen Aktes wegen Ungültigkeit", als subjektiv berufen den „in seinen R.en Verletzten" bezeichnet. —

Auch die subjektive Zuständigkeit des „R.smittels" ist im Preuß. Ausf.Ges. besond. geregelt, u. zwar, der vorstehenden Verschiedenheit seiner gesetzl. Bedingungen entsprechend ungleich: für die Fälle unter 1) zugunsten „der von der Entsch. Betroffenen" (vgl. zumal über diesen, wohl auch nicht unabsichtlich, dehnbaren Begriff eingehendes später bei § 20 und bei § 29) „sowie der Eltern u. der gesetzl. Vertreter des K.s („K.": selbstverst. ebenfalls des „von der Entsch. betroffenen", d. h. des aufzunehmenden oder bereits aufgenommenen Pfl.K.s). — Für die Fälle unter 2) wiederum mit der Unterteilg. einer Trennung der nur einzelne K.er und der ganze „Gruppen von K.rn" betreffenden Entsch.n, — nämlich die R.smittel gegen erstere (ebenfalls) „dem gesetzl. Vertreter u. den Eltern des K.s", nicht aber auch, allgemeiner, den „von der Entsch. Betroffenen" überhaupt, die gegen letztere Art Entsch.n (allen) „denjenigen, die berechtigt sind, die Interessen der Gruppe zu vertreten", zuweisend, unter Hervorhebg. („insbes.") der gem. § 29 RJWG. für „geeignet erklärten" Vereinigungen und „befreiten" Anstalten. — Der Begriff des „gesetzl. Vertreters", — welcher bemerkenswerter Weise innerhalb der Regelung zu 1) „den Eltern" vorangestellt ist —, nach den allg. bürgerl.-rechtlichen Grundsätzen zu bestimmen. — Die an sich sehr vage „Berechtigung, die Interessen der Gruppe von K.rn zu vertreten" sachlich wohl am zutreffendsten aus § 57 Z. 1 FGG.s (vgl. schon oben) zu verdeutlichen: „jeder, der ein rechtl. Interesse an der Änderung der Vfg. hat", wobei hier „rechtliches" nicht im engen zivil-, sondern im freieren jug.wohlf.rechtlichen S. zu verstehen, d. h. auf alle auszudehnen, die kraft irgend einer sozialen „R.spflicht", insbes. einer beruflichen Beziehg. in weitestem Ausmaße, z. B. Geistliche, Lehrer, auch Schulpflegerinnen, Ärzte, Kreisfürsorgerinnen usw. als die Hüter einer solchen K.ergruppe u. ihrer „Interessen" auftreten dürfen. Also einer Popularbeschw. schon sehr stark angenähert. —

Das R.smittel (der „Einspruch") ist stets „bei derjenigen Stelle einzulegen, welche die Entsch. erlassen hat". Hieraus unbedenklich zu folgern (vgl. schon oben), daß diese selbst zur Abänderung ihrer Entsch.n berechtigt, der Grundsatz des § 571 ZPO. (bisher. Fassg.), daß, wenn „die Beschwerde für begründet erachtet wird, derselben (von dem judex, a quo) abzuhelfen" ist, also auf den Einspruch des § 15 anwendbar (dies auch schon dch. die Bezeichnung ausgedrückt: „Einspruch" sachl. = Widerspruch, „Gegenvorstellung" — O. Mayer —, d. h. Verwahrung, remonstratio, insofern ähnlich dem R.sbehelfe des § 766 ZPO.). Ob die „Entscheidungs"-Stelle, auch wenn sie selbst „abhelfen" will, gleichwohl den Einspruch noch dem „Vorstande des Selbstverw.körpers" vorlegen muß, — § 15 Abs. 2 S. 2, — zweifelhaft u. nur dann zu bejahen, wenn man in dieser Anordnung gleichzeitig eine aufsichtliche Kontroll- u. Ordnungsvorschrift sieht. — Von sachl. Bedeutg. diese „Vorlegung" (nur), wenn die gen. „Stelle" selbst nicht abhelfen will. Alsdann der „Vorstand", d. i. nach der authentischen Erläuterung der Ausf.Anw. II A 7 S. 2 der „Gemeindevorstand" bezügl. der Stadt-, der Kreisausschuß bezügl. der Kreis.J.A. zur materiellen (u. natürl. auch formellen) Nachprüfg. der angefochtenen Entsch. berufen. Ihr Ergebnis stets in einem förmlichen „Beschlusse" niederzulegen, welcher zweifellos der „Gründe" bedarf u. auch den Beteiligten formgerecht bekannt zu geben ist (vgl. die entsprech. Vorschriften des Landesverw.ges.s §§ 50, 51 ff.; in letzterem Satze schon als Norm ebenfalls: die „2 Wochen" Frist!), also als „beschwerdefähiger Beschluß" mit der in neueren ähnl. Ges.n (so z. B. jetzt in dem Mietersch.ges. vom 1. Juni 1923 sogar bezügl. der Urteile) häufigen, sachl. zweckmäßigen Schutzvorschrift zugunsten des rs.-suchenden Publikums, daß in diesem Beschlusse auch „auf die Vorschriften hinzuweisen" ist, welche die Anfechtbarkeit dieser Beschlüsse selbst betreffen, d. h. die Normen des § 16 Abs. 1 Ausf.Ges.s, denen zufolge erst gegen solche Beschlüsse die (förmliche) „Beschwerde" im engeren S., gebunden im Gegensatze zum „Einspruch" an eine bestimmte Frist, nämlich 2 Wochen — laufend zweifellos von Zustellg. des anzufechtenden Vorstandsbeschlusses ab (ob „Notfrist", aus dem Ges.e nicht ersichtlich; jedoch Wiedereinsetzung in den vorigen Stand nach allg. Grundsätzen der §§ 234 ff. ZPO. sicher nicht zu versagen) — u. mindestens eine gewisse Form, nämlich Erklärung zu Protokoll oder dch. geeignete Schrift oder aber, jedoch allein in den oben unter 2) gen. Fällen, „Klage im Verw.streitverfahren" gegeben ist. Auch diese richtet sich grundsätzl. nach den gewöhnl. Vorschriften, §§ 61 ff. L.V.Ges.s, d. h. geht von den Kreis-, weiter an den Bezirksausschuß u. von diesem der Norm nach letztinstanzlich an das Preuß. Oberverw.gericht; nur mit der — formell durch § 18 Abs. 2 S. 2 RJWG., materiell dch. die nunmehrige reichsrechtl. Ordnung der Grundlagen der Jug.wohlf. begründeten — Singularität des § 17 Ausf.Ges.s, daß, wenn diese Grundlagen die sachlichen Stützen der R.smittelverfolgung bilden, auch ein Gericht des Reiches, nämlich das oben bezeichnete im Verw.streitverfahren über den letzten R.szug entscheiden soll. —

Die „Verwaltungs=" (vgl. schon oben) und Dienstaufsichtsbeschwerden unterstehen, auch soweit Jug.wohlf.beh.n betreffend, den allgemeinen Grundsätzen.

Abschnitt III

Schutz der Pflegekinder.

Vorbemerkungen.

1. Geschichtliches.

Über die Entwicklung des Pflege=(richtiger: „Halte"=)kinderwesens in Preußen die beste Übersicht bei Grabowsky, Preuß. Verw.Bl., 28. Jahrg. (1906) S. 233 f., welcher seinerseits als zusammenfassende Darstellung des Preuß. Rechtsstandes vor Erlaß des RJWG.s das im Auftrage des dtsch. Ver.s f. Arm.pfl. u. Wohltätigkeit erstattete Gutachten über das „Ziehkinderwesen" von Pütter, Leipz. 1902, empfiehlt. — Nach Grabowsky sind für Preußen folgende Hauptphasen der Entwicklung zu unterscheiden: a) den ersten Anstoß zu einer behördl. Erfassung des H.K.wesens gab die mit den allg. humanitären Bestrebungen des damals zur Regierung gelangten Königs Fr. Wilh. IV zusammenhängende Kab.=Order v. 30. Juni 1840. Die auf ihr fußende Zirk.Verf. des Min. d. Inn. vom 7. Juli 1840 (Min.Bl. inn. Verw. 1840 S. 375) machte zum 1. Male die Befugnis zur Aufnahme von H.K. unter 4 Jahren von einer polizeilichen Erlaubnis abhängig, die nur „vertrauenswürdigen Personen" erteilt werden sollte. Dieser polizeilichen Reglementierung, welche auf die genannten Anordnungen hin alsbald, aber noch keineswegs allgemein, erfolgte, wurde der Boden entzogen durch b) die Reichsgewerbeordnung von 1869 und deren in § 1 an die Spitze gestellten Grundsatz der Gewerbefreiheit. Denn man erachtete, ebenso allgemein, mit dieser Gewerbefreiheit die Unterstellung keines Gewerbes, auch nicht des in der entgeltlichen Aufziehung fremder K.er bestehenden unter eine polizeiliche Kontrolle für vereinbar. Eine sondergesetzl. Regelung der Materie (des H.K.wesens) aus Anlaß der Emanation der R.Gew.O. wurde insbes. auch für Preußen zwar erwogen, aber abgelehnt. c) Nur wenige Jahre später bot die engl. Gesetzgebung, die am 25. Juli 1872 verabschiedete Inf. life protection Act, erneuten Antrieb, zumal auch für die preuß. Verwaltung, ihr Augenmerk dem sozial so wichtigen H.K.wesen schärfer zuzuwenden: ein Erlaß der Min. des Inn. u. des Kultus v. 15. Oktober 1872 (Min.Bl. f. d. inn. Verwalt. 1872 S. 297) verlangte unter ausdrücklichem Hinweis auf u. wesentlichster Inhaltsangabe jenes engl. Gesetzes von den Regierungen Mitteilg. über die Zahl u. das Geschick der im 1. Jahre befindl. H.K., u. die Tätigkeit von K.schutzvereinen, sowie Gutachten über legislatorische Maßnahmen. Das Ergebnis dieser Neubelebung des Interesses war aber ein wenig befriedigendes. Die Gew.Ordn. mit ihrer Loslösung von allen Hemmungen stand einem wirksamen Eingreifen der Obrigkeit dauernd allzu stark im Wege. Auf dieses Gegengewicht wies darum d) ein erneuter Erlaß der ebengenannten Minister (Kultus u. Inn.) v. 18. Juli 1874 in dem Sinne hin, daß Polizeiverordn.n die Lücke ausfüllen müßten, welche hier durch die grundsätzl. Gew.Freiheit u. das Versagen der Gesetzgebung, — von welcher auch dieser Min.Erlaß ausdrücklich „keinen Erfolg erwartet" —, geschaffen werde. Diese polizeil. Regelung solle allen, welche fremde K.er unter vier Jahren „gegen Entgelt in Kost nähmen", zur Pflicht machen, binnen 24 St. die Kinder nach Namen, Tag u. Ort der Geburt, sowie nach Namen u. Wohnort der Eltern bzw. der unehel. Mutter bei der zuständigen Polizeibehörde anzumelden. Auch die in Verfolg dieses Erlasses ergangenen Pol.Verordn.n erwiesen sich jedoch noch als ein nur „lahmes Hilfsmittel", da ihre Befolgung noch allzusehr von dem guten Willen der Erz.berechtigten abhing u. dieser Regelung des H.K.wesens, in gewissem Zusammenhange damit, ein Widerstand noch von anderer Seite her erwuchs, insofern die daraus sich ergebende polizeiliche Bestimmung des Aufenthalts, der „Unterbringung", bes. unehel. Kinder, als eine Durchkreuzung vmdsch.gerichtl. Funktionen, ein unberechtigter Eingriff in die Zuständigkeit des Vmd.s u. Vmdschger.s aufgefaßt wurde, — ein Bedenken, dessen innere Haltlosigkeit allerdings z. B. die sächs. Oberverw.ger.entscheidg. Bd. VI S. 236 aus dem Gesichtspunkte der „Gefährdung des Kindes", also des allein maßgebenden Gemeinwohls, trefflich dartat. Alle diese Unvollkommenheiten und Hemmungen verdichteten immer mehr die Erkenntnis, daß auch eine rein polizeiliche Ordn. des H.K.wesens auf festen Füßen nur dann stehe, wenn insoweit mit dem Prinzip der Gew.freiheit gebrochen werde. Diesen Bruch vollzog e) die Neuredaktion der Gew.Ordn. v. 23. Juli 1879, welche in § 6 einen die „fremde" K.pflege von der Gew.freiheit ausnehmenden Vorbehalt einschaltete. Nunmehr entfaltete sich auch in Preußen ein umfassendes Netz durchgreifender Polizeiverordnungen, größtenteils von den Bezirksregierungen ausgehend. Sie fanden seitens der Rechtsprechung in dem bes. grundsätzlichen Urteile des Preuß. Ob.verw.gerichts v. 25. Juni 1901 (Entsch. Bd. 39 S. 382 ff.) hinsichtl. ihrer R.sgültigkeit rückhaltlose Anerkennung. Im Hinblick auf die seit dem Anfange der Bewegung gesammelten Erfahrungen u. in dem Streben nach möglichst ununterbrochener Betreuung dieser jugendl. Volksgenossen ging die Verwaltungspraxis — der einschlägigen Verordn.n der Regierungspräsidenten pp. — mehr u. mehr dazu über, allgemein das vollendete 6., nicht mehr wie im Anfang das 4. Lebensj.„ als zeitliche Schranke der Haltekinderüberwachung zu bestimmen. Diese Ausdehnung des Schutzalters wurde bereits f) durch Runderlaß der beteiligten Ministerien v. 20. März 1896 (Min.Bl. S. 67) authentisch bekräftigt, unter Hinweis auf die mit dem genannten Lebensalter einsetzende Obsorge der Schule als der berufenen Ablösung des polizeil. H.K.Schutzes (gleichwohl vollzog sich die Annahme des erhöhten Schutzalters keineswegs gleichmäßig u. auf einmal: in Berlin z. B. erst 1902, während gerade dort, aber zunächst auch dort allein, die Kab.Order von 1840 sogleich tatsächlich Geltung erlangt hatte). — An diese Vorgeschichte anknüpfend, hatte für Preußen schon der Entw. des J.F.Ges.s v. 1918 den Pfl.K.Schutz in Vbdg. mit der auch ihm bekannten Amtsvmdsch. grundsätzlich u. allseitig geregelt, in den Hauptlinien gleichartig der Ordnung des RJWG.s. —

Außerhalb Preußens ragt unter den Vorläufern des RJWG.s ganz bes. die in Leipzig dem H.K.wesen, vornehmlich durch den prakt. Arzt Dr. Max **Taube** gebrachte Förderung und Regelung rühmlich hervor. Taube kämpfte in einer vielbemerkten Schrift aus dem Jahre 1893 mit Recht lebendig für einen Schutz der unehel. Kinder u. verknüpfte seine dahin gerichteten Bemühungen mit der erfolgreichen Arbeit an einer Verbesserung der Amts- oder, wie sie in Leipzig genannt wurde, Generalvmdsch., hierin u. a. von der Königin von Sachsen schon seit 1886 nachdrücklich unterstützt. (In Leipzig, das mit einem H.K.Schutz überhaupt schon 1824 begonnen hatte, wurde auch zuerst das Schutzalter auf das 14. J. erhöht — im Jahre 1901.) Auch das Württemb. J.A.Ges. v. 8. Okt. 1918 hat, wie auf anderen Gebieten der Jug.fürs., so auf dem vorliegenden als Schrittmacher gewirkt. — Von der ausländischen Gesetzgebung, welche auch hier der deutschen zeitlich u. sachlich bedeutend voraus war, ist außer dem schon erwähnten engl. Ges., welches durch eine Ergänzung aus dem Jahre 1897 sehr wesentlich ausgebaut wurde (Erhöhung des Schutzalters auf das 5. J., Unterwerfung der Pfl.stellen unter die Kontrolle der Lokalbehörden usw.), noch die französ. Gesetzgebung v. 27. u. v. 28. Juni 1904 zu nennen, welche zus. mit der ihr zugrundeliegenden, aber noch insbes. hinsichtl. der zu schützenden Altersstufen viel unzulänglicheren von 1874 (23. Dez.: protection des enfants du premier âge) nach Grabowsky a. a. O. S. 233 als für die Kulturwelt vorbildlich gelten darf. —

Vgl. für die Geschichte des H.K.Wesens in Deutschl. im übrigen Fr.-Poll. Vorbem. zu Abschn. III.

In Deutschland ist die Ordnung des Pfl.K.Wesens durch das RJWG. in gewissem Sinne (vgl. auch hier alsbald zu 2) die Einlösung des mit Art. 121 der R.Verf. gegebenen Versprechens.

Die Notverordn. v. 14. Febr. 1924 Art. 1 Z. 5 hat aus dem Gefüge der mit Abschn. III geschaffenen Rechtseinheit durch den grundsätzl. Nachlaß einer Herabminderung des Schutzalters unter das vollendete 14. J. einen sehr wesentl. Stein wieder herausgelöst. Vgl. auch hierzu unter 2) u. zu § 19, sowie die treffenden Bemerk.gen gegen diese falsche „Sparsamkeit" bei Göze, Komm. Vorbem. S. 59.

2. Wesen u. Grundgedanken des Pfl.K.Schutzes.

Das RJWG. spricht mit bewußter Absicht, also technisch vom Sch. der „Pflegekinder", wendet sich mithin nicht bloß, wie die ihm vorausgegangene Preuß. Ordn. dieser Erscheinung des öffentl. Lebens, den Haltekindern zu. Nicht allein den unehel. Kindern, für welche gewöhnlich wegen der ihnen von der Natur versagten häuslichen u. familiären Obhut fremde Pflegepersonen gegen Entgelt „gehalten" werden müssen, sondern weit darüber hinaus allen Kindern, deren Betreuung während eines gewissen Lebensalters u. in gewisser Hinsicht von der regelmäßigen abweicht, welche in diesem S. sich in irgend einer „fremden" Pflege befinden, gilt die Sorge des Reichsgesetzes. Insbes. läßt dieses seine Vorläufer dadurch weit hinter sich, daß es nicht mehr wie sie die gesundheitliche Seite der Schutzbedürftigkeit, fast bis zur Vernachlässigung aller anderen bei einem jungen Menschenkinde zu berücksichtigenden allein in Betracht nimmt. Vielmehr soll der von dem RJWG. geschaffene (gewährleistete) Pfl.k.schutz grundsätzlich das Kindeswohl in allen seinen denkbaren Beziehungen, das „körperliche, geistige u. sittliche Wohl des Kindes" ergreifen, — § 22 Abs. 2, § 24 Abs. 2. Darum genügt dem RJWG. nicht mehr wie den ihm voraufgegangenen Polizeiverordn.n pp. eine Kontrolle der Polizei, welche bestimmte Schädigungen, in erster Linie des leiblichen Gedeihens, abwendet, sondert fordert es positiv eine, obzwar meist nur mittelbare, günstige Einwirkung auf die Erziehung schlechthin. Darum ferner ist dem RJWG. gegebenes Organ dieses Pfl.k.schutzes die normale Jug.erz.behörde, das JA., und zwar dasjenige, welches am besten in der Lage, diese allseitige Erziehg. zu überwachen u. zu lenken, das JA. des „gewöhnl. Aufenthaltes der Pflegeperson", § 23. Denn die durch den Pfl.k.schutz geleistete erziehliche Beeinflussung soll ausgesprochen mindestens ebenso sehr eine solche der Pfl.eltern wie der Pfl.kinder sein. (So, richtig, Ammann, Zentr.Bl. Mai 1924 S. 28.) Darum auch stellte richtig das RJWG. eine einheitliche Altershöchstgrenze u. als diese das vollendete 14. Lebensj. fest, das Ende der Erziehg. im engeren S., zumal auch der Schulerziehung und des Pubertätsalters, das auch sonst im jetzigen Reichsrecht als aetas discretionis sehr vielfach anerkannt ist, so z. B. JGG. § 1 Strafmündigkeit, auch Str. GB. § 176 Z. 3: Schutzalter bezügl. unsittl. Angriffe. Ges. über die relig. K.Erz., § 5: Recht zur Selbstbestimmung des Bekenntnisses. (Als Rechtseinheit § 19 bedauerlicherweise dem Abbau verfallen, vgl. oben zu 1) a. E.). —

Ihrer tatsächl. überwiegenden Wichtigkeit nach stehen aber auch der Ordnung des RJWG.s die unehel. Pfl.Kinder durchaus im Vordergrunde; insofern ist auch ihm der Pfl.k.schutz in der Hauptsache ein „Unehelichenproblem". Die gerade nach dieser Seite angestellten, so sehr verdienstlichen Untersuchungen von Othmar Spann, Erweiterg. der Soz.Polit. durch die Berufsvmdsch., (Sond.abdr. aus Arch. für Soz.wissenschaft u. Soz.Politik) sowie die ebendort veröffentl. Abhandl. „die Verpfleg.gsverhältn. d. unehel. K.er in ihrer Bdtg. f. d. Sterblichkeit", welche dem RJWG. bahnbrechend den Boden geebnet, haben also auch für dieses noch erhebliche Bedeutung. (Vgl. neuerdings auch Klumker, Schicksale der Unehelichen, Zentr.Bl. Febr. 1924 und Schur, Theorie u. Praxis der Unehelichenfürsorge, eb.da Okt. 1923.) Demgemäß wird in der praktischen Durchführung das gesundheitliche Element des Pfl.k.schutzes immer wieder eine bes. große Rolle spielen. Insofern darf man ihn als eine „bevölkerungspolitische" Einrichtung ansprechen u. verstehen. Bei dem Schwergewicht, welches noch immer auf der Betreuung der unehel. Pfl.kinder liegt, erweist sich als besonders glücklich die Vereinigung der auf diesen Teil der deutschen Jugend bezügl. anderweiten Funktionen, der Amtsvmdsch. u. — auch jetzt, nach der Fürs.-Pfl.Vdn. noch immer — der Armenkinderfürs. bei der gleichen Behörde, dem JA. Denn der Pfl.k.schutz, zu welchem diese berufen, kann durch jene anderen Funktionen in mannigfacher Hinsicht, bes. in bezug auf die Beschaffung der materiellen Mittel durch Unterhaltsbeitreibung, aber auch sonst (vgl. z. B. zu § 20) außerordentlich gefördert u. in seiner Wirksamkeit gesteigert werden. Engste Fühlung zwischen dem Pfl.k.schutz und diesen ihm sachlich nahestehenden Arbeitsgebieten (Amtsvmdsch. u. Jug.arm.pflege), wie in der Praxis der JA., insbes. auch z. B. derjenigen

Gr.-Berlins durchaus die Regel (vgl. für letztere jetzt auch die — auf der Grundlage des RJWG. u. des Preuß. AG. — vom städt. JA. aufgestellten „Richtlinien über d. Führg. der Amtsvmdsch." in Gr.-Berlin z. B. I Z. 5/6: Zuständigkeit des Bezirks, der das K. versorgt, für die gesetzl. Amtsvmdsch.), bei städt. Pfl.k.ern für den Erfolg d. ersteren unbedingt geboten. Beherzigensw. Winke bei Ammann S. 29. — Im Sinne einer Erfassung des größeren „Unehelichen Problems" durfte die Ordnung des RJWG.s sich nicht wie die ihr voraufgegangenen polizeilichen, auf den der öffentl. Fürsorge allerdings ganz besonders bedürftigen Fall der Unterbringg. solcher Minderj. in einer fremden Häuslichkeit, einer „Pfl.stelle" im engeren S., beschränken, sondern mußte sich möglichst auf alle Verhältn. erstrecken, welche eben infolge der unehel. Geburt in bezug auf die Kindeserz. als ungewöhnliche sich darstellen, soweit letztere nicht schon durch andere Teile des Systems, insbes. die Amtsvmdsch. erledigt. Das führte auf die grundsätzliche Einbeziehung der bei der (eigenen) Mutter befindl. unehel. K.er in den Pfl.k.schutz, § 24 Abs. 1 S. 2 (vgl. über die volkswirtschaftl. Ursachen u. Zusammenhänge und die soziologische Bedeutung dieser Überwachg. die interessanten Nachweise bei Schur a. a. O. S. 131). Auch in dieser Ausdehnung blieben freilich ihrer Auswirkung nach die Einzelvorschr.en derart hauptsächlich auf die gesundheitliche Seite gerichtet, daß man wegen dieser Spitze in dem Pfl.k.schutz noch immer einen besond. Anwendungsfall der körperl. Ertüchtigg. (Erz. z. „leibl. Tüchtigkeit", § 1 Abs. 1), und zw. naturgemäß in erster Linie die Säuglingsfürsorge (s. auch hierzu die oben angeführten Gr.-Berliner Richtlinien Z. 3: „enge Verbindg. der Amtsvmsch., [Schwanger., Wöchnerinnen] Säuglingsfürs. zwecks lückenloser Betreuung der unehel. Schwangeren . . u.. deren Kinder in rechtl., wirtschaftl. u. ärztl. Hinsicht"!), — § 4 Z. 3 „Wohlfahrt der Säuglinge" — erblicken darf. Letztere nimmt denn auch in der tatsächl. Ausgestaltung des Pfl.k.sch.s einen überaus breiten Raum ein, so, daß ihr gegenüber dessen sonstige Beziehungen und Äußerungen durchaus zurücktreten.

Vor allem aber läßt selbst die Verquickung mit dem Unehel. Problem (die teilweise Betrachtung unter diesem Gesichtswinkel) den Grundgedanken keineswegs aus den Augen verlieren, welcher als solcher für die positivrechtl. Gestalt des Pfl.k.sch.s im RJWG. der zentrale ist: die Unverträglichkeit einer Betätigg. des **Erwerbstriebs** als leitenden Beweggrunds mit wahrer **K.erz.**! Diese bedarf stets dort einer Unterstellung unter die Jug.wohlf.behörde, ihrer Richtung gebenden Anleitung u. Kontrolle, sowohl hinsichtlich der anfängl. Einrichtung, der „Übernahme" („Aufnahme", § 20 Abs. 1 S. 1) wie ihrer Entfaltung, ihrer Dauer, wo jener sich einmischt. Daher wendet sich das RJWG. ausgesprochen, bald positiv (§ 21 Abs. 1: „entgeltlich, gewerbsmäßig [oder gewohnheitsmäßig]"), bald negativ (§ 19: „unentgeltlich"; § 20 Abs. 2: „unentgeltlich oder nicht gewerbsmäßig") gegen jede innere Abhängigkeit der K.sbetreuung von der materiellen Selbstsucht der sie Ausübenden, die durchaus noch nicht unsoziale Gewinnsucht zu sein braucht, sondern auch als berechtigter Eigennutz der ersten Kindeserz. entgegenwirkt, als eine unausbleibliche, man darf sagen immanente, begriffliche Gefährdung des „Kindeswohls". In diesem behütenden, schützenden S., also mehr auf Umwegen, mittelbar, hat der Pfl.k.sch. die Erz. der der deutsch. Jug., und zwar die Erz. in allen ihren drei Hauptrichtungen zum Gegenstande. Mit der Ausschaltung der Schädig.gen, welche von einem irgendwelchen Dazwischentreten des Erwerbsbetriebs, als eines Fremdkörpers in der K.serz., dieser drohen„ ist **seine** Aufgabe erfüllt. **Positive** Grundlagen für die Erz. zu schaffen, ist **nicht** — der in Ansehung der „bei der Mutter ob u. inwieweit in dem Bez.e die gesetzl. Amtsvmsch. durchgeführt u. befindl." Unehel. eingenommene Standpunkt spricht, wie die generelle „Befreiungs"vorschr. des § 25 Abs. 2 S. 1 deutlich ergibt, **nicht** hiergegen! — Sache des Pfl.k.sch.s, sondern gehört anderen Gebieten der Jug.fürs. an, — der Amtsvmsch., der Fürs.Erz. usw. (daher vermißt zu Unrecht Ammann, Zentrbl. XVI S. 28 unter den Vorschr.en des Abschn. III eine dem § 33 Abs. 3 — „Rücksichtnahme auf das religiöse Bekenntn. oder die Weltanschauung bei d. Unterbringg." — entsprechend). —

Auch das RJWG. hält an dem **Dualismus** von Hauptarten „fremder Pflege fest: **Fam.Pfl.** u. **Anstaltspfl.** (die Unterbringung bei der eigenen unehel. Mutter tritt **nicht** als 3. Art daneben; vgl. oben u. näheres zu § 24 Abs. 1). In dem hier springenden Punkte stellt das Reichsgesetz die beiden Arten in Gegensatz zueinander: bedürftig der Überwachung durch das JA. ist grundsätzlich (nur) die Familienpflege, **nicht** die Anstaltspflege. Doch finden sich auch hier Mischverhältnisse, welche die Grenzen verwischen. —

3. System.

Schon in der landesrechtlichen Entwicklung, welche in Abschn. III ihren reichsrechtlichen Abschluß gefunden hat, hatten sich **zwei** Grundtypen eines „Pfl.K.Sch." (richtiger: der H.K.Kontrolle) herausgeklärt: das Meldesystem, das u. a. insbes. von **Taube** in Leipz. eingeführt wurde, u. das Konzessionssystem. (S. hierzu die Darlegungen in der Vorbem. bei Fr.-P. zu Abschn. III u. den eingangs genannten Art. von Grabowsky.) Das RJWG. hat als Norm das letztere angenommen. Auch dieses aber keineswegs rein u. ausschließlich. Starke Beisätze eines Meldesystems, die allerdings praktisch zur Durchführung des Konzessionssystems schlechthin unentbehrlich, finden sich bereits in dem leitenden Satze des § 19 u. trüben die Einheitlichkeit des gesetzgeberischen Standpunktes. Auch sonst fehlt es mannigfach an der wünschenswerten Systemeinheit, -reinheit und -klarheit. Der Grundgedanke einer jugendfürs. Erfassung der Verhältnisse „**fremder** Pflege" ist sowohl hinsichtlich des Begriffselements „fremd" als auch desjenigen „Pflege" mehrfach verlassen: „Verwandtenpflege", § 21 Abs. 1 u. Fälle einer „von vornherein" vorübergehenden Betreuung („Bewahrung") sind berücksichtigt u., obzwar mit erheblichen Einschränkungen u. Vorbehalten, an der Ordnung des Abschn. III beteiligt. Durch diese zahlreichen des wirklich festen Prinzips entbehrenden Erweiterungen u. Wiedereinschränkungen, Ausgestaltungen u. Durchbrechungen des Grundgedankens, welcher der Erscheinung nach bes. in § 19 fast greifbar hervortritt, erhält Abschn. III in außerordentlichem Maße das Gepräge einer unbefriedigenden Verworrenheit, welche durch das mehrgedachte Zugeständnis des Art. I Z. 5 Notverordn. naturgemäß noch gesteigert wird.

Die reichsrechtlichen Mittel der Durchführung dieses so gestalteten Pfl.K.Sch. sind: a) die Annahmeerlaubnis, Unterabschnitt 1, b) die „Aufsicht", (Unterabschnitt 2 — über das innere Verhältnis der beiden

s. näheres zu § 20 — denen sich als Ergänzung hinzugesellt c) das erstreben, sondern vornehmlich wegen der sozialen Tragweite, des R. der „sofortigen" Wegnahme u. vorläuf. Unterbringung, Unterabschn. 3.

4. Die Verschiebung der allgemeinen Grundlagen des Pfl.K.Sch. — Übergang von Polizei auf Jug.wohlf.behörde — hat eine solche auch der höchsten Spitze ergeben: Zentralinstanz in Preußen fortan nicht mehr der Min. des Inn., sondern der Min. f. Vwf. § 34 Ausf.Ges. RJWG. mit der bes. Nutzanwendung des § 14. Im übrigen bietet für Preußen das Ausf.Ges.. keine Ergänzungen zu dem vorliegenden Abschn.

5. Literatur: außer den Kommentaren u. den schon gen. Abhdl.gen von Spann u. Grabowsky auch noch diejenige des letzteren Verfass. in Stengel-Fleischmann's Handwörterb. (Art. „Ziehkinder"), Klumker im Handwörterb. d. Staatswissensch. (4. Aufl.) S. 519, Sandré, Pfl.-k.wesen u. Amtsvmsch.., (Vortrag auf d. Danziger Tagg., Juni 1923), Ztrbl. Vmsch. XV S. 96 ff., für Berlin insbes. noch Baginsky, die Kost- und Haltek.pfl. in Berlin, Deutsche Viertelj.schr. f. öffentl. Gesundh.pfl. Bd. 18, 1886 S. 337 ff., für die Verhältn.e der Landbez.e Beeking im Dez.Heft 1922 der Mon.schr. „Das Land" (Herausgeb. Ökonomierat Lemke-Berlin) S. 47 ff. Ferner jetzt vor allem Amman, Ineinandergreifen von Pfl.k. auff. u. Berufsvmdsch. im JA., Zen.rbl. XVI S. 25ff. (Mai 1924) u. die Berichte im Zentrbl. über die Tagg.n d. Arch. d. Berufsvmder, a) die Chemnitzer, Ende Aug. 1924 XVI Nr. 8 bes. S. 193 u. b) die Lübecker, Anf. Sept. 1924 XVI Nr. 9, bes. S. 215 u. S. 219. Über das „Kind" im allg. auch noch Ploß, Das Kind in Brauch u. Sitte der Völker, u. Wulffen, das Kind, sein Wesen u. seine Entartung.

1. Erlaubnis zur Annahme.

§ 19.

Pflegekinder sind Kinder unter 14 Jahren, die sich dauernd oder nur für einen Teil des Tages, jedoch regelmäßig, in fremder Pflege befinden, es sei denn, daß von vornherein feststeht, daß sie unentgeltlich in vorübergehende Verwahrung genommen werden.

„Pfl.K.er sind": die einzige Definition des RJWG.s. Die hier festgestellte Altersnorm hat (vgl. Vorbem. mehrfach) an Wert durch die Befreiungsmöglichkeit der Notverordn. wesentlich eingebüßt. Für Preußen verordnete schon die Ausf.Antw. v. 29. März 1924 III Z. 1 ein bestimmtes Verfahren zur Erlangung der Altersherabsetzung: Anträge sind „unter genauer Darlegung der Verhältnisse durch die . . . Aufsichtsbehörde dem Min. f. Vwf. zur Entscheidung vorzulegen", — unter Beifügung (eb.dort Z. 2) der „bisher geltenden polizeil. Bestimmungen über die H.K.er u. einer gutachtlichen Äußerung des Kreisarztes". Sie waren zeitlich durch Festsetzung des 1. Juli 1924 als Endtermins für die Vorlegung an den Minister, — sachlich durch das Verlangen einer „Darlegung, ob u. wieweit durch die Altersgrenzenerhöhung die Zahl der Pfl.K.er sich vergrößert, u. ob dadurch die Einstellung weiterer Kräfte erforderlich wird", beschränkt. Die preuß. Zentralbehörde steht also dem Dispense grundsätzlich offenbar nicht günstig gegenüber. Das ist zu billigen, — nicht allein um der Rechts- u. Verwaltungseinheit willen, die auch hier zu erstreben, sondern vornehmlich wegen der sozialen Tragweite, des Wesens des reichsrechtl. Pfl.K.Sch. (S. Vorbem.) Wer Befreiungsanträge zu stellen berufen, sagte die Ausf.Anw. nicht. Aus der Natur der Sache u. der ferneren Forderung, auch noch „darzulegen, ob die Amtsvmdsch. im Bez. durchgeführt wird" (Z. 1 a. E.), ist zu folgern, daß sie Angelegenheit der „Selbstverwaltungskörper" sein werden, welche gemäß § 8 — vgl. dort — JA. errichten. Doch werden auch etwaige Anträge schon bestehender JA. selbst, allein deshalb, nicht zu beanstanden sein. (Nach der Indruckgabe sind in Ergänzg. der Ausf.Anw. durch den Erlaß des Preuß. Min. f. Vwf. v. 15. V. 1924, „Volkswohlf." S. 223, „Richtlinien" für d. Herabsetzg. dieser Altersgrenze aufgestellt worden. In ihnen ist als absolute Minimalgrenze das 6. Lebensjahr, als relative „die bisher auf Grund örtl. Regelg. vorgeschriebene Altersgrenze" bezeichnet. Den Anträgen ist eine „Nachweisung" beizufügen: über die Zahl der bisher beaufsichtigten u. über diejenige der infolge des § 19 RJWG.s „neu zu übernehmenden Pfl.k.ern", ferner die Angabe, ob u. inwieweit in dem Bez.e die gesetzl. Amtsvmsch. durchgeführt u. zur „Mitbetreuung der Pfl.k.er geeignet ist, außerdem die von der Ausf.-Anw. vorgeschriebenen Unterlagen. — „Ermächtigt" z. Entscheidg. über die Anträge sind d. Reg.Präs.n, für Gr.Berlin d. Oberpräsident, jedoch unter Beschränkg. stattgebender Entscheid.gen „auf die Dauer von höchstens 2 Jahren" u. Verpflichtg. zu gleichen Befreiungsfristen, falls demselben JA. Befreiung von der gesetzl. Amtsvmsch. bewilligt wird. Die sachl. Gesichtspunkte der Ausf.Anw. f. diese Entscheid.gen sind beibehalten.)

Über die Erreichung des Höchstalters gelten die allg. Grundsätze. Nach der reichsrechtl. Norm würden, soweit diese festgehalten, an sich auch „Kinder, welche schon tief im 14. Lebensj. stehen", der Kontrolle des Abschn. III, insbes. also der Vorschrift des § 20 unterworfen sein. Doch wird man praktisch bei Jugendlichen, welche sich so nahe vor dem Ende des Schutzalters befinden, auch den Schutz selbst nur mit Einschränkungen handhaben, ja in gewissen Fällen unbedenklich ganz entbehren können, es sei denn, daß eine Überwachung für den Rest des im S. von § 19 schutzfähigen Alters als Einleitung einer anderen auch darüber hinaus zulässigen und gebotenen z. B. einer solchen aus § 3 N. 6 — vgl. zutreffend Fr.-P. N. 3 zu § 19, allgemeiner auch Bäumer S. 96 zu § 19 — eintreten lassen will. — Einer Unterscheidung von Unterstufen innerhalb des reichsgesetzl. Schutzalters steht nichts entgegen; bei angemessener Bestimmung vielmehr zweckentsprechende Verschiedenheiten der einzelnen Anordnungen zu entnehmen. So wird z. B. eine Zäsur nach dem vollendeten 6. Lebensj. als dem Beginne der Volksschulpflicht. die in Groß-Berlin tatsächlich zu erwarten sein dürfte, die sachgemäße Ausgestaltung des Pfl.K.Sch. nur erleichtern. —

In „fremder Pflege". Der Begriff Pflege ist hier nicht im prägnanten (Abhilfe eines besonderen Versorgungsbedürfnisses), sondern im mehr indifferenten S. zu nehmen: des Verhältnisses, in welchem die Erziehung u. „Bewahrung" des K.es begründet ist. Danach wäre unbefangener Weise die Pflege stets als Dauerverhältnis zu verstehen. Das Gesetz hat aber selbst diesen an sich gegebenen einfachen Begriff kompliziert u. seine Verwendung wesentlich erschwert, indem es der „dauernden" die „regelmäßige nur für einen Teil des Tages" berechnete gegenübergestellt, u. noch vielmehr dadurch, daß es durch die eigenartige Fassung des Nachsatzes begrifflich auch die „vorübergehende Bewahrung" für die „fremde Pflege" in Anspruch genommen hat. (S. hierzu sogleich unten.) — In der letzteren Wendung selbst liegt der Ton sinngemäß durchaus auf „fremde". Eine solche ist die „Pflege" dann, wenn sie nicht von durch die Natur dazu berufenen, insbes. von Blutszugehörigen des K.es geleistet wird. Wo die „fremde" Pfl. anfängt, die „natürliche" (dies dem S. nach der richtigste Gegensatz) aufhört, sagt das Ges. selbst nicht, wenigstens nicht unmittelbar. Der „Angehörigen"begriff des StrGB., § 52 Abs. 2, mangels einer dahingehenden ausdrücklichen Bestimmung hier nicht heranzuziehen. Anhaltspunkte bietet § 21 Abs. 1 (des RJWG.s): durch Umkehrung folgt aus ihm, daß es auch eine „Pflege" bei Verwandten oder Verschwägerten bis zum 3. Grade gibt, welche an sich dem Abschn. III unterläge, wenn nicht die Sonderbestimmung eben des § 21 Abs. 1 bestünde. Es ist aber entschieden viel zu eng, wenn Fr.-P. N. 6 zu § 19, wohl hierauf fußend, die nichtfremde Pfl. auf diejenige der Eltern bzw. der unehel. Mutter des K.es beschränken will. Maßgebend müssen vielmehr die Volksanschauungen sein. Ihnen wäre es wohl überall und ganz entschieden durchaus entgegen, das bei den „unehelichen" Großeltern (Eltern der Mutter) in dauernder „Bewahrung" befindliche K. als „in fremder Pfl." stehend behandeln zu wollen. Diese Konsequenz, die allerdings formal § 25 Abs. 3 S. 2 zieht, schlägt dem Volksempfinden geradezu ins Gesicht u. ist widersinnig, auch praktisch ganz unzweckmäßig, da die Folgerung, daß auch diese „Angehörigen" um vorgängige Erlaubnis zur Aufnahme des K.s bei dem JA. einkommen müssen, eine ganz unvernünftige Erschwerung der Unterbringung u. unnötige Belastung der Behörde ergibt. Daher wird eine Praxis, welche über diese formalrechtl. Konsequenzen hinweggeht u. die gedachte Unterbringung nicht als fremde Pfl. behandelt, nur zu billigen sein. —

Die Berücksichtigung der nicht „dauernden", sondern („nur") regelmäßigen fremden K.sbetreuung beruht auf der Würdigung von Lebenserfahrungen: auch die letztere kann für die Erz. (das „körperl., geistige oder sittliche Wohl des K.s") derartige Bedeutung gewinnen, daß eine fürsorgl. Überwachung dch. die Jug.wohlf.beh. unerläßlich. Im höheren „pflegerischen" S. war also die Erstreckung dieser reichsrechtlichen Ordng. auch auf sie folgerecht und innerlich berechtigt. Das Ges. hätte aber die hier grundlegenden Begriffe viel fester und entschiedener abklären müssen, um eine sichere u. richtige Anwendung seiner Normen zu gewährleisten. Das Schwimmende der Grenzfälle und Mischtatbestände kommt durch die etwas tastende, den Dingen nicht auf den Grund gehende Begriffsbildung des RJWG.s manchmal beinahe kraß zur Geltung. Das entscheidende Moment, auf welches viel deutlicher und entschiedener hätte abgestellt werden müssen, ist eben die Erz. und ihr innerer Zusammenhang mit den äußeren Umständen, der Umgebung (im weitesten S.), in der und unter deren Einflüssen das K. heranwächst. Die Pflege in der eigentl. Bedeutg. tritt als solche dagegen durchaus zurück. Unter dem Gesichtspunkte dieses inneren Zusammenhanges ist es letzten Endes unerheblich, ob die Berührung des K.s mit jener ihm „fremden" Umwelt eine ununterbrochene oder zwar unterbrochene, aber mit diesen Unterbrechungen sich doch nach einer bestimmten „Regel", also einer gewissen von außen kontrollierbaren Ordnung wiederholende (dies das scharfe, maßgebende Kriterium für die Unterscheidg. von „dauernd" und „regelmäßig" im S. des § 19) ist. Der äußeren Erscheinung gewisser typischer Verkehrsgestalt.gen folgend, spricht das Ges. von „regelmäßig nur für einen Teil des Tages (gewährter) Pflege". Diese an der Oberfläche haftende Formulierung, bei der an die praktisch allerdings bes. wichtigen entgeltlichen sog. „Tagespflegen" (auch Teil-Tagespfl.) gedacht ist, in welche zumal in Großstädten beruflich während des Tages dem Hause ferngehaltene Eltern ihre K.er zu geben genötigt sind, ist natürlich nicht buchstäblich zu nehmen. Auch etwa unvermeidl. Verbringg. eines K.s für die Nachtzeit in „fremde" Häuslichkeit, ja diese in erhöhtem Maße kann das K.swohl in Mitleidenschaft ziehen. Norm für die Behandlg. des Einzelfalles durch das JA. (dessen „sachverständ. Urteil" über eine „Gefahr für das K.", so, richtig, Bäumer S. 77) darf und kann aber allein die Bedeutung seiner Besonderheiten für die Erz. sein. Einen äußeren sehr erheblichen Anhalt, letztere zu ermessen, wird immer die Rolle abgeben, welche die Gelderwerbsrücksicht in der Gestaltung der Verhältnisse spielt. Beispiele: A) die Wöchnerin, welche für die ersten Tage nach der Niederkunft ihr älteres etwa 2jähriges K. gegen bescheidenes Bar-Entgelt in „Pflege" gibt, B) die beiden Nachbarinnen, von denen die eine während des ganzen Vormittags durch Aufwartestellen, die andere ebenso nachmittags durch Zeitungsaustragen außer dem Hause festgehalten ist, und die nun im „Austausch"wege, jene für die Vorm., diese für die Nachmittage, ihre Klein- oder Schulkinder „regelmäßig", vielleicht durch Jahre hindurch einander zur Abwartung übergeben, C) das kinderlose adoptionsgeneigte Ehepaar, welches ein fremdes K. ganz in seinem Hause „aufnimmt", um durch dessen dauernde allseitige Versorgung die Kenntnis von seiner Individualität zu erlangen, durch welche sich naturgemäß die Entschließungen wegen der Adoption bestimmen. — An sich unterstehen alle 3 Fälle der Norm des § 19: denn in A) fehlt für den Vorbehalt des Schlusses von § 19 („es sei denn" usw.) das Moment der Unentgeltlichkeit (allerdings kommt hier die Sonderbestimmung des § 21 Abs. 2 ergänzend in Betracht, s. dort, von welcher Blaum N. 3 a. E. zu § 19 richtig sagt, daß sie den Vorbehalt des § 19 „z. Teil aufhebe"!), in B) macht die „Regelmäßigkeit" — im strengeren juristischen S. auch die Entgeltlichkeit —, die „synallagmatische" Wechselbeziehung der beiderseitigen Betreuung, in C) die „Dauer" das Verhältnis zu einem von dieser Norm erfaßten. Gleichwohl wird man unbedenklich ihr doch nur den letzten Tatbestand unterwerfen. Hier die Abhängigkeit von der JA.-Kontrolle praktisch deshalb auch nicht als Härte zu beanstanden, sondern vielmehr zu begrüßen als zweckentsprechende Vorbereitung zu der späteren „verantwortungsvollen" Mitwirkung (vgl. Fr.-P., N. 7 zu § 43 u. auch hier zu letzterem §) bei der Adoption selbst. A) und B) gehören nach dem Volksempfinden und der Verkehrsanschauung, welche hier entscheidend mitzusprechen haben, nicht in die Sphäre der JA.-Zuständigkeit, weil jener trotz des „geschäftlichen" Einschlags, dieser trotz der Ständigkeit mehr nur private Gefälligkeiten tatsächlicher Art. (Abweichend stellt, in etwas sehr enger Anlehnung an den Gesetzeswortlaut, für Preußen Z. III Abs. 2 der unter näher zu würdigenden „Richtlinien" vom 17. Mai 1924, Volkswohlf. S. 225, schlechthin den Grundsatz auf: „Wird ein Entgelt gezahlt, so sind sie, die in fremder Pfl. untergebrachten K.er, auch bei vorübergehendem

Aufenth. Pfl.k.er"!). Immerhin ist dies insbes. bezügl. des Falles B) teilweise Tatfrage. Im Verlaufe der „regelmäßigen" Verbindung kann diese sich doch, sei es für die Ernährung oder sonstige Körper„pflege", sei es z. B. für die Beaufsichtigg. der häuslichen Schularbeiten der immer wieder viele Stunden lang „fremder" Obhut anvertrauter K.er als so bedeutungsvoll erweisen, daß ein Eingreifen des JA. durchaus angezeigt. Seine Anrufung und die nunmehrige Übernahme einer „Aufsicht" alsdann sicher nicht zu beanstanden. Hier zeigt sich, daß es überhaupt ein verfehltes Beginnen des RJWG.s war, einen unbedingt einheitlichen Begriff des „Pfl.kindes" für die ganze Materie des „Pfl.k.-schutzes" — so, offenbar, die Stellung des § 19 an die Spitze des Abschnitts III zu verstehen, (ungeachtet der immer verbleibenden redaktionellen Unstimmigkeit seiner Einordnung in den besond. Unt.abschn. über die „Annahme-Erlaubn." statt isolierter Voranstellung, die hiernach sachgemäßer gewesen wäre, als „allgemeine", der Genehmigg. wie der Aufsicht gemeinsame Vorschr.! — anzustreben statt mit viel ungezwungeneren, der verschiedenen sozialen Tragweite des Erlaubniszwanges einer- und der „Aufsicht" andererseits angepaßten Formulierungen sich zu begnügen.

Zweifelsfrei ausgeschieden sind aus dem Kreise der „Pfl.k.er" im technischen S., (nur) die „unentgeltlich in vorübergehende Bewahrung genommenen". Bewahrung ist ein begriffsnotwendiges Element des Zustandes, welcher die Grundlage jeder Kindes-Erz. bildet, die behütende äußere, vor allem auch räumliche Verknüpfung mit einer bestimmten Umgebung, innerlich also von einer gewissen — wohlgemeinten —, der „Schutzhaft" etwas verwandten Freiheitsbeschränkung (auf diese in § 3 Z. 8 berücksichtigte Einrichtung weist auch die Terminologie hin: „Bewahrung" — „Verwahrung"; der geringfügige Unterschied der Vorsilbe sachlich ohne Bedeutg.!) nicht zu trennen. Wo die „fremde" K.sbetreuung sich auf dieses Element beschränkt und nicht das andere — wichtigere — der positiven Einwirkg. auf Körper oder Seele des K.s hinzutritt, soll das JA. trotz der „Fremdheit" der Betreuung grundsätzlich ausscheiden. Auch hier dürfen aber nicht Tatumstände hinzutreten, welche selbst die so einseitige Beziehung zwischen K. und „Fremden" zu einer des ersteren „Wohl" berührenden sich auswachsen lassen könnten. Mit dieser Gefahr bedrohen es gegebenenfalls Beständigkeit und „Geschäftlichkeit" („Entgeltlichkeit") des Verhältnisses. Die Vorzugsstellung des Vorbehalts deshalb mit R. auf „unentgeltliche vorübergehende" Verbring.gen beschränkt. Privilegien ist Enge des Anwendungsgebiets eigentümlich! — Das Gesetz übertreibt aber auch hier und erschwert so sich und seiner Anwendung das Leben. Es verlangt, zu weitgehend, daß diese Absperrung jeglichen Moments von pädagogischem Gewicht „von vornherein feststehe". „Von vornherein": bei, ja richtiger, schon vor der Begründung des Verhältnisses; „feststeht": sowohl objektiv nach der Beschaffenheit der maßgebenden Umstände, als auch subjektiv nach der zu Tage getretenen Absicht der Beteiligten. Erfahrung, Umsicht und Takt der JA. werden auch hier ausgleichend zu wirken haben und allzu kleinliche, für die Betroffenen peinliche, Schwierigkeiten bereitende Ermittlungen entbehrlich machen

„es sei denn, daß": das RJWG. schließt sich hier (zum 1. Male) der — bes. seit dem BGB. (vgl. daz. Planck Komm. I S. 48: Vorbem. z. Allg.

Teil V Z. 2; auch Simćon, R. u. R.sgang I 1 S. 134 ff.) — technisch gewordenen Gesetzessprache an und kennzeichnet damit das Verhältnis des Vorder- und des Nachsatzes von § 19 als dasjenige von gesetzlicher Regel und Ausnahme (s. schon das hier Vorstehende u. ferner zu § 20 Abs. 2). Die im Zivilrecht wichtigste Bedeutung dieses spezifischen Verhältnisses für die Beweislast (obliegend demjenigen, welcher die „Ausnahme" behauptet) tritt hier, wo es sich um Angelegenheiten der Verwaltung handelt, zwar zurück, entfällt jedoch keineswegs ganz. Gerade der Gebrauch dieser Wendung läßt den grundlegenden gesetzgeberischen Standpunkt mit bes. Prägnanz erkennen: Norm-Geltung des Abschn. III überall, wo „fremde" Kindesbetreuung vorliegt; Befreiung von seinen Bestimmungen Ausnahme, deren Voraussetzungen ziemlich komplizierter „Erweisung" bedürfen. —

Über Abschn. III hinaus könnte man in der Anknüpfung des § 19 an die Terminologie des § 1 Abs. 1 („Kinder" — „jedes deutsche Kind") eine nähere Bestimmung des letzteren, des Kardinalbegriffs des ganzen RJWG. finden: „Kinder unter" — im Gegens. zu „Kinder über 14 J." Das entspräche dem Ausgangspunkte, wonach das „Kind" als erzbedürftiges Wesen mit der „Jugend" identisch ist, also extensiv diese bis zum Ende der Minderjährigkeit umfaßt (vgl. schon Einleit. III und oben zu § 1 und zu § 4), hat aber — bewußt — dem Gesetzgeber wohl kaum vorgeschwebt. („Unter" vielmehr hier offenbar im S. von „bis zu" zu nehmen, in Annäherung an die Begriffsbildung und Formulierung des Kinder-Schutz-Ges.s von 1903, welches, noch genauer, in § 2 geradezu definiert: „als K.er — im S. dieses Ges.s — gelten Knaben und Mädchen unter (!) 13 Jahren sowie solche über 13 J., welche noch zum Besuche der Volksschule verpflichtet sind"! —

§ 20.

Wer ein Pflegekind aufnimmt, bedarf dazu der vorherigen Erlaubnis des Jugendamts. In dringenden Fällen ist die nachträgliche Erlaubnis unverzüglich zu bewirken. Wer mit einem solchen Kinde in den Bezirk eines Jugendamts zuzieht, hat die Erlaubnis zur Fortsetzung der Pflege unverzüglich einzuholen.

Steht von vornherein fest, daß ein Kind unentgeltlich oder nicht gewerbsmäßig in vorübergehende Bewahrung genommen wird, so genügt die Anmeldung bei dem Jugendamte.

Der § stellt die eine wesentliche Grundlage des Pfl.K.Sch. (s. oben Vorbem.) reichsrechtl. zwingend fest, — die Genehmigungspflichtigkeit der Pfl.k.„Ausnahme". Schon der Vorgang, welcher das Verhältnis der „fremden" Kindesbetreuung begründet, soll der entscheidenden Mitwirkung des JA. bedürfen, diese also einer Kindeshingabe in solche fremde Obhut voraufgehen. Daher eine unpräzise, innerlich widerspruchsvolle Fassung, wenn das Gesetz sagt: „wer aufnimmt". Richtig allein: „wer aufnehmen will". Denn um sozial einwandfrei aufnehmen zu können, „bedarf" er nach der Norm des RJWG., § 20 Abs. 1 S. 1, der vorherigen Erlaubnis des JA. Nachträgliche Einholung ist ausgesprochene

Ausnahme, allein „in dringenden Fällen" zulässig u. der Rechtfertigung (nur) durch diese „Dringlichkeit" fähig u. bedürftig. Selbst diese Ausnahmstatbestände müssen in stärkstem Grade so behandelt werden, daß die JA.Entsch. auch hier möglichst am Beginne des Pfl.verhältnisses steht, so früh wie nur irgend tunlich erfolgt. Darum muß auch die der schon vollendeten „Aufnahme" erst nachfolgende Erlaubniseinholung mit größter Schleunigkeit bewirkt u. betrieben werden, „unverzüglich", d. i. — § 121 BGB., vgl. Siméon, R. u. R.'sgang I 1 S. 213 N. 7 — „ohne schuldhaftes Zögern". Verzögerung, deren Vorliegen nach den Umständen des Einzelfalles zu beurteilen sein wird, macht verantwortlich u. bedarf positiver Rechtfertigung durch Darlegung ihrer Unvermeidbarkeit, eines „Nicht-Verschuldens" (ob man mit Blaum N. 1 zu § 20 bestimmte Fristen als Maßstab für die gebotene Beschleunigung anordnen will — Bl. selbst schlägt 3 × 24 Std. als Spielraum der Unverzüglichkeit vor — wird von den örtlichen Verhältnissen abhängen müssen; in Landkreisen mit schwierigen Verbindungen u. schwerfälliger Bevölkerung größere Weitherzigkeit wohl unbedenklich). (Vgl. im allg. das Referat von Frau Tegeler-Grimma auf der oben zu § 19 S. 179 gen. Chemnitz'er Tagg., Zentrbl. XVI S. 193.)

Der Sinn der Vorschrift ist ein sehr tiefer. Sie bringt das eigentliche innerste Wesen des Pfl.K.Sch. durch ein höchstes Gebot zum Ausdruck, enthüllt auch die wahre Bedeutung u. Tragweite des Überganges der Zuständigkeit von der Polizei auf die Jug.wohlf.behörde. Nicht um einen mehr äußerlichen, in gewisser Art schematisch sich vollziehenden reinen Verwaltungsakt, welcher Platz greift, wenn nur — mehr negativ — keine Bedenken gegen ihn obwalten, sondern eine überaus verantwortliche, in die innere Beschaffenheit des Sachverhalts eindringende, diese wertende u. zugrundelegende Entschließung handelt es sich: die Erlaubnis bedeutet, wie die „Genehmigung", der wir schon im BGB. für insoweit analoge Fälle begegnen, z. B. Genehmig. der Stiftungen, § 80 BGB., auch vmsch.gerichtl. Genehmigung, §§ 1821, 1822 BGB., die positive Feststellung des Einklanges mit dem Gemeinwohl in seiner besonderen hier maßgeblichen Erscheinungsform als „Jugendwohl". Darum, aus diesem inneren zwingenden Grunde des wahren Wesens entspricht, wie in den genannten analogen Fällen, auch hier der Erlaubnis als einmaligem Akte der zuständigen Behörde bei der Entstehung, — deren (grundsätzlich dauernde) „Aufsicht" während des Bestehens des Verhältnisses. Letztere gewährleistet die Dauer dieses Einklanges, wie erstere für sein Vorhandensein bürgt (vgl. meine Darlegungen Jahrb. Dogm. Bd. LXXII S. 192 ff.). Darum verpflichtet gerade auch die Erlaubnis des § 20 Abs. 1 die zu ihr berufene Behörde zu denkbar größter Sorgfalt, zu vorgängiger, umfassender Prüfung aller erheblichen Umstände, sowohl der in den Personen wie der in den Dingen gegebenen, also bezüglich ersterer nicht allein der äußeren Verhältnisse wie Stand, Beruf, Beschäftigung, vor allem auch Einkommen, gesellschaftl. Lebensstellung usw., sondern ebenso u. mehr der Individualität der „Pfl.personen", ihres Charakters, ihrer geistigen Anlagen, kurz aller Eigenschaften, welche für eine Befähigung zu richtiger K.erzg. von Bedeutung, mithin keineswegs auf die Gegenwart beschränkt, sondern auch das Vorleben, zumal etwaige Vorstrafen (hier allerdings mit der nötigen Schonung u. Selbstbescheidung) aufklärend. Ferner, nach der objektiven Seite auf Wohnungs-, allg. hygienische, insbesondere auch Ernährungsverhältnisse gerichtet. (Vgl. zu alldem für Preußen die bei Nr. 22 zu erörternden „Richtlinien" des Min.f.Vwf. die Erteilung der „Erlaubnis" enthält die obzwar stillschweigende, so doch in Erfüllung der Amtspflicht gegebene Versicherung der Jug.wohlf.behörde, daß diese Prüfung erfolgt sei u. ein positives Ergebnis gehabt habe.

Durch diese ihre Wichtigkeit u. ebenso umfassende wie eindringende Anlage weitgehende Unterstützung der JA. seitens anderer Behörden, insbes. (auch fortan) der Pol.Beh., der Vmsch.- u. Strafgerichte, geistl. Beh. usw. bedingt, auf welche die JA. nach dem Grundsatze der „Amtshülfe" des § 5 Anspruch haben. Andererseits die Entsch. der JA. aus § 20 Abs. 1 nicht zuletzt deshalb wegen ihrer allg. Bedeutg. für die „beteiligten" Pfl.personen im Wege der ordentl. R.beschwerde „aus" diesem Gesetze nach § 18 RJWG., für Preußen also mit dem Einspruche des § 15 Ausf.Ges. anfechtbar u. der Nachprüfung durch die Beschwerdeinstanz zugänglich (vgl. über die „hauptsächliche" Wichtigkeit der R.mittel für des Pfl.k.wesen jetzt auch Preuß. Ausf.Anw. II D.) — Mit diesem tieferen Wesen der JA.Erlaubnis hängt auch ihre schon oben beleuchtete zeitliche Stellung unmittelbar an die Schwelle jedes Pfl.verhältnisses u. die sie ausbauende Ergänzung des S. 3 Abs. 1 uns. § 20 zusammen, der zufolge auch bei jedem Übergange in einen a n d e r e n JA.Bezirk („anderen" als welcher die Erlaubnis zur Eingehung des Verhältnisses erteilt hat) diejenige zur „Fortsetzung der Pflege unverzüglich — s. hierzu oben — einzuholen" ist. Hier wird die unterstützende Mitarbeit der Pol.Beh. — vgl. ebenfalls oben — besondere praktische Bedeutung erlangen, aber auch die JA. werden ihnen bekannte Fälle von Ortswechsel einer Pfl.Person einander zu melden verpflichtet sein, (letzteres von Blaum, N. 1 a E. zu Unrecht nur „als praktisch empfohlen), weil bei Veränderung der JA.Zuständigkeit die „Erlaubnis" stets mit größter Beschleunigung erneuert werden muß. Endlich beruht hierauf auch die grundsätzl. Widerruflichkeit der Erlaubnis, § 22 Abs. 1 u. Abs. 2. Denn die Unvollkommenheit aller menschl. Einrichtungen schließt bei dem bestorganisierten JA. schwerwiegende Irrtümer hinsichtl. grundlegender Ermittlungsergebnisse nicht aus: dem stets allein maßgebenden „Kindeswohl" — so auch ausdrücklich § 22 Abs. 2, s. dort — würde es aber geradewegs zuwiderlaufen, das JA., welches selbst die Unrichtigkeit der Voraussetzungen seiner Entsch. erkannt hat, gleichwohl an letztere zu binden. Ihre Daseinsberechtigung steht u. fällt vielmehr mit der subjektiven u. objektiven Feststellung des obengedachten Einklanges mit dem Kindeswohl. — Auch die Zuständigkeit gerade d e s JA., „in dessen Bezirk die Pfl.p e r s o n ihren gewöhnl. Aufenthalt hat", für Erlaubniserteilung u. -widerruf — § 23 — folgt unabweisbar aus dem hier entwickelten W e s e n dieser „Erlaubnis". Insoweit ist das System des RJWG. also ein geschlossenes u. durchsichtiges. —

Die Erlaubnis (Erteilung) ebenso wie ihre Versagung und ihr Widerruf, müssen, um wirksam zu sein, dem „Beteiligten", der Pflegeperson, bewußt werden. Sie sind, soweit auf Verwaltungsakte die Analogie der (privatrechtl.) Willenserklärungen überhaupt paßt, das, was man im Zivilrecht jetzt technisch „empfangsbedürftige" Willenserklär.gen nennt. (Vgl. auch dazu Siméon, a. zu § 19 a. O. S. 179 u. S. 205), müssen also dem Beteiligten „zugehen" (s. über diesen Begriff insbes. Titze, Jahrb. Dogm. Bd. 47 S. 445 ff.) Auch ohne eine ausdrückliche gesetzliche Vorschr. wird man die — unmittelbar zwar für „gerichtliche" Verfüg.gen getroffene — Bestimmung des § 16 FGG.s hier unbedenklich „entsprechend" anwenden, d. h. für die Wirksamkeit „Bekanntmachg. an denjenigen, für welchen sie (die bezügl. JA.Entsch.en) ihrem Inhalte nach bestimmt sind", mithin: an die „Pfl.person" fordern dürfen. Das bedingt als Norm — § 16 Abs. 2 a. a. O. — die „Zustellung" nach den Grundsätzen der ZPO. (vgl. hierzu auch unt. bei § 72 Abss. 2 u. 3: über die Bekanntgabe von Entsch.en der FE.Beh.). Doch kann diese natürlich auch mündliche Eröffng. mit entspr. Aktenvermerk, sei es durch den zuständigen Dezernenten selbst, sei es auf Nachfrage durch dessen Büro ersetzen, letzterenfalls allerdings wohl nur bei ausdrücklichem Verzicht auf förmliche Zustellung. Für die „Pfl.person" hat die zweifelsfreie Bekanntgabe und die in ihr begründete offizielle „Wirksamkeit" hauptsächlich in den Fällen der Versagung und des Widerrufs Bedeutung. Die Beschwerde, welche ihr nach § 18 Abs. 1 — in Preußen als „Einspruch" gemäß § 15 Abs. 1 Z. 2 Ausf.G.s z. RJWG. (selbstverständlich auch im letzteren Falle: denn auch der Widerruf „b e t r i f f t . . die Erlaubn. z. Annahme v. Pfl.k.") — zusteht und gegen solche ihr ungünstigen Entsch.en des JA. meist tatsächlich erhoben werden dürfte, ist erst von diesem Zeitpunkte an gegeben. (Noch n i c h t bekanntgegebene Entsch.en können zweifellos vom JA. selbst bei geeigneter Sachlage wieder zurückgenommen, d. h. formlos abgeändert werden). An der amtlichen Bekanntgabe der von ihr selbst nachgesuchten „Erlaubn." hat sie naturgemäß wesentl. geringeres Interesse. Insbes. dürfte mit dem tatsächl. Beginne des Pfl.Verhältn. in der Praxis kaum immer ganz gewissenhaft auf diesen „Eingang" einer mit einiger Berechtigung vorauszusehenden günstigen Entsch. gewartet werden. Wohl aber auch ihre Wirksamkeit für das Beschwerderecht bedeutsam, welches — in Preußen ebenfalls durch § 15 Abs. 1 Z. 2 cit. (also: „Einspruch") — den „Eltern" und dem „gesetzl. Vertreter" (des Pfl.kindes) zugestanden ist; sie können u. U. mit der „wirksam" erteilten „Erlaubn. z. Annahme" sehr unzufrieden sein. (Mit etwas unklar weiter Fassung nennt das preuß. Ges. hier neben den beiden letztgedachten Kategorien Beschw.berechtigter n i c h t — ausdrücklich — die „Pfl.person", sondern die „von der Entsch. B e t r o f f e n e n". An wen hierbei gedacht worden, nicht recht ersichtlich. Das — noch nicht 14jährige — Pfl.k i n d selbst kann nach dem System des RJWG., welches Beschw.rechte der Minderj. sonst immer — s. § 44 Abs. 2, § 65 Abs. 4 — an die Vollendung des 14. Lebensj. bindet, nicht in Betracht kommen. Die unehel. Mutter, deren Beschwerderecht im Hinblick auf die ihr nach § 1707 S. 2 BGB.s zustehende Personensorge u. Aufenth.bestimmung unbestreitbar, doch wohl richtiger den „Eltern" — im weiteren S. — zuzuzählen. Ob ganz Außenstehenden, aber mittelbar „Betroffenen", so z. B. dem Hauswirt „Einspruch" — gegen die Erl. z. Ann. — zuzugestehen, zweifelhaft und, weil zu weitgehend, wohl zu verneinen, hingegen für den „Helfer" eines unter „Sch.A." stehenden Pfl.k.s zu bejahen. Sinn dieser vagen Fassung vielmehr die Einbeziehung auch derjenigen, welche durch die „Kehrseite" der JA.Entsch. „betroffen" werden: so etwa bei einer „Wegnahme" gem. § 27 nicht nur die „Pfl.person", v o n welcher, sondern auch diejenige, z u welcher „vorläufig", vielleicht ebenfalls ganz gegen ihren Willen das K. verbracht wird!)

„Wer aufnimmt, bedarf . . .“ Gemeint ist sowohl der tatsächl. Vorgang im S. der wirklichen Verbringg. in die fremde Häuslichkeit als auch der rechtliche d. h. der Abschluß des Pfl.vertrages. Seinem allgem. Charakter nach gehört die Vorschr., wie schon in ihrer zwingenden Fassung sich ausprägt, zweifellos zu den Verbotsgesetzen. Über die Rechtsfolgen eines Verstoßes gegen das Gebot sagt sie selbst jedoch nichts. Da auch die weiteren §§ des Abschn. keinen Ausspruch hierüber, sondern nur eine Strafsanktion — § 30 Abs. 1 — enthalten, so könnte man sie nach der üblichen Einteilung der verschiedenen Normenarten zu den leges minus quam perfectae rechnen (Siméon, a. a. O. S. 196). In Wahrheit fehlt es aber weder in tatsächlicher noch in rechtl. Hinsicht an dem nötigen Schutz gegen Verbotsverletzungen: nach der ersteren Seite wird das Wegnahmerecht des § 27 Abs. 1 die erforderl. Dienste tun; wo die ungenehmigte Annahme nicht eine bloße Ordnungswidrigkeit, welche mit geringfügiger Geldstrafe hinlänglich zu ahnden, sondern das K.swohl ernstlich bedroht, also ein sozial schädliches Verhalten, wird mit unbedenklicher freierer Auslegg. eine das JA. zu „sofortiger Wegnahme“ berechtigende „Gefahr im Verzuge“ anzunehmen sein. Nach der letzteren läßt sich aus § 134 BGB.s die Nichtigkeit der ohne die JA.Erlaubnis geschlossenen Pfl.vertr.e herleiten (wie z. B. in feststehender R.sprechg. die ohne die erforderliche Genehmigg. des Wohn.Amts etwa gegen §§ 5 u. 10, des sog. Groß-Berliner Wohnungsnotrechts abgeschlossenen Mietverträge als nichtig behandelt werden. Die hiergegen gern geltend gemachte Unterscheidung von privat- und öffentlichrechtl. Nichtigkeit entbehrt jeder inneren Berechtigung). Auch hier selbstverständl. unter Beschränkung auf die sozialpädagogisch zu beanstandenden Verbotsverletz.gen. Die bloßen Ordnungswidrigkeiten verfrühter (d. h. der ohne vorgängige JA.Erlaubn. geschlossenen) Pfl.verträge zivilrechtl. bedeutungslos, da die „nachträgliche“ JA.Erlaubn. mindestens „Heilung“ des R.sgeschäfts bewirkt, für dieses also bis dahin nur ein „Schwebezustand“ vorliegt. — Daß tatsächliche Aufnahme u. rechtlicher Vertragsschluß im Einzelfalle getrennt sind, praktisch wohl möglich: eine Minderjährige, welche schon eigenen Hausstand hat, auch eine wegen Geistesschwäche entmündigte Frauensperson könnte für die besondere Angelegenheit einer „fremden“ Kindespfl. u. U. wohl tauglich sein, die rechtliche Bekräftigg. der von ihr getätigten „Aufnahme“ wäre unbedingt Sache ihres gesetzl. Vertreters, welchem demgemäß alsdann, vgl. unten zu § 23, auch die Antragspflicht obläge. —

Von dem „Erlaubnis“zwange befreit sind in Preußen nach der Übergangsbestimmung der Ausf.Anw. III Z. 3 die „auf Grund der bisherigen polizeil. Bestimmungen zugelassenen Pfl.stellen“: den diese „gelten vorläufig als geeignet u. zugelassen im S. der Vorschr. des Abschn. III. Einer besonderen Erlaubniserteilung für diese . . . . durch das JA. bedarf es nicht“. Dem JA. wird aber auch in Ansehung der schon bestehenden u. so übernommenen „Stellen“ sorgfältigste Prüfung in der Richtung des oben dargelegten „Einklanges“, obzwar nur negativ, zur Pflicht gemacht. Denn es wird durch eine weitere Anweisung der gleichen Ziffer ausdrücklich auf das ihm nunmehr nach § 22 zustehende Recht des Widerrufs hingewiesen u. ihm als seine „Sache“ nahegelegt, durch Ausübung dieses Rechts „ungeeignete Stellen auszuscheiden“, — eine klare Bestätigung des oben beleuchteten strengeren Standpunktes, welchen fortan das JA. bezügl. der Eignung der Pfl.Stellen, nämlich ihrer positiven Förderlichkeit für das „Kindeswohl", einzunehmen hat. Dem Min. f. Vwf. erscheint die Besorgnis, daß unter der bisherigen polizeil. Kontrolle insoweit doch eine gewisse Laxheit geherrscht haben könne, u. deshalb das Bedürfnis jug.fürs.rischer Nachprüfung der früheren Zulassungen begründet. Doch werden natürlich hierbei Härten u. Eingriffe, die als solche vielleicht schädigen könnten, zu vermeiden sein. —

An die JA.Erlaubnis geknüpft ist die „Annahme", — nicht die Unterbringung des Pfl.K. Daher obliegen die damit zusammenhängenden Pflichten dem Annehmenden, der Pfl.person u. treffen diese für Zuwiderhandlungen die Strafen des § 30 Abs. 1. Jedoch kann für letztere der Unterbringende als Gehilfe, als Anstifter, ja auch als Mittäter (§ 47 StGB.) in Betracht kommen. Ihm ist natürlich auch unverwehrt, den Annehmenden durch Erfüllung der sonstigen Pflichten zu unterstützen, insbes. durch Stellung des Antr. auf Erl.Erteilung, sei es als Beauftragter, sei es in auftragloser Geschäftsbesorgung. Im übrigen ist grundsätzlich für den Erlaubniszwang unerheblich, wer unterbringt, ob „Private" oder Behörden (vgl. dazu Bäumer Komm. S. 75 oben); allerdings mit der sehr erheblichen Maßgabe der Singularvorschrift des § 28. S. näheres dort. Praktisch wird aber in Zukunft auch über dessen Anwendungsbereich hinaus gerade diese Urheberschaft eine außerordentl. große Rolle spielen, ja dem Erl.zwange seine wesentlichste Bedeutg., vor allem die innenliegende Erschwerung der K.aufnahme nehmen: bei den unehel. K.n, welche doch — vgl. Vorbem. — den wichtigsten u. zahlenmäßig erheblichsten Teil der Pfl.k.er bilden, wird unter der Herrschaft des RJWG. (soweit nicht die ausnahmsweise Befreiung von der Amtsvmsch. nachgelassen; vgl. unten zu Abschn. IV) diese erste Unterbringung — und diese steht für die Durchführung des § 20 entschieden im Vordergrunde — durch das JA. selbst erfolgen, dessen Vmsch. nach § 35 ja „mit der Geburt" eintritt, also in der Zeit, in welcher die „erste Unterbringungs"frage von besonderer Bedeutung, besteht. Das ist aus der Vorschrift des § 33 Abs. 3 bedenkenfrei zu entnehmen, unbeschadet des soeben gedachten PersSorger.s der unehel. Mutter, welches hierbei sich nur mehr durch Vorschläge oder Widersprüche äußert. Die JA.Entscheidg. über die Eignung wird also tatsächlich in aller Regel schon bei der Auswahl der Pfl.stelle u. der Unterbringung in dieser erfolgen, eine eigentliche Erlaubniserteilg. von selbst entfallen. Gleiches wird in der Praxis zu gelten haben, wenn es sich zwar nicht um (erste) Unterbringung (ein noch durch den JA.Vmd. selbst vor seiner etwaigen Ablösung durch einen Einzelvmd., bewirkter Pfl.-stellenwechsel untersteht natürlich ohne weiteres ganz denselben Regeln), sondern um eine solche im Wege der „öffentl. Unterstützung", also der Armenpflege handelt. Denn auch diese wird trotz der nunmehrigen Zurückführung des Jug.Armenwesens auf die neue Fürs.-pflichtverordn. normal durch das JA. erfolgen (deshalb ist auch in den Gr.Berliner „Richtlinien" — üb. d. Führg. der Amtsvmsch. — für letztere „bei städt. Pfl.k.ern", d. i. im Wege der öff. Arm.unterst. von der Stadt in Pfl. gegebenen der Bez. für zuständig erklärt, welcher das K. versorgt!) u. die besondere Abteilg. des letzteren, welche vielleicht bei größeren Behörden diesen Zweig bearbeitet, wird selbstverständlich mit der für die Erlaubnis nach § 20 S. 1 zuständigen in allerengster Fühlung arbeiten. —

Im übrigen wird der Erteilung der Erlaubnis normaler Weise stets eine Anmeldung bei dem (zuständigen) JA. vorauszugehen haben, naturgemäß in Einheit mit dem alsbaldigen „Antrage" auf diese Erlaubnis. Das sagt positiv S. 1 („vorherigen"), negativ S. 2 des Abs. 1. Was im S. des letzteren unter „dringenden Fällen" zu verstehen, ist Tatfrage. Das Gesetz vertraut hier dem Gewissen u. Verantwortungsgefühl menschlich an dem K.swohl Teilnehmender (Beisp. Tod der unehel. Mutter, welche das Kind selbst genährt hat). Auch hier ist aber (vgl. oben) von diesen Beteiligten das JA. schleunigst („unverzüglich") mit der Angelegenheit zu befassen. Die Initiative zu der Betätigg. des letzteren an der Ordnung des Verhältnisses muß also regelmäßig von der „Pfl.person" ausgehen. Praktisch verblaßt sie in den „nachträglichen" Fällen des S. 2 zur „Anmeldung", da in aller Regel das JA., wenn nichts Besonderes gegen die Eignung vorliegt, sich mit der vollendeten Tatsache der „Aufnahme" abfinden, die Nachsuchung der „Erl." hier also, wie wohl tatsächlich auch in der überwiegenden Zahl der Fälle des S. 3, mehr als bloße Förmlichkeit behandeln wird. — Diese „Anmeldung" ist grundsätzlich immer Pflicht derjenigen, welche ein „fremdes" K. bei sich „aufnehmen", wobei — zunächst — nebensächlich, welches Verhältn. aus dieser „Aufnahme" hervorgehen soll. Sie ist die positive Pflicht, welche § 20 (als der seinen beiden Absätzen gemeinsame Inhalt) auferlegt. Das ergibt, mehr e contrario, zweifelsfrei Abs. 2. Nach ihm „genügt" die „Anmeldung" in gewissen weniger bedeutsamen Fällen. Als das Wenigere, welches der geringeren behördl. Fürs.bedürftigkeit dieser Tatbestände entspricht, ist sie offenbar — begriffsmäßig — in dem Mehr des Abschn. 1, der „Erlaubn."Erwirkung, enthalten. Minus inest maiori! Aber auch die Natur der Sache führt in allen Fällen, in denen fertige Verhältnisse bereits vorliegen, auf diese Art des Herantretens an die Behörde, die „Meldung" der geschaffenen Tatsachen. So ist es nur durchaus sachgemäß und innerlich unabweisbar, daß mit dem Erl.zwange, dem „Konzessions-" sich ein Meldeprinzip verbindet (vgl. oben Vorbem.). Soweit ersterer zutrifft, also eine entscheidende Entschließg. der Jug.wohlf.beh. gefordert, wird, ebenso naturgemäß, die „Anmeldung" sogleich die Gestalt des „Antrags" auf diese annehmen. (Die „Richtlinien" des Ob. Präs. Gr. Berlin § 9 unterscheiden die — bloße — „Anmeldung" gem. § 20 Abs. 2 von der „Anzeige". Die „Regelung" der ersteren „unterliegt lediglich dem JA." Für die „Anzeige", welche bei Aufnahme, Abgabe, Wohnungswechsel u. Tod eines Pfl.k.s, sowie eines bei der Mutter befindl. unehel. K.s stattzufinden hat, ist eine 3Tage-Frist u. schriftl. „oder zu Protok." Erstattung vorgeschrieben.) Für letzteren sind daher, um die Vollständigkeit und praktische Verwendbarkeit zu gewährleisten, gewisse gleichmäßige Formen, am besten amtliche Formulare oder sonst mechanisch hergestellte Vordrucke, wie sie in größeren Städten, z. B. GrBerlin schon lange tatsächlich in Gebrauch, zweckentsprechend, ja unentbehrlich. Nach dieser mehr formalen Seite der Einrichtung werden, um ein sicheres und pünktliches Funktionieren des Mechanismus zu erzielen, gerade die Pol.-Behörden in sehr erhebl.m Maße nachzuhelfen und den JA. zumal die auf ihrer bisherigen Zuständigkeit beruhende, aber auch sonst jede Kenntnis der Menschen und Verhältnisse nutzbar zu machen haben. Die „Meldepflicht" (der „M.zwang") des § 20 ist also ebenso sehr eine solche der Beh.n — in erster Linie der Pol., welche aber zu einseitig Blaum, N. 1 zu § 23 allein nennt, daneben auch der Gerichte, der Medizinalbehörden und -personen, z. B. der Hebammen — wie der Beteiligten. Erstere folgt in gleichem Maße aus der Amtspflicht des § 5 (so, richtig, Blaum a. a. O.) wie aus der besonderen Anlage und Bestimmung des Pfl.k.schutzes. Im Laufe der Zeit — hierauf werden die JA. selbst angelegentlichst hinzuwirken haben — werden diese Hilfsmaßnahmen mehr und mehr zu festen, bestimmt geordneten Einrichtungen sich verdichten müssen: so wird eines vollständigen und übersichtl. „Pfl.stellen-Nachweises", der im Verein mit der Polizei usw. stets auf dem Laufenden zu halten ist, diese JA.Tätigkeit gar nicht entraten können.

Sowohl für die materielle Handhabung des Pfl.k.sch.s wie für die zuletzt gedachte äußere Dienstpragmatik werden die JA. bald bestimmter höheren Orts aufgestellter „Richtlinien" bedürfen. Soweit Landesj.ä. eingerichtet, diese zweifellos dazu berufen: nach § 13 Z. 1 und ihrer ausdrücklichen Hinweisung auf diesen besonderen Teil der Jug.wohlf. in § 13 Z. 8. Für Preußen bezeichnete III Z. 3 der Ausf.Anw. v. 29. März 1924 Erlaß durch den Min. f. Vwf. beabsichtigt. Bis zu diesem Erlasse galten die örtl. Pol.Verordn.en, welche — grundsätzlich — mit dem Inkrafttreten des RJWG. ihre Gültigkeit verlieren, als Ausführ.-bestimmungen". —

[Inzwischen seit Abgabe zur Drucklegung sind die „Richtlinien" mittels Erlasses des Minf.Vwf. v. 17. Mai 1924, III F 1150, I M — „Volkswf. S. 224/26, u. vgl. schon ob. S. 185 — bekannt gegeben. Sie betr. nach der offiziellen Überschrift nur die „Anordn.n auf Grund der §§ 22, 24, 25 u. 26", sind aber auch für andere Vorschriften des Abschn.s, insbes. § 20, tatsächlich von Bedeutung. So vor allem Z. IV, enthaltend die Erfordernisse der — schriftlichen — „Antrags", auf den allein „regelmäßig die Erteilung der Erlaubn. erfolgen soll": „Vor- u. Zuname, Ort u. Tag der Geburt, Bekenntnis des Pfl.kindes — Name, Stand u. Wohnort seiner Eltern, bei unehel. K.ern Name u. Stand der Mutter u. des Vmds, endlich Name, Stand u. Bekenntnis (!) der Pfl.personen, sowie genaue Angaben über deren Wohnung. (Über letzteres vgl. unt. zu § 22). Übereinstimmend für Gr.-Berlin jetzt die vom Ob.Präs. unter d. 4. Juli 1924 erlassenen, vom Magistrat am 27. Juli 1924 bekanntgegebenen „Richtlinien" (veröffentl. Gem.Bl. Stadt Berlin Nr. 31 v. 3. VIII. 1924), welche aber in § 2 kategorisch den schriftl. „Antrag" („darf nur auf schriftl. Antrag . . erfolgen"!) u. in § 3 ergänzend auch bei der unehel. Mutter u. dem Vmde (der bei allen unter Vmsch. stehenden, insbes. den verwaisten K.ern zu bezeichnen ist) Angabe des Wohnorts, ferner diejenige der in Kost u. Pfl. Gebenden, bei Rück- und Weitergabe auch der Person, an die „zurück- oder weitergegeben" worden ist, verlangen, auffallender Weise aber die Pfl.person garnicht erwähnen.]

Abs. 2. Der Abs. knüpft — wörtlich — an den „Vorbehalt" des § 19, s. dort, an, — mit einer geringfügigen Abweichung, welche aber gerade die oben (Vorbem. u. zu § 19) gewürdigte Uneinheitlichkeit und die Zweifelsfragen dieser reichsgesetzl. Ordnung ziemlich grell beleuchtet. Nach § 19 sind „Pfl.k.er" auch die zwar nicht „gewerbsmäßig", aber doch „entgeltl. in vorübergehende Bewahrung" (Fremder) genommenen K.er; § 20 Abs. 2 scheidet diese Gruppe von der Norm des „Erlaubn."zwanges aus. Ein innerer Grund für solche verschiedene Behandlg., noch mehr, positiv der Sinn ihrer Einbeziehung unter die „Pfl.k.er" des § 19 nicht ersichtlich. Haltbar wäre, da hier allein volle Übereinstimm.g der Begriffsaufstellung und der Normierung der Kategorien gerechtfertigt, nur eine uneingeschränkte Kongruenz zwischen § 19 und § 20 Abs. 2 gewesen. Eine unbedeutende „Entgelt"-Zusage oder Gewährung, welche nicht die Reinheit der Kindeserz. durch ein Vordringen des Erwerbstriebs beeinträchtigt, macht die (bloße) „Bewahrung" in keinem Falle schon zu einer „Pfl.stelle" im spezifischen S. des Abschn. III. Umgekehrt aber bei solchem Überwiegen eigennütziger Zwecke in Wahrheit unerheblich, ob sie „gewerbsmäßig" geleistet wird oder, was tatsächlich sehr wohl denkbar, nicht. Denn auch letzterenfalls erheischt sie, — wenn überhaupt das „K.swohl" die in Abs. 2 ausgesprochene außerordentl. Weitspannung j.a.licher Beteiligg. nötig machte, — eben um deswillen die volle fürsorgerische Aufmerksamkeit der Behörde. Über den wegen seiner geringen Prägnanz und der Unsicherheit der tatsächl. Abgrenzung alles andere als bes. glücklichen Begriff der „vorübergehenden Bewahrung" selbst s. ob. zu § 19. Belanglose Gefälligkeiten, insbes. nachbarliche Freundsch.-dienste sind unbedingt auszuscheiden, selbst bei geringfügiger „Entgelt"-leistung (vgl. das zu § 19 als A gegeb. Beispiel) u. zwar auch von dem „Anmeldungs"zwange. — Das Gegenteil würde eine unbegründete Überlastung der JA. und Reglementierung der „beteiligten" Priv.personen bedeuten, welche nur die Gefahr sehr unerwünschter Leerläufe enthielte. (Vgl. hierzu jetzt auch die oben erwähnten „Richtliinien" Min. f. Vwf. unt. I Allg. Grundsatz, daß „jedes übermäßige Eindringen in die persönl. Verhältnisse der Pfl.personen zu vermeiden"!) Andererseits aber allerdings Abstellung auf äußere Zeitgrenzen, wie sie Blaum N. 2 u. N. 3 für die Annahme der Teiltagespfl.kind. bzw. der nur „vorübergeh.den Bewahrg." entscheiden lassen will, abzulehnen, weil zu leicht eine etwas mechanische Einordnung der Einzelfälle ergebend. Ausschlaggebend allein, ob die „Aufnahme" des K.s, auch wenn so „von vornherein" nur eine vorübergehende, durch irgend welche bes. Umstände, zumal die mit ihr beabsichtigte Verdienstmöglichkeit für dessen „Wohl" nach irgend einer Richtung von Bedeutung. Die Unklarheit und Unzulänglichkeit des R.sstandes wird hier noch verschlimmert durch die Fassung des § 30: nach dessen Abs. 1 ist straffällig nur, wer „ein Pfl.k. ohne die vorgeschriebene .... Anmeldg. in Pfl. nimmt". Da die „entgeltl., aber nicht gewerbsmäßig Aufgenommenen" zwar nach § 19 Pfl.k.er sind, nach § 20 jedoch u. Umst. in nur „vorübergeh. Bew." stehen, also gerade nicht „in Pfl. genommen" werden können, so dem Wortlaute nach § 30 Abs. 1 auf sie nicht anwendbar. Aus Zweckmäßigkeitsgründen sind aber mit Fr. P. N. 5b zu § 20 auch diese Fälle mit der Strafsanktion des § 30 cit. erfassen. Andernfalls Abs. 2 gar zu sehr lex imperfecta. Für die „unentgeltl. in vorübergeh. Bew. genommenen" fehlt — so, richtig, auch Fr. P. N. 5 a — jede Möglichkeit einer Heranziehung der Strafnorm. Hier kann also bestenfalls nur durch die Polizei oder irgend einen mittelbaren Druck nachgeholfen werden. Andererseits aber der Unterschied nicht zu billigen, welchen, ausgehend von Abs. 2, Fr. P. eb.dort hinsichtl. der JA.„Aufsicht" danach machen will, ob er sich wegen Vorliegens der „Gewerbsmäßigkeit" um ein „Pfl.k." — im engeren S. — handelt oder nicht: die für 4 Wochen in ein Ferienheim (vgl. dazu auch Blaum N. 3 zu § 19) versandten, dort aus Mitteln einer wohltätigen

Stiftung verpflegten K.er bedürfen ganz sicher einer geeigneten JA.-„Aufsicht". Auch das Wegnahmerecht des § 27 sinngemäß — hier Fr. P ebenfalls unterscheidend — für keinen Tatbestand des Abs. 2 zu versagen.

Über den Sinn der Begriffselemente „steht von vornherein fest" und „unentgeltlich" bezw. „entgeltlich" — vgl. die früheren Erörterungen zu § 19. Die Bedeutg. der beiden letzteren ist hier die gewöhnl.; d. h. es kommt, juristisch betrachtet, auf ein Ausgleichs-, ein „synallagmatisches", steuerrechtlich gesprochen, auf ein „Umsatz"verhältnis von Leistung u. Gegenleistung (§§ 19 u. 20 weisen sachlich wie im Ausdruck auf den § 6 RGewO. in der Fassung der Nov. v. 1879, vgl. Vorbem., zurück) an. Auch der Begriff „gewerbsmäßig" ist hier kein von dem gemeingebräuchlichen abweichender: entscheidend die Anlage u. der Endzweck des Unternehmens; daß dieses nach der objektiven Beschaffenheit u. der subjektiven Absicht auf eine ständige, nach gewissen gleichmäßigen äußeren Regeln ausgenutzte Einnahmequelle gerichtet sei (Staub, Komm. z. HGB. 8. Aufl. A. I C zu § 1). Nicht gehört, wie Fr. P. A. 6 zu § 20 unrichtig fordert, zur „Gewerbsmäßigkeit" „gewohnheitsmäßige Ausübung"; ein solcher geschäftlicher Akt genügt (Staub Anm. 10a a. a. O.).

§ 21.

Die Bestimmungen dieses Abschnitts finden keine Anwendung, wenn eheliche Kinder bei Verwandten oder Verschwägerten bis zum dritten Grade verpflegt werden, es sei denn, daß diese Personen Kinder entgeltlich, gewerbsmäßig oder gewohnheitsmäßig in Pflege nehmen.

Die Bestimmungen dieses Abschnitts finden ferner keine Anwendung auf Kinder, die aus Anlaß auswärtigen Schulbesuchs für einen Teil des Tages in Pflege genommen werden, sowie auf solche Kinder, die zum Zwecke des Schulbesuchs in auswärtigen Schulorten in Familien untergebracht sind, wenn diese von der Leitung der Schule für geeignet erklärt und überwacht sind.

Der § enthält 2 Singularitäten des Pfl.K.Sch., — untereinander ein Gegenstück:

a) (Abs. 1) gewisse Unterbringungsfälle von K.ern, welche der entschiedenen volkstüml. Auffassg. nicht als solche „fremder" Pfl. erscheinen, sollen doch unter besonderen Voraussetzungen den „Bestimmungen dieses Abschn." unterstehen. Diese Voraussetzungen sind als Ausnahme („es sei denn"; vgl. ob. zu § 19) der Regel gegenübergestellt; letztere also: Befreiung von den „Bestimmungen". Aber auch, daß das RJ.-WG. diese „Befreiung" besonders auszusprechen für nötig befand, kennzeichnet die grundsätzl. Weitspannung (vgl. ob. zu § 20) seines Pfl.K.-Begriffes! —

b) (Abs. 2). Unter bestimmten Umständen sollen auch Kinder, welche nach der objektiven Sachlage gerade einer ausgesprochen „fremden" Betreuung anvertraut sind, nicht der durch Abschn. III geordneten Überwachg. bedürfen.

Während **Abs. 1** einer wirklich sozialen Rücksicht entspricht, beruht Abs. 2 mehr auf Erwägungen der Praktikabilität. Aber auch gegen jenen ist hinsichtl. der Fassung u. des Gedankens mancherlei einzuwenden. Kern auch hier Bekämpfung eines die Erziehg. gefährdenden, das Kind mit „Ausnutzung" bedrohenden Erwerbstriebs. An der positiv-rechtl. Gestalt schon die Abgrenzung zu beanstanden. Einerseits die Beschränkg. der Befreiung auf: 1. Verwandte oder Verschwägerte bis zum 3. Grade willkürlich u. nicht einleuchtend, 2. auf „eheliche" K.er unrichtig, weil den leitenden Gedanken des Abschn. (vgl. ob. zu § 19) entgegen. Die Abstellung auf, zu 1., die „Verwandten oder Verschwäg." einbezieht dem Ausdrucke nach auch die Eltern, sodaß diese umgekehrt allen Kontrollvorschriften des Abschn. unterliegen, wenn sie „entgeltl., gewerbsmäß. oder gewohnheitsmäß." .... usw. Das kann unmöglich der Sinn des Gesetzes sein. Die Eltern deshalb, weil sie andere K.er in dieser Art „in Pfl. nehmen", auch hinsichtl. der eigenen vom JA. überwachen lassen zu wollen, wäre ein Unding. Aber auch bezügl. entfernterer Verwandter pp., zumal aufsteigender Linie, „bis zum 3. Grade" schießen die aus der Gesetzesfassung sich ergebenden Konsequenzen zweifellos über das wahre Ziel hinaus. Warum der Landpastor, welcher regelmäßig in den Sommerferien fremde K.er, vielleicht auch gegen ein bescheidenes Entgelt, in sein Haus aufnimmt oder —, wenn man diesen Tatbestand, als durch den „Vorbehalt" des § 19 ausgeschieden, nicht gelten lassen will — welcher dauernd schulpflicht. Pensionäre hat, bei Aufnahme des eigenen Enkelkindes an die „Erlaubnis u. Aufsicht" des zuständigen JA. gebunden sein soll, ist aus wirklich sozialpädagogischen Erwägungen schlechterdings nicht zu verstehen. Ebenso wenig, warum die Befreiung nicht gelten soll z. B. für die Witwe des Bruders der eigenen Mutter oder des eigenen Vaters, welche zunächst das Kind längere Zeit während einer Erkrankung des Elternteils im eigenen Hause verpflegt hat u. dann auf Grund der nahen persönl. Verbundenheit zu sich nehmen will. Die Grenze des „dritten Grades" ist sehr äußerl., keinerlei Bürgsch. weder positiv nach der Seite der in diesen, noch negativ nach derjenigen der außer den Rahmen fallenden Verwandten pp. Umgekehrt aber ist widerspruchsvoll, daß der Fassung des Ges. zufolge unehel. K.er immer „den (also: allen) Bestimmungen" des Abschn. unterworfen sind. Bei Aufnahme durch die eigene Mutter entfällt, wie § 24 Abs. 1 S. 2 klar ergibt (vgl. Vorbem.), Unterabschn. 1 jedenfalls. Aber auch bei Aufnahme durch die unehel. Großeltern (vgl. zu § 19) nach dem wahren Sinne des Gesetzes. Daß wiederum der Erwerbstrieb, welchem der Vorbehalt von Abs. 1 des § 21 so sehr schwerwiegende Bedeutung beilegt, diese bezügl. der unehel. K.er nicht unter allen Umständen in gleicher Art haben (der „uneheliche" dem ehelichen Großvater hierin nicht ganz gleichstehen) sollte, ist ebenso unbedingt abzulehnen. Auch die Voraussetzungen selbst des Vorbehalts kranken an übertreibender Häufung; in dem Bestreben, möglichst zahlreiche, ja alle denkbaren Verhältnisse zu erfassen, hat das Gesetz die klare u. scharfe Formulierung dessen, worauf es entscheidend ankommt, nicht erreicht: die objektive Freiheit von Beeinträchtigungen der K.eserziehg. seitens solcher „Angehörigen" durch auch bei ihnen an sich mögliche eigennützige Beweggründe u. die subjektive Einfühlung in die K.esindividualität durch die auf Familienbanden beruhende nahe persönl. Verbundenheit. Daher werden die JA. bei der Anwendg. auch dieser

Bestimmung (vgl. die ob. gegebenen Beisp.) keineswegs am Buchstaben haften dürfen, sondern die Befreiung der Norm des Abs. 1 u. a. auch dort zugestehen, wo wörtlich eine der „Voraussetzungen" (nach dem Alternativverhältnis, welches die Weite des Vorbehalts noch erheblich steigert, genügt eine einzige!) zutrifft.

Abs. 2 beläßt die Überwachg. gewisser Verhältnisse, welche als zwar nicht „dauernde", aber doch unterbrochen „regelmäßige" den Tatbestand des § 19 Hauptsatzes erfüllen, also an sich die Eigenschaft des Pfl.K.s ergeben, der Schulleitg. Sofern die „Aufnahme in Pfl." selbst mit den Zwecken der Schule (in unmittelbarem Zusammenhange) steht, soll auch diese gemäß ihrem Allgemeinberufe zur „Förderung der Jug.wohlf." — § 2 Abs. 1 — die Einwirkungen zu beaufsichtigen u. zu regeln haben, welche die „fremde" Umgebg. auf die Entwicklg. des K.es haben könnte. In der Anerkennung des hier maßgebenden Zusammenhanges mit der Schule geht das Ges. zieml. weit, indem es nicht bloß die dem Schulbesuch dienende gänzliche Aufnahme (Abs. 2 selbst sagt in Verkehrung des an sich korrekten u. natürl. Sprachgebrauchs hier bei dieser Vollbetreuung: „Unterbringung", bei der nur über Teile des Tages erstreckten hingegen: „in Pfl. genommen"), sondern auch die nur für gewisse Stunden („einen Teil des Tages") gewährte Obhut berücksichtigt. Praktisch durchaus zu billigen. Denn gerade der Besuch nur an größeren u. wichtigeren Orten, Kreisstädten oder solchen von gewisser Größe vorhandenen Schulen kann, zumal in ländl. Bezirken (vgl. richtig Bäumer S. 80) dazu nötigen, die K.er in solchen Tagesabschnitten, welche für ihr „Wohl" außerordentl. bedeutsam — so z. B. über die Mittagszeit, also in den für die Ernährg. u. Erholg. bestimmten Stunden — fremder Hand zu überlassen. Gesteigert wird die Abhängigkeit der K.esentwicklg. von dies. Überlassg. natürlich dann, wenn letztere für die Schulzeit, sei es auch nur für die Wochentage, eine vollständige ist (Vergebung in sog. „Pension"). Auch hier könnten allzu leicht die Erwerbsrücksichten der „Pfl.personen" die erforderl. Fürs. für das fremde K. über Gebühr zurückdrängen; dagegen ist folgerecht auch hier „Schutz" geboten. Da aber erfahrungsgemäß diese Verhältnisse schon einer Instanz der Jug.wohlf., der Schule selbst, offen zu liegen pflegen, glaubt das Ges. ihr auch hinsichtl. der Gewähr solchen Schutzes vertrauen zu dürfen. Voraussetzung dafür allerdings, daß die Schule positiv den „Pfl.stellen", welche in dieser Art Auswärtigen den Schulbesuch ermöglichen, jug.fürs.risches Augenmerk zugewendet hat. Letzteres braucht sich aber — ebenfalls eine richtige Würdigung von Lebenserfahrungen und Verkehrstatsachen! — nicht in jedem einzelnen Falle konkret zu betätigen, sondern kann generell, z. B. bei der Auswahl u. Empfehlg. geeigneter Familien, sich dorthin gelenkt haben. Da in der Hauptsache nur ein kleinerer übersehbarer Kreis von Familien zu solcher Aufnahme von „Schulk.rn." bereit sein, wird eine ziemlich nahe Fühlg. zwischen ihnen u. der Schulleitung, bes. wenn diese selbst die Unterbringung vermittelt, wie nicht selten in Städten der Landbezirke, von vornherein bestehen. Das Ges. verlangt aber, darüber hinaus, zur Ausschaltung des JA. eine positive Prüfung der Pfl.stellen auf ihre sozialpädagog. Eignung durch die Schulleitg.; sowie die Kontrolle des Fortbestandes dieser Eignung. Für die erstere wie für die letztere wird die „Schule" (vgl. auch unten zu § 28) — eine des Ausbaues noch recht bedürftige Angelegenheit, welche leider in dem Kursus der „Wegscheide" über „RJWG. u. Schule", Juni 1922, (vgl. das bezügl. Heft [908] des pädagog. Magaz.) gänzlich übersehen worden ist! — erheblicher Unterstützung von anderer Seite her benötigen: der Schulpflegerin, der Fürsorgerinnen, auch der „offenen Fürsorge", zumal der durch ehrenamtl. Kräfte geleisteten schlechthin. Diese persönl. Hilfen viel bedeutungsvoller u. wichtiger als die sächlichen, z. B. durch Aufstellung von „Hausordnungen", da selbst Kontroll-Hausbesuche deren gewissenhafte Einhalt.g doch nur unvollkommen verbürgen. — Grundsätzlich ist an die „Eignung" sowohl im Zeitpunkte der „Erklärung", wie während der „Überwachung" derselbe Maßstab zu legen, wie er oben (vgl. zu § 19) als die JA. leitender hingestellt worden. Jedoch ergibt die auch sozialpädagogische Verschiedenheit der bloßen Teiltagespfl.n von voller Pensionsgewährung berechtigte Gradunterschiede. — Die „Leitung der Schule" bestimmt sich nach der jeweiligen Schulverfassung u. wird im allg. dem Direktor pp. zustehen. — Soweit von dieser Stelle ein Urteil über die Eignung der „Pfl.familie" nicht gewonnen worden bezw. sobald letztere sich den Blicken der ersteren entzieht, wird es Pflicht dieser, d. h. der Schule, durch entsprechende Vorstellungen den Pfl.K.Sch. des JA. herbeizuführen. —

Redaktionell Abs. 2 auch sonst nicht vorbildlich: Unterscheidg. von „zum Zwecke" und „anläßlich des (auswärtigen) Schulbesuchs" innerlich unbegründet. — Der „Zweck des Schulbesuchs" braucht übrigens keineswegs der einzige, ja nicht einmal der hauptsächlichste der Verbringung zu sein; z. B. gesundheitl. Förderg. durch Klima, Allgemeinbildg. durch außerschulmäßige Mittel!

Inhaltlich, insbes. ihrer sozialen Tragweite nach, deckt sich „die Eignungserklärung" des § 21 Abs. 2 durchaus mit derjenigen des § 29 Abs. 3; eine besondere Form wird für sie nicht zu fordern sein.

Die „Richtlinien" des Preuß. Min. f. Vwf. (vgl. oben zu § 20) begnügen sich hierzu — Z. II Abs. 3 — mit einer bloßen „Verweisung" auf § 21. — Diejenigen des Ob.Präs. für Berlin bezügl. der Tatbestände des Abs. 2 ebenfalls; mit Beziehung auf Abs. 1 präzisieren sie den in diesem ausgesprochenen Grundsatz durch die (richtige) Umkehrung der Fassung: „Eheliche Kinder . . . . gelten nur dann als Pfl.kinder, wenn" usw. u. durch den Zusatz: „also nicht schon dann, wenn den Verwandten od. Verschwägerten von den Eltern des K.s die durch die Annahme entstehenden Selbstkosten erstattet werden".

§ 22.

Die Voraussetzungen für die Erlaubnis, ihr Erlöschen und ihren Widerruf können nach § 15 oder durch die Landesjugendämter näher bestimmt werden.

Die Erlaubnis kann widerrufen werden, wenn das körperliche, geistige und sittliche Wohl des Kindes es erfordert.

Abs. 1 bringt die rahmengesetzl. Natur des Abschn. III, zumal des Unterabschn. 1, zum Ausdruck. Er sieht selbst Ausf.bestimm.n für die wichtigsten Punkte dieser reichsrechtl. Ordnung — zur Regelung der „Voraussetzungen für die Erlaubnis, ihr Erlöschen u. ihren Widerruf" — vor. Auf die eine zulässige Art dieser Ausfüllg. des Rahmens, welche Abs. 1

ausdrücklich zur Verfügung stellt, diejenige durch Vorschriften der Reichsregierung mit Zustimmung des „Reichsrats" gemäß § 15, ist nach Lage der Dinge gegenwärtig wenig Aussicht. Die Aufgabe fiele daher wesentlich der anderen v. Abs. 1 genannten Instanz, den LJA, zu. Nach der grundsätzlichen u. grundlegenden Änderung, welche bezügl. ihrer die Notverordn. vom 14. Febr. 1924 Art. 1 Z. 2 S. 1 vollzogen, kommen aber auch sie jetzt nicht mehr in gleicher Weise wie bei Erlaß des RJWG. hiers. in Betracht. Insbes. auch in Preußen nicht; denn in diesem Lande ist, Ausf.Ges. § 12 Abs. 1 S. 1, die Schaffung v. LJA. als allgemeiner, das ganze Staatsgeb.t umspannender Einricht.n selbst zur Zeit noch durchaus ungewiß. Darum macht sachlich richtig — wenn auch in nicht ganz präziser Fassung: die den LJA. zustehenden R.e seien „durch § 77 RJWG. in der Neufassung v. 14. Febr. 1924 auf den Min. f. Vwf. übergegangen"! — die Ausf.Anw. III Z. 4 von der Befugnis des erweiterten § 77 in Vbdg. mit §§ 12 Abs. 2, 34 Ausf.Ges.s dahin Gebrauch, daß die Zuständigkeit zum Erlasse der näheren Anordnungen betr. die eingangs gedachten „Voraussetzungen" auf die Regierungspräsidenten u. für die Stadtgem. Groß-Berlin auf den Oberpräsidenten in Berlin übertragen werden. Für die Ausübg. dieser Zuständigkeit sind noch „besondere Richtlinien" in Aussicht gestellt, die inzwischen, vgl. ob. zu § 20, ergangen sind mit dem Ersuchen (an Reg.Präs. u. Ob.Präs. f. Berlin) „die erforderl. Bestimmungen umgehend zu erlassen u. Abdruck der Veröffentlichg. . . . . bis 1. Juli 1924 einzureichen"!

[Die Berl. Bez.JA. haben z. T. sogar schon ein bestimmtes Schema für die Erl.Erteilg. eingeführt unt. Hervorhebg. ihrer Beschränkg. auf diese Pfl.pers. u. diese Wohnung u. Einschärfg. der 3 Tage-Frist für Anzeige von Beendigung des Pfl.verh. oder Aufgabe der Wohnung.]

I. Die (für Preußen allg. gültigen) „Richtlinien" des Min. f. Vwf. v. 17. Mai 1924 scheiden formale u. materielle Erfordernisse der Erl.-erteilg.

A) Die formalen beschränken sich auf 1.) die Schriftlichkeit a) — Z. IV — des „Antrages" auf die Erl. (als „regelmäßige" Soll-Vorschr; vgl. näheres zu § 20); b) jedes „Bescheides" gleichviel ob gewährend oder versagend; hier imperativ („hat zu erfolgen"). 2.) — Z. V — die Anordnung, daß in dem positiven Bescheide (der „Erteilg.") auf die Widerruflichkeit, vgl. unt., ebenso wie auf das Aufsichtsrecht des JA. u. die Bestimmungen der §§ 27 u. 30 des RJWG. „hinzuweisen ist".

B) Die materiellen greifen ziemlich weit und tief. Sie verlangen kategorisch („sind aufzustellen") die Erfüllung von Mindestforderungen (!) in gesundheitl., sittl. u. wirtschaftl. Beziehg., in jeder dieser 3 Richt.gen sowohl bezügl. der Wohnung, wie der Pfl.personen als auch des Kindes. Die „Richtlinien" selbst kennzeichnen die Tendenz der Mindestforderungen sehr deutlich durch folgende Einzelheiten: a) in gesundheitl. Beziehg.: zwingend genaue Befolgung der „baupolizeilichen Vorschr.en", Vorhandensein „genügender Lüftungsmöglichkeiten", eigenen Bettes u. der „erforderl. Reinigungsvorrichtungen". Ferner, ganz allgemein, überaus begrüßenswerter Weise Zuziehg. (Anhörung) eines Arztes „in allen zweifelhaften Fällen" (!) u., dem sehr nahestehend, „Prüfg." des Verhältnisses zwischen der „Größe der Räume u. der Zahl der Mitbewohner", sowie des Vorliegens etwaiger „ansteckender Krankheiten" in der Pfl.-Familie bezw. bei dem Pfl.kinde selbst, unter „Empfehlung engster Zusammenarbeit (!) mit den örtl. Einricht.gen der Gesundh.fürsorge". b) In sittlicher: „Eignung" der Pfl.personen, sowie ihrer „Fam.mitglieder u. etwaiger Kostgänger", insbes. Prüfg., ob das K. in der Fam. nicht nur die nötige körperl. Pflege, sondern auch die „richtige Erz. (!) in geist. u. sittl. Beziehg. findet". Die letztere „Richtlinie" mit der Ausgestaltg., daß der Min. für „nötig" findet, „darauf hinzuwirken, daß Pfl.k.er, soweit wie irgend mögl. (!), ihrem relig. Bekenntnis gemäß untergebracht werden".

C) In wirtschaftl.: nur, ganz allgemein, „geregelte Verhältnisse", aber mit Hervorhebg. der „naheliegenden Gefahr, daß das zum Unterh. des K.es bestimmte Pfl.geld nicht ihm zu statten kommt, u. daß seine Arbeitskraft ungebührlich ausgebeutet wird."

Im Ganzen sehr beifallswürdige Maximen, insbes. durch d. Anknüpfg. an die „Gesundh.fürsorge" u. die, wenn auch beschränkt, obligatorische Beteiligg. des „Arztes"! Bedenklich nur die offizielle (von maßgebender Verwaltungsinstanz erfolgt) Hereinziehg. des relig. Moments, der bekenntnismäßigen Einstellg. des Pfl.verhältn.s, die über das Gesetz hinausgeht. Vgl. dazu noch alsbald unt. bei den „Richtlinien" des Ob.Präs. f. Berlin.

II. Diese, die „Richtlinien" f. Gr.Berlin v. 4. Juli 1924, s. dazu ebens. schon bei § 20, bringen hier (in §§ 5 u. 6) mancherlei bemerkenswerte Spezialisierungen. Aus ihnen als charakteristisch zu erwähnen:

„Regelm." Erlaubniserteilg. „nur für 1 Kind" (an dies. Pfl.person). Unter allen Umständen „für jeder K. besonders". Niemals für mehrere K.er unter 1 Jahr". Überhaupt „nur ausnahmsweise, bei ganz bes. guten Pfl.verhältn.n (!) und guter Bewährg. (!) der Pfl.stelle" anerkannte Zulässigkeit des „Haltens mehrerer K.er"; negativ: Ausschluß („zunächst") derjenigen, welche „noch keine Pfl.k.er in Pfl. gehabt haben u. nicht auf Grund bes. Umstände eine besond. gute Gewähr für die Haltg. des Pfl.k.es bieten". Ferner: Generelle Disqualifizierung („müssen für unbefähigt gehalten werden") diejenigen, in deren Pfl. „Haltek.er wiederholt gestorben sind, desgleichen, die ihrem eigenen Haushalt unsauber u. unordentl. vorstehen". Unerheblichkeit des Fam.standes (ob verheiratet od. unverheiratet) der Pfl.person. Eignung (die „in körperl. u. geist. Beziehg. zu prüfen") „der weibl. Personen, welche körperl. u. geistig gesund u. rüstig u. mit den Grundsätzen der Kinderpfl. vertraut sind". Im Besonderen: 1. Bestimmung der a) sittl. Zuverlässigkeit durch Ausschaltg. der entehrend, zumal wegen Verbrechen oder Vergehen gegen Person und Eigentum — es sei denn „sehr weit zurückliegend" — Bestraften, unsittl. Lebenswandels, Sittenkontrolle, Trunkfälligkeit", ja allgemeinen üblen Leumunds, insbes. wegen rohen jähzornigen Charakters"! — b) der körperl.: durch ablehnende Erwähng. z. B. der Tuberkulose, Lues usw., ansteckender zumal Haut- oder Ekel erregender Krankheiten, endlich auch bedenklicher nervöser (Veitstanz, Krämpfe) — c) der finanziellen durch Gewähr gegen Mangel „an der nötigen Nahrg. u. Pfl. u. gegen Ausbeutg. der Arbeitskraft des Pfl.k.s zur Unterhaltg. des Hausstandes der Pfleger.")

2. Forderung: a) heller, trockener, sauberer, gutlüftbarer, nicht überfüllter Aufenth.= u. Schlafräume, Ausschließg. feuchter Kellerräume, im Sommer auch überhitzter Dachzimmer, Küchen u. dergl. u. b) ausreichender, „dem Alter des K.es u. den anerkannten Regeln der Kinderpfl. (!) entsprechender Einricht.gen", so eigene Lagerstätte, eigenes Bett, eigene Wäsche, für den Säugling eigene Saugflasche, bei Selbststillung Erfüllg. der „von der Medizinischen Wissenschaft an eine gesunde Amme u. deren K. gestellten Anforderungen".

3. Beschaffenheit der „sonstigen häuslichen Einricht.gen" derart, daß nicht Schädigung des Haltek.s „durch Vernachlässigg. oder durch Ansteckg." zu besorgen. Deshalb Ablehnung: a) der Hausstände mit mehr als 4 K.ern unt. 10 oder mehr als 2 K.ern unt. 4 Jahren, oder in denen die Pfl.person durch ihr Gewerbe gezwungen, das K. einen größeren Teil des Tages sich allein oder Vertretungspersonen zu überlassen; b) derjenigen, in denen Schlafburschen oder Schwangere Aufnahme finden oder „die Heilkunde ausgeübt wird", mit Nachlaß „nur ganz besonderer Ausnahmen".

Endlich: die Steigerung, ja Zuspitzung der „bekenntnismäß." Rücksicht zur grundsätzlichen Unterbringg. (dürfen nur!) „bei Pfl.personen der gleichen Konfession oder des gleichen relig. Bekenntnisses", außer wenn solche nicht vorhanden bezw. sämtliche vorhandenen bereits in ausreichendem Maße (!) Pfl.k.er haben. Diese Ausnahmen hat der Ob.Präs. ausdrücklich seiner „Genehmigung" vorbehalten. — Eine gesetzl. Grundlage hat diese konfessionelle Einseitigkeit, die zu einer starken Beschränkg. der Begründung von Pfl.verhältnissen führen muß, ganz gewiß nicht. Sie ist sogar als administrative Überspannung der gesetzl. Kompetenzen zu beanstanden! —

Während die ministeriellen „Richtlinien" (durch Fußnote) die Zuverlässigkeit einer Herabsetzg. des Schutzalters ausdrücklich erwähnen, behandeln diejenigen des Ob.Präs. Berlin das 14. Lebensjahr als die allein maßgebl. Grenze.

Abs. 2. Diese Vorschrift stellt den Grundsatz der Widerrufl.keit der hier erheblichen JA.Entsch., der Erlaubniserteilg. — § 20 Abs. 1 — fest, welche er selbst nur an eine Voraussetzung knüpft, die allerdings (vgl. Vorbem., auch schon Einleitg. unter III) das Wesen der Jug.wohlf. an der Wurzel trifft, das „K.eswohl" in einer der oder allen drei denkbaren Beziehungen, der „körperlichen, geistigen oder sittlichen". Dieser Norm entsprechend ist der Erlaubnis=Widerruf nicht nur R., sondern geradezu Pflicht des JA. Das bringt für Preußen u. a. jetzt die Ausf.Anw. III Z. 3 deutlichst zum Ausdruck, indem sie — vgl. schon ob. zu § 20 — den JA. geradezu Gebrauch des „R.s auf Widerruf" aufgibt, um ungeeignete Pfl.stellen nicht weiter durchzuschleppen. Ferner vor allem die „Richtlinie" § 10 des Ob.Präs. Gr.Berlin, nach welcher die Erlaubn. (z. Halten eines Pfl.k.s) „zurückzunehmen" ist, „wenn eine wesentl. Voraussetzg. wegfällt oder die Pflichten geg. das Pfl.kind vernachlässigt werden", während die ministeriellen „Richtlinien" Z. V mit wörtlich ganz gleicher Formulierung des Tatbestandes nur ein Recht zu der Zurücknahme anerkennen. — Im einzelnen kann von dieser allg. Richtschnur aus der Anlaß zur Ausübung des Widerrufsrechts ebenso in der „Pfl.person" (Erkrankung, Trennung einer Ehe, starker eigener Familienzuwachs usw.) wie in dem Pfl.K. (besonderen bei diesem in einer der 3 Richtungen hervorgetretenen Fürs.bedürfnissen) liegen über sozialpädagogisch schwerwiegende Fälle solchen Widerrufs werden geeignete besondere Verzeichnisse oder sonstige Kontrollen zu führen sein, — „schwarze Listen“ zur Ergänzung der „Pfl.stellennachweise“, welche (vgl. § 20) unentbehrliches Hilfsmittel für die Ausübung der Konzessionsbefugnis des JA. (darum z. B. in Gr.Berlin sachgemäß die Bez.Pol.behörden angewiesen, ihre etwaigen schwarzen Listen an die Bez.-JA. zu geben, da letztere gerade nach dieser Richtung unbedingt auf dem Laufenden sein müssen). Auffallenderweise berücksichtigten die beiden mehrerwähnten „Richtlinien“ in ihren Einzelvorschriften über die Eignung bezw. Nichteignung diesen Disqualifizierungsgrund (früheren Widerruf von Pfl.erlaubn. durch d. JA.) nicht! Außer dem Widerrufe, der „Zurücknahme“ kennen die ministeriellen Richtlinien VI auch noch eine ipso iure Beendigg. des Pfl.verhältn.s durch Tod der Pfl.person oder des Pfl.k.s u. durch Wohnungswechsel, da die Erlaubn. „nur für bestimmte Räume“ erteilt wird.

§ 23.

Zuständig für die Erteilung und den Widerruf der Erlaubnis ist das Jugendamt, in dessen Bezirk die Pflegeperson ihren gewöhnlichen Aufenthalt hat.

Über die Begriffselemente dieser Zuständigkeitsvorschrift ist in der Hauptsache auf früher Gesagtes zu verweisen: „Bezirk“ u. „gewöhnl. Aufenthalt“ s. zu § 7. Den Begriff u. Ausdruck der „Pfl.person“ führt das RJWG. hier als technischen ein. Pfl.person ist derjenige, welcher ein Pfl.kind im S. des § 19 (Hauptsatz) „aufnimmt“; Pers.n, welche nur „von vornherein unentgeltlich in vorübergehende Bewahrung“ nehmen, sind nicht Pfl.personen (darüber, daß sach- u. sinngemäß auch diejenigen welche zwar entgeltlich, aber „nicht gewerbsmäßig“ in solche Bewahrung aufnehmen, auszuschalten sind, s. schon zu § 20 Abs. 2). — (Nicht ganz präzise stellt Fr. P. die „Pfl.person“ gleich mit demjenigen, welcher die „Erlaubn.“ des JA. zu beantragen hat. Wo „Aufnahme“ und Antragspflicht auseinanderfallen, vgl. oben zu § 20, ist zweifellos die erstere entscheidend).

In Gr.-Berlin ist der Pfl.K.Sch. Sache der Bez.-JA. An sie ist er hier (laut näherer regelnder Bekanntmachg. des Polizeipräsidenten vom 28. März 1924) durch Vermittlg. des Magistrats als der Zentralbehörde abgegeben worden. Die Polizeiämter, d. h. die Bezirkspol.behörden sind angewiesen worden, die bisher bei ihnen geführten Karthotheken der Haltefrauen, Listen der Haltekinder, alle einschlägigen Akten u. Vordrucke an die Bez.JA. abzugeben u. fortan letzteren die bisher dem Pol.-Präsidium gemachten Meldungen über den Zuzug v. Pfl.K.ern zu erstatten.

2. Aufsicht.

Der Unterabschnitt regelt das zweite Mittel des Pfl.k.ersch.: die JA Aufsicht. Über ihr soz. Wesen, zumal ihre soz.pädagog. Bedeutung s. schon oben (Vorbem. zu diesem Abschnitt und zu § 19). Die Betätigung der JA.Aufsicht ist in der Hauptsache eine doppelte: eine positive — gerichtet auf die Förderung des „K.swohls" (vgl. insbes. § 24 Abs. 2, § 25 Abs. 2); auch hier ist die JW.Beh. zu einer positiv „förderlichen" Einwirkung verpflichtet — und eine negative auf Abwehr von Schädigungen, nachteiligen Einflüssen gehende. Sinnfällige Mittel zu diesem Zwecke sind nach dem RJWG. selbst a) der Widerruf der Erlaubnis (vgl. schon ob zu § 22) b) das Wegnahmerecht bei „Gefahr im Verzuge" (§ 26) c) die Herbeiführung einer Bestrafung § 30. Dieser nennt, unmittelbar (in Abs. 1), allerdings nur § 22 Abs. 1 als gesetzl. Grundlage der „Vorschriften", deren Verletzung in diesem S. straffällig macht. Die auf § 26 bezügl. Strafsatzung des Abs. 3 § 30 mit der „Aufsicht" nicht eigentl. zusammenhängend, aber sinngemäß zweifellos auch auf § 24 und die von diesem getragenen Ausf.bestimmungen zu erstrecken. (übereinstimmend Blaum, Komm. N. 1 zu § 30 S. 58). — Andererseits findet sie in ihrem wesentlichsten Zwecke, dem K.swohl, auch ihre inhaltliche Begrenzung: unnötige, d. h. durch diesen Zweck nicht gebotene Belastung des JA. ihrem Wesen entgegen; darum grundsätzliche „Befreiungs"möglichkeiten in ausgedehntem Umfange — § 25 dort nämlich, wo zu vermuten, daß das „K.swohl" auch ohne die Aufsicht „gesichert" ist.

Die Pfl.K.Auff. des JA. ist eine Spielart der Staats-Auf. zumal über genehmigungspflichtige private oder auch über öffentliche Veranstaltungen, welche als allgem. Einrichtung des Verw.R.s überhaupt begegnet (vgl. auch dazu Vorb.). Auch hier analog. Verhältnis insbes. der Stiftungen, u. zw. vor allem der Fam.-Stiftungen (§ 1 Ausf.Ges. zu BGB.), ferner Analogie der Auff. über die Schulen im allgem. („das gesamte Schulwesen", nach Art. 144 Satz 1 RVerf. Der gemeinsame Wesenskern durchweg die Schaffung einer Gewähr für den dauernden Einklang mit dem Gemeinwohle! Eine monograph. Untersuchung dieser wichtigen Erscheinung fehlt leider bisher; s. aber die Behandl. in den Darstell.gen des Verw.R. (z. B. O. Mayer, Deutsch. Verw.R. II S. 587). Gewisse Verwandtschaft mit der „Polizei-Auff." § 38 ff. StGB. ist vorhanden, jedoch ohne die dort in § 39 ausgesprochene Richtung auf Beschränkung der persönlichen Freiheit.

§ 24.

Pflegekinder unterstehen der Aufsicht des Jugendamts. Das gleiche gilt für uneheliche Kinder, die sich bei der Mutter befinden.

Die Aufsichtsbefugnisse, insbesondere soweit sie für das gesundheitliche und sittliche Gedeihen des Kindes erforderlich sind, werden nach § 15 oder durch die Landesjugendämter geregelt.

Abs. 1 S. 1 verkündet den Grundsatz der Pfl.K.Auff. des JA. Der Begriff der „Pfl.K.er" dem § 19 zu entnehmen. Die Zuständigkeit des JA. hier zwar nicht geregelt, aber sinngemäß zweifellos allein der Norm des § 23 zu entnehmen. Denn auch hier die örtliche Beziehung zwischen JA. und Pfl.Pers. ausschlaggebend; demgemäß auch bezüglich der unehel. K.er die Zuständigkeit durch den „gewöhnl. Aufenth." der sie „verpflegenden eigenen Mutter" bestimmt. —

Die „Auff." setzt ihrer Natur gemäß ein sofort mit der Kenntnis des JA. von der betreffend. Unterbringung des Kindes, also spätestens mit der „Anmeldung" (§ 20 Abs. 2), bei den der Mutter überlassenen unehel. K.ern sofort bei der Geburt, d. h. genauer mit der gemäß § 36 von ihr dem JA. durch das StA. vermittelten Kenntnis. (Die allerdings unmittelbar nur für die Inkraftsetzg. der JA. A.Vmsch. bestimmt ist, aber im Erfolge von selbst auch der Pfl.K.aufsicht dient, welchen nahen Zusammenhang bes. die Berliner „Richtlinien für Führg. der A.Vmsch." hervorheben.) Auch hier ist die „Amtshilfe" der anderen Behörden von großer praktischer Bedeutung, so z. B. Mitteilungspflicht des Vormundschaftsgerichts über etwa ihm bekannt gewordene ungeeignete Stellen unzweifelhaft, ferner aber auch Unterstützung seitens der Polizeibehörd., der Mediz.-Personen usw. geboten. —

Abs. 2. Über die prakt.e konkrete Betätigung der JA.Auff. schweigt das RJWG. ganz, auch hier als „Rahmengesetz" sich ausdrücklich bewährend. Die Ausfüllung besonderen Ausführungsvorschriften überlassen, für welche die Zuständigkeit in Übereinstimmung mit § 22 Abs. 1 geregelt ist, gesetzgeberisch mit der gleichen Folge wie dort, da auch hier nicht zu erwarten, daß die Reichsregier.g gemäß § 15 RJWG.s in absehbarer Zeit eingreift. In Preußen die Übereinstimmung mit § 22 durchgeführt, indem auch für diese Rahmenausfüllung der Erlaß der erforderl. Ausführungsbestimmungen durch Satz 2, Z. 4 der Ausf.Anw. III vom Min. f. Vwf. dem Reg.-Präs. bezw. für Groß-Berlin dem dortigen Oberpräsidenten übertragen worden ist. Die auch hier als Ergänzg. damals noch vorbehaltenen „besond. Richtlinien f. d. Ausübg. dieser K.e" (der Pfl.K.aufsicht) sind nunmehr ebenfalls mit dem Erlasse des Min. f. Vwf. v. 17. Mai 1924 u. zwar in Z VII fertiggestellt: aber nur in sehr allgemeinen u. recht dürftigen Umrissen: „Zweck der J.A.Aufsicht, laufend (!) festzustellen, ob das Kind ordnungsmäßig untergebracht." Verpflichtg. der Pfl.personen, den Beauftragten des J.A. jederzeit (!) Zutritt zu Wohnung u. Pfl.k. zu gestatten, es auf Verlangen zu bestimmten Zeiten u. an bestimmten Orten vorzustellen, „bei ländl. Pfl.stellen jedoch mögl. am Wohnorte der Pfl.personen" u. „bei allen d. Pfl.k. betreffenden Fragen wahrheitsgemäße Auskunft zu erteilen".

Kennzeichnend für die grundlegende Einstellung des Gesetzes ist die positive, unterstreichende Hervorhebung des „gesundheitlichen und sittlichen Gedeihens des Kindes" als Gegenstand dieser JA.Auff. Selbstverständl. ist auch das „geistige" Gedeihen durch die „Auff." zu überwachen und zu gewährleisten (nicht erwähnt vermutlich nur deshalb, weil diese Seite der Pfl. K.erErz. nicht in gleichem Maße konkreter Einwirkung gerade der Jug.Wohlf.Beh. zugänglich und bedürftig, vielmehr anderen Faktoren, zumal der Schule anvertraut).

Das Gesetz nennt als Betätigung der „Auff." nur Auff.„Befugnisse". Sie sind allerdings praktisch das in die Augen springende Mittel zur Durchführung der Einrichtung. Jedoch ergibt die Auff. (vgl. die früh. mehrfachen Ausführungen) auch schwerwiegende und wichtige Pflichten, richtiger eine einheitliche Auff. Pflicht.

Eine Ausdehnung der Auff. betr. „unehel. K.er, die sich . . ." über das Schutzalter des § 19 (bezw. der dieses etwa gem. Art. 1 Z. 5 der

Notvdn. herabsetzenden Anordnungen der „Obersten Landes-Beh.") hinaus entspricht nicht dem offenbaren Sinne des Abs. 1 S. 2 (vgl. Fr. P. N. 2 zu § 24); ein Bedürfn. für eine solche Ausdehnung auch nicht zuzugeben, da ihre Überwachung durch das JA., sei es kraft der von ihm ausgeübten Amtsvm.schaft, sei es in seiner Eigenschaft als Gemeind.-Wais.-Rat und Überwachungs.Organ der Vorm.sch. gem. § 1850 BGB. stets bis zum Eintritt der Volljährk. fortdauert. Hier praktisch von großer Bedeutung, was Ammann Ztrbl. Jug.-R. (früh. Vmschw.) XVI S. 29 im allg. über eine möglichst enge Fühlung zwischen der Pfl.K.er-Auss. des JA. und dessen sonstigen amtl. Betätigungen (Amtsvormundschaft, J.-Armen-Fürs. usw.) richtig ausführt.

Über die volkswirtsch. und soz.-politischen Gründe der grundsätzl. Unterstellung auch der bei der eigenen Mutter befindl. unehel. K.er unter die JA.Auss. vgl. schon ob. Vorb. Nach Klumker Ztrbl. Vmschw. Bd. XV S. 198 geht diese Unterstellung nicht weit genug. (Kl. beanstandet nicht mit Unrecht, als „völlig verfehlt", für K.er, „die bei der ledigen Mutter sind, sonderl. Ausnahmen zuzulassen, während bei ihnen eher eine eingehendere Fürs. u. Auss. geboten sei als bei den Pfl.müttern"! Dem werde das RJWG. „nicht gerecht".) — Daß auch für die Durchführung dieser Seite des Pfl.K.erSchutzes die JÄ. der Unterstützung anderer Organe der Öffentlichkeit, vornehml. der Polizei, aber auch bei der jetzigen — für Preußen grundsätzl. maßgebenden — Höhe des Schutzalters u. a. der Schule in hohem Grade benötigen, bedarf keiner Darlegung. Bei der Notwendigkeit, die Auss. selbst möglichst intensiv zu gestalten, müssen aber dem JA. in weitestem Maße alle aus dem Gesetze ihm gegebenen Mittel auch hier zur Verfüg. stehen: daher das Bedenken von Fr. P., a. a. O. N. 2, ob das Wegnahmerecht des § 27 dem JA. auch zur Durchführung seiner „Auss." gem. § 24 Abs. 1 S. 2 zustehe, nicht berechtigt. Bejahung der Frage aus inneren Gründen unzweifelhaft.

Die „Auss." grundsätzl. von der gleichen Abt. des JA. auszuüben, die zur „Erlaubnis" gem. § 19 berufen. Schon diese Gleichmäßigkeit, aber vor allem auch innere Gründe bringen Übereinstimmung bezügl. der örtl. Zuständigkeit (vgl. ob.) mit sich. Die abweichende Ansicht (Fr. P. N. 1) daß für die „Auss." „das gemäß § 7 zuständige JA.", also dasjenige des gewöhnl. Aufenthalts des Pfl.K.s berufen sei, nicht zutreffend; praktisch die Abweichung allerdings im wesentl. bedeutungslos, da in aller Regel das Pfl.K. den gewöhnl. Aufenth. der Pfl.Pers. teilen (die „Pflege" bei dieser „Pfl.Person", an deren „gewöhnl. Aufenth.", auch denjenigen des Pfl.K.s ohne weiteres ergeben) wird. — Aus dieser inneren Einheitlichkeit heraus auch das Verlangen von Ammann, a. a. O. sehr berechtigt, die „Auss." weiter in ihrer Auswirkung so einheitlich wie möglich zu gestalten, also dasselbe Pfl.K., besser sogar ganze Gruppen solcher, die, sei es örtlich, sei es nach sachlichen sozialen Gesichtspunkten zu bilden, ein und derselben Fürsorgerin anzuvertrauen. Eine unmittelbare Betätigung der „Auss." solcher Organe des JA. (Hausbesuche durch diese, Kontrollvorstellungen vor ihnen. — Vgl. hierzu die schon ob. wiedergegebenen Anordnungen der ministeriellen „Richtlinien"; die formularmäßigen Erlaubn.erteil.gen der Berliner Bez.JA. heben dazu noch ausdrücklich hervor, daß das Organ mit einem entsprechenden „Ausweis" des JA. versehen sei!) nicht zu entbehren, wenn auch, zumal unter größeren Verhältnissen, nur mit Beschränkungen besonders zeitlicher Art möglich, also geeigneter anderweitiger Ergänzung stark bedürftig. — Für die Betätigung der JA. „Aufsicht" enthalten die Richtlinien des Ob. Präs. Berlin § 7 bemerkens- u. nachahmungswerte Einzelheiten: Besichtigg. der Pfl.stellen, „in denen Pfl.K.er erstmalig untergebracht sind, während des 1. Halbjahrs der Unterhaltgg. mindestens 1 mal monatlich"! Im übrigen mindestens 1 mal vierteljährl. „Stets unangemeldet"! Mit Wiederholungszwang, „wenn bei einer unangemeldeten Besichtigg. Pfl.eltern oder Pfl.K. nicht angetroffen worden sind oder die Besichtigg. keinen genügenden Einblick in die Verhältn.e des K.es gewährt hat." Hinsichtl. der „Grundsätze" für Anerkennung der „Unterbringg. u. Pfl. eines Pfl.k.es als ordnungsmäßig" Bezugnahme auf die am 24. Juni 1909 erlassenen a) dienstl. Anw. f. d. Berliner Haltek.er-Auff.Damen u. b) Verhaltungsmaßregeln f. d. Berliner Haltefrauen. S. (zu a) z. B. II S. 2: „Die Auff.Dame hat sich zu überzeugen, wie das K. genährt, gebettet, gewaschen, gekleidet u. sonst behandelt wird." Ferner III 2: die Einrichtg. von „Laufbuch" u. Laufzettel" für die Vermerkg. der Besichtigungsergebnisse (mit getrennten Rubriken für a) Wohnung, b) Sauberkeit, c) Pflege, d) Zustand d. K.es) und III 1 diejenige der „Schnellmeldung" vom Zuzug eines Haltek.es in den Bez. der Auff.Dame. Von den allg. Leitsätzen unter I sehr beachtlich die Maxime: „Freundlich als Beraterin u. Helferin, nicht befehlshaberisch ... soll die Auff.Dame ihr Amt versehen." — Eine praktisch sehr zweckmäßige Ergänzg. der Auskunftserteilg. durch die Pfl.person ordnet § 4 Richtlinien Ob. Präs. Berlin durch Feststellg. einer Pflicht der Auskunftserteilg. an sie: „wer ein K. einer Pfl.stelle in Kost u. Pfl. gibt, ist verpflichtet der Pflegerin oder deren Ehemann .... Auskunft zu erteilen", unmittelbar allerdings beschränkt auf die „zum Zwecke der Meldg. erforderliche" Auskunft, sachgemäß aber zweifellos auf alle erheblichen Verhältnisse des Pfl.k.es auszudehnen.

§ 25.

Auf Grund von Vorschriften nach § 15 oder von Richtlinien der Landesjugendämter können Pflegekinder durch Anordnung der Jugendämter von der Beaufsichtigung widerruflich befreit werden.

Uneheliche Kinder sollen, so lange sie sich bei der Mutter befinden, von der Beaufsichtigung widerruflich befreit werden, wenn das Wohl des Kindes gesichert ist.

Uneheliche Kinder, die gemäß § 1706 Abs. 2 des Bürgerlichen Gesetzbuchs den Namen des Ehemanns der Mutter führen, können, so lange sie sich bei der Mutter und deren Ehemann in Pflege befinden, widerruflich von der Beaufsichtigung befreit werden. Das gleiche gilt von Kindern, die bei ihren Großeltern oder ihrem Vormund verpflegt werden.

Der Paragraph ordnet eine Reihe von „Befreiungen“ von der „Pfl.-K.Auff.“, zum Teil sehr weitgehender und grundsätzl. Art, welche die Einrichtung (vgl. Vorbem. zu dies. Unterabschn.) auf ihr richtiges, soz. notwendiges Maß zurückführen sollen. Diesen Gesichtspunkten des soz. Bedürfnisses entspricht die ebenso grundsätzl. den Befreiungen hinzugefügte „Widerruflichkeit“. Sobald in einzelnen Fällen Rücksichten des „Kindeswohls“ die „Auff.“ auch hinsichtl. der Gattungen, welche nach § 25 von ihr ausgenommen sind, doch erheischen, muß sie alsbald eintreten, die Befreiung widerrufen werden. Über diesen Widerruf gelten in amtl. technischer Beziehung dieselben Grundsätze wie für den „Widerruf der Erlaubnis“ (vgl. § 22). Es ist also auch dieser Widerruf eine der „Entscheidungen“ des JA., welche der Bekanntgabe an die „Beteiligten“ („die betroffenen Personen“ des § 15, Abs. 1 Z. 2 Pr. Ausf.Ges.) bedürfen und mit der Beschwerde des § 18, in Preußen zunächst dem Einspruch diese § 15 — s. oben zu § 18 — anfechtbar sind (welcher dort auch gegen diese Entscheidung, vgl. ob. § 20, außerdem „den Eltern und dem gesetzl. Vertreter“ eingeräumt ist). —

Im einzelnen ist die „Befreiung“ des Abs. 1 in ihrer Allgemeinheit nicht unbedenklich; sie mindert den Wert der Pfl.K.erAuff. des JA. schlechthin, im ganzen, indem sie ihr eine nicht geringe Anpassungsfähigkeit beilegt. Daher werden die Instanzen, welche auf Grund der Notvdn. Art. 1 Z. 2. S. 3 nach der mit § 22 u. § 24 übereinstimmenden Regelung, in Preußen gemäß III Z. 4 der Ausf.Anw. die Reg.Präs. pp. die „Richtlinien“ für die Ausgestaltung dieser allgem. Vorschrift zu geben haben, hier besonders sorgfältig und vorsichtig auf richtige Abgrenzung Bedacht nehmen müssen. Viel Raum für generelle Anordnungen dieser Art ist, da das RJWG. selbst mit § 29 schon eine sehr weitgehende allgemeine „Befreiung“ vorgesehen hat, nicht mehr gegeben. In Frage kommen können Verhältnisse, welche die Pfl.K.er der Zugehörigkeit zur eigenen Familie stark annähern wie z. B. der früher (vgl. S. 182 zu § 19) erwähnte Fall der „Pflege“ eines zu späterer Adoption aufgenommenen Pfl.K.s. (Ihn erwähnen jetzt in dies. Sinne ausdrücklich die „Richtlinien“ des Ob.Präs. Berlin § 1 Abs. 5: „wenn feststeht, daß Adoption ernsthaft beabsichtigt, u. daß dem K.e bis zur Adoption sachgemäße u. einwandfreie Pfl. zuteil wird“. Da unter dieser Voraussetzg. dem JA. Befreiung nicht nur von der Beaufsichtigg., sondern auch von „Anwendg. der nachstehenden Bestimmungen“ schlechthin, also insbes. von den die Erteilg. betreffenden zusteht, so ist diese Instanz dem soz. Gedanken geneigt, den ich in meinen längst vorher abgeschlossenen Ausführungen S. 182 vertreten.) — Die ministeriellen „Richtlinien“ Z. IX fordern vorgängige „eingehende Prüfg.“, a) ob die Pfl.person „voraussichtlich dauernd“ für ordnungsmäßige Verpflegg. zu sorgen fähig u. gewillt u. b) ob ihre Persönlichkeit „angemessene „Erz. in sittl. Beziehg.“ für das K. erwarten läßt, c) ob der Gesundheitszustand der Pfl.personen u. des K.es die Befreiung „zuläßt“. — „Grundlage in der Regel mindestens 2jährige Bewährung der Pfl.stelle für dieses Pfl.kind“; jedoch Ausnahmen zulässig, wenn schon früher feststeht, daß keinerlei Bedenken gegen die Befreiung“. — (Die „jederzeit“ widerrufliche Aufsicht kann „von vornherein auf bestimmte Zeit beschränkt werden“. —)

Auch die „Soll“-Vorschrift des Abs. 2 berührt in dieser grundsätzlichen Uneingeschränktheit eigenartig; sie nimmt mit der anderen Hand zurück, was das Ges. mit der einen (des § 24 Abs. 1 S. 2) gegeben. Durch die, wenn gleich widerrufliche, „Befreiungs **pflicht**“ der JA. wird die grundsätzl. Unterstellung dieser unehel. K. unter die JA.Auff. entweder im Grunde gänzl. bedeutungslos oder doch praktisch beschränkt auf die Kenntnisnahme allein von der Tatsache der Unterbringung bei der eigenen (unehel.) Mutter in Verbindung mit der Feststellung, daß positive Bedenken gegen diese Unterbring. nicht haben ermittelt werden können. Denn darüber hinaus wird die „Sicherung des Kindeswohls“ sich im allgem. **nicht** nachprüfen und gewährleisten lassen, juristisch ausgedrückt, wird hier die Vermutung für diese Sicherung streiten.

Wie mit Abs. 2, so wird, beinahe noch mehr, mit Abs. 3 gewissen Lebenserfahrungen Rechnung getragen. Diese ergeben, daß auch unehel. Kinder dann bezügl. ihres „Wohles“ in der Regel sichergestellt sind, wenn ihre „Pflege“ zwar nicht der eigenen Mutter, aber doch anderen menschlich ihnen nahestehenden Personen anvertraut ist. Als solche berücksichtigt das Ges. richtig den Ehemann der Mutter, den im Volke, bes. des flachen Landes sogen. „Pfl.Vater“, allerdings mit der etwas engen, aber auf zutreffenden sozialen Erwägungen beruhenden Beschränkung auf **den** Ehemann, welcher gem. § 1706 Abs. 2 BGB. dem vorehel. Kinde seiner Frau seinen Namen gegeben hat. Aus letzterer freiwilliger Gemeinschaft folgert das RJWG. mit Recht die besond. Erziehungsbereitschaft und -fähigkeit dieses Ehemannes; deshalb ferner die Befreiung auch nur zeitlich in dem Maße wirklicher Lebensgemeinschaft, nämlich nur, „solange die Pfl.K.er sich **bei** der Mutter und **diesem** Ehemanne in Pfl. **befinden**“, zugestehend.

Diese persönliche innige Zusammengehörigkeit ist auch der leitende Gedanke der anderen „Befreiung“: des Abs. 3 (S. 2), wenngleich die Einbeziehung der Pfl. schlechthin des eigenen „**Vormunds**“ nicht unbedenklich, da das Vormundschaftsamt allein eine besondere persönliche Verbundenheit, vor allem die genügende tiefere und tätige Anteilnahme an dem „Kindeswohle“ noch keineswegs verbürgt.

Die hier aufgezeigten Leitgedanken zweifellos ein geeigneter Anhalt, eine Richtschnur für die Grundsätze, nach denen die Befreiung des Abs. 1 zu bewilligen (dementsprechend das auch hier dazu gebildete Beispiel). Die minister. Richtlinien Z. IX a. E. beschränken sich darauf, hierzu auf das RJWG. zu „verweisen“ (§ 25 Abs. 2 u. 3); diejenigen des Ob.Präs. Berlin schweigen ganz. Im Leben sind, was die soz.-pädagog., also hier allein wichtige Seite anlangt, die Übergangsformen zwischen „Auff.-bedürftigen“ und „-nichtbedürftigen“ Pfl.K.ern von viel größerer Bedeutung als vielleicht zunächst scheinen möchte. Nicht unrichtig spricht deshalb Klumker a. a. O. gerade im Hinblick auf diese Verhältnisse von „halb“ehel. bzw. „halb“unehel. K.n. Die allen Fällen von Befreiungen gemeinsame Widerruflichkeit bedingt, was sehr bemerkenswert, aber häufig nicht genügend erkannt wird, selbst eine, wenn auch latente u. sehr beschränkte, so doch ständige „Auff.“; denn ohne diese rechtzeitiger und sachgemäßer Widerruf unmöglich. Hier also für **diese** Beaufsichtigg. der von der Aufsicht „befreiten“ K.er Zusammenwirken des JA. mit geeigneten Hilfsorganen (vgl. ob.) von **besond.** Bedeutung.

§ 26.

Wer ein gemäß § 24 Abs. 1 der Aufsicht unterstehendes Kind in Pflege hat, ist verpflichtet, dessen Aufnahme, Abgabe, Wohnungswechsel und Tod dem Jugendamt unverzüglich anzuzeigen. Die näheren Bestimmungen werden nach § 15 oder durch die Landesjugendämter getroffen.

Ein sehr wichtiges Mittel der Auff.Betätigung ordnet auch § 26 — allerdings ein mehr indirektes, nicht bei dem JA. selbst, sondern bei der Pfl.Pers. geschaffenes. Diese hat näml. — wie allgem. die mehrfach erwähnten behördl. Hilfs-Org.n — in besond. Fällen gewisse sehr wichtige Pflichten einer Unterstützung des JA. durch deren Erfüllung letzteres über das Schicksal des Pfl.K. auf dem Laufenden bleibt. Von praktisch selbstständiger Bedeutung sind unter den Tatbeständen des Gesetzes in Wahrheit nur der „Wohnungswechsel" und der „Tod" (sc. des Pfl.K.s). Denn die beiden anderen noch erwähnten: „Aufnahme" und „Abgabe" erledigen sich nach dem System des Gesetzes im wesentl. schon durch die Vorschr. des § 20 (zumal die „Abgabe" wird durchaus regelmäßig mit einer „Aufnahme" durch eine andere Pfl.Pers. einhergehen, welche dieser die Verständigung und Anrufung des JA.s auferlegt). Hiernach verbleibt ein besond. Anwendungsgebiet für § 26 bezügl. der „Aufnahme" und „Abgabe", da auf § 24 Abs. 1 im ganzen Bezug genommen ist, nur noch hinsichtl. des S. 2 des letzteren, also der bei der Mutter „befindl. unehel. K.er". Für sie muß nach § 26 „Anzeige" auch von der „Aufnahme" gefordert werden, d. h. der ersten Entschließung, das Kind in dieser Pfl. zu belassen. Denn die nach § 25 Abs. 2 — s. soeben — unter einer zwar sehr allgemeinen, aber doch sehr schwerwiegenden Bedingung nachgelassene „Befreiung" dieser Kinder von der Auff. setzt eine Verständigung des JA. von solcher Pflege unabweisbar voraus. (Entgegengesetzt, aber wohl nicht mit Recht Fr. P. N. 2a zu § 26). Wie jede auf Pfl.K.er bezügl. Fühlung.n mit dem JA., hat auch diese „unverzüglich" (vgl. § 20 Abs. 1) zu geschehen. (Rückschließend aus § 26 S. 1, insbes. auch die pflichtmäßige Unverzüglichkeit der „Anmeldung" des § 20 Abs. 2 unbedenklich zu folgern). — Die durch § 26 Abs. 1 begründete Pflicht schließt eine Meldung solcher „Veränderungen" seitens anderer Stellen, insbes. des Standesamts, der Polizei, gegenwärtig auch vielleicht der besond. Wohnungsbehörden, an das JA. keineswegs aus, läßt vielmehr ihre diesbezügl. Amtspflicht nach § 5 daneben durchaus bestehen. Die Besonderheit der Pflicht der „Pfl.Pers." in dieser Hinsicht ist ihre durch § 30 Abs. 3 (vgl. dort) geregelte Strafbarkeit. Zuständig für den Empfang der Anzeigen zweifellos das JA. des § 23. — Auch § 26 „rahmengesetzl." Vorschrift und war daher in ganz gleich. Art wie §§ 22, 24, 25 auszufüllen, also in Preußen durch Ausführungsbest.n der Reg.-Präs. bzw. des Ober-Präs. von Berlin, vorbehaltlich der noch zu erwartenden „besond. Richtlinien" der Landes-Zentral-Instanz (Ausf.-Anw. III Z 4 a. E.; s. früher). Das ist inzwischen auch zu diesem Punkte durch die oft genannten „Richtlinien" geschehen, Z. XI der minist. u. (wörtl. übereinstimmend) § 9 derjenigen des Ob.Präs. f. Gr.-Berlin. Bemerkenswert: a) im allg. die ausdrückl. Erwähnung (auch) des „bei der

Mutter befindl. unehel. K.s", b) im besond. die — schon ob. zu § 20 gedachte — 3 Tage-Frist u. die schriftl. oder „protokollarische" Form als Norm jeder Anzeige aus § 26 mit der bes. Ausgestaltg. für diejenige vom Pfl.K. Tode als „unverzügl.", jedenfalls vor Beerdigg. u. unter Vorlegg. eines „ärztlichen Totenscheins oder einer kurzen ärztl. Bescheinigg." (gem. der Geb.Ordn. f. Ärzte u. Zahnärzte II A Z. 15 a) über die Todesursache" zu erstattende, welche Pflicht vom JA. zum Verlangen der Vorlage eines amtsärztl. Befundscheines (nach Tarif A 11 z. Ges. v. 14. Juli 1909) gesteigert werden kann: „Die Kosten der Zeugnisse sind (stets) von den Pfl.personen zu tragen. (In Kraft sind die Gr.-Berliner „Richtlinien" seit 15. Juli 1924.) „Dem JA." ist natürlich überall die mit dem Pfl.K.schutze befaßte besondere Abteilg. die Behörde. —

3. Vorläufige Unterbringung.

§ 27.

Bei Gefahr im Verzuge kann das Jugendamt das Pflegekind sofort aus der Pflegestelle entfernen und vorläufig anderweit unterbringen.

Das Jugendamt ist verpflichtet, das zuständige Vormundschaftsgericht von der erfolgten Wegnahme unverzüglich zu benachrichtigen.

Auch § 27 ergibt (vgl. schon ob. die besond. Vorb. zu Unterabschn. 2) ein Mittel des Pfl.K.erSchutzes. Gerade bei an sich, d. h. normal dauernden Verhältnissen macht die Kindespflege nicht nur dauernde, sondern bisweilen auch sehr plötzliche einzelne Maßnahmen der JWohlf.Beh. nötig. Bei der Unvollkommenheit aller menschlichen Einrichtungen kann weder die „Auff." des Unterabschn. 2 noch die „Erlaubnis" des Unterabschn. 1 eine Entwicklung des Verhältnisses zwischen Pfl.Perf. und Pfl.K. verhindern, welche das „Wohl" des letzteren mit einer schleunigster Abwendung bedürftigen, also schweren „Gefahr" bedroht. Für diese ungewöhnlichen Fälle müssen der JW.Beh. auch ungewöhnl. Maßnahmen zu Gebote stehen, ungewöhnl. in Bezug auf ihren Inhalt und ihre zeitliche Behandlung: in ersterer Beziehung dadurch, daß sie das Pfl.Verhältnis an der Wurzel treffen, nämlich in Hinsicht der Pfl.Perf. grundlegend ändern, über den Rahmen der allg. „Auff." weit hinausgehend, — in letzterer durch Zulässigk. einer Abstandnahme v. verzögernden Ermittlungen außerordentlich erleichtert. Die Einrichtung des § 27 zweifellos die einschneidendste des ganzen Pfl.K.erSchutzes und deshalb an besonders geartete Voraussetzungen geknüpft und durch besondere Kautelen in ihrer Auswirkung sichergestellt. Sehr ähnlich den schleunigen Maßnahmen des Prozeßrechtes, den einstweiligen „Verfügungen" des 8. Buches, Abschn. 5 der ZPO., nur dort zulässig, wo eine außerordentl. Gefährdung auch außerordentlichen Schutz erheischt und rechtfertigt, ist sie ferner einer zwingenden Nachprüfung von zweifelsfrei unbefangenen und objektiven Instanzen unterworfen (auch hier in Analogie der einstw. Verf.n, welche regelmäßig im streitigen Nachverfahren gerichtl. Prüfung unterzogen werden). Die „Gefahr", welche nach § 27 entscheidet, ist den Zentralbegriffen des Abschn. entsprechend (§ 22 Abs. 2, § 25 Abs. 2) eine dem „Wohle" des Pfl.K.s drohende, aber von der sonst durch den „Pfl.-K.er-Schutz" bekämpften dadurch verschieden, daß sie nicht „chronische", sondern „akute" Maßnahmen, schleuniges Handeln („sofort") fordert. — Welche Fälle im einzeln. hierher zu rechnen, dem pflichtmäßig. verantwortl. Ermessen der Jug.wohlf.beh. überlassen. Eine gewisse Richtschnur gibt das RJWG. selbst in § 67 (Zugrundelegg. desselb. Tatbest.s, besond. auch der Terminologie nach). Die sachgemäße Beurteilung der gesamten Umstände seitens des JA. muß ergeben, ob der bei etwaigem Zögern mögliche und zu besorgende Schaden für das Kindeswohl unwiederbringlich oder nicht. Zur Abwendung nachteiliger und nachhaltiger Folgen von Mißgriffen, welche bei solchem schleunigen Eingreifen unvermeidl., ist die frei von Dringlichkeit sich vollziehende Nachprüfung durch das Vormundschaftsgericht bestimmt. Das Verfahren des letzteren wird im wesentl. nach den Gesichtspunkten einer auf Entziehung des Sorgerechtes gem. § 1666 BGB. gerichteten Erörter.g sich zu vollziehen haben. Eine, sei es bestätigende, sei es aufhebende Entscheidung des Vormundschaftsgerichts, welche als mit der Beschwerde der §§ 57 ff. FGG.s anfechtbare Anordnung (beschwerdefähiger Beschluß) den Beteiligten, also vornehmlich der (früheren) „Pfl.Pers.", „den von der Entscheidung Betroffenen" des § 15 Nr. 1 Z 2 Preuß. Ausf.Ges.s, aber auch dem JA. bekannt zu geben, ist zweifellos unerläßlich; auch das vormundschaftsgerichtliche Verfahren — wie seitens des JA. schleunigst („unverzüglich") herbei- — so als eilbedürftig durchzuführen.

Für das JA. die normale Zuständigkeit zu der „sofortigen" Maßnahme aus § 23 zu entnehmen, da die mit der Pfl.Pers. örtl. verbundene J.Wohlf.Beh. zur Erkenntnis und Behebung solcher dringenden Übelstände natürlich berufen. Denkbar allerdings durchaus auch das Hervortreten eines solchen Übelstandes an einem Orte, an welchem die Pfl.-Pers. oder das Pfl.K. nicht „gewöhnlich", sondern nur vorübergehenden Aufenthalt hat.*) Alsdann nach dem Begriffe der „Gefahr im Verzuge" und dem Grundsatze des § 7 Abs. 1 S. 2 (vgl. dort) zweifellos das JA. des hervorgetretenen „Fürsorgebedürfnisses" zuständig. Die Zuständigkeit des mit der Angelegenheit zu befassenden Gerichts eindeutig geregelt: „zuständiges" Vm.schaftsgericht dasjenige, bei welchem die Vormundschaft über das Pfl.K. schwebt, bzw. — nämlich, wenn eheliches Pfl.K., das nicht unter Vormundschaft steht —, welches für die Anordnung einer Vormundschaft gegebenenfalls zuständig sein würde, also — § 36 Abs. 1 S. 1 FGG. — das Gericht des „Wohnsitzes" p. p. des Pfl.K.s.) Die Notwendigkeit zu dem „sofortigen" Pfl.K. Schutz des § 27 keineswegs immer und zwingend in der „Pfl.Pers." begründet; auch in dem

*) Die „Pfl.stelle" erscheint hier zum ersten u. einzigen Male wie in dem Sonderabschn. III, so im RJWG. überhaupt. Unter „Pfl.stelle" offenbar die Häuslichkeit, die „Familie" in diesem S. der geschlossenen sozialen (Haushalt.gs-)Einheit — vgl. näheres oben zu § 1 Abs. 3 — zu verstehen, juristisch gesprochen, die „Unterbringg.", auf welche das Pfl.K. zufolge des zugrundeliegenden Vertragsverhältnisses (ob. zu § 19) einen wohlerworbenen Anspruch hat.

Pfl.K. liegende erhebliche Entwicklungsstörungen, Fehltritte, welche unaufhaltsamen sittlichen oder gesundheitlichen Verfall besorgen lassen, Bedrohungen seines „Gedeihens“ durchaus hinlänglicher Grund dafür; daher kann dem JA. die Kenntnis v. dem Dringlichkeitsfalle auch von der Pfl.Pers. selbst werden. (Praktisch dies allerdings wohl die Ausnahme; auch vom Gesetzgeber offenbar hauptsächlich Mißstände in der „Pfl.Stelle“ gemeint).

Die Vorschrift des Abs. 1 verleiht dem JA. nicht nur ein negativ, sondern auch positiv sehr einschneidendes Recht zur Ordnung der persönlichen Verhältnisse des Pfl.K.: dasjenige der „vorläufigen anderweitigen Unterbringung“. Dieses nach verschiedenen Seiten ein Zwangsrecht des JA., sowohl in Ansehung des Pfl.K. selbst und seines gesetzl. Vertreters, zumal seines Vormunds als auch der von der „anderweitigen Unterbringung“ betroffenen Stelle. Auf diese positive Anordnung in erster Linie wird die Nachprüfung des Vormundschaftsgerichts Abs. 2 sich zu richten haben; denn sie ist eine klare unmittelbare Ausübung des Personensorgerechts nach der besond. Seite als Recht der Aufenthaltsbestimmung.

Als das „Pfl.K.“ schlechthin ergreifende Maßnahme ist der Sonderschutz des § 27 nicht allein bei „dauernd“, also zeitlich vollständigen Pfl.n, sondern auch bei nur für „regelm.“ Zeitteile, zumal „Tages“-teile aufgenommenen Kindern gegeben; seine Erstreckung auf die bei der eigenen Mutter befindl. unehelichen Kinder (vgl. ob. zu § 24; aber entgegengesetzt Fr. P. N. 3 zu § 27) allerdings nur aus dem Geist und Zwecke des reichsrechtl. Systems abzuleiten. — —

Über die Beendigg. der Pfl.K.Auff. enthält d. Ges. nichts. Ebensowenig die bisher vorliegenden „Richtlinien“, die (vgl. oben) für die Annahmeerlaubn. noch des „Erlöschens“ (durch Tod u. Wohnungswechsel) besond. gedenken. Nach der Natur der Sache „erlischt“ die JA.Auff. mit dem Aufhören der Eigenschaft des K.s als eines Pfl.K.s überhaupt, aber auch nur damit, also einmal mit der Erreichg. der Schutzaltersgrenze (14. Lebensjahr), für deren Berechnung die allg. bürgerl. rechtl. Grundsätze gelten, aber auch durch Adoption, ferner — was insbes. für die „bei der Mutter“ untergebrachten unehel. K.er von Bedeutg. — durch Legitimation (§§ 1719 ff. BGB.s), Ehelichkeitserklärung. (§§ 1723 ff. BGB.s). — Die rechtlich (theoretisch) nicht ganz ausgeschlossene Möglichkeit, daß sich ein „Pfl.verhältnis“ (im techn. S. des Hauptsatzes des § 19) nachträglich in ein solches nur noch „vorübergehender unentgeltl. Bewahrg.“ wandle, hat praktisch kaum Bedeutg.; das Umgekehrte wird sich häufig vollziehen.

4. Behördlich angeordnete Familienpflege, Anstalts- u. Vereinspflege.

§ 28.

Bei Kindern, die von anderen reichs- oder landesgesetzlich zuständigen Behörden in Familienpflege untergebracht werden, steht die Erteilung der Erlaubnis und die Aufsicht diesen

Behörden zu. Doch kann die Übertragung dieser Befugnisse von diesen Behörden auf das örtlich zuständige Jugendamt durch die zuständige Reichs- oder Landesbehörde angeordnet werden.

Die „Sicherung" des Erz.zweckes (des „Kindeswohls") als die Gestaltung des „Pfl.K.Sch.s" bestimmende, aber auch erschöpfende Richtschnur läßt die Beteiligung des JA. noch in anderer Hinsicht entbehrl. erscheinen. Die Erreichung dieses Zweckes kann nicht nur, wie in den Fällen des § 25 schon die „Pfl.person", vor allem ihr nahes Fam.-verhältnis zu dem Pfl.k. oder, wie nach § 21 zumal Abs. 2, die bestimmt „geregelte" Beschaffenheit der „Pfl.stelle", sondern ebenso auch die Autorität der das Pfl.verh. anordnenden Instanz gewährleisten. Dann nämlich, wenn diese Instanz selbst „Behörde". Um solcher Eigenschaft willen glaubt der Gesetzgeber, von der Berufung einer J.W.behörde zur Überwachung dieses Pfl.verh. Abstand nehmen zu können, in etwas freier Anwendung des in erster Linie strafrechtl., aber doch auch dem öffentl. R. nicht unbekannten Grundsatzes: „ne bis in idem". Hat eine dem Staate unmittelbar verantwortliche, weil seinem Organismus zugehörige Stelle dem Pfl.verh. im Anbeginne ihre Aufmerksamkeit zugewendet, so soll dies genügen. Denn sie wird, weil auch sonst mit den Bedürfnissen des Gemeinwohls vertraut u. auf seine Förderung bedacht, bei der Behandlung jenes Pfl.verh. das Jug.wohl, im S. der §§ 22 Abs. 2 u. 24 Abs. 2, richtig wahrnehmen. Darum weist durch S. 1 diesen Amtsstellen selbst das RJWG. die — im Normalfalle — dem JA. zustehende (Annahme-) „Erlaubn." u. „Aufsicht" zu. Durchaus billigenswerterweise aber mit der Maßgabe, daß von der für die betr. Behörde „zuständigen" Zentralinstanz die Abgabe der gedachten „Befugnisse" (des Pfl.K.Sch.) an das — „örtlich zuständige" — JA. herbeigeführt werden kann nach dem gesetzgeberischen Gedanken der Zentralisierung der JWohlf. bei dem für sie berufenen Organ, dem JA., als dem doch höher stehenden u. die Achtung vor der anordnenden Behörde zurückdrängenden Prinzip. —

Welche „Beh." für die „Unterbringung in Fam.Pfl." in Betracht kommen, sagt das Ges. selbst nicht. Seine Fassung: „reichs- oder landesgesetzl. zuständige Beh." mit dem Zusatze „anderen" ist reichlich unbestimmt. Dieser Zusatz selbst unkorrekt, weil die Vorstellung erweckend, als beruhe der im übr. Abschn. geordnete „Pfl.K.Sch." — im Regelfalle — auf Unterbringung seitens einer „Beh.", insbes. etwa der Jug.wohlf.beh. Das trifft, wie Abschn. III selbst deutlich zeigt, nicht zu. Die von ihm geordnete „K.spflege" beruht normalerweise, wie ja auch nach der Wirklichkeit des Lebens, nicht auf amtl., sondern auf privater „Unterbringung". Die behördl. erscheint hier durchaus als Ausnahme. —

Die Begr. zum Reg.Entw. S. 48 nennt im S. des § 28 als Beh.arten „Waisen- u. Armenverwalt.gen der Städte u. Fürs.Erz.Beh.". Der Wert dieser Gesetzeserklärung füglich zweifelhaft: die Waisen- u. Armen(k.er)-angelegenheiten der „Städte" werden nach Einrichtung der Jug.Wohlf.-beh.n, auch auf der Grundlage der Fürs.Pfl.Vdn., überwiegend ganz sicher von den JA. bearbeitet. Die F.E.Beh.n des neuen Reichsr.s sind durch § 70 Abs. 2 S. 2 ausdrücklich angewiesen, bei der Ausführg. der FE., von den JA. bearbeitet. Die F.E.Beh.n des neuen Reichsr.s sind durch sehr wichtiger Teil, sich der zuständigen JA zu bedienen, um unmittelbare

Heranziehung der Jug.wohlf.beh., welche durch die von § 71 angeordnete „Beteiligung der LJA“ noch wesentl. verstärkt worden. Selbst wenn man also die Aufnahme von Fürs.Zögl.n in „Fam.unterbringg. — was der Gesamtordnung des Abschn. III (u. VI 2) in Wahrheit zuwider — als „fremde Kindespfl.“ ansprechen will, erweist sich § 28 S. 1 gerade an den von der Begr. gegebenen Beispielen als gegenstandslos u. unnötig. — Eine reichs-, auch landesgesetzl. zuständige Beh. für solche „Unterbringg“ ferner nach § 1666 BGB.s das „Vmschgericht“. Auch für dieses aber S. 1 bedeutungslos, da § 43 RJWG.s seine „Entscheid.gen“ aus dem gen. § an die vorgängige Anhörung des JA. bindet. Eben deshalb wird man zweckmäßig ihm auch den ganzen weiteren „Schutz“ dieses Verhältn. überlassen. Das Gleiche wird im wesentl. von den „Jug.gerichten“ zu gelten haben, wenn diese durch die „Erz.maßregel“ der „Unterbring.g“ nach § 7 Z. 4 (in Verbdg. mit § 5 Abs. 2 S. 1) des JGG.s K.er in die „Pflege“ fremder Fam. bringen (da nach der richtigen Grundauffassg. die „fremde K.spflege“ stets in erster Linie auf Erz. abzielt, so enthält umgekehrt eine ausgesprochen diese bezweckende „Unterbringg.“ in fremder Fam. auch stets eine Hingabe in — „fremde“ — Pfl.). Auch für diese Maßnahme des „Jug.Ger.“ wird, wie unbedenkl. a potiori aus § 8 Abs. 1 S. 2 zu schließen, das JA. „vorher zu hören sein“. Ihre allgem. innere Gleichartigkeit mit der „Unterbringung“ aus § 1666 BGB.s betont jetzt auch Francke, Komm. z. JGG. N. VI zu § 7: „offenbar in Anlehnung an diese Vorschriften“ (der §§ 1666, 1838 BGBs.) — Riebesell Komm. N. 1 zu § 28 nennt schließlich auch „das JA. eines anderen Bezirks“. Das dürfte verfehlt sein. Sollte einmal das JA. des Bez. A ein dorthin gehöriges K. aus bes. Gründen bei einer Fam. des Bez. B unterbringen, so wird es selbst das JA. des letzteren, im Wege der Amtshilfe gem. § 5 RJWG.s, ersuchen, die „Aufsicht“ zu übernehmen, ja auch über die „Erlaubnis“ zur Annahme zu befinden. Diese Regelung werden die wahren Belange der Jug.wohlf. u. der eigenen Amtsführung ergeben. Die Festhaltung der „Schutz“funktionen bei dem „unterbringenden“ JA. wäre durchaus unpraktisch, (wird dem Sinne nach, wenngleich nicht ganz deutlich, jetzt auch von den Gr.-Berliner „Richtlinien“ für die Führg. der Amtsvmsch. abgelehnt, II Z. Z. 11 u. 12, nach letzterer ist allerdings, sofern die Vmsch. in einem anderen Bezirke — als in dem, welcher das betr. K. pfl.sch betreut — geführt wird, dieses Amt vor „allen pflegerischen Maßn.n zu hören“. Nach Z. 13 aber um die Beaufsichtigg. außerhalb Berlins befindl. Mündel „in der Regel“ das JA. des Aufenth.s „zu ersuchen“) übrigens auch der Fassung des Ges. (§ 28 S. 1) entgegen; denn diese läßt kaum zu, unter den „anderen r.s oder landesgesetzl. zust. Beh.“ gerade an JA zu denken. Der wirkliche Kreis dieser „Beh.“ also sehr klein, das praktische Bedürfnis der ganzen Vorschr. (S. 1) fraglich. Auch die durch § 3 Z. 7 RJWG.s den JA zugewiesene, ihnen voraussichtlich (vgl. ob. zu diesem §) auf der Grundlage der Fürs.Pfl.Vdn. verbleibende „Fürs. f. Kriegerwaisen u. K.er v. Kriegsbeschädigten“ kann zu einer Unterbringung in fremde Fam.Pfl. führen. Soweit sie Tat werden sollte, wünschenswert, daß hinsichtl. der „Erlaubnis“ u. der „Aufsicht“ die „anderen Beh.“ nach wesentl. gleichen Grundsätzen verfahren wie die JA. Hierauf können einesteils die LJA., andrerseits die Reichs- u. die Landesregierungen durch Richtlinien ausgleichend einwirken. (Was aber die

„Richtlinien" des Min f. Vwf. u. des Ob.Präs. f. Berlin nicht tun!) Gerade dieses Interesse der Einheit der Praxis, welches mit R. auch Fr. P. N. 1 zu § 28 betont, legt aber möglichst weitgehende Anwendung des Vorbehalts des S. 2 nahe. Welche Beh. für diese „Anordng." „zuständig", wird hauptsächl. von dem amtl. Charakter der „anordnenden" Beh. des Satzes 1 abhängen; regelmäßig deren höchste Zentralbeh. Das „örtl. zust. JA." zweifellos dasjenige des § 23 JWG.s. Fr. P. N. 1. zu § 28 findet in dem „Dienste", welchen die JA. nach § 70 Abs. 2 S. 2 der Fürs.Erz.Beh., (wie nach § 54 auch den Landarmenverbänden f. d. „öffentl. Unterstützg. hilfsbed. Minderj.") zu leisten haben, den „Weg" für die „Praxis" des S. 2 „vorgezeichnet". Wenngleich im praktischen Ergebnisse auf die hier vertretene Ansicht hinauskommend, rechtlich doch nicht ganz zutreffend. Die „Übertragung" des S. 2 setzt ganz klar förmliche „Spezialanordnung" der „zust. Beh." voraus, ist also von der nur mehr auf Praktikabilität beruhenden stillschweigenden Funktionsüberlassung innerlich verschieden. Diese verliert aber, ebenfalls nach der praktischen Seite, ihre Bedeutung, wenn man erkennt — vgl. das Vorstehende —, daß die von der Reg.Begr. genannten Beispiele in Wahrheit gar keine Anwendungsfälle des § 28 S. 1. Insbes. hat die „Unterbringg." seitens der F.E.Beh. zwar der Erscheinung nach eine „fremde" K.spflege zur Folge, ist aber rechtlich (vgl. ob.) der durch Abschn. III geordneten durchaus ungleich: aus dem Wesen der F.E. folgt, daß die sie „ausführende" Beh. die Fam. mindestens mittelbar bestimmt, durch deren Betätigung diese „öffentl. Jug.hilfe" verwirklicht werden soll, nicht aus ihrer „Behörden"eigenschaft als solcher. Hierfür bedurfte es nicht erst des S. 1 § 28. Wie nämlich Bäumer S. 86 zutreffend hervorhebt, schrumpft in den Fällen des § 28 die „Erlaubnis" zur „Auswahl" zusammen. Die „Behörde", welche selbst in einer Familie „unterbringt" u. sie zu diesem Zwecke aussucht, benötigt nicht erst einer Selbst„erlaubnis". — Ob die „Übertragung" an dieses widerruflich, läßt das Ges. ebenso offen wie die Frage, ob, sei es gegen die „Übertragung", sei es gegen deren Ablehnung, dem JA. Beschwerde gegeben. Beide Fragen dürften sinngemäß zu verneinen sein. —

Die richtigere Überschr. „behördlich angeordnete" auf Vorschlag der „Sachverst.Kommission" im Reichstagsausschuß an die Stelle der vom Reg.Entw. gebrauchten „behördlichen" gesetzt.

§ 29.

Die Landesjugendämter können Anstalten, die Kinder in Pflege nehmen, von der Anwendung der Bestimmungen der §§ 20 bis 23 widerruflich befreien. Die Befreiung kann nur versagt werden, wenn das Landesjugendamt Tatsachen feststellt, die die Eignung einer Anstalt zur Aufnahme von Pflegekindern ausschließen.

Die Bestimmungen der §§ 24 bis 26 finden mit der Maßgabe Anwendung, daß an die Stelle der Jugendämter die Landesjugendämter treten und die Regelung der Aufsichtsbefugnisse der Landesgesetzgebung vorbehalten bleibt.

Das Landesjugendamt kann bestimmen, inwieweit die Vorschriften dieses Abschnitts auf Pflegekinder, die unter der Aufsicht einer der Jugendwohlfahrt dienenden, von ihm für geeignet erklärten Vereinigung stehen, Anwendung finden.

Landesrechtlich kann an Stelle der Landesjugendämter die oberste Landesbehörde für zuständig erklärt werden.

Im Gedanken der Vorschr. des § 28 nahe stehen die — deshalb in denselben Unt.abschn. aufgenommenen — Bestimmungen des § 29. Leitende Erwägung: die Garantien, welche das Ges. für „fremde" K.spfl. grundsätzlich fordert, ähnlich wie bei „Behörden" präsumtiv auch bei gewissen Einrichtungen gegeben, die nach bestimmten feststehenden Grundsätzen „organisiert" sind u. unter dauernder öffentl. Kontrolle sich betätigen. Denn auch hier die Einstellung auf das Gemeinwohl so ausgesprochen u. dauernd „gesichert", daß der spezifische (JA.-) „Pfl.K.Sch." entbehrlich. Als solche Einrichtungen stellen sich nach der Grundanschauung des RJWG. dar: in erster Linie „Anstalten" (unter diesen vor allem öffentliche) — Abs. 1; daneben auch „Vereinigungen" — Abs. 3. Das Wesen dieser beiden Unterarten könnte man antithetisch bestimmen, indem man Anstalten als sachliche, „Vereinigg.n" als persönliche Organisationen auffaßt.

In der Rechtslehre ist ein bestimmter Begriff der Anstalt noch nicht einmütig festgestellt (vgl. bes., allerdings mehr dogmatisch-zivilrechtl., H ö l d e r, Komm. z. BGB. S. 202 N. 1b u. „Nat. u. Jurist. Pers." S. 305, auch G i e r k e, Deutsch. PrR. I S. 635 u. 637; verwaltungsrechtl. Georg M e y e r, VerwaltR. Bd. I S. 73 ff., sowie ferner Otto M a y e r. D. VerwR. [3. Aufl.] II S. 232). In Preuß. hatte schon das Marginale vor § 32 II 19 ALR.s den Begriff („Anstalten", in der bes. Ausprägg.: „öffentl. Armenanstalten"), welcher dort in § 32 selbst durch die Aufzählg.: „Armenhäuser, Hospitäler, Waisen- u. Findel-, Werk- u. Arbeitshäuser" u. die grundsätzliche Norm: „sie a l l e stehen unter dem b e s o n d e r e n Schutze des Staates" (!) erläutert war. — Die sächl. Organis. bietet vermöge größerer Straffheit u. Beständigkeit der Grundlagen von vornherein bessere Bürgschaften für das Gemein-, insbes. das Jug.wohl als die vom Wechsel ihr. Mitglieder, mindestens beschränkt, abhängige, also wandelbarere „Vereinig.". Diese Wesensverschiedenheit würdigt u. wertet richtig auch das RJWG.: es gibt den „Anst." einen A n s p r u c h auf — zwar widerrufliche — Befreiung vom Erlaubn.-Zwange u. (erhebl. Milderung der „Aufsicht". Die Bevorzugg. entfällt „n u r, wenn T a t s a c h e n f e s t g e s t e l l t werden, welche die Eignung zur Aufnahme von Pfl.K. a u s s c h l i e ß e n." Auch diese Feststellung autoritativ zu treffen: von d. gleichen amtlichen Stelle, welche für die „Befreiung" selbst zuständig. S i e schuldet also den „Anst." letztere u. im Versagungsfalle als Rechtfertigung des ungünstigen Entscheids die positive „Feststellg." bestimmter disqualifizierender Tatsachen. Wie diese selbst zu geschehen hat, in welchem Verfahren, nach welchen Beweisgrundsätzen usw., noch landesrechtl. näherer Regelung bedürftig, übrigens naturgemäß auch stark durch die Lage des Einzelfalles beeinflußt. Nicht unwesentlich wird für die Gestaltung des bezügl. Verfahrens sein, von welcher Seite die Initiative dazu ausgegangen ist; wenngleich den Anst. die Vorzugsstellung gemäß § 29 Abs. 1 u. 2 nur aus bes. Gründen streitig gemacht werden soll, wird doch regelmäßig diese Initiative von ihnen in Form eines „Antrags“ auf Erlangung der Vorzugsstellung ausgehen. (Also in ganz gleicher Weise, wie nach der Natur der Sache, bei den „Vereinigungen“ — Abs. 3).

Gerade umgekehrt bei den „persönlichen Organis.“ (zu denen die Begrdg. z. Preuß. Ausf.G.Entw. S. 15 „außer Vereinen auch andere R.'sgebilde — Stiftungen, Genossensch.“ u. dgl. rechnet, was aber doch nur sehr eingeschränkt, hinsichtl. der „Stiftungen“ überhaupt kaum berechtigt): hier muß der Vergünstigung eine positive Feststellung vorausgehen; sie muß für die „Jug.wohlf.“ positiv eignende Umstände (Voraussetzungen), also qualifizierende Tatsachen ergeben u. solches durch offizielle, unter amtl. Verantwortung erfolgende „Erklärung“ aussprechen. Nur einer „Vereinig.“, welche diese Probe bestanden hat, gebührt „Befreiung“ — volle oder beschränkte — von den Vorschriften des Abschn. Insoweit ist es begründet, wenn Beeking, Dez.Heft „Das Land“ S. 47 bei den „Anstalten“ die „Vermutung“ für die Eignung zur Jug.wohlf. streiten läßt, bei den Vereinig.en nicht. Allerdings fehlt es an einer positivrechtl.n Prüfung dieser Vermutung, wie sie in Ansehung des § 47 der Art 6 EG. z. RJWG. enthält. Jedoch darf aus diesem Gesichtspunkte der Präsumtion nicht die Abstandnahme von jeder Prüfung dieser Eignung auch nur bei den Anst.n gefolgert werden. Vielmehr fordert der höhere unantastbare Begriff (der „Jug.wohlf.“) als Pflicht von der darüber befindlichen Behörde auch bezüglich der Anstalten Gewißheit des Einklanges mit den letzten Geboten dieser Jug.wohlf., welche nur durch Kenntnis der herrschenden Maximen u. des tatsächl. Betriebes, aber selbstverständlich ebenso wie die darauf gegründeten „Befreiungen“ generell, schon bei Beginn dieses Betriebes, gewonnen werden kann. Deutliche Stütze hierfür die Norm des § 13 Z. 8, welche im Zusammenhalt mit § 29 nur von einer allgemeinen Genehmigung der „Annahme von Pfl.K.rn durch Anstalten“, nicht von der Erlaubnis zur Aufnahme des einzelnen bestimmten Pfl.K.s zu verstehen, da letztere nach § 29 Abs. 1 grundsätzlich ganz zweifelsfrei den JA. des Bez.s gebührt. Denn auch der „Genehmigung“ des § 13 Z. 8 muß offenbar eine Prüfung der sozialpädagogischen Eignung voraufgehen. (Allerdings bedeutete § 13 Z. 8 in Vbdg. mit § 29 Abss. 1 u. 2 eine erhebliche Unstimmigkeit des Gesamtsystems: des Verhältnis der „Erlaubnis zur Annahme von Pfl.K.n“ jenes § zu der „widerruflichen Befreiung“ dieses nicht hinreichend klar. Mindestens ein überzeugender innerer Grund für die Duplizität der Annahmeerlaubnis der Anst.n — der ausdrücklichen landesj.a.lichen § 13 Z. 8, u. der durch Umkehrung aus § 29 Abs. 1 S. 1 folgenden, also stillschweigend unterstellten jugendamtlichen — schlechterdings nicht einzusehen. Viel einfacher und natürlicher wäre anzuordnen gewesen, daß die „Anst.n“, denen „die Erlaubnis ...“ gemäß § 13 Z. 8 erteilt worden, von den Kontrollvorschriften jedenfalls des Unt.abschn. 1 frei. Offenbar wollte im Kern das Ges. die Anst.n überhaupt nur an die mehr abstrakte Dauererlaubn. der höheren Jug.wohlf.instanz bilden. Denn positiv-rechtlich bleibt stets umgekehrt sehr eigenartig, daß auf Grund einer „Feststellung“ nach § 29 Abs. 1 S. 2 allein „die Befreiung von den Bestimmungen der §§ 20—23 zu versagen“ ist, die Anst. aber die Berechtigung, „K.r in Pfl. zu nehmen“, als solche nicht ohne weiteres verliert, ja daß zumindest in thesi das örtlich zuständige JA. auch nach u. trotz einer solchen Feststellung die konkrete Einzelerlaubnis doch erteilen kann. Die allein naturgemäße Folgerung, daß Anst.n, bezügl. deren solche „die Eignung ausschließenden Tatsachen" feststehen, autoritativ ein für allemal zu disqualifizieren, befremdl. Weise nicht gezogen!)

Eindeutiger u. besser die Sonderstellung der Anst.n bezügl. der „Aufsicht" geregelt. Sie besteht in der gänzlichen Ausschaltung der JA., was aus zwei Gründen durchaus zu billigen: aus dem systematischen innerer Einheitlichkeit mit § 13 Z. 8 u. dem praktischen, daß die Anst.n vermöge ihrer breiteren Grundlage u. stärkeren Betätigung in der Auswirkung ganz regelmäßig über den einzelnen engeren JA.Bezirk hinausragen. Für Preußen haben allerdings die vorstehenden, auf § 13 Z. 8 bezügl. Erwäg.en praktische Bedeutung deshalb nicht, weil hier positivrechtlich — § 12 Abs. 1 Ausf.Ges.s (vgl. ob. S. 168) — diese Z. aus den „Aufgaben" des § 13, „zu deren Erfüllung" LJA. errichtet werden können, ausgeschieden sind. Damit ist in diesem Punkte die Einheit des preuß. Systems gegeben. Denn letzteres hat (vgl. Schluß dies. Anm.) auch für den Bereich des § 29 die LJA. schlechthin ausgeschaltet u. in vollem Umfange durch die oberste L.beh., den Min. f. Vwf. ersetzt. Mit dieser ausschließlichen Zuständigkeit aber wäre, auch rein technisch, diejenige des § 13 Z. 8 vollends unvereinbar gewesen. Die „Mitwirkung bei der Unterbringg. Minderj." aus § 13 Z. 4 aber auch für Preußen unberührt.

Gleich den Voraussetz.en unterscheidet sich auch der Inhalt der Vergünstigung bei den Vereinig.n von der gesetzlichen Behandlung der Anst.n. Er ist ganz dem Ermessen der zuständigen Stelle anheimgegeben, also nicht schon nach dem Ges. auf bestimmte Erleichterungen gerichtet. Vielmehr kann er nach diesem Ermessen sehr weit u. sehr eng begrenzt werden: von den „Vorschr. des Abschn." ganz ausnehmen oder nur von einzelnen Unt.absch.n oder gar §§ befreien, (wie auch, umgekehrt die völlige Unterstellung unter den Abschn. Ermessenssache). Die leitenden Gesichtspunkte werden den nach § 9 Abs. 2 für die Auswahl der „in der Jug.wohlf. erfahrenen u. bewährten Männer u. Frauen" gleichen. Auch § 47 Abs. 1 S. 1 bietet eine Richtschnur. Denn die Gesichtspunkte, nach denen „Vereine" (bedeutungslose terminologische Verschiedenheit von § 29 Abs. 3!) für eine Bestellung zu Vormündern als geeignet zu erachten u. zu „erklären", sachlich durchaus die gleichen. Deshalb für Preußen wohl auch Kongruenz der Zuständigkeit zu beiden „Eignungserklärungen" unbedenkl. anzunehmen, also auch für § 47 Abs. 1: Pr. Min. f. Vwf. Dies legt neben anderem der mehrfach betonte innere Zusammenhg. zwisch. Vmsch.wesen u. Pfl.K.Sch. nahe. Aus ihm ferner die vorgängige Anhörung des (zuständigen) JA. vor Entschließ.gen aus § 29 Abs. 3 abzuleiten. Widerruf in Abs. 3 zwar nicht ausdrückl. vorbehalten, aber in der Natur der Sache ebenso zweifellos begründet wie in Abs. 1 S. 1, offenbar als begriffl. selbstverständl., angeordnet. — Voraussetzungen des Widerrufs decken sich (gegensätzl.) mit denjenigen der positiven Vergünstigungen, ergeben sich also aus der nicht (genauer: nicht mehr) sozialen, insbes. sozialpädagog. Beschaffenheit. Über Form u. Bekanntgabe (des Widerrufs) an die Beteiligten hat das Gleiche zu gelten wie nach § 20 (vgl.

dort). — Keineswegs zweifelsfrei ist die Frage der Beschwerden gegen Anordnungen aus § 29 (vgl. im allg. über die Unklarheit dieser Materie Feisenberger, Zentr.Bl. f. Vmsch.wesen XV S. 52). Für Preußen ist durch § 15 Abs. 1 Z. 1 AusfGes. (nur) „den gemäß § 29 von der Aufsicht des JA. befreiten Anst.n u. für geeignet erklärten Vereinig.n" ein Beschwerderecht zugesprochen, welches aber aus § 29 durchaus herausweist, nämlich die so tatsächlich privilegierten Organisationen allgemein als Hüter von Belangen des K.swohls anerkennt. Durch Auslegung wird man dieses Einspruchsr. freilich auch auf einen Widerruf gemäß § 29 ausdehnen dürfen. Ebenso gebührt er sachgemäß sonstigen berufenen Vertretern von Kindesinteressen gegen die „Befreiung" oder die „Eignungserklärung", dann wenigstens, wenn diese mit einer „Nicht- oder unrichtigen Anwendung des bestehenden R.s" beanstandet werden kann, was bei entsprechend freier Auffassung wohl stets möglich sein wird. — Auch eine „Versagung" aus Abs. 1 zweifellos ebenso mit der R.'sbeschwerde des § 18, in Preuß. also dem „Einspruche" anfechtbar, nicht aber auch Verweigerung der (beantragten) Eignungserklärung gem. Abs. 3, da diese — vgl. oben — rein Ermessenssache; hier höchstens Verwaltungs- oder Dienstaufsichtsbeschwerde denkbar. —

Für zuständig zu sämtlichen (den positiven wie den negativen) Anordnungen aus § 29 hat dieser selbst die LJA. erklärt, mit der rechtspolitisch an sich zweckmäßigen Ergänzung — Abs. 4 — ihrer landesrechtl. Ersetzbarkeit durch die „oberste Landesbehörde" (innerlich mit dem Vorbehalte in Abs. 2 a. E. zusammenhängend, welcher ebenfalls nähere Ausgestaltung dieser Rahmenordnung durch die „Länder", ihre Gesetzgebung, vorsieht.) Von dieser Ermächtigung hat Preußen, § 14 AusfGes., durch Übertragg. der Zuständigkeit auf den Min. f. Vwf. Gebrauch gemacht unter Einräumung eines (ganzen oder teilweisen) Delegationsrechts „an Stellen der Staats- oder Selbstverwaltung" (eine mit Art. 1 Z. 2 S. 3 der Notvdn. in innerem Einklange stehende Regelung). Die preuß. Zentralinstanz oder ihre Delegatare werden für die Anwendung des § 29 unbedingt noch „Richtl." erlassen müssen, die bisher ausstehen (u. auch in dem Erl. v. 17. Mai 1924 — Z. XII a. E. — noch ausdrücklich vorbehalten werden: „besonderem Erlasse"!, bis Ende 1924 nicht ergangen.).

Begrifflich u. praktisch sehr verschieden von einer Anwendg. des § 29 ist die Delegation des Pfl.K.Sch. seitens des JA. an eine „Vereinigg." (seines Bez.) nach § 11 (hier „Anst.n" nicht berücksichtigt!) S. auch dazu Beeking a. a. O. S. 49. Für das flache Land, zumal Preußens, diese sicher bedeutungsvoller als jene.

§ 30.

Wer ein Pflegekind ohne die vorgeschriebene Erlaubnis oder Anmeldung in Pflege nimmt oder nach Erlöschen oder Widerruf der Erlaubnis in Pflege behält oder wer den gemäß § 22 Abs. 1 erlassenen Vorschriften entgegenhandelt, wird mit Geldstrafe bis zu einhunderttausend Mark oder mit Haft oder mit Gefängnis bis zu drei Monaten bestraft.

Die gleiche Strafe trifft denjenigen, der in den nach § 26 vorgeschriebenen Anzeigen wissentlich unrichtige Angaben macht oder die Leiche eines Pflegekindes oder unehelichen Kindes ohne die vorgeschriebene Anzeige beerdigt.

Wer der in § 26 vorgeschriebenen Anzeigepflicht nicht nachkommt, wird mit Geldstrafe bis zu eintausendfünfhundert Mark oder mit Haft bestraft.

Die Bestrafung tritt nur auf Antrag des Jugendamts ein. Die Zurücknahme des Antrags ist zulässig.

Nach dem Vorgange anderer großer Gesetze über Sondergebiete des deutsch. öffentl. Lebens sichert auch das RJWG. die Durchführg. seiner Ordng. teilweise dch. Strafsatzungen: hier u. in § 76. Gemeinsame Eigentümlichkeit beider Strafgesetze: a) daß sie echte, auch dem § 2 RStGB.'s genügende „Strafnormen" sind (§ 2: „nulla poena sine praevia lege poenali!) b) daß sie bloße „Antragsdelikte" im S. des § 62 Abs. 1 das. (vgl. hierzu Olshausen Komm.) feststellen, c) daß die Zuständigkeit des Antrags sich deckt mit der auch sonst den betr. Sonderzweig der öff. Jug.hilfe beherrschenden: hier, übereinstimmend mit § 20 ff., § 24 ff. das JA., — in § 76 in übereinstimm.g mit § 70 ff. die F.E.Beh. d) daß Zurücknahme des Antrags zulässig, welche ebenfalls sich nach den allg. Strafr.grundsätzen, § 64 StGB.'s (vgl. auch dazu Olshausen), richtet. Für die Verhängung der Strafen selbstverständlich auch hier nicht die Jug.wohlf.beh. zuständig, was zum überflusse für Preuß. die Ausf.Anw. III Z. 3 noch bes. ausspricht zur Vermeidg. verfehlter, aber als solche doch klar ersichtlicher Folgerungen aus der — sonstigen — Nachfolge des JA. in die Stellg. der (örtl.) Polizeibeh.n hinsichtlich des Pfl.K.Schutzes. Letztere in gewissem Umfang zur Handhabung der Strafanordnungen des § 30 berufen: in Ansehung nämlich des Abs. 3, welcher bloße übertretungen" im S. des § 1 Abs. 3 RStGB.'s — nach dem jetzt veröffentl. Entw. des neuen RStGB.'s: künftig des 2. Buchs — ergibt (die Höchstgrenze der Ersatzgeldstrafe kein Gegengrund, weil lediglich auf den anormalen Geldverhältnissen bei Erlaß des RJWG. beruhend; vgl. hierzu sofort). Im Falle der Anwendg. d.ser Strafverhängungsform natürl. der 2. Abschn. des 6. Buchs der StPO. in vollen Umfange zutreffend, d. h. gegen die poliz. Strafvfg. Antrag auf gerichtl. Entscheidg. gemäß §§ 454 ff. StPO. gegeben. Zuständiges Strafgericht I. Instanz stets der Amtsrichter allein, § 25 Abs. 1 Z. 2b GVG.s, in II. Instanz die kl. Strafkammer, § 76 Abs. 2 Hlbs. 1, in der Besetzung mit dem Vors. und 2 Schöffen; dann auch die „Vergehen", welche die Abs. 1 u. 2 des § 30 statuieren, offenbar als solche leichterer Art vom RJWG. selbst aufgefaßt. — Die Tatbestände aller Reate des § 30 ergeben sich im wesentl. klar aus den inbezuggenommenen vorhergehenden §§ des Abschn. III. Zu einer kurzen Betrachtg. veranlaßt nur in Abs. 2 Hlbs. 2 die — uneingeschränkte — Erwähng. „eines Pfl.K.s oder unehel. K.s" Fr. P. N. 6 zu § 30 will sie, ebenso wie diejenige des „Pfl.K.s" an dieser Stelle lediglich mit den Einschränk.gen des § 25 gelten lassen, kennt also kein Delikt eigenmächtiger (nicht „angezeigter") Beerdigg. bei aufsichtsfreien Pfl.K.ern u. unehel. K.n. Das ergibt ein geschlossenes System des Abschn. III. Ich möchte aber weitergehen u. den Reat des Abs. 2 Hlbs. 2 auch bei den „aussichtsfreien" annehmen, aus zwei Erwägungen: der formalen, daß der Verstöße geg. die Anzeigepflicht in kriminellem S. besonders, u. zwar doppelt (§ 30 Abs. 2 Hlbs. 2 u. Abs. 3) gedacht wird, u. der sozialen, daß der Jug.-wohlf.beh. verborgen bleibende Beerdig.gen von Pfl.- oder unehel. K.ern immer die Gefahr von Verschleierungen enthalten! — Als strafbares Verschulden kommt, abgesehen von Abs. 2 Halbs. 1, an sich überall auch „Fahrlässigkeit" in betracht. Allerdings wird nur solche das JA., von ganz groben und sozial bedenkl. Fällen abgesehen, nicht zur Ausübung seines Antragrechts, sondern zu anderen sozialpädagogisch „schützenden" Maßnahmen veranlassen. Überhaupt diese R.'sausübung, ebenso wie diejenige des Zurücknahmerechts Sache des arbitären j.a.lichen Ermessens, für welches (wie sonst) höchste Jug.Fürs.gesichtspunkte bestimmend, das also insofern „frei", wenn auch „Richtlinien" der LJA. od. der „ob. Landesbeh." nicht zulässig, ja vielleicht im Interesse einer einheitl. Praxis zweckentsprechend. — Technisch bei größeren JA. die Entschließg. über den „Antrag" ebenso wie über dessen „Zurücknahme" zweifellos Sache des überhaupt mit dem Pfl.K.Sch. befaßten Dezernenten bzw. Beamten. —

Der „Versuch" (§ 43 ff. RStGB.'s) hier mangels einer ausdrücklichen praevia lex, wie sie Abs. 2 des § 76 für die dort behandelten Verfehlungen ausspricht, nicht strafbar. — Denkbar aber u. strafrechtl. entsprechend zu bewerten auch ohne ausdrückl. gesetzl. Ausspruch, der insoweit hier, ebenfalls im Gegens. zu § 76, fehlt, Tateinheit (§ 73 StGB.'s) mit anderen Strafhandl.gen des gemeinen bürgerl. Strafrechts, so z. B. u. U. sogar des Vergehens gegen § 30 Abs. 2 Halbs. 1 mit dem recht schweren Tatbestande der „intellektuellen Urkundenfälschung" zuwider § 271 StGB.'s, da auch die „Anzeigen" gem. § 26 zu „Beurkund.gen" im S. des § 271 mindestens führen können; ferner mit Zuwiderhandlungen gegen (sonstige) örtl. Poliz.vdn., z. B. die Vorschr.n über Beerdigungen, — ja selbst mit Verfehlungen gegen § 76 RJWG.'s („heimliche" Aufnahme eines FEZögl. in fremde Pfl.). Gemäß § 73 wird hier die Strafverfolgung, zumal auch die Frage des „Antrags", sich nach dem schwereren durch die Handlg. erfüllten Tatbestande richten; Doppelbestrafungen, auch soweit selbständige andere Poliz.verstöße vorliegen, nach dem Grundsatze „ne bis in idem" in aller Regel ausgeschlossen. — (Im neuen StrGBEntw. von 1924 ist die bisherige Unterscheidg. von Ideal-, § 73, u. Realkonkurrenz, §§ 74 ff, aufgegeben: Entw. § 63.)

Darüber, daß die Ersatzhöchststrafen des § 30 durch die inzwischen erfolgte „Stabilisierg." unserer Währung überholt, u. über die Anwendbarkeit des Geldstrafenges. v. 21. Dez. 1921 (mit seinen späteren Abwandlungen, bes. der v. 27. April 1923) gilt hier das Gleiche wie zu § 76. Auf die eingehenden Ausführ.gen zu diesem deshalb zu verweisen.

Die dort entwickelten Gedanken haben jetzt auch mit Beziehg. auf § 30 gesetzl. Niederschlag gefunden in der Reichsvdn. (üb. Vermög.-strafen u. Bußen) v. 6. Febr. 1924 — RGBl. I S. 44 — Nach deren Art. I in Vbdg. mit Art. XIV Abs. 2 Z. 2 treten in § 30 Abs. 1 an die Stelle der Worte: „bis zu 100 000 M." diejenigen: „von mindestens

3 GM. (also jetzt RM.) u. höchstens 10000 GM., — in § 30 Abs. 3 an die Stelle von „1500 M.": „150 GM.". Vgl. für Preußen Erl. Min. f. Vwf. v. 21. Juli 1924 III F. Nr. 1547/24.

6. Ermächtigung für die Landesgesetzgebung.

§ 31.

Die Befugnis der Landesgesetzgebung, weitere Vorschriften zum Schutze der Kinder zu erlassen sowie Ausnahmen von den Vorschriften der §§ 20 bis 24 für die Unterbringung von Kindern in ländlichen Bezirken zuzulassen, bleibt unberührt.

Dieser Vorbehalt, welcher im wesentlichen wohl Ermächtigung der Landesges.gebg. zu noch weiterer Heraufsetzg. des Schutzalters (über das vollendete 14. Lebensj., etwa gar auf das 18. Lebensj. herauf) bezweckte, inzwischen in der Hauptsache dch. den „Abbau" der Notvdn. hinfällig geworden: mit ihrer klaren Tendenz, stärkere Belastungen der JA., „Träger" durch den Pfl.K.Schutz, insbes. durch zu weite Spannung dieses Schutzes zu vermeiden, eine Heraufsetzg. nicht mehr vereinbar. Herabsetzg. des Schutzalters in der Notvdn. Art. 1 Z. 5 (vgl. zu § 19) unmittelbar zugelassen. — Die fernere („sowie") in § 31 enthaltene „Ermächtigung" der Landesges.gebg. jetzt ebenfalls dch. die Notvdn. überholt, insofern sie in deren Eingangssatze, nur noch weiter und umfassender, enthalten. — (Im Systeme des RJWG. selbst war diese „Befreiung" teilweise schon, sachlich übereinstimmend, an anderer Stelle, nämlich im EG. Art. 8 enthalten; der zwischen letzterem u. § 31 obwaltende redaktionelle Unterschied: dort „überwiegend ländl. Bez.e", hier nur „ländl. Bez.e" wohl nicht planmäßig beabsichtigt, es sei denn, daß man § 31 wegen seiner Fassung ausschließlich auf das flache Land selbst ziehen wollte.) — Inhaltlich bedeutet der in diesem Halbs. des § 31 ausgesprochene Nachlaß beschränkten Dispenses in seinem Ausmaße eine Aufgabe des Pfl.K.Schutzes des Abschn. III schlechthin, da die „Vorschriften" der §§ 20 u. 24 über die Annahmeerlaubnis u. die Aufsicht die Achse dieser ganzen Ordnung (bemerkenswert hierbei allerdings immerhin, daß „Ausnahmen" von § 27 — schleuniges Eingreifen bei „Gefahr im Verzuge" — auch von § 31 nicht vorgesehen) — Preuß. hat zufolge seiner allg. Neigung, an dem Pfl.K.Schutze des RJWG. festzuhalten (vgl. bes. das zu § 19 über die Erschwerung der „Befreiungsanträge" betr. das Pfl.K.Schutzalter Gesagte, von der Ermächtigung des § 31 keinerlei Gebrauch gemacht. Die Anordnung der ministeriellen „Richtlinien" Z. III 2a. E. auf „dem religiösen Bekenntnisse gemäße Unterbringg. der Pfl.K.er hinzuwirken" — vgl. ob. — auch sachlich nicht als eigentliche Erweiterung des „Schutzes" der K.er" anzusprechen, da nicht in erster Linie diesem kardinalen Gesichtspunkte Rechnung tragend; eher schon der Erl. Min. f. Vwf. v. 2. Aug. 1924, welcher trotz der formellen Außerkraftsetzg. des § 98 der Dienstanweisg. für Kreisärzte deren tunlichste Beteiligg. an der Pfl.K.Aufsicht empfiehlt.

Abschnitt IV

Stellung des J. A. im Vormundschaftswesen; Anstalts- u. Vereinsvormundschaft.

Vorbemerkung.

Schon das bisherige geschriebene Recht kannte bestimmte „JW.“-Behörden und eine gewisse Ordnung der JW.: die Vormundschaftsgerichte und das Vormundschaftsrecht. Denn in richtigem Verständnis sozialer Lebensbedürfnisse, also angemessener Erweiterung des eigentlichen Gegenstandes umfaßte schon auch das bisherige „Vormundschaftswesen“ eine Fürsorge für das Jug.wohl überhaupt. Insbesondere auch nach deutschem BGB. Am stärksten mit dem als zentral bereits (Einl. S. 38) gewürdigten § 1666, aber auch durch zahlreiche andere Bestimmungen, so z. B. die Offizialfürsorge — im Falle des Ablebens eines Elternteils § 1640 in Vbdg. mit §§ 1669 u. 1686 — welche auf dieser freieren und höheren Auffassung des Berufs von Vormundschaftswesen und -gericht beruhen. Die alte Anschauung, das „Vormundschaftswesen“ bedeute allein die Fürsorge für Jug.liche (Minderj.), welche irgendwie des natürlichen Beschützers und Beraters darben, war schon im BGB., man darf sagen, grundsätzlich aufgegeben, in früheren Partikulargesetzgebungen hingegen, so z. B. der Preuß. Vormundsch.Ordn. von 1875, nur sehr beschränkt überwunden. — Die Einführung der neuen „Jug.wohlf.behörde“ als des Mittelpunktes und eigentl. Trägers aller Jug.wohlf. machte ein klares Verhältn. zu dem bisherigen R.sstande und seinen behördlichen Formen notwendig. Seine Regelung gilt Abschn. IV, der sich aber nicht darauf beschränkt hat, systemgemäß die Stellung der JA. zu den Vmd.sch.sgerichten und, im wesentlichen damit zusammenfallend, des (neueren) JW.Rechts zum Vmdsch.Recht zu bestimmen, sondern hierüber erheblich hinausgeht: nur Unterabschn. 2 dient jener Grenzziehung. Im ganzen bringt das RJWG. eine wesentliche Umgestalt.g des Vmdsch.rechts schlechthin. Dem entspricht die offizielle Gesamtüberschrift: „Stellung des JA. im Vmdsch.wesen“(!) welche erkennbar macht, daß das ganze vielumfassende „Vmdsch.wesen“ durch die Einführung der JA. betroffen und durch die materiellen Bestimmungen des RJWG. einschneidend erfaßt werden sollte. — Ob diese Problemstellung und ihre Bewältigung glücklich, wird von den bisherigen Praktikern des Vmdsch.rechts, zumal den Organen der Preuß. Rechtspflege in mehrfacher Hinsicht bezweifelt werden, um so mehr, als schon die umgekehrt ihnen von § 9 Abs. 4 zugewiesene „Mitwirkung“ eine eigenartige und wenig befriedigende ist. Vielleicht hätte das RJWG. besser an dem gewaltigen materiellrechtlichen Fragenkomplex des „Vmd.schaftswesens“ überhaupt nicht gerührt, nach dem auf Abschn. IV besonders zutreffenden Worte der Abgeordneten Lang-Brumann (Reichtagsberatung vom 14. Juni 1922, Sten. Ber. S. 7810): „Ich glaube, weniger wäre bei diesem Gesetze mehr gewesen“! — Hiermit hängt der kennzeichnende Mangel innerer Geschlossenheit grade dieses Gesetzesteils zusammen. Das (vgl. „Einleitung“ I) leitende Prinzip des „Jugendwohls“ (Jug.Wohlf.) als einer unlöslichen Teilerscheinung des „Gemeinwohls“ ist keineswegs hinlänglich festgehalten und hervorgekehrt; eine an diesem Punkte besonders zu bedauernde Unvollkommenheit! Denn das „Vmdsch.wesen" ist, richtig verstanden, der vornehmste Anwendungsfall sozialer Auffassung der Jugendlebensnotwendigkeiten. So auch treffend Lina Köpp in „Pädag. Magazin", Bd. II S. 15: „wohl kein Amt ist geeigneter, soziale Gegensätze zu überbrücken und Einblicke in die Not schutzloser Jugend zu gewähren, als das des Vormunds".) — Auch die mehr äußere Stoffanordnung ist nicht recht überzeugend: „Amtsvormundschaft" überhaupt, „gesetzliche AV." des JA. für unehel. Kinder insbes., — Stellung des JA. zum Vormundsch.gericht (im allgem.) und „Mitvmdschaft, Gegenvmdschaft" usw. des JA. zumal sind mit „Anstalts- und Vereinsvmd.schaft" ohne recht durchsichtigen Plan zusammengestellt und aneinandergereiht. —

Die hauptsächlichste Neuerung besteht in der offiziellen Einführung oder doch reichsgesetzlichen Verankerung einer „Amtsvormundschaft". Für ihren wichtigsten, auch in Abschn. IV voranstehenden Fall ist sie Neuerung in doppeltem, subjektivem wie objektivem, Sinne: in ersterem, insofern der Träger gerade eines Amts, nämlich das Organ des JA. als solches, generell diese Vmdsch.en zu übernehmen hat, — in letzterem durch die intensive Auswirkung seines Berufs hierzu dahin, daß jener Amtsträger ohne staatliche Übertragung die Vmdsch. ohne weiteres von Gesetzeswegen, ipso iure erlangt. Dieser Zwangsläufigkeit, — daß eine gewisse Amtseigenschaft stets die (stillschweigende) Berufung zu jenen Vmdsch.en mit sich bringt, entspricht als Gegenstück, daß diese Vormundschaften der Regel nach nur dem Amt und seinen Organen zukommen, an dieses gebunden sind. Die Amtsvmdsch. ist also nicht bloß eine zwangsläufige, sondern auch eine obligatorische.

Auf die „Jugendlichen", für welche sie vom RJWG. eingeführt worden, die unehelichen Kinder, sind auch andere Teile in erster Linie zugeschnitten: Abschn. III u. V (Pflegekinder- u. Armenkinderwesen; vgl. dort). Sie stehen, wie immer wieder, bereits in der Entstehungsgeschichte u. jetzt für Preußen im Hinblick auf die demnächstige Anwendung des Gesetzes, mit Recht betont worden, der Amtsvmdsch. innerlich sehr nahe: diese u. der Pflegekinderschutz müssen tunlichst sich in die Hände arbeiten und werden zweckmäßig, wie z. B. schon jetzt bei den Bez.JA. von Gr. Berlin die Regel, bei einer Abteilung des JA. vereinigt. Diesem Geiste auch die auf der Grundlage des Preuß. Ausf.Ges. erlassenen „Richtlinien für die Ausübg. der Amtsvmdsch. in Gr. Berlin" gehalten (vgl. alsbald). — Den in der Einleitung (V „Kritik", S. 86 u. S. 82) beleuchteten Bruch mit überkommenem, welchen die obligatorische Amtsvmdsch. über unehel. Kinder bedeutet, sollten im RJWG. selbst zwei Anordnungen grundlegender Art mildern: a) die sachliche, daß von der Amtsvmdsch. möglichst fort- und zu der Einzelvmdsch. als der ihrem Wesen nach besseren Betreuungsform hingestrebt werden sollte, enthalten hauptsächlich in den beiden Vorschr.n § 38, daß der vor der Geburt „für die Leibesfrucht bestellte Pfleger ... im Einverständnisse mit dem JA. ... . mit der Geburt des Kindes Vmd. wird", und § 40, daß „das Vmdsch.gericht das JA. auf seinen Antrag zu entlassen und einen Einzelvormund zu bestellen hat (sofern nicht dem Wohle des Mündels entgegenstehend)", b) die zeitliche, Art. 8 EG., daß „für die ersten 3 Jahre nach Inkrafttreten des Gesetzes .... Befreiung von der

Verpflichtung zur Errichtung von JA. in überwiegend ländlichen Bezirken erteilt werden kann", (vgl. dazu bezügl. § 38 Lina Koepp a. a. O. S. 15, bzw. § 40 die Aussprache über das Koepp'sche Referat ebendort S. 18, in welcher Ablösung der Amts- durch die Einzelvormundschaft generell schon mit Ablauf des 1. Lebensjahres gefordert! Eine neuerdings viel vertretene Mittelmeinung unterscheidet zwischen der „juristischen" und der „pädagogischen" Seite der Vmdsch. und bevorzugt für erstere die Berufs- oder Amts-, für letztere die Einzelvmdsch. Manchen ging allerdings selbst die grundsätzliche Behandlung des RJWG. nicht weit genug: Blaum's Komm. zu Art. 2 EG. leitet (aus der „Fassung" des Art.) die Zulässigkeit ab, „Obliegenheiten der Vmdsch.-gerichte auf die JA. in weitem Umfange zu übertragen", ja „sogar die Möglichkeit, die JA. zu Vmdsch.gerichten auszugestalten"! Diese Regelung sei „für großstädtische Verhältnisse als erstrebenswertes Ziel zu betrachten", da sie „die größte Vereinfachung in der Jug.wohlf." bringe. Zweifellos eine überspannung der generellen Verdrängung der Vmdsch.-gerichte durch die JA., — wie sie sich bes. in § 45 JWG. (vgl. auch hierzu schon Einl. „Kritik" und unten Einzelerläuterung zu § 45) bereits ausgeprägt, — die für Preußen mit seiner traditionellen Vertrauensstellung des „Obervmd.s" (des Vmdsch.richters) zumal unter ländl. Verhältnissen, auf die ja auch schon Art. 8 E.G. ausdrücklich abzielt, schlechterdings unannehmbar gewesen wäre. Um so mehr als gerade hier der Ersatz des bisherigen örtlichen und individuellen Gemeindewaisenrats durch den behördlichen des JA. — § 42 — welchen Preußen in dem AusfGes. ohne Abschwächung sich zu eigen gemacht hat (vgl. auch dazu „Kritik") — in das Volksleben sehr tief einschneidet. Schon in der Erörterung des Gesetzentwurfs bekundete die sehr lebhafte Befürwortung der „organisierten Einzelvmdsch.", als praktischen Ausgleichs der gesetzl. obligatorischen Amtsvmdsch., ein deutliches Abrücken von den Neuerungen des RJWG. Noch stärker hat bereits vor dem Inkrafttreten die gesetzgeberische Entwicklung den gegen Abschn. IV besonders aus vmdsch.richterl. Kreisen geäußerten Bedenken Recht gegeben: Art. 1 Z. 6 der Notverordn. verzichtet auf grundsätzliches Festhalten des wesentlichsten Stücks, „der gesetzlichen Amtsvmdsch.", und läßt „Gemeinden und Gemeindeverbände" schlechthin, also ohne jede zeitliche u. örtliche Beschränk.g (nicht bloß wie Art. 8 EG.: „für die ersten 3 Jahre nach Inkrafttreten des Gesetzes" und „in überwiegend ländlichen Bezirken") auf Antrag Befreiung von den §§ 35—40 durch die „oberste Landesbeh.e" nach (ebenfalls erhebl. anders wie Art. 8 EG.s: „unter Beteilig.g der Reichsregier.g u. des „zustimmenden" Reichsrats als der befreienden u. der „Landesregierung" als auf Antrag zu befreienden Instanz.). Diesem unbestreitbar weitgehenden Dispens stand Preußen von vornherein nicht freundl. geg.über, AusfAnw. des Min. f. Volkswohlf. IV; es hat, Z. 2 das., die Bedenkzeit, bis zu deren Ablauf, ausschließend, Befreiungsanträge durch „Vermittlung der Aufsichtsbehörde" an den Min. f. Volkswohlf. als die „oberste Landesbehörde" zu richten sind, recht knapp nur auf 3 Monate, bis 1. Juli 1924 bemessen und fordert für ihre Prüfung gutachtliche Äußerungen des zuständigen Vmdsch.richters über die bisherigen Erfahrungen mit unehel. Einzelvmd.schaften, besonders hinsichtlich der Verfolgung der Unterh.-ansprüche, und über die im Bezirk vorhandenen Ersatzformen, d. h. von etwa dort eingerichteten „Berufs- oder Vereinsvmd.schaften“, verweist aber warnend auf die Bewährung der Amtsvmdsch. als „Ersparnismaßnahme“, welche eine Befreiung von vornherein „nur für ländliche Gegenden in Betracht kommen lasse“ (mit der Notverordn. nicht vereinbar!), um in Z. 3 selbst hier, also unter ländlichen Verhältnissen, diese „durchaus wirtschaftliche Einrichtung“ im Hinblick auf die durch sie „gewährleistete Sicherung und Durchführung des Unterh.anspruchs“ angelegentlichst zu empfehlen. (Für die Übergangszeit bis zur Entscheidung über den Befreiungsantrag findet Ziff. 4 den Ausweg in einem Verfahren nach § 40 RJWG., d. h. in der Übertragung der JA.Amtsvmdsch. auf einen von dem JA. in seiner Eigenschaft als GemWR. empfohlenen, „vorgeschlagenen“ Einzelvmd., geht also ebenfalls von der kraft Gesetzes bereits „eingetretenen“ JAVmdsch. als selbstverständlicher Norm aus.) Über die auf Grund der Ausf.Anw. von dem Pr. Min. f. Vwf. aufgestellten endgültigen „Befreiungsgrundsätze“ vgl. die näheren Angaben aus den „Richtl.“ v. 15. Mai 1924 unt. bei § 35. Auch unter diesem allerdings nur mäßig abgeschwächten System wird besonders in der ersten Geltungszeit außerordentlich viel auf die richtige gegenseitige Einfühlung der beiden Instanzen, des Vmsch.ger. und des JA., ankommen, um aus der Ordnung des Abschn. IV eine wirkliche Förderung unseres Volkstums zu erzielen. Vor einer planmäßigen prinzipiellen Schwächung des vmdsch.richterlichen Einflusses kann jedenfalls in Preußen nicht lebhaft genug gewarnt werden. (Im Ergebnis übereinstimmend, nur zu einseitig für eine Anpassung, „Neueinstellung“ der Vmdsch.gerichte an die JA. Plagemann, Dez.-Heft 1922 „Das Land“, S. 50, ferner Bäumer, Komm. zu § 33 S. 117, dieser allerdings zu sehr rückblickend und für die Zukunft etwas matt!). — Es verdient deshalb allerschärfste Zurückweisung, wenn der Reichst.abg. Heydemann in der Beratung des Gesetzes es fertig brachte, (Sten. Bericht S. 7812 f.) als Mangel an „Großzügigkeit“! zu beanstanden, daß das Gesetz in der „Durchführung“ seiner Leitgedanken nicht so weit gegangen, die „völlig entbehrlich gewordenen(!) Vmdsch.gerichte zu beseitigen und an ihre Stelle die JA treten zu lassen.“ Diese „ganze Arbeit“, welche allerdings von Klara Zetkin im Ausschusse beantragt worden war mit der Zweckangabe, so „die Jugend dem Einfluß der Bürokratie zu entziehen“, würde ganz gewiß nicht diesen Erfolg gezeitigt, wohl aber den Ruin des ganzen Vmdsch.wesens bedeutet haben. Das mehr als radikale Verlangen Heydemann's zeugt v. einer gänzlichen Verkennung der auf diesem Gebiete obwaltenden Lebensbedürfnisse und Lebensanschauungen des Volkes.

(Literatur über Abschn. IV im allg. außer den Komm. von Blaum, Fr. P und Bäumer usw. zu Abschn. IV und den in diesen Zitierten: Plagemann a. a. O., Lina Koepp a. a. O., ferner ZentrBl. f. Vmdsch.wesen Bd. XIV S. 184 u. 186 u. neuestens die Übersicht von Webler, Gesch.führer des Arch. d. Berufsvm.der über „Das Vmdsch.wesen — Abschn. IV RJWG. — in den Ausf.Ges.n u. Vdn.n der Länder“, Zentr.Bl. Jug.r. XVI S. 201 ff.)

I. Amtsvormundschaft.

a) Allgemeine Bestimmungen.

Vorbemerkung.

Die Bedeutung des nur aus drei §§ bestehenden Unterabschn. liegt in der reichsgesetzlichen Anerkennung des Instituts der Amtsvmd.schaft als solchen. Es stellt zwar den äußerlichen Abschluß einer längeren sozialgeschichtlichen Entwicklung dar (vgl. jetzt in großen Zügen Bäumer Komm. S. 98ff. u. vor allem die gute geschichtliche Übersicht bei Fr. P. S. 133f.), ist aber seinem Werte nach noch keineswegs unangefochten. — Die Amtsvmsch. ist die ausgeprägteste Form einer Übertragung von Vmd.schaften, Pflegschaften usw. nach gewissen objektiven Gesichtspunkten oder Tatbeständen. Während den Ausgangspunkt in der Gestaltung des Vmsch.wesens die an sich natürl. Berücksichtigung subjektiver Momente, d. h. die Auswahl der Vormünder nach ihren persönlichen Eigenschaften, nicht zuletzt der verwandschaftl. usw. Beziehungen zu dem zu betreuden Jugendlichen bildete — Preuß. Vmsch.Ordnung von 1875, § 17 und BGB. § 1776 — trat in den letzten Jahrzehnten mehr und mehr die Rücksichtnahme auf möglichst taugliche, den vmschaftl. Geschäftsbetrieb erleichternde und fördernde sachliche Einrichtungen als maßgebend in den Vordergrund. Die erste noch schüchternste Verwirklichung dieses Gedankens war die sog. „Sammelvormundschaft", d. h. die mehr tatsächliche Vereinigung zahlreicher, vornehmlich „unehel." Vm.schaften in der Hand derselben, regelmäßig sozial besonders interessierten und geeigneten Persönlichkeit. Vermöge der durch die Zusammenfassung vermittelten Erfahrungen, der Übung u. Gewandheit, sowie einer ausgesprochenen Anlage zur übereinstimmenden Behandl.g der vielen, im Kern ja meist gleichartigen Einzelfälle nach leitenden Gesichtspunkten u. Maximen, bot schon sie, für Berlin z. B. (durch Einrichtung vollständiger Büros mit weitverzweigten Unterabteilungen usw.) von Pastor Pfeiffer sehr vervollkommnet, gegenüber der Einzelvormdsch. erhebliche Vorteile und entsprach mit ihrem an sich einfachen Apparat durchaus auch kleineren, sogar ländlichen Verhältnissen. (Über besondere konfessionelle Schwierigkeiten, welche sich gerade bei der in Berlin eingerichteten städtischen Sammelvmd.schaft durch Widersprüche seitens der davon berührten bekenntnismäßigen Sammelvmd.schaften ergeben haben, vgl. die „Beigabe" XV 3 bei Fr. P. Komm. S. 412ff. und die dort Zitierten, besonders die dort erwähnte sehr wichtige Entscheidung des Kammergerichts vom 27. Dez. 1912 [Zentr.-Bl. f. Vmdsch.wesen IV S. 274], welche für die bekenntnismäßige Behandlung des Vmdsch.wesens überhaupt grundlegende Richtlinien aufstellte!) — Eine wesenlich stärkere Umbildung des Vmdsch.amts zur sächlichen Einrichtung bedeutete die Ausbildung der „Berufsvmd.schaft". Sie unterscheidet sich, wie schon ihr Name besagt, von der (bloßen) Sammelvmdsch. dadurch, daß bei jener die zahlr. Vmdsch.en nicht mehr einer Privatperson — meist dem geistlichen oder dem Lehrerstande angehörig — übertragen und von und bei ihr zusammengefaßt („gesammelt"), sondern von einer Stelle übernommen werden, deren „Beruf" in dieser Vereinigung von Vmsch.n besteht. Nicht mehr freier Wille von Laien, die sich allerdings durch die Fülle ihrer Erfahrungen, verbunden mit besonderer Liebe zur Sache, oft als ganz hervorragende Träger vmd.schaftl. Aufgaben erprobt haben, also Sinn und Neigung für soziale Allgemeinbedürfnisse, sondern offizielle Berufspflicht von Fachmännern bestimmt hier zum Vormunde. Entsprechend ihrer weniger ursprünglichen Natur hat diese Vmdsch.form sich mehr unter komplizierten Verhältnissen, vorwiegend in Städten entwickelt. Auch sie in der Hauptsache, wenn auch nicht gerade ausschließl., für die unehel. Vmdsch.n. Im ganzen hat sie im Laufe der Zeit immer mehr Freunde gefunden, ja ist im Schrifttum wiederholt ausdrücklich als unentbehrliches Mittel des „Kinderschutzes" empfohlen worden (vgl. z. B. für Deutsch-Österreich Marg. Roller, Brünn in der „Berufsvormundschaft" VIII, 1913 und vor allem Othmar Spann in seinem vorzüglichen bahnbrechenden Referat für den Wiener Berufsvorm.tag 1912 „Erweiter.g der Sozialpolitik durch die Berufsvmdsch.", abgedr. im „Archiv f. Soz. Wissenscha. u. Soz. Politik"). Für unser deutsches öffentl. Leben hat die Berufsvmdsch. unbestreitbar zunehmend größere Bedeut.g erlangt. Hierauf beruht auch die schon vor einer längeren Reihe von Jahren erfolgte Begründung eines besond. Archivs deutsch. Berufsvormünder" (das sich über seine eigentl., durch die Bezeichn.g umschriebene Bestimmung. hinaus allmähl. immer mehr als sehr wichtiges Organ der gesamten Jug.w.pfl. bewährt u. diese besonders seit ihrer gesetzgeberischen Inangriffnahme durch häufige „Tagungen" bedeutsam beeinflußt hat.) — Trotz erhebl. Bedenken gerade gegen die spezifischen Auswirkungen der Berufsvmdsch. — Gefahr der Schematisierung, oberflächlicher Behandlung der Einzelfälle, ja auch bürokratischer Engherzigkeit — überwiegen doch ihre Vorzüge: die Sicherheit und Einfachheit des Funktionierens, erreicht vor allem auch dadurch, daß in den typischen Fällen grundsätzlich ebenso für die bestellende Behörde wie für den zu bestellenden Vormund selbst die Entschließung hinsichtlich der Vormdsch.führung ohne weiteres durch die Einrichtung als solche gegeben ist. Hierin besteht praktisch der wesentlichste Unterschied zwischen Sammel- und Berufsvmd.schaft. Denn bei jener ist eben grundsätzl. übertrag.g und übernahme jeder einzelnen Vmsch. wenigstens bis zu einem gewissen Grade Sache freien Ermessens jener Beteiligten, bei der Berufsvmdsch. nicht. Daher ist es eine Verkennung dieses Wesensunterschiedes, wenn Köhne-Feist bei Maercker, Nachlaßbehandlung, 19. Aufl. Bd. II S. 429 Berufsvmdsch. „kraft Bestellung" und Sammelvmdsch. einfach identifizieren. Gemeinsam ist allerdings beiden die „Bestellung" zu dem Vmdsch. usw. -amt durch das Vmdsch.gericht als Form der Erlangung des Amtes, nur daß diese „Bestellung" des Berufsvormundes in der Norm Pflicht des Vmdsch.gerichts ist, von der allein aus besonderen triftigen Gründen abgewichen werden darf. — Die Abstandnahme v. diesem Erfordern.e, also dem Zwischengliede der Mitwirkung des Vmdsch.gerichts, bedeutet die Einrichtung der „Amtsvmd.schaft", die damit erkennbar die stärkste Anknüpfung der Vmsch. an äußere sächliche Einrichtungen darstellt. Denn hier macht nicht der Vmdsch.richter, sondern das „Amt" (genauer, selbstverständlich: der Gesetzesausspruch, welcher der „Amts"trägerschaft diese Bedeutung beilegt) zum Vormunde. In dieser durchgebildetsten, man darf sagen schärfsten Form hat das RJWG. sich die „Amtsvmd.schaft" zu eigen gemacht, grundsätzlich und zwingend nur für den Typus der „unehel." Vmd.schaften; denn die „bestellte" Amtsvmsch. — genau betrachtet: ein Widerspruch in sich, contradictio in adjecto — des Unterabschn. 1 c bildet eine nicht ganz folgerechte Erweiterung der nur in jenem Typ (gesetzliche A.Vmdsch.) rein in die Erscheinung tretenden Grundform.

(Die innere Berechtigung der Unterordnung beider Formen unter die gleiche höhere Gattung liegt — allerdings auch nur! — in der fast völligen Gleichartigkeit der äußeren Struktur.) — Verschieden von der Amtsvmdsch. im wahren Sinne und daher auch im RJWG. von ihr sachlich wie systematisch (äußerlich) abgetrennt ist die „Anstalts- und Vereinsvmdsch." des (besonderen) Unterabschn. 4. Sie bedeutet in Wahrheit eine Übertragung der Vmdsch. nicht sowohl nach sächl. („Einrichtungs"-)Gesichtspunkten, als vielmehr nach persönlichen, nämlich denjenigen der Beziehung zwischen dem Anstalts- bzw. Vereinsvorstande und dem seiner Obhut anvertrauten zu betreuenden Jugendlichen u. auch der (regelmäßig) mit der Vorstandseigenschaft zusammenfallenden sozialen Eignung. In diesem Sinne und Ausmaße hatte das Institut schon Art. 136 Z. 1 EG. zum BGB. übernommen oder richtiger aus dem Landesrechte aufrechterhalten. (Preußen insbes. hatte unter der Herrschaft des BGB., nach Art 78 seines AusfGes. zu diesem, nur ganz wenige, praktisch nicht sonderlich bedeutende Anwendungsfälle, mehr nur bescheidene Ansätze einer „Amtsvmdsch.": die eine „ortsstatutarische" Anordnung voraussetzende, durch solche aber in zahlreichen Gemeinden, besonders größeren Städten, so vornehmlich in Berlin, eingerichtete gesetzl. Vormdsch. der Beamten einer Gemeinde-„Armenverwaltung" über die armenpflegerisch versorgten Minderj., — vgl. dazu Bäumer, Komm. S. 101 — und die ihr sachlich sehr nahestehende, aber nicht unbedingt der Gattung der „Amtsvmd.schaften" zugehörige Vmdsch. der Vorstände gewisser „Erziehungs- u. Verpflegungsanstalten" über deren Pfl.linge. Auch die letztere, nach AusfGes. Art. 78 § 1 auf „unter der Verwaltung des Staates oder der Gemeindebehörden" stehende „Erziehungsanstalten" beschränkte „gesetzliche Vmdsch." war in der Regel, wenn auch nicht begrifflich, eine Vmdsch. gewisser Beamten, also eine „Amtsvmdsch." Das hieran anknüpfende Preuß. FürsErzGes. v. 2. Juli 1900 § 12 entschied sich aber nicht für die grundsätzlich gesetzliche Vmdsch. der Anstaltsvorstände, sondern nur für deren Anspruch auf Bestellung zu Vormündern über die Fürs.Zöglinge, abhängig von einem Antrage des die Fürs.Erz. ausführenden „verpflichteten Kommunalverbandes", aber unter dieser Voraussetzung auch den Vorständen privater, wenn nur „unter staatlicher Aufsicht stehender" Erz.Anstalten zugestanden. Vgl. unten bei § 47. Auf diese Bahn ist der Preuß. Gesetzgebung das RJWG. gefolgt, welches ebenfalls auf die Vorstandschaft — von Anstalten und Vereinen — und die mit dieser erfahrungsgemäß verbundene, u. U. aber noch ausdrücklich „erklärte" Eignung abstellt, aber hier an dem Bestellungserfordern.e festhält. In diesem Punkte bringt also für Preußen das RJWG. gegen die bisherigen Entwicklungsergebnisse keine irgendwie einschneidende Neuerung!) — Daß das JWG., nachdem es sich einmal für die Amtsvmdsch. entschieden, als die für diese Einrichtung gegebene Stelle „das JA." erklärt hat, entspricht seinem ganzen System und ist natürlich nicht zu beanstanden.

Über die Reichsmittel z. Durchführ.g der Amtsvmdsch. s. das Rundschreiben des Reichsmin. d. Inn. v. 2. Juni 1924, Zentr.Bl. Jugr. XVI S. 124 (in Preußen den Reg.Präs. pp. mitgeteilt durch Erl. d. Min. f. Vwf. v. 7. Juni 1924.) — Über Arbeitsgemeinschaften der Amtsvm.der vgl. neuestens Zentr.Bl. Jugr. XVI S. 222/3 u. ebd. S. 242/3.

S. im allg. die schon entwickl.gsgeschichtl. wie systemat. sehr dankenswerten, auch auf reichsdeutsche Verhältnisse Bezug habenden Darlegungen des Wiener Min.Sekr. L. Müller über die österreich. Berufsvmdsch. in „Recht u. Wirtsch." März 1913 S. 82 f.

§ 32.

Das Jugendamt wird Vormund in den durch die folgenden Bestimmungen vorgesehenen Fällen (Amtsvormundschaft). Es kann die Ausübung der vormundschaftlichen Obliegenheiten einzelnen seiner Mitglieder oder Beamten übertragen. Im Umfang der Übertragung sind die Mitglieder und Beamten zur gesetzlichen Vertretung der Mündel befugt.

„Das JA. wird Vormund in den durch die folgenden Bestimmungen vorgesehenen Fällen". Nach der kategorischen Fassung des Schlusses („in den") ist die vom RJWG. zugelassene AmtsV.schaft beschränkt auf die Fälle der dem § 32 „folgenden Bestimmungen". Insoweit sind die letzteren also zwingend gemeines Reichsrecht; das Landesrecht kann üb. dies. Rahmen hinaus nicht weitere Fälle v. AmtsV.schaft des JA. einführen. (Über das Verhältnis der „Übergangsvorschriften" in §§ 27—29 Preuß. AG. zu diesem Rechtsstande des R.Ges. vgl. später.) Wohl aber erfährt aus dem Reichsrecht selbst diese „AmtsV.schaft" eine nicht unerhebliche Erweiterung. Sie ist nämlich in Wahrheit — nach § 46 — nicht bloß eine amtl. Vormundschaft im engeren Sinne, sondern kann auch eine Amtsmitvmd.schaft, -Gegenvormundschaft, -Pflegschaft, -Beistandschaft sein. Auch diese Arten v. JA.-„Mitwirkung im Vmsch.wesen" (§ 3 Z. 2) sind Erscheinungsformen der von § 32 gemeinten Amtsvormundschaft, sofern man hierunter die Betrauung des Jugendamtes als solche versteht.

Der materielle Gehalt des § 32 S. 1 ist aber viel schwerwiegender und bedeutsamer. Die Anordnung, daß das Jugendamt Träger dieser vormundschaftlichen Stellung wird, hängt mit den tiefsten leitenden Grundgedanken des Gesetzes zusammen. Vormundschaftliche Stellung vermitteln immer am nächsten u. besten unmittelbare Einwirkung auf die Jug. Erziehung. Nicht lediglich aus äußeren Gründen des Systems und seiner folgerechten Durchführung hat das RJWG. hierzu das JA. ausersehen. Der fundamentale Geist der ganzen Neuordnung kommt damit greifbar zum Ausdruck. Das JA. ist Staatsbehörde; jede Behörde des Staates ist, weil das ja die höchste u. letzte Bestimmung des letzteren selbst, das gegebene Organ für die Wahrung des Gemeinwohls. Wird also gerade einer Staatsbehörde ein so wichtiger Ausschnitt aus der Jug.erziehung übertragen wie die Berufung zu vormundschaftlicher Mitwirkung zumal in diesem Ausmaße, so tritt auch diese Jug.erziehung in sichtlich untrennbare Beziehung zum Gemeinwohl derart, daß sie unabweisbar nach den durch seine Richtschnur gegebenen Gesichtspunkten erfolgen muß. Daher ist es nur mit sehr einschränkenden Maßgaben berechtigt, wenn im Schrifttum gerade auch für das RJWG. die Bedeutung dieser Berufung des JA. in etwas viel Äußerlicherem gefunden, nämlich hervorgehoben wird, daß die Technik des vormundschaftl. Verfahrens durch einen derartigen Behördenapparat wesentlich gewinne (vgl. ob. Vorbem., insbes. auch das dort über den Standpunkt der Preuß. AusfAnw. v. 29. März 1924 Gesagte), u. wenn darum geradezu die Ansicht begegnet, für die persönl. Seite des Vmdsch.wesens sei das JA. auch im Sinne des RJWG. weniger „berufen" als für die technisch-juristische, extrem gesprochen, die bürokratische. Das entspricht (obzwar durch die AusfAnw. IV, 5 — Empfehlung, nach Sicherung der Unterh.zahlung u. Unterbringung Einzelvmdsch.n herbeizuführen — jetzt für Preußen wenigstens unmittelbar sanktioniert) keineswegs dem wahren Willen des Gesetzes u. läßt sich aus Abschn. IV selbst unschwer widerlegen durch die zahlr.n Stellen, an denen es ganz unmittelbar das K.„wohl" als den leitenden Gedanken hinstellt, nach welchem sich die ganze Vormundschaftstätigkeit des JA. zu richten u. zu gestalten habe: so, wörtlich, in § 39, in § 40, besonders auch in § 43 Abs. 1 mit der starken Invordergrundstellung der „Sorge für die Person Minderjähriger" u. a. m. Das „Wohl" des Mündels, also der Jugend schlechthin, ist aber zweifellos in seinem vornehmsten Teile Einwirkung auf die Person des Pflegebefohlenen, die wiederum auch von dem Einwirkenden richtige u. geeignete persönliche Einstellung erfordert. Dem JA. ist also hier ganz ausdrücklich u. bewußt vom RJWG. das Jugend„wohl" (in diesem Sinne) anvertraut u. aufgegeben, diese wichtigste Seite des Volkslebens auch durch seine „vormundschaftliche" Wirksamkeit mit dem Gemeinwohl in Einklang zu halten. Dem entspricht, damit innerlich zusammenhängend, daß die vmdsch.liche Stellung des JA. keineswegs, wie man vielfach zu glauben geneigt ist, nur eine bevorzugte gegenüber anderen Trägern vmdsch. Obliegenheiten, sondern in nicht wenigen Beziehungen auch eine recht erschwerte ist. Aus dem hier dargelegten höheren „Berufe", des JA. als solchen in seiner vormundschaftlichen Betätigung, ergeben sich auch gesteigerte Pflichten. Sehr richtig sprach daher schon auf der XI. Tagung des Arch. deutsch. Ber.Vmd.er Berlin Sept. 1917 (Ber. S. 49) Klumker aus: „Die Berufsvmdsch. ist nicht bloß eine bessere Advokatur f. unehel. Kinder, nicht bloß ein Geldbeitreibungsinstitut, sondern zugleich ... die (!) Erziehungsorganisation, die für das Wohl und Wehe des Kindes nach jeder Richtung Interesse und Teilnahme haben muß". Den „Befreiungsvorschriften" des § 33 stehen bedeutsame Erschwerungsvorschriften u. a. auch in den schon erwähnten §§ 39, 43 usw. — in diesen hinsichtlich der Vmsch.führung im weiteren Sinne — gegenüber.

Neben diesen tiefsten, fast rechtsphilosophischen Gedanken hat S. 1 des § 32 auch noch in anderer Beziehung einen nicht auf den ersten Blick erkennbaren Inhalt: das „JA. wird Vormund" usw. Nicht ein Beamter, sondern die Behörde als solche ist dazu berufen. Dies hat materiell- wie formalrechtlich sehr erhebliche Tragweite. Materiellrechtlich für die Frage der Haftung aus den in Führung der Vmdsch. besorgten Geschäften. Sie obliegt nicht dem einzelnen Beamten, welchem die Erledigung solcher Geschäfte aufgetragen bzw. „übertragen", sondern der Gesamtbehörde. Etwaige Regreßforderungen sind also gegen letztere zu richten, soweit freilich nicht nach dem Grundsatze des § 839 BGB. doch wegen zivilrechtlichen „Verschuldens" der einzelne Beamte ersatzpflichtig und haftbar oder etwa umgekehrt, wie in Preußen nach § 1 Ges. v. 1. Aug. 1909, auf der Grundlage des § 839 cit. durch positive Vorschrift diese

Haftung landesrechtlich dem Staate aufgebürdet ist (vgl. hierzu für Preußen im allg. Delius, die Beamtenhaftpflichtgesetze S. 362 ff., ferner auch Blankmeister Gruchot's Beitr. Bd. 64 S. 349, dieser mit der interessanten Unterscheidung zwischen privatrechtlicher u. öffentl. Betätigung des Beamten.) Der für Preußen früher durch die Verordn. vom 26. Dez. 1808 und die Kabinetts-Ordre vom 4. Dez. 1831 ausgeschlossene Rechtsweg wird jetzt vom Reichsgericht in ständiger Rechtsprechung zugelassen bei allen Klagen geg. Beamte, welche durch vorsätzliche oder fahrlässige Verletzung der ihnen dem Kläger gegenüber zustehenden Amtspflichten in dessen privatrechtlichen Interessenkreis eingegriffen und ihm einen auf privatrechtl. Gebiete liegenden Schaden zugefügt haben, so der III. ZivSen. in Bd. 87 S. 119 ff., Bd. 91 S. 4 ff. Gruchot's Beiträge Bd. 64 S. 360. Bei Inanspruchnahme des JAVmds. ein wohl stets zu bejahender Tatbestand. Näheres jetzt Fr.-P. Beilage XV Z. 2. Die Frage, wann u. inwieweit durch Handlungen des einzelnen Beamten die Gesamtbehörde verpflichtet wird, ist nach allg. bürgerl. Gesetzen zu beantworten. Die andere, wer, ob insbes. das JA. selbst als diese Gesamtbehörde in Betracht kommt, hängt von der Stellung ab, welche ihnen durch das Sonderrecht des einzelnen Landes gegeben ist. In Preußen wird nach der positiven Gestaltung des AusfGes. (vgl. oben Vorbem. zu Abschn. II u. ferner zu § 9) das — einzelne — JA. nicht, wie an sich mit dem RJWG. wohl vereinbar wäre, als selbständige „Anstalt des öffentl. Rechts", also als eine juristische Person des § 89 BGB. anzusehen sein, sodaß für die Frage der Haftung § 31 eb.dort maßgebend wäre. Vielmehr muß nach dem Preuß. AusfGes. die kommunale Körpersch., in welche das JA. organisch eingebaut ist, als die Gesamtbehörde gelten. Demgemäß kommt hier § 31 BGB.'s in Betracht. Anders, aber zu eng u. mit unsicherer Grenzziehung Blanckmeister a. a. O. S. 439, übereinstimmend RGR.Komm. N. 4 zu § 31, N. 3 zu § 89. Für die Haftung aus vm.-schaftl. Betätigung des JA. kommen natürlich auch die Grundsätze der §§ 278, 831 BGB. in Betracht (§ 278: Hilfstätigkeit bei Erfüllung einer Verbindlichkeit, sog. Erfüllungsgehilfenschaft; § 831: Schadenszufügung bei „Verrichtungen" für andere). Vgl. ebenfalls RGRKomm. Nr. 3 Abs. 3 zu § 278 u. RGEntsch. Gruchot's Beiträge Bd. 56 S. 912 u. aus der neuesten Rechtspr. des Reichsger.s: über die (aus Art. 131 R.Verf. abzuleitende) grundsätzl. Haftung „für schuldhafte Außerachtlassung einer dem Verletzten gegenüber obliegenden Amtspflicht" Ziv. S. Bd. 108 S. 256, ferner zu § 278 eb.dort S. 223.

Nicht geringer ist die formalrechtliche Bedeutung der Berufung des JA., d. h. der Behörde als solcher: „gesetzlicher Vertreter", zumal im Rechtsstreitverfahren, also z. B. in den hier so wichtigen Alimentenprozessen ist nach dem System des RJWG. an sich das JA., nicht etwa der einzelne mit dieser Angelegenheit beauftragte Beamte. Zu diesem Grundsatze steht auch der sogleich zu erörternde S. 3 des § 32 keineswegs in Widerspruch. Daher geht das (Zentr. Bl. Jugr. Bd. XVI S. 128 abgedr.) Zwischenurteil des AG. Chemnitz v. 18. Okt. 1923 richtig davon aus, daß der einzelne in der betr. Vmdsch.sache tätig gewordene Beamte des JA. als Zeuge vernommen werden kann (insbesondere über die von der K.smutter ihm gemachten Erklär.gen u. Mitteilungen, bezügl. deren es allerdings ein Aussageweigerungsrecht aus § 383 Z. 5

ZPO. anerkennt.) Diese grundsätzliche Zeugnisfähigkeit u. -pflicht gilt nämlich nicht bloß, soweit, wie bei großen JA. wohl die Regel, der Beamte, welcher vorher mit der K.smutter verhandelte (derjenige der „R.s-streit-Abteilg."), von dem mit der Vmdschführg. Betrauten verschieden, sondern auch, soweit er mit diesem identisch ist. Man muß sich nur klar machen, daß die „Vertret.g" des JA.Vmd.s eine doppelte Seite hat: eine Beziehg. zu der Jug.wohlf.behörde u. die andere zu dem betreuten Jugendlichen. In ersterer Richtung ist der „Beamte", welcher die Vmdsch. „führt", Organ im S. des § 31 in Vbdg. mit § 89 BGB.'s, in letzterer Vertreter im eigentlichen, technischen, zivilrechtl. Sinne der §§ 164 ff. BGB.'s Deshalb gilt auch für den JA.Vmd. in seiner letztgedachten Auswirkg. der Grundsatz des § 179 BGB.'s, daß er seine „Vertretungsmacht" nachzuweisen hat. Über die technische Behandlg. dieses Nachweises (der praktisch allerdings auch für rein tatsächliche Verrichtungen von Bedeutg.) s. später. Für „vertretungsweise" Vertragsschlüsse des JA.Vmds. kommen weiter die bes. vmdsch.rechtl. Grundsätze über das Erfordernis der vmdsch.gerichtl. Genehmigung in betracht, §§ 1821, 1822 u. 1829 ff. BGB.'s. Übereinstimmend u. zwar sehr entschieden, Bäumer, Komm. N. 5 zu § 32 (S. 109); gerade entgegengesetzt soweit erkennbar, Fried.-Polligk. N. 9 u. vor allem auch Blaum, N. 13. —

Endl. hat auch die Wend.g des S. 1 des § 32 „wird Vormund" ihre tiefere eigene Bedeutung. Sie enthält den für das RJWG. charakteristischen Bruch mit dem System des bisher geltenden materiell. Vsch.rechts (vgl. Vorbem.), vor allem dem Grundsatze noch des BGB. der „Vmdsbestellung", also der Auswahl (in Preuß. regelmäßig durch unterstützende Mitwirkung des Gemeindewaisenrates) u. Betrauung seitens des Vormundschaftrichters, mit nicht geringer Entschließungsfreiheit des zu Betrauenden. Erstere wie letztere sind im Bereiche des S. 1 § 32 schlechthin ausgeschaltet, der Vmdsch.richter hat hier so wenig zu entscheiden, wie der Amtsvormund ablehnen darf.

Bemerkenswert ist endlich noch, daß die „Amts"vmd.schaft des JA. natürlich stets eine hauptamtliche, nicht, wie bei den bisherigen „Berufsvormündern", vielfach bloß „nebenamt"liche Vmsch.führung ergibt. Das ist mehr von öffentlichrechtlicher Bedeutung: für die Frage der strafrechtlichen Verantwortlichkeit der JA.Organe bei der Vmsch.führung (im Sinne des 28. Abschn. RStGB.), der disziplinellen Einwirkungen auf sie, nicht zuletzt auch des Rechtsanspruches auf Beamtenbesoldung u. a. m. — So auch, allerdings unter Verlegung des Schwerpunktes an eine andere Stelle, Bäumer, Komm. N. 3 u. 4 zu § 32 S. 2 u. 3. Diese Vorschriften sind in mehrfacher Hinsicht zu beanstanden; sie entbehren der vollständigen Klarheit u. sprechen auch z. T. Überflüssiges aus (übereinstimmend in letzterer Hinsicht Bäumer, Komm. N. 5 a. Anf.). Dem gesetzgeberischen Gedanken nach stellen sie zweifellos eine Sonderanwend.g des Grundsatzes des § 11 S. 1 RJWG.s dar. Aber die Anwend.g ist hier im Vergl. zu § 11 selbst in einer Beziehung erweitert, in einer anderen eingeschränkt. Beide Abwandlungen sind wesentlich: jene betrifft die Dauer u. Verbindlichkeit der Übertragung; diese ihre Empfänger. Im Gegensatze zu § 11 ist die „Übertragung" der S. S. 2 u. 3 § 32 an sich nicht widerrufl., genauer: nicht frei widerrufl., wie es umgekehrt ebenso grundsätzl. diejenige des § 11 S. 1 ist, mit der selbstv.ständl. Maßgabe, daß „wichtige Gründe“, insbesondere Pflichtwidrigkeiten oder Ungeeignetheit, infolge z. B. unvorhergesehener persönl. Verhältnisse, sei es Krankheit, sei es Entstehung zu naher verwandtschaftl. Beziehungen u. dergl. mehr, auch hier zu einer Rücknahme der „Übertragung“ führen könne. Als bestimmender Gesichtspunkt für diese Frage wird schließl. in der Praxis am zweckmäßigsten der Grundsatz des § 1886 BGB.s, mindestens in dessen erstem Teile („Gefährdung des Mündelinteresses“) zu gelten haben, wenngleich formell dieser § gegenüber der JA.Vormdsch. durch § 33 Abs. 1 RJWG. (ausdrücklich) ausgeschlossen ist. Denn hier (bei dieser Rücknahme) handelt es sich um den internen Amtsbetrieb der JW.behörde, welcher nach allgemeinen unverrückbaren Grundsätzen aller Behördentätigkeit diese Maßnahmen mit sich bringt. — Eingeengt ist der Grundsatz des § 11 insoweit, als die dort zugelassene Heranziehung auch von außerhalb des JA. stehenden „einzelnen in der JW. erfahrenen u. bewährten Männern u. Frauen“ nach § 32 S. 2 fortfällt, aus in der Sache liegenden einleuchtenden Gründen. — Insofern ist schließlich diese „Übertrag.g“ doch auch in der Art verschieden von derjenigen des § 11: letzterer sondert Funktionen des JA aus und trägt sie, wenigstens in dem gedachten Falle (der „einzelnen Männer und Frauen“), aus dem JA. heraus, ersterer sondert sie nur ab, trägt sie also vielmehr in das JA. hinein. Man kann dem Verhältnis aus dem bisherigen Prozeßrecht etwa dasjenige des beauftragten im Gegensatze zum ersuchten Richter (§ 355 Abs. 1 S. 2 u. § 361 ZPO.) vergleichen. Gerade in dieser wesentlichen Begrenzung aber ist die Bestimmung des S. 2, wenigstens in der vorliegenden Fassung überflüssig (vgl. ebenso Blaum, Komm. N. 9 u. jetzt auch Bäumer, Komm. N. 5 zu § 32). Die „Ausübung der vormundschaftl. Obliegenheiten“ fordert sinngemäß so zwingend eine Übertragung an „einzelne Mitglieder oder Beamte“, daß dies im Gesetze nicht erst gesagt zu werden brauchte. Denn nichts anderes entspricht ja dessen eigenem System, welches — vgl. oben — das JA. als solches, die Behörde, zum Amtsvormund erklärt. Die Behörde, sei es als selbständige „juristische Person“, sei es als unselbständige Teilerscheinung einer solchen, wie jetzt in Preuß. nach § 7 S. 1 AusfGes. besond. klar die städt. JA. (so geradezu Blaum N. 7), kann nur durch das Organ einzelner Mitglieder oder Beamten die Vormundschaft „ausüben“. Allein mit dieser Maßgabe ist gerechtfertigt, daß der 29. Reicht.Ausschuß ablehnte, vorzuschreiben — wie aus seiner Mitte beantragt worden —, daß die Ausübung übertragen werden müsse. Das Gesetz hätte hierüber ganz schweigen können. Die wahre Bedeutung des S. 2 ist aber eine andere; der Ton liegt nicht sowohl auf dem „übertragen“ als auf dem „einzelnen“. Letzteres hätte nach dem Grundgedanken der Vorschrift richtiger vor: „vormundschaftliche Obliegenheiten“, allein oder nochmals, gesetzt werden sollen. Gemeint ist nämlich, daß für gewisse geschlossene Kreise vmdsch.licher Geschäfte, also Ausschnitte aus der gesamten Vmdsch.führung, einzelne „Mitglieder oder Beamte“ eine ziemlich gesteigerte Selbständigkeit dem JA. gegenüber erhalten können (ja unter gewissen nicht ganz seltenen, typischen Verhältnissen erhalten sollen). Gedacht ist hier an die tatsächlichen Einrichtungen großer Städte, wie sie durch die Praxis schon vor dem RJWG. sich ausgebildet haben, u. die damit gemachten überwiegend guten Erfahrungen. So an die dort bei den JA. ganz regelmäßige Verselbständigung vmdsch.lichen

„Rechtsschutzes“ in der Hand eines „einzelnen Beamten“, welcher als Leiter dieser „Abteilung“ ein sehr weitgehendes freies Ermessen, oft fast uneingeschränkte Selbständigkeit hat (für die Durchführung zumal der Unterhaltsansprüche bei den unehelichen Vmd.schaften von unleugbarem Werte). Durch S. 3 ist diese Selbständigkeit nur „verankert“, d. h. positivrechtlich dahin anerkannt, daß „im Umfange der Übertragung“, d. h. im ganzen Bereiche des dem Einzelorgan anvertrauten Vmdsch.betriebs dieses u. nicht das JA. als der „gesetzliche Vertreter“ der Mündel gilt. Das ist kein Widerspruch zu dem früher (bei S. 1) hierüber Gesagten, sondern vielmehr dessen Bestätigung: denn gerade mit Rücksicht auf den Grundsatz des RJWG. bedurfte es der ausdrücklichen, mehr singulären Feststellung des S. 3. In der Praxis wird diese richtig daher so zu handhaben sein, daß als „gesetzl. Vertreter“ z. B. im Rubrum der Unterh.-klagen sowohl das JA. wie das einzelne Mitglied oder der Beamte, welchem diese „Obliegenheit übertragen“ worden, benannt wird. (Klage des minderj. Herbert Schulz, vertreten durch das JA. des Bezirks X von Groß-Berlin, dieses wieder vertreten durch den JA.Sekretär Karl Müller.) — Offensichtl. wird für kleinere, wesentlich einfacher aufgezogene JA. die Vorschrift der S. S. 2 u. 3 nur viel geringere Bedeut.g erlangen: denn hier werden schon aus naheliegenden persönlichen u. zwingenden finanziellen Gründen tatsächlich alle „vmsch.lichen Obliegenheiten“ durch denselben einen Beamten „ausgeübt“ werden, sodaß eine Sonderübertragung nicht erst in Frage kommt; eher könnte hier schon die „Übertragung an Mitglieder“ praktisch wichtig sein. Unter den „Mitgliedern“ sind nämlich unzweifelhaft die nach § 9 Abs. 2 neben den „leitenden Beamten“ stehenden Angehörigen des JA. zu verstehen; sie werden, sobald erst eine sachgemäße, dem Gesetze wahrhaft entsprechende Organisation auch der kleineren „ländlichen“ JA. durchgeführt sein wird, außerhalb des JA.Sitzes, in den kleinen Ortschaften der Peripherie nicht allzu schwer zu finden sein u. auch zur „Übertragung“ dieser oder jener vmsch.lichen „Obliegenheit“, z. B. der Vermögensverwalt.g oder andererseits der Personensorge (ganz oder in gewissem Umfange) sich geeignet erweisen. Freilich nach Lage der Sache nicht auch zur Prozeßführung, so daß eine darauf bezügliche „gesetzliche Vertretung der Mündel“ sich aus dieser „Übertragung“ praktisch der Regel nach nicht ergeben wird. —

Von wem, in welcher Form u. wie empfangen diese „einzelnen“ eine Legitimation für die ihnen „übertragenen“ Funktionen? Diese praktisch erhebliche Frage ist richtig wohl dahin zu beantworten, daß nach dem unmittelbaren Inhalte des RJWG. wie die Übertragung selbst, so auch die autoritative Feststellung ihres Ergebnisses Sache ausschl. des „übertragenden“ JA. ist, und daß dem Vmdsch.ger. allein gemäß § 37 die Erteilung der dort vorgesehenen „Bescheinigung“ zufällt. Am einfachsten wird wohl sogleich auf der „Bescheinigung“ selbst oder auf einer Allonge dazu die „Übertragung“ gemäß S. 2 § 32 vom JA. mit Unterschrift u. Stempel zum Ausdruck gebracht. Doch ist natürlich ein besonderer „Ausweis“ (vgl. z. B. das Formularmuster IV bei Blaum, Komm. S. 186) nicht zu beanstanden. Die von Fr.-P. N. 3c empfohlene noch größere Publizität durch Bekanntgabe im Amts- oder Kreisblatt ist gewiß praktisch, wird aber jetzt wohl meist aus Sparrücksichten unterbleiben. — Von nicht grundsätzlichen Spezialfragen, welche S. 2 mit sich bringt, seien nur zwei erwähnt: a) wer ist zur Entg.nnahme von eidesstattlichen Versicherungen nach § 1716 BGB., d. h. der zur Erlangung der dort zugelassenen einstw. Verf. notwendigen zuständig mit der Straffolge des § 156 StrGB. (vgl. auch hierzu das Formularmuster bei Blaum S. 182)? Bl. will S. 2 § 32 auch auf die Entgegennahme solcher eidesstattlichen Versicherungen ausdehnen, eine nach dem Gesamtzusammenhange der RJWG. füglich nicht abzulehnende Folgerung. b) Folgt aus der durch § 33 verordneten Nichtanwendbarkeit des § 1837 Abs. 2 BGB. auf die JA.Vmdsch. auch der Ausschluß von „Ordnungsstrafen" gemäß § 33 FGG. gegen den Empfänger einer solchen „Übertragung" wegen ihm zur Last fallender nicht ordnungsmäßiger Ausübung vmdsch.licher Obliegenheiten, insbesondere Nichtbefolgung gerichtlicher Anordnungen? Nach dem Gedanken des S. 2 § 32, welcher die „Übertragung" als ein reines Internum des JA. erscheinen und die Vmdsch. der Behörde als solche durch sie unberührt läßt, wird die Frage zu bejahen sein.

Offengelassen ist auch, in welcher Art die „Übertragung" anzuordnen: man wird danach an sich sowohl die ein für allemal getroffene Bestimmung der JA.-Satzung als auch besonderen JA.-Beschluß als zulässig anerkennen müssen. (Praktisch wird freilich für die Betrauung des bestimmten einzelnen Vmdsch.führers nur die konkrete Sonderverordng. in betracht kommen.) Ob diese in Preuß. eine nach § 15 Z. 1 des AG. anfechtbare „Entscheid.g" darstellt, ist nicht unzweifelh., aber wohl richtiger zu verneinen, da der „Einspruch" des § 15 offenbar eine irgendwie unmittelbar nach außen hin wirkende Betätigung des JA. voraussetzt. Daß LJA. für die Grundsätze dieser Übertragungen „Richtlinien" im S. der Z. 1 § 13 aufstellen oder sonst Weisungen erlassen, ist gewiß zu befürworten, ebenso andererseits die Vermittlung einschlägiger „Erfahrungen" durch sie gemäß Z. 2 § 13. — Die formalrechtl. Wirkung der Übertragung ist aber auf die „gesetzliche Vertretung" durchaus beschränkt. Im übrigen bleibt ungeachtet ihrer das JA., also die Gesamtbehörde, Vormund. Sie also ist verantwortlich für die Wahrnehmung dieses Amtes u. wird von deren vermögensrechtlichen Folgen in jeder Hinsicht betroffen (vgl. ob.): Versehen des „Übertragungsempfängers" gelten also, insbes. auch im Prozeß, als solche des JA. selbst, wie z. B. nach § 232 Abs. 2 ZPO. Versehen des Prozeßbevollmächt. der Partei zuzurechnen sind. Anders hinsichtl. der bloßen „Hilfs-", zumal Büro-Hilfsarbeiter; vgl. LG. Frankfurt/Main vom 27. Okt. 1922, Jur. Wschr. 1924 S. 431, welches bei Versehen eines (diätarischen) Büro-Hilfsarbeiters dem städt. Sammelvm.de nach § 233 ZPO. Wiedereinsetzg. in d. vor. St. gewährt. Das ergibt noch die Frage, wem der Anspruch auf Ersatz v. Aufwend.gen gegenüber dem Mündelverm.n nach S. 2 Abs. 2 § 33 zusteht (sc. „im Falle der Übertrag.g") Auch dieser wird dem JA. zuzuschreiben sein, nicht dem einzelnen „Mitglied" oder Beamten; letzterer wird vielmehr für „Aufwendungen" Deckung bzw. Vorschuß von dem JA. zu beanspruchen haben. — Dies wird für Preußen auch jetzt noch anzunehmen sein, da die im Gegensatz zu § 3 S. 3 des Entwurfs nicht mehr ausgesprochene Gebundenheit an die „Mittelzuweisungen des Haushaltsplans" (sc. des JA.-Trägers) gleichwohl fortgilt u. von selbst dem JA. auch die höchste u. letzte maßgebende Entscheidung in allen vermögensrechtlichen Beziehungen der Vormundschaftsangelegenheiten zuweist, mag es auch nach dem AusfGes. nicht mehr, wie der Entw. wollte, „bei

Erfüllung seiner Aufgaben (grundsätzl.) selbständig u. an Weisungen nicht gebunden sein". Auch an der Berechtigung des JA., seinerseits den Empfängern solcher „Übertragung" Weisungen über deren Handhabung zu erteilen, hat diese Umgestaltung des Preuß. Sonderrechts zweifellos nichts geändert. Dem System des RGes. entspricht eine solche Leitung durch die Gesamtbehörde entschieden (übereinstimmend Bäumer, Komm. N. 35 zu § 32). Sachlich ist sie höchst wünschenswert, ja unerläßlich, zumal bei weitgehender Anwendung der „Übertragungen", also stärkerer Spezialisierung der vmdsch.lichen Geschäftszweige, wie sie bei großen JA. leicht eintreten wird, weil sonst das „planvolle Ineinandergreifen" im S. des § 6 RJWG., auf welches auch unter den Einzelorganen des JA. sorgfältigst zu halten ist, nicht erreicht werden würde, vielm. die Gefahr eines Leerlaufs droht dadurch, daß die einzeln. Stellen voneinander abweichende Grundsätze befolgen und damit das JA. innerlich auseinanderfällt. Inzwischen sind (während der Drucklegg.) von dem „Städt. JA." für Gr. Berlin, das — vgl. oben zu § 14 — voraussichtl. die „Stellung" eines LJA. erlangen wird, die „Richtlinien für die Führg. der Amtsvmsch." veröffentlicht worden, Auszug aus dem Dienstbl. II — VIII v. 21. u. 24. Juni 1924. Sie entsprechen im wesentl. durchaus den hier entwickelten Grundsätzen. Die Amtsvmsch. als solche ist Sache der Berliner Bez.JA. Diese „sollen" (!) die „Ausübg. der vmschaftl. Obliegenheiten" einem oder mehreren Beamten übertragen u. zwar „jederzeit widerruflich" (d. h. an sich nach freiem Ermessen des JA. rücknehmbar, was sachgemäß aber durch die oben S. 234/35 ausgesprochenen Maßgaben zu beschränken sein wird!) Ergänzend ist „ausnahmsweise" die ehrenamtl. Übertragg. an ein „Mitglied" zugelassen. — Der Empfänger der Übertragung ist der „städtische" Vmd. mit der Amtsbezeichnung „Stadtvmd." Er ist „gesetzl. Vertreter im S. des § 32 S. 3" (u. weist sich als solcher durch eine — am zweckmäßigsten wohl wie bei dem Pfl.K.Schutze mit Lichtbild versehene — „Bescheinigg. des JA." aus). Doch „untersteht er dem Bez.JA. u. ist an dessen allg. u. besonderen (!) Weisungen gebunden." Das Bez.JA. bzw. der Dezernent bestimmt (!), welche Angelegenheiten zur Kenntnis od. Mitzeichnung vorzulegen oder im Bez.JA. (Ausschuß) vorzutragen „sind". — Vor allen pflegerischen Maßnahmen ist seitens des Bez.JA. des „gewöhnl. Aufenth." das mit der Vmsch. betraute zu hören mit der Maßgabe des § 7 Abs. 2 RJWG. — Für Wahrnehmung der Prozeßtermine (vgl. zu § 5) gilt ein bes. „Dienstblatt" VII 412/1923.

§ 33.

Auf die Amtsvormundschaft finden die Bestimmungen des Bürgerlichen Gesetzbuchs mit folgender Maßgabe Anwendung. Ein Gegenvormund wird nicht bestellt; dem Amtsvormund stehen die nach §§ 1852 bis 1854 des Bürgerlichen Gesetzbuchs zulässigen Befreiungen zu. Von der Anwendung ausgeschlossen sind die §§ 1788, 1801, 1835, 1836 Abs. 1 Satz 2 bis 4 und Abs. 2, 1837 Abs. 2, 1838, 1844 und 1886.

§ 1805 des Bürgerlichen Gesetzbuchs findet mit der Maßgabe Anwendung, daß die Anlegung von Mündelgeld gemäß § 1807 des Bürgerlichen Gesetzbuchs auch bei der das Jugendamt errichtenden Körperschaft zulässig ist. Hat das Jugendamt Aufwendungen zum Zwecke der Führung der Vormundschaft gemacht, so sind ihm diese aus dem Vermögen des Mündels zu ersetzen. Allgemeine Verwaltungskosten werden nicht ersetzt.

Der Amtsvormund hat auf das religiöse Bekenntnis oder die Weltanschauung des Mündels oder seiner Familie bei der Unterbringung Rücksicht zu nehmen.

Der § regelt hauptsächlich die gesetzlichen Befreiungen der („der" — wohl zu unterscheiden gegenüber der generellen „Befreiung", s. oben, von der) JA.Amtsvmdsch. Die Stellung dieses Vormunds wird hierdurch zu einer privilegierten. Die Begünstigung betrifft im wesentl. die dem Amtsvm.de obliegende Vermögensverwaltung. Kontrollen des ReichsVmdsch.rechts zur tunlichsten Verhütung materieller Schädigungen des Mündels sind grundsätzlich unterlassen: aus dem Gedanken, daß die Jug.wohlf.behörde als verantwortliche Trägerin von Amtspflichten, als Teil des Staatsorganismus, durch sich selbst die erforderliche Gewähr bietet. Die andere dem verwandte (vgl. § 32) Erwägung, daß das JA. berufene Hüterin des Gemeinwohls ist, hat vereinzelt auch zum Erlasse von Sicherungen des persönlichen Mündelwohls geführt, welche das Gemeine Vmd.schaftsrecht vorsieht. Jedoch überwiegen die Befreiung. ersterer Art. Die Abweichung.n sind als Ausnahmen ausdrücklich gekennzeichnet. — S. 1 Abs. 1. — Denn auch in der vmsch.lichen Jug.-Fürsorge untersteht die Jug.-Wohlf.beh. grundsätzlich der allgemeinen Ordn.g, — S. 1 Abs. 1! —, eben weil alle Jug.Wohlf. letztlich Sorge für das Gemeinwohl ist. Dementsprechend ergreift an sich die gemeingültige R.sordnung, deren höchstes Ziel dieses ist, auch die Jug.-Wohlf.pflege. Aber ihre besonderen Einrichtungen rechtfertigen und ergeben eine abweichende Ausgestaltung.

Eine Teilung der Befreiungsvorschriften in Gruppen nach dem Gesichtspunkte der Vermögensverwaltung einer-, des persönlichen Mündelwohls andererseits ist unterblieben, die Anordnung vielmehr eine wahl- und unterschiedslose. Als besonders wichtig ist an die Spitze gestellt die Ausschließung der Bestellung eines Gegen-Vormundes, S. 2 Halbs. 1, also die Ablehnung des § 1792 Abs. 1 BGB.s. Das als Vm. wirkende JA. soll von einer ihm vmsch.lich gleichgeordneten Stelle nicht überwacht werden. Seine Verantwortung wird nach jener Seite gerade dadurch gesteigert, daß sie ihm allein auferlegt ist. Für Preußen knüpft das RJWG. hier an den bisherigen Bestand an: denn auch die dort schon bekannten 3 Formen der Amtsvmsch. (vgl. oben zu diesem Unt.Abschn.) — die Anstalts-, die Armenamts- und die Vmsch. der FE.Beamten über FE.Zögl.e — vertrugen keine Gegenvmsch. Näheres bei Märcker-Köhne-Feist (19. Aufl.) S. 427 ff. u. S. 437 sowie über die Gegenvmsch. im allg. S. 469 ff. Auch hier liegt der Nachdruck auf der Vermögensverwaltung: für sie vorwiegend ordnet das BGB. § 1792 Abs. 2 die Bestellung eines Gegenvm.des an; jedoch geht im Einklang mit dem Standpunkte des Gemeinen Reichs-R. — § 1799 Abs. 1 BGB.s, wonach der Geg.vm.d auf „pflichtmäßige Führung der Vmd.schaft durch den Vormund" schlechthin „zu achten und dem Vmd.sch.gerichte Pflichtwidrigkeiten des Vormundes (aller Art) sowie jeden Fall, in welchem das Vmsch.s.gericht zum Einschreiten berufen ist, unverzüglich anzuzeigen" hat — die Bedeutung unseres S. 2 Halbs. 1 über die Befreiung der JA.-Vermögensverwaltung wesentlich hinaus. Bemerkenswert ist als eine mindestens scheinbare innere Unregelmäßigkeit: das RJWG. will zwar dem JA. einen Geg.vmd nicht, wohl aber einem Vormund das JA. als Gegv.md an die Seite stellen (§ 46, welcher ausdrücklich die Bestellung des JA. zum Gegenvormund zuläßt). Dadurch entsteht u. U. das eigenartige Verhältnis, daß der kollegiale Vormund, das JA., gegenüber einem Einzel-V.mund in die zweite Linie des Gegenvormunds zurücktritt. Denn neben einem anderen JA. kann ja nach § 33 Abs. 1 S. 2 1. Hlbs. das JA. niemals Gegenvormund werden. (Vgl. im übr. später zu § 46.) — Nach der Seite der Vermögensverwaltung liegen ferner die durch Erstreckung der §§ 1852 und 1854 BGB.s nachgelassenen Befreiungen der A.-Vormundschaft: § 1852 Abs. 2 (Abs. 1 ist bereits durch das Verbot der Bestellung eines Geg.vormunds erledigt!) Enthebung von §§ 1809, 1810 BGB.s, bezügl. der Anlegung von Mündelgeldern, d. h. von der Verpflicht.g — zufolge den in §§ 1810 bzw. 1809 BGB.s. in Bezug genommenen §§ 1806—1808 — a) Mündelgeld stets verzinslich anzulegen, soweit nicht für laufende Ausgaben benötigt, (§ 1806) b) bei sonstigen Anlegungen die Vorschriften des § 1807 über die Auswahl nur ganz gesicherter Forderungen, Wertpapiere und Kassen zu befolgen, c) die aushilfsweise Zulassung der Anlegung von Mündelgeld bei der Reichsbank, einer Staatsbank usw. (§ 1808, hierzu vgl. sofort Erläuter. zu Abs. 2 des vorlieg. §). Diese schon bald nach Erlaß des RJWG.s durch die immer stärker einsetzende Geldentwertung sachlich (wirtschaftlich) überholten „Befreiungen" sind nun auch formell ihrer Bedeutung entkleidet durch das hier einschneidende RGes. über die Anlegg. v. Mündelgeld v. 23. Juni 1923, veröffentlicht in Nr. 46 des RGBl. v. 29 VI. 1923 u. seit dieser Verkündung in Kraft. Vgl. dazu Ztrbl. Vmschw. XV Nr. 4 S. 79 u. Engelmann, Jur. Wschr. 1923 S. 1021/2 u. über den Gegenstd. selbst Bergmann, „Vermögensfürs. d. Vmd.," Ztrbl. XV S. 236 ff. auch Marg. Berent, „Auflösung von Mündelkonten" ebenda S. 213. Praktisch spielte in der Inflationszeit die Anlegung in wertbeständigen Anleihen, Roggenrentenbriefen u. dergl. eine große Rolle. Auch „wertbeständige Hypotheken" kommen in Betracht. Dazu das besond. R.Ges. (ebenf.) v. 23. Juni 1923. Ferner: Befreiung von der Pfl. zur Hinterlegung etwaiger Inhaber — u. Orderpapiere u. zur Eintragung des Sicherungsvermerks ins Reichs- oder Staatsschuldbuch — § 1853, S. dazu bes. jetzt Bergmann a. a. O., endlich Befreiung von der Rechnungslegungspflicht. § 1854 BGB. Seit der „Stabilisierung" ist die jetzt so sehr brennende Frage der „Aufwertung" (früherer Mündelvermögensanlagen) auch für die J.a.liche Vermögensverwtg. von Bedeutg. Bes. mit Bezieh.g auf die Kriegsanleihen, deren Anschaff.g auch durch die Vmd.er, zumal die unehel. K.er, zu betreiben, den Vmdsch.gerichten während der

Kriegsjahre geradezu zur Pflicht gemacht war. S. dazu jetzt die Eingabe des Archivs D. Berufsvm.der (Sept. 1924, mitgeteilt Zentr.Bl. Jugr. XVI S. 194) mit hauptsächl. Spitze gegen das Ges. v. 19. Mai 1923, nach welchem alle Reichsschuldbucheintrag.gen unter 5000 Mk. zu löschen. Ferner die Erörterungen auf der Grundlage der III. StNVdg. ebendort S. 188. — Diesen besonders hervorgehobenen Ausnahmen vom Gemeinen Vmschts.recht des BGB. ist noch eine größere Zahl von Abweichungen hinzugefügt, welche (Fassung: „von der Anwendung ausgeschlossen") dem Gesetzgeber offenbar nicht sowohl als bevorzugende Befreiungen denn als die naturgemäßen Folgerungen aus der ganzen Struktur und Bestimmung des JA. erscheinen. § 1788 (Anhaltung zur Übernahme der Vmdsch. durch gerichtl. Ordnungsstrafen, ausgeschlossen, „weil ja JA. von Gesetzes wegen Vormund wird") § 1801 (vgl. hierzu unt. Abs. 3.); § 1835 (erledigt durch die besondere Vorschrift unseres Abs. 2 S. 2); § 1836 Abs. 1 S. 2, Abss. 2—4 Ausschluß von „Honorar" Bewilligung für die Vmdsch.sführung des JA. — selbstverständlich, weil diese ja Amts-Wahrnehmung im Sinne eines öffentl. Amtes ist; § 1837 Ordnungsstrafen (wohl, vgl. oben zu § 32, nicht nur dem JA. als Gesamtbehörde, sondern auch den einzelnen „Beauftragten" zu gute kommend); § 1838 (begründet teils in der Scheu vor jedem Eingriff in die Erz.wirksamkeit des JA. als solche, teils in dem mehr äußeren Umstande, daß auch § 1838 BGB. durchaus auf die Einzel-Vormundsch. zugeschnitten ist); § 1844 Ausschluß des Verlangens einer Sicherh.leistung für Vermög.verwaltung des JA. seitens des Vmsch.ger.s (Norm, die systemgemäß u. in anbetracht ihrer nicht unerheblichen inneren Wichtigkeit an sich nicht in diese Reihe, sondern unter die in den Vordergrund gestellten Befreiungen der Vermög.Verwaltung gehört); § 1886 Ausschluß der Entlassung des Vormundes — wegen „Gefährd. des Mündel-Interesses" — (auch aus dem gesetzgeberischen Gedanken, daß das von dem Vmsch.ger. nicht „bestellte" JA. auch nicht „entlassen" werden kann und ferner, daß die Jug.-Wohlf.behörde, welche das Gesetz für geeignet hält, eben um dieser ihrer Bestimmung willen, von selbst Vormund zu werden, in thesi durch seine Vmsch.führung das Mündel-Interesse niemals gefährdet. Mittelbar eine Bestätigung des über die Erziehungsfunktion des JA.-Vmd.s Gesagten; vgl. auch noch Klumker, Zentr.Bl. XVI S. 190 u. hierzu oben bei § 32).

Abs. 2. Dieser Abs. enthält eine Sondervorschrift für die j.a.liche M.del-Vermög.s-Verwaltung, welche durch die Stellung des JA. als einer begriffsmäßig (und in Preußen kraft besonderen Gesetzesausspruchs) dem Organismus der Selbstverwaltung angehörenden — in diesem Sinne schlechthin „kommunalen" — Behörde gegeben ist; an sich ist zwar für den Bereich des RJWG. schon durch (Abs. 1!) Erstreckung der §§ 1852—1854 BGB.'s auf die JA.-Vormundschaft ausgedrückt, daß das JA. nach eigenem pflichtmäßigem Ermessen — ohne jegliche Bindung an Weisungen des VG. — Mündelgeld bei einer „inländischen öffentlichen Sparkasse" anlegen kann, wenn diese nur „von der zuständigen Behörde ihres Bundesstaates hierzu für geeignet erklärt" worden ist. Der natürlichen praktischen Anwendung dieses Grundsatzes auf so geartete Sparkassen, welche dem JA. räumlich

u. nach den gesamten Verkehrsverhältnissen am nächsten sich befinden, steht aber an sich eine ganz andere Norm des Reichsvormschr. entgegen: § 1805 BGB.! Denn in aller Regel werden demzufolge in Betracht kommende Sparkassen Einrichtungen gerade desjenigen Verwaltungskörpers sein, welcher gemäß § 8 RJWG. — in Preußen § 1 Ausf.-Ges.s — das betreffende JA. „errichtet" bzw. doch eingerichtet hat. Das Kreis-JA. wird Barvermögen der von ihm bevormundeten Minderj. vorzugsw. bei „seiner" Kreissparkasse, das Stadt-JA. bei „seiner" städt. Sparkasse anlegen, die auch, durchaus regelmäßig, den Erfordernissen des § 1807 Abs. 1 Ziff. 5 BGB. genügen werden. Das ergibt genau genommen, einen Widerspruch zu dem in allgemeinsten vmdsch.rechtlichen Grundnormen wurzelnden Satze, daß der Vmd. bei sich selbst Mündelgeld nicht anlegen darf, § 1805 BGB. Durchaus zweckmäßig hat daher für die „JA.-Vormundschaft" das RJWG. als Ausnahme die Anlegung von Mündelgeld auch bei Sparkassen zugelassen, welche „Einrichtungen" das gleichen Selbstverwaltungskörpers, also Schwester-Einrichtungen des Amtsvmd.s sind. Auch hier kommt wieder zur Geltung daß das JA. ein berufener Träger des Gemeinwohls ist. Dieser Bestimmung entnimmt das RJWG. die Gewähr, daß die Anlage von Mündelgeld bei ihm gleichgerichteten u. -gearteten behördlichen Stellen (den gedachten Sparkassen) selbst dem Gemein- u. insbesondere dem Jugendwohle dienen wird. — Im allg. kommt aber auch hier jetzt die ob. erwähnte Novelle v. 23. Juni 1923 zu § 1811 BGB. (vgl. zu § 43 Abs. 1 a. E.) in Betracht. — Fr. P. N. 14 erwähnt außer den Bareinlagen bei Sparkassen auch die Bestellung von H y p o t h e k e n bei städt. oder Kreisgrd.stücken f. Mdl.kapitalien. Praktisch wird diese Anleggs.-art eine wesentl. geringere Rolle spielen. Rechtlich trifft auf sie an sich der Grundsatz des § 1805 allerdings ebenfalls zu. Es ist aber sicher e. überspannung des in ihm enthaltenen Prinzips, wenn Fr.-P. daraus u. aus § 1795 Z. 2 (der allerdings, vgl. P l a n c k , N. 16a vorzugsweise für die „befreite Vmdsch." von Bedeutung) folgert, daß für d. übertragung v. solchen Hypotheken nicht das JA. legimitiert, sondern die Bestellung eines Spezialpflegers erforderlich sei. Wenn sogar der JA.-„Beauftragte" nach § 32 S. 3 „im Umfange der übertragg." weitgehende Selbständigkeit genießt, wird man um so mehr die Gesamtbehörde als so selbständiges Organ anzusehen haben, daß solche Kautelen entbehrlich. Gleichen Gedanken entspringt u. entspricht letzten Endes auch der Schlußsatz des Abs. 1, ja selbst der ihm vorhergehende 2. Satz. Die JA.-Vmdsch. ist g r u n d s ä t z l i c h eine schlechterdings unentgeltliche: sie ist Dienst am gemeinen Wesen u. dessen Wohle, Staatsdienst, daher ihre Ausübung oder Wahrnehmung niemals mit eigentlichen „Vorteilen" verbunden. Wie dies schon in dem durch Abs. 1 angeordneten Ausschlusse der „Honorierung", nämlich der dort gen. §§ 1836 Abs. 1 S. 2—4 u. S. 2 BGB.s — deren grundsätzliche Zulassung bei der „gewöhnlichen" Vmd.schaft das Axiom ihrer Unentgeltlichkeit (§ 1836 Abs. 1 S. 1 BGB.s) wesentlich einschränkt! —, positiven Ausdruck findet, so wird es mehr negativ nochmals hervorgehoben durch S. 3 Abs. 2: „allgemeine V e r w a l t u n g s k o s t e n werden nicht ersetzt". Sie sind Staatssache, die dem Gemeinwohle geschuldet wird. Die gesetzliche Erstattungsfähigkeit beschränkt sich vielmehr auf „Aufwendungen" im eigentl.

engeren Sinne; d. h. unmittelbar aus dem Vermögen des JA.-Vmds in dasjenige seines Mündels gemachte Leistungen. Zu bereichernden Vermögensverschiebungen liegt ein rechtfertigender Anlaß nicht vor, ungeachtet aller Gemeinnützigkeit (u. in diesem Sinne Uneigennützigkeit) der Einrichtung als solcher. Denn sie würde Schenkungen an das Mündel, unwirtschaftliche Vermögensverwendung des Amtsvormunds bedeuten. Das RJWG. schließt sich daher mit Recht dem Grundsatze des § 1835 Abs. 1 S. 1 an. Seine ausdrückliche Betonung aber ist kennzeichnend. Auch sie läßt die Grundauffassung des JA. als eines Hüters des Gemeinwohls hervortreten, vermöge deren selbst dieser natürliche Erstattungsantrag als etwas Besonderes ausdrücklicher Anerkennung bedürftig erscheint. Aus dieser Angleichung an § 1835 zit. ist auch die Geltung der dort in Bezug genommenen §§ 669/670 BGB. für die JA. Vmdsch. zu folgern, insbes. also auch ein Anspruch auf Vorschuß aus Mündelvermögen für erst bevorstehende erhebliche „Aufwendungen". Welche „Aufwendungen" als „zum Zwecke der Vmdsch.-führung" gemacht gelten dürfen, richtet sich nach den Verhältnissen des Einzelfalles u. ist zunächst vornehmlich dem pflichtmäßigen Ermessen des JA. überlassen. Doch ist hier nach manchen Seiten die Grenze besonders fließend. — Selbst der Begriff der „allg. Verwaltungskosten" ist kein ganz scharf umrissener. Nach sonstiger verwaltungsrechtlicher Lehre könnte man geneigt sein, ihn auf die reinen sog. „sächlichen Kosten" einzuschränken. Doch wird man, da hier eben eine Behörde Vmd., auch andere wiederkehrende „Aufwendungen", so z. B. Portounkosten, die wohl regelmäßig „durch Ablösung" gedeckt sein werden, darum nicht aussperren können. Andererseits darf man natürlich nicht etwa alle „Aufwendungen" der Gesamtbehörde von der Erstattung ausschließen und diese nur für solche des einzelnen JA. Beauftragten zulassen wollen. Bei letzteren ist aber besonders sorgfältig zu unterscheiden zwischen den Ersatzansprüchen, welche sie gegen das Mündel, und denjenigen, welche sie gegen ihren „Auftraggeber" im anderen Sinne, die Gesamtbehörde, haben. Für letztere selbst kommt grundsätzlich noch folgendes in Betracht: nur, soweit der Staat sich in eigentl. Jugendbetreuung betätigt, kann er aus einem besonderen „favor" für diese Seite des öffentl. Lebens Unentgeltlichkeit zugestehen. Soweit er dabei sonst Interessen von Privaten wahrnimmt und um derentwillen gestaltend in ihre Verhältnisse eingreift, muß er nach allg. staats- und verwaltungsrechtl. Normen — aus Selbsterhaltung — Gebühren beanspruchen. So auch Preuß. Ges. vom 29. Sept. 1923 (Ges.-Samml. S. 455 Abs. 1 S. 1). Der dort festgelegte Grundsatz wird auch für die Tätigkeit des JA., z. B. die auf § 43 Abs. 2 RJWG. beruhende, maßgebend sein müssen. (Vgl. hierzu O. Mayer, D. VerwR. [2. Aufl.] Bd. 2 S. 250, welcher etwas eigenartig alle Gebührenforder.gen v. Behörden unter den Gesichtspunkt der auftraglosen Geschäftsführ.g, des „Aufwendungenersatzes" für solche bringen will, ein Auftragsverhältnis nur zwischen dem Beamten u. seinem „Auftraggeber", dem Staate, anerkennt, ferner unterscheidet: zwischen dem „Beitrag zum Aufwand der in Anspruch genommenen Einrichtung überhaupt, ‚Amtsgebühr' u. dem besonderen Aufwand, den der Einzelfall verursacht, den Auslagen". Wo die weitere Voraussetzung Mayers zutrifft, daß „die staatl. Tätigkeit zugleich durch den Beteiligten veranlaßt wurde, sein. Wunsche entsprechend, — das wird für JA.-Tätigkeit z. B. gemäß § 43 Abs. 2 immer gelten — und deshalb „der vom Staate gemachte Aufwand dafür angesehen werden kann, daß er für ihn [den Beteiligten] gemacht worden sei", entbehrt diese Unterscheidung innerer Berechtigung!)

Gerade deshalb wird auch seitens des JA.Amtsvmds. eine mindestens beschränkte Rechnungslegung nicht zu entbehren sein, ebenso wenig eine gewisse Beaufsichtigung des Vmdsch.Ger. — Nur mit dieser Maßgabe ist § 1854 BGB. auf ersteren anwendbar, mit der weiteren an sich selbstverständlichen, daß der nach § 32 S. 2 RJWG. berufene vmd.-schaftl. „Funktionär des JA." der Gesamtbehörde über seine Mündelvermögensverwaltung unbedingt Rechenschaft schuldet (vgl. hierzu auch noch alsbald Erl. zu § 34).

Hiermit sind die Besonderheiten der JA.Vmdschaft bezüglich der Vermögensverwaltung erschöpft. Das RJWG. selbst hat von weiteren „Befreiungen" gegenüber dem gemeinen R.Vmdsch.R. abgesehen, insbes. auch für den JA.Vorm. an der Genehmigungsbedürftigkeit der in §§ 1821, 1822 BGB. bezeichneten Rechtsgeschäfte festgehalten. Diesem Vorgange ist Preußen gefolgt, welches von der „Ermächtigung" des § 34 RJWG. überhaupt nicht, also auch nicht hinsichtl. der §§ 1821, 1822 citt Gebrauch gemacht hat. Das ist nur zu billigen, da eine vollständige Ungebundenheit der Vmdsch.führung durch das JA. doch leicht bedenkliche Ergebnisse haben könnte. —

Auf einer ganz besonderen Linie steht, gleichsam eine Gruppe für sich, Abs. 3; er findet Sinn u. Erklärung aus der gesetzgeber. Entstehungsgeschichte, welche, obzwar verborgen, ein Stück Kulturkampf enthält. Außeren, mehr techn. Anlaß zu seiner Aufnahme bot die Einbeziehung des § 1801 BGB.s unter die für die JA.-Vmdsch. „ausgeschlossenen" Paragraphen des gemeinen Reichsr.es. Um diese Einbezieh.g wurde bei der Beratung des RJWG. lebhaft gekämpft, von den rechtsstehenden Parteien (Hensel, Deutschnation. z. T. auch vom Zentr.) streng ablehnend, von den linksgerichteten dringlichst befürwortend. Den Ausschlag gab letztlich wohl eine mehr äußerliche Rücksicht (Abg. Frau Neuhaus, Ztr.!), daß Anwendung des § 1801 auf den begriffsmäßig „bekenntnis"losen JA.-Vormund undenkbar u. unvorstellbar sei. Denn in der Sache bekannte sich auch diese Richtung ausdrückl. gegen den Grundsatz bekenntnisfreier Mdl.erziehung durch den Amtsvm.d. Um jede, insoweit durch die Einbeziehung des § 1801 Abs. 1 immerhin begründete Besorgnis zu beheben, gelangte Abs. 3 zur Annahme: er geht in Wahrheit über § 1801 BGB. noch ganz wesentlich hinaus. In letzterem, mehr negativ, nur Befugnis des Vmd.-Ger., einem Vmd. die Sorge „für die religiöse Erziehung des Mündels" zu entziehen, wenn Vmd. anderen Bekenntnisses als Mündel. In Abs. 3 § 33 strikte Verpflichtung des Amts-Vms., „auf das religiöse Bekenntnis . . . . bei der Unterbringung Rücksicht zu nehmen"! „Unterbringung", nicht: „religiöse Erziehung"! Das rührt an wichtige und schwierige Fragen: umfaßt die Unterbrg. die „Einschulung" schlechthin oder nur die Zuführung zum Relig.unterricht eines gewissen Bekenntnis? Geht sie über die Einschulung sogar noch hinaus u. erfaßt die allgemeine Lebenshaltung u. Umgebung des Mündels überhaupt? Man wird nach der weiten Fassung die letzte Frage bejahen müssen. Für die „religiöse Erziehung" im engeren Sinne ergibt das Gleiche wie Abs. 3 schon § 2 des RG. vom 15. Juli 1921. Aus diesem folgt (§ 2 in Vbdg. mit § 3 vgl. Engelmann, RG. über religiös. Kindererzg. N. II 1c § 3), daß u. a. auch auf das religiöse Bekenntnis der unehel. Mutter unbedingt „Rücksicht" zu nehmen ist, wie man auch bei sonstigen Meinungsverschiedenheiten des Amtsvmds. mit Staudinger N. 2b zu § 1707 S. 2 BGB.s ihrer Ansicht u. ihren Wünschen den Vorzug wird geben müssen. Besondere Fragen u. Schwierigkeiten können sich ferner für Kinder aus Mischehen (man denke, daß die elterl. Gew. dem Vater entzogen oder von ihm „verwirkt" worden, die Mutter gestorben ist!) ergeben. — Zu diesem allem hat sich in Preußen eine umfassende Judikatur entwickelt, enthalten in zahlreichen Entsch.gen des Kammerger., welches wiederholt auch zu der Frage eindringlich Stellung genommen hat, was hier unter rel. Erz. zu verstehen sei. (Vgl. insbes. die Entsch.gen zit. nach der Sammlung von Johow, V S. 56, XX S. A 246ff., XXXVII S. A 78/79 XI S. A. 16 auch X S. A. 76ff. u. a. m.) Im wesentl. ist der Standpunkt dieser kammergerichtl. R.sprechung: die „rel. Kindererz." beschränkt sich auf die Bestimmung des von dem Kinde zu genießenden Religionsunterrichts, ergreift nicht aber auch „den sonstigen Elementarunterricht", so bes. Bd XL S. A. 16 Maßgebend dafür erachtet bis in die neueste Zeit das Kammerger. die „königl. Deklaration" vom 21. Nov. 1803 (zu A. L. R. II 2 §§ 77—84 gehörig); nach ihr bestimmt bei ehelichen K.dern die Religion des Vaters, grundsätzlich dementsprechend auch bei Mischehe-Kindern (vgl. hierzu jetzt noch Crusen-Müller, Komm. z. Preuß. A.G. des BGB. zu Art. 89 Nr. 1c S. 755), bei unehel. K.dern das Bekenntnis der Mutter, welcher sogar im Falle etwaigen Religionswechsels das noch nicht 14jährige Kind folgt (Rspr. OLG. III S. 372/373), was nach Deutsch. Reichsciv.recht auch durch S. 2 Halbs. 1 § 1707 BGB., obzwar nur sehr mittelbar, zum Ausdruck gebracht ist. Wie stark Abs. 3 des § 33 JWG. über den bisherigen Rechtsstand, wenigstens über die KammergerRspr. hinausgeht, zeigt am deutlichsten die Entsch. des Kammerger. XXXVII S. A. 77, in der es wörtlich heißt: „für Preußen ergibt sich danach der unabweisbare Satz, daß die Unterbringung in einer Familie gleichen Bekenntnisses nicht in den Rahmen dessen fällt, was nach dem Gesetze unter der religiösen Erziehung zu verstehen ist, u. weiter, daß im Sinne des Gesetzes die Unterbringung in einer andersgläubigen Familie als mit der Sorge für die religiöse Erziehung verträglich zu gelten hat". Das RJWG. schreibt bündig im wesentl. das Gegenteil vor, auch insoweit insbesondere gegenüber diesem früheren Rechtsstande steigernd, als auf die „Familie", also keineswegs allein auf den ehelichen Vater oder die uneheliche Mutter des Mündels Rücksicht zu nehmen ist. Mit dieser Abstellung auf die „Familie" hat wohl einer ganz bestimmten Erwägung Rechnung getragen werden sollen; es kann natürlich vorkommen, daß derjenige Erz.berechtigte, dessen Relig.zugehörigkeit formalrechtl. für das Mündel maßgebend ist, der Vater, die unehel. Mutter (u. das Kind) selbst eine verhältnismäßig isolierte Stellung eingenommen hat u. die dem entsprechende „Unterbringg." zu den Anschauungen u. Empfindungen der Gesamtfamilie in schroffen Gegensatz treten würde. In diesen Fällen soll der Amtsvmd. berechtigt sein, von der rechtl. Norm abzuweichen u. sich von der Rücksicht auf die in dem größeren Kreise überwiegende Richtung leiten zu lassen. Von solchen besonderen Verhältn. abgesehen, den zu berücksichtigenden Kreis grundsätzl. besonders weit zu ziehen, wäre unberechtigt. Dem Geiste der Zeit entsprechend gebührt die „Rücksichtnahme" nicht allein dem „relig. Bekenntnis", sondern auch der „Weltanschauung" der Beteiligten zufolge Art. 137 Abs. 7 R.Verf. von 1919, welcher wörtlich „den religiösen Gesellschaften die Vereinigungen gleichstellt, die sich die gemeinschaftliche Pflege einer Weltanschauung zur Aufgabe machen". Ob diese juristisch-logisch vielleicht konsequente Anwendung des Verfassungssatzes auf die JA.-Vmdsch. sozial-pädagogisch zu begrüßen, ist bei der Verschwommenheit des Begriffs „Weltanschauung" mindestens zweifelhaft. — In Preußen wird für die Durchsetzung dieser Rücksichtnahme auf das „relig. Bekenntnis" § 4 Abs. 3 A.G. s schwerwiegende Bedeutung erlangen, nach welchem (vgl. oben zu § 9) je ein evangelischer u. ein katholischer Geistlicher, soweit Kirchengemeinden dieser Bekenntnisse im Bezirk vorhanden sind, desgleichen der Rabbiner, soweit im Bezirk Synagogengemeinden vorhanden sind und dort auch der Rabbiner ansässig ist, obligatorische Mitglieder des JA. sind. Sie werden ihren Einfluß in dieser Richtung, durchaus sachgemäß, insbes. auch nach der Seite zu betätigen haben, daß sie auf (tunlichste) Bekenntnisgleichheit des „einzelnen", welchem gemäß § 32 S. 2 „die Ausübg. der vmdschaftl. Obliegenheiten übertragen" wird, und des Mündels hinwirken. Hier ist näml. die „Rücksichtnahme" (auch nach § 1779 Abs. 2 S. 2 BGB.) unbedingt angängig u. am Platze. Durch diese „Übertragung", auf deren positiv-rechtliche Zulassung die ganze innere Anlage der Amtsvmdsch. geradezu h i n d r ä n g t, wird die wesensmäßige „Bekenntnislosigkeit" des „unpersönlichen Vmds." ihrer bedenklichen Bedeutung stark entkleidet. D a s wurde bei den gesetzgeb. Vorarbeiten (vgl. z. B. Begründung des Reichsentw. S. 59) u. wird jetzt meist auch von den Kommentaren (B ä u m e r, S. 112 u. S. 119; Fr.-P. S. 139) übersehen oder doch ungenügend betont. Die bei der „Unterbringung" zu übende Rücksichtnahme äußert zwingend eine V o r-wirkung bereits bei der „Übertragung" nach § 32 S. 2. In einfacheren ländlichen Verhältnissen, in denen schon jetzt vielfach Geistliche freiwillige Sammelvormünder sind, werden diese nach § 4 Abs. 3 (§§ 27 Abs. 2, 28 Abs. 1) Preuß. Ausf.Ges. Mitglieder des JA. und so „im Sinne des § 32 S. 2 RG. mit der Vmdsch. (weiter) betraut" werden, und wird hieraus sich von selbst alles weitere ergeben. Eine g e n a u e r e Bestimmung, welche Richtungen als „Weltanschauung" im Sinne des Abs. 3 § 33 Anerkennung verdienen, fehlt auch im Preuß. Ausf.-Ges. Sie wäre sicher nicht als unzulässig oder gar verfassungswidrig zu beanstanden, da Art. 137 Abs. 7 cit. den an sich wenig abgeschlossenen Begriff „Weltanschauung" unverkennbar absichtlich offen läßt. Eine E n t s c h e i d u n g darüber, auf welches der beiden Momente, „relig. Bekenntnis o d e r Weltanschauung", er „Rücksicht nehmen" will, soll dem Amtsvmd.e sicher nicht zustehen. Vielmehr muß er sich hier nach den gegebenen Verhältnissen der „Familie" richten. — Welche Abhilfe gegen eine Verletzung des Abs. 3 gegeben, sagt das RJWG. u. das Preuß. Ausf.Ges. ebenfalls n i c h t: man wird nach letzterem die einem gewissen religiösen Bekenntnisse oder auch einer Weltanschauung „angehörenden“ Kinder als Kinder-Gruppe im S. des § 15 Z. 1 anzusprechen haben, namens deren der „Einspruch“ (aus dieser Bestimmung) denjenigen zusteht, „die berechtigt sind, die Interessen der Mündel zu vertreten“. Als solche „berechtigte Vertreter“ werden die ord. Geistlichen der betreffenden Rel. Bekenntnisse zweifellos, neben ihnen aber auch die Personen des Lehrerstandes u. der Kreisschulrat in Betracht kommen (denkbar wäre selbst eine Beteiligung des Kreismedizinalrates, wenn z. B. die „Unterbringg.“ zu unhaltbaren hygienischen Verhältnissen führt). — Die ersteren scheiden freilich, soweit (vgl. oben) Pflichtmitglieder des JA., hier aus, weil als solche selbst an dem Verstoße gegen Abs. 3 beteiligt oder doch für ihn mitverantwortlich. — Auch die Frage, ob Anordnungen über diese „Unterbringung“ der Amtsmündel zu den mit Einspruch anfechtbaren „Entscheidungen der JA.“ gehören, wird trotz der nicht zweifelsfreien Fassung des § 15 zu bejahen sein. Neben diesem in Preußen gegebenen „Rechtsmittel“ im engeren Sinne ist unbedenklich auch eine Anrufung des Vmdsch.-Ger. gegen dem § 33 Abs. 3 RJWG. nicht entsprechende Maßnahmen des JA., stets zuzulassen. Denn diese Instanz hat auch über das als Amtsvmd. wirkende JA. unbestreitbar die im grundlegenden § 1837 Abs. 1 BGB.s festgelegte „Aufsicht“ (sog. Obervormundsch.); das folgt teils positivrl. (durch arg. e contrario) aus der Nichterwähnung des Abs. 1 § 1837 unter den im § 33 Abs. 1 S. 3 ausgeschlossenen Bestimm.gen des BGB., teils systemgemäß (vgl. näheres unten) aus der ganzen gegenseitigen Stellung von JA. und Vmdsch.-Ger. — § 33 Abs. 3 gilt ferner auch für die „bestellte“, weil für jede Amtsvmdsch. Der oben an Hand der Kamm.ger.-judikatur dargelegte preuß. Rechtsstand bleibt daher für die Zukunft von praktischer Bedeutung und zwar ungeachtet des Preuß. Volkssch.unterh.-ges. vom 28. Juli 1906, welches hieran nichts geändert hat. (Vgl. v. Brauer, „Preuß. Volksschule“ S. 639.)

Bei der Fürs.Erz. ist die „Rücksichtnahme“ nur auf die Zeit (allerdings: „mindestens“) „bis zum Aufhören der Schulpflicht“ beschränkt, aber zu der positiven Anordnung der Wahl einer „Familie seines (also dem des F.E.Zögl.s gleichen) Bekenntnisses“ gesteigert, wovon bei der „Unterbringung“ nach § 33 S. 3 abgesehen worden. S. hierüber zu § 69 Abs. 2 u. ferner Vossen, Zentr.Bl. f. Vmdsch.wesen XV S. 147 ff.

Eine gute Darstellung der allmählichen Entwicklung dieser relig. „Rücksichtnahme“ bei Fr.-P., Beigabe XV Nr. 3, S. 413 ff. mit bes. Hinblick auf die bisherige Behandlung der „Sammelvmdschaft“ und die einschlägige Rechtsprechung zumal des Kamm.ger. (vgl. dazu auch Bäumer, Komm. S. 106). Der Satz der bei Fr.-P. S. 414 angezogenen Kamm.ger.entsch. vom 27. Dez. 1912 zu c, daß die Bekenntnisrücksichtnahme auch bei noch ganz jungen Mündeln geboten ist, gilt zweifellos auch für die „Unterbringung“ nach § 33 Abs. 3.

Eine praktische Handhabe für die Durchführ.g des Grundsatzes des § 33 Abs. 3 zumal bei der ersten „Unterbring.g“ der unehel. Amtsm.del bietet die Gesetzesvorschrift des S. 2 § 36: Pflicht des St.A. zur „Anfügg. einer Mitteil.g über das relig. Bekenntnis“ (in der Anzeige über den unehel. Geburtsfall). Vgl. dort insbes. über die darin liegende R.sänderung gegenüber der Novelle z. Pers.St.Ges. v. 11. Juni

1920, — welche letztere dem Prinzip der R.Verf. Art. 136 Abs. 3 (daß „niemand verpflichtet, seine relig. überzeug.g zu offenbaren" u. „die Behörden nach der Zugehörigkeit einer Rel.gesellsch. zu fragen, nur soweit berechtigt, als davon R.e u. Pflichten abhängen") huldigte, sowie Bäumer S. 127 unt. — Administrative Normen für die Befolg.g des § 33 Abs. 3 sind bisher auch in Preußen nicht ergangen. In die „Mündelliste", in welche nach den Gr. Berliner „Richtlinien für die Führg. der Amts.-vmdsch." jede neue Vmdsch. alsbald einzutragen ist, gehört selbstverständl. auch die Erwähn.g des Rel.Bekenntn.s, wie letzteres ebenso der (schon in den Entbindungs- usw. anstalten, also am Wochenbette aufzunehmende) „Fragebogen" zu berücksichtigen haben wird. Vgl. auch dazu später!

§ 34.

Die Landesgesetzgebung kann bestimmen, daß weitere Vorschriften des ersten Titels des dritten Abschnitts im vierten Buche des Bürgerlichen Gesetzbuchs, welche die Aufsicht des Vormundschaftsgerichts in vermögensrechtlicher Hinsicht betreffen, gegenüber dem Amtsvormund außer Anwendung bleiben. Die Prüfung der Schlußrechnung und die Vermittlung ihrer Abnahme durch das Vormundschaftsgericht bleiben hiervon unberührt.

§ 34 ist eine der nicht ganz spärlichen (Sonder-)Anwendungen des Ermächtigungsprinzips, welches schon das RJWG. beherrschte: Zulassung von „landesgesetzlichen" Erweiterungen der bevorzugten Stellung des JA.-Vormundes in Ansehung der vermögensrechtlichen vmdsch.gerichtl. Aufsicht. Er hat seine hauptsächlichste praktische Bedeutung durch die viel weitergehende „Ermächtigung" des Art. 1 Z. 6 der Notverordn. vom 14. Febr. 1924 (vgl. oben) verloren. Da nach ihr von der „gesetzl. Amtsvmdsch.", dem wichtigsten Falle, ganz befreit werden kann, werden kaum noch einzelne deutsche Länder dazu greifen, im Wege ihrer Partikulargesetzgebung die Sonderstellung des JA.Vmd.s zu steigern, selbst wenn dort Bedenken gegen seine Einordnung in den gewöhnl. Vmdsch.betrieb hervortreten sollten. Rechtspolitisch muß bezweifelt werden, ob gerade in diesem für das gesamte deutsche Volksleben so wichtigen Punkte die Zulassung einer Ungleichmäßigkeit des Rechtsstandes überhaupt glücklich war, um so mehr, als die Fassung des gesetzlichen Vorbehalts keineswegs eindeutig, vielmehr so dehnbar ist, daß sie die Gefahr einer schädigenden Rechtsungleichheit noch wesentlich erhöht. Die Kategorie „Vorschriften (des BGB.s), welche die Aufsicht des Vmdsch.ger. in vermögensrechtlicher Hinsicht betreffen", ist im BGB. keineswegs so fest abgegrenzt, daß eine auf § 34 fußende Landesgesetzgebung nicht selbst die unantastbaren Grundlagen des Vormundschaftsbetriebes in Frage stellen könnte. Darum ist es nur zu begrüßen, daß Preußen von der „Ermächtigung" des § 34 S. 1 keinerlei Gebrauch gemacht hat. — Das RJWG. selbst hat ihr aber in S. 2 eine nicht unwichtige Einschränkung hinzugefügt, (freilich in einer zu beanstandenden Fassung, — „bleiben unberührt", — die den Anschein erweckt, als seien diese Gegenstände vom RJWG. anderweit geregelt, statt der allein korrekten Wendung: „dürfen hiervon nicht betroffen werden"). Mit dieser Minderung der „landesgesetzlichen" Ergänzungsfreiheit ist, was (vgl. oben) in § 33 positiv nicht klar ausgedrückt worden, hier indirekt gesagt, daß nämlich auch das JA. bei Beendigung seiner Amts-Vmdschaft Schlußrechnung zu legen hat u. für diese die allgemeinen Grundsätze, insbesondere die Empfangsbedürftigkeit durch das Vormundschaftsgericht gelten. Diese Folgerung ist auch praktisch in mehr als einer Beziehung sehr bedeutsam, denn sie erlegt unabweisbar die Verpflichtung auf, schon während der Amts-Vmd.schaft über die Verwaltung des Mündel-Vermögens geordnet Rechnung zu führen, (was freilich bei der Amtstechnik u. Dienstpragmatik dieser Behörde an sich selbstverständlich, aber doch wegen der Anwendung der §§ 1852 bis 1854 BGB.s auf den JA.-Vmd. — § 33 Abs. 1 S. 2 — der Hervorhebung bedarf!) also übersichtliche besondere Konten anzulegen, Rechnungsbelege in Faszikeln zu ordnen usw. (dem steht auch nicht entgegen, daß jetzt die Gr. Berl. „Richtlinien" — vgl. ob. zu § 33 — unter IV Vereinnahm.g u. Verausgab.g der Mündel-, insbes. der Unterhaltsgelder durch die für die „Amtsvmsch. bestimmten [öffentl.] Kassen" vorschreiben. Denn maßgebend auch hier „Anweisg. des Stadtvmd.s" und vorbehalten Erlaß einer besond. Kassenordnung.). Dies wiederum wird (vgl. ob.) eine innerdienstliche regelmäßige Nachprüfung der Rechnungen, also zumindest im Innenbetriebe auch wiederkehrende Rechnungslegung schon vor Ablauf der Amts-Vormundschaft von selbst mit sich bringen. Bemerkenswert ist näml., daß nach der Ausgestaltung, welche dem RJWG. (vgl. oben zu § 32 S. 2) als die angemessene vorschwebt, im praktischen Normalfalle — der Verschiedenheit von Gesamtbehörde u. „die vmschl. Obliegenheiten ausübenden Einzelnen zu der nach außen an das Vmschger. sich wendenden Rechnungsleg.gspflicht des BGB. noch eine besondere nach innen gerichtete, der Gesamtbehörde geschuldete hinzutritt. Vgl. auch hier Bäumer, Komm. S. 107, über den „Einfluß des JA. auf die Vmsch.-Führ.g" seines Beamten oder Mitglieds. Von Bedeutung ist ferner, daß (vgl. später bes. zu § 40) die Amts-Vmdsch. des JA. keineswegs stets erst mit der Volljährigkeit seines Mündels endet, also ein Aufhören der Vmdsch. überhaupt zu bedeuten braucht, sondern ihr Ende auch durch einen Wechsel in der Vmundschaft herbeigeführt werden kann. Alsdann wird, was ebenfalls praktisch so wichtig, der JA.Vormund von diesem neuen Vormund, sei es wie in dem eben gedachten Falle des § 40 eine Einzelperson, sei es wie in dem des § 39 ein anderes JA., „Entlastung" zu empfangen u. die „Vermittlung" der Schlußrechnungsnahme durch das Vmschger. in dieser Richtung Platz zu greifen haben. In seiner Mitwirkung kommt besonders stark zum Ausdruck, daß — was durchaus zu begrüßen — die Überordnung des Vmdsch.Gerichts auch über den JA.-Vormund im RJWG., obzwar verdunkelt, so doch keineswegs verleugnet ist.

b. Gesetzliche Amtsvormundschaft.

Der Unter-Abschn. behandelt den in jeder Hinsicht wichtigsten Fall der JA.-Vmschaft: wichtig sowohl durch seine positiv-rechtliche Ausgestaltung u. Stellung im System des RJWG., als auch seine praktische Bedeutung. In den Fällen des Abschn. b „wird" (vgl. auch hierzu schon ob.) das JA. kraft reichs-rechtlicher, an sich zwingender Gesetzesvorschrift Vmd. („gesetzlicher" Amts-Vormund). Nach ihr macht ein gewisses Ereignis — die uneheliche Geburt eines Kindes — von selbst das JA. zum Vormund, im eigentlichen Sinne zum „Amts-Vorm.d", Vormund von amtswegen; denn hier haben wir (vgl. ob., d. allg. Vorbem. zum Hptabschn. IV) die schärfst ausgeprägte, am entschiedensten durchgeführte Verknüpfung der Vmdstellung mit dem JA. als solchem. — Die praktische und sozialpolitische Bedeutung dieser JA.-Vmdsch. liegt auf der Hand. Der Kreis der „Deutsch. Kinder", für welche das RJWG. sie angeordnet hat, ist unbestreitbar der „öffentl. Jug.hilfe" in jeder, vor allem erzieherischer Hins. am dringendsten bedürftig. Gedacht worden ist ferner bereits (vgl. Einleitg., „Kritik" u. oben, allg. Vorbem.) des in dieser generellen Einführung liegenden tiefgehenden Eingriffs in das soziale Gemeinleben unseres Volkes, dessen Bedeutung noch durch die andere Rechtsänderung, § 42 RJWG. — die Erklärung des JA. zum Gemeinde-Waisenrat — sehr wesentlich gesteigert wird, da für die unehel. Kinder das JA. demnach fortan zwei äußerst wesentliche Funktionen vereinigt, sowie andererseits der von ihr ebenso generell befreienden Vorbehalte des Art. 8 EG.s u. des Art. 1 Z. 6 Notvdn. v. 14. Febr. 1924. — Die Ausgestaltung als gesetzliche Amts-Vormundschaft bedingt auch in der äußeren Erscheinung zwei sofort in die Augen springende Abwandlungen: Fortfall der Bestellung, d. i. der gerichtl. Verpflicht.g, u. der Bestallung (vgl. hierzu alsbald bei § 35 bzw. § 37). In der Sache bedeutet die R.sänderung unseres Unter-Abschn. deshalb nicht einen so tief einschneidenden Gegensatz zum Bisherigen, weil das Gesetz selbst den jederzeitigen Übergang von der Amts- zur Einzel-Vormundschaft ausdrücklich vorsieht und ganz offensichtlich fördert. Zu dieser inneren Annäherung des „gesetzlichen Amtsvm.des" an die Einzelvmdschaft gesellt sich eine äußere, welche in der praktischen Auswirkung diesen Gegensatz wesentlich abmildert: die Befugnis zur Übertragung nach S. 2 § 32, welche in der tatsächlichen Handhabung dieser JA.Vmdschaft zweifellos durchaus die Norm bilden und richtunggebend sein wird. — Zufolge der Aufhebg. des Art. 136 E.G.s durch § 48 Abs. 1 S. 1, vgl. dort, ist, wie Fr.-P. Vorbem. zu § 35 zutreffend hervorhebt, die gesetzl. Amtsvmdsch. (unseres Unt.Abschn. b) künftig die einzige in Geltung erhaltene, in Preußen zumal durch Fortfall des auf Art. 136 beruhenden Art. 78 Ausf.Ges.s z. BGB.

§ 35.

Mit der Geburt eines unehelichen Kindes erlangt das Jugendamt des Geburtsorts die Vormundschaft.

Bis zum Eingreifen des zuständigen Vormundschaftsgerichts hat das Amtsgericht des Geburtsorts die erforderlichen vormundschaftsgerichtlichen Maßnahmen zu treffen.

Auf uneheliche deutsche Kinder, die im Ausland geboren sind und im Deutschen Reiche ihren Aufenthalt nehmen, finden, falls eine deutsche Vormundschaft noch nicht eingeleitet ist, die

Bestimmungen von Abs. 1 mit der Maßgabe Anwendung, daß das nach § 7 dieses Gesetzes zuständige Jugendamt die Vormundschaft erlangt.

Das Prinzip der zwangsläufig eintretenden JA.-Vmdschaft (vgl. soeben) stellt § 35 hervorhebend an die Spitze. Abs. 1: „mit der Geburt... erlangt das JA..... die Vormundschaft". Geburt des unehelichen Kindes u. Eintritt dieser Vmsch. fallen also zeitlich (wie sachlich) schlechterdings zusammen. Dem Wunsche nach möglichst schneller u. früher Fürsorge für diese Kinder durch öffentl.e Jug.hilfe, — welchem schon lange, wohl besonders lebhaft auf der Berliner (XI) Tagung des Archivs der Deutschen Berufs-Vormder, Sept. 1917, Ausdruck gegeben, wurde, so z. B. von Rosenstock-Königsberg dahin: „wir müssen fordern gesetzliche Vormundschaft, die im ersten Augenblick des Kindes eintreten darf u. muß"!, auch von der späteren Reichstagsabg. Frau Neuhaus, u. a. — ist also hier voll entsprochen. Denn nach dem Standpunkte des RJWG. ist das JA. objektiv schon Vormund in einem Zeitpunkt, in welchem es subjektiv von diesem Beginne seines Amtes noch gar keine Kenntnis hat. (Darum betonen richtig die Gr. Berl. Richtl. die „Pflicht zum Eingreifen" der JA., auch wenn noch keine St.A.Anzeige über den Geburtsfall eingegangen ist.) Es würde also u. U. schon als gesetzl. Vertreter des tatsächl. geborenen, dem JA. noch unbekannten K.s zu bezeichnen sein, wenn etwa auf Betreiben der Mutter sof. nach der Geburt seitens eines Ger. (od. auch einer sonstigen Behörde: vgl. bezgl. des Gerichts alsbald zu Abs. 2!) irgend eine schleunige Maßnahme gegen den Kindes-Vater nachgesucht würde. Durch § 36 (vgl. Text zu diesem) ist allerdings vom RJWG. tunlichst Vorsorge getroffen, daß die unehelichen Geburtsfälle mit aller Beschleunigung zur Kenntnis der JA. gelangen. In großstädtischen Betrieben wird aber auch hier peinlichste Ordnung mit der unerläßlichen Beschleunigung Hand in Hand gehen müssen. — Außer diesem Fundamentalprinzip enthält Abs. 2 noch eine andere sehr wichtige Bestimmung: diejenige der Zuständigkeit für diese JA.-Vmschaft. Sie ist durch den „Geburtsort" gegeben. Diese gesetzliche Regelung ist **mehr als bedenklich;** sie entspricht nur der Rücksicht auf möglichste **Promptheit des Einsetzens dieser Vormundschaftsart — ihr aber zu einseitig u. mit Übertreibung! —** u. vermeidet nicht andere unhaltbare Ergebnisse, vor allem eine bis zur Gefahr der Unübersichtlichkeit u. Undurchführbarkeit gesteigerte Anhäufung solcher JA.-Vormundschaften an einzelnen örtlichen Stellen. Bekanntlich drängen sich der Überzahl nach die unehelichen Geburten an einzelnen Punkten zusammen. Berlin z. B. läßt die gesamte „Provinz" sehr weit hinter sich. Eine ähnliche Rolle spielen die Universitätsstädte mit Frauenkliniken, Entbindungsanstalten u. dgl. An diesen Plätzen werden — zunächst — die „gesetzlichen" JA.-Vmschaften in ganz unverhältnismäßig großer Zahl zur Entstehung gelangen. Die Korrektur des § 39 S. 1, die dem zunächst mit der Amts-Vmdsch. befaßten JA. gestattete, ja zur Pflicht gemachte („soll") „Abgabe" an ein anderes JA., „sobald es das Wohl des Mündels erfordert", wirkt naturgemäß doch erst nach Verlauf einer gewissen Zeit u. ist gleich jedem Wechsel des Vormunds nicht ganz selten mit Möglichkeiten verknüpft, die ihn dem Praktiker des Vmsch.-

rechts nicht so unbedingt wünschenswert erscheinen lassen werden, wie offenbar dem Gesetzgeber. Erhöht werden die hierin begründeten Unzuträglichkeiten noch durch die andere, daß — Abs. 2 § 35 — auch bezügl. des „eingreifenden" Vmsch g e r i c h t s ein Wechsel ebenso ausdrücklich vorgesehen ist. Dieses Ergebnis ist zwar nicht ausschließlich bedingt durch die Zuständigkeits-Regelung des Abs. 1, durch sie aber doch in hohem Grade nahegelegt u. ihrer praktischen Bedeutung nach gesteigert: denn, wäre das JA. des Geburtsortes nicht von Gesetzeswegen V o r m u n d des neugeborenen unehel. Kindes, so würde auch das Amtsgericht dieses Ortes nicht in irgend erheblichem Maße in die Lage zu „vormundschaftsgerichtlichen Maßnahmen" kommen, würden diese vielmehr eine verschwindende Ausnahme bilden, welche wohl kaum gesetzlicher Regelung bedurft hätte. — Die „Zuständigkeit" nach Abs. 1 schafft zwischen den beiden oben erwähnten Instanzen eine Unstimmigkeit, ein wenig befriedigendes disparates Verhältnis. Zuständiges JA. (für diese Amts-Vmsch.) ist grundsätzlich stets dasjenige des Geburtsortes (als solchen): „zuständiges Vmdsch.sgericht" ebenso grundsätzlich n i c h t dessen Amtsger., sondern — nach der Norm des § 36 Abs. 1 S. 1 FGG! — dasjenige des Wohnsitzes „der Mutter" oder, praktisch, für die recht große Zahl der selbst noch minderjährigen, also zur Begründung eines eigenen Wohnsitzes rechtlich nicht fähigen unehel. Mütter, das i h r e s gesetzlichen Vertreters, in der Regel ihres Vaters. Also Ergebnis: Amts-Vmd des unehel. Kindes der 17jährigen Bauernmagd X aus dem Dorfe N im Amtsgerichtsbezirk Crossen a. O., welche sich für ihre Niederkunft in die Charité nach Berlin begeben hat: JA. der Stadt Berlin, — sofort vom Augenblick der Geburt an und so lange, bis „das Wohl des Mündels Abgabe erfordert" — Vmschsgericht: das Amtsgericht Crossen a. O. Jedoch: für die „bis zum Eingreifen" des letzteren „erforderlichen vmdsch.gerichtlichen Maßnahmen" das Amtsger. Berlin Mitte. Dieses wird alsbald entlastet werden, wenn, wie das praktisch die Regel, das Neugeborene in die Häuslichkeit der unehel. Großeltern verbracht wird. Ob diese Änderung auch schon „Abgabe" rechtfertigt, zweifelhaft, da erfahrungsgemäß nicht selten die unehel. Mutter in solchen Fällen auch nach überstandenem Wochenbett in Berlin verbleibt und ihre persönliche Nähe vielleicht für „das Wohl des Mündels" von viel größerer Bedeutung als die Unterbringung in die häusliche Pflege der Großeltern. (Die Gr. Berl. „Richtlinien" stellen jetzt folgende Normen auf, welche im wesentl. den vorstehenden Gesichtspunkten entsprechen: „in der Regel" wird gesetzl. Amtsvmd. über ein neugeborenes, unehel. K. zunächst das B e z. JA., in welchem das K. geboren ist — bedeutsam, da nach der auf Ges. v. 27. April 1920 beruhenden städt. Verfass.g „Geburts o r t" im S. des § 35 Abs. 1 „G r. B e r l i n", n i c h t der einzelne Verwaltungsbez.! —, seine Amtsvmdsch. aber weicht bei „städt. Pfl.K.ern", d. s. solche, welche die Stadt in P f l. ausgegeben hat, u. für die sie die Pfl.Gelder bezahlt vgl. oben S. 180, derjenigen des Bez., welche so das K. versorgt, bei anderen unehel. K.ern des Bez., in welchem das K. [bei Geschwistern das jüngste in Berlin befindl. K.] gewöhnl. Aufenthalt hat [richtiger: nimmt]. Familienpflege in einem a n d e r e n Bez. schlechthin, also auch einem a u ß e r h a l b Gr. Berlins, bedingt Vmdsch. a b g a b e, sofern es sich nicht um nur vorübergehenden Aufenth. handelt.) — Diese

Regel.g der Zuständigkeit mindert sogar bis zu einem gew. Grade die Vorteile, welche die Konzentration der Vmdsch.n durch die gesetzl. Amts-Vmdsch. des JA. ergeben könnte. Der in der bish. Praxis oft und lebhaft empfundene Übelstand, daß der Vmd. des einen unehel. K.s der Mutter NN. von rechtswegen nicht deshalb auch Vmd. ihrer anderen unehel. K.der u. tatsächlich oft nur schwer hierfür zu gewinnen ist, wird durch Abs. 1 § 35 keineswegs behoben. Denn auch er begründet nicht diese Einheit der Mehr-Vormundschaften, sondern begünstigt im Gegenteil ein Auseinanderfallen (z. B. das ältere Kind ist in Berlin, Charité, ein 2. in der Universitätsklinik Greifswald, ein 3. in Breslau geboren!), welches erst wieder auf dem etwas künstlichen Wege des § 39 ausgeglichen werden muß. Darum die — oben wiedergegebene — Norm der Gr. Berliner „Richtlinien", daß bei einer Mehrheit von unehel. K.ern die Amtsvmdsch. stets in dem Bez. zu „führen" ist, in welchem das jüngste K. aufhältlich, durchaus zu begrüßen. —

Die Wendung „die Vormundschaft" drückt, was kaum der Hervorhebung bedarf, klar die grundsätzliche Gleichstellung der gesetzlichen JA.-Vorm.dschaft mit einer „gewöhnlichen" aus. —

Abs. 2. Das Wesentl. auch hierzu ist in den Erläuter.gen zu Abs. 1 gesagt. — „Bis zum Eingreifen" ist kaum als eine ganz präzise Fassung des wahren Gesetzesgedankens anzuerkennen; gemeint ist in Wirklichkeit: bis zu dem Zeitpunkt, wo ein „Eingreifen" des zuständigen Amtsgerichtes möglich wäre, dieses also von der Geburt des unehel. K.es — u. damit dem Eintritte der gesetzl. Amts-Vmschaft des Geburtsortes — Kenntnis erlangt. Denn sonst würde gegebenenfalls ein ganz willkürliches Hinausschieben des eigenen Eingreifens von Seiten des „zuständigen Vormundschaftsgerichts" dasjenige des Geburtsortes für den Neugeborenen über Gebühr in Anspruch nehmen! (Darüber daß nicht letzteres das „zuständige" Vmdsch.sgericht, s. soeben S. 252 u. neuestens Entsch. des Kammerger. Ia Ziv. Sen. v. 14. Nov. 1924 in „Jurist. Rundschau" Nr. 1 S. 15/16, welche mit Recht in uns. Abs. 2 die „Aufheb.g" der etwa entgegenges. Absicht des Reg.Entw. findet u. hieraus die Fortgelt.g des § 36 Abs. 1 F.G.G.s folgert.) Welche Maßnahmen als „erforderlich" in diesem Sinne, d. h. als so dringend anzusprechen sind, daß für sie das Eingreifen des „zuständigen Vmdsch. Gerichtes" nicht abgewartet werden kann, sondern das Gericht des Geburtsortes angegangen werden muß, ist Frage des einzelnen Falles, also Sache des pflichtmäßigen Ermessens (sc. des JA.). Allerdings wird, schon um etwaigen Regressen vorzubeugen, das letztere Amtsgericht dahingehenden Anträgen möglichst entgegenkommen müssen, besonders wenn diese etwa (vgl. oben) noch garnicht von dem JA. selbst, sondern von Angehörigen des unehel. Kindes, zumal auf unmittelbares Betreiben der Mutter (z. B. von dem „unehel. Großvater") gestellt werden. — Bemerkenswert ist übrigens an der Fassung dieses Abs. 2 noch die nicht unabsichtlich verschiedene Terminologie: „zuständiges Vormundschaftsgericht" — „Amtsgericht des Geburtsortes". Damit ist für den, in Preußen allerdings nicht praktischen Fall vorgesorgt, daß gemäß Art. 147 Abs. 1 EG.s zum BGB. nicht das Amtsgericht die Funktionen des Vmdsch.-Gerichtes hat, sondern, wie z. B. in Württemberg, eine Verwaltungsbehörde. Sinngemäß wird nach Abs. 2 in solchen Fällen die letztere Behörde als zu dem endlgültigen Eingreifen „zuständig", hingegen das Amtsgericht des Geburtsorts als zu den vorläufig „erforderl. Maßnahmen" berufen anzusehen sein, (von besond. praktischer Bedeutung, wenn z. B. eine unehel. Mutter, deren deutsches Heimatland „vmdsch.gerichtl." Einrichtungen der oben gedachten Art hat, innerh. Preußen's niederkommt!)

Abs. 3. Die uneheliche Kinder betreffende Vmdsch.srechtsordnung wäre unvollständig, wenn sie allein die in Deutschland geborenen ins Auge faßte. Letzteres tut die Norm des Abs. 1 (denn „JA. des Geburtsortes" ist sinngemäß allein von deutschen „Geburtsorten" zu verstehen). Sie bedarf daher einer Ergänzung in der Richtung auf nicht im Inlande geborene deutsche unehel. K.er, selbstverständl. wiederum unter Beschränk.g auf diejenigen „im Auslande geborenen", über welche eine deutsche „Vmdsch. noch nicht eingeleitet ist". Denn grundsätzlicher Standpunkt des Reichsgesetzgebers ist ja (vgl. schon ob.), an bereits schwebenden Vormundschaften nicht zu rühren, also nicht etwa auch sie insgesamt, zwangsläufig, dem JA. zu übertragen. Für die Gattung nicht im deutschen Inlande geborener unehel. Kinder. für welche hiernach ein Bedürfnis reichsrechtl. Regelung verbleibt, nämlich für die nicht schon unter einer „deutschen Vormundschaft" stehende, anordnet Abs. 3 ebenfalls eine JA.-Vmdschaft, u. zwar die Amts-Vmdschaft desjenigen JA., auf welches die allgemeine Zuständigkeitsnorm des § 7 RJWG. hinweist. In der Natur der Sache begründete Voraussetzung für den Eintritt dieser „deutschen" JA.-Vmdschaft, — die aber gleichwohl im Abs. 3 als Voraussetzung noch besonders ausgedrückt, — ist die tatsächliche Verbringung des betr. K.s in den Geltungsbereich des RJWG., dessen Aufenthaltsnahme innerhalb des Deutschen Reiches. Da dieses örtliche Verhältnis, — von welcher grundlegenden Erwägung auch § 7 u. neuerdings, mit ihm sachl. durchaus übereinstimmend, § 7 Abs. 2 Halbs. 1 der Fürs.Pfl.Vdn. v. 13. Febr. 1924 ausgeht, vgl. ob. zu § 7 —, in stärkster Weise bestimmend ist für dauernde Bedürfnisse der „Fürsorge" aller Art, zumal solche, die ein vmschaftliches „Eingreifen" zu Gunsten des Kindes bedingen können u. werden, erklärt durchaus sachgemäß Abs. 3 § 35 das JA. dieses Aufenthaltsortes, — sofern er nämlich als „gewöhnlicher" im Sinne des § 7 zu erachten, also der tatsächliche Mittelpunkt der gesamten Lebensverhältnisse des Kindes ist (vgl. ebenf. zu § 7) — als „zuständig" für die Amts-Vmschaft. — Praktisch läßt allerdings auch diese Regelung noch mehrfache erhebliche Zweifel. Entsprechend dem Standpunkte des Abs. 1, daß das (zuständige) JA. die Vormundschaft mit einem bestimmten Ereignisse „erlangt", muß auch im Falle des Abs. 3 ein gewisser Tatbestand als solcher die JA.-Vormundschaft zur Entstehung bringen. Dieser Tatbestand kann sinngemäß nur die Begründung des „innerdeutschen" Aufenthalts sein. Offenbar ist letztere ein Vorgang, welcher sich dem Einblick der Jugwohlf.behörde in höherem Grade entzieht als der Tatbestand des Abs. 1, ein Geburtsfall. Denn die Offenkundigkeit eines solchen wird durch die Einrichtung des Standesamts u. die Vorschriften über seine Registerführung ganz anders verbürgt als an sich die Verbringung des auswärts (im Ausland) geborenen K.es durch die bloße polizeil. Meldepflicht. Es könnten daher besonders in großen Städten wie Berlin usw. sehr leicht auch nicht unter einer deutschen Vormundschaft stehende uneheliche deutsche K.er tatsächlich Aufenthalt nehmen, ohne daß hiervon das JA. schnell genug Kenntnis erhielte. Alsdann würde die JA.-Vmdschaft zwar von Gesetzeswegen, objektiv, bestehen, aber völlig latent sein u. jeden prakt. Wert entbehren. Daher erscheinen gerade hier zur Ergänzung der Vorschrift des RJWG. landesr. Ausführungsbestimmungen (das Preuß. Ausf.gesetz ermangelt ihrer wie jedes Eingehens auf die Regelung d. Amtsvmdsch., u. auch die Ausf.Anw. v. 29. März 1924 übergeht diesen Punkt!) nötig, welche schleunigste polizeiliche Anmeldung vom Auslande zugezogener minderj. unehel. Kinder verschärft zur strengen Pflicht machen u. weiterhin den diese Meldungen empfangenden Polizeibehörden die sofortige Verständigung des zuständigen JA. auferlegen. [Allerdings ist auch, systemgemäß, zuzugeben, daß die Lücke an Bedeut.g durch die Vorschrift des **§ 20 Abs. 1 S. 2** wesentlich verliert: denn zweifellos steht ein sehr beträchtlicher Teil der unehel. K.er in der „fremden Pfl.", um derentwillen der „Zuzug" in einen deutschen Bez. die — „unverzüglich einzuholende" — Erlaubn. seitens des JA. „zur Fortsetzg." dieses Verhältn.s bedingt. Aber gerade nach der hier interessierenden Seite ist sehr beachtlich, — was Bäumer u. Fr.-P. ganz mit Stillschweigen übergehen —, daß dieser Satz allein die Annahme-Erlaubn. betrifft, also an sich nach dem Prinzip des § 24 Abs. 1 S. 2 — vgl. früher — die nur der JA.-Aufsicht unterstehenden „unehel. K.er bei der (eigenen) Mutter" nicht ergreift. — Hier muß eben u. wird (s. sofort) die Praxis des Pfl.K.Schutzes einspringen, indem sie die nicht vorgeschriebene Initiative der Betreuenden durch diejenige der Pol.Beh.n ersetzt. —] Die letztere Mitteilung der Polizeibehörde) wird insoweit die Stelle der nach § 36 S. 1 dem Standesamte hinsichtl. einer unehel. Geburt obliegenden „Anzeige" einnehmen. Denn grundsätzl. ist die Amts-Vmdsch. des Abs. 3 derjenigen des Abs. 1 ganz gleich gebildet. Tatsächl. ist in den großen Städten durch die fast ausnahmslos recht sorgsam ausgestaltete Organisation der Pfl.K.Aufsicht (vgl. oben zu Unterabschn. 2 Abschn. III) bereits hinlänglich vorgesorgt. Die Anzeigepflicht, welche z. B. in Berlin laut Bekanntm. des Magistrats vom 9. April 1924 von den Revier-Pol.behörden jetzt, seit Inkrafttreten des RJWG. nicht mehr dem Pol.Präsidenten, sondern den JA. gegenüber, und zwar mit aller Beschleunigung zu erfüllen ist (reichgesetzl. in der „Amtshilfe" des § 5 RJWG. begründet) und deren Beobachtung von den übergeordneten polizeil. Instanzen mit erfreulicher Schärfe kontrolliert wird, reicht im wesentl. auch zur Befriedigung des durch § 35 Abs. 3 gegebenen Bedürfnisses aus. Denn sie umfaßt entsprechend dem Grundsatze des § 24 Abs. 1 S. 2 (als Norm), auch die „unehel. Kinder, die sich bei der Mutter befinden", erfaßt somit alle — vorzugsweise natürlich die in „fremde Pflege", zu „Haltefrauen" usw. gegebenen — K.er dieser Art (vgl. auch darüber oben a. a. O.). Daher wird S. 3 des § 36 „entsprechend", nämlich auf die eben gedachte Benachrichtigung seitens der Pol.beh., u. ebenso ferner § 37 anzuwenden sein. (Bäumer, Komm. S. 125 will der Anwendung des § 37 auf diesen Fall sogar „konstitutive" Bedeutung zusprechen; das ist aber nicht berechtigt.) Wann ein Kind als „im Auslande" geboren anzusehen, ist dem Völkerrechte zu entnehmen. Die veränderte, so bedauerlich erweiterte Bedeutung, welche der Auslandsbegriff für das Deutsche Reich durch den Versailler Friedens-

„vertrag" v. 1919 erhalten hat, macht die Frage, welcher Zeitpunkt im Sinne des § 35 Abs. 3 nach dieser Seite im Einzelfalle entscheidet, ob derjenige der Geburt oder derjenige der Aufenthaltsnahme, besonders zweifelhaft und praktisch: ist ein i. J. 1913 in Elsaß-Lothringen oder der Provinz Posen geborenes unehel. Kind, welches i. J. 1925 innerhalb des — jetzigen — Deutschen Reiches seinen „gewöhnlichen" Aufenthalt nimmt, der Vorschrift des Abs. 3 unterworfen oder nicht? Die Frage wäre in letzterem Sinne zu beantworten, wenn man für den Gesichtspunkt des „Auslandes" die Zeit der Geburt als maßgebend ansieht, (wofür immerhin ins Gewicht fällt, daß das Gesetz selbst diese Tatsache — der Geburt — auch sprachlich mit dem Momente des „Auslandes" in unmittelbare Verbindung bringt). Doch verdient im Sinne der höchsten Leitgedanken des RJWG. sicher die entgegengesetzte Entscheidung den Vorzug: denn Abs. 3 will offenbar die Wohltaten der gesetzl. JA.-Vormundschaft auch solchen unehel. Kindern erschließen, bei denen die normale Voraussetzung — Geburt im Bezirke eines schon bestehenden deutschen JA. — nicht erfüllt ist. Leitende Rücksicht ist also das objektive Fürsorgebedürfnis, für welches das staatsrechtliche Verhältnis des Geburtsortes zur Zeit der Geburt keine Rolle spielt, das vielmehr begründet wird durch den Umstand, daß für diesen unehel. Minderjährigen eine Zuständigkeit zur gesetzlichen JA.-Vormundschaft nicht gegeben ist (denn die bei Inkrafttreten des RJWG. nicht mehr zum Deutschen Reiche gehörigen früheren Teile des letzteren sind in das „lückenlose Netz von JA.", vgl. Begr. S. 22, ja nicht mit einbezogen). Für diese Auffassung des RJWG. spricht auch sehr entschieden die fernere Voraussetzung, daß „eine deutsche Vmdsch. noch nicht eingeleitet ist". Denn das Ges. weicht hier, zweifellos bewußt, von § 47 Abs. 1 FGG.s ab, welcher gerade umgekehrt „für einen Deutschen, der im Auslande seinen Wohnsitz . . . hat", „die Anordnung der Vmdsch. im Inlande unterbleiben" lassen will, „wenn dies im Interesse des Mündels liegt". Nach dieser Vorschrift (des FGG.) darf es bei unehel. deutschen K.n mit ausländischem Domizil, selbst wenn sie im — deutschen — Inlande ihren „gewöhnlichen" Aufenthalt nehmen, bei der auswärtigen Vmdsch. bewenden; nach unserem § 35 Abs. 3 aber nicht. Er folgt vielmehr dem Prinzip, daß jedes im Deutschen Reiche sich aufhaltende unehel. deutsche K.d der Regel nach auch einer (deutschen) JA.Vmdsch. unterstehen soll! Zu Unrecht will Fr.-P. N. 11 Abs. 2 zu § 35 den § 47 Abs. 2 FGG.s, den er also über uns. Abs. 3 stellt, auch hier strikt anzuwenden. — Allerdings wird umgekehrt, wenn das deutsche unehel. Kind nach Einleitung einer solchen Vmdsch. dauernd in das Ausland verbracht wird, mit Fr.-P. a. a. O. gemäß § 47 Abs. 2 FGG.s die Abgabe der Vmdsch. an das Ausland zuzulassen sein, aber nicht auch, wie Fr.-P. anzunehmen scheint, bei etwa bloßer Wohnsitzverlegung in das Ausland unter Fortdauer des inländischen „gewöhnlichen Aufenthalts". Eine solche Vmdsch.Abgabe würde dem Grundgedanken des RJWG. geradezu ins Gesicht schlagen. — Von der dargelegten Grundtendenz des Abs. 3 ist umso unbedenklicher und entschiedener auszugehen, als durch ihn ja auch (vgl. hierzu, richtig, Blaum, Komm. N. 3 zu § 35) S. 2 des Abs. 1 § 7 auf die im „Auslande" geborenen, von dorther in das deutsche Inland zum

„gewöhnlichen Aufenthalte" tatsächlich verbrachten unehel. Kinder erstreckt ist. Auch bei ihnen wird das JA., in dessen Bezirke das Bedürfnis öffentl. Jugendhilfe hervortritt, zu einstweiligen vmd.-schaftlichen Maßnahmen, also zu einer „vorläufigen" Vmdsch.-führung in diesem Sinne ohne weiteres berechtigt sein, so lange nämlich ein „gewöhnlicher" Aufenthaltsort des unehel. Minderj. noch nicht begründet ist oder doch nicht zweifelsfrei feststeht. Im Interesse technischer Ordnungsmäßigkeit wird man in Äußerlichkeiten, also jedenfalls hinsichtl. einer Anwendung des § 36 — sofern zunächst ein deutscher „gewöhnl.r" Aufenthalt noch gar nicht begründet ist — auch hinsichtl. derjenigen des § 37 (vgl. Bäumer, a. a. O.) diese nur einstweilige JA.Vmdsch. der endgültigen gleich zu behandeln haben. Daß damit allerdings für letztere die „Voraussetzung" des Abs. 3 („falls" usw. . . .) beseitigt wird, ist praktisch ohne Belang, da § 39 Abs. 1 S. 1 eine glatte und unschwierige Überleitung in die endgültige Amts-Vmdsch. dieses festen („gewöhnlichen") Aufenthalts ermöglicht. — Ein besonderer Fall der Aufenthaltsnahme im Auslande geborener unehel. Kinder, welcher wohl gesetzgeberisch für die Aufnahme des Abs. 3 überhaupt in hohem Grade ausschlaggebend gewesen ist, war in dem jetzt „abgebauten" § 50 Ziff. 3 enthalten: „Übernahme" Hilfsbedürftiger, also auf öffentliche Unterstützung angewiesener, bisher im deutschen Inlande nicht aufhältlicher Minderjähriger aus dem Auslande „auf Verlangen einer ausländ. Staatsbehörde, auf Antrag eines Konsuls oder Gesandten des Reiches". Denn diese „Übernahme" wird ganz regelmäßig nicht allein die vom § 50 selbst geordneten jug.armenrechtlichen Folgen haben, sondern in einer großen, ja der überwiegenden Zahl von Fällen, — da die Unehel. besonders häufig „hilfsbedürftige" Minderj. sind, — auch die „Einleitung" einer Vormundschaft erheischen. Nach alle dem, zumal der klaren Umdrehung des Abs. 3 hat das RJWG. aber nicht den Grundsatz, daß auch ausländ. unehel. Kinder, welche im Deutschen Reiche, (für dessen politischen Begriff sinngemäß allein der Zeitpunkt der Aufenthaltsnahme maßgebend ist), nur ihren, obzwar „gewöhnlichen" Aufenthalt nehmen, der gesetzlichen Amts-Vormundschaft eines deutschen JA. unterliegen (s. dazu oben bei § 1 und über die Behandlung der bei ihnen eintretenden „Fürsorgebedürfnisse" im Sinne des § 7 Abs. 1, d. h. des „Bedürfnisses der öffentl. Jug.hilfe" schlechthin, bei diesem § 7; ferner § 44 Abs. 1 FGG.s u. Fr.-P. N. 14 zu § 35). — Eine gewisse u. zw. ziemlich erhebliche praktische Schwierigkeit bereitet gerade für den Fall des Abs. 3 die Vorschrift des Abs. 2 § 35; insofern dieser auf das „zuständige Vmdsch.Ger." ab- und letzteres zu einem nur einstweilig für das unehel. Kind tätig werdenden anderen Amtsgericht (vgl. oben zu Abs. 2) in Gegensatz stellt. Denn für die „Unehelichen" des Abs. 3 ist ein „zuständiges" Vormundschaftsgericht — innerhalb des Deutschen Reiches — ja begriffsmäßig gerade nicht vorhanden. Nach dem ganzen, im Vorstehenden entwickelten Zweck des Abs. 3 § 35 und in „entsprechender" Anwendung des letzten Halbsatzes von S. 1 § 36 Abs. 1 FGG. wird man hier als „zuständiges Vmdsch.Ger." dasjenige des „Aufenthalts" und zwar des Aufenthalts im S. des § 7 RJWG.s, also des „gewöhnlichen" Aufenthalts anzusehen haben, so daß die Zuständigkeit des Vmdsch.Ger. sich ganz ebenso bestimmt wie diejenige des JA. selbst, was zweifellos, auch rein praktisch, das einzig befriedigende Ergebnis! Richtig weist umgekehrt Fr.-P. N. 11 Abs. 1 darauf hin, daß Abs. 3 nicht zutrifft, wenn im deutsch. Inlande für das nur im Auslande (neu) geborene K. eine vmsch.gerichtliche Zuständigkeit bereits begründet ist, z. B. durch den Wohnsitz der Mutter, welche sich lediglich zum Zwecke der Niederkunft außer Landes begeben hat, sofern nämlich diese Zuständigkeit schon die Folge einer tatsächlichen Vmdsch.anordng. gehabt hat. Auch darin ist ihm zuzustimmen, daß bei Fortfall der letzteren Voraussetzung Abs. 3 auch auf diese „im Auslande geborenen" Unehelichen Anwendung findet, und daß er demgemäß gerade für sie immerhin eine gewisse praktische Bedeutung hat, weil das „zuständige" heimische Gericht die Vmdsch. doch nur bei Kenntnis des Geburtsfalles einleitet und letztere ihm unter solchen Umständen häufig fehlen wird. Aber die Bedeutung dieses Anwendungsfalles ist doch, zumal unter den jetzigen zwischenstaatlichen Verkehrsverhältnissen nicht zu überschätzen u. es ist auch ferner zu berücksichtigen, daß eine Verbringung („Rückverbringung") solcher unehel. K.er in das Deutsche Reich im allg. keinen von dem Wohnsitze der Mutter verschiedenen „gewöhnl. Aufenth." begründen wird. Nur wenn dies der Fall, wird die Zuständigkeit des § 35 Abs. 3 mit derjenigen des § 36 FGG.s konkurrieren, erstere aber tatsächlich im Wege der „Abgabe" nach § 39 der letzteren weichen. Eine Vorschrift des „internationalen Privatrechts" ist Abs. 3 nicht eigentlich, weil für deutsche Reichsangehörige („Kinder"), welche im Deutschen Reiche aufhältlich sind, erst vom Beginn dieses Verhältnisses ab, geltend. Immerhin steht er sachlich dem internat. Privatr. nahe, da er den Übergang einer Zuständigkeit von ausländischen Beteiligten, sei es nur von ausländischen Behörden, sei es von solchen Behörden (Vmdsch.ger.) u. Einzelpersonen (Vm.dern) auf deutsche Behörden (JA. und Vmsch.gerichte) ordnet. — Das Verfahren für die Durchführung dieses Übergangs, zumal die Behebung etwa seitens ausländischer Behörden auftretender Schwierigkeiten wäre, soweit die deutschen Behörden in Betracht kommen, ein geeigneter Gegenstand für Regelung nach § 15 RJWG.s (d. h. Ausf.-Vorschr. der Reichsreg.), im übrigen Sache diplomatischer Verhandlungen. Abs. 3 des Haager Abkommens trifft unmittelbar nicht zu. Seiner „entsprechenden" Anwendung dürfte aber nichts im Wege stehen. Das Gegenstück einer Verbringung von deutschen unehel. Kindern, welche noch nicht unter einer deutschen Vmsch. stehen, in das Inland ist der Verzug bereits unter deutsche Vmdsch. gestellter ins Ausland (vgl. schon oben). Auch dieser begründet das dringende Bedürfnis sozialfürs.ischer Maßnahmen. Darum ist es durchaus zu begrüßen, daß das Arch. Deutsch. Berufsvm.der in Frankfurt a. M. (Ztrbl. Vmschw. XI S. 215) eine geregelte „Mündelüberwachung im Auslande" eingerichtet hat, die versuchen will, eine möglichst ständige u. zuverlässige Verbindung der in der Heimat verbliebenen Angehörigen u. Vmder mit diesen über die Grenze, besonders den nach Amerika gegangenen Mündeln durchzuführen.

Für Bedürfnisse im engeren Sinne der spezifischen „Fürsorge", d. h. der durch die R.Vdn. vom 13. Februar 1924 geregelten (wörtlich: für den Eintritt einer „Hilfsbedürftigkeit") bestimmt bei unehel. K.ern § 8 Abs. 1 der gen. Vdn. eine besondere Zuständigkeit: des Bezirksfürs.-verbandes, in dessen Bezirke die Mutter im 10. Monat vor der Geburt zuletzt ihren „gewöhnlichen Aufenthalt" gehabt, in Ermangelung eines solchen des Landesfürs.verbandes, in dessen Bez. sie sich in diesem Monat zuletzt aufgehalten hat; falls ein solcher Bezirks- oder Landesfürs.verband nicht vorhanden oder nicht zu ermitteln, des „Landesfürs.verbands, dem der vorläufig verpflichtete Bezirksfürs.verband angehört". Da die „vorläufigen Maßnahmen", für welche nach § 7 Abs. 1 S. 2, in Vbdg. mit § 35 Abs. 3, das JA. als einstweilen „eingreifender" Amtsvmd. berufen ist, tatsächlich von den Maßnahmen zur Behebung einer Hilfsbedürftigkeit i. S. des § 8 Fürs.Pfl.Vdn. oft nur schwer zu trennen sind, so können sich aus dieser verschiedenen Bestimmung der Zuständigkeiten im Einzelfalle Schwierigkeiten ergeben. Umsicht und Takt der beteiligten Behörden werden ein möglichst reibungsloses Zusammenarbeiten zu gewährleisten haben. Dieses ist nach § 5 RJWG. auch geradezu Amtspflicht der JA. — Für Preußen kommt hier auch noch § 4 der Ausf.Vdn. (z. Fürs.Pfl.Vdn.) vom 17. April 1924 in Betracht: in gewissen Fällen der Bez.Fürs.Vbd. des Geburtsortes! — Bemerkenswert ist übrigens und erheblich auch nach der Seite dieser Konkurrenz in der Betreuung unehelicher Kinder, daß in Sinne der Fürs.Pfl.Vdn., nach deren § 9 Abs. 1 bzw. Abs. 3 weder „Eintritt oder Einlieferung in eine … Straf-, Arbeits- oder sonstige Zwangsanstalt (oder, was für unehel. Mütter von Bedeutung, der Eintritt in eine Kranken-, Entbindungs- usw. -Anstalt) noch die Unterbringung von Kindern in Pflege … gewöhnlichen Aufenthalt begründet!" — — —

Für Preußen erhält § 35 noch eine sehr wesentliche Ergänzung durch die Bestimmungen der „Übergangsvorschriften" in V des Ausf.Ges. Diese regeln die Behandlung solcher bereits in großen Teilen des Freistaates bestehender Einrichtungen, welche im Wesen der nun eingeführten „gesetzl. JA.Vmdsch." gleichkommen. Sie passen damit das in Preußen Bestehende möglichst dem Grundsatze an, daß über ein unehel. K. ein gewisses JA. auf der Grundlage eines bestimmten Tatbestandes ohne weiteres die Vmsch. „erlangt" und zwar in der Hauptsache so, daß auch bezügl. dieser schon gegebenen Verhältnisse das (örtlich berufene) JA. die Vmsch. „erlangt", aber unter weitgehender Schonung der unter dem bisherigen Recht begründeten Einrichtungen. Hierbei sind folgende **Gruppen von Fällen zu unterscheiden:**

A) Die „Gemeinde" oder der Kreis, deren Beamte oder Angestellte eine Vmdsch. von der Art, wie sie § 35 ff. dem JA. zuweist, (ganz oder teilweise) führen („alle oder einzelne R.e u. Pflichten von Vmd.n über Minderj.") ist „Träger" des JA. welches fortan nach § 35 cit. berufen ist. Alsdann gehen ohne weiteres, ipso iure die betr. Vmdsch.n auf das JA. über, — § 27 Ausf.Ges., und zwar nicht nur Amtsvmdsch.n im eigentlichen Sinne, d. h. da Preußen (vgl. oben Vorbem. zu Abschn. IV) eine andere Art der Amtsvormundschaft bisher nicht kannte, die von Beamten einer Gemeinde armen verwaltung gemäß Art. 78 § 4 Preuß. Ausf.Ges. zum BGB. „auf Grund ortsstatutarischer Bestimmung" über durch „öffentliche Armenpflege" unterstützte Minderjährige geführten Vmdsch.en, sondern auch die Sammel- oder „Berufsvmdschaften" (in dies. Sinne) von „Beamten oder Angestellten" der betr. Kreise oder Gemeinden. Hier rückt zwangsläufig das bezirksmäßig zuständige JA. in die vmdschaftl. Stellung des bisherigen Armenbeamten oder kommunalen „Sammelvormundes" ein, im vollen Umfange der bisher von diesen geführten Vmdsch., also, wenn letztere selbst in den Fällen des Art. 78 cit. nicht die ganze vmdschliche Betreuung, sondern nur einzelne „Rechte u. Pflichten" umfaßte, unter Beschränkung auf diesen Ausschnitt. Stellte sich dieser „Ausschnitt" als „Mit-, Gegenvmsch., Pflegsch., Beistandsch. oder ehel. Vmsch." dar, so gilt die unehel. JA.-Vmdsch. als „bestellte"; nur im übrigen, also allein bei unehel. K.n als „gesetzliche" Amtsvmdsch. § 29 Z. 1 Ausf.-Ges. Der „Übergang" setzt das JA. derart an die Stelle des bisherigen Vmdes, daß es im Falle einer Sammelvmdsch. der Erteilung einer „Bescheinigung" gemäß § 37 RJWG. nicht benötigt; § 29 Z. 2 des Preuß. Ausf.Ges.s Die den „bisherigen Sammelvormündern" erteilten Bestallungen „gelten als Bescheinigungen i. S. des § 37 cit." und bedürfen nur eines „kennzeichnenden Vermerks des JA." (Dieser „Übergang" hat aber zur ausdrücklichen Voraussetzung, daß die „bisherigen Sammelvmder" Beamte oder Angestellte der betr. Kreise oder Gemeinden waren und die Vmdsch.en „auf Anweisung ihrer Anstellungsbehörde", im kommunalen „Dienste" mittelbaren od. weiteren Sinnes führten; sind die Sammelvmd.sch., wie in kleineren Städten der Landkreise recht häufig, von jug.freundlichen Privaten, z. B. Geistlichen im Dienste der „freiw. Liebestätigkeit" geführt worden, so findet dieser Übergang nicht statt!) — Für Berlin gilt die praktische Sondervorschrift, daß der Magistrat von Groß-Berlin über die Verteilung der Vmdsch.en — d. h. der nach § 27 cit. von Gesetzeswegen auf das „zuständige" JA. übergehenden — auf die einzelnen Berliner Bez.JA. noch Bestimmungen zu treffen hat", da bei der großen Zahl der unehel. Vmdsch.en, welche hier zu führen sind, eine Festhaltung des Prinzips des § 7 RJWG. erhebliche Schwierigkeiten verursachen würde. (Hierzu sind inzwischen besondere, den Berliner Bez.JA. zirkularmäßig mitgeteilte „Grundsätze" ergangen, u. es hat ein ziemlich umfassender Austausch von Vmdsch.en nach gewissen formularmäßigen „Listen", unter Abgabe bzw. Übernahme der betr. Akten u. Konten, letzterer meist im Wege „kassenmäßiger Verrechnung", stattgefunden.)

B) Der betr. Kreis oder die Gemeinde ist nicht „Träger" des JA. Alsdann werden die „Beamten oder Angestellten" dieser kommunalen Körperschaften, welche „die Vmdsch. ausüben", (richtiger: bisher ausgeübt haben) „kraft Gesetzes beamtete Mitglieder des JA. u. gelten (als solche, vgl. ob. S. 236) für betraut mit Ausübung der vmd.schaftl. Obliegenheiten im S. des § 32 RJWG." § 28 Abs. 1 S. 1 Ausf.Ges. Diese Mitgliedschaft, (welche bei der Berechnung „der Zahl der beamteten Mitglieder des JA. gemäß § 4 Abs. 1" Ausf.Ges. — vgl. dazu oben bei § 9 — übrigens nicht mitzählt), braucht das JA. nicht endgültig anzuerkennen. Sein „Träger" hat ein Recht der Aufkündigung, also der Beseitigung der von Gesetzes wegen eingetretenen Folge mit der Wirkung, daß „einen Monat nach (dieser) Aufkündigung" die Mitgliedschaft und vor allem ihre vom Gesetze festgestellten „Wirkungen", d. h. die stillschweigende (zwangsläufige) „Betrauung" mit der Ausübg., genauer: der Fortführung der schon bisher wahrgenommenen Obliegenheiten „erlöschen". Das gleiche Kündigungsrecht hat aus naheliegenden Billigkeitsgründen die Gemeinde, um deren „Beamte oder Angestellte" es sich handelt. Praktische Bedeutung hat diese Regelung offenbar in erster Linie, ja wohl ausschließlich für die nicht

„kreisfreien" Städte. Auch in diesen sind bisher, soweit es sich nicht um rein ländliche Bezirke handelte, schon Berufsvmdsch.en des gedachten Sinnes eingerichtet gewesen: ein Sekretär oder bisweilen auch ein Magistratsdezernent („Ratsherr") war als städtischer Berufsvormund mit der Führung der überwiegenden Mehrzahl der unehel. Vmdsch.en „betraut" (sc. auf Grund jedesmaliger vmdsch.gerichtlicher Bestellung und Bestallung). Diese städtischen Berufsvm.der sollen im Interesse einer Kontinuität der Vmd.schaftsführung einer- und der Wahrung des Systems des RJWG. andererseits nunmehr als personelle Bestandteile von selbst in das JA. (bzw. das ersatzweise seine Funktionen versehende Wohlfahrts- oder sonstige Amt) der Kreiszentrale übergehen, jedoch unter Vermeidung eines nicht erträglichen Zwanges und deshalb kündbar. Die an sich recht annehmbare Lösung ergibt nur eine gewisse, bei dem Erlaß dieser Bestimmungen wohl nicht erkannte Unstimmigkeit: die „Übertragung" nach § 32 S. 2 wird entsprechend der schon jetzt ständigen Übung auch in Zukunft nicht, — wie § 32 S. 2 selbst allerdings vorsieht, — an „Mitglieder", sondern an „Beamte" erfolgen, da die Kleinarbeit der Vmdsch.„ausübung", zumal unter den heutigen Verhältnissen, die volle Kraft eines „beamteten Mitgliedes" nicht wird aufbrauchen dürfen. Das Ausf.-Ges. läßt aber im Falle des § 28 Abs. 1 die bisherigen „Berufsvmd.er" (Beamte oder Angest.e der nicht das JA. „tragenden" kommunalen Körperschaft) um des Einklanges mit den Grundlagen der Organisation willen stets „kraft Ges.s beamtete Mitglieder des JA." werden. Diese Mitgliedsch. ist jedoch nur das formale Mittel, die Berufsvmdsch. unterbrechungslos in eine solche des JA. überzuleiten. Darum werden diese „beamteten Mitgl." bei der Berechnung der von § 4 Abs. 1 angeordneten Zahl „nicht mit gerechnet", § 28 Abs. 1 S. 2. — In diesem Falle wird stets eine Rückgabe der Bestallung u. die Erteilung einer „Bescheinigung", welche dann für den anschließenden Vermerk gemäß § 32 S. 2 Raum bietet, gefordert werden müssen. Denn § 29 Abs. 2 will, da an den nur die Fälle des § 27 erfassenden Abs. 1 unmittelbar anknüpfend, offenbar auch allein für diese das vereinfachte Verfahren des bloßen „Vermerks" nachlassen (anders anscheinend Preuß. Begr. zu § 30). — In jedem Falle eines Vmdsch.-„überganges" nach §§ 27 ff. Ausf.Ges.s ist eine Mitteil.g an das Vmdsch.ger. unumgängl. (übereinstimmend Preuß. Begr. zu § 30, welche dies auch aus der W.R.Funktion herleitet!). Die Berliner JA. pflegen, was durchaus zu billigen, von sich aus alsbald auch die Angehörigen des Mündels zu verständigen und haben (wenigstens für die Anzeige an das Vmdsch.ger.) praktische Vordrucke eingeführt. —

Daß die Vorschriften des Unterabschn. zwischen vermögenden und nicht vermögenden Vmdsch.n nicht unterscheiden, bedarf kaum der Hervorhebung.

§ 36.

Der Standesbeamte hat die nach § 48 des Reichsgesetzes über die Angelegenheiten der freiwilligen Gerichtsbarkeit vom 17./20. Mai 1898 (Reichsgesetzblatt S. 189/771) dem Vormundschaftsgericht zu erstattende Anzeige über die Geburt eines unehelichen Kindes dem Jugendamt zu übersenden. Dieser Anzeige ist eine Mitteilung über das religiöse Bekenntnis anzufügen. Das Jugendamt hat unter Weiterreichung der Geburtsanzeige den Eintritt der Vormundschaft (§ 35) dem Vormundschaftsgericht unverzüglich anzuzeigen.

Die Vorschrift ist eine praktischen Erwägungen entsprungene und entsprechende Angleichung der „gesetzlichen JA.-Vormundschaft" an die „gewöhnliche" Vmdsch. des BGB. — die Bestimmung einer äußeren Ordnung (vgl. schon oben zu § 35 Abs. 3), welche die Amts-Vmdsch. in einer wichtigen Beziehung mehr der technischen Dienstpragmatik der Einzel-Vmdsch., dem erklärten Normalfall des Reichsrechts, analog gestaltet. Die für letztere vorgeschriebene Pflichtanzeige des Standesamts von dem unehel. Geburtsfalle — § 48 FGG.s — ist beibehalten. Durchaus sachgemäß: denn sie allein vermittelt die praktische Wirksamkeit der den Unehel. vom Gesetze zugedachten vmdschaftl. Betreuung. Ganz folgerichtig ist aber, gemäß deren vom RJWG. vollzogenen grundlegenden Wandlung, die Adresse geändert, an welche diese Anzeige zu erstatten: nicht mehr das Vmdsch.ger., welches — nach dem BGB. und auch schon nach der Preuß. Vmdsch.Ordn. von 1875 — durch Auswahl und Bestellung dem Unehel. einen Vormund beschafft, sondern das JA., als Vormund von Gesetzeswegen, ist jetzt Empfänger. Die Schleunigkeit dieser Anzeige anordnet, als für die Wirksamkeit der JA.-Amtsvmdsch. eminent wichtig, für Preußen die Verf. des Min. d. Inn. v. 27. Sept. 1923 (Min.Bl. inn. Verw. 1923 S. 988; vgl. auch Ztrbl. Vmschw. Nov. 1923, S. 158: es sei Sache des Anzeigepflichtigen, innerhalb der gesetzl. 1wöchigen Frist eine vollständige, für die Eintragg. genügende Anzeige zu erstatten. Gelinge innerhalb jener Frist Abschluß der Ermittelungen nicht, so müsse wenigstens das Bekannte mit entsprechendem Vermerk eingetragen werden. Die Verfügg. warnt ferner vor einer Verzögerung der Eintragungen im Hinblick z. B. auf eine etwa beabsichtigte Verheiratung der Kindeseltern u. die durch sie erstrebte Legitimation des Kindes; das führe u. U. Bestrafung aus § 169 RStGB.s herbei). Neuestens betont noch schärfer diese Dringlichkeit der St. Anzeige für Preußen Verf. Min.s d. Inn. v. 4. Nov. 1924, (vgl. Ztrbl. Jugr. XVI S. 291: Anzeige an das JA., und zwar stets das der unehel. Geburt, „unverzüglich" auch dann, wenn Pers.st.nachrichten über unehel. Mutter und Kind „ganz unvollständig", Ermöglichg. von Nachfragen der JA. Beamten im Niederkunftsquartier, ehe die unehel. Mutter dieses verlassen, Pflicht monatl. fortlaufender Nummerierung der Anzeigen). Weitergehend als hier Preußen verlangt z. B. Braunschweig in der Vdn. v. 29. Nov. 1924: Anzeigen binnen 48 Stunden! (Art. 1 das.) — — Das Gesetz selbst hat dies unmittelbar nicht ausgesprochen: weder in § 36 S. 1 RJWG., noch in dem dort ausdrücklich in Bezug genommenen § 48 FGG. Die Dringlichkeit der Anzeige kann aber teils nach dem Sinne der ganzen Einrichtung der gesetzl. JA. Vmdsch. (vgl. ob. Vbmk. zu § 35) teils auch positiv-rechtlich nach der Vorschrift des S. 3 § 36 RJWG.s, welcher (s. unten) von dem JA. wiederum die „unverzügliche" Anzeige an das Vmdsch.-Gericht über den ihm, dem JA., durch die „Geburtsanzeige" bekannt gewordenen Eintritt der „Vormundschaft" und als äußeres Mittel dieser Anzeige an das Vmdsch.-Gericht die „unverzügliche" Weiterreichung der ihm, dem JA., zugegangenen Geburtsanzeige fordert, keinem Zweifel unterliegen. — S. 2 § 36 enthält eine positive Sondervorschrift über den Inhalt der dem JA. vom StA. zu erstattenden Anzeige des unehel. Geburtsfalles: das Erfordernis der „Mitteilung" auch „des religiösen Bekenntnisses" des Neugeborenen, beruhend auf § 33 Abs. 3 (vgl. dort, insbes. auch schon über den in § 36 S. 2, abweichend von der bisherigen Regelg. in der Nov. z. Pers.St.Ges., liegenden Bruch mit Art. 136 Abs. 3 R.Verf.) Denn nur, wenn das „relig. Bekenntnis" des „Amtsmündels" dem A.-Vormund authentisch bekannt gegeben worden, ist dieser in der Lage, die durch letztere Bestimmung angeordnete „Rücksichtnahme" walten zu lassen. —

S. 3 § 36 bringt den leitenden Gedanken des Hand-in-Hand-Arbeitens von JA. und VmdschGer. (vgl. darüber neuestens Storck, Ztrbl. Jugr. XVI S. 249 ff.) auch bei der Führung der gesetzlichen A.-Vormundschaft, wie er schon in Abs. 2 des § 35 deutlich zur Geltung kommt, bes. klar zum Ausdruck. Zum Zwecke dieses Zusammenarbeitens soll das JA. mit aller Beschleunigung, „unverzüglich", mit dem Vmsch.-Ger. Fühlung nehmen und zwar wiederum aus naheliegenden technischen Gründen, nämlich, um so das VmdschGer. von Anfang an möglichst vollständig auf dem Laufenden zu halten, unter „Weiterreichung" der Geburtsanzeige (des StA., vgl. ob. zu S. 1). Diese Weiterreichung ist unbedenklich als „urschriftliche" zu verstehen, also als Fall einer gesetzl. Anerkennung des in der Praxis schon sonst so sehr begünstigten „kurzer Hand" Geschäftsverkehrs der beteiligten Behörden. Eine sehr erhebliche, in anbetracht der verschiedenartigen Gesichtspunkte des § 35 (vgl. dort) keineswegs unzweifelhafte Frage ist aber die nach der VmdschGer. Zuständigkeit zum Empfange der „Weiterreichung". Man wird sie unbedenklich im S. des § 35 Abs. 2 dem endgültig diese Funktionen wahrnehmenden VmdschGer. zusprechen.

Zur praktischen Durchführung der gerade dort vorgesehenen Zuständigkeit für (einstweilig) „erforderliche vmdsch.gerichtl. Maßnahmen" (die mit solchen eines „einstweiligen", d. h. bei „Gefahr im Verzuge" einsetzenden Pfl.K.Schutzes sachlich zusammenfallen können, wie neuestens Storck, Ztrbl. JugR. XVI S. 250 zutreffend hervorhebt; bedenklich nur die dort von ihm befürwortete Bestellg. eines Pflegers" zur anderweiten Unterbringg. des in der bisherigen Pfl.stelle „gefährdeten" K.s, da mit der gesetzl. Vmdsch. des JA. Amtsvmds. sicher nicht vereinbar,), jedoch Bekanntgabe des unehel. Geburtsfalles auch an das so nur vorübergehend zur Fürs. berufene VmdschGer. unentbehrlich. Das die Amtsvmdsch. „erlangende" JA. wird also in den Fällen (des Erfordernisses) solcher „vmdschgerichtl. Maßnahmen", etwa durch beglaubigte Abschrift der st.a.lichen. Geburtsanzeige auch dem für die einstweiligen Maßnahmen zuständigen Gerichte mit aller Beschleunigung den Eintritt der „Vormundschaft anzuzeigen haben". (vgl. zu § 35).

Durch die von Storck a. a. O. neuestens lebhaft befürwortete Vereinigg. von JA. u. VmdschGer. — oder nach Storck genauer: „VmdschAmt" — würden selbst bei bloßer „Personalunion", der Storck das Wort redet, all diese mehr technischen Schwierigkeiten allerdings fortfallen. Doch dürfte der insoweit erzielte Gewinn die dagegen sprechenden Bedenken kaum überwiegen.

§ 37.

Das Vormundschaftsgericht hat dem Jugendamt unverzüglich eine Bescheinigung über den Eintritt der Vormundschaft zu erteilen, die bei der Beendigung der Vormundschaft zurückzugeben ist.

§ 37 bildet die naturgemäße Abwandlung des Grundsatzes des § 1791 BGB.s, welcher die reichsrechtliche VmdschOrdnung beherrscht. (des Bestallungs-Prinzips): mit „der Bestellung" des Vormundes — durch das VmdschGer. — welche die Norm des bisherigen Deutschen VmdschRechts, insbesondere des BGB.s bildet, muß auch die Bestallung beim JAVormund in Fortfall kommen. Denn diese ist nur der formale — allerdings sakramentelle — Ausdruck jener, das authentische Zeugnis der zur Vormund-Bestellung berufenen Behörde über letztere. Für Vormünder, welche ihr Amt von Gesetzes wegen „erlangen" — § 35 Abs. 1 — ist zu einem solchen „Zeugnisse" kein Raum mehr, schon — freilich nicht allein — deshalb, weil ja auch die zu seiner Erteilung berufene b e s t e l l e n d e Behörde fehlt. — Sehr einfache praktische Erwägungen aber heischen einen Ersatz dieses Zeugnisses für den Fall unserer gesetzl. JAVormundschaft: ihr muß für ihren regelmäßigen vormundschaftlichen Verkehr mit der Außenwelt, insbesondere mit Behörden, ein geeigneter unmittelbarer Ausweis über ihre vormundschaftliche Eigenschaft jeder Zeit zur Verfügung stehen, aus Gründen der Beschleunigung und sonstigen Erleichterung dieses Verkehrs, da die anderweite Feststellung dieser Amtsführung, wenn auch im Falle der gesetzlichen JAVormundschaft keineswegs unmöglich, (durch Feststellung von Zeit und Ort der unehelichen Geburt) doch den vormundschaftlichen Verkehr des JA. unerträglich hemmen und umständlich gestalten würde. —

Sachgemäß überträgt die Erteilung dieser „Bescheinigung", welche die Bestallung des § 1791 hier ersetzen soll, das RJWG. dem VmdschGer. Sie ist der beinahe natürliche Widerhall der nach § 36 S. 3 pflichtmäßig vom JA. dem VmdschGer.e zu erstattenden „Anzeige" und drückt die oben (vgl. zu § 36) hervorgehobene dauernde Fühlung zwischen beiden Amtsstellen, aber auch die aufsichtliche Überordnung des VmdschGer. über das JA. im Sinne des § 1837 BGB. (vgl. das. zu § 33 Abs. 2) aus. Gemäß dem schon mehrfach dargelegten Grundsatze des RJWG., die vormundschaftl. Fürsorge für das unehel. Kind möglichst mit allergrößter Beschleunigung einsetzen zu lassen, ist die „Bescheinigung" über den Eintritt der Vormundschaft dem JA. ganz ebenso wie des letzteren Anzeige nach § 36 S. 3 — „unverzüglich" (§ 121 BGB.s) zu erteilen. — Die volle Kongruenz der beiden behördlichen Äußerungen über die gesetzl. JAVormundschaft — der Anzeigen-„Weiterreichung" und der Erteilg. der „Bescheinigg." —, zeigt sich auch darin, daß die eine wie die andere den — s c h o n e r f o l g t e n — „Eintritt" der Vormundschaft betreffen. Auch die „Bescheinigung" hat also, was freilich gleichermaßen von der Bestallg. des § 1791 zu sagen ist, nicht etwa konstitutive, sondern rein deklaratorische Bedeutg. Vgl. R.Ger. Z.S. Bd. 74 S. 263 ff. u. hier sofort.

In diesem Sinne betont Bäumer, Komm. zu § 35 S. 125, für den Fall des § 35 Abs. 3 (vgl. schon ob. zu dies. § S. 255 a. E.) die ausnahmsweise „konstitutive Wirkung". Darum ist einerseits die Gültigkeit einer vmdsch.lichen Betätigung des JA. als solche von der Erteilung dieser „Bescheinigung" keineswegs abhängig, die Betätigung kann, ja, nicht selten, muß u. U. sehr wohl mit voller rechtlicher Kraft schon vorher einsetzen. Umgekehrt wird aber eine objektiv unberechtigte tatsächliche Ausübung der Amtsvmdschaft keineswegs rechtsgültig durch den Besitz einer irrtümlich erteilten, also fehlerhaften „Bescheinigung"; auch der Schutz eines etwa gutgläubigen Dritten gegenüber solcher fehlerhaften „Bescheinigung" ist dem RJWG. ebenso unbekannt, wie dem Reichs-Vormundschaftsrechte des BGB. ein solcher hinsichtlich der Bestallung (vgl. Köhne-Feist b. Maercker Nachlaßbehandlg. 19. Aufl. Bd. II S. 437, wo zutreffend u. in Übereinstimmung mit der herrschenden Ansicht, s. z. B. auch Warneyer Handausg. zu § 1791 BGB.s und aus der R.sprechg. vornehml. die oben gen. RGerEntsch. ZivS. Bd. 74 S. 263, durch welche der Vmd.-Bestallg. die Eigenschaft eines selbständigen Legitimationspapiers abgesprochen wird). Die fehlerhafte Erteilung einer „Bescheinigung" nach § 37 ist, wenn sie auch selten vorkommen wird, doch praktisch wohl denkbar, (z. B. bei immerhin keineswegs ausgeschlossenen Zweifeln über die Grenzen der örtlichen Zuständigkeit, des „Bezirkes" eines JA.). — Noch größere praktische Bedeutung hat der Fall fehlerhaften Besitzes einer „Bescheinigung" nach § 37, welcher auf der etwaigen Nichtbefolgung der Schlußanordnung dieses § beruht. Eine solche Verabsäumung kann zumal in den Fällen des § 39, auch wohl des § 40, im Betriebe eines größeren JA., z. B. beim Wechsel der nach § 32 S. 2 berufenen Einzel-Beamten sehr wohl unterlaufen. — Weniger praktisch dürfte die Betrachtung bei Blaum, Komm. N. 1 zu § 37 über den Fall einer Verweigerung der „Bescheinigung" seitens des VmdschGer.s sein. Sie wird kaum jemals sich ereignen, da schlechterdings kein Interesse des VmdschGer.s daran einzusehen und jeder Zweifel über den Eintritt oder Nichteintritt der JAVormundschaft, sofern überhaupt zur Erörterung und Nachprüfung gelangend, sofort und einfach zu beheben ist. Auch die Anwendung des § 19 FGG. auf solche „Verweigerungsfälle" erscheint nach der Fassung des letzteren § („Verfügungen des Gerichts": also doch wohl positive Maßnahmen!) bedenklich. Gegebene Abhilfe dürfte vielmehr die Dienst-Aufsichtsbeschwerde sein. — Wie in Vorstehendem schon ausgesprochen, verbleibt die „Bescheinigung" nur so lange in den Händen des JA., als dessen AmtsVmdsch. dauert. Nach deren Beendigung ist sie „zurückzugeben", u. zwar natürlich an die Ursprungsstelle, das „VmdschGer." Auch dies entspricht analog der reichsrechtlichen Ordnung der „bestellten" Vormundschaft. (§ 1839 Abs. 2 BGB.) Die Rückgabe wird nicht weniger „unverzüglich" zu bewirken sein, als bei Beginn der JA.-Vmdschaft die „Erteilung", schon zur Vermeidung solcher Unstimmigkeiten, wie soeben als möglich hervorgehoben, nicht minder aber nach dem allgemeinen Grundsatze größter Eilbedürftigkeit auch des gesamten Amts-Vmdschafts-Betriebes, (praktisch zumal in den Fällen eines Wechsels der JAVmdsch., § 39 RJWG.s, s. dort, wichtig!) Wie die Erfüllg. dieser Amtspflicht gegebenenfalls zu erzwingen, ist nicht recht ersichtlich. Das dem Einzelvormund gegenüber nach gemeinem Reichsrecht, § 1837 Abs. 2 BGB., gegebene Druckmittel der Ordngsstrafe versagt beim JA., vgl. S. 241, nach § 33 Abs. 1 RJWG. Der für Preußen nach AG. (RJWG.s) § 15 gegen „Entscheidungen der JA." gegebene

Einspruch kommt füglich nicht in Frage, da eine die „Bescheinigung" betreffende Rückgabeweigerung keinesfalls als „Entscheidung" (in dies. S.) anzusprechen ist. Auch hier wird demnach nur Aufsichtsbeschwerde bei der dem JA. übergeordneten Dienststelle helfen. —

Die äußere Form der „Bescheinigung" ist unbezweifelbar und unbedenklich Sache des Landesrechts; sie wird zweckmäßig sich an die schon eingeführte Form der Vmdsch.Bestallung anlehnen.

Für Preußen hat der JustMin. in der Allg. Verf. v. 19. März 1924 (Nr. 124) unter V. für die „Bescheinigung" jetzt den amtl. Vordruck Nr. 59 eingeführt.

Die Aufgabe einer praktisch bedeutsamen Neuregelung aber erwächst nach dem bereits oben zu § 32 S. 232 ff. Bemerkten diesen Ausführungsbestimmungen durch § 32 SS. 2 u. 3 RJWG.s Die „Bescheinigung" nach § 37 ist sinngemäß zweifellos stets auf das JA., die Gesamtbehörde, auszustellen, denn bei diesem ist die Vmdsch. „eingetreten", über welche sich die „Bescheinigung" verhält. Die vom JA. vorgenommene „Übertragung" nach § 32 S. 2 RJWG.s bedarf selbstverständlich besonderen Ausdrucks. Die Zuständigkeit dafür wurde — vgl. ebenfalls ob. S. 236 — dem JA. selbst zugesprochen, obwohl systemgemäß auch gegen eine Erteilg. dieses Zeugnisses durch das VmdschGer., dem alsdann die „Übertragung" einwandfrei nachgewiesen werden müßte, nichts zu sagen wäre, zumal dieses Verfahren vielleicht besser sogar die Einheitlichkeit u. Authentizität der äußeren Legitimation wahrt. Eine Kundbarmachung durch das JA. selbst als die unmittelbar beteiligte Stelle läßt sich aber keinesfalls beanstanden. Auch die äußere Form dieser Angabe des Übertragungsverhältnisses ist schon oben zu § 32 S. 2 berührt worden. Sie, ebenso wie die Zuständigkeit dafür wird landesrechtlich zu regeln sein, obwohl bedenkenfrei einerseits natürlich auch ReichsAusführVorschrift nach § 15 RJWG.s zuzulassen sein würde, ferner „Richtlinien" der LandesJA. als ausreichend gelten dürfen. Für Preußen gibt (vgl. alsbald) die schon ob. zu § 35 erwähnte Bestimmung des § 29 Z. 2 AusfGes. — „Vermerk des JA."! — einen Anhalt, im übrigen schweigt dieses Ges. hierüber ganz, ebenso wie die AusfAnw. des Min. f. Vwf., welche beide auf solche Einzelfragen der JAVmdsch. überhaupt nicht eingehen. (Neuerdings begnügen sich auch die oben S. 248 erwähnten Gr.Berliner „Richtlinien für die Führg. der Amtsvmdsch." mit der Anordnung einer „Bescheinigg. des BezJA." als „Ausweis" des Stadtvmds. ohne jede nähere Bestimmung ihrer Form und Fassung). Auf der Danziger Tagg. Deutscher Berufsvmd.er Ende Juni 1923 wurde bei Erörterung dieser „Legitimations"formen gerade im Hinblick auf die Berliner Praxis auch äußerlich eine möglichste Verbindg. der „Bescheinigung" des § 37 mit dem Spezialausweise für den Einzelbeauftragten dringend empfohlen, so z. B. die Berliner Übung, den „Spezialausweis" auf die Rückseite (oder auch eine Allonge) der „Bescheinigung" zu setzen. Die an sich ebenfalls durchaus zu empfehlende (vgl. auch hierzu schon oben) Veröffentlichg. der „Übertragung" im amtl. Organ des zuständigen JATrägers (Kreis-, Reg.-, Amtsbl. u. dgl.) kommt praktisch nur für Landbezirke oder doch kleinere Städte in Betracht, da in größeren solche Veröffentlichungen doch nicht genügende Beachtung finden und den Zweck tunlichster Publizität verfehlen würden. Neben ihnen wird vorsorglich ein entsprechender „Vermerk" jedenfalls ratsam sein, bes. für die Verwendung in Prozessen, weil die Bekanntmachungen in den amtl. Blättern von den Richtern nicht immer mit genügender Aufmerksamkeit gelesen und verfolgt werden. Wer den „Vermerk" des JA. zu vollziehen hat, hängt von der Satzung des letzteren ab. Bei übertragung wirklich nur einzelner Obliegenheiten, der „Ausübung" einer bestimmten Vmdsch. wird man die Unterschrift der „leitenden Fachbeamten", mindestens aber die des „Vorsitzenden" genügen lassen dürfen. Generellere „übertragungen", die tatsächlich besonders in größeren Betrieben die Regel bilden werden und sachlich, als übertragung einer „Gruppe von Geschäften", der „Delegation" des § 11 S. 1 gleichkommen, werden bei ihrer einschneidenderen Tragweite die Unterschrift auch des „Vorstandes des Selbstverwaltungskörpers" (vgl. § 15 Z. 2 des preuß. AusfGes.) erheischen. Der Amtsstempel des JA. oder, wenn dieses selbst einen solchen nicht besitzt, derjenige seines „Trägers" erscheint stets erforderlich, Bezugnahme auf den Beschluß des JA., welcher die „übertragung" ausgesprochen hat — von Blaum, Komm. N. 6 zu § 32 anscheinend als wesentlich betrachtet — aber nicht unerläßlich. Ein ergänzender Vermerk des JA. wäre, auch soweit man sich dafür entscheiden sollte, in der Hauptsache die „übertragung" durch das VmdschGer. bezeugen zu lassen, unentbehrlich, um die Unterlage, auf welcher dieses hierbei gefußt hat (vgl. oben), evident zu machen. — Die „Bescheinigung" über den Eintritt der JAVmdsch. gehört in Preußen nach der Verf. des Just. Min. v. 28. Mai 1923 (zur Ausführung des ReichsGes. z. Entlast. der Ger. v. 11. März 1921) zu den richterlichen Geschäften, welche dem Gerichtsschreiber zu selbständiger Wahrnehmung (als sog. „Rechtspflegeorgan") überwiesen werden können. Gleiches wird demgemäß auch von sonstigen Zeugnissen gelten müssen, die etwa in dieser Richtung dem VmdschGer. noch zugesprochen werden. In Preußen geschieht sie, vgl. S. 260, in einem bes. Falle, nämlich bei dem übergange der bisherigen „Berufsvmdschaften" auf die JA. — sei es, daß dieser sich unmittelbar, sei es, daß er sich durch das Mittel der zwangsläufig in das JA. als „Mitglieder" ein-, und dieses fortan als „Beauftragte" nach § 32 S. 2 vertretenden Berufsvmder („Beamten oder Angestellten") vollzieht, vgl. oben zu § 35 a. E., die „Bescheinigung" vom JA. erteilt — durch Kennzeichnung der bisherigen Bestallung mittels eines JAVermerks. Das kann aber nur dann als zulässig erachtet werden, wenn wirklich, wie § 27 Z. 2 AusfGes.s voraussetzt, die „bisherigen" Berufsvmder nur nach dem „übergange" auf das JA. die Vmdsch. weiter ausüben. Andernfalls muß die Bestallg. des bisherigen B.Vmds. an das VmschGer. zurückgegeben und von letzterem eine (neue) „Bescheinigung", dem B.Vmd. selbst dabei, wenigstens durch eine kurze entspr. Erklärung, Entlastung erteilt werden. Die Praxis der Berliner JA. ist aber, und zwar soweit ersichtlich, allgemein eine andere: sowohl dann, wenn bei dem „übergange" gemäß § 27 Z. 2 Ausf.-Ges.s gleichzeitig ein Wechsel in der „übertragung" nach § 32 S. 2 RG.s eintritt als auch, wenn der „übergang" selbst sich an ein anderes JA. vollzieht (wie zufolge § 27 Z. 3 AG.s in Gr. Berlin häufig) und letzteres nunmehr einen seiner Beamten gemäß § 32 S. 2 beauftragt, begnügen sich die JA. mit der kurzen Vordruckanzeige an das VmdschGer. Mit dem Gesetze keinesfalls voll in Einklang! — Wenn die „Bescheinigung" von dem JA. selbst und nicht von einem mit der Vmdsch. „betrauten" Einzelnen praktisch gebraucht werden soll, wird man mit Blaum a. a. O. (N. 6) irgend eines Zeugnisses über das „satzungsmäßige" Vertretungsverhältnis nicht entraten können. Dieses braucht aber mit der „Bescheinigung" nicht verbunden zu werden, ja wird sogar zweckmäßig von ihr getrennt gehalten, weil noch zu anderen Zwecken benötigt. — Ob auch neben dem „Betrauungs"Vermerk eine Bezugnahme auf die Satzung geboten, ist Sache des richterlichen oder sonst behördlichen Ermessens. — Zu beachten ist nämlich, daß in dem, wenn auch keineswegs einzigen, so doch praktisch zweifellos wichtigsten Falle der Verwendung im Rechtsstreitverfahren die „Bescheinigung" und die sie vervollständigenden Vermerke usw. tatsächlich die Funktion der Prozeßvollmacht haben und daß, wenn auch nach § 88 Abs. 2 ZPO. im amtsgerichtl. Verfahren „der Mangel der Vollmacht von Amtswegen zu berücksichtigen", doch in der Prüfung und Feststellung ihres Vorliegens das richterliche Ermessen nicht formal gebunden ist. — Ebenso wie die Bestallung des § 1791 ist natürlich auch die „Bescheinigung" unseres § 37 stempelfrei.

§ 38.

Auf Antrag des Jugendamts oder einer unverehelichten Mutter kann für eine Leibesfrucht ein Pfleger bestellt werden, auch wenn die Voraussetzung des § 1912 Satz 1 des Bürgerlichen Gesetzbuchs nicht gegeben ist. Der Pfleger wird mit der Geburt des Kindes im Einverständnis mit dem Jugendamt Vormund. In diesem Falle findet § 35 keine Anwendung. Die Vormundschaft wird bei dem Vormundschaftsgerichte geführt, bei dem die Pflegschaft anhängig war.

Die Bestimmung ist, weil in diesem Ausmaße eine Neuerung, eine Bereicherung des bisherigen Vmdschrechts. Man kann sie als „Mutterschutz" besonderer Art, nämlich einen nicht der Mutter selbst, wie nach § 4 Z. 2 RJWG., sondern dem noch ungeborenen, erst erwarteten Kinde geltenden bezeichnen. Sie ist nicht ohne Einwendungen geblieben, insoferne als man in ihr eine „Durchbrechung bezw. Lockerung der automatisch eintretenden Amtsvmdsch. für alle unehelichen Kinder" (so Lina Köpp, Referat f. d. „Wegscheide"-Kursus, Ende Sept. 1922, Pädagog. Magazin Hft. 2 S. 15) gefunden hat. In der Tat kann bezweifelt werden, ob die Vorschrift in dieser Gestaltung aus dem Gesichtspunkte der Systemeinheit des neuen JWRechtes ganz wünschenswert ist. In ihrem Grundgedanken — als besondere Steigerung des Bestrebens nach schleunigster, frühester Fürsorge für das unehel. Kind (nur diesem gilt selbstverständlich auch § 38; (vgl. dazu schon die Ausführungen v. Dr. Bornstein auf der XI. Tagung des Archivs der deutschen Berufsvmder im Sept. 1917 (vgl. S. 251), Bericht S. 35, welcher forderte: „rechtzeitiges Einsetzen, in der Mutter das Kind schon schützen ..... wir müssen eigentlich dem Kinde schon 9 Monate vor der Geburt einen Berufs-Vormund bestellen") — ist sie durchaus zu billigen. —

Diese Fürsorge für das noch ungeborene Kind wird sachgemäß und entsprechend dem System des gemeinen ReichsVmdschRechts einem „Pfleger" übertragen. Denn einen Vormund erhält nach diesem nur eine (schon vorhandene) Person, die aus irgend welchen in ihr liegenden Gründen, ihre Angelegenheiten selbst für eine gewisse Dauer nicht zu besorgen vermag. Hier ist eine solche Person erst in Erwartung, ja ungewiß, ob sie je zur Existenz gelangen wird. Im Sinne möglichst weitgehender JugFürs. auch in dieser vorbereitenden Richtung gestaltet § 38 ihre Voraussetzungen gegenüber dem d. Gemein. Reichsrecht wesentlich freier. Die „Voraussetzungen" des § 1912 BGB.s (vgl. S. 1 das.), der den gesetzgeberischen Vorgang für diesen § bildet, sind — ausdrücklich — fallen gelassen: die Pfleger-Bestellung des § 38 ist abweichend von § 1912 cit. nicht auf die „Wahrung künftiger Rechte, soweit diese einer Fürsorge bedürfen", beschränkt, sondern unbeschränkt zulässig, wenn — diese allgemeine „Voraussetzung" ist den Grundgedanken der Gesamtordnung des RJWG. zu entnehmen — das „Wohl" des künftigen Kindes, das „JWohl" in diesem Sinne sie verlangt. (Damit ist für Preußen bes. auch die ziemlich strenge Rsprechg. des Kamm.-ger.s überwunden, welches — s. Näh. Köhne-Feist bei Maercker II S. 503 V — die Pflegschaft für die Leibesfrucht als durch ganz bestimmte, besonders wahrzunehmende Re. bedingt ansah und diesen z. B. den allg. Unterhaltsanspruch des künftigen K.s nicht zurechnete; vgl. alsbald unt.!) Eine „Voraussetzung" des § 1912 S. 1 ist allerdings stillschweigend übernommen: daß bei der Geburt des nasciturus eine „elterl. Gewalt" nicht begründet wäre. Denn die R.swohltat des § 38 S. 1 ist, wie aus seiner Stellung im System (Unt.Abschn. b) unabweisbar folgt, auf unehel. K.er beschränkt, und über diese ist, ungeachtet des Personensorgerechts der unehel. Mutter (§ 1707 BGB.s), niemals die elterl. Gewalt gegeben. Vgl. auch dazu Köhne-Feist, a. a. O. S. 384! In Einzelheiten bleibt allerdings die Norm des § 38 hinter derjenigen des § 1912 S. 1 zurück, insofern nämlich dort die Pflegerbestellg. nur erfolgen „kann", hier (arg. die kategorische Fassung: „erhält") erfolgen muß. Wenn man will, auch durch die ausdrückliche Vorbedingung des förmlichen „Antrags", der praktisch allerdings auch für die Anwendg. des § 1912 S. 1 nie fehlen wird. Daß für die Fälle des letzteren neben diesem § 38 RJWG.s noch Geltung hat, bedarf kaum der Hervorhebung. — Die Aufgabe des Pflegers besteht, der freieren Behandlg. des Bestellungsgrundes entsprechend, in jedem Falle, selbst wenn besonders „wahrzunehmende" Angelegenheiten seine Bestellung ergeben und erfordert haben, in der Fürsorge für das „Wohl" des künftigen K.s im weitesten Sinne und Ausmaße; bei pflichtmäßiger Ausübg. dieser Fürs. wird er einengende Weisungen auch von „Beteiligten" zurückweisen können. — Die „Bestellg." obliegt, nach der Fassung unzweifelhaft, dem VmschGer., u. zwar gemäß den Vorschriften des BGB.s u. FGG.s über Bestellg. von Pflegern. Denn hier handelt es sich ja eben um die besondere behördl. „Anordnung" eines FürsVerhältnisses, nicht um dessen „Eintritt" von Gesetzeswegen. Im Sinne des § 38 wird für diese Bestellg. in aller Regel eine Einzelperson zu wählen sein. Dies legt positiv das Gesetz selbst durch Feststellg. eines Antragsrechts des JA. und durch S. 2 § 38 nahe. Doch wäre die etwaige „Bestellg." eines JA., bei der allg. Zulassung von JAPflegschaften nach § 46 RJWG., nicht gesetzwidrig. — Die wenig präzise Regelg. des Antragsrechts für diese Pflegschaft gibt zu gewissen Zweifeln Anlaß: welches JA. ist zu dem Antrage berufen und berechtigt? Sinngemäß wohl das für den Wohnsitz oder, nach der Maxime des § 7 RJWG., für den „gewöhnlichen Aufenthaltsort“ der künftigen Mutter zuständige. Allerdings wird man hier nicht etwa den Grundsätzen der FürsPflVerordn. — § 8 Abs. 1 S. 1 (vgl. oben zu § 35 a. E.) folgen und auf den „zehnten Monat vor der Geburt“ als die vermutliche Empfängniszeit abstellen dürfen. Denn nach der Art dieser Fürsorge, über die Näheres noch sogleich zu sagen, ist es gerade sehr wichtig, daß sie in möglichst unmittelbarer Fühlung mit der Schwangeren und schnell, zumal ohne Verzögerung durch langwierige Zuständigkeitsermittelungen einsetzt, und das kann natürlich nur am jeweiligen „gewöhnlichen Aufenthalte“ geschehen. Statt „einer unverehelichten Mutter“ mußte korrekt das „Antragsrecht“ „der“ ihre Niederkunft Erwartenden zugesprochen werden. Dieser steht es aber ohne zeitl. Beschränkung, also auch schon in den allerersten Monaten der Schwangerschaft (vgl. das früher zu § 4 Z. 2 Gesagte) zu. Praktisch hat allerdings die Einrichtung hauptsächlich für die späteren Monate (insofern richtig Blaum N. 1 S. 2) zumal durch rechtzeitigen Gebrauch von dem Rechtsbehelfe des § 1716 BGB. Bedeutung. Rein für Bedürfnisse der künftigen Mutter ist sie nicht gegeben, mögen diese auch unmittelbar in ihrem Zustande, den § 11 Abs. 5 FürsPflVerordn. noch ausdrücklich von den „Krankheiten“ im S. dies. Ges.s ausnimmt, begründet sein. Tatsächlich werden aber die FürsBedürfnisse des Kindes und diejenigen der Mutter gerade vor der Geburt zusammenfallen. Das Antragsrecht der minderjährigen, nicht voll geschäftsfähigen Schwangeren ist unbedenklich auf ihre gesetzlichen Vertreter zu erstrecken. Andererseits ist es nach dem Grundsatze des § 1 S. 1 RJWG., vgl. Erl. dazu, auf deutsche unehel. Mütter beschränkt. — Für die Form des Antrags gilt dasselbe wie im Falle des § 39 (vgl. näheres dort). Da die Pflegerbestellung des § 38 über das Gemeine Reichsrecht hinaus einen „Mutterschutz“ um des werdenden „deutschen Kindes“ willen, nicht bloß die Besorgung einer Spezialangelegenheit bedeutet, dieser curator ventris, richtiger curator nascituri, also im wahrsten S. ein curator personae, nicht rei, (Hellwig, Ziv.Proz. Lehrb. I S. 293), allerdings einer erst künftigen „Person“ ist, so ist seine Berufg. nicht allein inhaltlich, sondern auch ihrer Dauer nach grundsätzlich unbeschränkt. Sie reicht über den Zustand der bloßen „Erwartung“ des Kindes in dessen tatsächl. Vorhandensein hinein. Auch diese Folgerg. entspricht durchaus dem Grundstandpunkte des Gesetzes. Die im Dienste des „Jugendwohls“ als der wichtigsten sozialen Angelegenheit schon vor der Geburt zugestandene, richtiger angeordnete „voraus“-beratende Betreug. dauert sachgemäß, ja, beinahe logisch über das Vorbereitungsstadium hinaus in hauptsächlich gleicher Art fort, jedenfalls ohne Wechsel in der Person. Diesen Grundsatz spricht S. 2 § 38 aus: der die JugFürs. für den nasciturus „vorbereitend“ wahrnehmende „Pfleger“ wird ipso iure Vormund des natus. Allerdings mit dem wieder durchaus sinn- und systemgemäßen Vorbehalte, daß auch bei dieser Überleitg. aus einem Amte in das andere das Jug.wohl im höchsten und vollkommensten Sinne gewahrt werde. Darum ist die Überleitg. an das „Einverständnis des JA.“ als des berufenen offiziellen Hüters des „Jugendwohls“ gebunden. Gegenüber dem sonstigen Vmschr. auf den ersten Blick insofern eine bemerkenswerte Anomalie, als dort die Auswahl rein Sache des VmschGerichts ist, aber doch aus dem Rahmen des RJWG. deshalb nicht so stark herausfallend, weil ja nach diesem — § 42 (vgl. dort) — das JA.GemWRat ist und als solcher über die Eignung des Einzelvmd.s mitzubefinden hat. — (Daß in dem Ausnahmsfalle der Bestellg. eines JA. zum Pfleger nach § 38 S. 1 von dem „Einverständnisse" des S. 2 abgesehen werden kann, bedarf keiner Erörterung). Dieses Einverständnis wird auch stillschweigend bekundet, ja geradezu vermutet werden dürfen, dann zumal, wenn „Bestellg." und insbesondere Auswahl des Pflegers auf Antrag (und ausdrücklichen bes.Vorschlag) des JA. erfolgt ist. Allerdings wird als zuständig für die Zustimmung, wenngleich im übrigen, vgl. sofort, § 35 hier ausgeschaltet ist, das JA. des Geburtsortes anzusehen sein — denn sinngemäß kann doch, sofern überhaupt ein Einverständnis erforderlich, maßgebend nur dasjenige der Stelle sein, die sonst eben nach § 35 zur Vmsch. berufen wäre — und dessen besondere Stellungnahme dann unumgänglich werden, wenn der Pfleger an einem anderen Orte bestellt worden. S. 2 § 38 bedeutet auch im System des RJWG. betr. unehel. Vmsch.n eine Singularität: die Durchbrechg. des § 35 RJWG.s (und darum z. B. auch — vgl. Ztrbl. XIV S. 188 — eine Entlastg. des JA. in Städten mit Entbindungsanst.n). Dies stellt S. 3 des § 38 ausdrücklich fest. Auch die Überleitg. aus der „Pflegschaft" des § 38 S. 1 in die endgültige Vmdsch. über einen Unehel. ist ein Fall des „Eintritts" einer Vmdsch. von Gesetzeswegen, also angeknüpft an einen gewissen Tatbestand — „der Pfleger wird mit der Geburt . . . . Vmd." — nicht vermittelt durch „Bestellg." Diese kommt, obzwar nur zwischen den Zeilen ausgesprochen, doch zweifelsfrei in Fortfall, genau genommen auch die „Bestallg.", wenigstens im Sinne einer besonderen „neuen" Bestallg. Der Ersatz dieses behördl. Ausweises für den zum Vmd. gewordenen bisherigen Pfleger ist vom RJWG. offen gelassen. Er wird richtig nicht in einer dementsprechenden „Bescheinigung", an welche man nach den sonstigen Analogien wohl denken könnte, sondern in einer Abänderg. der s. Zt. dem „Pfleger" erteilten Bestallg. zu erblicken sein (und zwar auch, wenn etwa ein JA. zu dieser Pflegschaft berufen gewesen sein sollte. Denn zu ihr wird auch dieses vom VmschGer. „bestellt" und erhält demgemäß stets eine Bestallg.) Die nur „berichtigte" Bestallg. dokumentiert alsdann auch rein äußerlich die Einheitlichkeit dieser besonders gearteten (jug.fürs.) Betreuung zunächst vorbereitender, sodann endgültiger Natur. Auf die Einheitlichkeit und Stetigkeit legt das Gesetz mit Recht bes. Wert, weil nur sie der Einheit des letzten höchsten Zieles, des „Jug.wohls", entspricht. Darum bestimmt es sie auch insbes. bezügl. der vmsch gerichtlichen Beteiligg., § 38 S. 4. Das — bisherige — Pflegschaftsgericht wird ebenso ipso iure Vmsch.Gericht, wie der Pfleger Vormund. Allerdings wird gerade hier zweckmäßig die „Abgabe" ein- u. Platz greifen, die auch sonst Unzuträglichkeiten der Zuständigkeitsregelung des RJWG. ausgleicht. Sie hat für diesen Fall besondere praktische Bedeutung. Denn die Pflegerbestellg. für den noch Ungeborenen u. der dauernde Verbleib des geborenen Unehelichen werden häufig sehr verschieden sein, da eine schleunige Verbringung des letzteren von dem Orte, an welchem die Mutter vor ihrer Niederkunft „gewöhnl. Aufenth." genommen, u. an welchem demgemäß (vgl. ob.) Maßnahmen i. S. des § 7 Abs. 1 S. 2 ergriffen worden sind (z. B. die Unterh.Sicherstellg. für das 1. Vierteljahr nach der Geburt, § 1716 Abs. 1 S. 1 BGB.s), in eine andere Umgebg. aus mannigfachen Gründen naheliegt u. zweckentsprechend ist.

Dieser Ortswechsel des Unehel., welcher meist mit einem solchen der Mutter selbst einhergehen wird (Rückkehr in die Heimat der Mutter, z. B. auf das flache Land aus der großen Stadt), über den ja nach § 1707 S. 2 Hlbs. 1 BGB.s die Mutter in jedem Falle, selbst wenn noch minderjährig — Köhne-Feist, a. a. O. S. 384 — maßgebend zu bestimmen hat, wird nach § 46 Abs. 1 FGG.s auch die angemessene Verschiebg. der vmsch**gerichtlichen** Zuständigkeit herbeiführen. Ja zu erwägen ist, ob im S. des RJWG. bei einem unzweifelhaft nur vorübergehenden Verhältnisse der Mutter u. der Pflegerbestellg. zu dem Geburtsorte überhaupt „Anordnung" der Vmsch. bei dem Gerichte des letzteren erfolgen soll. Eine Handhabe, hier unannehmbare Folgerungen abzuwenden, bietet der oben erörterte Vorbehalt des S. 2 § 38. Das JA. wird zweckmäßig sein „Einverständnis" zum Übergange der **Vmsch.** auf den Pfleger aus § 38 S. 1 versagen, wenn dessen Funktionen durch einen unmittelbar nach der Geburt sicher bevorstehenden Ortswechsel von (Mutter u.) Kind tatsächlich alsbald wieder zu erlöschen drohen. Alsdann liegen dem JA. u. dem Vmsch.Gerichte des Geburtsortes nur die einstweilig „erforderlichen" schleunigen Maßnahmen gem. § 7 S. 2 RJWG.s, § 35 Abs. 2 (vgl. dort u. auch ob. zu § 36) ob. Als „zuständiges Vmschger." wird erst dasjenige des dauernden, bis auf weiteres endgültigen Verbleibs des Mündels „einzugreifen" haben. —

Rechtsbehelfe gegen unsachgemäße Anordnungen, noch mehr geg. Versagung von Anordnungen aus § 38 bieten: gegenüber den Vmsch.Gerichten die „Beschwerde" (Rechtsbeschwerde) des § 20 FGG.s, gegenüber den JA. für Preuß. nach Ausf.Ges. § 15 der Einspruch. Das antragsberechtigte JA., ebenso wie die antragsberechtigte unverehelichte Mutter (u. gegebenenfalls ihr gesetzl. Vertreter) gehören zweifellos zu den Personen, deren Recht „beeinträchtigt ist" (§ 20 Abs. 1 FGG.), wenn z. B. ihr Antrag auf Pfleger-Bestellung nach § 38 S. 1 zurückgewiesen wird. — Die Verweigerung der Zustimmung zum Übergange der Vmsch. auf den (bisherig.) Pfleger des Ungeborenen ist an sich ebenso zweifellos eine Entscheidung des J.A. im Sinne des § 15 Ziff. 1 AusfGes. Viel bedenklicher ist, ob als eine solche „Entscheidung" auch die (bloße) Ablehnung der Antragstellung seitens des J.A. zu gelten hat (wenn diese z. B. von einem Dritten, etwa einem Verwandten des nasciturus dort angeregt wird). Die Frage dürfte zu verneinen sein.

§ 39.

Sobald es das Wohl des Mündels erfordert, soll das die Vormundschaft führende Jugendamt bei dem Jugendamt eines anderen Bezirkes die Weiterführung der Vormundschaft beantragen. Der Antrag kann auch von dem Jugendamt eines anderen Bezirkes sowie von der Mutter und von einem jeden, der ein berechtigtes Interesse des Mündels geltend macht, gestellt werden. Das die Vormundschaft abgebende Jugendamt hat den Übergang dem Vormundschaftsgericht unverzüglich anzuzeigen.

Gegen die Ablehnung des Antrags kann das Vormundschaftsgericht angerufen werden.

§ 40.

Das Vormundschaftsgericht hat das Jugendamt auf seinen Antrag als Amtsvormund zu entlassen und einen Einzelvormund zu bestellen, soweit dies dem Wohle des Mündels nicht entgegensteht.

Ebenso wie die Wahrung des Kindes-Wohls als höchste Richtschnur auch der J.A.Amtsvmsch. diese vorauswirkend im Zustande der bloßen Kindes-Erwartung hinter anderen Einrichtungen der „J.-Fürsorge", einer „Pfleger"-Bestellung eigener Art zurücktreten läßt, herrscht sie in das Leben des Kindes hinein in gleicher Weise vor mit der Folge, daß auch hier die „gesetzl. Amtsvmsch." des J.A. solchen Einrichtungen weicht, welche das „Kindeswohl" besser herbeiführen oder gewährleisten. Auch dieser Gedanke ergibt zwingend eine Abwandlung des starren Prinzips des § 35, der von Gesetzes wegen „mit der Geburt" — bei dem JA. des Geburtsortes — „eintretenden" Vmsch. über Uneheliche. Sie soll u. darf in das Leben nicht länger dauern, als mit diesem Kindeswohl schlechthin verträglich. Eine Unvereinbarkeit mit ihm ist in doppelter Richtg. möglich: einmal insofern gerade dieses JA., das JA. des Geburtsortes, nach jenem höchsten Gesichtspunkte zu der Amtsvormsch. nicht weiter taugt. Dieser Rücksicht trägt § 39 RJWG. Rechnung; sodann, insofern (überhaupt) das JA. als solches die Eignung dazu verliert — der Tatbestand des § 40. (Vgl. nach dieser Seite über die Ergänzungsbedürftigkeit der Amtsvmsch. neuestens Anna Meyer, „Volkswohlf." 1925 Nr. 1 S. 25.) In beiden Fällen bewirkt die Maxime des „Kindeswohls", daß die Vmsch. des JA. des Geburtsortes, also die normale A.-Vmsch. des § 35, endet. Beiden ist ferner gemeinsam ein besonderer, diese Wandlung auslösender Antrag des JA. (Vgl. hierzu auch § 44 RJWG. u. das über diesen weiter unten Gesagte.) Dieses selbst soll die Frage, ob eine Nichtweiterführung seiner Vmsch. angezeigt, zur Erörterung stellen (durch das förmliche Mittel des Antrags), weil als zu allen Dingen des Jug.wohls berufen auch hierfür die gegebene Stelle. Etwas ungleich gestaltet, wenigstens in der gesetzl. Fassung, ist die Berücksichtigung des Kindeswohls selbst (das Gesetz spricht in beiden Fällen sachgemäß von dem „Wohl des Mündels"): bei dem örtlichen Wechsel — § 39 — wird ein positives Bedürfnis, beruhend eben in dem Wohl des Mündels, gefordert.

Die Gr. Berliner „Richtlinien" für die Führg. der Amtsvmdsch. stellen als Norm für die „Abgabe" nach § 39 den Grundsatz auf, daß diese bei K.ern, die in einem anderen Bez.e sich in Fam.-Pfl. befinden, stets zu erfolgen habe, sofern es sich nicht „nur um einen vorübergeh. Aufenthalt" handelt. — Dies wird, auch nach der generellen Fassg. der gedachten „Richtlinie", nicht bloß für „Abgaben" innerh. Gr.-Berlins mitzugelten haben, wenn auch an diese Fälle nach der vorwiegenden Zweckbestimmung der Richtlinien in erster Reihe gedacht sein mag. — Die Abgabe soll unterbleiben:

a) wenn mehrere Geschwister gemeinsam bevmd. werden u. sich ein K. noch (weiter) in dem bisher die Vmdsch. führenden Bez.e aufhält;

b) solange ein R.sstreit anhängig ist, — also insbes. auch zufolge der bemerkenswerten Weite der Fassg. während der ganzen Dauer des Unterh.Prozesses, eine Regelg., die bei aller technischen Zweckmäßigkeit für die einheitl. Behandlg. dieser Prozesse doch in anbetracht deren erfahrungsmäßig oft sehr langen Dauer, nach der Seite der persönl. Betreuung des vielleicht längst in einen anderen Bez. verbrachten K.s keineswegs bedenkenfrei ist;

c) solange Verhandlungen über eine Annahme an K.sstatt oder eine Ehelichkeitserklärg. schweben;

d) solange das M.del noch nicht 1 Jahr alt ist. Hier soll aber, „wenn die Mutter bei Anst.entbindg. alsbald nach der Entlassg. mit dem K.e in den Bez. ihres früheren Aufenth. zurückkehrt, die Vmdsch. sofort bei diesem BezJA. eingeleitet werden." — „Eingeleitet" — nach dem klaren Gesetzesstande nicht ganz korrekt; denn nach der zwingenden Vorschr. des § 35 Abs. 1 „erlangt das JA. des Geburtsorts" immer durch die Tatsache der unehel. Geburt als solche die Vmdsch., vgl. ob. zu § 35 u. das dort insbes. gegen die Bestimmung der „Richtlinien", daß das GeburtsBez.-JA. „in der Regel" zunächst die Vmdsch. zu führen habe, Gesagte. In Wahrheit liegt nach diesem Gesetzesstande auch hier eine „Abgabe" gem. § 39 vor. — Durch Umkehrg. ergibt diese Richtlinie sachliche Übereinstimmung mit dem ob. S. 251 über die nur zum Zwecke der Entbindg. nach Gr. Berlin kommenden unehel. Mütter vertretenen Standpunkte: grundsätzl. keine „Abgabe", wenn sie in Gr. Berlin verbleiben! (die weitere Richtlinie: keine Abgabe von „Unterh.-Pflegsch.n", wenn der ehel. Vater in dem bisher die Pflegsch. führenden Bez. wohnt, fällt aus dem Rahmen uns. Unt.abschn. b heraus).

Sehr verständiger Weise ist in den vorstehenden Maximen generell der Grundsatz hinzugefügt, welcher sicher auf allg. Gültigkeit Anspruch hat, daß „Verhandlungen über die Zuständigkeit die Übernahme nicht verzögern dürfen". (Streitfälle der Gr. Berliner Bez.JA. soll der Magistrat entscheiden.)

Für die Ersetzg. durch eine Einzelvmdsch. — § 40 — soll negativ genügen, daß Gründe des „Mündelwohls" dem „nicht entgegenstehen". Sinngemäß ist aber auch die Wendg. des § 40, weil nur dies dem stets betonten Allgemeinberuf der Jug.wohlf.beh. entspricht, zu deuten, daß auch hier höchste Rücksicht auf das „Mündelwohl" den Wechsel mit sich bringen muß. Denn sonst würde diese dem „Wechsel" ja „entgegenstehen" u. das JA. gegen sie, also gegen seine eigentliche Aufgabe fehlen, wenn es den Wechsel herbeiführte. Über jeden Zweifel erhoben wird auch für § 40 diese Abstellung auf das Mündel-Interesse als entscheidende Richtschnur durch § 44 Abs. 1 S. 1, welcher sachlich von § 40 garnicht zu trennen u. positiv nur mit einem zweifellosen Fehlgriff der Disposition von ihm äußerlich durch mehrere andere Bestimmungen geschieden ist. Dieser innere Zusammenhang zwischen § 40 u. § 44 Abs. 1 rückt auch erst die Verschiedenheit in das rechte Licht, welche hinsichtlich der Striktheit der Anordnung zwischen § 39 u. § 40 zu bestehen scheint. Sie ist in der Tat nur eine scheinbare. In Wahrheit geht auch § 40 bezüglich der Pflichten des JA. nicht über das „Soll" des § 39 hinaus: denn die von § 40 angewendete zwingende Fassung („hat zu") gilt, wie zu Tage liegt, nicht dem JA., sondern dem über den Vmdschswechsel befindenden Vmdsch.=Gericht. Beiden Fällen gemeinsam ist also vielmehr, daß das JA. für seine Stellungnahme von dem Gesetz keine zwingenden Anordnungen erhält, sondern auf sein pflichtmäßiges Ermessen hingewiesen u. abgestellt ist (dieses pflichtmäßige Ermessen findet in dem „Soll" des § 39 technischen Ausdruck). —

In anderen Beziehungen ist jedoch die Regelung verschieden, wie dies die Ungleichheit der Tatbestände von selbst natürlich mit sich bringt: die wichtigste Verschiedenheit betrifft die Instanz, an welche der „Antrag" des JA. zu richten; in § 39: das — zur Weiterführung der Vmdsch. als geeignet erachtete — andere JA. („JA. eines anderen Bezirks"), in § 40: das VmdschGer. — § 39 RJWG. bildet nämlich eine sehr starke Analogie zu dem schon oben gedachten § 46 FGG.s, welcher in der bisherigen Praxis des Vmdsch.=Rechts, insbes. der unehel. Vormdschaften, eine große Rolle gespielt hat. Wie nach diesem die gerichtl. Beteilgg. an der Vmdsch. (nach dem Wortlaute des FGG.s „die Vmdsch.", da diese „abgegeben" wird) richtiger das Vmdschger. — durch „Abgabe" — örtl. wechseln soll, wenn „wichtige Gründe" in der Person des Mündels selbst oder seiner Familie, also letzten Endes wiederum das „Mündel=Wohl" dies angezeigt erscheinen lassen, so erschließt § 39 RJWG. die Möglichkeit einer Verschiebg. der Führung selbst der unehel. Vmdsch. durch „Abgabe" von einem JA. an ein anderes, also durch örtlichen Wechsel des JA.=Vormundes. Diese Umgestaltung der Vormundschaftführung ist, was durchaus zu billigen, in weitestem Maße eröffnet: nicht allein dem bisher mit der JA.=Vmdsch. befaßten JA., sondern auch demjenigen, „eines anderen Bezirks", d. i., wie als sinngemäß selbstverständlich hinzuzufügen, allerdings nicht jedes beliebigen „anderen Bezirks", sondern eben desjenigen, welcher für die Weiterführung in Betracht kommt, innerhalb dessen also die naturgemäßen örtlichen Voraussetzungen eines solchen Wechsels erfüllt sind bezw. sein werden, in erster Linie diejenige des nunmehrigen oder demnächstigen „gewöhnl. Aufenth." des Kindes, außerdem ferner der unehelichen Mutter u. — eine sehr beachtliche Weite der Gesetzesfassung hinsichtlich dieser Voraussetzungen! — jedem, „der ein berechtigtes Interesse des Mündels geltend macht". Die stärkste fast handgreifliche Ausprägung des Grundsatzes, daß das „Mündel=Wohl", überhaupt die JA.=Vmdsch.=„Führung" durchdringend, so zumal für diese Umgestaltung allein bestimmend ist! Über die Rechtsbehelfe wegen Ablehnung des Antrages gilt an sich das oben zu § 38 Gesagte mit der Maßgabe jedoch der positiv=rechtlichen Bestimmung des Abs. 2 § 39 (vgl. sofort hierzu): in Preußen also, da für die Ablehnung das wegen Übernahme angegangene JA. in Betracht kommt, der „Einspruch" gem. § 15 Z. 1 Ausf.Ges. Die Anordnung der Abgabe einer= u. Übernahme andererseits der JA=Vormundschaft ist — entsprechend dem Rechtsstande für die „Übernahme" von Vmdschaften nach § 46 FGG.s — als unanfechtbar zu erachten. Selbstverständliche Voraussetzung der Abgabe u. Übernahme ist „Einigung" der beiden dafür zuständigen Instanzen, der JA., wiederum in völliger Analogie mit § 46 FGG. — Nicht=Einigung ist systemgemäß nach § 7 Abs. 2 (vgl. die Erl. dort) zu erledigen, doch greift, auch hier zumal, positiv Abs. 2 § 39 ein. Die Nicht=Einigung braucht übrigens keineswegs auf einem Mangel an Verständnis für die Belange u. Bedürfnisse des Einzelfalles oder der J.=Wohlf. überhaupt, noch weniger an dienstlichem Entgegenkommen zu beruhen, sondern kann im Gegenteil auch einer zu weit gehenden, wohlgemeinten, aber objektiv verfehlten Rücksicht auf das „Mündel=Wohl" entspringen, der Auffassung, daß nicht das um Übernahme angegangene JA., sondern sei es ein anderes, sei es gegebenenfalls das bisher damit befaßte zur Weiterführung der A.=Vmdsch. das geeignetere sei. Gerade diese Erwägung legt eine Beteiligung der höheren Jug.=Wohlf.Instanzen an der Regelung solcher „Kompetenz=Konflikte" dringend nahe; die oberste Landes=Behörde des § 7 Abs. 2, in Preußen also nach § 34 Ausf.Ges. das Minist. f. Volks=Wohlf. erscheint hierzu durchaus berufen. (Bisher liegt hier eine solche noch nicht vor; die einzige zu § 39 ergangene Anordng. der „oberst. Landesbeh.", der Erlaß v. 13. Dez. 1924, III F 3058/24, abgedr. „Volkswohlf." 1925 S. 20, hat eine ganz andere Seite der JA.=Vmdsch.=Abgabe, nämlich die Mitteilung „der das Mündel betreffenden Vorgänge", insbes. der über das Mdel geführten Akten an das die Vmdsch. übernehmende, das „neue zuständige" JA. zum Gegenstande. Vgl. dazu das oben S. 260 zu § 35 a. E. über die „Verteilg. der Gr. Berliner Sammelvmdsch.n" u. den ihr entsprechend erfolgten Austausch von Vmdsch.akten zwischen den Gr. Berliner BezJA. Gesagte!). Ferner empfiehlt sich eben deshalb die Aufstellg. von „Richtlinien" durch die LandesJA — nach § 13 Z. 1 — für die grundsätzl. Behandlg. von „Abgaben" der JA.Vmdsch.n als sehr zweckentsprechend. An eine Form ist auch dieser „Antrag" so wenig wie der des § 38 gebunden: es genügt also jedenfalls seitens der „Mutter", bezw. desjenigen, der „ein berechtigtes Interesse des Mündels geltend macht", mündlicher Antrag zu Protokoll etwa des JA. selbst oder auch des nächsten Vmdsch.=Gerichts. Der Antrag des JA. wird füglich in die für schriftliche Erklärungen dieser Behörde übliche Form zu kleiden, also auch mit dem behördl. Dienststempel zu versehen sein. Unbedenklich ist eine Erneuerung des Antrages zuzulassen, sofern inzwischen veränderte Verhältnisse die Wiederholung des zunächst abgelehnten zweckmäßig erscheinen lassen. Dies folgt aus der Natur der Sache, geht aber auch aus dem Eingang des § positiv hervor: „sobald .... erfordert", welcher deutlich nicht allein schleunigste Maßnahmen bei erstmaligem Hervortreten eines Veränderungsbedürfnisses, sondern auch dauernde aufmerksamste Beobachtung dieser Frage fordert. — Die Dringlichkeit der JA.=Vmdschlichen Fürsorge beherrscht als solche auch diese Seite. Das kommt außer durch die soeben gedachte Wendung u. a. auch durch S. 3 (Abs. 1 § 39) zum Ausdruck, wonach die — sofort zu erörternde — Verständigung des Vmdsch.Ger. (ebenfalls „unverzüglich" zu erfolgen hat. Auch die Anträge wegen „Abgabe" der JA.Vmdsch. sind daher bei den JA. ebenso wie bei den Vmdsch.Gerichten als „Eilsachen" zu behandeln. —

Charakteristisch ausgeprägte Verschiedenheit zeigt § 39 von § 40 hinsichtlich der Beteiligung des Vmdsch.=Gerichts an der Veränderung der JA.Vmdsch.=„Führung". Dort hat diese Instanz grundsätzlich nicht entscheidende Stellung, hier dagegen durchaus. Dort vollzieht sich die Veränderung vielmehr an sich ohne Zutun des Vmdsch.=Gerichtes, von JA. zu JA., also zwischen den „Beteiligten" (im Sinne der beteiligten Jug.Wohlf.=Behörden genommen), hier durch das

Vmdsch.Ger. Jedoch bringt die Wichtigkeit der dauernden Zusammenarbeit zwischen JA. u. Vmdsch.Ger. — welche nach dem mehrfach Gesagten die Vmdsch.Führung des ersteren überhaupt durchdringt — mit sich, daß letzteres, obzwar an dem Vorgang selbst grundsätzlich unbeteiligt, über ihn auf dem Laufenden gehalten wird. Dies bestimmt § 39 (Abs. 1) S. 3 mit einer in die Augen springenden, fast selbstverständlich auszufüllenden Unvollständigkeit: die hier verordnete „unverzügliche Anzeige" gebührt offenbar nicht allein dem Vmdsch.Ger. „des" die Vmdsch. abgebenden JA., sondern ebenso demjenigen des übernehmenden. Der Wortlaut des S. 3 schließt diese Deutung auch keineswegs aus; denn „dem Vmdsch.-Ger." kann nach dem vorhergehenden „übergang", welcher sowohl nach der abgebenden wie nach der übernehmenden Seite weist, von beiden Vmdsch.-Gerichten verstanden werden. Das würde die Pflicht des „abgebenden" JA. bedeuten, seinerseits auch das Vmdsch.-Gericht des übernehmenden „unverzüglich" zu verständigen. Doch ist natürlicher wohl die Auslegung, daß diesem Gericht von dem JA. „angezeigt" wird, welches in der betr. unehel. Vormundschaft fortan mit ihm Hand in Hand wirken soll. Das ergibt u. a. auch die naheliegende Analogie von § 36 S. 3 RJWG.s. — Verabsäumungen der JA. in Bezug auf diese „unverzügliche Pflicht-Anzeige" werden hier ganz ebenso zu behandeln sein, wie nach § 36 S. 3, am einfachsten durch Dienst-Aufsichtsbeschwerden. — Eine Analogie zu § 36 in Verbdg. mit § 37 liegt auch darin, daß in der Richtung auf das „übernehmende" JA. die unverzügliche Anzeige seitens des für dieses „zuständigen Vmdsch.-Gerichts" mit ebenso „unverzüglicher" Erteilung der „Bescheinigung" nach § 37 zu beantworten ist. Denn auch der Fall des § 39, ebenso wie der des § 40 bewirkt für das bisher mit der unehel. Vmdsch. befaßte JA. eine Beendigung der Vormundschaft, fordert also Erneuerung des vmdschlichen Ausweises an den, welcher als Nachfolger in die Vmdsch. eintritt. (Insofern liegt der Fall auch des § 39 RJWG.s wesensmäßig demjenigen des § 46 FGG.s nicht gleich, da in letzterem an sich die Vmdsch. selbst fortdauert u. nur die gerichtl. Aufsicht über sie wechselt, wenn auch tatsächlich meist diese „Abgabe" mit einer gleichzeitigen Ablösg. des Vmds. einhergeht.) Ob in der Praxis sich die einfachere „entsprechende" Weiterverwendung der bisherigen „Bescheinigung" einbürgern wird, muß der Entwicklg. vorbehalten bleiben. Besonders empfehlenswert erscheint diese Vereinfachg. nicht. — Im Gegensatze hierzu erfolgt nach § 40 das Ausscheiden des bisherigen Amts-Vmds. durch einen Akt — „Entlassung" — des Vmdsch.-Gerichtes. Diese ist dem Gemeinen Reichs-Vmschrecht und den ihm vorausgegangenen Landesrechte, zumal dem Preußischen, schon zwiefach wohlbekannt, — als „Entlassung wider Willen" u. als „Entlassung auf Antrag" (des Vormunds). Für § 40 bildet letztere (§ 1889 BGB.s) hinsichtlich der Struktur die Analogie, wenn auch der gesetzliche Tatbestand nicht unwesentlich abweicht. Die Entlassung geschieht also durch vmdsch.gerichtliche Anordnung, in der äußeren Form sei es des Beschlusses, sei es der bloßen Verfügung, u. ihrer materiellen Grundlage nach bestimmt durch das pflichtmäßige Ermessen des Vmdsch.Gerichtes, welches hier vornehmlich — auch nach dem unmittelbaren Gesetzesinhalt — auf das „Wohl" des Mündels sorgfältigst zu rücksichtigen hat. Als Rechtspflegeakt, nämlich Akt der freiwilligen Gerichtsbarkeit, ist auch diese, wie jede vmdsch.gerichtliche

Anordnung, der Nachprüfung im geordneten R.wege zugänglich u. zwar auch dann, wenn sie durch den veranlassenden „Antrag" des JA. vollständig gedeckt u. getragen wird. Daher ist ein Beschwerderecht nach § 20 FGG. der unehel. Mutter zumal u. „jedem" sonst „berechtigtes Interesse" Nachweisenden nicht zu versagen, wenn das Vmdsch.Ger. das JA. auf ausdrücklichen Antrag entläßt. Für den Fall eines Widerspruchs mit der Auffassung u. den Wünschen der sonst Beteiligten (Mutter, Familienangehörigen des Mündels) läßt sich dies e contrario auch aus § 44 Abs. 2 S. 1 RJWG.s (vgl. später) folgern, nach welchem umgekehrt „jeder, der ein berechtigtes Interesse des Mündels geltend macht" (ja sogar das Mündel selbst, wenn es das 14. Lebensjahr vollendet hat) den Ersatz der JAVmdsch. durch Bestellung eines Einzel-Vormunds „beantragen" kann. Hier ist die Einwirkung auch solcher Dritter auf diese Veränderung in der Vmdsch.Führung ausdrücklich anerkannt. Das im Falle dieser positiven Einwirkung gegebene Beschwerderecht aus § 20 FGG.s muß logischer- u. billigerweise entsprechend auch für eine negative Stellungnahme zugestanden werden. Zweifellos ist das Beschwerderecht des JA. selbst bei Versagung (Ablehnung) seines Antrages. Dies ergibt der Sinn des § 40, daneben auch die schon erwähnte Analogie des Gemeinen Reichs-Vmdsch.-Rechtes. Aus § 20 Abs 2 FGG.s könnte man an sich herleiten, daß letzterenfalls das Beschwerderecht allein dem JA. zusteht. Dies ist aber richtiger, schon mit Rücksicht auf den eben erwähnten Grundsatz des § 44, abzulehnen, welcher erkennbar macht, daß Hüter „berechtigter Interessen des Mündels", gerade in Richtung auf Veränderungen der Vmdsch.-Führung „jeder", d. h. jeder um das Wohl des Mündels Besorgte, ist. So erfährt § 40 — welcher, für sich genommen, das Antragsrecht auf das JA. zu beschränken scheint — durch § 44, zumal Abs. 2 (vgl. darüber später dort) eine ganz wesentliche sachliche Ausdehnung; auch hier zeigt sich die wenig glückliche Anordnung, welche durch die Zerteilung des Gegenstandes in zwei Paragraphen, dem einen § 40 scheinbar eine Tendenz gibt, welche ihm in Wahrheit doch fremd ist.

Diese Gesichtspunkte lassen trotz der dem Übergange von der Amts- zur Einzelvmsch. offenbar durchaus günstigen Stellung des Gesetzes eine immerhin tiefer greifende Begründung des „Antrags" nötig oder doch erwünscht erscheinen. Denn der „Übergang" des § 40 stellt für die Betreuung u. damit den ganzen Lebensgang des Unehelichen im Vergleich zu § 39 die wesentlich einschneidendere Veränderung dar: Umstellung aus der behördl., also doch stets etwas bürokratischen „Amts-Vmdsch." in die persönlicher gestaltete „Einzel-Vmdschaft", welche gerade auch dem Gesetze selbst, nach dem früher Gesagten, als das erstrebenswerte Ziel vorschwebt. Um so mehr wird es auf im besten S. geeignete Persönlichkeiten für die Einzel-Vmdsch. ankommen. Die einzelnen, welche die Behörde in dieser Jugend-Wohlf.pflege, der Vmdsch.-Führung (die, weil unehel. Minderj.e geltend, von vornherein mit mancherlei Schwierigkeiten verknüpft ist) ablösen sollen, müssen im wesentlichen dieselbe Eignung dafür besitzen, wie ihr Vorgänger, der Amts-Vormund. Diese an sich selbstverständliche Voraussetzung bedarf hier bes. Hervorhebung. Das JA. darf auf die „Abgabe" seiner A.-Vmdsch. in private Hände nur dann hinwirken, wenn es die Gewißheit erlangt hat, daß für das „Jugend-Wohl" weiterhin dieselbe Gewähr gegeben ist, wie bisher durch die „öff.liche" Jug.hilfe Das JA. selbst hat also die Pflicht, zur Auswahl geeigneter Einzel-Vormünder in solchen Abgabefällen beizutragen. Auch hier hat es Gelegenheit, seinen gleichzeitigen Beruf als Gem.Waif.-Rat — § 42 — zu betätigen. Außerdem wird es durch die in § 6 gewünschte dauernde Zusammenarbeit mit der gesamten „Freiwilligen Tätigkeit zur Förderung der Jug.Wohlf." und ferner die für einen wesentlichen Teil seines eigenen Bestandes (§ 9 Abs. 2) gesetzl. festgelegte Notwendigkeit der „Erfahrung u. Bewährung in der Jug.Wohlf." zu dieser Auswahl unschwer in der Lage sein. Die Bestellung gerade eines dieser in der Jug.-Wohlf. erfahrenen Männer oder Frauen als Einzel-Vormund an Stelle des JA. (wohl zu unterscheiden von der Übertragung dieser A.-Vmdsch. nach § 32 S. 2 auf eine solche Persönlichkeit als JA.-Mitglied) liegt zweifellos sehr im S. des Gesetzes. Auch eine gesteigerte Einwirkung gemäß § 45 RJWG. zumal auf diese Einzel-Vormünder (welche das JA. in der unehel. Vmdsch. abgelöst haben) gebührt sachgemäß dem JA., ja ist von ihm zu fordern. In diesem Sinne kann man allerdings den „Übergang" des § 40 als eine Überleitung in „organisierte Einzel-Vormundschaft", die so oft im Schrifttum als das Entwicklungsideal der JA.-Vmdsch. überhaupt hingestellt wird — mindestens in eine qualifizierte Einzel-Vmdschaft auffassen u. bezeichnen. Alles Nähere auch hierüber s. unten zu § 44. Die der „Entlassung" des JA. unmittelbar nachfolgende „Bestellung" des Einzel-Vormunds richtet sich wie nunmehr dessen Vmdsch.-Führung selbst nach allgemeinen reichsrechtl. Grundsätzen. — Ob auch eine Umkehrung des Vorganges nach § 40, also eine Rückkehr von der Einzel-Vmdsch. wiederum zur JA.-Vmdsch. zulässig, ist dem RJWG. selbst nicht ohne weiteres zu entnehmen, mit seinem Grundgedanken aber sicher vereinbar. —

Gemeinsam ist den Fällen der §§ 39 u. 40 die Notwendigkeit der ordnungsmäßigen Liquidation der bisherigen JA.-Vmdsch.: insbesondere wird also über letztere jetzt, unter Beobachtung des § 34 S. 2 RJWG.s (vgl. ob. dazu), Schlußrechnung zu legen sein, deren Empfänger im Falle des § 39 das nachfolgende JA., im Falle des § 40 der Einzel-Vormund ist, u. welche im übrigen, wie auch die „Vermittlung" durch das Vmdsch.-Ger. ergibt, den Regeln des BGB. untersteht. —

Anordnungen besonderer Art enthält § 39 Abs. 2. Er begründet ein **Recht** („Kann") des „Abgabe" wünschenden JA.s auf „Anrufung" des Vmdsch.-Ger. gegenüber einer „Ablehnung" seiner Wünsche (von seiten des um Übernahme angegangenen JA.). Als das hierfür zuständige Vmdsch.Ger. wird füglich dasjenige des letzteren JA., des Antragempfängers, anzusehen sein; denn nur diesem Gerichte untersteht das „ablehnende" JA. hinsichtlich der vmdschl. Beaufsichtigung gemäß § 1837 BGB.s. Das so zuständige Vmdsch.-Ger. wird auf das JA. einwirken können u. müssen, dahin, daß es seinen Widerstand gegen die Übernahme fallen läßt; zu einem Mehr ist es nach der allg. Stellung zwischen Vmdsch.-Ger. u. JA. gemäß dem gesamten System des RJWG. nicht in der Lage. Danach ist die Zweckmäßigkeit der ganzen Vorschrift zu bezweifeln; denn bei dem Mangel jedes Zwangsrechtes wird ein Versagen der Einwirkungs- (im Grunde sachlich nur „Vermittlungs"-) Versuche des Vmdsch.-Ger. die Angelegenheit kaum fördern. Freilich: erscheint das Vmdsch.-Ger. auch berufen, in zweckmäßiger Weise die dem ablehnenden JA. übergeordneten Instanzen zu dieser Einwirkung anzuregen u. zu veranlassen. Gleichwohl dürfte der praktische Wert der Anordnung des Abs. 2 nur gering sein. — Hinzu kommt, daß hier, wie so vielfach im Verhältnisse zwischen JA. u. Vmdsch.-Ger., sich die in ländl. Kreisen gewiß nicht seltenen, aber selbst in Städten, bes. auch in Großstädten (so z. B. bei den BezJA. von Gr-Berlin) vorkommenden örtlichen Durchkreuzungen der Zuständigkeit von Vmdsch.-Ger. u. JA. stören werden (ein Kreis-JA. kann Bezirke bzw. Teile mehrerer Vmdsch.-Ger. umfassen, umgekehrt auch ein Vmdsch.-Ger. nach seinem Amts-Bez. mit mehreren JA. dienstl. Berührung haben). — Im übrigen gelten für die Umstellung nach § 40 alle Grundsätze u. Gesichtspunkte derjenigen nach § 44; denn § 40 ist nur eine besondere (für die unehel. JA.-Vmdsch. gemachte) Anwendg. der allg. Norm, welche § 44 für alle Fälle JA.-licher Vmdsch. gibt, inhaltlich insofern bes. gestaltet, als die Vmdsch. selbst hier eine qualifizierte ist. (Mit einem nicht ganz treffenden Hinweise auf § 40, der doch nur für die Fälle einer schon bestehenden JA.-Vmdsch. paßt, empfiehlt die Preuß. AusfAnw. IV Ziff. 4 für die Schwebezeit, bis zur Erledigung etwaiger Befreiungsanträge nach Art. 1 Ziff. 3 der Notvdn. v. 14. Febr. 1924, den JA. in ihrer Eigenschaft als Gem.Wais.R., dem Vmdsch.-Ger. Einzelvmder vorzuschlagen u. unter Weitergabe der ihnen gem. § 36 FGG.s zugegangenen Geburtsurkunden deren Bestellg. zu beantragen.)

c. Bestellte Amtsvormundschaft.

§ 41.

Das Jugendamt kann unter den Voraussetzungen des § 1773 des Bürgerlichen Gesetzbuchs mit seinem Einverständnis vor den im § 1776 des Bürgerlichen Gesetzbuchs als Vormünder berufenen Personen zum Vormund für einen Minderjährigen bestellt werden, soweit nicht ein geeigneter anderer Vormund vorhanden ist.

Auf die bestellte Amtsvormundschaft finden die §§ 1789 und 1791 des Bürgerlichen Gesetzbuchs keine Anwendung. Die Bestellung erfolgt durch schriftliche Verfügung des Vormundschaftsgerichts.

Außer der von Gesetzes wegen — mit einem bestimmten Ereignisse — „eintretenden", der „gesetzlichen" kennt das RJWG. auch eine infolge „Bestellung" (also durch vmsch.gerichtl. „Anordnung", § 36 FGG.) Platz greifende JA.Vmdsch. Diese „bestellte A.Vmdsch." bildet im wesentl. in ihren Hauptanwendungsfällen das Gegenstück zu der durch § 40 (u. § 44) vorgesehenen Umstellung. Wenn bei letzterer aus höheren Gründen des „J.-Wohls" die A.-Vmdsch. der Einzel-Vmdsch. weicht, so soll nach § 41 aus dem gleichen höchsten Gesichtspunkte diese hinter jener u. U. zurücktreten. Diese Umstände, welche hierzu, d. h. zu einer immerhin ungewöhnlichen Behandlung der Vmdsch. werden Anlaß geben können, sind (ebens.) der Prüfung u. Beurteilung des JA. anvertraut. Auch hierin bewährt sich, daß diese Stelle die maßgebende entscheidende Instanz in allen Fragen des „J.Wohls“ ist. Das Gesetz hat diesem Gedanken allerdings nicht einen sonderlich prägnanten Ausdruck gegeben, sich vielmehr, wenig sachgemäß, mit dem „Einverständnis“ des JA. als Voraussetzung einer solchen Bevorzugung vor Einzel-Vormündern begnügt. Die schon wiederholt dargelegten Gesichtspunkte, welche überhaupt die Heranziehung des JA. zur Vmdsch. bestimmen, ergeben aber zweifellos, daß der eigentliche Anstoß zu dieser Behandlung eines Vmdsch.-Falles immer von dem JA. selbst ausgehen muß. Denn die weitere ausdrückliche Voraussetzung des Gesetzes, daß „nicht ein geeigneter anderer Vormund vorhanden ist“, führt notwendig zu der Verpflichtung des JA., die Eignung in Frage kommender Einzelner, also damit einer „Privat-Vmdsch.“ für die Bedürfnisse des betr. Falles gewissenhaft u. sachgemäß klarzustellen. Das Ergebnis einer solchen Prüfung wird regelmäßig, jedenfalls in zahlreichen Fällen eine Initiative gerade des JA., also die von ihm an das Vmdsch.-Ger. ergehende Anregung sein, dem besond. Falle nicht eine Einzel-, sondern die behördl. (JA.-)Vmdsch. angedeihen zu lassen. Hier gelten also anscheinend durchaus dieselben Erwägungen, die ob. zu § 40 für das umgekehrte Verhältnis, die Überleitung der A.-Vmdsch. in die Einzel-Vmdsch. ausgeführt wurden. — Die Gründe, welche zu einer solchen Entschließung des JA. führen, können sehr verschiedener Art sein: selbst auf relig. Gebiete liegende, welche (vgl. u. zu § 44 unt. die Denkschrift des Caritas-Verb. zum Entw. des Preuß. Jug.FürsGEntw. v. 1918 S. 17) allerdings meist gerade zum Ersatz des JA. durch einen Einzel-Vmd. veranlassen werden, sind u. U. ein „wichtiger“ bestimmender Grund für die Maßnahme aus § 41. Zu betonen ist hier vor allem das Moment des „geeigneten“ (Einzel)-Vormundes. Diese Eignung ist im umfassendsten Sinne zu verstehen u. durchaus von der allseit. Berücksichtigung der Individualität des Falles anzusehen u. zu verstehen. Es genügt also keinesfalls die allg. „Eignung“ zum Vormunds-Amte, insbes. nicht das Fehlen eines der Hinderungsgründe der §§ 1780/1784 BGB.s (vgl. den in Preußen üblichen Vordruck für Vmd.-Verpflichtungen), sondern es ist eine positive Eignung, gerade in diesem besonderen Falle die Vmdsch. zu übernehmen, zu fordern. Diese schwerwiegende Norm ist zwar ungeschrieben, zwischen den Zeilen, jedoch unverkenn- u. unabweisbar in § 41 enthalten. Sie ergibt mittelbar auch der Zusammenhalt mit § 45 u. § 43. Freilich wird eine derartige Steigerung der allg. JA.-Obhut über die Minderjährigen seines Bezirkes nur dort in Frage kommen, wo ungewöhnliche Verhältnisse (bes. pers. Eigentümlichkeiten irgend welcher Art der Familien-Angehörigen, wirtschaftl. Schwierigkeiten u. dgl.), unter denen die Vmdsch. zu führen ist, auch ungewöhnliche Maßnahmen begründen. So wird die als Ersatz der Einzel-Vmdsch. „bestellte A.-Vmdsch.“ geradezu eine „Schutzaufsicht“ nach Abschn. VI Abs. 1 ersetzen, ja auch vorbereiten können.

Von vorstehenden, aus dem Wesen der J.Wohlf. u. dem in ihm begründeten Berufe des JA. sich ergebenden Besonderheiten abgesehen, gleicht diese behördl. Vmdsch. durchaus der normalen Vmdsch. des Gem.Reichsrechtes. Das drückt § 41 schon durch die Bezugnahme auf den für das BGB. als Prinzip gültigen § 1773 aus. Denn letzterer enthält die gesetzl. Feststellung des reichsrechtl. Normal-Falles. Auch dadurch gelangt die grundsätzl. Gleichstellung mit oder doch die Anlehnung an letzteren zum Ausdruck, daß diese Amts-Vmdsch. in die Rangordnung der „Berufungen zur Vmdsch." (§ 1776 BGB.s) eingereiht wird, wenngleich die Einreihung eine mehr nur negative u. etwas künstliche, nämlich die Zurückstellung aller Klassen (Berufungsgründe) des § 1776 hinter das JA. ist. — Aus der Einrichtung der gesetzl. „JA.-Vmdsch." als solcher (vgl. ob. zu Unt. Abschn. b) folgt ferner von selbst, daß die bestellte „JA.-Vmdsch." nur für eheliche Mündel in Frage kommt. — Die Abstellung auf den „Minderjährigen" schlechthin, also ohne jeden Unterschied des Lebensalters, ergibt, daß die „Bestellung" des JA. die Vmdschaft keineswegs eröffnen muß, sondern auch in Ablösung einer vorhergegangenen „Einzel-Vmdsch." erfolgen kann, (die eigentl. vollständige Umkehrung des Falles des § 40!), wenn im Verlaufe eines Bevormundungsbedürfnisses das Eintreten „öffentlicher" J.Hilfe auch in der Form der Vmdsch.-Betreuung sich als notwendig erweist. Für die Überleitung selbst werden in letzterem Falle, d. h. wenn der Minderjährige nicht sofort mit Beginn seiner Bevormundung der JA.-Vmdsch. unterstellt wird, durchaus die gleichen Grundsätze (insbes. hinsichtl. der Schlußrechnung usw.) zu gelten haben, wie bei der Abgabe der Vmdsch. vom JA. an eine Einzelperson. —

Hingegen bedingen die Ausnahmsvorschriften, welche durch die „allg. Bestimmungen" des Unt. Abschn. IV a (§§ 32—34), für jede Art von JA.-Vmdsch. erlassen sind, auch für den Fall der „Bestellung" des JA. eine große Zahl sehr erheblicher Abweichungen (vgl. die Erl. zu §§ 32—34). Aus technischen u. systematischen Gründen sind, ganz sachgemäß, zwei hiermit nahe zusammenhängende Besonderheiten in § 41 herausgehoben, also ausdrücklich angeordnet: der Fortfall der „Bestellung" im engeren Sinne, d. h. des vmdsch.-gerichtl. Bestellungsaktes, mit der feierlichen „Verpflichtung" gemäß § 1789 in einem (in Preußen jetzt regelmäßig von den „Rechtspflegeorganen", d. h. den mit der selbständigen Wahrnehmung richterl. Geschäfte [der freiw. Gerichtsbarkeit] betrauten Justizinspektoren u. Obersekretären, abgehaltenen) Termine u. die Bestallg. als „urkundlicher" Ausdruck dieser vorangegangenen feierl. Einsetzg. in die Vmdsch. (§ 1791). Beides ist aus billigenswerten Erwägungen praktischer Vereinfachg. zusammenfassend ersetzt durch die bloße Übersendg. einer Verfügg. („schriftl. Verfügg.") des Vmdsch.-Gerichts an das JA. Diese Verfügg. enthält die Antwort auf die Anregg. (sie wird der Normalfall der „Einverständniserklärg." sein) des JA. zu seiner vorzugsweisen Bestellg. In formaler u. sonst technischer Beziehg. ist die „Verfgg." zweifellos der „Bescheinigg." des § 37 ganz gleich zu behandeln, also bezügl. ihrer Form, der Zuständigkeit zu ihrer Erteilg. (in Preußen auch durch die sog. „Rechtspfleger"), der „Unverzüglichkeit" sowohl dieser Erteilg. wie der pflichtmäßigen Rückgabe bei der Beendigung u. vor allem auch der Aufnahme des „Vermerks" über die „Übertragg." nach § 32 S. 2; vgl. dort u. zu § 37 u. hier alsbald!

Durch die Ausdehng. auf alle ehel. „Minderj." geht das RJWG. wesentlich hinaus über die Zulassg. vorzugsweiser („den nach § 1776 BGB.s als Vormünder berufenen Personen" vorgezogener) Bestellg., welche der Entwurf des Preuß. JFG.s von 1918 vorgesehen hatte: hier sollte sie, u. zwar zu Gunsten teils gewisser Anstaltsvorstände bzw. Anstaltsangestellter, teils eines Beamten kommun. Verwaltgen (§ 14 bzw. § 17 des Entw.), beschränkt sein auf die „ehel. Minderj.“ (letztere Kategorie allerd. nur in §§ 16 u. 17 dort ausdrücklich hervorgehoben), welche in einer entsprechenden Anstalt oder unter „Aufsicht des Beamten“ in einer Familie erzogen oder verpflegt würden. Das RJWG. will umgekehrt, wenngleich es dies allerdings nicht klar ausspricht, das JA. zweifellos auch den Anstalts-Vorständen des § 47 vorgehen lassen, wenn sie nämlich im einzelnen Falle nicht als „geeigneter anderer Vormund“ (im Sinne des § 41 Abs. 1 a. E.) anerkannt werden können. Dies folgt unabwendbar aus der tieferen Tendenz des § 41, welche dahingeht, die JA.-Vmdsch. überall da eintreten zu lassen, wo es an „sonstigen geeigneten“ vmdschaftl. Kräften fehlt: es kann ferner ohne Zwang mittelbar auch aus der Vorschrift des § 47 selbst (Abs. 1 S. 4) abgeleitet werden, daß das JA. „in den Fällen, (in Frage kommender Anstalts- oder Vereins-Vmdsch.), in denen der „Minderjährige“ von ihm bevormundet oder versorgt ist, vorher gehört werden muß“. Denn nach diesem Satze wird das „beteiligte“ JA. — an einem solchen wird es nie fehlen — stets in der Lage sein, die Vmdsch. dem Anstalts- bzw. Vereins-Vorstande zu ent- u. an sich selbst zu ziehen, da (vgl. Blaum Komm. Not. 1 zu § 47) im RJWG. positiv-rechtlich nur die bestellte Anstalts-usw.-Vmdsch. zugelassen ist, von mehreren Arten „bestellter Vmdsch.“ aber stets die sozial bessere u. wertvollere (u. das wird in zweifelhaften Fällen doch immer wieder die nach § 41 anzuordnende des JA. sein) den Vorzug verdient. —

Von besonderer praktischer Bedeutung sind unter den „allg. Bestimmungen“ des Unter-Abschn. a, welche auch für die „bestellte“ Amts-Vmdsch. ebenso gelten, die des § 32 S. 2 u. ferner die des § 33 Abs. 3 (vgl. zu letzt. insbes. schon ob.): auch das bevorzugt — für eheliche Minderjährige — bestellte „JA.“ kann die so erlangte Vmdsch. der „Ausübg.“ nach mit allen Wirkungen des § 32 S. 3 (vgl. o. dort) einem seiner „Mitglieder oder Beamten“ „übertragen“. — Ebenso muß es auch bei der Führung der „bestellten“ A.-Vmdsch. die durch § 33 Abs. 3 geforderte Rücksicht auf das „religiöse Bekenntnis“ (u. die Weltanschauung) walten lassen. Für Preußen zumal ist in Ansehung dieser „religiösen Behandlung ehelicher Mündel durch das JA. die bisherige Entwicklung der Rechtsbildung u. Rechtspflege künftig nicht bedeutungslos. Sie hat (vgl. schon zu § 33 Abs. 3 selbst) zu einer ziemlich reichhaltigen Judikatur des Kammergerichts als der in diesen Fragen höchsten Instanz für Preußen geführt, — in der Hauptsache auch nach dieser Seite hinauskommend immer wieder auf die beiden Grundsätze, daß „eheliche Kinder jedesmal in der Religion ihres Vaters zu erziehen seien“, diese Angleichung aber ihre Begrenzung finde in dem eigentl. Religionsunterrichte u. nicht auch den sonstigen Elementarunterricht mit ergreife (vgl. bes. Kammer-Ger. XX S. A 246 u. ferner XL S. A 16; beide im wesentl. auf der „Deklaration“ zum ALR. II 2 §§ 77—84 — v. 21. Nov. 1803 fußend, letzt. Entscheidung auch das Preuß. Gesetz betr. Unterhaltg. d. öff. Volksschulen v. 28. Juli 1906 berücksichtigend, welches „trotz Zuweisung des konf. Charakters an den Volksschul-Unterricht den früheren Rechtszustand aufrecht erhalten habe“). —

Die Vorschrift des § 41 ist eine bloße „Kann-Vorschrift“ in dem doppelten Sinne, daß dem JA. u. auch dem Vmdsch.-Ger. ein Ermessen anheimgegeben sein soll: auch für letzteres besteht daher, selbst bei „Einverständnis" mit oder gar Verlangen nach vorzugsweiser Vmdsch.-Bestellung seitens des JA. nicht, wie nach § 40, eine gesetzl. Pflicht zum Eingehen auf diese Intentionen, sondern Entscheidungsfreiheit, also Versagungsrecht. Hiergegen wird dem JA. zweifellos — sachgemäß aber in entsprechender Anwendung des Grundsatzes des § 44 (vgl. dort) auch „jedem, der ein berechtigtes Interesse des Mündels geltend macht" — die Beschwerde nach § 20 FGG. zuzugestehen sein. (Mit Fr.-P. N. 9 zu § 41 wird man das letztgedachte Beschwerderecht im S. des § 57 Z. 9 FGG.s auch gegen die Bestellg. des JA. zum Vmde. gewähren müssen. Denn diese ist zweifellos „eine Entscheidg. über eine die Sorge für die Person des Kindes oder Mdels. betreffende Angelegenheit". Aber natürl. als Beschwerde über das Vmschger., nicht des JA. u. mit der Folge recht subtiler Erörterungen über die „Eignung" des Einzelvmds.) Die Zulassg. eines R.mittels auch gegen die Stellungnahme des JA. selbst zu den Fragen des § 41 erscheint nicht angängig, weil mit den letzten Grundgedanken des RJWG. u. der in ihnen begründeten Stellg. des JA. nicht vereinbar. Diesem muß das Vertrauen geschenkt werden, daß es seine Entschließgen. in solchen Angelegenheiten, welche in besonderem Grade an sein pflichtgemäßes Ermessen sich wenden, nach bestem Wissen u. Gewissen im S. der Jugwohlf. treffen werde. Für Preuß. insbes. kommt auch in Betracht, daß weder die Zustimmung („Einverständnis") noch die Ablehng. einer „Bestellg." nach § 41 als „Entscheidg." im engeren S. des § 15 Ausf.Ges.s zu erachten ist. — Auch die „bestellte" JA.-Vmdsch. ist im Gegensatze zu der bestellten Einzelvormundschaft hauptamtliche, nicht bloß ehrenamtl. Vmdsch.

2. Stellung des Jugendamts.

§ 42.

Das Jugendamt ist Gemeindewaisenrat. § 11 gilt entsprechend.

Die Landesgesetzgebung kann örtliche Einrichtungen zur Unterstützung des Jugendamts in den Geschäften des Gemeindewaisenrats treffen.

Die Bestimmung ist eine der bedenklichsten, fast die unglücklichste des RJWG. Geschichtl. allerdings zu erklären daraus, daß die Entwicklg. des Jug.Sonderrechts, zumal die Schaffg. u. immer stärkere Geltg. der JA., Hand in Hand ging mit dem Streben nach Um- u. besserer Ausgestaltg. des GemWais.R., welcher stellenweise — in größeren Städten wie auch auf dem flachen Lande — unbestreitbar zu wünschen gelassen hatte. Die Reformbewegung hängt der sozialen Bedeutg. nach mit dem R.stande anderer Länder zusammen, in denen so z. B. bes. in Deutsch-Österreich (Vgl. Zeitschr. f. Kinderschutz u. Jug.fürs. XIII 1921 S. 97; ferner auch Janisch, Ztrbl. Vmschwesen 1917 S. 13 ff., der GemWR. als gesetzl. Berufsvmd. in Österreich, u. Dr. Gold — Leiter des JA. Stadt Wien — in H. X S. 36, der „Fragen der Berufsvmsch.") schon seit längerer Zeit ein kollegial verfaßter GemWR. besteht u. in nicht ganz geringem Umfange die Funktionen des „Generalvmds." mit zu versehen hatte u. noch versieht. Diese an verschiedenen Stellen gegebenen Vorbilder, welche allerdings wegen der Ungleichheit der zugrunde liegenden Verhältnisse für das zu schaffende Jug.Recht von vornherein nicht paßten, in Vbdg. mit dem ausgeprägten Streben nach Konzentration aller J.Fürs. bei dem JA., haben dessen generelle Erhebg. auch zum GemWR. ergeben. Unterschätzt wurde aber bei der gesetzgeberischen Entschließg., auf welche schon der Urentwurf von 1920 abzielte, der die Stellg. des JA. als Gem.WR. sogar der Hervorhebg. in einer bes. Ziffer (1 des § 3) würdigte, der schwerwiegende innere Widerspruch, mindestens aber der — nicht genügend abgeklärte — Bruch mit dem Bestehenden in großen Teilen des deutschen Reiches. Auf ihn führen schon die wesentlichsten Grundlagen des Systems des RJWG. Das JA. ist zwar — § 8 — nach der Bezeichnungs- u. Betrachtungsweise des Gesetzes ebenfalls, gleich dem WR., Gemeindeeinrichtg. Die reichsgesetzl. Anlage, noch mehr deren landesrechtl. Ausgestaltg. bedingen aber für das JA. doch einen ganz anderen „gemeindlichen" Zuschnitt, zumal eine wesentl. größere u. umfassendere Grundlage als bei dem bisherigen „Gem.WR." Denn letzterer ist verknüpft mit der polit. Gemeindeeinheit als solcher selbst in ihren äußerlich kleinsten u. unscheinbarsten Erscheinungsformen (Dorfgem. mit noch so geringer Seelenzahl u. Gutsbez.) u. von dieser Zurückführg. schlechterdings nicht zu lösen. (Vgl. f. Preußen Art. 77 § 1 Abs. 1 Ausf.Ges. z. BGB.) Das hat seinen tieferen Grund darin, daß die wahren Aufgaben des Gem.WR. sich in den ihm durch das GemReichsr. — § 1849 u. bes. § 1850 BGB. — gesetzten Pflichten keineswegs erschöpfen (zutr. schon Pfeiffer zur „Frage der Berufsvmsch." Hft. X S. 20, daß „§ 1850 BGB.s nur mehr der Rahmen sei, in dem von den einzelnen Bundesstaaten in deren Bestimmungen u. Gesetzen eine einheitl. Fürs. für alle zu bevormundenden Säuglinge u. kl. Kinder zu erreichen" ist). In Wirklichkeit war schon nach dieser lex generalis der GWR. zu viel umfassenderer u. eingehenderer Fürs., nämlich in erhebl. Umfange zur Erfüllg. von Jug.wohlf.pflichten berufen. Hierdurch erklärt u. rechtfertigt sich auch die nicht ganz selten, so z. B. ebf. von Pfeiffer auf der Leipz. Tagg. der Dtsch. Berufsvmder am 13. Sept. 1916 vertretene Auffassg., daß „für die Organisation — sc. der Jug.fürs. — der Zukunft der GWR. den gegeb. Kern bilde, um welchen die ganze Jug.fürs. am besten sich „kristallisiere", sofern er nur aus einer bloß ehrenamtlichen zur hauptamtl. Einrichtg. verstärkt u. durch Erweiterg. zu Bezirksverbänden auf breitere Grundlage gestellt wird. Trotz aller berechtigten Beanstandungen im einzelnen hat im ganzen das recht viel geschmähte Institut sich nach dieser Seite auch bewährt, u. zwar im Laufe der Zeit zunehmend. Die — in nicht geringem Grade von individuellen Momenten abhängige — Einwirkg. des Vmschger.s, für welche die von der Justizverwaltg. mit Recht angelegentlichst geförderten jährlichen „WR.Sitzungen" in Preuß. sehr günstig, ist hierfür natürl. stets von bes. Bedeutg. gewesen. — Das RJWG. selbst schneidet diese Entwicklg. ziemlich kategorisch, fast brüsk ab: von den örtl. u. persönl. mit der zu betreuenden Jug. u. deren Fam.angehörigen verwachsenen Lokalstellen werden die GW.rätl. Funktionen auf das notwendig unpersönl., geschäftsmäßig fremd den Einzelfällen gegenüberstehende zentrale JA. verlegt. Abgesehen von dieser (allerdings erheblichsten) sozialen Bedeutg. jener gesetzl. Abkehr, ist weiterhin auch rein technisch die Umgestaltg.

ein mehr als gewagtes Unternehmen: nach dem Wesen des GWR., in dieser tieferen u. geläuterten Auffassg., ist seine Dezentralisation in die kleinsten Bereiche der tatsächl. Wirksamkeit schlechterdings unentbehrlich. (Vgl. hierzu jetzt auch die treffenden, aus der — hierin mit der preuß. durchaus gleichartigen sächs. — Praxis schöpfenden Bemerkgen. von Neumann, D. Richterztg. 1924 N. 5 S. 229 ff). Das zwingt von der grundsätzl. Zentralisation des RJWG. aus zu einer Häufg. von Hilfsstellen, welche der gesamten Einrichtg. den Charakter recht großer Unbeholfenheit, ihrem Geschäftsbetriebe störende Schwerfälligkeit u. Kompliziertheit geben muß. Der Ausweg des § 42 selbst hierfür ist recht unvollkommen: mit „Ausschüssen" (im engeren S.), d. h. der „Delegation" von Bestandteilen des JA. zur Wahrnehmg. der GWR. Obliegenheiten sind die aufgezeigten Schwierigkeiten tatsächl. nicht zu bewältigen. Auch daß gerade für diesen Zweig der JA.-Wirksamkeit sich geeignete „Vereiniggen f. Jug.hilfe u. f. Jug.bewegg. (!) — s. hierzu Hedwig Pfleiderer, Ztrbl. Vmdschw. XV S. 117 —, „einzelne in der Jug.wohlf. erfahrene u. bewährte Männer u. Frauen" in genügender Art u. Zahl finden werden, ist ernstlich zu bezweifeln. Mit der „entsprechenden Geltg. des § 11" wird man also hier praktisch kaum weiter kommen. Die wahre Abhilfe kann nur der Weg des Abs. 2 § 42 bringen durch — von der „Landesgesetzgebg." zu bestimmende „örtl. Einricht.gen zur Unterstützg. des JA. in den Geschäften des GWR.". Diese örtl. Einrichtgen werden sachgemäß am vernünftigsten an die bisherigen, d. i. die schon vorhandenen GWR.e einfach anknüpfen, d. h. letztere als Zweigstellen u. Hilfsorgane des JA. u. zwar tatsächl. im wesentl. unverändert in gleicher Besetzg. u. Gestalt beibehalten. Die Abstandnahme von „landesgesetzl." Schaffg. solcher lokaler „Unterstützg." der JA. für Preußen, welche schon der Reg.Entw. des Ausf.Ges. unter ausdrücklichem Widerspruche des Preuß. Staatsrats vorgesehen hatte, ist sehr zu bedauern u. der praktischen Jug.wohlf.arbeit zumal in ländl. Kreisen gewiß nicht förderl. Die Erklärg., welche dafür jetzt die Ausf.Anw. IV Z. 6 durch den Hinweis auf „die in den verschiedenen Teilen Preußens stark voneinander abweichenden Verhältnisse" für diese gesetzgeberische Unterlassg. gibt, ist wenig stichhaltig. Dieser Umstand hätte nicht gehindert, die bisherigen GWR.e offiziell zu „örtl. Einrichtgen" der Jug.ämter im S. des Abs. 2 zu erklären. Denn gerade die WR.e haben sich fast durchweg in ihrer Entwicklg. den „Verhältnissen", unter denen sie zu wirken haben, u. deren „Verschiedenheit" angepaßt. Der von der Ausf.Anw. selbst (in Übereinstimmung mit der Preuß. Begründg. S. 50) „empfohlene" Ausgleich „möglichst umfassenden Gebrauchs" von der Delegation gem. § 11 befriedigt auch nur mangelhaft. Denn es ist natürl. ein anderes, ob die „Übertragg." der WR.Geschäfte dem Ermessen des JA. überlassen ist u. alsdann auch, wie grundsätzl. nach § 11, nur „widerruflich" erfolgt oder ob die bisherigen örtl. Instanzen nach fester gesetzl. Norm dem JA. zur Seite gestellt sind. In letzterem Falle werden sie der Weiterführg. der WR.-Angelegenheiten u. der „Unterstützg.", deren das JA. zumal in weitläufigen Landkreisen ja garnicht entraten kann, mit ganz anderem Eifer sich annehmen wie in ersterem. Dem preuß. Ges.geber kann daher der Vorwurf nicht erspart werden, daß er die noch in der Ausschußberatg. (vgl. Ber. S. 12) dringend geforderte „Ventilierg. der Frage der GWR.e bis ins Kleinste", vielleicht zu sehr im Hinblick auf städt. Erfahrgen, verabsäumt hat! (Vgl. auch noch hier am Schlusse.)

Auch Gründe des Gesamtsystems des RJWG. sprechen gegen das JA. als GWR.: die dadurch gesteigerte Häufg. von Zuständigkeiten u. Obliegenheiten mit ihrer Gefahr untragbarer Überlastg. dieser Behörde, vor allem auch ihrer Vereinigg. von Funktionen, welche, teilweise gegensätzlich bzw. von ergänzender Tendenz, zu undurchführbaren Verhältnissen, ja zu einem grundsätzl. inneren Widerspruche treiben. Der GWR. ist nach § 1850 BGB.s ausdrücklich zur „Überwachg." der Vmd.er seines Bezirks berufen; das JA. also, wenn es normal „der" GWR. ist, hat sich selbst, den ebenso normalen „gesetzl. Vormund" der unehel. K.er seines Bezirks, d. s. die hauptsächlich einer Überwachung nach § 1850 bedürftigen „Mündel" zu kontrollieren. Das JA. hat ferner nach § 45 (vgl. unt. dort) „die Vmd.er seines Bezirks usw. planmäßig zu beraten u. bei der Ausübung ihres Amtes zu unterstützen". Es ist also auch, soweit nicht selbst Vmd., zur Mitarbeit mit den Vormündern, zur Anteilnahme an ihrer Wirksamkeit weitgehend berufen. Auch das erscheint nicht ohne weiteres mit § 1850 Abs. 1 S. 2 BGB.s vereinbar, welcher eine Aufsicht über „Mängel u. Pflichtwidrigkeiten von Vormündern" usw. u. eine diesbezügliche Anzeigepflicht an das Vmdsch.-„Ger." dem GWR. auferlegt. Solche Kollisionen werden unvermeidlich in zahlreichen wichtigen Angelegenheiten, in denen das JA. durch „Antrag" entscheidend Stellung zu nehmen „hat" (besond. hinsichtl. etwaiger Fürs.-Erzieh. oder auch Schutz-Aufsicht), bei ihm die zu einer ersprießlichen Sachbearbeitg. unerläßliche Unbefangenheit u. Objektivität ausschließen.

Ferner erhöht die Berufg. des JA. auch zum GemWR. die Komplikationen, welche unvermeidlich aus § 9 Abs. 4 RJWG. (für Preußen § 5 Abs. 1 Z. 4 AusfGes.s) entspringen (vgl. zu § 9 Abs. 4 cit.): der GemWR. des BGB.s ist ganz deutlich eine zwar Hand in Hand mit dem Vmdschger. arbeitende, aber ihm doch selbständig gegenüberstehende vmdschl. Instanz. Durch die Verkopplung, welche § 9 Abs. 4 zwischen JA. u. Vmdsch.-Ger. schafft (s. Näheres S. 155 u. neuestens Storck Ztrbl. Jugr. XVI S. 249 ff.) wird diese Selbständigkeit auch mit Rückwirkg. auf das Vmdsch.-Ger. gemindert. Der richtige Leitsatz Pfeiffers (vgl. a. früher S. 285 a. O.), daß „das Vmdsch.-Ger. seine ihm obliegenden gesetzl. Befugnisse behalte", ist hiernach nicht mehr rein durchzuführen. (Zu begrüßen das jetzt gelegentl. hervortretende Bestreben, die Zusammenarbeit der Vmdsch.Ger.e nicht auf die JA. zu beschränken (z. B. nach dem Bericht Ztrbl. XVI S. 220 die vom Landeshauptmann der Rheinprovinz einberufene Konferenz für Zusammenarbeit der FE.Behörden mit Vmdsch richtern, JA. u. Strafvollzugsbehörden). — Praktische Schwierigkeiten werden in Verbindg. hiermit die — ebenfalls schon früher gedachten — Unstimmigkeiten der örtlichen Bez.abgrenzgen schaffen: wenn ein Kreis-JA. mit mehreren Vmdsch.-Ger., ein Vmdsch.-Ger. mit mehreren Kreis-JA. „bezirksmäßig" zu tun haben, wie (vgl. früher) in Preußen vielfach, ist die Bahn für die GW.rätliche Tätigkeit des JA. nicht mehr genügend klar vorgezeichnet. Vor allem aber werden durch die generelle Erklärg. zum GemWR. dem JA. völlig wesensfremde und daher an sich sehr fernliegende Aufgaben aufgebürdet: der Vorschlag von Vmd.ern u. von „Pflegern" (aller Art) für Volljährige u. deren Überwachg. im S. des § 1850 BGB.s, Angelegenheiten, welche nicht nur die ohnedies große Arbeitslast des JA. unnötig vermehren, sondern auch, weil mit Jug.Fürs. in der Regel ohne jede innere Berührg., seine eigentliche bestimmungsmäßige Wirksamkeit trüben u. beeinträchtigen müssen. — Die vorstehenden Bedenken werden durch die Vorteile dieser Ordnung, welche zu ihrer Rechtfertigg. auch vom Schrifttum immer wieder hervorgehoben werden: die dadurch angebahnten näheren u. innigeren Beziehgn. des JA. zu den Einzelvmd.ern, welche unverkennbar auch §§ 44 u. 45 anstreben, kaum aufgewogen. Soweit allerdings das JA. selbst die Auswahl und Bezeichng. (geeigneter) Einzelvmd.er gemäß § 1849 BGB.s besorgen, wird es auch hierdurch ganz naturgemäß mit dem ihm zugewiesenen Kreise von Einzelvmd.n lebhaftere Fühlg. nehmen u. vertraut werden. Ganz regelmäßig aber werden gerade diese Funktionen nicht von der (Gesamt)-Behörde, sondern von den sie „unterstützenden" lokalen Stellen versehen werden, weil dazu nur die nötige Kenntnis u. Beurteilg. der maßgebenden persönl. Verhältnisse eignet. Das gilt nicht allein für ländl. Bezirke, in denen die Kreiszentrale, der Sitz der Behörde, oft meilenweit u. durch schlechte Wege getrennt von den einzelnen Dörfern entfernt ist u. für den Außendienst dorthin nur wenige, meist nur eine Kraft, die Kreisfürsorgerin, verfügbar, sondern ebensosehr für die großen Städte mit ihren Menschenansamml.gen! Wohl hauptsächl. im Hinblick hierauf empfiehlt jetzt in Preußen die AusfAnw. IV Z. 6 angelegentlich die „Beibehaltg. der bisherigen WR.e als örtlicher Vertrauenspersonen" (vgl. gerade in dies. Richtg. Neumann a. a. O. ob. S. 231/2) u. mit diesen Veranstaltg. „regelmäßiger Aussprachen nach Art der bisher vom Vmdsch.-Ger. abgehaltenen, nunmehr wegfallenden WR.Versammlgen", — eine recht nachträgliche u. wohl auch nicht ganz abgeklärte Einsicht in die soziale Bedeutg. des Instituts! — Zur „Unterstützg. des Gem.WR." selbst — für die „Beaufsichtigg. der im K.alter stehenden u. die überwachg. weibl. Mdel" — kannte das Preuß. Ausf.Ges. z. BGB. Art. 77 § 2 die (örtliche) „Einrichtg." der „Waisenpflegerinnen", durch das RJWG. zwar nicht formell beseitigt, aber doch in seiner Selbständigkeit neben § 4 ZZ. 3—6 (in Vbdg. mit § 11) gegenstandslos u. entbehrlich.

Neuestens schärfte ein Erl. des Preuß. Min. f. Vwf. vom 1. Dez. 1924 III F 3030 („Volkswohlf." 1924 S. 474) den JA. eine besondere Pflicht „in" ihrer Eigensch. als GemWR. gemäß § 1850 Abs. 2 BGB.s ein, nämlich diejenige, (ebenso wie die LJA.) „mit allen Mitteln" darauf hinzuwirken, daß die Vmd.er die bis 31. Dez. 1924 laufende Anmeldefrist nicht verstreichen lassen u. dem Vmdsch.-Ger. Mitteilg. machen bei Kenntnis von einer Gefährdg. des Mdelvermögens. — „Anmeldefrist; im S. des Erl.s v. 1. Sept. 1924 — III F 2181 — („Volkswohlf." 1924 S. 364) bzw. der dort in bezug genommenen Auslassg. des Preuß. Just.-Min. Sie betraf die „Aufwertg. von Mdelvermögen" u. galt insbes. für Sparkassenguthaben gegenüber der Sparkasse, „bei der das Guthaben besteht", mit der Pflicht der Angabe (in der Anmeldg.), daß es sich um Mdelgeld handele, damit bevorzugte Berücksichtigg. stattfinde, — ferner für gewisse Hypotheken (Grund- und Rentenschulden), die nach dem 31. Dez. 1918 „begründet" worden sind, sofern Aufwertg. „über 15 v. H. hinaus" erreicht werden sollte (Hypotheken aus Unterh.vereinbar.gen u. Erbauseinandersetz.gen usw.) mit Zuständigkeit — für den Empfang der Anmeldg. — des das Grundbuch führenden AG.s. (Vgl.

hierzu noch die schon früher gen. Eingabe des Arch. D. Berufsvmd.er aus Sept. 1924, Ztrbl. XVI S. 194, an das Reichsfinanzministerium, gerichtet auf Aufwertung a) tunlichst aller im Besitze von Mdeln befindl. Kriegsanleihen, wenn während des Krieges gezeichnet od. sonst erworben, b) aller gelöschten Schuldbucheinträge, soweit unter a) fallend, sowie ferner die auf die III. StNVdn. v. 14. Febr. 1924 bezügl. Betrachtgn. Ztrbl. XVI S. 188.)

§ 43.

Das Jugendamt hat das Vormundschaftsgericht bei allen Maßnahmen zu unterstützen, welche die Sorge für die Person Minderjähriger betreffen, insbesondere durch Begutachtung bei der Festsetzung von Geldrenten für den Unterhalt Minderjähriger. Vor Entscheidungen in den Fällen des § 1635 Abs. 1 Satz 2, des § 1666, des § 1727, des § 1728 Abs. 2, des § 1729 Abs. 2, des § 1750 Abs. 1 und des § 1751 Abs. 2 des Bürgerlichen Gesetzbuchs muß das Vormundschaftsgericht das zuständige Jugendamt hören. Bei Gefahr im Verzuge kann das Vormundschaftsgericht einstweilige Anordnungen auch schon vor Anhörung des Jugendamts treffen. Es kann das Jugendamt mit der Ausführung der Anordnungen aus § 1631 Abs. 2, § 1636 Satz 2 des Bürgerlichen Gesetzbuchs und sonstiger Anordnung mit dessen Einverständnis betrauen.

Das Landesjugendamt kann auf Antrag des Jugendamts Mitglieder oder Beamte des Jugendamts ermächtigen, Beurkundungen gemäß §§ 1718 und 1720 Abs. 2 des Bürgerlichen Gesetzbuchs vorzunehmen, sowie die im § 1706 Abs. 2 des Bürgerlichen Gesetzbuchs bezeichneten Erklärungen entgegenzunehmen und zu beglaubigen.

Der Paragraph regelt die Vmdsch.ger.hilfe, ein in der Jug.fürs. zwar noch nicht allgemein als technischer anerkannter u. angewendeter, aber doch schon recht verbreiteter[1]) u. sicher für diese Art des JA. Zusammenwirkens mit dem Gerichte glücklicher Ausdruck — schon vermöge der damit gewonnenen Antithese zu der bereits technisch feststehenden „JGerH.“. Mit diesem Inhalte hat § 43 im Gesetze selbst ein doppeltes Gegenstück:

a) das eben erwähnte, die JGerH., welche das RJWG. allerdings dem Spezialgesetze über diese Materie, dem JGerG., zuweist;

---

1) Bes. lebhaft setzte sich mir gegenüber für eine technische Terminologie dieser Art, noch mehr aber für den inneren Ausbau des Gegenstandes des § 43 Abs. 1 selbst, die Vorsitzende des Thür. Landesverbandes, Gräfin Bose-Weimar ein in Anknüpfg. an die schon in meinem Aufsatz über die „Sch.Aufs.“ (Ztrbl. Vmschw. (Febr. 1922) entwickelten Gedanken.

b) die Vormünder-Hilfe des § 45 (s. dort). Systemgemäß wäre deshalb auch eine stoffliche Anordng., welche letzteren § unmittelbar an § 43 anreihte, der vom RJWG. gewählten Trennung durch die ganz andersartige Vorschrift des § 44 vorzuziehen gewesen.

Die „Vmschger.hilfe" des § 43 selbst scheidet sich in 2 Unterarten: eine eigentlich zu der Jug.wohlf. in Beziehg. stehende, im wahren S. sozialpädagogische — Abs. 1 — u. eine mehr technische (techn. juristische) — Abs. 2. Jene ist Zusammenarbeit mit dem Vmschger., also echte „Mitwirkg." gem. § 3 Z. 2, diese Abnahme von Arbeit, Entlastg. des Vmschger. oder Ersatzwirksamkeit. Jene ergibt sich aus dem Begriffe der Jug.wohlf. u. damit dem Wesen des JA. u. ist deshalb — von Reichsgesetzeswegen — obligatorisch; diese kann unbeschadet der Jug.wohlf. (u. der eigentl. wesensgemäßen „Aufgaben" des JA.) fehlen u. ist demgemäß eine fakultativ — nicht unmittelbar — auf reichsgesetzl. Grundlage gestellte, vermittelt vielmehr durch Stellungnahme u. Entschließg. einer Landesinstanz: nach dem RJWG. selbst des LJA., nach der Vdn. v. 14. Febr. 1924 Art. 1 Z. 2 Satz 3 in Vbdg. mit der Ausf.-Anw. II B Z. 1 in Preußen des Min. f. Vwf., weil in ihrer Anwendg. unvermeidl. beeinflußt durch die Sonderverhältnisse u. Einrichtgen der örtl. Bereiche, innerhalb deren sie Platz greifen soll, also nicht für das ganze Reichsgebiet gleichmäßig in Geltg.

In der Vmschger.hilfe des Abs. 1, der echten „Vmschger.hilfe" bewährt sich, wie mehrfach hervorgehoben, das Wesen der „öffentl." J.H. überhaupt am vornehmsten, tritt also der Beruf des JA. am reinsten u. stärksten hervor. Um dieser grundlegenden Wichtigkeit willen hätte sie gesetzestechnisch deutlicher u. ausgeprägter unter den JA. „Aufgaben" des § 3 als bedeutsamstes Hauptstück an Stelle der „Tätigkeit" als G.W.R. bes. genannt (u. vorangestellt) werden sollen. Denn gerade diese Bestimmung (§ 43 Abs. 1) hat nicht mehr u. nicht weniger als das „Jug.-wohl" im vollsten, unmittelbarsten S. zum Inhalte. „Sorge für die Pers. Minderjähriger" ist bei geläuterter Auffassg. gleichbedeutend mit Sorge für ihre Erz. in jeder Richtg., für ihr „leibliches, seelisches u. gesellschaftliches" (§ 1 Abs. 1 RJWG.) Wohl, also der umfassendste, zentralste Begriff der ganzen Ordng. Wegen dieser seiner inneren Uneingeschränktheit sind die Beschränkgen abzulehnen, welche scheinbar aus der positiven Gesetzesfassg. folgen. Diese „Mitwirkung" des JA. ist in Wahrheit nicht allein dem „Vmschger.", sondern den gerichtlichen (wie allen) Behörden, die ja nach § 5 RJWG.s ohne weiteres auf Unterstützg., „Beistand" seitens des JA. Anspruch haben, überhaupt zu erweisen, wenn u. soweit sie mit der „Sorge für die Person Minderjähriger" zu tun haben. Insbesondere also auch unter den gerichtl. Behörden den Prozeßgerichten. Sie erschöpft sich ferner keineswegs etwa in der Beteiligg. an den von §§ 43 Abs. 1 selbst genannten Fällen, sondern ergreift alle, in denen diese „Sorge" in Frage kommt. Die Aufzählg. des § 43 Abs. 1 ist durchaus nur exemplifikativ, der Ergänzg. ebenso fähig wie bedürftig. Bemerkenswert ist eine Ungenauigkeit des Gesetzes, insofern dieses wörtlich unmittelbar von den hierher gezählten Beteiligungsmöglichkeiten des JA. (nur) eine solche nennt, welche nicht eigentl. die Personen-, sondern die Vermögenssorge betrifft, — die Bestimmung (Festsetzg. der Höhe) der Unterhaltsrenten (die freilich zumal bei unehel. Minderj.n auch das Pers.Wohl nahe berührt). [Sie, d. h die einheitl. Begutachtg. der Unterh.sätze, ist in Gr.-Berlin durch den Entw. der Satzg. für das städt. JA. diesem als LJA. zugedacht. — Z. Zt., seit 1. Nov. 1924 betragen in Gr.-Berlin die Unterh.sätze unehel. K.er monatl. 33 RM., welchem Satze entsprechend der Streitwert der Unterh.prozesse von den Gr.-Berliner Gerichten jetzt auf 300—400 R.-M. — einjährige Bezüge — festgesetzt wird. Vgl. hierzu auch die neuesten Tabellen für die Berechnung dieser unehel. Unterh.sätze von Goldmann, Ztrbl. Jugr. XVI S. 180, kaum ganz unanfechtbar, u. seine u. E. Müller's Bemerk.gen hierzu, ebdort S. 179 bzw. S. 177ff.]. Die „Minderj.n", deren persönl. Wohl durch § 43 Abs. 1 S. 1 der Fürs. des JA. anvertraut ist, sind nämlich sowohl eheliche, wie uneheliche. Der Wirkungskreis des JA. geht hier also über die Grenzen des Unt.-Abschn. 1b durchaus u. bewußt hinaus. —

Praktisch war allerdings gerade die von S. 1 Abs. 1 bes. genannte Mitwirkg. des JA. bei Erlaß des RJWG. u. noch lange nachher außerordentl. aktuell u. in erster Linie für unehel. Minderj., nämlich für deren Alimentenprozesse, von Bedeutg. Hier bewährte sich demgemäß die Wichtigkeit einer Zusammenarbeit des JA. auch mit den Prozeßgerichten. Das in der Zeit der Inflation viel erörterte Problem der sog. „gleitenden Unterh.sätze" (vgl. hierzu von den vielen Untersuchgen im Ztrbl. Vmschw. bes. Riebesell, Jahrg. XIV Heft 9 S. 182 u. AGR. Rothschild ebdort S. 264, ferner Bürovorst. Menke ebd. Jahrg. XV Nr. 1 S. 10 u. in dems. Heft Urt. Amtsger.s Siegen v. 5. März 1923; auch den Bericht über die Danziger Tagg. Ende Juni 1923, auf welcher — s. Näh. Ztrbl. Vmschw. XV Nr. 5 S. 99! — das Problem einen bes. Beratungsgegenstand bildete, u. den dort besprochenen Beschl. d. Kamm.ger. [28. Ziv.-S.] v. 1. Juni 1923, Armenrechtsbewilligung für eine Unterh.-klage auf „insges. 49000 M. monatl." u. „außerdem den Unterschied zwischen diesem Betrage u. dem laut vom Gläubiger beizubringender Bescheinigg. des Magistrats Berlin — JA. — in Gr.-Berlin jeweils maßgebenden Unterh.satze unehel. Kinder" — welcher Klage das LG. I Berlin die Durchführbarkeit wegen der „für die Zwangsvollstreckg. zu erwartenden Schwierigkeiten" abgesprochen —) oder der „Gleitklausel", welche für Preuß. auch schon der Erl. des Just.min. vom 7. März 1923 zur Erwägg. empfohlen hatte, ist durch die besondere lebhafte Behandlung seitens der JA. stark der Klärung entgegengeführt worden. Alle Tagesfragen dieser Art, regelmäßig gerade für unehel. Kinder brennende Lebensfragen bilden ein Arbeitsfeld für die JA. im Sinne des § 43 Abs. 1. Sie werden hier allerdings die Verständigung mit tunlichst allen für die Lebenshaltung der gesamten Bevölkerung maßgebenden Stellen nicht entbehren können, in erster Linie aber auf ein „Zusammen"-Wirken mit dem Vmdsch.ger. angewiesen sein. Auch jetzt nach Überwindung der Inflationszeit, zumal unter der Herrschaft der Verordn. v. 22. Dez. 1923 (RGBl. S. 1239; vgl. über diese, bes. den § 26a Müller Ztrbl. XV Nr. 10 S. 191) sind die hiermit zusammenhängenden Fragen keineswegs von der Tagesordnung ganz verschwunden. Vgl. z. B. die neuerl. Erörtergen desselben Berliner J.Amtmanns (E. Müller) über Unterhaltsforderungen u. Währungsfragen sowie über wertbeständige Schuldtitel in Unterh.prozessen, Ztrbl. Vmdschw. XV S. 166ff. u. S. 19. Sie sind der gemeinsamen Arbeit des JA. und der Vmschgerichts auch nicht etwa deshalb verschlossen, weil ersteres als gesetzl. A.-Vmd. ja selbst demnächst Parteirolle hat. (Vgl. hierzu auch das ob. S. 233 unt. über das Zeugnisverweigerungsr. — u. die damit gegebene Zeugnisfähigkeit — des Amtsvmds. Gesagte.) Ähnlich ist die Stellung des JA. zu nahe verwandten Zeitfragen, so z. B. derjenigen nach der Abänderung von Unterhalts-Abfindungsverträgen aus Anlaß der Geldentwertung (vgl. dazu die Abhandlg. des Verfassers JW. 1922 H. 17, 18 S. 1303 ff., ferner, hiermit übereinstimmend, die Entsch. d. LG. I Berlin ZK. 38 v. 22. Febr. 1923 in JW. 1923 S. 460, Zurückweisung des entgegengesetzten Kammerger.Standpunktes, u. wiederum ablehnend Urt. d. Reichsger., VII. Ziv.Sen. v. 23. März 1923 Entsch. Bd. 106 S. 396 ff., — neuerdings Urt. LG. Bremen v. 9. Febr. 1924, Ztrbl. Jugr. XVI S. 128 — Grundsatz, daß im Regelfall Abfindungsverträge nicht aufzuwerten, Ausnahme nur, wenn sie frei von „spekulativem Charakter" — und die dort in Fußn. 1 gegebene, sehr vollständige Zusammenstellg. der keineswegs einheitlichen Judikatur.) Ferner über Erhöhungsklagen nach § 323 Abs. 4 ZPO. (Erhöhg. v. Unterhaltsrenten) jetzt Beschl. OLG. Naumburg a. S. v. 18. Juni 1924, Urt. LG. Halle a. S. v. 28. Mai 1924, Beschl. LG. Karlsruhe v. 27. Juni 1924, Ztrbl. XVI S. 149/50 u. LG. II Berlin v. 9. Okt. 1924, Ztrbl. XVI S. 244 ff. mit bemerkenswerten Ausführungen, insbes. über die Höhe dieser Aufwertg. nach der jetzigen Goldm.-Währg. u. der zuständigen Verzugszinsen, u. aus der neueren R.sprechg. des RG.s bes. Bd. 106 S. 234 u. Bd. 107 S. 217, sowie die Betrachtg. von Schlomka-Kabisius, DRZ. v. 1925 S. 10 u. den Vorschlag v. AGR. Rothschild-Frankf. a. M., für diese Aufwertg. (der Abfindungsverträge) „Zwangsschiedsgerichte" einzuführen, Ber. über Chemnitzer Tagg., Ztrbl. XVI S. 191. — In all solchen sozial weittragenden Kontroversen gebührt dem JA. i. S. des § 43 Abs. 1 S. 1 (dahin deutet im Gesetze selbst schon das „insbesondere") entscheidender, jedenfalls höchst beachtlicher Einfluß. Nicht minder zweifellos für die Feststellg. gewisser, mehr in die Zukunft weisender Grundsätze, so z. B. betr. der künftigen Anlegg. der Mündelvermögen (auch dieses Problem auf der Danziger Tagg. besprochen u. im Ztrbl. f. Vmdsch.wesen vielfach zur Erörterg. gestellt, vgl. z. B. Jahrg. XV Nr. 1 S. 16 u. über seine schon oben zu § 33 erwähnte Regelg. durch die Novelle v. 23. Juni 1923 zu § 1811 BGB.s noch Engelmann-München in JW. 1923 S. 1021). Auch die Novelle fordert „Prüfg. der Verhältnisse des einzelnen Falles" [Engelmann a. a. O.]. Grundsätzl. Normen für diese Prüfg. aufzustellen sind die JA. sicher berufen,*) wenn auch diese Wirksamkeit nicht eigentlich die

*) Die aber in ihrer Eigensch. als Vmder, zumal als gesetzl. Amtsvmder, auch ganz unmittelbaren u. sehr erheblichen Einfluß auf die Gestaltg. der Mdelvermögensverhältnisse gewinnen können, so durch eigenen Abschluß von Unterh.abfindungsverträgen, insbes. während schwebenden Unterh.prozesses, was jetzt nach der ZPO.Novelle v. 13. Febr. 1924 gem. § 499 c auch im „obligatorischen" Güteverfahren geschehen kann u. zufolge der wohl nicht zu beanstandenden grundsätzl. Entscheidg. des Reichsger. Bd. 56 S. 333 ff., selbst wenn zur Beilegg. eines anhängigen Prozesses bestimmt, der Genehmigg. des zuständigen Vmsch.-ger. nach § 1822 Z. 12 BGB.'s bedarf. Vgl. dazu u. über die Stellg. des JA. als „Berufs"(Amts-)Vmd im allg. jetzt noch Komm. der RGR.e z. BGB. § 1773 N.N. 4 u. 5.

Personensorge berührt. — Bei aller Wichtigkeit „öffentl. Jug.hilfe“ bleibt jedoch auch heute Höheres, die Sorge für das persönl. Wohl (im engeren S.), die eigentliche erzieherische „Mitwirkg.“ die Hauptsache. Diesem Schwergewicht der soz.pädagog. Vmdschger.hilfe trägt § 43 Abs. 1 positiv Rechnung, indem er (S. 2) das JA. an einer Reihe für das persönl. Wohl besonders bedeutsamer R.svorgänge zwingend beteiligt, derart, daß fortan sogar die Gültigkeit der bezügl. Entscheidgen des Vmdschger. selbst von dieser Beteiligg. des JA. abhängt — eine tiefgehende Umstellg. unseres materiellen Vmdsch.rechts. Das bisher insoweit freie Ermessen des Vmdsch.gerichts ist künftig an die Stellungnahme des JA., welches „gehört werden muß“, gebunden! Diese grundsätzl. Änderung unseres Reichs-Vmsch.r.s erfaßt im wesentl. alle Anordngen des Vmsch.-ger.s, welche die persönliche Lebensführg. eines Minderj. bestimmen, An der Spitze steht hier sachlich — der in S. 2 erst an 2. Stelle genannte — für das Reichsr. (vgl. schon „Einleitg.“ S. 38) zentrale § 1666 BGB.s, Entziehung des Personen-Sorge-Rechts wegen Mißbrauchs oder Vernachlässigung. Ihm gesellen sich wichtige andere Vorschriften: § 1635 Abs. 1 S. 2 („abweich.“, d. h. mit § 1635 Abs. 1 S. 1 nicht übereinstimmende Ordnung des Verbleibens eines K.es aus rechtskräftig geschiedener Ehe seitens des Vmd.-Ger.s. Vgl. hierzu Landsberg in Ztschr. „Recht u. Wirtschaft“ 1911 Nr. 1 S. 21 ff., welcher schon richtig hervorhob, daß diese Anordngen des Vmdschger.s „Ausübg. einer Macht über die Person des K.s“, u. zutreffend die hier grundlegende Entsch. des RG. Ziv.S. Bd. 69 S. 94 ff., bes. S. 97 verteidigte, und aus dieser R.-sprechg. ferner Z.S. Bde. 63 S. 238 ff., 55 S. 419, JW. 1902 Beil. S. 207 u., mehr negativ, Bd. 49 S. 368, sowie über die Zulässigkeit des R.sweges 100 S. 178 ff. Im S. dieser billigenswerten höchstrichterl. R.sprechg. auch die Beteiligg. des JA. gem. § 43 Abs. 1 erweiternd auf solche vmdgerichtl. Pers.fürs. für K.er nur getrennt lebender Eltern auszudehnen). §§ 1727/28 (supplierte Einwilligg. zur Ehelichkeitserklärg. eines minderj. K.es), § 1750 Abs. 1, § 1751 Abs. 2 (vmdschl. Genehmigung zu Adoptionsverträgen betr. Minderjährige insbes. noch nicht 14 Jahre alte K.er). Vgl. hierzu, insbes. über die Frage der „Stellvertretg. beim Abschlusse von Adoptionsverträgen“, die Ztrbl. JugR. XVI S. 92 mitgeteilte Entsch. des LG. Nürnberg v. 14. April 1924 u. die dort zit. Auslass.gen der R.sprechg. u. des Schrifttums, sowie die Bemerkgen zu dieser Entsch. von Georgi a. a. O. u. von E. Müller ebda. S. 143; letzterem zwar in der allg. Erwägg., daß auch die JA. möglichste Unanfechtbarkeit der Adopt.verträge anzustreben haben, durchaus beizustimmen, nicht jedoch in seiner Bekämpfg. des LG. Nürnberg: mit diesem, gegen Kamm.ger. Änderg. der Ges.gebg. in Richtg. auf Zulassg. der „Stellvertretg. bei Adopt.verträgen“, also Aufhebg. von S. 1 des § 1750 BGB.s gerade mit Rücksicht auf § 43 Abs. 1 RJWG.s zu befürworten. Auch die Anlage zu dem Entwurfe der Gr.Berliner Satzg. stellt unter den Obliegenheiten des städt. JA. richtig „Amtsvmsch. u. Adoptionswesen“ zusammen! — Die so überaus strikte, kategorische Fassung des S. 2 stellt außer Zweifel, daß unter Umgehung des JA. auf grund einer dieser Bestimmungen getroffene vmsch.gerichtl. Anordnungen rechtsunwirksam, nicht lediglich im Beschwerdewege anfechtbar sind, ihnen also die Folge von den „Beteiligten“ verweigert werden kann. Von Bedeutung insbes. im Falle des § 1666, aber der praktischen Schroffheit doch wesentlich entkleidet durch die weitere Vorschrift — des S. 3 Abs. 1 — daß „einstweilige Anordn.gen bei Gefahr im Verzuge" (vgl. über letzteren Begriff ob. zu § 27 Abs. 1) vom Vmsch.ger. auch schon vor Einholg. der Äußerg. des JA. getroffen werden können. Immerhin bleibt eine praktisch schwerwiegende Bedenklichkeit dieser Umstellg. des bisherigen Pers.sorger.s, daß nach S. 3 (bei Fr.P. Abs. 2 S. 1!) in Vbdg. mit S. 2 (des Abs. 1) das Vmsch.ger. durch den Widerspruch des ihm nicht zustimmenden JA.'s genötigt werden kann, schon in Vollzug gesetzte „einstweilige" Anordn.gen wieder rückgängig zu machen, auch wenn diese objektiv sehr angebracht, ja, unerläßlich sind. (Diese Folgerg. umso unabweisbarer, als im Falle des soeben genannten § 27, der auch nach seiner äußeren Struktur ein bemerkenswertes Gegenstück zu § 43 S. 2 bildet, dem Vmsch.ger. gleichartige Korrekturbefugnis zuerkannt werden muß; vgl. zu § 27). — Für eine der Jug.wohlf. ersprießliche Wirksamkeit der JA. aus § 43 Abs. 1 S. 2 empfehlen sich gewisse einheitliche „Richtlinien" über die in Fällen dieser Art zu beobachtenden Grundsätze (sei es seitens der LJA. nach § 13 Z. 1, sei es seitens der obersten Landesbeh., somit in Preuß., § 34 AusfGes., des Min. f. Vwf.; noch besser vielleicht durch Reichsausf.vdngen nach § 15 RJWG.). Inwieweit die JA.-Stellungnahme aus S. 2 durch R.'smittel angreifbar, also im S. des Preuß. AusfGes. § 15 dem Einspruch zugängliche „Entscheidg." ist, hängt im wesentl. von der Lage des Einzelfalles ab. — Besonders stark prägt sich die so intensive Beteiligg. der JA. an dem persönl. Wohle der „Minderj.en ihres Bezirks" nach § 43 Abs. 1 in dessen S. 4 aus, demzufolge das JA. aus der Rolle der nur mehr gutachtlich mitwirkenden Instanz heraus in diejenige des Ausführ.gsorgans treten kann. Hier nimmt die Einwirkg. des JA. auf die Pers.sorge greifbare Gestalt an. Ausdrücklich zugelassen ist die Heranziehg. des JA. allerdings nur für zwei besondere Fälle: § 1631 Abs. 2 Unterstützg. des Vaters (u. der ihm nach § 1686 hinsichtl. der Pers.sorge grundsätzl. gleichstehenden Mutter, also auch nach § 1697 S. 2 der wiederverheirateten, nach § 1707 S. 2 der unehel.; vgl. zu der Behandlg. des § 1631 Abs. 2 bes. Kamm.ger.Entsch. XXXVII S. A 95 ff., das, nicht ganz unanfechtbar, Zustimmung auch des „Erz.berechtigten" forderte u. meinen Aufsatz Ztrbl. Vmdschw. XII S. 214 u. 217) in der Ausübg. seines Erz.rechtes „durch Anwendg. geeigneter Zuchtmittel" — § 1636 S. 2 (Regelg. des Verkehrs zwischen dem nicht sorgeberechtigten ehel. Gatten u. dem minderj. K.e, genauer: Vermittlg. dieses Verkehrs selbst. Vgl. soeben u. außer den dort genannten Entscheidgn RG. ZivS. Bd. 69 S. 94 ff. u. Bd. 100 S. 178 ff., ferner über die „bindende Kraft" von Erz.abkommen zwischen den geschiedenen Ehegatten selbst das verneinende RG.Urt. [4. ZivSen.] v. 29. Sept. 1919, Gruchot Beitr. 64 S. 116 ff., welches richtig die schuld- den „personenrechtl. Verträgen", d. i. den die Pers.sorge („Fürs.") betreffenden entgegenstellt, bei diesen Kündigg., Rücktritt usw. ablehnend.) Hier geht die unmittelbare praktische Ausübg. der Erz. auf das JA. über. — Nach dem Zusatz in S. 4: „sonstige Anordng." soll die Befassg. des JA. mit solcher Erz.-Ausübung auf die beiden ausdrücklich genannten Fälle nicht beschränkt, sondern „mit Einverständnis" des JA. (sinngemäß ist dieser nicht ganz deutlich gefaßte Zusatz auf den letzteren Teil": „sonstige Anordng." zu beziehen), auch auf „sonstige" dazu geeignete Maßnahmen ausdehnbar sein. Der Einwirkung des JA. auf die Jug.erziehung im allg. mit ihren so unendlich zahlreichen Fragen u. Aufgaben ist also durch § 43 Abs. 1 SS. 1—4 ein ungeheuer weites Feld eröffnet. (Hinsichtl. des JA.-„Einverständnisses" ist jetzt durch die Notvdn. Art. 1 Z. 7 für die SchA., vgl. dort, der Einklang insbes. mit uns. Abs. 1 S. 4 noch ausdrückl. hergestellt worden.) — Diesem Standpunkte des RJWG. entsprechend, geziemt dem JA., auch in den Fällen des S. 2 Abs. 1, nicht immer nur die Aufforderung des Vmsch.ger. zur Stellungnahme abzuwarten, sondern selbst die Initiative zu ergreifen (so hatte z. B. in Lübeck schon nach bisher. R. der GWR. dem JA. von allen Fällen, in denen das geistige oder leibliche Wohl eines Minderj. „gefährdet" ist, Anzeige zu machen; auch § 43 schließt sich im Ausdruck — „Unterstützung" — unmittelbar an die reichsrechtliche — § 1850 BGB. — Stellung des Gem.WR.s an!) —. Gerade diese Wirksamkeit erleichtert dem JA. ganz wesentl. seine Zusammensetzg., vor allem § 9 Abs. 2: denn die ihm obligatorisch angehörenden „in der J.Wf. erfahrenen u. bewährten Männer u. Frauen aller Bevölkerungskreise" werden ein gutes Mittel bilden, die J.Wf.-Behörde über das persönl. Ergehen „ihrer" Minderj.n u. deren Bedürfnisse auf dem Laufenden zu halten, also zwischen der Erz.bedürftigkeit u. den Erz.maßnahmen ein treffliches Bindeglied bilden. Dadurch u. vermöge der Dehnbarkeit des § 43 — vgl. das ob. über die nur „exemplifikative" Aufzählg. Gesagte — werden die JA. sich als berufene Gutachter auch in zahlreichen Fällen erweisen, an welche das RJWG. selbst kaum gedacht hat, so z. B. hinsichtl. der „Förderlichkeit" einer Volljährigk.erklärg. nach § 5 BGB. (vgl. hierzu im allg. RG. [IV. Ziv.Sen.] Entsch. v. 22. Jan. 1920, Gruchot Beitr. 64 S. 347). — Ein nicht ungeeignetes Mittel, die äußerl., für diese „Mitwirkg." erforderliche Fühlg. zwischen JA. u. Vmschger. herzustellen, kann die Teilnahme des letzteren an den Sitzungen des ersteren — § 9 Abs. 4 — bilden. Der Entw. des Preuß. Jug.fürs.Ges. von 1918 hatte — § 13 Abs. 2 — recht glücklich vorgesehen, daß „auf Einladg. des Vmschger. das JA. zu Besprech.gen einen Vertreter abzuordnen" habe. Von derartigen Weis.gen hat das RJWG. u. ihm folgend auch das Preuß. AusfGes. nach beiden Seiten, gegenüber sowohl dem Vmschger. als auch dem JA., Abstand genommen, obwohl mit bezug auf dieses gerade dem letzteren Ges. solche Normen schon wegen der Ausdehng. des Kreises der Beteiligungsberechtigten (s. ob. zu § 9) nahegelegen hätten. Praktisch aber werden beide Instanzen gleichwohl nach diesem Gesichtspunkte zu verfahren haben, d. h. bei allen Fragen von grundlegender Bedeutg., u. das sind schwierige Jug.Erz.-Fragen ja stets, die Teilnahmeberechtigung des Vmschger. an den JA.-Sitzungen verwirklichen müssen!

Abs. 2. Die „technische" Vmschger.hilfe, vgl. dazu Boschan, Ztrbl. Vmschw. Okt. 1921, ist auf bestimmte, bes. genannte Fälle beschränkt u. nicht sinngemäß ausdehnbar. § 1718 BGB.s: Anerkenntnis der unehel. Väter, genauer, Aufnahme einer öffentl. Urkunde darüber (in Preuß. war der bei den Gerichten hierfür gebräuchl. Vordruck Form Vs 32 in der Zeit des Währungsverfalls mit Rücksicht auf die ob. zu Abs. 1 gedachten schwankenden Unterlagen der Unterh.sätze entsprechend abgeändert) — vgl. hierzu neuerdings RGZ. S. 107 S. 178/9: Anfechtg. eines Vatersch.anerkenntn.s wegen Irrtums od. arglistiger Täuschg.! — § 1720 Abs. 2: Anerkenntnis dieser Vaterschaft zu öffentl. Urkunde durch den Ehemann der unehelichen Mutter, — § 1706 Abs. 2:

Namenserteilung an das uneheliche Kind seitens des Ehemannes der Mutter durch „Erklärung gegenüber der zuständigen Behörde ..... in öffentlich beglaubigter Form. S. daz. jetztRderl. Min.s d. Inn. v. 20. Febr. 1925, Min.Bl. Inn. Verw. 1925 S. 263; auch Jur. Rdschau 1925 Nr. 5 S. 296: Einwilligg. des JA. öffentl. Urk., wenn v. zuständ. Beamten mit JA. Siegel vollzogen u. von der „Bescheinigg." nach § 37 begleitet. Zust. Beamter der durch Satzg. od. Gem.Verf.Ges. bestimmte, regelmäß. der Vorsitzende, also bei Kreis-JA. der Landrat, nicht aber der nach § 32 S. 2 „Betraute", seine Erklärg. öffentl Beglaubigung bedürftig. Auch diese drei Urkundsfunktionen erlangt das JA. nur auf eigenen bes. „Antrag" durch „Ermächtigg." seitens der ihm übergeordneten Jug.wolf.instanz, nach dem RJWG. des LJA., in Preußen des Min. f. Vwf. Das Arch. D. Berufsvmder hat für Preußen im Aug. 1924, vgl. Ztrbl. Jugr. XVI S. 148, unter Berufg. auf einen Antrag des preuß. Städtetages v. 17. Juni 1924, wie dieser selbst an das Preuß. Just.-Minist. eine Eingabe gerichtet, die Zwangsvollstreckg. aus Erklär.gen des Vaters vor dem JA. über seine Unterh.verpflichtgen geg. das außerehel. K. im Wege der Landesges.gebg. (§ 801 ZPO.) zuzulassen mit der zutreffenden Begründg., daß ohne solche Vollstreckbarkeit § 43 Abs. 2 praktisch wertlos, u. dem Hinweise, daß das solche Beurkund.gen zulassende LJA. das Vorhandensein geeigneter Kräfte beim JA. am besten beurteilen könne, sowie auf günstige Erfahrgen in Hamburg, woselbst die Aufnahme solcher vollstreckbarer Urkunden sogar auf ehel. K.er ausgedehnt, letzteres mit der Forderung einer Nachfolge Preußens auch hierin. Vgl. auch die Aussprache auf der Chemnitzer Tagg. Aug. 1924, Ztrbl. XVI S. 191. — Eine weitere Eingabe desselben Archivs aus Okt. 1924 an Preuß. Just.-Min., vgl. Ztrbl. XVI S. 241, fordert Anweisg. an die Gerichte, die fraglichen Beurkundgen auf Vierteljahrs-, nicht Monatsrenten zu richten u. erwähnt am Schlusse gleichzeitige Eingabe an Preuß. Wohlf.-Min., die JA. ebenso anzuweisen. [Nach der endgült. Neuregelg. der deutschen Währg., vgl. darüber Ricks in Nr. 8 von 1925 der Beilage „Wirtsch. u. R." der D.-A.-Z., müssen auch diese Renten fortan in „Reichsmark" — R.-M. — zugesagt werden.] Der Antrag wird nach den allg. Grundsätzen über JA.-Maßnahmen nur dann als zulässig erscheinen, wenn mit den Rücksichten der Jug.wohlf. vereinbar. Von den gleichen Rücksichten hängt die „Ermächtigg." des LJA. usw. ab; auch sie ist in diesem Sinne Sache pflichtmäßigen Ermessens dieser Stelle. Beschwerderecht im Falle etwaiger Versagg. kommt daher nicht in Frage. Andererseits muß eine generelle „Ermächtigg." an gewisse Kategorien von Mitgliedern u. Beamten des JA. als unbedenklich anerkannt u. kann die Beschränkg. nur auf individuell bestimmte Empfänger nicht unbedingt gefordert werden. — Der Beschluß des zuständigen (26.) Ausschusses zum Preuß. JFG.-Entw. von 1918 forderte (in seinem von ihm dem Reg.-Entw. hinzugefügten § 20 a) für die unserem § 43 Abs. 2 entsprechenden Ermächtigungen des „Berufsvmds.": „Befähigung zum Richteramt"!

§ 44.

Das Jugendamt soll die Bestellung einer Einzelperson als Vormund beantragen, wenn dies dem Interesse des Mündels förderlich erscheint. Es kann auch die Bestellung eines Mitvormundes für einen bestimmten Wirkungskreis beantragen.

Die Bestellung kann von einem jeden, der ein berechtigtes Interesse des Mündels geltend macht, und von diesem selbst, wenn es das 14. Lebensjahr vollendet hat, beantragt werden. Sie kann auch von Amts wegen erfolgen. Vor der Entscheidung soll das Vormundschaftsgericht das Jugendamt und tunlichst die Mutter des Mündels hören.

§ 44 knüpft inhaltlich an zwei zurückliegende Vorschriften, §§ 39 u. 40 (vgl. schon dort) nahe an. Er wendet sich nochmals der Vmdsch.-abgabe seitens des JA. zu, u. zwar unter dem Gesichtspunkte nicht sowohl der dem Vmschger. dabei obliegenden Pflichten (die schon durch § 40 erledigt), als der Leitgedanken. Sie liegen in der Richtung einer Förderung u. Hebung der Einzel-Vmdsch. als solcher u. rechtfertigen aus diesen Gedanken die äußere Stellung der Vorschrift des § 44 in dem (2.) Unterabschnitt, welcher dem Verhältnisse von JA. u. (Vmdschger. einer- — und) Einzel-Vmdsch. (andererseits) gilt, u. zwar innerhalb dieses Abschnittes insbesondere vor dem § (45), welcher ausdrücklich u. unmittelbar diese „Stärkung der Einzel-Vmdsch." behandelt. Die damit auch im RJWG. zur Anerkennung gelangte Grundtendenz ist nicht zuletzt auf den Einfluß des (kath.) Caritas-Vbd. zurückzuführen, welcher hauptsächlich in seiner Denkschr. zum Preuß. Jug.-Fürs.-Ges.-Entw. v. 1918 S. 17 dringend „stärkere Betonung" der Einzel-Vmdsch. gegenüber der Berufs-Vmdsch. u. nur „subsidiäre Stellung" der letzteren neben ersterer forderte. Den Anregungen dieses Verbandes ist u. a. auch die vom RJWG. gewählte anordnende (instruktionelle „Soll") Fassg. der Vorschr. zu danken, welche im Vergl. zu der wesentl. schwächeren („Kann") des entspr. Satzes des Preuß. Entw. v. 1918 (§ 18 Abs. 2 S. 2) eine bemerkenswerte Steigerg. darstellt. Allerdings hat sich das RJWG. dem — an sich beifallswürdigen — Preuß. Vorbilde insofern nicht angeschlossen, als es die besondere (soz.) Eignung des die JA.-Vmdsch. ablösenden Einzel-Vmdes nicht (ausdrückl.) betont hat. Demgemäß ist des Instituts, welches zweifellos hier auch dem RJWG. vorgeschwebt hat, — der „organisierten Einzel-Vmdsch." — in § 44 nicht gedacht, ebenfalls im Unterschiede von der analog. Preuß. Bestimmung, welche in einem Klammerzusatze nach Art einer Legal-Definition auf sie (wörtl.) expressim hinwies. Jedoch ist (vgl. auch hierzu schon ob. b. § 40) die Voraussetzung positiver, ja ausgesprochener soz. Eignung der „ablösenden" Einzel-Vmdsch. aus den Grundgedanken des ganzen Gesetzes durchaus zweifelsfrei u. unbedenkl. stillschweigend zu entnehmen. Praktisch wird es daher keineswegs zu beanstanden, sondern im Gegenteil sogar meist angelegentl. zu befürworten sein, wenn etwa ein bis dahin dem JA. angehörendes „in der J.Wf. erfahrenes u. bewährtes" (§ 9 Abs. 2) Einzelmitglied nach seinem Ausscheiden aus der Behörde, die vorher gemäß § 32 S. 2, also als JA.-Vmdsch. geführte u. nur kraft „Übertragg." „ausgeübte" unehel. oder ehel. Vmdsch. fortan als Einzel-Vmdsch. weiterführt (für JA.-Beamte kaum praktisch). Darüber, daß die Führg. der JA.-Vmdsch. durch ein „Mitglied" immer nur gem. § 32 S. 2 u. nicht im Wege der Delegation nach § 11 herbeigeführt werden kann, s. neuestens den Rderl. Pr. Min. f. Vwf. v. 24. Dez. III F 3 1117/24, Just.Min. beigetreten sei; „Rundbrief“ des Arch.s D. Berufsvmder. Nr. 8 S. 39. Abgesehen von der soeben gedachten allgem. Voraussetzung sind nämlich Beschränkungen hinsichtlich der Auswahl der dem JA. in der Vmdsch. nachfolgenden Einzelperson vom Gesetze nicht ausgesprochen oder mittelbar angeordnet worden. Insbes. hat es die „Befugnis des Vmdsch.-Ger., einen anderen Vmd. zu bestellen“, (Art. 136 Z. 1 a. E. EG. z. BGB.) hier nicht, wie das bisherige Gem.ReichsR. — in dem soeben genannten, jetzt durch das RJWG. § 48 aufgehobenen Art. des EG. — auf anstaltlich oder dgl. „erzogene oder verpflegte“ Mündel beschränkt. Die Befugnis des Gerichts, ebenso wie die ihr entsprechende „Pflicht“ („Soll!“) des JA. erstreckt sich vielmehr auf alle Arten von Mündeln, insbesondere auch auf eheliche, in der eigenen oder einer verwandten Familie erzogenen. Infolgedessen kann nach § 44 das JA. sehr wohl in die Lage kommen, eine von ihm selbst gemäß § 41 (vgl. dort) herbeigeführte „eheliche A.-Vmdsch.“ aus eigenem Antriebe wieder „abzugeben“, — dann nämlich, wenn es durch Gewinnung eben dieser seinerseits ausfindig gemachten Einzelpersönlichkeit zu der Überzeugung gelangt, daß nunmehr deren, also die Einzel-Vmdsch. „dem Mündel-Interesse — am besten — förderlich“ sei. So wird, wie zu wünschen steht, nicht ganz selten die — nach § 41 — „bestellte JA.-Vmdsch.“ sich als ein bloßer zeitweiliger Übergangszustand erweisen. Denn, dies ist immer wieder hervorzuheben, die Herbeiführung des Übergangs von der Amts- zur Einzel-Vmdsch. ist positive (j.wohlf.liche) Obliegenheit des JA. (Um sie in die Praxis überzuführen, seit Inkrafttreten des RJWG. rege Tätigkeit durch Einrichtg. von „Lehrgängen“ aller Art entwickelt; vgl. den Ber. über den von Past. Beutel als Direktor des Evang. Reichserz.vbdes v. 25. bis 28. Juni 1924 in Berlin veranstalteten, Ztrbl. XVI S. 95 ff, ferner denjenigen über den in Hannover Mai 1924 abgehaltenen, insbes. der „Einführg. in die Aufgaben der Einzelvmdsch. nach RJWG.“ geltenden Ztrbl XVI S. 121). Das ist der sachliche Unterschied von der Vorschrift des § 40, welcher sich auf den Ausspruch beschränkt, daß das Vmschger. diese Umformung nicht ablehnen darf, wenn „nicht Gründe des Mündelwohls entgegenstehen“, („das Vmschger. hat das JA. . . zu entlassen“), daß also einem dahingehenden Antrage des JA. von der dafür zuständigen Stelle zu entsprechen ist. Wann das JA. mit einem solchen Antrage an des Vmdsch.-Ger. herantreten soll, ergibt § 44.

Er regelt auch im übr. die Behandlung dieses Antrages zunächst von der Seite des JA. her, hinsichtl. der möglichen Tragweite. Der Antrag kann nämlich die JA.-Vmdsch. in ihrer vollen Ausdehnung oder auch nur zu einem Teile erfassen. Erscheint dieses, die bloße Teil-Ablösung, dem JA. im „Interesse des Mündels förderlich“, so kann, ja muß es pflichtgemäß auf sie sich beschränken. Alsdann tritt der Fall einer Mit-Vmdsch. ein, wie sie § 46 RJWG. selbst ausdrücklich als zulässige Form der JA.-Vmdsch. vorsieht. (Freilich ausdrücklich nur als „Bestellg.“ des JA. zum Vormunde, sinngemäß aber ganz zweifellos mit der Bedeutung der Zulässigkeit dieses Verhältnisses auch für den Fall, daß das JA. selbst schon Vmd. ist u. die Mit-Vmdsch. neben dem ersteren „bestellt“ wird.) Auf diese Vmdsch.-Teilung finden grundsätzlich die Vorschriften der §§ 1797 u. ff. BGB.s Anwendung, zumal also hinsichtl. der Lösung von „Meinungsverschiedenheiten" (durch Entscheidung des Vmdsch.-Ger.). Die Teilablösung selbst kann wieder verschiedenartige „bestimmte Wirkungskreise" der Vmdsch.-Führung ergreifen: entweder nur die Personensorge oder nur die Vermögensverwaltung, ja vielleicht aus der einen oder anderen nur den oder jenen begrenzten Ausschnitt oder auch Verbindungen von gewissen Ausschnitten aus der Personensorge und der Vermögensverwaltung z. B. solcher, die zu einem bestimmten Orte oder auch zu bestimmten Persönlichkeiten (Familienangehörigen u. dgl.) in Beziehung stehen. Allg. Regeln, nach welchen Gesichtspunkten die JA. hier verfahren sollen, sind kaum angängig; jedoch wird mangels besonderer Gegengründe als Norm sich empfehlen, die Vermögensverwaltung in den geschäftsgewandteren Händen des technisch dafür besser eingerichteten JA. zu belassen u. Einzelpersönlichkeiten, wenn überhaupt für einen bloßen Teil der Vmdsch., vor allem für die Personensorge zu suchen. — Bei Anwendung des S. 2 Abs. 1 § 44 wird das Verhältnis der JA.-Mitvmdsch. auch in der Bestallg. des Einzel-Vmds., schon aus Gründen praktischer Zweckmäßigkeit, bes. ersichtlich zu machen sein.

Die außerordentliche Bedeutg., welche das RJWG. einer rechtzeitigen u. sachgemäßen Ablösg. der JA.-Vmdsch. durch: „geeignete Einzel-Vmdsch." beilegt, findet ihren klarsten Ausdruck in der Erweiterung „des Antragsrechtes", Abs. 2. Das JA. kann u. U., obzwar gutgläubig, so doch objektiv unsachgemäßerweise, die Herbeiführung des Übergangs ablehnen, — sogar gegeb.falls aus (entschuldbarer) Unkenntnis der Verfügbarkeit „geeigneter Einzelpersonen" diesen Übergang garnicht in Erwägung ziehen. In solchen Fällen soll aus höchsten Gründen des allg. J.Wohls von anderer Seite ergänzend eingegriffen werden dürfen: „von einem jeden, der ein berechtigtes Interesse des Mündels geltend macht". Was unter „berechtigtem Interesse" in diesem Sinne zu verstehen, ist hauptsächlich Frage des Einzelfalles, wird aber stets, allein richtig, durch Anwendung eben jener höchsten Grundsätze des „J.Wohls" auf die besonderen Verhältnisse des Einzelfalles sich bestimmen. Wie sehr dieses J.Wohl, also das Allg.-Wohl in der besond. Beziehung zur Jugend hiefür ausschlaggebend, macht das Gesetz selbst erkennbar, eben indem es „einem jeden" (cuivis ex populo!), welcher ein derartiges „Mündel-Interesse" wahren u. hüten will, das Antragsrecht zugesteht. In der Richtung derselben Gedankengänge nur liegt es, daß von einem gewissen Lebensalter, nämlich von der Vollendung des 14. Jahres (vgl. zu dieser Altersstufe § 19, ferner auch bes. § 65 Abs. 5 u. 6 des Ges.) auch dem Mündel selbst das Antragsrecht zusteht; denn das RJWG. geht mit Recht davon aus, daß bei einer gewissen Lebens- u. Verstandesreife dieser am stärksten Beteiligte am richtigsten beurteilen wird, was seinem eigenen „Interesse förderlich erscheint", also des J.Wohls in Anwendung auf ihn selbst am besten sich annehmen wird. Ferner auch, daß sogar ohne Antrag, von Amtswegen dem Vmdsch.-Ger. die Anordnung dieser Vmsch.ablösung überlassen ist. Denn auch das Vmdsch.-Ger. ist (vgl. den Eing. der Vorbem. zu diesem Abschn. u. ob. zu § 2 S. 113, in höherem Sinne, J.-Wf.-Behörde, also Organ der „öff. J.hilfe", u. damit zur Wahrung des Mündel-Interesses gerade in der Richtung, in welcher es nach § 44 entscheidend wirkt, durchaus geeignet u. berufen. Um jeder Willkür dieser offiziellen Entscheidung (Ablösung der

JA.-Vmdsch. durch das Vmschger. „von Amts wegen" vorzubeugen, ist aber vorsorglich ein Recht des JA. u. „tunlichst" auch der Mündelmutter auf Anhörung zu dieser Frage vorgesehen. Abs. 2 S. 3. Die Beteiligung dieser Stellen ist zwar nicht zwingend vorgeschrieben, derart, daß eine ohne sie getroffene Entscheidung des Vmdsch.-Ger. rechtsungültig wäre, aber doch („Soll") so angeordnet, daß bei Verabsäumung beide, sowohl das JA. wie die Mündelmutter, ein Beschwerderecht nach den allg. Grundsätzen über Beschw.n gegen Anordngen des Vmdsch.-Ger. haben. Die besondere Erwähnung der „Mutter" zeigt, daß dem RJWG. auch bei der Vorschr. des Abs. 2 hauptsächlich die unehel. liche Vormundschaft vor Augen gestanden hat, obwohl — u. darin liegt die systematische Unstimmigkeit dieser Hervorhebg. der „Mutter" — die Bestimmung keineswegs auf die „unehel." JA.-Vmsch. beschränkt ist, sondern für alle Arten gilt. § 44 knüpft also in erster Linie an § 40 an. — Für die Ermittelung „geeigneter" Einzel-Vmdr. bestehen auch jetzt schon gewisse Einricht.gen, welche den JA. erhebliche Erleichterungen bieten werden. So ist i. J. 1918 (bemerkenswerterweise fast gleichzeitig mit der Veröffentlichung des Preuß. Entw.) ein „Deutscher Verband f. Einzel-Vormünder" eben mit dem Ziele, die wichtige Einzel-Vmdsch. im ganzen Reiche „energisch zu fördern u. auszubauen", begründet worden, welcher eng mit dem „Archiv Deutsch. Berufs-Vmdr. zusammenarbeiten" sollte in dem Sinne, daß die Berufs-Vmdsch. vielfach ihre Mündel an Einzel-Vmd.r „abgäbe" (vgl. Ztrbl. f. Vmschw. Bd. X S. 132 u. z. B. für das Geschäftsjahr 1922 den lehrreichen Bericht des „Vereins f. Einzelvmsch.", Ztrbl. Vmschw. XV S. 136). Ferner wurde schon 1904 f. weibliche Vmdsch.ten eine ähnliche Organisation von der um dieses Institut so verdienten Frieda Dünsing ins Leben gerufen (vgl. f. das RJWG. auch unt. zu § 48). Etwas zu einseitig stellt lediglich auf die Erledigung der unehel. Alimentenklage als gesetzlich gegebene wesentl. Aufgabe der JA.-Vmdsch. Lina Köpp in ihrem auf dem „Wegscheide-Kursus" Ende Sept. 1922 gehaltenen Referat (Bericht a. a. O. S. 15 u. ff.) ab. Diese Zuspitzung dürfte dem Geiste des Gesetzes kaum gerecht werden. Wohl aber ist der Anregung beizupflichten, welche in der Aussprache über ihr Referat gegeben wurde (a. a. O. S. 18), daß in Ermangelung einer solchen größeren Einrichtg. Vmdsch.-Richter u. Kreisfürsorgerinnen die Aufgabe übernehmen müssen, die Einzel-Vmdsch. in ihrem sozialen Werte zu heben. Das ist besonders f. das Land von Wichtigkeit: denn dort werden in aller Regel Vereine noch nicht bestehen u. die vorgedachten großen Verbände kaum schon Fühlung genommen haben. — Wenn jetzt die Preuß. Ausf.Anw. v. 29. März 1924 ganz allgemein als Norm für die Ablösg. des JA. durch die Einzelvmsch., unt. IV Z. 5, ausspricht, daß das JA. „in allen Fällen, in denen die Unterh.zahlg. u. die ordnungsmäßige Unterbringg. des unehel. K.s gesichert, die Vmsch. abgebe u. auf Bestellg. eines Einzelvmds hinwirke", so ist das zwar äußerlich eine bequeme, scheinbar (!wann sind diese Verhältnisse „gesichert"?) zuverlässige Handhaben bietende Abgrenzg., aber doch sozial in dieser Generalisierung unhaltbar!

Kaum der Hervorhebg. bedarf, daß der „Übergang", welchen das Preuß. AusfGes. für das Inkrafttreten des RJWG. hinsichtl. gewisser der Amtsvmsch. des letzteren nahestehender Erscheinungen anordnet, nicht in die Kategorie der Vmdsch.-Umformung gehört, welcher die vorstehenden Erörterungen gelten. (Vgl. dazu ob. bei § 35 a. E. u. hptſ. bei § 47 u. auch hier oben.)

§ 45.

Das Jugendamt hat die Vormünder, Beiſtände und Pfleger ſeines Bezirkes plangemäß zu beraten und bei der Ausübung ihres Amtes zu unterſtützen. Die näheren Beſtimmungen hierüber werden nach § 13 Abſ. 1 Nr. 1 und § 15 getroffen. § 11 gilt entſprechend.

Das JA. ſoll auf das Wohl der deutſchen Jugend nicht bloß unmittelbar, ſondern auch mittelbar einwirken. Eine Art ſolcher mittelbarer J.Wſ.-Pflege verordnet bereits § 6 des Geſetzes (durch die Vorſchr., daß das JA. „die freiwillige Tätigkeit zur Förderung der J.Wohlf. zu unterſtützen, anzuregen u. zu dieſer Mitarbeit heranzuziehen habe"). Den anderen Weg bietet der vorliegende Paragraph. Hier iſt das Mittel ſelbſt, durch welches das JA. wirken ſoll, ein ſeinerſeits der zu betreuden Jugend noch unmittelbar näherſtehendes — durch den offiziellen Beruf zur Erziehung, alſo, was gleichbedeutend, zur Pflege des J.Wohls mit der Jug. verbunden. Es ſind dies nämlich „die Vormünder, Beiſtände u. Pfleger des JA.-Bezirks"; auch ſie ſollen in ihrem ſozialpädagog. der J.Wſ. zugewandten Werte das JA. fördern u. heben, ebenſo wie nach § 6 die „freiwillige" J.Hilfe. Auch dieſe Hebung ſoll ebenſo wie dort eine „planmäßige" ſein, d. h. beſtimmt u. geleitet durch höchſte feſtſtehende Grundſätze u. Geſichtspunkte, die wiederum nichts anderes ſein u. zum Gegenſtand haben können, als ein abgeklärtes möglichſt vollkommenes JW. im Sinne einer Unterform des Gem.Wohls. Durch dieſe gleich- u. planmäßige Zurückführung auf jene höchſte gemeinſame Richtlinie ſoll das JA. auch die große Zahl der Einzel-Vmdr. uſw. ſeines Bezirks tunlichſt zu einer Einheit zuſammenfaſſen. So verſtanden, kann man von der gemäß § 45 ſeitens des JA. beeinflußten Einz.-Vmdſch. als von einer „organiſierten" ſprechen, wobei man nur niemals außer Acht laſſen darf, daß es ſich hier nicht, wie bei einer „Organiſation" im eng. S., um beſtimmte feſtgeſtellte, zumal ſchriftlich fixierte („ſatzungsmäßige") Normen u. andererſeits auch nicht um eine innere, gegenſeitige Verkettung der einzelnen Angehörigen dieſer „Organiſation" handelt, ſondern um eine mehr unſichtbare, jedenfalls (in der Hauptſache) ungeſchriebene, nach einem, wie man ſagen kann, abſtrakten, idealen „Plane" bewirkte Geſtaltung zahlreicher, äußerlich ſelbſtändiger u. ganz getrennt neben einander wirkender Einzel„organe" der J.Wſ. (der Vmdr. uſw.). Noch beſſer als von organiſierter dürfte daher von „qualifizierter" i. S. zu hochwertigen Leiſtungen befähigter E.Vmdſch. zu ſprechen ſein. Dieſe zu ſchaffen macht § 45 dem JA. zur Aufgabe; der Erſcheinung nach, mittelbar in der Form einer mehr den Vormündern ſelbſt geleiſteten Hilfe, „Unterſtützg." („Vmdr.-Hilfe", vgl. ob. zu § 43), welche durch „Beratung u. Unterſtützung bei der Ausübung des Vmd.-Amtes" zu bewirken iſt, aber doch bei aller hierdurch bedingten Individualiſierung nie das oben gedachte generelle Endziel auch dieſer JA.-Betätigung vergeſſen oder verleugnen darf. Wie ſehr letzteres dem Geſetze als auch hier weſentlich, ja ausſchlaggebend im Vordergrunde ſteht, zeigt es durch den

Vorbehalt näherer, zweifellos vornehmlich dem einheitlichen „Plane" nach dem diese Vmdr.-Hilfe zu leisten ist, zugedachter „Bestimmungen". Dieser „Plan" schwebt dem RJWG. derart als ein umfassender, auch in der räumlichen Ausdehnung groß angelegter vor, daß § 45 S. 2 sogar eine Regelg. von Reichswegen, d. i. durch AusfVerordng. der Reichs-Reg. nach § 15 erfolgende vorgesehen hat. Neben ihr ist (in nicht ganz deutlichem Verhältnisse) für eine größere Landes-Bezirke umfassende, nämlich von den LJA. gemäß § 13 Abs. 1 Nr. 1 (also im Wege „gemeinsamer Richtlinien") ausgehende Normierung Raum gelassen. Da § 45 die soz. wichtigsten ebenso wie praktisch bedeutsamsten Teile aller J.Wf.-Pfl. betrifft, bedurften an sich die Reichs-Ausf.-Verordn.n aus § 15, welche nach dem „und" des S. 2 zur Ausfüllung des Vorbehalts jedenfalls zu ergehen haben, größter Beschleunigung. — Gleichwohl verlautet seitens der Reichsreg. hierüber immer noch nichts. Auch das Preuß. AusfGes. (vgl. über seine Behandlg. von Einzelheiten des Vmsch.wesens das Frühere u. amtl. Begr. S. 19/20) ist daran vorbei gegangen. Die AusfAnw. beschränkt sich auf die hier schon erwähnte Anregung der mit den Vmdern usw. „nach Art der WR.-Versamml.gen" abzuhaltenden „regelmäßigen Aussprache". — Allgemein beachtlich hier, daß die JA. neben ein gerade in der „Vmder-Hilfe" überaus volkstümliches Organ —, die Vmschger.e treten, bei denen als dem „Obervmd", zumal in ländl. Bezirken der einfache Mann für die Sorgen u. Fragen einer ihm anvertrauten Vmsch. Rat sucht. Die Betätigung des JA. aus § 45 also in hervorragendem Maße als „Mitwirkg." (§ 2 Z. 2 a. A.) aufzufassen u. zu behandeln: Takt u. verständnisvolles Zusammenarbeiten mit den Vmschger.n! Hierfür der vom Ges. selbst, § 45 S. 3, gezeigte Weg — Abgabe dieser JA.-Tätigkeit an „Ausschüsse" usw. gem. § 11 RJWG.'s — sehr dienlich. Denn diese regelmäßig dem örtl. Schauplatze der einzelnen Vmsch. näherstehenden Unterorganisationen (Hedwig Pfleiderer a. a. O., vgl. ob. bei § 42, erblickt geradezu in der Heranziehg. von Vereinen die Bedeutg. dieser gesetzl. Bezugnahme) treffliche Vermittler zwischen den zu „beratenden u. unterstützenden Vmdern u. dem übergeordneten Vmschger. Aber auch bestimmte technische Vorricht.gen unentbehrlich, mindestens unter komplizierteren Verhältnissen wie in großen Städten, z. B. Schaffg. einer Art „Anmeldestuben", Sammlg. von Fonds, Veröffentlichg. von Mitteil.gen, Ausgabe von Merkblättern usw. neben der schon eben gedachten, von der Preuß. AusfAnw. empfohlenen (den regelm. Aussprachen), die „tunlichst" (!) auch auf dem Lande durchzuführen. Denn hier stets positiv an die Vmder herantretende „Hilfe", — die allerdings auch auf der Initiative der letzteren selbst beruhen kann, praktisch z. B. hinsichtl. der Führg. von Prozessen u. ähnlich schwer zu übersehenden Angelegenheiten, zu denen Bäumer S. 152 richtig auch Adoptionen, Abschluß von Lehr- u. Dienstverträgen usw. zählt —, im Unterschiede von der nur negativ über Pflichtwidrigkeiten wachenden WR.Betätigung erforderlich.

Auch hier ist bes. das Arch. D. Berufsvmder mit gutem Vorbilde vorangegangen, vornehml. durch Bearbeitg. der auf das „Ausland" abzielenden Beratung usw. der Vmder, vgl. z. B. die wichtige Mitteilg. über Unterh.klagen in Polen (früheres deutsches Gebiet), insbes. die diensttechnische Behandlg. bezügl. Schreiben nach der Vdn. des polnischen JustMin. v. 16. Jan. 1924 u. die Höhe der poln. Unterh.sätze, 15—20

Zloty, in Ztrbl. XVI S. 43; ferner die Hinweise betr. das „Unehel.recht im Saargebiet" nach der Vdn. der Saargebietsreg.kommission v. 2. Aug. 1921, Ztrbl. XVI S. 99; auch die Ztrbl. XVI S. 242 bekanntgegeb. Vereinbarg. des Arch.s d. BV. mit der Vereinigg. Schweizer Amtsvmder, alle mit diesen von deutschen JA. zu erledigenden Vatersch.angelegenheiten durch das Archiv laufen zu lassen. Hingegen nehmen, was zu § 43 noch nachzutragen, grundsätzl. den Empfang der Alimentationszahl.gen die Berufsvmdschaften als ihre Angelegenheit in Anspruch, sogar im S. einer Kontrolle auch der im übrigen an ihre Stelle getretenen Einzelvmder, gehen also hierin über die bloße Vmderhilfe hinaus, vgl. Ztrbl. XVI S. 39 ff., bes. S. 40.

Praktisch verliert der Unterschied allerdings dadurch an Bedeutg., daß nach § 42 das JA. der normale GWR. ist. So werden die aus dieser Eigenschaft sich ergebenden „Überwach.gen" der Pflichtmäßigkeit u. die auf § 45 beruhende „Unterstützg." der vmschaftl. Amtsausübg., durch „Beratg." u. sonstige Förderg., bei den JA. tatsächl. regelmäßig zusammenfließen u. letzten Endes beide Betätigungsarten sich auch als die von § 1850 Abs. 1 S. 1 BGB.'s nur für den GWR. festgestellte „Unterstützg. des Vmschger." bewähren. — Auch mit anderen sachlich nahestehenden Funktionen des JA., so z. B. dem „Mutterschutz" nach § 4 Z. 1 wird gerade diese Vmdr.-Hilfe praktisch oft Hand in Hand gehen. — Daß als „die Vmdr., Beistände u. Pfleger", welche so „zu beraten u. zu unterstützen", ledigl. solche Minderj.r in betracht kommen, ist im Ges. selbst nicht ausgesprochen, aber nach seinem Gesamtinhalte selbstverständlich. Übereinstimmend Fr.-P. N. 2 zu § 45. Die hieraus sich ergebende Einschränkg. der „Vmdr.-Hilfe" im eng. S. des § 45 wird in der Entwicklg. ausgeglichen werden durch die uneingeschränkte Betätigung als GWR. nach § 42 (vgl. dort a. E.): denn auch in dieser Eigensch. werden die JA. seitens „Rat u. Unterst." suchender Vormdr, Pfleger usw. beansprucht werden, u. zwar auch seitens solcher von Volljährigen, denen sie sich nicht wohl werden entziehen können. Das bedeutet offenbar eine Verdunkelg. der wahren JA.Wirksamkeit, deren Wünschbarkeit gegen Fr.-P. zu bezweifeln. — Eine unbedenkliche Ausdehng. der JA.Betätigung nach § 45 ist die über die dort genannten Erz.organe auf alle „Erz.-berechtigten", insbes. die Eltern (in diesem S. richtig Blaum, Komm. N. 2 zu § 45: „organisierte Elternschaft"!). Vgl. über diese „Erziehg. der Erzieher" schon Einl. S. 71 u. Erl. zu § 1 S. 102 ferner auch Vortr. von Ed. Spranger auf 19. Hptvers. des D. Fröbelvbdes in Leipzig über „die Erziehg. der Frau zur Erzieherin", im allg. auch Hartmann, Ztrbl. Vmschw. XI S. 251. — Auch den nach § 47 zur Vmsch. gelangenden Anst.- u. Vereinsvorständen gebührt natürl. die JA.„Hilfe" des § 45. — In Ansehg. aller dieser Vmder — „persönlicher", d. h. Einzelvmder im engeren S., wie unpersönlicher: Anst.- bzw. Vereinsvmder — wird sich die JA.Hilfe insbes. auch durch Übernahme der Vertretg. in Unterh.- u. sonstigen Prozessen betätigen; mit dem doppelten Vorteil einesteils der Proz.führg. selbst durch hervorragend Sachkundige — Fachmänner, welche hierin außerord. geschult u. mit den Persönlichkeiten, Gebräuchen u. Grundsätzen der zuständigen Gerichte wohl vertraut sind, — anderenteils der Ersparung von Arm.anwälten u. damit der Entlastg. des Staates bzw. des unterliegenden Erzeugers. Mit Rücksicht hierauf hat z. B. der Kamm.ger.Präs. in seinem Schreiben vom 1. April 1924, I C 1/A 804 an den Gr.Berliner Magistrat (Städt. JA.), mit welchem diese Frage vorher wiederholt erörtert worden, befürwortet, daß letzterer nach Möglichkeit auch durch auswärtige Einzelvmdr. vertretenen M.=deln solche Prozeßvertretg. zuteil werden lasse, u. die Proz.richter des Bezirks darauf hingewiesen, daß „in Zukunft in den Fällen, in denen auswärtige Berufsvmder für .... Unterh.prozesse ..... Bestellg. eines Arm.anwalts beantragen, zu prüfen, ob dies mit Rücksicht auf die Schwierigkeit des R.sstreits notwendig oder ob nicht die Interessen des M.dels durch eine Proz.vertretg. der ... Berufsvmsch. ausreichend gesichert"! Eine doch nicht ganz unbedenkliche Weitspannung des richtigen Grundgedankens möglichst genereller Heranziehg. der Berufsvmder als Ersatz der Arm.anwälte. (Technisch hat diese auch noch den Vorteil, daß Beibringg. des Armutszeugnisses nach § 118 ZPO. auch in anderen als unehel. Unterh.prozessen, für welche letzteren es ja jetzt § 118 Abs. 2 S. 2 Hbs. 2 ganz erläßt, erspart wird.) Die Proz.vertretg. auch für auswärtige Einzelvmder entbehrt aber der gesetzl. Grundlage, insbes. auch der Stütze des § 45: „Vmdr.=Hilfe" des JA. — ausdrücklich — für die Vmdr. des (eigenen) „Bezirks". Übrigens auch Proz.vertretg. nicht eigentl. zu der „Unterstützg." zu rechnen. Praktisch ergibt sie undurchführbare Überlastg. des JA., umso mehr als dann die Grenze überhaupt schwer zu finden (Erstreckg. auch auf „Requisitionstermine"?!)

§ 46.

Die vorstehenden Bestimmungen gelten entsprechend für die Bestellung des Jugendamts zum Mitvormund, Gegenvormund, Pfleger oder Beistand und für die Übertragung einzelner Rechte und Pflichten eines Vormundes auf das Jugendamt.

Der Paragraph dehnt die „besonderen Bestimmungen" über die JA.Vmdsch. entsprechend aus auf die Fälle, in denen das JA. zwar nicht Vmd., aber doch „Mit=Vmd., Gegen=Vmd., Pfleger oder Beistand" ist, u. weiter auf den Fall einer „Übertragung einzelner Rechte u. Pflichten (eines Vmdes) auf das JA.". Die „Bestimmungen" — der Unterabschnitte 1 u. 2 — gelten nur „entsprechend" also nicht, soweit sie in der besonderen Art der JA.Vmdsch., für die sie gegeben, begründet sind: daher scheiden von der („entsprechenden") Anwendung aus alle diejenigen Vorschriften, welche für die „gesetzliche" JA.Vmd. als solche gegeben sind, u. in deren Sonderart ihre inhaltliche Voraussetzung haben. Dies drückt § 46 auch selbst schon dadurch aus, daß er die entsprechende „Geltung" beschränkt auf Fälle einer „Bestellung" des JA.: denn hierzu steht nach dem oben Gesagten die gesetzliche Amts=Vmdsch. als solche in begrifflichem ausschließendem Gegensatz (da sie nie durch eine „Bestellung" vermittelt wird). Folgerecht u. dem Letztgesagten selbst entsprechend muß auch der Fall hier ausscheiden, in welchem eine Mit=Vmdsch. des JA. nicht durch „Bestellung" seitens des Vmdsch.=Ger., sondern durch Teilabgabe gemäß § 44 (vgl. dort S. 298) zur Entstehung kommt. Im übrigen ergeben sich die unter § 46 fallenden Formen aus der Vmdsch.ordnung des GemRR., dem 4. Buche 3. Abschn. des BGB.'s: Gegenvormsch. § 1792, Mitvormsch. § 1797, Pflegschaft

§§ 1909 ff., Beistandsch. § 1693 ff. Im einzelnen ist darauf hinzuweisen, daß die Zulassung einer Bestellung des JA. als „Gegenvormund" im Falle der Anstalts- usw. Vmsch. in § 47 Abs. 2 S. 2 (s. dort) noch besond. ausgesprochen, in bemerkenswertem Gegensatze zu der Ausschließung der Gegenvmdsch. neben der JA.-Vmdsch. — § 33 S. 2 (vgl. oben). Ferner, daß die Mitvmdsch. auch auf eigenen Antrag bzw. mit dem (ausdrückl.) „Einverständnisse" des JA. gemäß § 41 Abs. 1 im Laufe einer schon schwebenden Einzelvmdsch., also durch Teilabgabe von dieser zugunsten des JA. — der umgekehrte Fall zu dem soeben erwähnten, in welchem das JA. durch Abgabe seinerseits sich einen Mitvmd. beiordnet — eingerichtet werden, weiterhin, daß die Pflegsch. grundsätzlich auch eine solche gemäß § 38 RJWG.'s sein, also ihrerseits später zu einer („gesetzlichen") JA.Hptvmsch. führen u. endlich, daß die „Beistandsch.", wie stets so auch seitens des JA. sich auf alle den Minderj. betreffenden Angelegenheiten oder nur auf bestimmte Ausschnitte der Sorge für ihn beziehen kann. (Auch hier ist die Beschränkung aller Fürsorgeformen auf Minderjährige selbstverständlich, obwohl mit dem System des RJWG. eine Ausdehng. auch auf Volljährige nicht schlechthin unvereinbar wäre, da diese ja von dem JA. als GWR. — s. zu § 42 — jedenfalls erfaßt werden u. ihre Berücksichtigg. gem. § 45 sich mindestens nicht ganz von der Hand weisen läßt.) Ein weiterhin tatsächl. für die Jug.wohlf. sehr wichtiger Fall einer JA.-Pflegsch. ist die Pflegsch. für ehel. Minderj. zur Belangung des unterh.pflichtigen Verwandten aufsteigender Linie. — Praktisch bes. bedeutsam sind aus dieser „entsprechenden Anwendg." der Fortfall der (formalen) Bestellg., d. h. der „Verpflichtg." durch das Vmschger., u. der Bestallg. u. der Ersatz der letzteren „durch schriftl. Verfügg. des Vmschger.'s" nach § 41 Abs. 2 S. 2 a. E. Auch die Befreiungen nach § 33 RJWG.'s sind hier praktisch sehr erheblich (vgl. hierzu u. a. Engelmann, Einführg. in das RJWG. S. 92 ff.). — „Die Übertragg. (nur) „einzelner Rechte u. Pflichten" eines Vmd's (auf das JA.) ist dem GemReichsr. unbekannt, hat aber im Landesr. — Preuß. Ausf.Ges. z. BGB. Art. 78 § 4: „Beamten der Gem.arm.verwaltg. **können alle oder einzelne R.e u. Pflichten eines Vmd's für Minderj. ... übertragen werden"** — einen fast wörtlich gleich formulierten Vorgang. **Ebenso, folgerecht, jetzt das unmittelbar auf Art. 78 § 4 cit. bezugnehmende Preuß.** Ausf.Ges. § 27 Z. 1. Das RJWG. erwähnt, ebenfalls an diese **Bestimmung** des Preuß. AG. z. BGB. sachlich nahe anknüpfend, sie noch ein zweites Mal, nämlich in dem alsbald folgenden § 47 (Abs. 1 S. 3) bei der Anstalts- usw. Vmsch. Woran bei dieser bes. Art vmschaftl. Fürs. für Minderj. gedacht worden, ist nicht klar ersichtlich. Am richtigsten trifft man wohl den Sinn auch des RJWG., wenn man die Sonderübertragung (einzelner R.e u. Pflichten) von Fällen der in § 43 Abs. 1 S. 4 genannten Art versteht, d. h. von der dort dem Vmschger. zugesprochenen „Betrauung" des (hiermit einverstandenen) JA. mit bestimmten vmschaftl. Einzelverrichtgen, nämlich Ausführg. einer Anordng. aus § 1631 Abs. 2, § 1636 S. 2 BGB.'s oder sonstigen Anordngen (vgl. ob. zu § 43). — Der zwangsläufige „Übergang" nach §§ 27 ff. des Preuß. Ausf.Ges. — s. ob. zu § 35 a. Schl. — vollzieht sich für die bisherigen Berufsvmdr. (nach der Terminologie des Ges.'s: „Sammelvmdr."), auch wenn diese nur eines der in § 46 gedachten

Ämter (Mit-, Gegenvmsch., Pflegsch. od. Beistdsch.) geführt haben. Alsdann „gilt" ganz ebenso wie bei überleitg. einer „ehel. Vmsch." die nunmehrige JA.-Vmsch. — § 29 Abs. 1 Ausf.Ges.'s — als eine „bestellte", folgt also den Normen des § 41. Demgemäß ist es nicht ganz genau, wenn das Preuß. Ges., § 29 Abs. 2, unterschiedslos in jedem Falle eines Vmsch.-„überganges" auf das JA. die „Bestallgen" der bisherigen Berufsvmdr." als „Bescheiniggen im S. des § 37 RJWG.'s" behandeln will: denn „bestellte AVmdr." erhalten nach § 41 Abs. 2 S. 2 überhaupt keine „Bescheiniggen", sondern (nur) „eine schriftl. Verfügg. des Vmschger.'s". Umgekehrt aber ist zweifellos die Vorschr. des § 29 Abs. 1 anders wie diejenige des Abs. 2 (vgl. ob. zu § 35 a. E.) sinngemäß über den Fall des § 27 auch auf denjenigen des § 28 Ausf.-Ges.s auszudehnen: auch alsdann „gelten die bisherigen Sammelvmsch.en" fortan als „bestellte A.Vmsch.en" des JA. des „Trägers".

§ 47.

Vorstände von Anstalten, die unter der Verwaltung des Staates oder einer öffentlichen Körperschaft stehen, sowie Vorstände solcher privaten Anstalten oder Vereine, die vom Landesjugendamte für geeignet erklärt sind, können auf ihren Antrag zu Vormündern bestellt werden (Anstalts- oder Vereinsvormundschaft). Auch können sie zu Pflegern oder Beiständen bestellt werden. Ebenso können ihnen einzelne Rechte und Pflichten des Vormundes übertragen werden. Das Jugendamt muß in den Fällen, in denen der Minderjährige von ihm bevormundet oder versorgt ist, vorher gehört werden.

Auf die Anstalts- und Vereinsvormundschaft finden die Bestimmungen der §§ 33, 40, 41 und 44 mit der Maßgabe Anwendung, daß ein Gegenvormund bestellt werden kann. Insbesondere ist die Bestellung eines Jugendamts zum Gegenvormunde zulässig.

Eine soziale Zwischenstufe zwischen der Amts- u. der Einzelvmsch. bildet die „Anstaltsvmsch.". Diese war schon dem bisher. Vmsch.R. bekannt. Allerdings nicht als unmittelbar vom Reichsr. geordnete, aber doch als von ihm ausdrücklich „vorbehaltene" Einrichtg. Die ihr geltende Landesges.gebg. hat als solche ihre erklärte Grundlage in Art. 136 Einf.Ges zum BGB. Von dem hier der Landesges.gebg. gemachten Zugeständnisse hatte für Preußen zunächst Art. 78 Ausf.Ges. z. BGB. Gebrauch gemacht. Ihm schloß sich, nachdem für ein bes. Gebiet, die F.E., bereits § 12 des Preuß. Ges. v. 2. Juli 1900 (in der Neufassg. v. 7. Juli 1915 unverändert geblieben) alsbald nachgefolgt war, obzwar in der Ausgestaltg. der Grundform stark abweichend, der Preuß. Entw. von 1918 im wesentl. noch an; mit einer Dreiteilg. der technisch von ihm noch sogen., von der Amtsvmsch. des RJWG. sehr verschiedenen „Berufsvmsch." in: a) „Anst.vmsch." als die dem Art. 78 des Ausf.Ges. z. BGB. getreu nachgebildete Art., — b) Amtsvmsch. im S. der von einem (oder auch mehreren) einzelnen Beamten, sei es des JA.-

sei es einer Kommunalverwaltg., zufolge „übertragg." dieser übergeordneten Gesamtbehörde geführten Vmsch. (nicht als Vmsch.führg. der Behörde selbst) u. c) „Sammelvmsch." d. i. die Zusammenfassg. zahlreicher vmschgerichtl. „bestellter" Vmsch.en eines bestimmten Beamten einer Komm.verwaltg. Die Anst.vmsch. des Preuß. Entw. insbes. geht teilweise auf eine sie dringend befürwortende Eingabe deutscher Städte zurück, welche an das Präsidium des damaligen Herrenhauses durch Vermittlg. des Archivs d. Berufsvmdr. gerichtet worden war.

Das RJWG. ruht in einem wichtigen Punkte auf den Schultern dieses Preuß. Entw.: im Gegensatz zu Art. 78 § 1 Ausf.Ges. z. BGB. „hat" hier nicht der Anst.-Vorstand von Gesetzeswegen ohne weiteres, also gleich dem JA. — im Falle einer unehel. Vmsch. nach RJWG. § 35 — in gewissen Fällen die Vmsch., sondern kann er nur „auf seinen Antrag zum Vmd. bestellt werden"! Dieses „Antrags- u. Bestellungs"prinzip ist dem Entw. v. 1918 (§ 14 Abs. 1) entnommen. Abgestoßen ist aus der Ordnung des letzteren im RJWG. aber die von dem Preuß. Entw., in Übereinstimmung mit Art. 78 § 1 Preuß. Ausf.Ges. z. BGB., festgehaltene Beschränkg. dieser so entstandenen Anstalts- usw. Vmsch. auf „Minderj., die in der Anstalt . . . . untergebracht sind", bzw. „die unter der Aufsicht des Vorstandes der Anst. in einer von ihm ausgewählten Fam. erzogen werden": der sachliche, wenn man will, wirtschaftl. Zusammenhang zwischen Vmd. u. Mdel, welcher im Ausf.Ges. z. BGB. zufolge § 4 des Art. 78 bes. Bedeutg. für die „im Wege der öffentl. Armpflege" von einer Anstalt aus anderweit, insbes. in einer bestimmten „ausgewählten Familie" untergebrachten Minderj.n hatte, also für Verhältnisse, welche unter den Abschn. V des RJWG. gehören. Nach dem — unmittelbaren — Gesetzesinhalte ist vielmehr eine „Anst.vmsch." über den Rahmen der anst.zugehörigen Minderj.n hinaus zulässig. Auch sonst erweitert das RJWG. im Vergleich zur Preuß. Gesetzgebg. erheblich. Letztere beschränkte, wenigstens nach dem Entw. von 1918, die Anst.vmsch. auf „Erziehgs- od. Verpflegungsanst.n, welche unter staatlicher Verwalt. oder Aufsicht stehen", war also enger als Art. 78 des Ausf.Ges. z. BGB., der von „unter der Verwaltg. des Staates oder einer Gemeindebehörde stehenden Erz- oder Verpflegungsanst.n" sprach, u. noch erheblich spezialisierter als § 12 Preuß. F.E.-Ges.'s, der sich mit der Aufsicht, allerdings der staatlichen, begnügte, unter dieser Voraussetzg. aber auch die privaten Anst.n als voll anerkannte. Das RJWG. betrachtet, über beide Preuß. Gesetze hinausgehend, auch die Verwaltg. einer öffentl. Körperschaft schlechthin als ausreichend. Was hierunter zu verstehen, ist bei dem Mangel ausreichender gesetzl. Definition, insbes. einer Legalbestimmung des Grundbegriffes des § 89 BGB. (Körpersch.n des öffentl. R.'s) der R.slehre zu entnehmen. (Aus dieser s. Rosin, „R. der öff. Körpersch. u. jetzt bes. auch O. Mayer, D. Verw.R. [3. Aufl.] I S. 85; vgl. auch schon ob. zu § 2 a. E.). Es darf aber trotz der gleichen Terminologie bezweifelt werden, ob der Begriff in beiden Gesetzesstellen der gleiche: denn in § 47 ist bei dem Merkmal „öffentl." entscheidend allein eine gewisse allgemeinere Gewähr für ihre soziale Zuverlässigkeit (während § 2 der Betätigg. der „öff. Körpersch." als solcher einen bestimmten staatsgleichen Charakter aufdrückt). Jene ist zweifellos auch bei der Kirche — kath. u. evangel. Landeskirche — gegeben, sodaß man hier (§ 47) deren Einbeziehg. mit Bäumer, Komm.

S. 156 bejahen darf. Das RJWG. hat ferner die Zweckbegrenzg. der Preuß. Ges.e (Erz.- od. Verpflegg.'sanst.) fallen lassen. Es hat also als „öffentl. Anst.n" (so wird diese in § 47 an erster Stelle berücksichtigte Kategorie am richtigsten bezeichnet, welche sachlich sich zweifellos mit der „Anst. des öff. R.'s" in § 89 BGB.'s deckt), deren Vorstände zur Bestellg. als Vmd. geeignet, an sich alle unter solcher Verwaltg. stehender Anstalten anerkannt. —

Tatsächl. werden freilich auch hier aus naheliegenden prakt. Gründen die gleichen Unterarten in Betracht kommen. Jedoch erscheint eine grundsätzl. Ablehng. der Vorstände anderer Anst.n nicht angängig: vielmehr bieten im S. des RJWG. alle Anst.n, welche einen Teil des staatl. Organismus bilden, weil eben durch ihre Verkettg. mit diesem berufene Hüter des Gemeinwohls, auch „Vorstände" dar, die als Vmder das Gemeinwohl, zumal das Jug.wohl, trefflich wahrnehmen werden. — Darüber hinaus — dies ist die wesentlichste Erweiterg. des RJWG. — sind nach § 47 aber auch Vorstände privater Anst.n „oder Vereine" berechtigt, eine Vmdbestellg. für sich zu beanspruchen: dann nämlich, wenn sie „vom LJA. für geeignet erklärt sind" d. h. (vgl. ob. zu § 29 Abs. 3) durch positiven Ausspruch die Anerkennung als sozial gerichteter u. geeigneter u. damit als der Jug.wohlf. positiv förderlicher empfangen haben. Nach Art. 6 EG. z. RJWG. streitet bei den Anst.n positiv die Vermutg. für die Eignung, solange sie nicht „auf Grund vorliegender Tatsachen" ihnen abgesprochen. (Vgl. ob. zu § 29.) Für Preuß. ist die Zuständigkeit zu dieser Wertg. auf der Grundlage von Art. 1 Z. 2 S. 3 der Vdn. v. 14. Febr. 1924 durch § 14 Ausf.Ges. jetzt dem Min. f. Vwf. übertragen. Unter dieser Voraussetzg. verschlägt ihre Eigensch. als bloße private „Einrichtgen" nichts. Auch als solche können sie in ihren Vorständen sehr geeignete Vmder besitzen. Ebenso soll, was durchaus systemgemäß, alsdann ein Unterschied zwischen „Anstalt.n" u. „Vereinen" nicht mehr obwalten, vielmehr diese Eignungsfeststellg. gem. § 29 cit. beide gleich qualifizieren, also genügen. Vgl. auch hierzu Hedw. Pfleiderer a. a. O. (ob. zu § 42 u. § 45), die aber zu stark den Nachdruck auf das „Bestellgs"prinzip des § 47 u. die darin liegende Annäherg. an die Einzelvmsch. legt u. die soziale Verwandtschaft des Instituts mit der Amts- u. früheren Berufsvmsch. verkennt. (Ganz folgerecht hätte das RJWG. in S. 1 auch der Vorstände von „öffentl. Körperschaften" gedacht. Die Abstandnahme hiervon erklärt sich wohl aus der Erwägg., daß letztere in der Jug.wohlf. tatsächl. sich doch niemals unmittelbar, sondern durch „anstaltliche" Einrichtgen auswirken werden). — Darüber, daß unter den Vereiniggen die bestimmungsgemäß der „Jug.wohlf." u. „Jug.bewegg." dienenden, also die in § 9 Abs. 2 S. 1 ausdrückl. genannten, voranstehen, vgl. das zu diesem Paragraphen u. zu § 29 Gesagte: sie werden am ersten vermöge ihres „satzungsgemäßen" Zweckes u. „Charakters (§ 6) auch die erforderl. Einigungserklärg. aus § 29 erlangen. Nach diesen Satzgen richtet sich natürlich ebenso, wer als „Vorstand" zu gelten hat. Die Beschränkg. von Bäumer, Komm. S. 155 auf den „Leiter in erzieherischer Hinsicht" ist zwar sozialpädagogisch beifallswürdig, aber ohne gesetzl. Stütze u. auch zu vag. Dem Gesamtsystem des RJWG. entspricht, daß die Vmdbestellg. dieser Vorstände ihrem „Antrage", also der eigenen Entschließg. anheimgegeben ist: kraft ihrer Einstellg. auf Jug.erziehg., die bei allen Vorstandsmitgliedern solcher „Anstalten" usw. kennzeichnend sein wird, vermögen sie selbst am besten zu beurteilen, ob im Einzelfalle ihre Bestellg. zum Vmd. das „Jug.wohl" fördert.

Was von der Bestellg. zu Vmdrn., gilt aus gleichartigen grundlegenden Erwäg.gen auch von derjenigen zu Pflegern oder Beiständen. (Abs. 1 S. 2.) Über die Bedeutg. dieser Bestellgs.arten vgl. das soeben zu § 46 Gesagte. Ebenso von der „übertragg. einzelner R.e u. Pflichten". — (Hier sagt das Ges., charakteristischer als in § 46 a. E., daß bei diesen „einzelnen" R.e u. Pflichten „des" Vmds. also doch ein Ausschnitt aus dieser einen bestimmten Vmsch. in Betracht kommen, Abs. 1 S. 3!)

In Anbetracht des bes. Wertes, welcher dieser eigentüml. Vmschart unter den Verhältnissen, die zu ihrer Anordng. führen werden, u. im Hinblick auf diese zukommt, geht sie grundsätzl. auch derjenigen des JA., nicht allein der Einzelvmsch. vor. Darum verordnet S. 4 Abs. 1 vorgängige Anhörg. des (zuständigen) JA. über die Einleitg. einer solchen Vmdsch., allerdings unter — etwas enger — Beschränkung auf die Fälle eines Interesses des JA. selbst daran, daß es durch eine solche Anst.'s- oder Vereins-Vmdsch. in den Hintergrund gedrängt wird, nämlich auf die „Fälle", in denen der Minderj. von ihm, (dem JA.) „bevormundet oder versorgt" ist. Diese Regelung ist aber keine ganz klar u. vollständig durchdachte: ist der Minderj. von dem J.A. bevormundet, so bedeutet die Bestellung eines Anst.- oder Vereins-Vorstandes zum Vmd. zwangsläufig die Entlassung des JA. aus der Vmsch. (denn eine bloße Mit-Vmdsch. von Anst.- oder Vereins-Vorständen erwähnt das RJWG. nicht; sie hat also auch bei S. 4 des § 47 Abs. 1 nicht vorgeschwebt). Vor seiner „Entlassung" muß aber das JA. nach allg. auch dem BGB. selbstverständlichem Grundsatze gehört werden. (§ 1889 ff.) „Versorgung eines Minderj." durch das JA. ferner ist ein dem RJWG. sonst ganz u. gar nicht geläufiger, also nicht genügend bebestimmter Begriff. Um Engherzigkeiten auszuschließen, müßte man darunter jede Betreuung eines Minderj. durch das JA. verstehen. Eine solche aber liegt nach § 7 RJWG. (vgl. dort) hinsichtlich aller „in dem Bezirke des JA. gewöhnlich sich aufhaltenden" Minderj. vor (die von Fr.-P. N. 11 zu § 45 vertretene Deutung des „versorgt": von den durch das JA. gemäß Abschn. V „öffentl. unterst.n hilfsbedürftigen Minderj." erscheint nicht berechtigt; sprachlich nicht, da der Ausdruck „versorgt" dem Abschn. V für die dort geregelte „öffentl. Unterst." fremd ist, sachlich, weil das RJWG. diese garnicht unter dem Gesichtspunkte einer — bloßen — „Versorgung" auffaßt, systematisch jetzt deshalb nicht, weil Abschn. V fortgefallen ist, also damit dem S. 4 die gesetzl. Grundlage entzogen wäre!) Das ergibt Unumgänglichkeit der „Anhörung" des JA. vor jeder Bestellung eines Anstalts- oder Vereinsvorstandes. — Die örtliche Zuständigkeit für die „Anhörung" des JA. wird überhaupt nach § 7 zu beurteilen sein; letztere Entscheidung erscheint als die zutreffendste. Sie steht mit der von Bäumer S. 157, Fr.-P. a. a. O. betonten Konkurrenz der GemWR.Funktion am meisten im Einklange. Bei etwaiger Übergehung des „anzuhörenden" JA. stehen diesem die gewöhnlichen Rechtsbehelfe gegen „Entscheidungen" des Vmdsch.gerichts (eine solche ist ja die Bestellung eines Anstalts- oder Vereinsvorstandes zum Vmd.), insbes. die Rechtsbeschwerde nach § 20 ff.

FGG. zu. Dem Widerspruche des JA. gegenüber wird in Preußen der „Einspruch“ des § 15 Z. 1 Ausf.Ges. zuzulassen sein. — Bemerkenswert ist, daß § 47 ebenso wenig wie die Mitvmdsch. (vgl. schon oben) die Gegenvmdsch. als zulässige Form einer Vmdsch.Führung durch Anstalts- oder Vereinsvorstände nennt. Beide Arten müssen danach als hier ausgeschlossen gelten.

Abs. 2. Als der JA.Vmdsch. nahestehende „Zwischenstufe“ kennzeichnet die Anstalts- u. Vereinsvmdsch. eine auch ihnen zugestandene privilegierte Gestaltung — Einräumung der Befreiungen des § 33 u. die in bezug auf „Umformung“ der Vmdsch. gemäß §§ 40, 41, 44 bestehenden Befugnisse. Praktisch ist unter diesen bes. wichtig die entsprechende Anwendung des § 41 Abs. 1: der Anspruch der Anstalts- usw. Vorstände auf bevorzugte (vor den vier Klassen des § 1776 BGB.'s erfolgende) „Bestellung für einen Minderj.“. Diese generelle Berufung zur Vmdsch. auch über ehel. Minderj. weist bes. auf die Einschränkungen hin, welche die Anstalts- usw. Vmdsch. aus der Natur der Sache erfährt: selbstverständl. Erfordernis für diese vorzugsweise Berücksichtigung bei ehel. Minderj., bei denen doch geregelte Familienbeziehungen u. sozial geordnete Verhältnisse die Norm, ist irgend eine schwerwiegende Verbindung zwischen der Anst. (u. noch mehr der „Vereinigung“) einer- u. dem Mündel andererseits. Als Richtlinien dafür dürfen die im Art. 78 Preuß. AG. gekennzeichneten Tatbestände („Unterbringung“ in der Anst. oder von dieser aus) gelten. Sonst wäre die Verdrängung des — väterlichen oder mütterlichen — Großvaters (§ 1776 Z. 3 u. 4 BGB.'s) durch die Anstaltsvmdsch. ein Widersinn, ja geradezu unsozial! Auch die bloße mangelnde Eignung dieser Angehörigen wird in der Praxis für die Anstaltsvmdsch. kaum je genügen. Denn hier konkurriert mit dieser, aus § 41 Abs. 1 gleichberechtigt, das JA. selbst, das alsdann auch stärkeren Beruf hat, Vmd. zu werden als der Anst.Vorstand. Darum ist hier auch der Anspruch des JA. auf vorgängige Anhörung bes. bedeutsam. — Jedoch macht § 47 Abs. 2 ausdrücklich die wichtige Einschränkung, daß den Anstalts- usw. Vorständen „ein Gegenvmd. bestellt werden kann“. Das Zutrauen, welches die J.Wf.-Ordnung in die offiz. J.Wf.-Behörde dahin hat, daß von ihr präsumtiv jede Vmdsch. zum besten der Bevormundeten geführt wird, u. sie durch sich selbst allein hierfür volle Gewähr biete, bringt das Gesetz der nur vereinzelten Anstalts- u. Vereins-Vmdsch. nicht entgegen. Hier wird eine besondere Gewähr durch „Bestellung eines Gegen-Vmd.“ ausdrücklich zugelassen. Sie erscheint alsdann — das hebt auch Abs. 2 S. 2 besonders hervor, — am stärksten gegeben, wenn eben die J.Wohlf.-Behörde selbst zum Kontrollorgan, d. h. das JA. zum Gegen-Vmd. gewählt wird.

Für Preuß. haben die „Übergangsvorschriften“ (Abschn. V) des AusfGes.'s, wie sie die auf Art. 78 § 4 AG. z. BGB. beruhende Armenamtsvmdsch. der „Beamten einer Gemeindeverwaltg.“ durch § 28 Abs. 1 dem R.stande des RJWG. organisch eingepaßt haben (vgl. ob. zu § 35 a. E.), so auch die innerlich näher verwandten Vorstufen der „Anstalts- u. Vereinsvmsch.“ des § 47 angeglichen durch die Bestimmung des § 30 AusfGes.'s, daß es die „auf Grund des Art. 78 § 1 Preuß. AG. z. BGB.“ ipso iure Platz greifenden von Anst.Vorständen „als bestellte Anst.-Vmsch.n im S. des § 47“ bestehen läßt; was ebenso von den auf Grund des § 12 Preuß. FEG. zu Vmdern. bestellten Anst.vorständen gilt. Ein

Unterschied besteht zwischen diesen beiden Anst.vmsch.n des bisherigen Preuß. R.'s für die Überleitg. nur hinsichtl. gewisser Förmlichkeiten des Verfahrens. Während bei der letztgedachten Art, der nach Abs. 1 § 12 FEG.'s angeordneten („bestellten") Anst.vmsch. die hierfür schon erteilten Bestall.gen unbedenklich die gerichtl. „schriftl. Verfügg." ersetzen können, welche nach Abs. 2 S. 2 des auf alle Fälle des § 47 „anwendbaren" § 41 die Stelle der Bestallg. vertritt, werden in Fällen der ersteren Art, in denen gem. Art. 78 § 1 Bestall.gen nicht erteilt zu werden brauchten, jetzt bei dem Übergange nach § 30 A.G.s solche vmschgerichtl. „schriftl. Verfüg.gen" ergehen müssen. Auch irgend ein dem § 29 Abs. 2 AusfGes. entsprechender „Vermerk" erscheint hier, da es sich ja um die einfache Fortführg. einer bereits früher bestellten Vorstandsvmsch., nur nach anderen materiellrechtl. Grundsätzen handelt, entbehrlich. Wohl aber wird ein solcher Vermerk nötig sein u. auch dem Vmschger. bekannt gegeben werden müssen zur Kundbarmachg. des „mit der Ausübg. der vmschaftl. Obliegenheiten" (vgl. § 32 S. 2) beauftragten besonderen Vorst.mitgliedes. Mit diesem Vermerke werden deshalb alle auf Grund des § 47, in Vbdg. mit dem Schlußsatze des § 41, erteilten „schriftl. Verfüg.gen", auch im Falle des § 30 AusfGes. (vgl. hier soeben) dem Vmschger. zunächst zurückgegeben werden müssen.

Benachrichtigg. der Angehörigen u. ebenso des JA. (des letzteren, weil der Übergang unmittelbar aus dem Ges. selbst folgt, sodaß hier auch die Anhörg. des JA. — vgl. ob. — in Fortfall kommt) hier durchweg entbehrlich.

§ 48.

Artikel 136 des Einführungsgesetzes zum Bürgerlichen Gesetzbuch und die §§ 1783, 1887 des Bürgerlichen Gesetzbuchs werden aufgehoben. Dem § 1784 des Bürgerlichen Gesetzbuchs wird folgender Abs. 2 angefügt: „Diese Erlaubnis darf nur versagt werden, wenn ein wichtiger dienstlicher Grund vorliegt."

Dem § 1786 Nr. 1 des Bürgerlichen Gesetzbuchs werden die Worte hinzugefügt: „welche zwei und mehr noch nicht schulpflichtige Kinder besitzt oder glaubhaft macht, daß die ihr obliegende Fürsorge für ihre Familie die Ausübung des Amtes dauernd besonders erschwert."

Dieser Paragraph bringt ein ziemlich buntes, in sich geradezu zusammenhangsloses Gemisch verschiedenartiger Anordn.gen. Gemeinsam ist ihnen die negative Folgerg. aus den vorangegangenen Vorschr.n (des Abschn. IV), daß sie Bestimmungen des Reichsvmschr.'s, welche mit jenen Vorschr.n innerlich nicht vereinbar, noch ausdrückl. „aufheben". Das gilt insbes. von dem schon zu § 47 erwähnten Art. 136 EG.'s zum BGB., der eben durch § 47 überwunden ist. Denn letzterer ersetzt durch eine unmittelbare reichsrechtl. Bestimmung über Anst.- usw. Vmsch.n den bloßen Vorbehalt (Art. 136) zugunsten der Landesges.gebg. für die Vmsch.n der Vorst.e od. Beamten „einer unter staatl. Aufsicht od. Verwaltg. stehenden Erz.- oder Verpflegungsanst". (Diese Aufhebg. bedeutet allerdings in doppelter Beziehg. auch einen Rückschritt gegenüber dem bisher vom Reichsr. respektierten Landesr.: a) die zwangsläufig von Gesetzeswegen eintretende, nicht bloß die durch richterl. „Bestellg." vermittelte Vmsch. solcher Anst.vorst.e u. -beamten; b) die grundsätzl. Befreiung von der Gegenvmsch. war durch Art. 136 cit. dem Landesv. ebenfalls vorbehalten (vgl. schon zu § 47). In folgerechter Durchführg. dieses ges.geberischen Systems aufhebt Art. 4 EG. z. RJWG. auch die „auf Grund" des Art. 136 erlassenen Landesges.e ausdrücklich! Diese Auseinanderreißg. der Derogation sachl. nicht begründet u. daher unnötig. Für Preuß. kommt als auf diesem Art. 136 beruhend u. durch jenen Art. 4 jetzt beseitigt, in Betracht der mehrgen. Art. 78 AG. z. BGB. (vgl. ob. zu § 35 a. E.), welchen zum Überfluß das Preuß. AG. z. RJWG. § 44 noch bes. abschafft. (S. auch zu § 64 a. E.). — Nicht minder gilt diese künftige Unvereinbarkeit für diejenigen Sätze des bisher. Gem.Reichsvmschr.'s, welche sich auf Frauenvmdsch.n beziehen, §§ 1783, 1887: da das RJWG. grundsätzl. u. ausdrückl. die Frauen zur Arbeit an der Jug.hilfe in weitestem Ausmaße mit heranzieht u. sie auf dem Wege über § 9 Abs. 2 durch § 32 S. 2 — „übertragg. der Ausübg. vmschaftl. Obliegenheiten an einzelne Mitglieder" des JA., d. h. an Mitglieder schlechthin, also auch an die „stimmberechtigten", ehrenamtlichen jeder Art (Abs. 2 § 9) u. somit an „Frauen aller Bevölkerungskreise", sofern diese nur „in der Jug.wohlf. erfahren u. bewährt" sind — insbes. zur Vmsch.führg. ganz bewußt u. sehr erhebl. berufen hat, erscheinen Beschränk.gen dieser Beteiligg. der Frauen an der J.Wf.Pflege, wie sie bisher im BGB. § 1783 (Erfordernis der ehemännl. Zustimmung) u. § 1887 (Berechtigung der Entlassung durch das Vmdsch.gericht im Verheiratungsfalle) enthalten waren, ferner nicht angängig. Diese Bestimmungen erheischten deshalb nunmehr ausdrückliche Aufhebung.

Das Gleiche gilt von auf ganz anderem Gebiete liegenden bisherigen Beschränkungen der Vmdsch.-übernahme, — bezgl. der Vmd.-bestellung von Beamten, § 1784: Abhängigkeit, soweit durch das „Landesrecht" vorgeschrieben, von dem freien Ermessen („der Erlaubnis") der vorgesetzten Dienstbehörde, u. zwar in Preußen nach Art. 72 AG. z. BGB. nicht nur der Staats-, sondern auch der „besoldeten" Kommunal- u. Kirchenbeamten u. ferner ohne Unterscheidg. der einzelnen Vmdsch.arten (Gegenvmdsch., Pflegsch., Beistandsch.) u. unter Gewährung eines Rücknahmerechts der erteilten Erlaubnis. Da das JA. selbst öffentl. Behörde, da es als „die" J.Wf.Behörde tatsächlich am stärksten auch an der Führung von Vmdsch.n beteiligt ist u. letztere praktisch in jedenfalls nicht ganz geringem Umfange nach § 32 S. 2 auf seine „Beamten" übertragen wird, die demgemäß selbst wieder „öffentl. Beamte" sind, so erscheint es als ein Unding, daß über diese Übertragung das mehr oder weniger willkürliche Belieben der dienstl. „vorgesetzten" Behörde entscheiden sollte. Deshalb ist vom RJWG. dieses Belieben durch die praktisch sehr wesentliche Ergänzung des S. 2 Abs. 1 des § 48 ausgeschaltet oder doch erheblich eingeschränkt. Ob hiermit für Preußen noch eine Rücknahme der einmal erteilten Erlaubnis vereinbar, ist mindestens zweifelhaft. Ebenso freilich, ob u. welche Rechtsbehelfe etwa gegen objektiv unberechtigte Versagung der „Erlaubnis" gegeben: wohl nur die Dienstaufsichtsbeschwerde!

Die an sich weitgehende Berufung von Frauen zur Vmdsch. (durch das RJWG. vgl. ob. Abs. 1 dies. Note) ließ billig erscheinen, das bisherige Ablehnungsrecht zwar nicht schlechthin zu beseitigen, aber doch in inneren Einklang mit den sozialen Tendenzen dieser grundsätzlichen Erweiterung zu bringen u. auf sein rechtes Maß zurückzuführen. Dies bezweckt u. bedeutet in Abs. 2 des § 48 der Zusatz zu dem — bisher uneingeschränkten — Frauenablehnungsrechte des § 1786 Nr. 1 BGB.'s; nur die Pflichten der Erziehung und Versorgung, gegenüber einer Mehrzahl eigener kleiner Kinder oder doch gegenüber „ihrer Familie" (ein nach dem Zivilrecht unbestimmter Begriff, vgl. oben zu § 1 Abs. 3, der hier aber richtig doch wohl auf den Ehemann u. die Abkömmlinge beschränkt wird!), sollen als ohne weiteres vorgehende Pflichten dieses Ablehnungsrecht begründen. Für die Darlegung genügt „Glaubhaftmachung", die allg. Regeln (vgl. § 294 ZPO.: eidesstattl. Versicherung; amtl. Bescheinigung) u. im Einzelfalle dem pflichtmäßigen Ermessen des Vmdsch.richters untersteht. Unberechtigte Ablehnung hat zweifellos auch hier die Folgen des § 1787 BGB.'s (volle Haftung für den dem Mündel dadurch etwa verursachten Schaden; Pflicht z. „vorläufigen übernahme" im Falle vmdsch.richterlicher Zurückweisung der Ablehnung!). — Diese wesentlich veränderte Stellung der Frau im Vmdsch.rechte (im weitesten Sinne, der auch die Gegenvmdsch., Pflegsch., Beistandsch. miteinbegreift) hat hier offenbar als zusammenfassende Feststellung unabweisbarer Folgerungen aus dem Systeme des Abschn. IV u. des sonstigen RJWG. ihre Regelung gefunden. Damit die Vmdsch. der Vorstände gerade von Frauenvereinen (über diese Hedw. Pfleiderer a. a. O. S. 116) als gemäß § 47 Abs. 1 bes. geeignet hervorzuheben, lag wohl kaum im Sinne des Gesetzes. —

Für Preußen haben die Bestimmungen des § 48 besondere Bedeutung durch die in § 4 Z. 3 AusfGes. vorgeschriebene obligatorische Zugehörigkeit von Geistlichen u. von „Lehrpersonen" zum JA. (vgl. oben zu § 9). Beide Kategorien kommen für die Vmdsch.„übertragung" nach § 32 S. 2 vorzugsweise in Betracht. Die ersteren, weil sie gerade auch in kleineren Städten, schon bisher, vielfach freiwillig in größerem Umfange Vmdsch.en übernommen hatten. Allerdings macht praktisch bei ihnen die freiere Stellung bezügl. der Genehmigung der vorges. Dienstbeh. nicht soviel aus, weil eben diese Stelle in aller Regel ja schon ihre Entsendg. in das JA. (durch „Ernennung") ausspricht u. dem einmal hierzu für tauglich befundenen Geistl. kaum je die „Erlaubnis" zur Führung, d. h. zur Ausübung einer JA.Vmdsch. versagen wird. Ja, man wird weitergehend sogar in dieser Ernennung die vorweg (generell) erteilte Erlaubnis im S. des Art. 72 AG. z. BGB. finden dürfen, für das Gegenteil also positive Erklärung u. Begründung fordern müssen. An sich erheischt allerdings die „Ausübung" (d. vmdsch. Obliegenheiten) gemäß § 32 S. 2 RJWG. sinngemäß wohl stets die Erfüllung der Voraussetzung des Art. 72 cit. — Bei der „Lehrerin", welche in Preußen dem JA. angehören muß, treffen die besonderen für Beamte (normalerweise: Kommunalbeamte) u. Frauen geltenden vmdsch.-rechtlichen Bestimmungen zusammen. — Gerade diesen „Lehrpersonen" in ausgiebigem Maße JA.Vmdsch.n zu übertragen, ist außerordentlich zu empfehlen. Sie werden dadurch ein vorzügliches Bindeglied zwischen den beiden Erziehungsinstanzen, Vmdsch.gericht u. Schule, bilden, andere wichtige jug.wohlf.liche Einrichtungen, die Fürsorge für das Wohl der schulpflichtigen Jugend außerhalb der Schule (§ 4 Z. 5), die Jug.-gerichtshilfe (§ 3 Z. 5) usw. erheblich fördern u. für den eigenen Beruf wertvolle Befruchtung empfangen.

Abschnitt V

Die öffentliche Unterstützung hilfsbedürftiger Minderjähriger.

Vorbemerkungen.

A. Die bisherige Entwicklung u. das RJWG.

Ein umfassendes Jug.wohlf.gesetz mußte sich auch den wirtschaftl. schwachen, den „notleidenden" (im engeren techn. S.) Jugendl. zuwenden. Dies der Gegenstand unseres V. Abschnitts: das Jg.armenrecht, dem Grundsatze des § 1 Abs. 1 gemäß das Armenr. der deutschen Jug. Als Bestandteil eines ihre „Wohlfahrt" anstrebenden Gesetzes hätten auch diesen Teil schon systematische, noch mehr sachliche Gründe durchaus unter höhere sozial-ethische Gesichtspunkte, den des „Jug.wohls" u. damit des Gemeinwohls stellen, so ganz aus dem Rahmen des sonstigen Armenr. herausheben, d. h. zu einer bes. gearteten Ordnung gestalten müssen. Das war im RJWG. sehr unvollkommen erreicht. Im Grunde nur durch einen, allerdings recht wichtigen u. erfreulichen Schritt nach dieser Richtung, die Aufnahme der „Erziehung" (neben der mit ihr nahe zusammenhängenden vgl. unt. zu § 49, „Erwerbsbefähigg.") unter die dem hlfsbed. Minderj. geschuldeten Leistgen. Diese gesetzl. Verankerung der Erziehgsaufgabe als unerläßlichen Bestandes der reichsrechtl. zu gewährenden „öffentl. Unterstützung" hatte eine für unser Gesamtjug.r. sehr bedeutsame, seit Jahrzehnten in Gärung befindliche u. bes. lebhaft auf der 33. Jahresversammlg. des D. Ver. für Arm.pfl. u. Wohltätigk. (Stuttgart: 25. u. 26. Sept. 1913) zum Ausdruck u. Durchbruch gekommene Entwicklung zu einem gewissen Abschlusse gebracht. (Näheres unt. zu § 49 Abs. 1.) Aber nur teilweise! Das RJWG. war auf halbem Wege stehen geblieben. Denn jene Entwicklung deutete über den letzteren Gesetzesstand hinaus auf höhere Ziele: auf die wesentl. geläutertere Auffassung auch des Jug.armenr. als Teils der Jug.fürsorge, noch allgemeiner der „Fürsorge" im sozial ethisierten S. überhaupt. Hier verbindet sich mit einer Umbildung unserer Rechtsvorstellungen und -formen eine andere ebenfalls noch fließende, für die aber mit besonderer Beziehung auf die Jug. gerade der Erlaß des RJWG. die günstige Gelegenheit einer, wenigstens einstweiligen, Vollendung bedeutet hätte. Das Streben nach einer Reform des öffentl. „zumal Verwaltungs- auf dem Gebiete des Armenr. bestand in Deutschland schon seit etwa einem Menschenalter: es ging auf Erfassung u. Ausgestaltung aller Arm.npflege als einer sozialen Fürsorge, welche „Forderung der Stunde" bes. Diefenbach in seinen Vorschlägen für ein Reichsarm.ges. (die „Reform der D. Reichsarmenges.gebg." — Karlsruhe 1920 S. 3) betont hatte. Diese erhabene Betrachtung des Arm.wesens als eines auf Hebung der Volksgemeinschaft und jedes ihrer Glieder gerichteten „Fürsorgewesens" hatte ihren entschiedensten Vertreter u. lebhaftesten Apostel in Klumker gefunden (vgl. bes. d. kl. Schrift „Fürsorgewesen" in H. 5 der Samml. „Wissenschaft und Bildung" 1918, vornehml. S. 29 f.) in grundsätzl. Gegensatz zu, also entschiedener Abkehr von den Anschauungen, welche auch die deutsche Gesetzgebung bisher beherrschten, und die noch bis zum RJWG. fortgalten u. -wirkten. Sie hatten im Armenwesen lediglich eine Erscheinung der Verwaltgs.-, zumal der kommunalen Politik erblickt, maßgebl. bestimmt durch das Streben, mit möglichst geringem materiellem Aufwande der unvermeidlichen Belastungen durch wirtschaftlich nicht fördernde, ja unnütze Mitbürger Herr zu werden, ein notwendiges Übel (mit stärkster Betonung des letzteren Wortes u. Gedankens), demgegenüber es allein darauf ankomme, den finanziell nachteiligen Einfluß auf das tunlich geringste Maß herabzumindern. Klumker und seine Anhänger hingegen erkannten die sehr dankbaren u. großen Menschheitsaufgaben, welche über den unmittelbaren gegenwärtigen Notstand u. dessen Bekämpfung weit hinausweisen als Weg zu einer höheren Stufe der menschlichen Gesellschaft oder doch, da jede Armengesetzgebg. naturgemäß national betont ist, der einzelnen Volksgesamtheit. Naheliegende Gründe hatten das Streben nach legislatorischer Durchsetzung dieser höheren „sozialen" Behandlgsweise mit besond. Lebhaftigkeit immer wieder für das **Jug.**armen- oder Armenkinderwesen hervorgekehrt, regelmäßig begleitet von der allgemeinen Forderung (vgl. auch hierzu Diefenbach a. a. O. bes. S. 232) nach einem einheitl. (Reichs)-Gesetze über Jug.fürsorge u. dem Verlangen einer Lostrennung der öffentl. „Waisenpflege" (allgemeiner: „Jug.armenpfl.") von der sonstigen Armenpfl. — Das RJWG. entsprach letzterem Verlangen nicht. Sein „Jug.armenrecht" war vielmehr in der Hauptsache noch durchaus in der bisherigen allgemeinen Vorstellungsweise befangen. Darauf deutet rein äußerl. schon die Terminologie des Abschn. V. „Öffentl. Unterstützung" und „Hilfsbedürftigkeit" sind die Fach- u. Kunstausdrücke gerade der deutschen Gesetze, insbes. des RG.s über den Unterstütz.wohnsitz von 1870 (bzw. 1908), welche im Banne der von Klumker bekämpften Richtung standen u. über sie auch garnicht hinaus wollten. Sachlich kennzeichnete im RJWG. die Abstellung auf den „Ortsarmenverband", also den politischen (Verwaltungs-)Verband, nicht auf die Jug.wohlf.behörde als den gegebenen Träger auch der Jug.armenpfl., die Ordnung des V. Abschn. als dieser Gedankenreihe zugehörig. Denn sie ist wahrhaft jug.fürsorgerischer Erfassung des Armenkinderwesens fremd. Bei solchem Gesamtstande des RJWG. war der oben erwähnte eine Schritt in Wahrheit nicht ein Fortschritt, sondern mußte selbst unbefriedigend wirken. Das durch ihn in das künftige Reichsjug.arm.-recht hineingetragene jug.erzieherische Moment kam nicht zu sozial segensreicher Entfaltung, wenn u. solange nicht die Jug.wohlf.beh. (das JA.), unmittelbar oder mittelbar, auch Jug.arm.behörde war. Mit dieser Unzulänglichkeit, um derenwillen unter allen Teilen des RJWG. gerade der vorliegende alsbald schärfsten Tadel, ja beinahe einmütige Ablehnung erfahren hatte (vgl. bes. Friedeberg, Ztrbl. Vmschw. Aprilh. 1922, S. 5, Hel. Simon „Neuzeitl. Aufg.n d. Wohlf.pflege" S. 13) hing nahe zusammen das etwa bunte Gemisch höchst ungleichartiger Bestimmungen in Abschn. V: nur eine von ihnen (§ 49) gehörte dem sozialpädagogischen Gebiete wirklich an. Die übrigen wandten sich hauptsächlich Fragen der Zuständigkeit und damit verwandten der Erstattungspflichten zu, betrafen also die Kosten des Jug.arm.wesens, deren Regelung mit der „Jug.wohlf." recht wenig zu tun hat. In diesem Grundfehler waren ferner mannigfache Unklarheiten begründet, die in der vielfach überaus un- u. schwerverständlichen Fassung sich ausprägten (so vornehml. § 50; vgl. dessen harte, aber berechtigte Verurteilung durch Blaum in der Herausgeberanmerkung des Komm.'s als „verfehlt u. gründlicher Änderung bedürftig".)

B. Die Gestaltung des Jug.armenrechts durch die Fürs.-Pfl.Vdn.

Diese so sehr unbefriedigende Lösg. der jug.arm.rechtl. Probleme im RJWG. bewirkte, daß die Erschütterung des ganzen Gesetzgeb'swerkes durch die immer bedrohlicher sich verschlimmernde Lage der öffentl. Finanzen (Einl. II a. E.) in ganz besond. Grade die Inkraftsetzg. des Abschn. V in Frage stellte. Schon im Herbst 1923 hatte (Ztrbl. Vmschw. XV S. 153) ein Dringlichkeitsantrag des „D. Ver.'s f. öff. u. priv. Fürsorge" von der Reichsregierung ein „Notgesetz über allgemeine Fürsorge" gefordert. In der diesem Antrage beigefügten Denkschrift war u. a. auch die „erzieherische Versorgung der hilfsbedürftigen Bevölkerungskreise" als einer der Belange, welche durch das „Notgesetz" zu wahren, hervorgehoben u. im allg. die „Unerläßlichkeit" einer umfassenden Wohlfahrtspflege u. ihr entsprechenden -politik betont worden. Im einzelnen hatte die gesetzgeberische Anregung außer der Beseitigung anderer einschlägiger Spezialgesetze insbes. auch diejenige unseres Abschn. V begehrt, — in der Art einer „Einbeziehung der Unterst.hilfsbed. Minderj. in die allg. Fürsorge unter Aufrechterhaltung der in § 49 aufgestellten Grundsätze".

Die finanzielle Hilfsaktion, welche zu Beginn des Jahres 1924 einsetzte und ihren stärksten und weitestgreifenden Niederschlag in der 3. Steuernotvdn. v. 14. Febr. 1924 (RGBl. 1924 I S. 74 ff.) fand, gab dieser Anregung statt u. führte ihre bestimmte u. — über den Vorschlag des Vereins hinausgehend, welcher Suspension der anderweiten gesetzl. Ordnungen nur „auf eine auf 3 Jahre befristete Übergangszeit" („Notgesetz"!) verlangt hatte — bis auf weiteres abschließende Gestaltung herbei. § 42 Z. 1 der Steuernotvdn. nämlich „überließ die Aufgaben der Wohlfahrtspflege den Ländern zu selbständiger Regelg. u. Erfüllg. nach Maßgabe näherer reichsrechtl. Vorschriften" u. zählte in Z. 2 unter den „Aufg.n der Wohlfahrtspflege im S. des Abs. 1" ausdrücklich als 4.) „die Fürsorge für hilfsbedürftige Minderjährige" auf. Schon unter dem 13. Febr. 1924 war „zum Vollzuge der 3. Steuernotvdn." (welche selbst zufolge ihrem § 65 mit dem Verkündungstage in Kraft getreten ist), verfassungsrechtl. ebenso wie diese auf das „Ermächtigungsgesetz" v. 8. Dez. 1923 (RGBl. I S. 1179) gegründet, die „Verordnung über die Fürsorgepflicht" — von hier ab weiterhin kurz nur „V. ü. F." — ergangen (RGBl. 1924 I S. 100 ff.). Als Zeitpunkt ihres Inkrafttretens wurde — § 39 — in Übereinstimmung mit der am nächstfolgenden Tage erlassenen Notvdn. betr. das RJWG. der 1. April 1924 festgesetzt. Sachlich stellte auch die Vdn. v. 13. Febr. 1924, gleich dem RJWG. ganz ausgesprochen nur ein „Rahmengesetz" (vgl. u. a.

insbes. § 3, § 5), zumal nach der hier erhebl. Seite — der „hilfsbed. Minderj." — die Grundsätze der 3. Steuernotvdn. an die Spitze: Leistung der „öffentl. Unterstützg." als Sonderbetätigg. einer „allg. Fürsorge", d. i. einer umfassend u. grundsätzl. organisierten Bekämpfung der — gerade jetzt politisch, wirtschaftl. u. sozial so bedeutsamen — materiellen Notlage gewisser Staatsbürger, u. zwar Leistung durch Organe der Länder, nämlich der „Bezirks- u. Landesfürsorgeverbände" (§ 1, insbes. 1e der Vdn.). Hiermit ist das Jug.armenr. also aufgelöst (tatsächlich „einbezogen", wie schon der oben gedachte Vorschlag eines „Notgesetzes" wollte) in das zeitgemäß umgestaltete allgemeine Armenrecht u. -wesen, weil, richtig, als Teilerscheinung eines höheren, keineswegs auf die Jug. beschränkten Problems erfaßt. Aus dieser unter den gegenwärtigen Verhältnissen allein annehmbaren Behandlg. ergab sich ohne weiteres zwangsläufig die Ausscheidung unseres Gegenstandes, des Jug.arm.wesens aus dem Jug.sonderges.e oder, was dasselbe, die Preisgabe seines ihm geltenden Abschn.s (V). Sie erfolgte, zeitlich wiederum in demselben Zuge, sachgemäß durch die das RJWG. betreffende Notvdn. v. 14. Febr. 1924 Art. 2, — unter Schonung allein seines § 55, welchen letzteren, aus innerlich kaum sehr zwingenden Gründen, auch die Notvdn. in aller Form aufrecht erhielt, um die Systemeinheit der (unberührt gebliebenen) Teile des RJWG., insbes. hinsichtl. der Behandlg. der F.E. nicht zu gefährden. Nicht formal u. nicht endgültig, sondern nur materiell, aber als Teil nicht mehr des RJWG., sondern der Ordnung der V. ü. F., nämlich „i. S. des § 6" der letzteren u. **lediglich** „bis zum Erlaß anderer Bestimmungen" beibehalten wurden aus Abschn. V „die Vorschriften in § 49 Abss. 1 u. 2" (Art. 2 S. 2 der Notvdn.). —

Diese Regelung des „Fürsorge"wesens, u. damit des Jug.arm.rechts insbes., hatte auch bereits reichs- wie landesrechtl. (in letzterer Beziehg. insbes. für Preußen) alsbald ihren näheren Ausbau erhalten: reichsrechtl. durch die „Grundsätze üb. Voraussetzg., Art u. Maß öffentl. Fürs.leistungen" v. 27. März 1924 (RGBl. 1924 I S. 379, auch Ztrbl. XVI S. 16—17), — welche allerdings nach der hier interessierenden Seite in Z. 2 nicht mehr als eine Wiederholung des schon von Art. 2 S. 1 der Notvdn. ausgesprochenen „Grundsatzes" brachten (Fortgeltung von § 49 Abss. 1 u. 2 RJWG.s) —, preußisch-landesrechtl. durch die Ausführ.Vdn. zur V. ü. F. v. 17. April 1924 (Ges.Sammlg. 1924 S. 210 ff.); die ersteren, die reichsrechtl. „Grundsätze", waren nach ihrer Z. 8 (zunächst) nur bis zum 1. Juli 1924 erlassen u. durch Vdn. vom 26. Juni 1924 [RGBl. 1924 I S. 660], lediglich wiederum als „vorläufige", also unter Beschränkg. auf den Schwebezustand als solchen, bis zum 1. Nov. 1924 verlängert worden. —

Unter dem 4. Dez. 1924 (RGBl. I S. 765; s. auch Abdruck Ztrbl. Jugr. XVI S. 223 ff..) sind die „endgültigen" Reichs„grundsätze über Voraussetzg., Art u. Maß der öff. Fürs." aufgestellt worden. Sie sind mit dem 1. Januar 1925 in Kraft u. ihnen zufolge (§ 36 Z. a) gleichzeitig außer Kraft getreten die in Art. 2 der Notvdn. „noch aufrecht erhaltenen Vorschriften des § 49 Abss. 1 u. 2" des RJWG. In ihrem sachl. Bereiche sind diese (weiterhin kurz als „endgültige Grundsätze" bezeichneten) Normen zwingendes Recht (vgl. über sie Luppe, Ztrbl. Jugr. XVI S. 229 ff.. u. Richter in D.A.Z. v. 14. Dez. 1924 u. neuerdings die gerade im Zusammenhange mit den obigen einführenden Darlegungen beachtenswerten Betrachtungen von v. Muthesius [Stadtrat Bln.-Schöneberg]: „Wie weit haben die Reformideen der letzten Zeit ihren Niederschlag in den Reichsrichtlinien zur F.V. gefunden?" in der D. Ztschr. f. Wohlf.pflege Nr. 1 S. 10 ff.). — Dem Landesrechte lassen sie, nach § 35 Abs. 1, in der Richtg. einer Ausdehng. der „zu gewährenden Hilfe" Raum. Vgl. aber für die in Preußen ausdrücklich noch vorbehaltene u. erst zu erwartende besondere Ausgestaltg. alsbald. —

Entsprechend der V. ü. F. selbst ist auch in diese endgültigen Grundsätze das „Jugendarmenrecht" organisch eingebaut. Es erscheint nur als Anwendungsfall, als — allerdings vielfach vorzugsweise berücksichtigte — Unterart der allg. Fürs. S. das Nähere unt. zu (dem bisherigen) § 49.

Als Ergebnis dieser recht zickzackartigen gesetzgeberischen Entwicklg. stellt sich das Reichs- u. das bes. Preuß. Jug.armenrecht nunmehr in großen Zügen wie folgt dar[1]), wobei für die Bedeutg. u. Tragweite der aus dem RJWG. teils sachlich, also materiell im wesentl. übernommenen (§ 49 Abss. 1 u. 2), teils in aller Form aufrecht erhaltenen Bestandteile auf die weiter unt. verwiesenen Sondererläuter.gen verwiesen wird:

Auch der hilfsbed. Minderj. ist grundsätzl. von demjenigen „Bez.fürs.verbande" zu unterstützen in dessen Bezirke er („bei Eintritt der Hilfsbedürftigkeit") den gewöhnlichen Aufenthalt hat. § 7 Abs. 2 V. ü. F.[2]). Der bisher maßgebl. Gesichtspunkt des „Unterstütz.wohnsitzes" ist also auch insoweit aufgegeben (was formal noch bes. durch die „Aufhebung" des UWG., in seiner zuletzt gültigen Fassg. v. 30. Mai 1908 — § 29 S. 1 — ausgesprochen). Der Begriff des „gewöhnl. Aufenthalts" stimmt hier mit § 7 Abs. 1 RJWG. überein, sodaß auf die Ausführungen zu diesem § u., nur ergänzend, auch noch auf § 20 Abs. 1 ZPO. zu verweisen ist. Diese Norm leidet aber sehr wichtige, gerade für die Jugendl. bedeutsame Ausnahmen: der schon dem bisherigen Armenrechte (s. bes. UWG. § 18) bekannte Begriff der sog. — arm.rechtl.. — Familieneinheit oder „Familiengemeinschaft" ist in erhebl. Umfange in die Neuregelung übernommen. Denn der Bez.Fürs.-Vbd. „des Ortes, an dem die Familie Wohnung u. Haushalt hat, ist zur Fürsorge für die Mitglieder der Familie endgültig verpflichtet"; als „Mitglieder" gelten außer den Ehegatten auch „Verwandte auf- u. absteigender Linie", sodaß also der Bez.Fürs.Vbd. des Vaters stets auch dem Kinde gegenüber „endgültig verpflichtet" ist, ungeachtet („auch wenn") eines anderweiten „gewöhnlichen Aufenth.s" des letzteren selbst „bei Eintritt der Hilfsbedürftigkeit". § 7 Abss. 3

[1]) Vgl. hierzu (wesentl. auf der Grundlage der „Grundsätze" v. 27. März 1924) bes. Riß, AG.Präs. a. D. München, Ztrbl. XVI S. 32 bis 34, auch Wölz, Ztrbl. XV S. 225 ff., bes. S. 225 ff., Wronsky, Ztrbl. XVI S. 5 ff. u. den Bericht über die Fürs.Tagg. zu Frankfurt a. M. am 7. u. 8. März 1924, Ztrbl. XV S. 240 ff., bes. S. 243 sowie Baath, DJZ. 1924 S. 306/7. Auch jetzt Komm. der RGR.e z. BGB. (5. Aufl.) N. 5 zu § 1602. Über die „Grundsätze" v. 4. Dez. 1924 u. a. den soeben S. 317 unt. gen. Art. von Reg.Rat Richter in D.A.Z. v. 14. Dez. 1924.

[2]) Die folg. Paragraph-Zitate (ohne Angabe eines Ges.s) in dieser Erörterg. beziehen sich durchweg auf die Fürs.Pfl.Vdn. v. 13. Febr. 1924

u. 4. Diese Familieneinheit wird gerade in den Fällen des oben erwähnten § 20 Abs. 1 ZPO. praktisch von Bedeutung sein. (Abgesehen von ihr kann allein aus dem Gesichtspunkte des Mangels der — vollen — bürgerl.rechtl. Geschäftsfähigkeit, § 104 Z. 1 bzw. §§ 106 ff. BGB.s, der von dem Minderj. selbst begründete „gewöhnl. Aufenth." nicht beanstandet werden, § 10). Aus dieser „familien"mäßigen Zusammengehörigkeit — die Auffassung der „Familie" als Einheit von „Wohnung u. Haushalt" ist auch im allg. sehr bemerkenswert, vgl. das oben zu § 1 Abs. 3 über „Familie" Gesagte —, ergeben sich auch der V. ü. F., obwohl diese im Gegensatze zum bisher. R.e — vgl. Baath a. a. O. S. 306 — bei der Bestimmung der für die „Unterstützg." maßgebenden örtl. Beziehg. grundsätzl. den Hilfsbed.n nicht von derjenigen „des Fam.oberhauptes abhängig macht", wichtige Folgesätze: der Bez.Fürs.Vbd., dessen Zuständigkeit hierauf, auf der „Familien-Wohnung u. -haushalt" beruht, kann von einem anderen, tatsächlich (zunächst, vgl. sof.) „unterstützenden" Fürs.Vbd.e „zur Übernahme des hilfsbed. Fam.mitglieds" angehalten werden, § 14 Abs. 2. Das Aufenth.verbot, welches gegen einen „Armenfürs." empfangenden Hilfsbed. zulässig ist, wenn er sich „nicht im Bez. des endgültig verpflichteten Fürs.Vbd.'s aufhält" (u. ihm außerhalb des letzteren Bezirks die Armenfürs. gewährt wird) die „Ausweisg." in diesem techn. arm.rechtl. S. „muß sich zugleich" gegen die an jener Fam.gemeinschaft teilhabenden Personen richten, § 30 Abs. 2 S. 2 (Neufassung des dadurch „ersetzten" § 5 Freizügigkeitsges.'s). Umgekehrt muß die „Übergabe oder Übernahme", welche der nur vorläufig Fürsorgegewährende Vbd. von dem endgültig verpflichteten nach § 14 Abs. 1 durchsetzen kann, auch „die Ehefrau oder die Kinder" ergreifen, die mit dem Hilfsbed. (Fam.-oberhaupte) „an einem Orte zusammenleben", § 14 Abs. 3, die Kinder aber nur „bis zu 16 Jahren", sodaß hier also der bisherige R.sstand — Eintritt der „Armenmündigkeit" mit dem vollendeten 16. Lebensjahre — beibehalten ist (die armenr. „Untrennbarkeit des hilfsbed. Kindes von den Eltern oder einem Elternteile" wird zum Überfluß auch noch negativ — Ausschluß der „Übergabe oder Übernahme" — durch Abs. 4 des § 14 zu b) u. ferner auch zu c), Abwendung der „Gefährdung eines Familienangehörigen" festgestellt). — Eine Ausprägung eigener Art hat dieser Gedanke der persönl. Zusammengehörigkeit (allerdings nicht mehr im S. einer gerade auf sozialer Verbindg., „einheitlicher Wohng. u. Haushaltg." als vielmehr einer auf Banden des Blutes beruhenden), hinsichtl. der unehel. K.er gefunden: wird ein solches K. „innerh. von 6 Mon. nach der Geburt hilfsbed." so ist (vgl. hierzu schon ob. S. 270) derjenige Bez.Fürs.Vbd. endgültig verpflichtet, in dessen Bez. die Mutter im 10. Monate vor der Geburt zuletzt ihren „gewöhnl. Aufenth." gehabt hat, — in Ermangelung eines solchen der Landesfürs.vbd., in dessen Bez. sie sich in diesem Mon. zuletzt aufgehalten hat; nur, sofern weder ein solcher Bez.- noch Landesfürs.-Vbd. vorhanden oder ermittelbar, ist der Landesfürs.Vbd. zuständig, dem der vorläufig verpflichtete (vgl. sof.) Bez.Fürs.Vbd. angehört, — § 8 Abs. 2 (die Berechng. dieses maßgebenden 10. Mon.s wird mit Riß a. a. O. S. 33 richtig naturaliter, also ähnl. wie bei der Bestimmung der über die Unterh.anspr. entscheidenden Empfängnis zu geschehen haben). — In allen Fällen aber „muß vorläufig" ungeachtet der vorstehend entwickelten Grundsätze jeder hilfsbed. Minderj. (weil nämlich weitergehend: „jeder hilfsbed. Deutsche" § 7 Abs. 1, ja auch ein „Ausländer" § 13 S. 1) von dem Bez.Fürs.Vbd.e unterstützt werden, in dessen Bez.e er sich „bei Eintritt der Hilfsbedürftigkeit" befindet. Diese vorläuf. Unterstützg. muß das Hilfsbedürfn. sogar erschöpfen, sofern letzteres selbst „nur vorübergehender" Natur (§ 14 Abs. 4 Z. a). Ledigl. bei weitergreifenden Hilfsbedürfnissen kann auf die „endgültige Verpflichtg." im Wege eines Verlangens nach „Kostenersatz u. Übernahme des Hilfsbed. in eigene Fürsorge", unter Belastung auch mit den „Kosten der Überführung" zurückgegangen werden, § 14 Abs. 1; auch dieses wohlgemerkt mit den Maßgaben, welche nach Vorstehendem aus der „Fam.gemeinsch." folgen. — Die „endgültige Fürs." hat grundsätzl. „bis zur Beendigung der Hilfsbedürftigkeit", d. h. bis zur radikalen u. restlosen Behebg. des Notstandes, fortzudauern. § 15. — Gegenüber dem obengedachten Aufenth.verbote (dem „Abschube") in Ansehung nur „vorläufig" Unterstützter genießen gewisse Minderj. eine Vorzugsstellung: die „unehel., voll verwaisten oder getrennt von beiden Elternteilen untergebrachten ehel.", also die drei Kategorien, denen auch das RJWG. selbst in § 50 eine Sonderstellung zuerkannte, sind diesem Verbote nicht ausgesetzt, § 30 Abs. 3 (genauer: Abs. 2 des neuen, durch § 30 „ersetzten" § 5 Freizügigk.Ges.'s) Wesentl. weiter ist allgemein, also auch bei Minderj., dem nur „vorläufig" unterstützenden Bez.Fürs.Vbd.e (des vorübergehenden Aufenthalts) das Verlangen der „Übergabe oder Übernahme" dann abgesprochen, wenn diese Maßnahmen „eine offensichtliche Härte bedeuten würden". (Der Vorbehalt des Ausschlusses einer „offensichtl. Härte" begegnet in der V. ü. F. mehrfach; vgl. z. B. § 19 u. § 20 Abs. 3, — an letzterer Stelle in der bes. Ausprägung der „außergewöhnl. Härte". Die Bedeutung dieser salvatorischen Klausel ist offenbar, daß die Fürs.Leistungen bei aller Wahrung verwaltungstechn. Rücksichten doch durch letztere niemals zu einem aus allgemein menschl. Gründen nicht tragbaren Zwange werden dürfen!). — Noch in ganz anderer Art kann u. muß zumal der nur vorläufig verpflichtete Bez.Fürs.Vbd. sich der Unterstützgspflicht entledigen: durch Heranziehung, — die nach § 23 Abs. 1 auf Antrag eines (vorläuf. od. endgült. verpflichteten) Fürs.Vbd.'s „im Verwalt.gswege" erfolgen kann; ein Grundsatz, dem die Preuß. Ausf.Best. die nicht ganz unbedenkl. Tragweite gegeben, daß im Hinblick auf § 22 in Zukunft „der ordentl. R.'sweg ausschließl. für die Fälle zugelassen ist, in denen die Ersatzpflicht nicht auf der durch die Verwandtschaftsverhältn. begründeten Unterh.pflicht beruht" — zu dieser verbundener dritter Personen insbes. der unterh.spflichtigen Verwandten (vgl. dazu jetzt Baath, Fürs.Pfl.Vdn., Berlin Fr. Vahlen 1924, S. 15 ff. u. Preuß. Ausf.Best. unt. VII). [„Verwandten" umfaßt nach dies. Seite auch den unehel. Vater, welcher entweder die Vaterschaft gem. § 1718 BGB. anerkannt hat oder auf Unterh.klage rechtskräftig verurteilt worden ist, § 20 Abs. V. ü. F. Bemerkenswert hierzu, daß der „gesetzl. Vertreter", zumal der Vater, eines selbst noch minderj. unehel. Vaters, obzwar gem. §§ 107, 114, 111 BGB.s auch zu dem freiwilligen Anerkenntnis, vgl. dazu Staudinger Hd.Ausg. N. 4 zu § 1718, ebenso wie gem. § 56 ff. ZPO. zu dem Unterh.prozesse heranzuziehen, doch niemals materiell unterh.pflichtig ist. — Diese „unehel." Unterh.pflicht hat neuerdings vielfache Erörterung u.

Ausgestaltg. erfahren; so z. B. bezügl. ihrer Ausdehng. auf Kosten für — bes. — Krankheitsbehandlg. der unehel. K.er. Vgl. dazu Lammers, Berufsvmd. Frankf. a/M., in Ztrbl. XVII S. 42/43, mit weitgehender Bejahung der Frage, u. die von ihm angezogene vielfältige R.sprechg., welche ebenfalls Kosten außergewöhnl. Erkrankg. dem unehel. Vater auferlegt. Ferner vornehmlich das Ges. v. 13. Juli 1923, Ergänzg. des § 1259 RVO., welches auch unehel. K.n nach dem Tode ihrer Erzeuger Anspruch auf „Waisenrente" einräumt, u. dazu d. Entsch. des Ob.Vers.A. Merseburg v. 10. Nov. 1924, Ztrbl. XVII S. 26, welche dies. Anspruch auch für K.er von unehel. Vätern, die vor Inkrafttreten des Ges.s v. 13. Juli 1923 verstorben sind, von dies. Zeitpunkte., 20. Aug. 1923 ab, bejaht. Vgl. auch unten S. 325 u. zu § 49.] In Wahrheit ist dies rechtlich nicht sowohl eine Abbürdung der Fürsorgelast als vielmehr die Feststellung, daß eine echte „Hilfsbedürftigkeit" überhaupt nicht vorliegt. Denn der „Öffentlichkeit" gegenüber hat auf „Unterstützg." nicht Anspruch, wer solche in ausreichendem Maße von ihm verpflichteter privater Seite empfangen kann u. soll. —

Der Unterschied dieser Ordnung des Jug.arm.wesens von und ihr Fortschritt gegenüber dem RJWG. liegt wesentl. in folgendem: bei allen Minderj., ohne Rücksicht auf ihr Lebensalter u. ihren Personenstand bzw. ihre häuslichen (familiären) Verhältnisse, ist für den Anspruch auf Fürs.leistungen (zur Beseitigung einer „Hilfsbedürftigkeit") der gewöhnliche Aufenthalt maßgebend, modifiziert allein durch gewisse ob. dargestellte, aus der „Fam.gemeinschaft" hergeleitete Maßgaben. Damit ist die Norm des „Unterstützgswohnsitzes", d. i. jener örtlichen armenrechtl. Verknüpfung, welche durch ununterbrochenen mehr als 1jährigen gewöhnl. Aufenth. nach zurückgelegtem 16. Lebensj. begründet worden, grundsätzlich überwunden. Durch diese Abkehr von der grundlegenden arm.rechtl. Einstellung des RJWG. (vgl. oben), dessen § 50 die Anknüpfung an den „gewöhnl. Aufenth." als scharf hervortretende Ausnahme nur für die drei schon früher erwähnten bes. Kategorien Jugendl. (unehel., getrennt von beiden Eltern untergebrachte u. die vollverwaisten ehel. Kinder, u. auch für diese nur „vor Vollendg. des 14. Lebensj.s") anerkannte, ist der Einklang mit den sonstigen zentralen Leitsätzen des RJWG. hergestellt. Wie nach dessen § 7 Abs. 1 die Jug.fürs. überhaupt, so baut nunmehr auch die bes. Jug.armenfürs. örtlich auf dem „gewöhnl. Aufenth." des Minderj. auf, hier wie dort mit der, „besonderen" Fürs.bedürfnissen Rechnung tragenden Ergänzg. einer Fürs.verpflichtg. des tatsächl., wenn auch nur zufälligen, vorübergehenden Aufenthalts: zur „vorläufigen" Behebung dringender Augenblicksnotstände, vgl. § 7 Abs. 1 S. 2 RJWG.s, s. dort. Damit ist die Brücke auch zu einer inneren Verbindung, zu einer wechselseitigen Beeinflussung zwischen der allgem. u. der besond. armenrechtl. Jug.fürs., — wie sie im S. wahrer Jug.wohlf. unerläßlich —, schon gegeben. Die Anpassung wird noch wesentlich verstärkt einesteils durch die positiv-rechtl. Berücksichtigung des erzieherischen Moments in dem Ausmaße der Fürs.leistungen an minderj. Hilfsbed., bisher § 49 RJWG., jetzt die auf diesem sachl. aufbauende Z. d § 6 der endgült. „Grundsätze" (vgl. schon ob. u. die späteren Spezialerläutergen) u. ferner durch die grundsätzl. Vorschrift der V. ü. F., § 5 Abs. 4, daß „die Fürs.stellen für ihren Bereich Mittelpunkt der öffentl. Wohlf.pflege (u. zugleich Bindeglied zwischen öffentl. u. freier Wohlf.pflege) sein sollen". Diese Bestimmung in Verbdg. mit dem Zugeständnisse des § 10 RJWG., s. dort, (Übertragung der JA.Aufgaben an ein Wohlf.amt oder „eine andere geeignete Wohlf.-pflegeeinrichtg.") u. der starken Beteiligung der „freien" Wohlf.pflege auch in der Jug.fürs. schlechthin, § 6 u. § 11 RJWG., wird ganz von selbst dahin führen, daß die von § 5 Abs. 4 V. ü. F. gewünschte zentrale Vereinheitlichg. sich als ein amtliches Zusammenfallen auch der allg. mit der Jug.armenfürs. auswirkt; d. h. die mit den JA.Obliegenheiten befaßten kommunalen Stellen werden tatsächl. auch die volle Jug.-armenpflege übernehmen. Denn mit Recht wird schon jetzt betont, daß auch für letztere die Zuständigkeitsfrage am richtigsten aus dem Gesichtspunkte persönlicher Eignung, also im S. einer Personenfrage beurteilt werde (wie tatsächl. z. B. in Groß-Berlin schon bisher die geeigneten Organe der Bez.JA. die — hier allg. als „Waisenpflege" bezeichnete — Jug.armenfürs. erledigen). Hinzu kommt endlich, verwaltungstechnisch, die so sehr konforme Ausgestaltung der Jug.wohlf.- u. der öffentl. Fürsorgebehörden, welche für letztere der reichsrechtl. Rahmen der V. ü. F. bewußt ermöglicht u. der Ausbau der Länder, zumal Preußens dementsprechend verwirklicht hat.

In Preußen nämlich weist die Durchführung, welche das System der Reichsverordn. hier durch die Ausf.verordn. v. 17. April 1924 (weiterhin: nur A.V.) u. die Ausf.bestimmgen der Min. f. Vwf. u. des Inn. v. 31. Mai 1924 (C d. „Beilagen" der Nr. 12 v. 15. Juni 1924 d. „Volkswohlfahrt", des Amtsbl.s des Vwf.Min.ms; weiterhin nur: A.Best.) erfahren hat, weitestgehende übereinstimm.gen mit den Grundlinien des Ausf.Ges.'s z. RJWG. auf, vielfach bis zur Gleichmäßigkeit der redaktionellen Fassung gesteigert. (Allerdings ist auch diese preuß. Ordnung des Fürs.Wesens formell noch keine endgültige, da gemäß § 36 Abs. 3 A.V. das Staatsministerium „6 Monate nach Aufstellung der endgültigen gem. § 6 V. ü. F. erlassenen Grundsätze einen Gesetzentwurf über Voraussetzung, Art u. Maß der zu gewährenden Fürs. dem Landtage vorzulegen hat"; doch dürften materiell von diesem Definitivum, über das bis zur Drucklegung, Juni 1925, nichts bekannt geworden ist, sehr erhebliche Umgestaltungen kaum zu erwarten sein.)

Auch die „Aufgaben der Landes- u. Bez.Fürs.Vbde." sind in Preußen „Selbstverwaltungsangelegenheiten der Gemeinden u. Gemeindeverbände", § 2 A.V. (fast wörtl. gleichlautend: § 1 Ausf.G.s z. RJWG.[1]). Auch die für sie berufenen „Organe" sind auf der Grundlage der „Gemeindeverfassungsgesetze" einzurichten (§ 2 A.V. vgl. § 3 Ausf.Ges. u. neuestens über das Verhältnis, die „verwaltgsrechtl. Stellg. des J.A. nach den deutsch. Gem.verfass.gen" überhaupt Ammann, Ztrbl. IIVX Juni 1925, S. 56 ff.). Die landesrechtl. normale Einheit der „Träger" von Fürs.„aufgaben" deckt sich schlechterdings mit derjenigen der JA. Hier wie dort sind es die Stadt- u. Landkreise (§ 1 Z. 1 A.V., vgl. § 2 Z. 1 Ausf.G.s, zu deren „Aufg.n" schon nach § 2 S. 1 Ges.'s v. 6. Mai 1920, vgl. über dieses sonst. unt., auch „die Fürs. für Krüppel unt. 18 Jahren, die nicht der Anst.pflege bedürfen", gehörte). Gleichmäßig ist für beide Verwaltungsgebiete als solche „Träger"-Einheit auch die Stadtgemeinde Berlin berücksichtigt, allein mit der sachl. wohl bedeutungslosen, nur mehr

---

[1]) Weiterhin auch hier nur: Ausf.Ges.

in der äußeren Erscheinung hervortretenden Verschiedenheit, daß als „Bez.Fürs.Vbd." schlechthin diese „Stadtgemeinde" selbst den Stadt- u. Landkreisen, — neben denen ferner für Hohenzollern dessen „Amtsbezirke" bes. genannt sind —, angereiht ist, während die JA.Trägerschaft ausdrückl. (§ 2 Z. 2 S. 1 Ausf.G.s, vgl. ob. zu § 9) auf die einzelnen „Verwaltungsbezirke" von Gr.-Berlin verteilt ist. Daß die A.V. den „Bez.Fürs.Vbd. Berlin" in Wahrheit in dieser Untergliederung gedacht hat, ist in anbetracht der ausdrücklichen Erklärg. der „Stadtgemeinde Berlin" auch zum Land.fürs.Vbde., ebenfalls § 1 Z. 1 A.V., wohl kaum zu bezweifeln (allerdings schweigen hierüber etwas auffallender- u. bedauerlicherweise auch die Ausf.Best.n). Dieser grundsätzl. verwaltungsrechtl. Auffassung beider „Aufgaben"gattungen u. dieser gleichartigen behördl. Struktur entsprechend ist normal für beide auch dasselbe kommunale Organ berufen: in den Landkreisen der Kreisausschuß, in den Stadtkreisen der Magistrat oder Bürgermeister, bzw. die ihm nachgeordneten, etwa bes. eingerichteten Verwaltungsausschüsse („Deputationen"). (Ausf.Best. III Z. 1, vgl. dazu Pr. A.A. II Z. 7 in Verbdg. mit § 8 Z. 1 u. § 7 Z. 1 Ausf.G.s). — Wie auf dem Gebiete der (allg.) Jug.-, so läßt auch auf demjenigen der Armenfürs. Preußen eine Absplitterung besonderer „Aufgabenträger" durch Übertragung an kreiszugehörige „Gemeinden oder Gemeindeverbände von mehr als 10000 Einwohnern, in Hannover auch an selbständige Städte" zu. (§ 15 Z. 2 A.V. in Vbdg. mit III Z. 3ff. Ausf.Best., vgl. § 2 Z. 3 Ausf.G.s. — Mindestens auf diesem Wege wird innerh. Groß-Berlins das ebengedachte, auch insoweit mit der Jug.wohlf. kongruente Ergebnis der Organisation erreicht werden.) Auch diese „Übertragung", — für welche § 15 Z. 1 A.V., wörtl. übereinstimmend mit § 2 Z. 3 Ausf.G.s, durch Klammerzusatz, die „rheinischen Landbürgermeistereien, westfälischen Ämter" usw. bes. nennt —, erfolgt durch Beschluß des Kreisausschusses, über „den im Streitfalle der Bezirksausschuß endgültig entscheidet". — Auch die Gestaltung der höheren, der für die räuml. u. sachl. umfassenderen Fürs.aufgaben bestimmten Land.fürs.Vbde geht in Preußen durchaus derjenigen parallel, welche in der Jug.wohlf. die höhere Stufe, das LandesJA., gefunden hat. Beide knüpfen an die „Provinzialverbände" (und die ihnen gleichstehenden, z. B. in Hessen-Nassau, Schleswig-Holstein vorhandenen Sonderformen, sowie, vgl. schon ob., die Stadtgemeinde Berlin) an: § 1 Z. 1 A.V., § 12 Z. 1 Ausf.G.s. Die gegebenen Verwaltungsorgane sind demgemäß hier wie dort die „Provinzial- oder Landesausschüsse", Ausf.Best. III Z. 1, vgl. Ausf.G. insbes. § 18 Z. 1. —

Diese „Körperschaften des öffentl. Rechts" (§ 4 S. 1 V. ü. F.), welche zufolge der grundsätzl. Aufhebung des Preuß. Ausf.G.s z. UWG. (v. 8. März 1871 in der Fassg. der Ges.e v. 11. Juli 1891/23. Juli 1912) — § 33 Z. 1 A.V. — „an die Stelle" der bisher in Preußen bestehenden Land- u. Ortsarm.vbde getreten sind, § 37 A.V. — die Bez.Fürs.Vbd.e stellt § 34 A.V. noch ausdrückl. als „Rechtsnachfolger" der durch die A.V. aufgehobenen Gesamtarm.vbde fest — schulden fortan auch Minderj.n im Falle ihrer Hilfsbedürftigkeit „öffentl. Unterstützg.". Extensiv ist diese durch die auf § 12 V. ü. F. beruhenden Sonderbestimmungen in § 4 A.V. für „staatlose ehemalige Preußen" u. für die „Personen, für welche . . . Preußen durch die Reichsregierung oder die von ihr bestimmte Stelle für endgültig verpflichtet erklärt worden ist", in § 4 A.V. nicht unwesentl. über ihren unmittelbaren Kreis ausgedehnt; denn jene Vorschriften, grade unter den gegenwärtigen politischen Verhältnissen so wichtig, erfassen grundsätzl. wie die Ehefrauen, so auch die minderj. Kinder der „staatlosen ehemaligen Preußen" und der „bei freiwilligem oder erzwungenem Übertritt aus dem Auslande" wegen Hilfsbedürftigkeit einem preußischen Fürs.Vbd. zufallenden Personen. Intensiv ist insoweit, bezügl. der Minderj., auch in Preußen diese „öffentl. Unterstützg." jetzt durch § 6, insbes. Z. d der endgült. „Grd.-sätze", bisher durch § 49 Abss. 1 u. 2 RJWG.s bestimmt, da der zwingende reichsrechtl. „Grundsatz" (so auch schon § 2 v. 27. März 1924) eine preußisch-landesrechtl. Abänderg. nicht zuließ u. zuläßt. Doch sind jetzt, nach § 35 Abs. 1 der „endgült. Grdsätze", die Länder u., soweit nicht landesrechtl. Vorschr.n entgegenstehen, auch die Fürs.Vbde selbst an einer Steigerg. der Fürs.leist.gen „nicht gehindert", wie schon bisher auch die den Minderj.n gebührenden Fürs.leistgen einer näheren Normierg., verwaltungsmäßig von der Landeszentralinstanz her, zugänglich waren, — im Wege der „Tarifierung", welche der reichsrechtl. Rahmen des § 16 Abs. 2 V. ü. F. (unmittelbar zwar nur „für den Kostenersatz", d. h. die Erstattgsforderung eines Fürs.Vbd.'s gegen den anderen, dadurch mittelbar aber auch für die Fürs.leistungen selbst) ausdrückl. vorsieht. Sie ist für Preußen dem Min. f. Vwf. zugesprochen, § 12 S. 1 A.V., freilich nur für „häufiger vorkommende Aufwendungen, deren täglicher oder wöchentl. Betrag sich in Pauschsätzen feststellen läßt", damit aber praktisch doch unverkennbar für den hauptsächlichsten Bereich der Fürs.leistungen überhaupt. Die Tarifierung, welche neuestens durch den Tarif vom 21. Juni 1924 — III E 788/24 („Volkswohlf." 1924 Nr. 14 v. 15. Juli 1924 S. 280) — erfolgt ist, berücksichtigt gleich der vorher in Geltung gewesenen (vgl. den Abdruck des letztvorhergegangenen, jetzt ausdrücklich aufgehobenen Tarifs v. 24. Dez. 1923 bei Baath, Komm. z. Fürs.Pfl.Vdn. S. 123) die Minderj. besonders u. zwar nach dem hier entscheidenden Alter von (vollendet) 14 Jahren; für die unter dieser Stufe stehenden Minderj. sind nicht unerhebl. niedrigere Sätze zuständig als für Personen, welche das Alter überschritten haben. (Im übr. mit Abstufungen nach der Ortsklasseneinteilg. der Besoldungsordnungen usw.). — Nur für eine Gruppe von Minderj.n bestimmt die A.V. selbst das Ausmaß der ihnen geschuldeten Fürsorge: für die einer „Anstaltspflege" bedürftigen „Hilfsbedürftigen, Geisteskranken, Idioten, Epileptischen, Taubstummen, Blinden u. Krüppel". Ihnen gewährt nämlich § 6 Z. 1 A.V. den Anspruch auf „Bewahrung, Kur u. Pflege in geeigneten (vgl. dazu § 29 RJWG.) Anstalten", u. zwar nach S. 2 ebdort, einen bes. gesteigerten Anspruch auf solche Anst.fürs., nämlich erstreckt auch auf „die Erziehung u. Erwerbsbefähigung". Mit dieser Bestimmung ist zumal in Ansehung der „Krüppel" gegenüber dem bisherigen preuß. R.e, § 1 Krüppelfürs.Ges.'s v. 6. Mai 1920 (Ges.S. 1920 S. 280), welcher systemgemäß durch die A.V. § 33 Z. 2 noch ausdrückl. aufgehoben ist, ein sehr wesentlicher Fortschritt erzielt, da der gedachte § 1 die Krüppelfürs. auf die „Erwerbsbefähigung" beschränkte u. auch diese nur „Krüppeln unter 18 Jahren", nicht, wie § 6 Z. 1 A.V., Minderj.n schlechthin zuerkannte: so ist für den ganzen hier berücksichtigten Ausschnitt der „hilfsbed. Minderj.", die Geisteskranken, die Idioten usw., der volle Einklang mit § 49 Abs. 1 RJWG. hergestellt. In diese Regelung kann natürlich, wenngleich sonst zus. § 8 A.V. „Aufnahme u. Entlassg., sowie die Höhe der zu erstattenden Kosten" sich nach „Reglements, welche der Genehmigg. der zuständigen Minister unterliegen", richten, auch eine „Tarifierung" oder sonstige Administrativmaßnahme nicht beschränkend eingreifen. — Entsprechend der in Preußen schon vorliegenden Rechtsentwicklung, welche diese nach größeren u. allgemeineren Gesichtspunkten zu organisierende Fürsorge den Landarmen-Vbd.n zugeteilt hatte (vgl. insbes. z. B. den ebengedachten § 1 Krüppelfürs.Ges.'s), ist sie auch fortan nicht den Bezirks-, sondern den Landesfürs.Vbd.n auferlegt u. zwar — „zunächst" § 6 Z. 2 — demjenigen, welchem der vorläufig fürs.pflichtige Bez.Fürs.Vbd. angehört: er ist „zur Aufnahme u. Bewahrung, zur Gewährung der Kur u. Pflege" verpflichtet, kann aber — § 6 Z. 3 A.V. — von dem Landesfürs.Vbd.e des endgültig pflichtigen Bez.Fürs.Vbd.s „übernahme u. (vollen, Verpflegg. wie überführg. umfassenden) Kostenersatz" verlangen. —

Der R.sanspruch der Minderj.n auf diese „öffentl. Unterstützg." betätigt sich positiv in ihrem bzw. ihrer gesetzl. Vertreter Rechte zu „Anträgen auf Fürsorge" im S. des § 20 Z. 1 A.V. — eine Leistung der Fürs. von Amtswegen ist zwar selbstverständl. zulässig, liegt auch durchaus im Wesen der neuen Fürs.Ordn., die sogar in § 12 Abs. 1 Hlbs. 2 der „endgült. Grdsätze" diese „Nicht-Abhängigkeit" von einem Antrage ausdrückl. feststellt, wird aber praktisch doch mehr die Ausnahme bilden —, welche, schriftl. u. mündl., sowohl bei dem Gem.Vorst. des Aufenth.orts, als auch bei dem Bez. Fürs. Vbd.e gestellt werden können u. stets „unverzüglich an die zuständige Stelle weiterzuleiten" sind, u. negativ in dem Rechte zur Beschwerde gegen (ablehnende) Verfügg.n von Bez.Fürs.Vbd.n. Dieses Beschwerder., welches nach § 20 Z. 2 A.V. allen, also auch den minderj. „Fürsorgesuchenden darüber, ob, in welcher Höhe u. in welcher Weise Fürs. zu gewähren ist", zusteht, ist in seinen Einzelheiten wiederum vollständig konform mit dem AG. z. RJWG. geregelt, sodaß auch hier durch die innere Berührung eine starke Annäherung der beiden Gebiete erzielt ist: in erster Reihe ist nämlich nach Z. 2, Z. 3 u. Z. 5 a. a. O. auch im Fürs.Wesen der „Einspruch" gegeben, „anzubringen bei der Stelle, die die Verfügung erlassen hat", § 20 Z. 2 A.V. vgl. § 15 Z. 1 u. Z. 2 Ausf.G. Erst gegen die Zurückweisung des Einspruchs hat der Fürs.Suchende binnen 2 Wochen die Beschwerde, § 20 Z. 2 A.V. vgl. § 16 Z. 1 Ausf.G.s. In letztere Konformität ist eine Abweichung nur hinsichtlich der Beschwerdeinstanz hineingetragen, da als solche im (hilfsbed.) „Fürs."Wesen der Bezirksausschuß, „welcher endgültig beschließt", in der sonstigen Jug.fürs. die Kommunalaufsichtsbehörde anerkannt ist (nach Ausf.Best. V Z. 3 besteht aber auch darin eine Übereinstimmung zwischen den beiden Arten des Beschwerdewesens, daß der „Vorstand des Selbstverwaltungskörpers", d. i. der Gemvorstand oder der Kreisausschuß, — welchem nach § 15 Z. 2 Ausf.G.s der Einspruch stets „vorzulegen" ist — letzteren in Sach. der Hilfsbed. Fürs. zur Entscheidung „an sich ziehen kann, falls er nicht selbst „die Stelle ist, welche die Entsch. getroffen hat").

Auch nach der preuß. Sondergestaltg. kann sich der Fürs.anspruch, zumal eines minderj. Kindes, dadurch auswirken, daß der ihm gegenüber (privatrechtl.) Unterh.pflichtige, welcher „infolge seines sittlichen Verschuldens" das Kind der öffentl. Fürs. anheimfallen läßt, auch gegen seinen Willen „in einer öffentl. oder geeigneten" Privatarbeitsanstalt untergebracht werden kann (in entspr. Fällen auch in einer Heil- insbes. Trinkerheilanst. mit Gelegenheit zu „angemessener Arbeit"). § 21 A.V. in Vbdg. mit § 20 V. ü. F. Gemäß Abs. 2 des letzteren erstreckt sich dieses Druckmittel, wie schon erwähnt wurde, auch auf unehel. Väter, sofern sie (vgl. ob. S. 320) zur Unterh.zahlg. rechtskräftig verurteilt sind oder sich in öffentl. Urkunde verpflichtet haben. — Auch sonst werden Verletzgen dieser Unterh.pflicht jetzt von der R.sprechg. streng verfolgt, so auch unter dem strafrechtl. Gesichtspunkte einer Übertretg. zuwider § 361 Z. 10 (vgl. dazu schon ob. S. 108). So neuerdings die sehr bemerkenswerte Entsch. des Schöff.Ger. Merzig. v. 23. Mai 1924, Ztrbl. XVII S. 75, welches aus diesem Paragraphen mit 3 Woch. Haft bestrafte einen unehel. Vater, der nach Leistg. des Offenbarungseides bei seinem vermögenden Vater gegen „Naturalentlohng." Arbeit nahm u. die Unterh.leistgen trotz bürgermeisterl. Verwarnung schuldig blieb. Sozial sehr zu begrüßen, da einen in der Praxis überaus häufigen Tatbestand treffend. S. ferner a. a. O. S. 74 das österreich. Ges. betr. „Schutz des gesetzl. Unterh.anspruchs" v. 4. Febr. 1925.

Die Pflicht der Verwaltbehörden zur Amtshilfe nach § 27 V. ü F. (er spricht ungenau von „Rechtshilfe") welche in Preußen durch § 29 A.V. für die Polizeiverwaltgen noch bes. unterstrichen ist, hat praktisch für minderj. Hilfsbed. naturgemäß gesteigerte Bedeutung, ebenso wie die Stempel- u. Gebührenfreiheit aller im Fürs.Wesen nötig werdenden „Verhandlgen u. Urkunden, insbes. Vollmachten u. amtlichen Bescheinigungen" (§ 28 V. ü. F.).

Da nach § 29 S. 2 V. ü. F. „Streitigkeiten zwischen Fürs.Vbd.n (schlechthin; also auch soweit Minderj. betreffend) bis zur Neuregelung des Rechtsverfahrens nach den Bestimmungen der §§ 37—57, 58 Abs. 2 UWG. (vgl. deren Wiederabdruck u. die Erläutergen dazu bei Baath a. a. O. S. 37—48) entschieden werden", so hat die Rechtsprechung des B.A. für das Heim.wesen, welche, vermöge ihrer schon bis jetzt so großen Reichhaltigkeit u. nach der Natur der Sache, auch unter der Geltung der V. ü. F. ihre schwerwiegende Bedeutung behalten wird, diese auch für das Jug.arm.recht insbes. Auch hiermit ist zufolge § 7 S. 2 RJWG. Abs. 2 (vgl. zu dies.) in Vbdg. mit Art. 9 EG. z. RJWG. eine wichtige Übereinstimmung zwischen dem allgemeinen Jug.fürs.- u. dem bes. Jug.armenrecht begründet (die von der V. ü. F. § 16 Abs. 3 aus billigenswerten Zweckmäßigkeitsgründen eingeführte generelle Mindestgrenze für Erstattgsforderungen wegen Fürs.leistgen von 10 G.M. gilt natürlich auch für Minderj.).

Auch in die Neuordnung des Arm.wesens (durch die V. ü. F. u. für Preußen die A.V.) hinein bleibt die Unterscheidung von „offener" u. „geschlossener" Arm.pflege bedeutsam u. für minderj. Hilfsbed.e, ja für diese in hervorragendem Maße praktisch wichtig; s. darüb. u. — wohl mit Unrecht — dageg. Klumker, Hdwtb. d. Staatswiss.sch.n Art. „Arm.wesen" 4. Aufl. S. 1008 (welcher diese Zweiteilg. durch die Gegenüberstellung von „Fam.- u. Anstaltspflege" ersetzen will, hinsichtl. ersterer wiederum die „Hausarmen-", d. h. die in der eigenen bisherigen Häuslichkeit des Armen gewährte von der in fremden Fam. erwiesenen Pflege trennend.) Auch die zumal auf „Erziehg. u. Erwerbsbefähigg." gerichtete

Jug.arm.pflege kann sich sowohl in der einen, wie in der anderen Art betätigen. — Dementsprechend legt z. B. in Preußen die Armenstatistik generell (vgl. Feld, ebfalls Hdwtb. d. Staatswiss.sch.n 4. Aufl. S. 1021) das Einteilungsprinzip der „offenen u. geschlossenen" Fürs. zugrunde. Allerdings sind die Grenzen flüssig, vgl. u. a. Sperling's Referat auf der Jenaer Tagg. des D. Vereins für öff. u. priv. Fürs. (Ende Sept. 1920). Sp. läßt, ebenfalls nicht ganz unanfechtbar, für die praktische Durchführg. diesen Dualismus mit demjenigen von Land- u. Orts-arm.vbd.n zusammenfallen.

Älteres R. in Preußen, auch Minderj. schon umfassend, das Armpfl.ges. v. 31. Dez. 1848 u. vor allem das mehrgen. AG. z. UWG. v. 8. März 1871 mit seinen späteren, gleichfalls schon erwähnten Neuredaktionen.

§ 49.

[§ 49. Minderjährigen ist im Falle der Hilfsbedürftigkeit der notwendige Lebensbedarf einschließlich der Erziehung und der Erwerbsbefähigung und die erforderliche Pflege in Krankheitsfällen zu gewähren; bei ihrem Ableben ist für ein angemessenes Begräbnis Sorge zu tragen.

Bei Beurteilung der Notwendigkeit der Leistungen ist das Bedürfnis nach rechtzeitiger, dauernder und gründlicher Abhilfe gegen Störungen der körperlichen, geistigen und sittlichen Entwicklung der der Minderjährigen zu berücksichtigen.

Die Reichsregierung kann mit Zustimmung des Reichsrats bestimmen, unter welchen Voraussetzungen und in welchem Umfang Aufwendungen für eine über die Erwerbsbefähigung hinausgehende Berufsvorbildung übernommen werden dürfen. Soweit die Reichsregierung solche Anordnungen nicht erläßt, können sie durch die oberste Landesbehörde getroffen werden.]

Der § 49, dessen (vgl. oben) Abs. 3 schon die Notvdn. v. 14. Febr. 1924 beseitigte, u. dessen übrige Teile durch die endgültigen „Grundsätze" außer Kraft gesetzt sind, hat durch diese Aufhebg. seine sachl. Bedeutg. für das künftige deutsche Jug.armenrecht keineswegs eingebüßt. Er erscheint deshalb der Wiedergabe u. Betrachtg., mindestens in dieser Beschränkg., auch weiterhin wert. Die „endgült. Grdsätze" haben in sehr erheblichem Maße aus ihm geschöpft, — nicht allein, obzwar vorwiegend, für die Regelg. der öff. Unterstützg. hilfsbed. Minderj. Die letztere ruht auch hier im wesentl. durchaus auf den Schultern des von § 49 geschaffenen R.standes. Leider bedeutet allerdings der Ausdruck, welchen dieser in den Grdsätzen v. 4. Dez. 1924 gefunden, gegenüber dem § 49 RJWG., sowohl was Prägnanz der Fassg., als was Übersichtlichkeit u. sachgemäße Anordnung anlangt, eher einen Rückschritt als eine Verbesserung.

Eine Lücke zwar, welche § 49 noch sehr fühlbar gelassen hatte, hat jetzt — durch § 5 der endgült. Grdsätze — ihre positive Ausfüllg. gefunden: die Bestimmung des Begriffs der Hilfsbedürftigkeit. Übereinstimmend in der Hauptsache mit den Gesichtspunkten, welche sich hierfür in der R.setzg., R.slehre u. R.sanwendg. des Armenwesens allgemein festgestellt hatten, entnimmt auch § 5 cit. diese Bestimmung dem

Gegensatze zu der Fähigkeit, das Dasein durch „eigene Kraft" (§ 5 fügt hinzu „und Mitteln", um mißverständliche Beschränkg. auf die Erhaltg. durch eigene „Kräfte" im engeren Sinne auszuschließen) oder doch diejenige gesetzlich (privatrechtl.) verpflichteter anderer zu erhalten. „Hilfsbedürftig" ist ihm demnach, „wer den notwendigen Lebensbedarf für sich (u. seine unterh.berechtigten Angehörigen) nicht oder nicht ausreichend (!) aus eigenen Kräften u. Mitteln beschaffen kann u. auch nicht von anderer Seite, insbes. von Angehörigen erhält." — Dieser allg. Begriff der Hilfsbedürftigkeit gilt auch für die Minderj.n. Aber wie er überhaupt, fast schon begrifflich, niemals abstrakt, sondern immer nur mit Beziehg. auf die „Besonderheit des Falles" verstanden u. demgemäß (endg. Grdsätze § 10 Abs. 1) praktisch angewendet werden kann, so wird er durch diese Beziehg. zumal hinsichtl. der Minderj.n in hervorragenderweise determiniert. Hierauf war zutreffend, schon vorher, insbes. auch in der dem § 49 RJWG. geltenden Erörterg. hingewiesen worden, z. B. von Feld, a. a. O. S. 1034 mit der Mahng., im Jug.arm.wesen die „psycholog. Verhältnisse" zu berücksichtigen, da sie „nicht zu kurz kommen" dürfen; ferner ähnlich, nur schärfer im Ausdruck, von Bäumer, N. III A zu § 49 S. 165 durch die Abstellg. auf die „individuellen Erz.bedürfnisse". § 10 Abs. 1 cit. will den Maßstab in „der Art u. Dauer der Not, der Person des Hilfsbed.n u. den örtlichen Verhältnissen" finden: der aus all diesen Umständen sich ergebenden „Besonderheit" soll „im Einzelfalle die Gewährg. der Hilfe" entsprechen, gebunden jedoch an den „Rahmen des notwend. Lebensbedarfs", welchen § 6 — auf diesen verweist ausdrückl. ein Klammerzusatz — zieht. In fast wörtlicher Anlehng. an § 49 Abs. 2 RJWG.s präzisiert Abs. 2 des § 10 cit. diese Anpassg. (an den „Einzelfall") für Minderj. noch durch Erwägg. einer sehr erheblichen Rücksicht, welche hier zu nehmen ist, — derjenigen auf die „körperl., geistige oder (§ 49 Abs. 2 sagte in bemerkenswertem Unterschiede: „und") sittl. Entwicklg." (Man beachte hier auch die terminolog. Abweichg. von **§ 1 Abs. 1** RJWG.s „leibl., seelische u. gesellschaftl.", welche aber in dem Vorgange anderer Stellen dieses Ges.s, insbes. des § 22 Abs. 2, auch § 24 Abs. 2 eine gewisse Rechtfertigung findet!) Gerade hier aber steht die Neuordng. hinter derjenigen des § 49 Abs. 2 entschieden zurück: dieser stellte kategorisch das Ziel „rechtzeitiger, dauernder u. gründl. Abhilfe", — die er richtig als ein (öffentl.) „Bedürfnis" bezeichnete, — als dasjenige hin, zu dessen Erreichg. die „Leistgen" der öff. Unterst. dienen, also hinreichen müßten; (alles) was dafür erforderlich, war nach ihm als „Notwendigkeit" anzuerkennen. Dieses Ziel war ferner in seinem Sinne, der auf ganz richtiger, tieferer Erfassg. des Jug.arm.wesens schlechthin beruhte, bei der „öff. Unterst. minderj. Hilfsbed." stets anzustreben. Es war die unerläßliche Richtschnur dieser Art Jug.fürs., auch dem kategorischen u. allgemeinen r.sgrundsätzl. Ausdrucke des Ges. nach. — Wesentl. matter demgegenüber verlangt § 10 Abs. 2 cit. „bei Störungen" der gedachten Art „so ausreichend bemessene Hilfe, daß gründl. u. dauernde Abhilfe zu erwarten ist". Auch an anderen hier einschlägigen Stellen gehen die endg. Grdsätze hinter das Axiom des § 49 Abs. 2 zurück: zur „Verhinderg." von Störungen der in Rede stehenden Art „kann" die Fürs. nach § 3 S. 2 eingreifen, sc. „soweit dazu nicht die Jug.hilfe berufen ist" (ein selbstverständl. — u. deshalb überflüssiger — Zusatz, da die „Fürs." mit der „öff. Jug.hilfe" im engeren S. stets konkurriert od., richtiger, ihr subsidiär ist!); nach § 49 Abs. 2 war ganz unverkennbar auch dieses „vorbeugende" Eingreifen Pflicht der Jug.arm.pflege, ja geradezu eine ihrer vornehmsten Aufgaben. — Zwingend, u. auch in der Form apodiktisch, haben die endg. Grdsätze nur die „Rechtzeitigkeit" des Einsetzens der Fürs. statuiert, — § 2 Abs. 1 (im RJWG. § 49 Abs. 2) — u. damit in Abs. 2 dieses § 2 das Gebot ihrer „nachhaltigen" Wirkg., insbes. die Pflicht der gründl., bis an die Wurzel reichenden Abwendg. nur „vorübergehender" Notstände, die „Verhütg." ihres Einwurzelns, ihrer Steigerung zu dauernden verbunden. Das ist für „hilfbed. Minderj." mit bes. Nachdruck zu betonen, — auch gegen die endg. Grdsätze selbst, nämlich über sie hinausgehend. Keine „Fürs." („öff. Unterst.") wird in ihrem Werte so ausschlaggebend durch die Rechtzeitigkeit bestimmt, wie diejenige für einen Jugendl. Im stärksten Wortsinne eine wahrhaft „rechtzeitige" ist diese erst u. nur dann, wenn sie grundsätzlich schon vorbeugend Platz greift. (übereinstimmend Bäumer S. 169.) Letztere Tendenz drückt auch der Jug.arm.pflege ihren wesensgemäßen Stempel auf: hierin gleicht diese durchaus der sonstigen Jug.fürs., dem Pfl. K. Sch., der Sch. Aufs. usw. Das „Jugendwohl" ergibt ferner ebenso gesteigerte Anforderungen auch an die „gründl. u. dauernde Abhilfe", § 10 Abs. 2 der endg. Grdsätze u. bisher § 49 Abs. 2 RJWG. (hier, etwas weniger korrekt, in umgekehrter Folge: „dauernd u. gründl."). Was bei Erwachsenen u. U. schon als solche gelten kann, wird diese Natur bei Minderj.n sehr oft noch nicht haben. Denn die Gewährleistg. ihrer „Entwickl." — in der eindeutigen u. scharfen Herauskehrg. dieses unerläßlichen Ziels aller Jug.arm.pflege war § 46 Abs. 2 cit. den endg. Grdsätzen so außerordentl. voraus! — gibt auch hiefür allein die wahre Richtschnur. Diese „Entwicklg." muß mit dem „Jug.wohl" in vollem Einklange stehen u. daher sich auf alle 3 Seiten der Einzelindividualität erstrecken, in denen letzteres sich betätigt: die „körperl., geistige u. sittl." (vgl. ob.). Die „Fürs." für den Minderj. hat also nicht nur die negative Bestimmung, ihn von einem Übel (materieller Not) zu befreien, sondern auch die positive, ihn zu fördern, seine Zukunft durch Ertüchtigung nach allen genannten Seiten sicherzustellen u. damit dem Gemeinwohl zu dienen. Erst mit Erreichg. dieses Zweckes ist im S. des § 15 V. ü. F. die Hilfsbedürftigkeit eines Minderj. „beendigt"! Diese sozialpädagogische Natur aller Jug.arm.pflege ist, wenngleich sie in § 49 Abs. 2 cit. viel prägnanter, fast plastisch zutage trat, auch durch die endg. Grd.-sätze keineswegs aufgegeben. Denn sie ist unentbehrliches Fundament jeder abgeklärten Jug.arm.ges.gebg. Die „Fürs.leistgen" an hilfsbed. Minderj. dürfen also in Wahrheit niemals sich in materiellen Zuwendgen erschöpfen; müssen vielmehr stets alle Gefährdgen erfassen u. beheben, welche aus dem nur wirtschaftl. Notstande für die Gesamt„entwicklg." hervorgehen können. Diese Höchstmaxime ist ebenso sehr bestimmend für das „Ob", wie für das „Wieviel" solcher Fürs.leistgen. Auch die Anknüpfgen an die „arm.rechtl. Fam.gemeinschaft", welche die neue Ordnung des Fürs.wesens (vgl. Vorbem.) mit Bedeutg. zumal auch für das Jug.arm.wesen beibehält, dürfen hieran nicht irre machen. Im Vordergrund steht immer die Individualität des jugendl. Hilfsbedürftigen selbst (vgl. das schon ob. üb. die „individuellen Erz.erfordernisse" Bäumer's Gesagte u. ferner den Widerspr. dies. Komm. S. 166 ob., sowie von Fr.-P. S. 189 gegen die „zu einseitige u. enge" Auslegung der Begründg. S 68 zu § 49 Abs 2, auch Blaum's N. 1 zu § 49 richtigen Ausspruch, daß es „auf die individuelle Hilfsbedürftigkeit des Minderj., nicht der Familie ankomme"). Diese grundsätzl. Erwägungen geben für Jugendl. einer gewissen Seite der prakt. Arm.pflege erhöhte Bedeutg.: der Mithilfe anderer Stellen bei der Wirksamkeit der eigentlich u. offiziell zur „Fürs." Berufenen. Erst u. nur durch sie wird sehr häufig diesen Behörden die Kenntnis grade der minderj. Hilfsbed. selbst u. vor allem der besonderen, ihr Hilfsbedürfnis ergebenden Verhältnisse werden. Unter den „verschämten Armen" spielen die Jugendl. u. ihre Nöte eine bes. Rolle. Die „Armenkataster" der Polizei, aber auch die Schule, die Kinderhorte (vgl. auch dazu Elis. v. Harnack a. ob. zu § 4 Z. 5 a. O. S. 75), die Seelsorge, nicht zuletzt auch die Vmdsch.gerichte, kurz alle mit Jug.erz. befaßten Instanzen u. Einrichtgen haben zu einer gedeihlichen Entfaltg. des Jug.arm.wesens beizutragen u. vermögen dies in erheblichem Maße. Formal im Wesen der „Amtshilfe" des § 5 RJWG., — die, wie sonst, vgl. z. B. für das Vmdsch.wesen ob. zu §§ 36, 37, auch hier, ja hier besonders, „unverzüglich" zu leisten ist —, also über die engere „Rechtshilfe" des § 27 V. ü. F. u. auch die „Hilfe" der Pol.Verwaltgen gem. § 29 Preuß. A.V. (vgl. ob. Vorbem.) hinaus. Sozial aber noch weit stärker u. vielseitiger: im richtig erfaßten Geiste der durch § 5 Abs. 4 V. ü. F. zur Norm gemachten „Zusammenarbeit" der „freien" mit der öff. Wohlf.-pflege, also durch weitgehende, einer Reglementierung nicht zugängliche u. auch nicht bedürftige Unterst. der „offenen" Jug.fürs., insbes. der dieser irgendwie dienenden „Vereinigungen". Um dieser höchsten sozialpädagogischen Einstellg. der Jug.arm.pflege willen ihre sächliche u. personelle Verknüpfg. mit der allg. Jug.fürs. dringend wünschenswert; sie allerdings durch großzügige Verbindg. der allg. Wohlf.pflege überhaupt mit der Jug.wohlf. bedingt, wie sie den §§ 10 des RJWG. u. des Preuß. AG. dazu vorschwebt u. in der Praxis wohl tatsächlich die Norm bilden wird. —

In dem durch diese „Grdsätze" über „Voraussetzgen u. Art", nicht zuletzt aber auch durch die hier entwickelten allg. „sozialpädagogischen Erwägungen" gezogenen „Rahmen"*) sind minderj. Hilfsbed.n die Fürs.-leistgen zu gewähren, welche als das ihnen zustehende „Maß öff. Fürs." jetzt § 6 — in näherer Ausführg. des § 1 Abs. 1 zumal S. 1 — bestimmt. Sie haben „den notwendigen Lebensbedarf zu gewähren", — mit welcher Terminologie an die in der bisherigen Arm.ges.gebg. u. -rechtspflege herrschend u. technisch gewordene unmittelbar angeknüpft wird —, diesen aber nach § 1 Abs. 1 S. 2 grundsätzl. (was ausgesprochen zu haben, ein unbestreitbares Verdienst dieser endgült. Regelg. des Fürs.wesens!), nicht als einen starren, mehr abstrakten, sondern als einen elastischen, durch die konkrete „Eigenart der Notlage" bestimmten (vgl. das vorher üb. die Individualisierg. gerade der Jug.arm.pflege

*) Die endg. Grdsätze betrachten u. bezeichnen, aber doch wohl weniger korrekt, umgekehrt den „notwend. Lebensbedarf (§ 6)" als den „Rahmen" der zu gewährenden Hilfe. —

Gesagte, das nach dieser Seite bes. bedeutsam u. ferner die im wesentlichen hiermit übereinstimmenden Ausführgen von Muthesius a. S. 318 a. O. S. 13). Mit letzterer Maßgabe erläutert authentisch § 6 selbst den Inhalt des notw. Lebensbed. („zum n. L. gehören" . . . . !). Auch sachlich ruht die damit gegebene Regelg. in wesentl. Teilen ganz auf der bisherigen R.sentwicklg., diese aber für Minderj. nicht unerheblich fortbildend u. abschließend (vgl. ob. Vorbem. u. das alsbald noch üb. die Fürs.leistg. der „Erz. u. Erwerbsbefähigung" insbes. zu Sagende). Denn „notw. Lebensbed." ist nach § 6:

A) in allen Fällen, bei jeder Kategorie von Hilfsbed.n

„a) der Lebensunterhalt, insbes. Unterkunft, Nahrg., Kleidg. u. Pflege,

b) Krankenhilfe sowie Hilfe zur Wiederherstellg. der Arbeitsfähigkeit,

c) Hilfe für Schwangere u. Wöchnerinnen."

Die generelle, also auch hilfsbed. Minderj. umfassende Tragweite dieser drei Positionen (an denen „Ausländer" nach § 34 unter Beschränkg. auf a) u. b) u. den später noch zu erwähnenden, „nötigenfalls" zuständigen „Bestattungsaufwand" grundsätzl. teilhaben) ist für die letzteren bes. hinsichtl. der zu c) von praktischer Bedeutg. Diese „Hilfe" gebührt auch minderj. Schwangeren u. Wöchnerinnen im Ausmaße u. nach den Normen des § 12 der endg. Grdsätze, d. i. „je nach Art u. Grad der Hilfsbedürftigkeit: ärztl. Behandlg., Entbindgskostenbeitrag u. Wochengeld", an selbststillende Wöchnerinnen „außerdem Stillgeld" mit der Maßgabe, daß „das, was die Reichsversich.Ordn. den Fam.angehörigen eines Versicherten gewährt (Fam.wochenhilfe), sicherzustellen" ist u. ferner, daß „an die Stelle barer Beihilfen Sachleistgen treten können". — Die Position b) geht dem Sinne, wenn auch nicht eigentl. dem Ausdrucke nach über § 49 Abs. 1 RJWG.s hinaus: denn die hier zugesagte „erforderliche Pflege in Krankheitsfällen" sollte offenbar durch die Heilgsbedürfnisse des akuten Falles begrenzt sein. Die von § 6 Z. b eröffnete „Krankenhilfe" will, wie bes. die Hinzufügung der „Hilfe zur Wiederherstellg. der Arbeitsfähigkeit" ersichtlich macht, weitergreifend die durch eine Erkrankg. verursachte Hilfsbedürftigkeit in vollem zeitl. u. sachl. Umfange erledigen. Hier bes. von Bedeutg. § 11, demzufolge (S. 1) die Hilfe „sowohl in Geld, Sachleistg. od. persönl. Hilfe bestehen", wie „in offener od. geschlossener (Anstalts-)Pflege gewährt werden kann", als Anst.- od. „fremde" Fam.pflege aber nur Platz greifen soll, wenn des Hilfsbed.n „körperl., geistiger u. sittl. Zustand besond. Maßnahmen zur Heilg., Pflege od. Bewahrg. erfordert", als „zwangsweise" Unterbringung „nur, wenn ein Ges. es gestattet". — Die Bemessg. der „Hilfe" nach Pos. b) durch die „Wiederherstellg. der Arbeitsfähigkeit" hängt nicht zuletzt mit einer wichtigen Grundeinstellg. dieser endg. Regelg. des Fürs.wesens zusammen: dem Grundsatze des § 7 Abs. 1, daß „jeder Hilfsbed., auch der nicht voll arbeitsfähige, seine Arbeitskraft zur Beschaffg. des notwend. Lebensbedarfs für sich (u. seine unterh.berecht. Angehörigen) einsetzen muß". Für Jugendl. zumal erleidet, wie sie, wenigstens als „noch nicht erwerbsfähige", hinsichtl. der Heranziehg. „kl. Vermögen od. Vermögensteile" nach § 8 Abs. 3 der endgült. Grdsätze eine Vorzugsstellg. einnehmen, dies freilich durch die Norm des

Abs. 2 § 7 Einschränkgen, gemäß welcher „nach Lebensalter, Gesundh.zustand . . . . . . u. soweit angängig, auch nach berufl. Ausbildg. beurteilt werden soll, ob dem Hilfsbed. eine Arbeit billiger Weise zugemutet werden kann", bei Frauen, zumal minderj.n nach Abs. 3 auch durch die Scheu vor einer „Gefährdg. der geordneten Erz. ihrer K.er" u. die Rücksicht auf die „Pflichten der Führg. eines Haushaltes". (Andererseits ergreift, mangels eines gesetzl. Vorbehalts, der durch § 13 Abs. 2 für den Fall der „Arbeitsscheu oder sonstigen unwirtschaftl. Verhaltens" zugelassene Zwang der „Beschränkg." auf — bloße — „Anst.pflege" auch die Jug.armen, wie letztere freilich durch Abs. 3 ebdort vor den nachteiligen Folgen eines derart gegen einen „Hilfsbed.", in dessen „häusl. Gemeinschaft" sie leben, geübten Zwanges geschützt werden.) — Für die Bedeutg. der durch Pos. a) zugestandenen Einzelleistgen kann bei der fast buchstäblichen Anknüpfg. (einzige Abweichg. nur Gebrauch des Ausdrucks „Unterkunft" anstelle des bisher üblichen „Obdach") dieser unmittelbar materiellen Fürs. an die bisherige Arm.ges.gebg. auf die einschlägigen Kommentare, vor allem den von Wohlers-Krech z. UWG., (14. u. ff. Aufl. Baath) verwiesen werden, vgl. dort zu § 28 [50] A, S. 95 ff. Der „notwend. Lebensbedarf", — welcher sinngemäß zweifellos schon nach § 49 Abs. 1 RJWG.'s, mithin also auch nach der Zwischenregelg. der „Grundsätze" v. 27. März 1924 mit dem „unentbehrl. Lebensunterh." des § 1 Abs. 1 Pr. AG. z. UWG. synonym, u. dort nur durch das in letzterem noch bes. erwähnte „Obdach" zu ergänzen war, deckt sich im wesentl. mit dem schon früher auch in anderen Ges.n verwendeten, vornehml. von der ZPO. für die Beschränkgen der Zwangsvollstreckg. zugrunde gelegten Begriffe: § 811, welcher in Z. 1 auf den Begriff des Schuldners" u. die „Erhaltg. eines angemessenen Hausstandes", sowie § 850 Abs. 1 Z. 3, welcher auf die „Bestreitg. des notdürftigen Unterhalts" (für den Schuldner, „seinen Ehegatten u. seine noch unversorgten Kinder") abstellte, wobei in Z. 12 der ersteren Vorschr. als Einzelheit die Erwähnung auch der „künstl. Gliedmaßen, Brillen u. anderer, wegen körperl. Gebrechen notwendigen Hilfsmittel", sehr bemerkenswert, — Gegenstände, die nach der zutreffenden herrschenden R.'slehre u. R.-sprechung auch im S. der Arm.pfl. zum „notwend. Lebensbed." zählen (vgl. Bäumer, Komm. S. 164 u. S. 167 a. E. u. die dort gen. Entsch.n des B.A. f. d. Heim.wesen). Auch der „notwend. Lebensbed." der „endgült. Grdsätze" aber ist offenbar, aus den oben in Anknüpfg. an Abs. 2 § 49 RJWG.'s entwickelten, als „Rahmen" für das Maß der hilfsbed. Minderj.n gebührenden „Fürs." aufgestellten Gesichtspunkten erweiternd zu verstehen. Ebenso muß um dieserwillen Engherzigkeit vermieden werden für die Krankenhilfe, (die in den Sonderfällen des § 11 V. ü. F. nach Grdsätzen, welche der Zwangskrankenversicherg. entsprechen, gewährt wird: Bemessg. der „endgültig zu tragenden Kur u. Verpflegg." auf die Zeit der „ersten 26 Wochen nach dem Beginn der Krankenpflege" — Befassg. der Krankenkassen mit letzterer u. bloße Abbürdg. der Kosten auf den Bez.Fürs.Vbd. Der Tatbestand des § 11, „Erkrankg. an einem Orte, an dem die Person mindestens 1 Woche hindurch gegen Lohn oder Gehalt in einem u. demselben Dienst- od. Arbeitsverhältn. gestanden hat", kann sich nat. auch bei Jugendl. verwirklichen). Sie darf niemals etwa bei der Unterbringg. in einem Krankenhause sich beruhigen, welche auch

§ 1 Abs. 2 Preuß. AG. z. UWG. mehr nur hervorhebend erwähnte. Hier zeigte für Preuß. schon früher das seit dem 1. Okt. 1920 in Kraft befindl. Krüppelfürs.ges. den richtigen Weg. Mit Recht hatte nämlich der Min. f. Vwf. — „höchste Landesbeh." nach § 10 dieses Ges.'s, ebenso wie jetzt für die Angelegenheiten der Jug.wohlf. u. (§ 63 Z. 1 A.B.) der öff. „Fürs." schlechthin — in der Ausf.Anw. v. 26. Juni 1920 (zu dem Ges e v. 6. Mai 1920; s. den Abdr. auch jener Anw. in den „Wohlf.Ges.n" von Behrend-Stranz-Hurwitz) gemahnt, bei der „Erwerbsbefähigg.", welche (vgl. ob. Vorbem.) „Krüppeln unter 18 Jahren" zu erschließen, „weitherzig zu verfahren" u. die diesem Zwecke dienende Ausbildg. ja nicht etwa, wenn noch unabgeschlossen, ängstlich genau mit Vollendg. des 18. Lebensj.s abzubrechen. Durch diese Einstellg. hatte die preuß. Krüppelfürs., welche an sich schon durch ihre Weitspannung sowohl des Begriffs der Verkrüppelg. (§ 9 des Ges.'s), als auch der Anfordergen an (vorbeugende) Feststellg. der dazu gehörigen Fälle (weitgehende Anzeigepflicht der „Ärzte sowie Krankenpfl.pers.n u. sonstigen Fürs.-organe, welche gelegentl. ihrer Berufsausübg. bei Jugendl. unter 18 Jahren die Anzeichen drohender Verkrüppelg. beobachten", also überhaupt der Ärzte, insbes. geburtshilfl. tätiger, der Hebammen, aber z. B. auch der Lehrer u. Lehrerinnen, von allen wahrgenommenen Verkrüppelungen bzw. nur Anzeichen solcher) u. die geregelte Kontrolle durch Kreisärzte usw. eine sehr großzügige Schutzeinrichtg., ganz außerordentl. an sozialem Werte genommen*). Diese richtige Weitherzigkeit muß bei jeder „Kranken"fürs. für einen hilfsbed. Jugendl. obwalten. [Nach dem Grundsatze des § 11 Abs. 5 V. ü. F., daß „Schwangerschaft an sich nicht als Krankheit im S. des § 11 anzusehen" ist, gebührt den werdenden Müttern als solchen nicht die nach § 49 Abs. 1 zu gewährende „Krankenpflege". Hier trat vielmehr bisher die „Wochenfürs." ein, welche früher (vgl. schon ob. zu § 4 Z. 2) durch das RG. v. 9. Juni 1922, zuletzt durch die Vdn. v. 18. Aug. 1923 (Baath a. a. O. S. 85) geregelt und jetzt durch § 1 Z. f V. ü. F. in die allg. „Fürs." einbezogen ist, auf welcher Grundlage sie aber bis zu der endgültigen Regelg. v. 4. Dez. 1924, also für den Schwebezustand den früheren Grundsätzen unterstand.] Eher erträgt Einengungen die letzte, nicht mehr unmittelbar einer Hilfsbedürftigkeit geltende Arm.pfl.leistg., welche noch von § 49 Abs. 1 RJWG.'s als „Sorge für ein angemessenes Begräbn." zwingend angeordnet war: freilich war auch schon nach dieser Vorschr. „die Angemessenheit" nicht allein aus hergebrachter Sitte u. überkommenen Volksanschauungen, sondern auch nach zeitl. u. örtl. Verhältnissen zu beurteilen, z. B. jetzt unter Berücksichtigg. der allg. Verarmung, welche auch den sog. „besitzenden Klassen" hier erhebl. Einschränkgen auferlegt. Für „Arm.leichen" wird eine derartige Finanzlage unbedenkl. äußerste Genügsamkeit, soweit nur hygienisch u. sozial annehmbar, rechtfertigen u. eine dementsprechende „Tarifierung" (vgl. ob. Vorbem.) nicht zu beanstanden sein; zumal für Jugendl. insoweit der gänzliche Wegfall des erzieherischen Moments bedeutsam. Daher ist es unbedingt gerechtfertigt

*) Wegen dieser soz. Bedeutg. der Krüppelges.gebg., zumal für Jugendl., hatte der 29. R.T.A., vgl. Ber. S. 39, von der Reichsreg. die baldige Verabschiedg. eines Reichsspezialges.s gefordert. Es steht bisher leider noch immer aus.

u. mit diesen Maßgaben zu verstehen, wenn, hinter § 49 Abs. 1 stark zurückbleibend, der Schlußsatz von § 6 der „endg. Grdsätze" nur „nötigenfalls" eine Deckg. („Bestreiten") des „Bestattungsaufwands" (also, wie aus dem „nötigenfalls" klar zu entnehmen, doch nur das unbedingt Gebotene) vorsieht. (Entschieden zu weit Bäumer's N. III D zu § 49 Forderg. nicht nur einer Grabstelle, sondern auch des Ausschlagens des Sarginneren u. Anlegg. des Grabhügels; zutreffend vielmehr Fr.-P. N. 8 zu § 49, welcher auf die Tarife verweist.)

Zu diesen Fürs.pflichtleistungen von (überwiegend) materieller Beschaffenheit treten B) wie schon nach § 49 RJWG.'s, so nach § 6 Z. d der endg. Grdsätze, für Jugdl. (mit bes. Hervorhebg. in Z. e der „Blinden, Taubstummen u. Krüppel") noch zwei (mehr) ideelle hinzu: die „Erziehg. u. Erwerbsbefähigung".

Vom RJWG. als Bestandteile des „notwend. Lebensbedarfs" („einschließlich"!) dem hilfsbed. Minderj. zugesichert, insoweit im Einklange mit dem gemeinen bürgerl. R. (vgl. ob. im Anf. zu dies. Paragraphen), von den endg. Grdsätzen den sonstigen Fürs.leistgen als gesonderte, dem Jug.arm.wesen (allein) eigene auch äußerlich angereiht, bedurften sie von diesen wie von jenem gesetzgeberischer Behandlg. Mit Entschiedenheit abzulehnen ist nämlich die vielfach vertretene Auffassg., daß die Betrachtg. der gen. Leistgen — als („bloßer"?) Elemente des „notwend. Lebensbedarfs" — ihre graduelle u. auch quantitative Minderg. bedinge. (So Fr.-P. N. 6 b zu § 49, bes. S. 193 u. vor allem neuerdings auch Baath in der an 2 Stellen — Komm. z. UWG. von Wohlers-Krech, 15. Aufl.. S. 295 u. Komm. z. V. ü. F. S. 81 — abgedruckten N. 1 zu § 49: „nur in dieser Beschränkg. [sc. auf diejenigen Leistgen, die eine in den einfachsten Verhältnissen lebende Fam., die von ihrer Hände Arbeit lebt, ihren Angehörigen zu bieten vermag], gehören auch Erz. u. Erwerbsbefähigg. zu den Aufg. der öff. Unterst!" Diese Formulierung, die so ziemlich das Extrem der abzulehnenden Anknüpfgen an den Gesichtspunkt des „notwend. Lebensbed." darstellt, entspricht gewiß nicht dem Geiste des RJWG. (Dem richtigen Kerne des § 49 Abs. 1 nähert sich allein die andere, unbestreitbar zutreffende Forderg. B.s, daß „die Träger der öff. Unterst. — also gegebenenfalls auch die Jug.wohlf.behörden —, wenn die natürl. Erz.pflichtigen versagen, Maßnahmen aus § 1666 BGB. herbeizuführen" haben!) Hiergegen spricht im RJWG. deutlich schon die Fassg.: „der Erz. u. der Erwerbsbefähigung", welche außer Zweifel stellt, daß beide Wohltaten in ihrem vollen, erschöpfenden Umfange zu gewähren. Vor allem aber ergab für den R.sstand das RJWG. die früher dargelegte Tragweite des Abs. 2 § 49 so klar, daß in seinem Sinne nicht etwa diese Leistgen, der „Erz. u. Erwerbsbefähigg.", durch Einspannung in den Rahmen des „Lebensbed.s" unter ihren eigentl. Stand herabgedrückt werden, sondern daß umgekehrt der letztere, der „Lebensbed.", durch Aufnahme der — ihm an sich fremden — Beisätze, für hilfsbed. Minderj. über das ihm regelmäßig eignende Maß hinauswachsen sollte. Durchaus das Gleiche hat auf dem Boden des § 6 Z. d der „endg. Grdsätze" zu gelten. Um jugendl. „Hilfsbed.keit" wirklich angemessene „Fürs." — durch Gewährg. dessen, was der Jugendl. „zu seinem Leben bedarf" — zu erweisen, muß seine ungehemmte, volle „Entwicklg. sichergestellt" werden; hierzu dient als unentbehrl. Mittel seine „Erziehg." (diese Leistg. des

Abs. 1 steht also zu jenem Ziele des Abs. 2 in unmittelbarster Relation!) u. Erwerbsbefähigg." Ihre Hervorhebung bringt letzten Endes am prägnantesten die sozialpädagogische Einstellg. dieses Jug.arm.rs zum Ausdruck. Ausdrückl. gesetzl. Feststellg. aber war im RJWG.. u. in den sachl. mit ihm übereinstimmenden endgült. Fürs. „Grdsätzen" notwendig, da manche wahrer Jug.fürs. noch fremde Arm.ges.gebgen, so insbes. auch die für Preußen im AG. z. UWG. enthaltene, die Anerkenng. dieser Arm.pflichtleistgen bewußt abgelehnt hatten. Insofern bildet sie die authentische Entscheidg. einer lebhaft erörterten Streitfrage, den formalen Abschluß der ob. beleuchteten Umformung der Anschauungen u. Meinungen (vgl. Vorbem. u. üb. die Entstehgsgeschichte des § 49 Abs. 1 selbst bes. Fr.-P. N. 6a S. 190 ff.). Aber in der Hauptsache auch nur den formalen Materiell war den echten jug.wohlf.lichen Betrachtung von je die Erkenntnis unabweisbar, daß eine Beschränkg. der „öff. Unterstützg." hilfsbed. Jugdl.r auf die Bekämpfung der „Armut" im engeren wirtschaftl. S. eine schwere Pflichtverletzg. ebenso gegen die Jugendl. selbst, wie gegen die Allgemeinheit bedeutet. Hierzu mußte schon die Lebenserfahrung führen, daß gerade solche Verarmung bes. häufig u. greifbar auch schwere Erz.-notstände schafft, Vernachlässigg. sei es des körperl. „Gedeihens" infolge drückender Unzulänglichkeit der Lebenshaltg., sei es der geistigen oder sittl. Entfaltg. infolge unüberwindl. Behinderg. der natürl. „Erz.-berechtigten", nicht selten aller drei oder doch mehrerer Beziehungen zugleich. (Vgl. hierzu jetzt die trefflichen „Betrachtgen zur Entwicklg. der sozialen Fürs." von Al. Salomon, D. Ztschr. f. Wohlf.pflege Nr. 1 S. 3 ff., bes. S. 5, welche dartun, daß diese Einstellg. aller, bes. aber der Jug.-arm.pflege innerlich unabweisbar, u. die dch. die Hinweise auf die Entwicklg. in England bes. lehrreich sind.) Ein einfaches Gebot der Staatsklugheit, zweckmäßiger Wohlfahrtspolitik erheischt deshalb, den notleidenden Jugendl. so allseitig stark zu machen, daß in den Lebensjahren reifen, selbständigen Wirkens er durch seine Dienste der Allgemeinheit vollauf abgelten kann, was sie ihm durch ihre „Fürs.leistgen" zugewendet hat, eine Erwägg., die bei Erwachsenen, zumal älteren Hilfsbed.n, rein praktisch, viel geringere Rolle spielt. Hierzu sind die gegebenen Mittel „Erz. u. Erwerbsbefähigung" des Jugdl. Sie stehen untereinander ersichtl. im Verhältnisse einer gewissen Wechselseitgkeit: denn jede wahre „Erz." läuft von selbst stets (u. a.) auch auf die gesellschaftl. „Ertüchtigg." hinaus, die (vgl. ob. zu § 1 Abs. 1) gerade die Fähigkeit zur Erhaltg. des eigenen Daseins durch eigene Arbeit ergibt, echte „Erwerbsbefähigg." aber ist ohne Erz. nicht denkbar. Doch kann man begriffl. die Unterscheidg. im höheren sozialpädagog. S. darin finden, daß „Erz." die volle Entfaltg. der Individualität in der Richtg. auf die Gesamtheit u. zu deren Heile, Erwerbsbefähigg. diejenige für den Jugdl. selbst bedeutet. Aus dieser grundsätzl. Betrachtungsweise ergibt sich, fast von selbst, auch die Bemessung der beiden Fürs.leistgen: die „Erz." ist auch hier dem von § 1 Abs. 1 in den Mittelpunkt gestellten Begriffe gleichzusetzen, also wirklich gewährt erst mit der „leiblichen, seelischen und gesellschaftl. Ertüchtigung". — Der von Fr.-P. N. 6b S. 192 unt. in das Verhältnis des § 49 Abs. 1 zu § 1 Abs. 1 hineingetragene Unterschied ist innerl. nicht gerechtfertigt. Selbst Schriftsteller, welche für die dem armen Jugdl. geschuldete „öff. Erz." von dem Gesichtspunkte des „Lebensbedarfs" sich nicht losmachen können, erkennen an, daß der letztere dem ersteren gegenüber Anpassungsfähigkeit zeigen müsse, nicht umgekehrt; so bes. der richtige Ausspruch Greven's-Köln in seinem auf der 33. Jahresvers. (vgl. ob. Vorbem.) Sept. 1913 gehaltenen Referat (in Schr. d. D. Ver.'s f. Arm.pfl. u. Wohltätigk., S. 20f.), daß „maßgebend für den Begriff des Notbedarfs der Erz. natürl. die modernen Anschauungen der Pädagogik sein müssen, da auch für die Erz. der bewegliche Rahmen des Notbedarfs für die Pflichtleistgen der Arm.pfl. gegeben sein soll": so sei die Möglichkeit vorhanden, „auch hierin den fortschreitenden sozialen Anschauungen Rechng. zu tragen". Gerade für die Erz. des Hilfsbed. gilt in hervorragender Weise das Wort Polligkeit's selbst (Jahrb. Fürs. II S. 43), das Ziel jeder Erz. sei, „das Kind zur selbständ. Ausübung eines standesgemäßen Lebensberufs im S. des § 1631 BGB. zu befähigen", seine „Vorbildung z. Betätigg. als R.'s-persönlichkeit im Gemeinschaftsleben, die Heranbildg. des R.'s zu einer dem R.'sstaate verantwortlichen Persönlichkeit" (vgl. hierzu auch Klumker, Hdwtb. d. Staatswissensch.n „Arm.wesen" S. 7 wie andererseits mit Recht von Sperling a. hier soeben, ob. Z. 5, a. O. S. 10 Steigerung auch des Verantwortlichkeitsgefühls der die öff. Unterst. Gewährenden gefordert wird.) Ferner über die durchaus gleiche Richtg. der reichen praktischen u. literarischen Betätigung von Em. Münsterberg, S. Wronsky, D. Ztschr. Wohlf.pfl. S. 6—10 u. das dort S. 10 von Muthesius an die Spitze gestellte Zitat aus einer Schrift Münsterberg's: „Wer dem Bedürft. hilft, daß er sich helfen kann, tut besser als der, der den Arm. unterstützt". — Richtig u. folgerecht fordert Greven in „analogem" S. die gleiche Ausweitg. auch für die „Erwerbsbefähigg.". Auch hier darf unbedingt nicht aus der Schranke des „notwend. Lebensbedarfs" die bloße Entlastg. von einem finanziell drückenden Kostgänger u. deshalb die Beschränkg. auf die zu einem Existenzminimum erforderl. Ausbildg. hergeleitet werden. Mit vollem R. warnt auch die amtl. Begr. zu § 49 RJWG. vor „engherziger Sparsamkeit, die wohl vorübergehende Abhilfe schafft", u. empfiehlt „reichlichere Bemessg. der als erstattgspflichtig anzuerkennenden Leistgen im Hinblick auf die Gefährdung der Entwicklg. Minderj. als bisher üblich". (Vgl. hierzu auch noch Rosenberg, Das neue Fürsorgerecht, D.J.Z. 1925 S. 714; „die Fürs. f. Minderj. muß nachhaltigen Erfolg erstreben".) Darum ist andererseits die ebenfalls von der Begr. selbst, S. 69 gutgeheißene, recht äußerl. Scheidung nach „vollsinnigen, gesunden Minderj." einer- u. „nicht vollsinnigen, geistesschwachen, verkrüppelten" andererseits in dem S., daß die ersteren auf eine Befähigg. nur zu „ungelernten Berufen" u. daher „auf die Durchführg. der Schulausbildg. im Rahmen der allgemeinen Schulpflicht" zu beschränken seien, u. ausschließl. den letzteren, „soweit sie bildungsfähig, eine bes. Berufsausbildg." gebühre, durchaus nicht zu billigen. Auch bei den „gesunden vollsinnigen Minder"j.n kann, ja wird sogar häufig die materielle Not Hemmungen ihrer Entwicklung zu wirtschaftl. Selbständigkeit verursachen, z. B. durch Verkümmerg. einer persönl. Anlage, deren Entfaltg. allein sie hinlänglich auf diese Stufe zu erheben vermag, während ihre gezwungene Unterbringg. in einem „ungelernten" Berufe ihr dauerndes wirtschaftl. Bestehen, durchaus in Frage stellt. Die Beseitigung dieser Hemmungen, die genügende Pfl. einer solchen persönl. Anlage schuldet aber eine weitblickende, nicht „engherzige" Jug.arm.pfl. dem hilfsbed. Minderj. stets. Mit der bloßen Volksschulbildg. wird es hier so wenig getan sein wie etwa mit der rein materiellen Ausstattg. für einen bestimmten Erwerbszweig, die allein, neben jenem Unterrichte, die Mehrzahl der Schriftsteller zubilligen will (vgl. hierzu z. B. Fr.-P. S. 195 ff. zu § 49, der allerdings, doch etwas weitergehend, neben dem „Handwerksgerät", der „Berufskleidg." u. den „Fahrtkosten" auch den „Besuch einer Fachschule" erwähnt). Auch der endgültigen Regelg. der „Fürs." durch die Grdsätze v. 4. Dez. 1924 ist diese Besserstellg. der „Krüppel" usw. nicht eigen. Sie erwähnt letztere zwar (vgl. ob.) in einer bes. Ziffer — e des § 6 Abs. 1 — zus. mit den „Blinden u. Taubstummen". Allen 3 Kategorien gesteht § 6 als Bestandteil des „notwend. Lebensbedarfs": „Erwerbsbefähigg." zu. Gerade die Gleichheit des Ausdrucks mit der Formulierung der den Minderj. geltenden Ziffer d u. ferner auch die Beschränkg. auf nur eine der hier, in d, gen. Leistgen unter bewußter Fortlassg. der anderen, der Erziehg., spricht aber eher gegen als für eine Anerkennung des ehedem von der Begr. zum Reichsentw. des § 49 vertretenen unterscheidenden Standpunktes. Daß § 6 der endg. Grdsätze (auch) die „Krüppel" überhaupt bes. nennt u. einer bestimmten ihnen eigenen Fürs.leistg. würdigt, hat seinen einfachen Grund wohl darin, daß bei der erschöpfenden Regelg., welche diese Grdsätze erstreben, auch die nicht-minderj. Krüppel getroffen werden sollten, während bisher die „Krüppelfürs." den tatsächl. Verhältnissen entsprechend sich allein mit dem praktisch hauptsächlichsten Typ, den jugendl. Krüppeln, beschäftigt hatte (die Ausdehng. über diesen engeren Bereich lag für die Grdsätze v. 4. Dez. 1924 umso näher als diese, wie sogleich noch zu beleuchten, in sehr breitem Maße der Kriegsbeschädigten- u. Kriegshinterbliebenen-Fürs. sich zuwenden). —

Keineswegs entgegen steht der hier vertretenen Ansicht über eine ausweitende Gewährg. der den hilfsbed. Minderj. geschuldeten „Erwerbsbefähigung" die durch die Notvdn. Art. 2 — durch Umkehrg. — erfolgte Aufhebg. des Abs. 3 § 49 RJWG.: wenn mit ihr die (in Abs. 3) grundsätzl. zugelassene, nur von der Reichs- oder ersatzweise der Landeszentralinstanz noch zu reglementierende Ermächtigg. zu Aufwendgen, welche eine „über die Erwerbsbefähigg. hinausgehende Berufsvorbildg." bezwecken, ebenso grundsätzl. (wegen der inzwischen eingetretenen Finanzverschlechterg.) zurückgenommen ist, so werden davon Aufwendgen der hier anerkannten Art nicht betroffen. Die Aufhebg. will vielmehr nur in aller Form ausschließen, daß die Jug.arm.pfl. zu einer Finanzierung des „Aufstiegs der Begabten" unter den hilfsbed. Minderj. werde (die allerdings als generelle Einrichtg. auch wohl schon mit dem Sinne des Abs. 3, vgl. Bäumer, N. III C b S. 169 u. Fr.-P., N. 6 b a. E. nicht vereinbar gewesen wäre, immerhin in dieser Bestimmung aber doch eine gewisse, mittelbare Stütze besaß. Die von Fr.-P. so formulierte entgegengesetzte Maxime selbst ist als solche aber ebenfalls keineswegs bedenkenfrei. Mit Recht setzte sich Dr. Bertha Paulssen-Hamburg in einem am 8. Juni 1925 zu Berlin gehaltenen Referat lebhaft u. warmherzig für grundsätzl. Förderg. des „Aufstiegstypus" ein! Vgl. auch ihr Referat auf der Heidelberger Psychopath. Fürs. Tagg. Sept. 1924 Ztrbl. XVI S. 171/72). Umgekehrt steht Einengg. der „Erwerbsbefähigg." auf das äußerste wirtschaftl. u. soziale Existenzminimum auch mit dem Grunds. des Art. 161 R.Verf. in Widerspruch, welcher, wenn auch mit einer ganz anderen unmittelbaren Spitze, doch mindestens indirekt allgemein den Anspruch jedes Deutschen auf Erhaltg. u. Entfaltg. seiner „Arbeitsfähigkeit" anerkennt. Noch viel stärkere Anhaltspunkte für eine Hinneigung der Grundsätze v. 4. Dez. 1924 zur Anerkennung des Anspruchs minderj. Hilfsbedürftiger auf „Berufsausbildg." im spezifischen Sinne bieten die dort für eine mit dem Kriege zusammenhängende jugendl. Hilfsbedürftigkeit aufgestellten Normen. Die Kriegsbeschädigten- u. Kriegshinterbliebenen-Fürs. ist von den endg. Grdsätzen als eine Art der im Hauptabschn. B („bes. Bestimmungen") geregelten Sonderfürs.n, genauer als eine in mannigfachen Bestimmungen stark privilegierte behandelt. Diese Privilegien liegen nicht zuletzt in der fragl. Richtg. einer besseren u. umfassenderen Fürs. für die Zukunft solcher Jugendl., deren Hilfsbed.keit irgendwie in einer Kriegsbeschädigung oder einem Kriegstodesfalle ihre Ursache hat, u. zwar betätigt sich diese Bevorzugung vornehmlich in der Berücksichtigung besonderer individueller Anlagen u. Fähigkeiten für die (ihnen anzupassende) „Erziehg. u. Erwerbsbefähigung von K.n" Das sagt ganz deutlich u. unmittelbar § 23 Abs. 2. Die „soziale Fürs.", — welchen Kunstausdruck die endg. Grdsätze aus der Gesetzes- u. R.ssprache der bisherigen Kriegsbesch.- u. Kriegshbl.-Fürs. übernommen haben —, soll sich als solche bes. dadurch bewähren, daß sie den Beschädigten oder die Hinterbliebenen von für ihn bzw. sie „unbilligen" Aufwendgen entlastet, § 23 Abs. 1! Hierfür soll — § 23 Abs. 2 Hs. 1 — „entgegenkommend verfahren" werden u. dieses „Entgegenkommen" soll sich „besonders" darin zeigen, daß als Fürs.leistg. „der Aufwand für Erz. u. Erwerbsbefähigung von K.ern, der nach ihren Anlagen u. Fähigkeiten u. nach der Erwerbsstellg. der Eltern berechtigt" ist, gewährt wird. In gleichem S., ja noch wörtlicher bezieht „die Berufsausbildg." § 29 Abs. 1 in die „soziale Fürs. von Waisen u. von K.ern Schwerbeschädigter" ein. Er gebietet kategorisch („hat zu") nachdrückliche Förderg. der Berufsausbildg. u. anerkennt als „angemessene" Richtschnur ebenfalls die Anlagen u. Fähigkeiten des K.s u. die Lebensstellg. der Eltern, während charakteristischer Weise die „Erziehg." schlechthin („auch sonst") u. die „Pflege der Gesundheit" erst in 2. Linie (Abs. 2) genannt wird. Aus der gleichen Einstellg. u. in gleichem S. bezeichnet § 24 als „Ziel der soz. Fürs.: der Witwe des Beschädigten die Erz. u. Ausbildg. ihrer K.er tunlichst aus eigenen Kräften zu ermöglichen, den Waisen die Erlangung einer ihren Fähigkeiten angemessenen Lebensstellg. zu erleichtern" u. will § 25 den Beschädigten selbst u. ihren Hinterbliebenen „bei der Berufsausbildg. u. Unterbringung u. Erhaltg. im Erwerbsleben (durch die soz. Fürs.) beistehen u. behilflich sein". So sollen die Folgen einer Dienstbeschädigung u. nicht minder diejenigen „des Verlustes des Ernährers nach Möglichkeit überwunden od. gemildert" werden, wobei die allg. Norm der § 22 u. 21 von bes. Bedeutg. (§ 22, daß ein „soz. Fürs." rechtfertigender „Zusammenhang mit der Dienstbeschädigung usw. angenommen wird, soweit nicht das Gegenteil offenkundig oder nachgewiesen ist", u. „auch ohne diesen Zusammenhang soz. Fürs. eintreten kann, wenn es bes. Gründe der Billigkeit rechtfertigen". — § 21, daß die soz. Fürs. „auch die Fam.-

mitglieder umfaßt, deren Ernährer der Beschädigte . . . . . ohne die Dienstbeschädigung voraussichtlich geworden wäre"!) — Mittelbar in ders. Linie liegt schließlich auch die durch § 27 Abs. 3 empfohlene „Ansiedlg. u. Selbständigmachg. bes. kinderreicher Fam.n Beschädigter u. Hinterbliebener". — Bei manchen Gruppen hilfsbed. Minderj. wird die „Erwerbsbefähigg." (übrigens auch die allg. Erz.) praktisch auf Schwierigkeiten stoßen, so insbes. bei den vorgeschritteneren Altersstufen (die jetzt, vgl. Vorbem. bis an die Schwelle der Volljährigkeit an dies. Fürs.leistgen teilhaben). Hier wird sie vielfach zu der „Berufsberatg." des § 4 Z. 1 (s. dort), mit welcher sie sich überhaupt nahe berührt, zusammenschrumpfen, auch durch die Anordn.gen u. Einricht.gen des Arbeitsnachweisges.'s v. 22. Juli 1922 (vgl. Riebesell, Beil. „das Jug.amt" zu Jahrg. XV H. 1, Ztrbl. Vmschw. S. 11) ihre Erledigg. finden. Neuestens hat die Reichsarbeitsverwaltg. (im Verl. von Reimar Hobbing 1925) die praktischen Erfahrgen u. systematischen Richtlinien der „Berufsberatg., -auslese, -ausbildg." in einem Werke, als Beiträge z. Förderg. des gewerbl. Nachwuchses bez., niedergelegt. (Vgl. die Anz. Ztrbl. Vmschw. XVII S. 27/28.) Bes. beachtlich u. gerade auch für das Jug.arm.recht fruchtbar in dies. Veröffentlichg. die Betonung der „Berufseignungspsychologie", der Bedeutg. der „psychotechnischen Prüfungen". — Die Erwerbslosenfürs. im technischen S. (welche Fr.-P. N. 6c, aber kaum mit Recht, ebenfalls hierher rechnet) ist richtig keine Erscheingsform der „Erwerbsbefähigg.", ja gehört nach der wohl zutreffenden Hervorhebg. der grundlegenden Vdn. v. 26. Jan. 1920 (RGBl. 1920 S. 98) überhaupt nicht zur Arm.fürs. (wenngleich auch noch die jetzt maßgebende Bekanntmachg. v. 16. Febr. 1924, vgl. Baath a. a. O. S. 91 f., unter II die „unterstützende" von V der „produktiven Erwerbslosenfürs." abhebt).

§§ 50—54

aufgehoben durch Vdn. v. 14. Febr. 24 Art. 2.

Nicht aufgehoben, insbes. auch durch die V. ü. F. (im Gegensatze zu § 49) unberührt geblieben jedoch

§ 55.

Sofern zur Verhütung der Verwahrlosung eines hilfsbedürftigen Minderjährigen besondere Aufwendungen durch Entfernung des Minderjährigen aus seiner bisherigen Umgebung erforderlich sind, bewendet es bei den Vorschriften über die Fürsorgeerziehung Minderjähriger.

Die Jug.arm.pfl. steht (vgl. ob. Vorbem.) grundsätzl. unter dem beherrschenden Gesichtspunkte der „Fam.gemeinschaft". Dieser tritt freilich im Normalfalle der Hilfsbedk., wenn es sich rein um solche handelt, ebenso grundsätzl. (vgl. ob. zu § 49) zugunsten der „individuellen Bedürfnisse" des jugendl. Armen selbst zurück. Es gibt aber auch Fälle, in denen das gleiche Ergebnis des Zurücktretens nicht durch die Belange des Minderj. selbst, sondern durch diejenigen der Allgemeinheit erheischt wird. Das sind die Fälle, in denen die wirtschaftl. „Hilfsbedürftigkeit" mit einer Gefahr der „Verwahrlosg.", einer ausgeprägt asozialen Anlage des Minderj. einhergeht u. die („besonderen") Aufwendgen („öffentl." Kosten), welche durch die um ihretwillen zu bewirkende Trennung der Fam.gemeinsch. nötig werden, hauptsächlich der Bekämpfung dieses Übels dienen. Entsprechend dem Vorherrschen des „Erz.bedürfnisses" in dieser „Hilfsbedürftigkeit" überwiegt in der letzterer zugewandten „Fürs." die Erziehg. schon durch die Gleichartigkeit der ersteren: (elementarste) Fürs.maßnahme hier „die Entfernung des Minderj. aus der bisher. Umgebg.", so sehr, daß jene ganz mit dieser verschmilzt, zur Fürs.Erz. (im techn. S. der besond. Jug.wohlf.einrichtg.) wird. Alsdann sollen auch die für die Sondereinrichtg. getroffenen Sonderbestimmgen diese Hilfsbed.Fürs. beherrschen. (Vgl. über die Bedeutg. der „Umgebg.", des „Milieus", in der Jug.arm.pflege überhaupt jetzt auch Al. Salomon a. zu § 49 a. O. S. 5 u. 6.)

Die Vorschrift ist aus dem RJWG. Abschn. V in die neue Ordng. des Jug.arm.wesens hinein aus Gründen einer gewissen inneren Geschlossenheit des Ganzen (vgl. ob. Vorbem.) erhalten worden, obwohl sachl. u. systematisch selbstverständlich. Auf der Grundlage des Jug.arm.r.'s des RJWG. hatte sie Sinn u. Berechtigg. wegen der hier aufgestellten eingehenden Grundsätze (s. ebfalls Vorbem.) über die Verteilg. der Kostenlast der Jug.arm.pflege. Denn diese teilt mit der F.E. ja überhaupt das Begriffsmerkmal der Aufwendg. „öff. Kosten" (vgl. das hinsichtl. der Fürs.Erz. zu § 62 a. E. Gesagte). Sie geht also ihrem Wesen nach von vornherein nahe an letztere heran. Sie greift in ihr Bereich über, sobald sie ganz bestimmungsgemäß prinzipiell auch einen sittl. Notstand des Minderj. bekämpft, u. der Kostenaufwand einer Veränderg. der erzieherischen Vorbedinggen, zumal der „Umgebg." des Minderj. gilt. Auch mit ihrer alsdann nach § 55 platzgreifenden Unterwerfg. unter die Vorschr.n des Abschn. VI 2 ist zumal für Preuß. die viel u. lebhaft — vor allem in der R.sprechg. einerseits des Kamm.ger.s u. des B.A. f. d. Heim.wesen, andererseits des Oberverwaltgsger.s; vgl. bei Krech-Baath N. 1 a. E. zu § 1 Pr. AG. z. UWG., 9. Aufl. S. 71, ferner aus der R.sprechg. des Kamm.ger., bes. Bd. 25 A S. 202 ff. — umstrittene Frage (vgl. auch unt. zu VI 2) authentisch im S. des Ob.verwaltg.-ger.'s entschieden. Praktische Bedeutg. hat die Vorschr. des § 55 vornehml. für jugendl. Bettler, Vagabunden u. Prostituierte, bei welchen letzteren allerdings sehr häufig zunächst eine rein gesundheitl. (Arm.)-„Fürs." durch Unterbringg. in Anst.n gegen Geschlechtskrankheiten u. dgl. in Frage kommt. Bes. dieser Fall zeigt, wie ungeheuer nahe sich die Grenzgebiete der öffentl. Unterst. u. der F.E. berühren. In Preuß. fand die Annäherg. schon bisher ihren greifbaren Ausdruck auch noch in der Gemeinsamkeit der organisatorischen Grundlage (Provinzialbehörden!). Soweit die „Verhütg. einer Verwahrlosg." nicht die „Entfernung" des hilfsbed. Minderj. aus seiner bisher. Umgebg. erheischt, sondern andere Maßnahmen genügen, bewendet es bei den Vorschr.n V. ü. F. So wird durch diese ungeachtet einer Schutzaufs., „welche etwa über einen hilfsbed. Minderj. neben der „öff. Unterst." anzuordnen wäre, die letztere selbst bestimmt; nur die Schutzaufs. wird für sich nach den Bestimmgen der §§ 56—61 behandelt. Näheres über die Regelg. der Zuständigkeitsverhältn. durch die neue Fürs.ges.gebg., auch soweit den Fall des § 55 betreffend, s. schon ob. u. unt. zu § 63 a. E.

Abschnitt VI.

Die Schutzaufsicht und die Fürsorgeerziehung.

Eine Ordng. der Jug.wohlf. wäre unvollständig ohne gewisse Einrichtgen, welche unmittelbar auf Erziehg. der Jug. abzielen. Solche Einrichtgen bietet uns der letzte (materiellrechtl.) Abschn. des RJWG. in der „Schutzaufsicht" (Sch.A.) u. der „Fürsorgeerziehung" (F.E.). Beide sind „Erziehgsmaßnahmen" im prägnanten S., Maßnahmen sui generis, welche gegen die allg. Jug.erz., die Stoff u. Bestimmg. des ganzen Ges.s, ja, auch gegen jene „Sorge für die Pers." der Minderj., welche § 43 Abs. 1 den JA. auferlegt, durch hervorstechende, nur ihnen eigentüml. Merkmale, sowohl was Zweck wie Gestaltg. anlangt, scharf sich abheben. Als ungewöhnl. Mittel der (Jug.)Erz. richten sie sich auch gegen ungewöhnl. an ihr hervortretende Erscheinungen nicht mehr gesunder, normaler Natur. Bes. Übel verlangen bes. Heilmittel auch in der Jug.erz. Diese Richtg. beider in Abschn. VI geregelten Institute ist ihre grundlegende allgemeinste Übereinstimmg. Das Übel, dessen beide Herr werden sollen, bezeichnet u. bestimmt das RJWG. als „Verwahrlosg.". Diesen Begriff erläutert es selbst nicht, sondern setzt ihn vielmehr als gegeben voraus. Demgemäß wird für ihn auf die (bisherige) R.'slehre u. R.sprechg. zurückzugehen sein. Einen gewissen Anhalt für seine Erkenntnis bietet, allerdings mehr gegensätzlich, also nur mittelbar uns § 1 Abs. 1 RJWG.'s mit seinem Grundbegriffe der „gesellschaftl. Tüchtigkeit". Verwahrlosg. ist zweifellos das (diametrale) Gegenstück zur „gesellschaftl. Tüchtigkeit". Aber sie ist der konträre, nicht der kontradiktorische Gegensatz davon. Nicht jedes Fehlen von „gesellschaftl. Tüchtigkeit" bedeutet schon „Verwahrlosg.". Es muß hierzu noch etwas Positives, eine Abkehr oder Umkehrg. in einen Zustand hinzukommen, welcher den elementarsten Voraussetzgen u. Vorbedingungen der „gesellschaftl. Tüchtigkeit" zuwider läuft, ja Hohn spricht: eine Abweichg. von der Ordng. der Gesellschaft, welche zur Entartg. u. damit zum Feinde dieser Ordng. zu werden droht. Darauf deutet wohl auch der sprachl. Ursprung des Wortes, welches nach einer frdl. Mitteilg. des hiesigen Germanisten, Geh. Rat Roethe, schon im 14.—15. Jahrh. begegnend, von „warlôs" = unachtsam (war = Aufmerksamkeit, so auch in „wahrnehmen") kommt, also die unachtsame, unpflegliche Behandlg. (des Erz.bedürftigen; Behandlg.: mit Einschluß der Selbstbehandlg.!) kennzeichnet.

Mit diesen allg. Maßnahmen ist im einzelnen diese Voraussetzg., die „Verwahrlosg." unter Berücksichtigg. der individuellen Lage des Falles, aller seiner Verhältnisse — wenn man will, „biologisch" zu beurteilen. (Von „Sozialbiologie" wird neuerdings gern, bes. auch in bezug auf die Krüppelfürs. gesprochen.) —

Durch die gleichmäßige Abstellg. auf „Verwahrlosg." erscheinen die beiden Formen des Abschn. VI als Unterarten einer höheren Gattung. Die Sch.A. ist, wie sofort erkennbar, nur das schwächere (u. U. „ausreichende") Mittel zur Bezwingg. des Übels. Damit ist ihr positivrechtl. ein recht enger Rahmen gezogen u. sie in starrere Fesseln geschlagen als der Jug.r.'sentwicklg. entspricht u. an sich wünschenswert gewesen wäre. Vgl. dazu u. a. meinen Auff. im Ztrbl. Vmschw. Febr.H. 1922. Die vorbeugende Aufgabe aller Jug.erz., für welche bei richtiger Auffassg. u. Behandlg. die Sch.A. geradezu das vornehmste Mittel gewesen wäre, wird durch sie so nur in sehr beschränktem Maße erfüllt werden. — Allerdings ist bei genauem Zusehen diese weitere Sch.A. auch mit dem positiven R.'sstande des RJWG. nicht unvereinbar: die Vmschger.hilfe, welche nach § 43 Abs. 1 (vgl. dort) dem JA. obliegt, kann bei verständnisvoller Behandlg. sehr wohl sich nach Art einer Sch. A. betätigen. Auch dann entbehrt sie zwar nicht der Stärkg. durch die Autorität des Vmsch.ger.'s; denn die Unterst.pflicht der beiden Instanzen, der letztgenannten u. derjenigen des JA., welche § 43 Abs. 1 vorsieht, ist zweifellos gegenseitig. Nach § 6 sind durch „Heranziehg." seitens des JA. für eine auf § 43 Abs. 1 aufgebaute (weitere) Sch.A. zumal die „Vereiniggen" (für Jug.wohlf.), insbes. für Jug.ger.'shilfe nutzbar zu machen. — Diese uneigentl. Sch.A. wird nach der Natur der Sache nicht selten in die engere spezifische „Sch.A." im S. des Teil 1 Abschn. VI ausmünden u. übergehen; wie diese selbst wiederum sehr häufig organisch zur Einleitg. u. Anordng. der F.E. führt. Ein solcher im Geiste der Jug.wohlf. liegender Ausbau der Sch.A. ließe auch für Deutschland die Erfahrungen fruchtbar werden, welche im Auslande, bes. den angelsächsischen Staaten, mit Einrichtgen der erweiterten Sch.A. gemacht worden sind (vgl. über den dort sehr bewährten probation officer bes. Elsa v. Liszt, Der Bewährungshelfer im engl. Recht, Z. für Jwf., Bd. I S. 410 f., auch meine obengen. Abhdlg. Ztrbl. Vmschw.).

Der gleichmäß. Einstellg. auf einen ganz bestimmten Mißstand in der Jug.erz. entspricht, daß beide, Sch.A. u. F.E., durch Erledigg. dieses Mißstandes selbst ihre Erledigg. finden: beide „sind aufzuheben, wenn der Zweck erreicht oder die Erreichg. anderweit sichergestellt ist", § 59 S. 2 bzw. § 72 Abs. 2 S. 1. —

Als solche Mittel zur Gewährleistg. der deutsch. Jug.wohlf. gegen „Verwahrlosg." **sind jetzt beide Institute Bestandteile des geltenden Reichsr.'s.**

Damit treten sie teils, wenigstens in einem erhebl. Bereiche Deutschlands, ganz neu, teils unter — insoweit zwingender — Verdrängg. des bisherigen Partikularrechts in die Ordng. des Jug.r.'s ein. Für Preuß. gilt sowohl das eine wie das andere, jenes näml. hinsichtl. der Sch.A., dieses hinsichtl. der F.E. Erstere war dem bisher geltenden R.e zumal Preußens fremd: die R.sprechg., insbes. die des Kamm.ger.'s (vgl. meine Abhdlg. a. a. O. S. 214 u. früher schon Landsberg, Ztschr. R. u. Wirtsch. 1911 bes. S. 25, der die „Sch.A. mit Zustimmung" — des Erz.ber. — auf Grund § 1631 BGB.'s dem bisherigen R.e schon zuspricht u. mit gutem Grund gegen die von der R.sprechg. bis zuletzt festgehaltene Forderg. eines „Verschuldens" — der Eltern — für die Anwendg. des § 1666 BGB.'s ankämpft) stand ihr in der Hauptsache mehr ablehnend als fördernd gegenüber. Die Allg. Verf. des Preuß. Just.Min. v. 18. Febr. 1918 J.M.Bl. S. 49 (von Blaum, Komm., Vorb. z. Abschn. V S. 118, ebenso Bäumer S. 195 als „landesrechtl. Anerkennung" der Sch.A. zu Unrecht angesprochen, da der generelle Hinweis der Just.verw. für die R.'spflege selbstverständl. nur mehr empfehlende Befürwortg. bedeutete) lenkte zwar den Blick der Vmsch.ger.e stärker auf sie, konnte ihr aber in der Praxis doch noch keineswegs allg. Eingang verschaffen. Zudem wich die Gestalt, welche auch der J.-Min.Vf. vorschwebte, von der jetzt reichsgesetzl. festgelegten Sch.A. noch immer ab, insofern bei jener die vorbeugende Anlage gegen eine mehr heilende Bestimmg. zurücktrat. Der Preuß. Entw. von 1918 berücksichtigte die Sch.A. überhaupt nicht, wie er auch bei der F.E. große Zurückhaltg. übte, sich näml. auf „Abändergen" einzelner Bestimmgen des Preuß. F.E.G. von 1900/1915 beschränkte. — Für Preuß. ist also die „Sch.A." des RJWG. eine Bereicherg., die F.E. eine Umgestaltg. der bisher. J.R.Ordng., u. zwar letztere im Umfange der reichsrechtl. Ordng. nach dem Grundsatze, daß dieses Reichsr. das Preuß. Landesr. „bricht"! (vgl. ob. Einl. IV u. § 64 RJWG.). Aber die Regelg. des Gegenstandes verträgt, ja fordert stellenweise geradezu, ausfüllende Ergänzg. durch Landesges. u. sonstiges Landesr., wie sie für Preuß. Abschn. IV des Ausf.Ges. zum RJWG. bringt, bewährt also doch wieder die Natur des letzteren als „Rahmengesetzes"; hingegen ist die Behandlg. der Sch.A. deutlich eine abschließende u. läßt für landesgesetzl. Zutaten keinen Raum.

Vorstehendes ergibt bereits in Hauptumrissen auch Wesen u. gegenseitiges Verhältn. der beiden Institute: das letztere wird am zutreffendsten als ein Surrogatverhältnis der Sch.A. zur F.E. aufgefaßt u. bestimmt; jene ist das schwächere, diese das stärkere, einschneidendere Mittel bes. gearteter Jug.erz. Ihren gemeins. Kern wollte eine in den Reichstagsberatgen zum RJWG. stark vertretene radikale Strömg. (vgl. Sten. Ber. S. 7818) bei der F.E. durch Hervorkehrg. des die Jug. schützenden Gehalts in der offiziellen Bezeichng., durch Umänderg. des Namens Fürs.-Erz.in „Schutzerz." ausdrücken — eine wenig in das Wesen eindringende Beanstandg! Viel richtiger wird die sachl. Gemeinsamkeit getroffen, indem man die Sch.A. als Ergänzungs-, die F.E. als Ersatzerz. (vgl. auch dazu meine Abh. S. 215 u. jetzt Bäumer, Komm. S. 197) ansieht u. benennt, denn die „Erz." ist bei beiden der gemeinschaftl. Nenner! Hieraus ergeben sich, abgesehen von den schon berührten grundlegenden auch noch eine Reihe einzelner Übereinstimmgen: Sch.A. u. F.E. beruhen auf „Anordn. des Vmsch.ger.'s", gehören also zu den Eingriffen der freiwilligen" R.'spflege. Jene wie diese ertragen, wenigstens nach der positiven Regelg. des RJWG., eine weitgehende Beteiligg. des von ihnen betroffenen Minderj. selbst, § 57 Abs. 2 u. § 65 Abs. 5. Beide beruhen auf einem erheblichen Hand in Hand Arbeiten der gerichtl. u. der Jug.-wohlf.instanz, des J.A.'s, welches bei beiden weitgehend das R. des Antrags u. auf Anhörg. hat. Beide sind ferner ganz deutlich auch auf eine erhebliche Beteiligung freier Organisationen angelegt, jedenfalls einer solchen zugänglich. Beide weiterhin, was freilich mehr äußerlicher Natur u. beinahe selbstverständlich, zeitlich begrenzt durch die Volljährigkeit, welche die eine wie die andere ipso jure „endigen läßt", § 59 S. 1 u. § 72 Abs. 1. Beide sind endlich — u. das ist sozialpädagogisch ihre wichtigste Gemeinsamkeit — als rein vorbeugende Maßnahmen denkbar u. als solche im RJWG. geordnet. Das folgt durch Umkehrung daraus, daß beiden an anderer Stelle heilende Funktion — hier gegen, dort ohne eine bereits eingetretene Straffälligkeit — gegeben wird, JGG. § 7 Abs. 1 Z. 3, 5 u. 6; denn sie gehören — auch — zu den „Erziehungsmaßregeln", welche nach § 5 Abs. 1 JGG. der Jugendstrafrichter für erforderlich (vgl. dazu trefflich Francke, Komm. N. III zu § 5 cit.), nach § 6 sogar für ausreichend erachten kann. Aldann „bestimmen sich — nur! — ihre Voraussetzungen, Ausführung u. Aufhebung, sowie Erlöschen nach RJWG.“, § 7 Abs. 3 JGG.s Doch fehlt es auch nicht an bedeuts. Unterschieden. Schon in der Terminologie begegnen solche: die Sch.A. wird „ausgeübt“, die F.E. „ausgeführt“ (nur das JGG. § 36 Abs. 1 spricht, bei der Erwähng. der Sch.A. als Unterart der dem Jug.richter zur „Anordng.“ offenstehenden „Erz.maßregeln“, vgl. soeben, unterschiedslos von der „Ausführg.“); es gibt zwar eine (besondere) „F.E.Behörde“, aber keine „Behörde der Sch.A.“ Letzteres hängt mit dem sachlich schwerwiegenden Unterschiede zusammen, daß die Sch.A. grundsätzlich stets als Betreuung durch einen individuellen Einzelnen gedacht ist. Bei der F.E. spielen ferner sowohl die einzelnen Lebensstufen, wie die sonstigen menschlichen Mannigfaltigkeiten der Minderjk. eine große Rolle. Für ihre Anordnung ist innerhalb der Minderjk. eine „normale“ Zeitgrenze gesetzt, das 18. Lebensjahr, zu der sich eine zweite außergewöhnliche gesellt, das 20., § 63 Abs. 1 u. Abs. 2 — Preuß. Ausf.Ges. § 23 Abs. 2 berücksichtigt auch noch bes. d. „Schulentlassenen“, § 25 die „schulpflichtigen zur F.E. überwiesenen Minderj.“ — Verschiedenheiten der körperl. Beschaffenheit u. Gesundheit (§ 65 Abs. 4 u. § 79 Abs. 2 S. 5), Rücksichten auf das Bekenntnis u. die Weltanschauung sind hier sehr bedeutsam, (§ 69 Abs. 1 u. 2). Bei der Sch.A. kommt all dieses schlechthin in Wegfall. Sie ist bei allen Minderj., also bis kurz an die Schwelle der Volljährigkeit ohne jeden Unterschied ihrer persönl. Eigenschaften an sich zulässig. — Die „Aufhebung“ der F.E. kann eine bloß „widerrufliche“ sein, § 72 Abs. 2 S. 2; diejenige der Sch.A. nur ohne Widerruf erfolgen, § 59 S. 2, lediglich nach Maßgabe der Zweckerreichung oder -sicherstellung. Allerdings wird einer Erneuerung der früher einmal „aufgehobenen“ Sch.A. gegebenenfalls nichts im Wege stehen. — Über die „Ausführung der F.E.“ greift eine bes. „Aufsicht“ Platz, deren Regelg. vom RJWG. dem Landesr. überlassen worden ist, vgl. f. Preuß. Ausf.Ges. § 27; eine spezifische „Aufsicht“ über die Ausübg. der Sch.A. gibt es nicht, hier bewendet es vielmehr bei dem allg. Aufsichtsr. des Vmsch.ger.'s nach § 1837 in Vbdg. m. § 1689 ff. BGB. (arg. § 58 RJWG.). — Die F.E. begründet ein weitgehendes, auch persönl. Unterordn.verh. für den von ihr Betroffenen gegenüber der F.E.Beh., eine mündelähnl. Stellg. (§ 70 Abs. 3, Abs. 4). Daher auch die Anst.vmdsch. des § 47 (s. dort) praktisch vorwiegend für Fürs.zöglinge (F.Z.) von Bedeutg.! Die durch die Sch.A. bewirkte Überordng. des „Helfers“ ist ausdrückl. streng begrenzt, § 58 Abs. 1 S. 3. — Keine Verschiedenheit der Regelg. ist natürl. die Hervorhebg. der mögl. Unterarten einer „Verwahrlosg.“ bei der Sch.A. („körperl., geistige oder sittl.“), weil diese bei der F.E., welche insoweit auf der Sch.A. aufbaut, stillschweigend zu ergänzen ist. — Jedoch weist auch die Struktur der gerichtl. Anordng. erhebl. Abweichgen auf: der Anordng. der F.E. geht ein förmliches Verfahren meist mit Terminen, ja sogar Vernehmg. von Zeugen, Sachverst.n u. dgl. (§ 74) voraus, der Sch.A. ist ein solches fremd. — [In Preuß. sind für beide Einrichtgen, Sch.A. wie F.E., „Formulare“ (amtl. Vordrucke) eingeführt, die neuestens durch die Allg. Vfg. des Just.Min. v. 12. Juni 1925 (J.M.Bl. S. 221) geregelt sind. Danach jetzt: V S 52 für die Urschrift einer Anordng. der Sch.A. oder der F.E. (§§ 56 u. 63 RJWG.), V S 53 Ausfertigg. der Anordng. der Sch.A., V S 53a Ausfertigg. einer Anordng. der F.E.!]

Literatur: S. die Komm. von Blaum, Bäumer, Friedeberg-Polligkeit usw.; für Preuß. hinsichtl. der F.E. diejenigen zum Preuß. F.E.Ges., namentlich den von Noelle-Boschan u. für die Stellg. „Jung-Deutschlands" zur F.E. im Juliheft 1923 der „Jungen Menschen" die charakteristischen Aufsätze von Heiner-Lotze u. Fritz Dehnow S. 161—166! Gute Allgemeinbemerkgen über das Wesen der F.E. auch bei v. Gmelin, Staatsbürgerl. Erz. in Ztschr. „R. u. Wirtsch." 1911 bes. S. 60. Über die Sch.A. insbes. neuestens Friedländer, Ztrbl. XVII S. 9 ff., der kurz, aber treffend auch ihre geschichtl. Entwicklg., zumal im Verhältn. zu § 1666 BGB. beleuchtet.

1. Die Schutzaufsicht.

§ 56.

Ein Minderjähriger ist unter Schutzaufsicht zu stellen, wenn sie zur Verhütung seiner körperlichen, geistigen und sittlichen Verwahrlosung geboten und ausreichend erscheint.

Der Paragraph regelt die Voraussetzungen der „Stellung unter Sch.A." Allerdings nicht ganz erschöpfend. Denn das RJWG. kennt außer dieser gemäß § 57 Abs. 1 S. 1 v. Vmsch.ger. „anzuordnenden" Sch.A. noch eine andere „ohne gerichtliche Anordnung" vom J.A. „mit Einverständnis des Erz.Berechtigten" für die Dauer dieses Einverständnisses ausgeübte (§ 60 Abs. 3). Es kann sinn- u. sachgemäß wohl keinem Zweifel unterliegen, daß für die letztere eben dieses „Einverständnis" genügen soll, das Vorliegen der von § 56 positiv geforderten Voraussetzungen also nicht Bedingung ist. Wohl aber ist nach § 7 Abs. 3 JGerG. an die „Voraussetzungen" des § 56 gebunden auch die vom „Jugendrichter" (Jug.strafrichter) nach § 5 Abs. 1 das. als „Erziehungsmaßregel" für „erforderlich" erachtete (vgl. ob. Vorbem.) u. entweder von ihm selbst angeordnete oder „dem Vmschger. überlassene" — § 5 Abs. 2 das. — Sch.A. Für den Inhalt des § 56 ist im wesentl. auf die Vorbem. zu verweisen. Seine Erfordernisse sind zwiefacher Art: die Sch.A. muß sich als Gegenmittel gegen eine drohende „Verwahrlosung" geboten u. gleichzeitig „ausreichend" erweisen. Die Abwendung der Verwahrlosung ohne sie muß ausgeschlossen — durch sie gesichert erscheinen. Der Paragraph fordert also ein sehr sorgfältiges Abwägen der verschiedensten Rücksichten u. Gründe, welches wiederum große Menschen- u. Seelenkunde, auch reiche Erfahrung u. Feinfühligkeit bedingt. Im allgem. wird in Anbetracht der positiv-rechtl. Zuspitzung auf „Verwahrlosung" vor allzu freigebigem Gebrauche dieser Sch.A. zu warnen u. sie nur alsdann ratsam sein, wenn vornehmlich auch die Persönlichkeit des „geeigneten" Helfers eine Gewähr für zweckentsprechende Wirkung der Maßnahme bietet. E contrario ergibt (vgl. ebenfalls Vorbem.) die Erwähnung bloß der „Verhütg.", daß bei schon eingetretener Verwahrlosung für die Sch.A. niemals mehr Raum ist; zu ihrer „Beseitigung" steht nur die F.E. zur Verfügung. Freilich ist (vgl. die guten Ausführg.n bei Bäumer S. 178) die Grenze zwischen noch zu verhütender u. bereits vollendeter „Verwahrlosg." praktisch sehr flüssig. (Auf diesen Schwierigkeiten vornehml. beruht wohl die Skepsis, mit welcher die Praxis der Sch.A. noch jetzt gegenübersteht. Vgl. über dieses „Mißtrauen", welches auf dem A.F.E.T. 7. Sept. 1924, Ztrbl. XVI S. 160, Pastor Isermeyer geradezu in einem „Leitsatze" — 2a — formulierte: „Sch.A. ist meistens unwirksam", jetzt Friedländer a. a. O. S. 9.) Im übrigen können die Gefahren, welche die „Erziehung" der Jugendl. u. durch sie auch die Allgemeinheit bedrohen, auf den verschiedensten Lebensgebieten des Minderj., dem „körperlichen, geistigen oder sittlichen" liegen. Je nachdem wird der „Helfer" zweckmäßig auszuwählen sein; körperliche oder geistige Anzeichen von Verwahrlosung werden einen vorwiegend medizinisch Erfahrenen, sittliche einen pädagogisch Erprobten, etwa einen Geistlichen oder Lehrer empfehlen. Auch danach (ebenso wie nach der ganzen sonstigen Lage des Falles) wird der Umfang der „Bestellung" im Sinne des § 58 Abs. 2 zu bestimmen sein. In keinem Falle darf aber schon bei der Entscheidung über die Stellung unter Sch.A. außer Augen gelassen werden, daß sie ungeachtet dessen, was gegenwärtig von dem Minderj. „droht", für diesen selbst eine Wohltat sein soll. Diesen Charakter läßt freilich die Sch.A. des RJWG. allzusehr zurücktreten (vgl. unten zu § 58 Abs. 1 S. 2). — Über die vorbeugende Richtung der unmittelbar auf dem RJWG. beruhenden, nicht bloß nach ihr „sich bestimmenden" Sch.A., vgl. ebenfalls Vorbem. u. ferner noch Bäumer, Komm. S. 197. Für Preußen ist von irgend einer näheren Ausgestaltung der Voraussetzungen des § 58, sowie der „Sch.A." überhaupt bewußt Abstand genommen; vgl. über das gänzliche Schweigen des Preuß. Ausf.Ges. selbst den Hinweis auf die „Entwicklung in der jugendgerichtl. Praxis," Ausf.Anw. v. 29. März 1924 VI Z. 1.

§ 57.

Das Vormundschaftsgericht ordnet die Schutzaufsicht von Amts wegen oder auf Antrag an. Antragsberechtigt sind die Eltern, der gesetzliche Vertreter und das Jugendamt. Das Vormundschaftsgericht muß das Jugendamt vor der Entscheidung über die Schutzaufsicht hören.

Die Entscheidung des Vormundschaftsgerichts ist den im Abs. 1 Genannten und dem Minderjährigen, wenn er das 14. Lebensjahr vollendet hat, bekanntzugeben, soweit ihr Inhalt nach dem Ermessen des Vormundschaftsgerichts ihm ohne erziehlichen Nachteil mitgeteilt werden kann.

Ist das Vormundschaftsgericht nicht das des gewöhnlichen Aufenthaltsorts des Minderjährigen, so soll auf Antrag des Jugendamts die Abgabe an dieses Gericht gemäß § 46 des Reichsgesetzes über die Angelegenheiten der freiwilligen Gerichtsbarkeit stattfinden, sofern nicht besondere Gründe dagegen sprechen.

1. Wenn der durch § 56 bestimmte Tatbestand gegeben ist, „ordnet das Vmdschgericht die Sch.A. an". Dieses prüft also die ihm gebotenen Unterlagen u. entscheidet, ob die aus ihnen hervorgehenden Verhältnisse des Minderj. den Tatbestand des § 56 erfüllen. Prüfung wie Entscheidung sind durch gesetzliche Regeln grundsätzlich nicht eingeengt, viel-

mehr Sache des „freien", aber pflichtmäßigen Ermessens des Vmdschger. Nicht eine Einengung dieses Ermessens, sondern vielmehr eine Forderung der durch die Steigerung der Garantien, welche für seine richtige Anwendung zweckentsprechend erscheinen, gegebenen Rücksichten ist das Gebot der der Entscheidung vorgängigen „Anhörg. des J.A.". Auch diese ist nach Form u. Inhalt frei. Sie kann mündlich wie schriftlich erfolgen. Doch ist der letztere Weg aus praktischen Gründen entschieden vorzuziehen, auch bei der Beziehung der Sch.A. zur „Verwahrlg." möglichst ausführliche Erörterung aller in Betracht kommenden Verhältnisse dringend erwünscht. — Die „Anordnung" des Vmschger., genauer: die auf sie abzielende gesamte Tätigkeit, in diesem S. das Verfahren, kann ein Offizial- oder ein Antragsverfahren sein. „Von amtswegen" wird das Vmschger. der Erwägung einer Sch.A. dann näher treten, wenn es sonst durch seine Amtstätigkeit Kenntnis von einer bedrohlichen Wendung der Entwicklung des Jugendl. erlangt hat. Vor allem, wenn eine von diesem begangene strafbare Handlung u. insbes. eine gerichtl. Verurteilung wegen einer solchen dem Vmschger. bekannt geworden ist, sei es, daß der „Jugendrichter" wegen einer von ihm für „erforderlich" erachteten Erz.maßnahme an das Vmschger., dem er diese „überlassen" will (vgl. Vorbem.) u. das alsdann sie „anordnen muß", § 5 Abs. 2 S. 2 JGerG. herangetreten ist, sei es, daß der Vmschr. auf Grund anderweiter Kenntnis, ohne solche Anregung „freiwillig" sich dazu entschließt. Den Hauptfall eines Offizialverfahrens bietet also die nach § 7 des JGG. anzuordnende Sch.A. Ein von dem Gesetze selbst bestimmter Fall einer Offizialanordnung der Sch.A., u. zwar einer obligatorischen Sch.A. ist der des § 66 Abs. 3: Sch.A. „für die Dauer der Aussetzung" einer F.E. Nicht ganz unzweifelhaft ist hier das Erfordernis der Anhörung des J.A., s. darüber zu § 66 Abs. 3. — Dem von amtswegen eingeleiteten Verfahren steht das durch „Antrag herbeigeführte" gegenüber u. gleich. Das Recht zu solchem Antrage ist verhältnismäßig eng begrenzt: auf „die Eltern, den gesetzlichen Vertreter u. das J.A." Unter „Eltern", ebenso wie unter „gesetzlichem Vertreter", welcher Begriff sich im übrigen natürlich nach Bürgerl. R. bestimmt, wird der zur Personensorge Berechtigte zu verstehen, dieser „Antragsberechtigte" also mit dem „Erz.Berechtigten" des § 58 Abs. 1 S. 2 gleichzustellen sein: das hat praktische Bedeutung bes. für den Fall einer Trennung der Ehe oder der Anordnung einer Erz.Pflegschaft. (Etwas anderes ist es, ob das Vmschger. vor Anordng. einer Sch.A. aus eigenem Ermessen „Angehörige" hören will. Dem Ges.e sicher nicht entgegen, soz.pädagogisch für die bes. Richtg. der „Anordng." sehr zu empfehlen, bes. bei Antrag des J.A.) Das J.A. wird zweckmäßig die Behandlung dieser Angelegenheiten einem bestimmten Beamten zuweisen, am besten demjenigen, welcher auch die Vmdschsachen bearbeitet, also gemäß § 32 S. 2 zur Führung der Amtsvmsch. usw. berufen ist. Doch ist für zweifelhafte Fälle eine Kognition des betr. Dezernenten vorzubehalten. Auch der Antrag ist an keine Form gebunden (schriftl. oder mündl.). Der Antrag kann natürlich auch zu Protokoll des Gerichtsschreibers erklärt werden. Einreichung bei dem J.A. wird ebenfalls nicht zu beanstanden sein. Denn dessen Pflicht zur Weiterleitung ist selbstverständlich. — Das Vmschger. wird den (bei ihm eingegangenen) Antrag zweckmäßig dem J.A. zur Äußerung mitteilen, — im Interesse der Geschäftsvereinfachung urschriftlich.

Abs. 2. Die „Anordng." der Sch.A. stellt in jedem Falle eine „Entscheidung des Vmschger." dar, auch wenn sie von Amtswegen ergeht, also nicht über einen Antrag „entscheidet". Als solche untersteht sie den allgemein gültigen Regeln: sie ist immer als „beschwerdefähiger Beschluß" zu erlassen, also mit Begründung abzusetzen. Aus dem Fehlen einer ausdrücklichen, dem Eingange von Abs. 3 § 65 entsprechenden Vorschrift über die Beifügung von „Gründen" kann das Gegenteil nicht gefolgert werden; denn umgekehrt weist der „Inhalt", welcher nach Abs. 2 der „Entsch." wesentlich ist, zweifellos auf diese Begründung hin (vgl. unten). Nur eine äußere Trennung von Beschlußformel u. „Gründen", wie sie analog den Strafurteilen dem § 65 Abs. 3 offenbar vorschwebt, ist bei der Sch.A. entbehrlich. Andererseits muß aber der Beschluß alle erheblich leitenden Erwägungen ersichtlich u. aktenkundig machen. Eine gewisse Richtschnur für letztere bietet § 31 Abs. 1 S. 1 JGG. („Lebensverhältnisse des Besch., sowie alle Umstände . . ., welche zur Beurteilung seiner körperlichen u. geistigen [hinzuzufügen wäre noch gemäß § 56: „sittlichen" vielleicht auch „gesellschaftlichen"] Eigenart dienen können"). Die „Entscheidung . . . ist bekannt zu geben". Nach der zwingenden Fassung gehört auch diese „Bekanntgabe", welche zweifellos ebenfalls dem Vmschger. obliegt, zur „Anordng." der Sch.A. Die „Bekanntgabe" ist unverkennbar weniger als die (für den Fürs.Erz.Beschluß in § 65 Abs. 5 S. 1 angeordnete) „Zustellung", aber wohl mehr als die „Mitteilung" (des § 69 Abs. 3), d. h. wenn auch nicht an den Zustellungsnachweis der ZPO. (§§ 190 ff.) gebunden, doch einer gewissen Förmlichkeit bedürftig, welche den Empfang sichert u. dartut: mündl. Eröffnung durch den Richter mit entspr. Aktenvermerk oder schriftl. Übermittlung gegen Empf.Bekenntnis. Erstere Form ist die natürliche dem „Minderj.n" selbst, letztere dem J.A. gegenüber. Das Nähere wird noch durch Anordn. der Landesjustizverwaltg. zu regeln sein (die Allg. Verf. des Preuß. Just. Min.'s vom 19. März 1924 — J.M.Bl. 1924 S. 128 ff. — enthält darüber nichts). Die Bekanntgabe an das J.A. ist mit Rücksicht auf S. 2 von Abs. 1 für obligatorisch zu erachten; von den übrigen „im Abs. 1 Genannten" hat Anspruch auf „Bekanntgabe" zweifellos nur der Antragsteller des Einzelfalles. Positiv hinzugefügt ist als Empfangsberechtigter der „Bekanntgabe" der — mehr als 14 jährige (in der R.T.Berat. nach Vorschlag der Abg. Wurm: mehr als 16 jährige) — Minderj. selbst mit der Maßgabe, daß ihm diese Mitteilung des Beschlußinhaltes nicht „erziehliche Nachteile" bringe. Inwieweit letzteres zu befürchten, ist auch Sache pflichtmäßigen richterl. Ermessens. Da das Ges. von dem Ausschlusse eines solchen „Nachteils" nicht die Bekanntgabe schlechthin, sondern nur ihren Umfang („soweit") abhängig macht (wie ebenso für den F.E. Anordnungsbeschluß durch den gleichlautenden Satz des § 65 Abs. 5 S. 1 vorgeschrieben ist), wird die Anordnung der Sch.A. als solche ihm stets „bekanntzugeben" sein. Im erzieher. Interesse wird der Richter dazu zweckmäßig auch den gesetzlichen Vertreter, aus Gründen der Praktikabilität (alsbaldige Vermittlung der persönlichen Fühlung) auch den „Helfer" (vgl. § 58) mitvorladen. Freilich kann gerade bei diesen „Beteiligten" mündliche Eröffnung u. U. untunlich sein: so z. B., wenn der Minderj. sich in „vorläufiger" F.E. nach § 67 befindet u. demnächst das ordentliche F.E.-Verfahren nach § 66 ausgesetzt wird. In letzterem Falle wird für die

„Bekanntgabe" ein mit der Mitteilung von der Aussetzung verbundener Hinweis (auf § 66 Abs. 3) genügen, wie übrigens der Beschluß hier auch einen eigentl. „Inhalt" gar nicht zu haben braucht.

Abs. 3. Der Abs. trifft eine in Rücksichten sachgemäßer Jug.Wohlf.-Pflege, vor allem „planvollen Ineinandergreifens der beteiligten Organe" (§ 6) begründete Zweckmäßigkeitsanordnung („soll"). Nach § 7 ist die persönliche Betreuung des Jugdl. grundsätzl., also normal Sache des J.A. des „gewöhnl. Aufenths." Die Sch.A. ist in hervorragendem Maße persönliche Betreuung des ihr unterstellten Minderj., wird daher zweckmäßig mit dem nach § 7 zuständigen J.A. örtlich verknüpft. Das natürliche Mittel hierzu wäre die Anordnung, daß die Sch.A. stets an letzterem Orte, vgl. sofort § 58, „auszuüben" sei. Das RJWG. hat die Lösung gewählt, daß die Aufsicht, d. i. die dem Vmschger. zufallende Leitung der Sch.A. tunlichst stets an das durch diese Beziehung des Minderj. (seinen „gewöhnlichen Aufenthalt") bestimmte Gericht gelange. Die Vorschr. ist jedoch nicht ganz eindeutig. Abs. 3 läßt nicht erkennen, ob er eine „Abgabe" nur vor der „Anordnung" der Sch.A., also nach Eingang des sie betreffenden Antrags oder (auch bzw. etwa sogar allein) nach dieser Anordnung zur Pflicht machen will. Die richtige Deutung ist sicher die Zulassg. der „Abgabe" sowohl vor wie nach der Anordnung; denn in beiden Stadien können die obengedachten Rücksichten sie nahelegen. Allerdings spricht gegen diese Auslegung vielleicht die Beschränkung des Antragsrechts auf das JA.: denn nach der „Anordnung" müßte sachgemäß auch der „Helfer" hierzu als berufen gelten. Es darf aber füglich bezweifelt werden, ob nicht auch hier bloß die Gesetzesredaktion mangelhaft, in Wahrheit das Antragsrecht des Abs. 3 mit demjenigen des Abs. 1 S. 2 sich decken soll. Bei Verneinung bezügl. des „Helfers", dessen Stimme zweifellos auch in dieser Frage vollste Beachtung verdient, bliebe ihm immer nur der Weg über das JA., eine „Abgabe" nach Abs. 3 herbeizuführen. An das JA. müßte auch das Vmschger. herantreten, wenn ihm im jug.wohlf.-pflegerischen Interesse die Abgabe geboten erscheinen sollte. Eine Abgabe rein v. A.W. ist nicht zulässig, so wenig wie die Abgabe von Vmsch.en, — welcher die Maßnahme des Abs. 3 ja durch ausdrückliche Bezugnahme des § 46 FGG.'s bewußt angeglichen ist —, da das Einverständnis des auch hier Hauptbeteiligten, der Jug.Wohlf.Behörde unerläßlich. Von diesem Antrage abgesehen aber sind positiv für die „Abgabe" Erfordernisse nicht aufgestellt. Hierin weicht Abs. 3 von § 46 cit. ab. Der dort verlangte „wichtige Grund" ist hier nicht Bedingung. Daher hat insbes. auch § 49 FGG.'s für uns. Abs. 3 keine Bedeutung, da nach letzterem die allgemeine Tatsache des anderweiten „gewöhnl. Aufenth." jeden konkreten „Grund" ersetzt und im Antragsfalle die Abgabe ohne weiteres ergibt, wenn nicht umgekehrt „besondere Gründe dagegen sprechen". Daher wird ferner die Abgabe der Sch.A. gerade unterbleiben, wenn das „Vmschger." lediglich aus dem Grunde wechselt, weil gegen den Minderj.n, der an seinem Sitze den „gewöhnl. Aufenth." behält, vor einem anderen Ger. wegen einer strafbaren Handlung Anklage erhoben ist. Durch diese dem § 40 entsprechende Regelung ist den „besonderen" Verhältnissen („Gründen") nicht positive, wie in § 46 FGG., sondern negative Bedeutung beigelegt. Freilich sind auch diese „bes. Gründe“ in freierem, jugendfürs. Sinne zu verstehen, sodaß die „Abgabe“ u. U. abzulehnen ist, weil zwar nicht konkrete bestimmte Verhältnisse, aber schwerwiegende Rücksichten der allg. Jug.-Wohlf. „gegen sie sprechen“. Auch die „Abgabe“, ebenso wie ihre etwaige Ablehnung durch das dieserhalb angegangene Ger. ist eine „Entscheidung“ des Vmschger. und unterliegt als solche gleich derjenigen aus Abs. 2 der (einfachen) Beschwerde des FGG. nach dessen §§ 20 ff. — Abs. 3 ergibt mittelbar, durch Umkehrung, die gerichtl. Zuständigkeit für die „Anordnung“ der Sch.A. Sie muß für jedes A.G. angenommen werden, „in dessen Bezirke das Bedürfnis (dieser „öffentl.“ Jug.hilfe“) hervortritt“ (§ 7 Abs. 1 S. 2). Dieses Gericht kann selbstverständlich, ja wird tatsächlich in einer großen Zahl der Fälle gleichzeitig „das des gewöhnl. Aufenth. des Minderj.“ sein. Insbes. wird „auf Antrag“ des JA. und noch mehr der anderen nach Abs. 1 S. 2 Antragsberecht.n; eine Sch.A. in aller Regel nur von dem A.G. des letzteren Ortes angeordnet werden. Die „Anordnung“ durch ein anderes Ger. wird praktisch hauptsächl. als Offizialanordnung u. zw. wiederum meist wohl als solche auf Grund des JGG. begegnen, welches im Gegensatze zur F.E. (§ 5 Abs. 2 S. 3 das.) die „Erziehungsmaßregel“ der Sch.A. auch dem vmsch.gerichtl. für den Minderj. nicht zuständigen A.G. einräumt. Denkbar ist freilich, daß auch bei letzterem ein Antrag des JA. gestellt wird, z. B. wenn über einen aufgegriffenen Minderj. „zur Verhütung der Verwahrlosung“ Sch.A. nach § 56 angemessen erscheint. Sie wird dann regelmäßig von dem JA. dieses „vorübergehenden“ Aufenth.ortes, u. U. aber auch von dem des Heimatsorts („gewöhnl. Aufenth.“) beantragt werden und erst nach Anordnung abzugeben sein, da deren tunlichste Beschleunigung durch die Dringlichkeit des Falles geboten sein wird, der an dieses A.G., des nur vorübergehenden Aufenthalts, gerichtete Antrag sonst auch keinen Sinn haben würde. — Die „Abgabe“ nach Anordnung wird normalerweise gleich der Abgabe einer Vmsch. usw. gemäß § 46 FGG.s einen Wechsel in der Person des „Helfers“ herbeiführen. — Die ganze Vorschrift des Abs. 3 zeigt, obzwar ziemlich verborgen und sehr mittelbar, daß auch im RJWG. die richtige Anschauung der Sch.A. über die engen positivrechtl. Fesseln des § 56 hinaus sich nicht verleugnet: wäre nicht in Wahrheit die Sch.A. eine vorbeugende, allgemeine Betreuung (des „Jug.wohls“) des betr. Minderj., so würde ihre Verknüpfung mit dem Gerichte, welchem dieser in seinen allgem. persönl. Verhältnissen untersteht, nicht die Bedeutung haben, die Abs. 3 ihr doch ausdrückl. zugesteht. Allein die „Verhütung der Verwahrlosung“ könnte von jedem Gerichte ganz ebenso beaufsichtigt und geleitet werden. —

Die „Anträge“ des JA. nach § 57 Abs. 1 u. Abs. 3 gehören im Bereiche des Preuß. AG. z. RJWG. nicht zu den mit dem Einspruche des § 15 anfechtbaren „Entscheidungen der JA.“. —

Zweifelhaft kann erscheinen, von welchem Zeitpunkte an die Sch.A. im S. des § 68 Abs. 2 a. E. als „anhängig“ anzusehen ist, ob erst mit der „Anordnung“ oder (gegebfalls) bereits mit dem Antrage (sc. dessen Eingang bei Gericht). Die Analogie des in § 68 ebenfalls genannten F.E.„Verfahrens“ führt zu letzterer Annahme.

Die „Anordnung“ der Sch.A. ist in § 57 nicht erschöpfend geregelt. Wesentlich ergänzt wird diese Bestimmung durch § 7 (in Vbdg. mit § 5, insbes. § 5 Abs. 2) JGG.s. Danach kann die Sch.A. auch als Erz.-maßregel, durch welche ein Jug.strafverfahren seine Erledigung findet, „angeordnet“ werden. Diese Anordnung kann nach § 5 Abs. 2 a. A. auch vom „Jug.richter“ (Jug.strafrichter) erfolgen. Hier wieder in verschiedenen Formen: durch Beschluß dann, wenn er „Erz.maßregeln für ausreichend hält“ — § 6 JGG.'s; dann „ist nämlich von Strafe abzusehen“. Die Abstandnahme von der Strafe ergibt zweifelsfrei auch eine solche von einem (strafartigen) Urteil (Francke, Komm. scheint nach N. 2 a. A. anderer Ansicht, geht allerdings auf diese Frage der Form nicht ausdrücklich ein). Durch Urteil, wenn er die Erz.maßregel für „erforderlich“, aber nicht „für ausreichend“ hält. Auch hier ist ein doppeltes möglich: Erz.maßregel neben einer Strafe oder ohne solche. Letzteres dann, wenn gemäß § 3 JGG.s (Mangel der Einsicht oder genügender Willensfähigkeit) Freisprechg. erfolgt. Hier ist nämlich unbedingt die Sache bis zur Hauptverhdlg. zu treiben u. in dieser zu prüfen, ob zu bestrafen oder (nach § 3) nicht. Anders — den Unterschied läßt das JGG. selbst durch die Sonderbehandlg. des Falles des § 3 in Abs. 3 des § 5 erkennen —, wenn Erz.maßregeln als hinlänglich erachtet werden. Hier kann der Jug.richter vor der Hauptverhdlg. einstellen u. sich mit der Erz.maßregel begnügen. — Die Sch.A. gerade wird in all diesen Fällen (krimineller Jugendl.) als bes. geeignete Erz.-maßregel in Betracht kommen. — Neben der eigenen Anordnung gestattet § 5 Abs. 2 JGG.s dem Jug.richter auch den — bloßen — „Ausspruch, daß Erz.maßregeln erforderlich“. Dieser ist, vollständig, dahin zu treffen, „daß Auswahl u. Anordnung dem Vmsch.ger. überlassen bleiben“. Dabei hat das Jug.ger. unmittelbar auf die Anordnung der Sch.A. keinen Einfluß. Es kann aber diese in dem „Ausspruch“ natürl. anregen. Ein solcher Hinweis ist selbstverständl. kein „Antrag“ im S. des § 57 Abs. 1 RJWG. Die Anordnung bleibt vielmehr Offizialanordnung, formell allein des Vmsch.ger., sachlich sowohl dieses wie des mit ihm zusammenwirkenden Jug.richters.

Mangels einer entgegenstehenden Vorschr. wird ein Rücknahmerecht bezügl. der „Anträge“ aus § 57 an sich zu bejahen sein. Allerdings kommt ihm erhebliche praktische Bedeutung nicht zu. Die „Antragsberechtigten“, zumal die Jug.wohlf.behörde wird Anträge dieser Art, vornehmlich den auf Anordnung der Sch.A. nicht ohne sehr triftige Gründe und deren reiflichste Erwägung stellen u. daher kaum je in die Lage kommen, die gestellten wieder zurückzunehmen. Doch können bes. Verhältnisse dies mit sich bringen (z. B. unerwartete Wiederverheiratung der verwitweten Mutter u. dadurch erzielte Ordnung der Häuslichkeit); der Befugnis des Vmsch.ger., auf Grund des ihm unterbreiteten Materials nunmehr v. A. w. gleichwohl Sch.A. anzuordnen, greift eine solche Rücknahme natürlich nicht vor. —

Nach der allg. Verf. des Preuß. Just.Min. v. 19. März 1924 sind „die Verfahren über die Sch.A. unter XI des Fam.r.'sregisters einzutragen“, u. zwar die Anordngen der Sch.A. durch Einstellen eines senkrechten Striches in die dafür bestimmte Sp. 4c zu zählen.

§ 58.

Die Schutzaufsicht besteht in dem Schutze und der Überwachung des Minderjährigen. Derjenige, der die Schutzaufsicht ausübt (Helfer), hat den Erziehungsberechtigten bei der Sorge für die Person des Minderjährigen zu unterstützen und zu überwachen. Die Schutzaufsicht umfaßt die Sorge über das Vermögen nur, insoweit der Arbeitsverdienst des Minderjährigen in Betracht kommt.

Der Helfer kann für alle Angelegenheiten, für gewisse Arten von Angelegenheiten oder für einzelne Angelegenheiten bestellt werden.

Über den Umfang seines Wirkungskreises entscheidet die Bestellung.

Der Helfer hat bei der Ausübung seines Amtes das Recht auf Zutritt zu dem Minderjährigen. Die Eltern, der gesetzliche Vertreter und die Personen, denen der Minderjährige zur Verpflegung und Erziehung übergeben ist, sind verpflichtet, dem Helfer Auskunft zu geben.

Der Helfer hat dem Vormundschaftsgerichte jeden Fall, in dem es zum Einschreiten berufen ist, unverzüglich anzuzeigen.

Der § regelt Inhalt (u. Umfang) der Sch.A. Ersteren erblickt das Ges. „in dem Schutze u. der Überwachg. des Minderj.". Das Wesen u. gegenseitige Verhältn. dieser beiden Begriffselemente findet man am richtigsten wohl: in einer Obhut gegen Schädigungen von außen her, (Fremd-) — „Schutz", sowie von innen her (Eigenschädigungen) — „Überwachg.". Es ist aber unberechtigt, weil viel zu eng, wenn Fr.-P. Vorb. 2 zu Abschn. VI die „Überwachg." allein auf „den Erz.berecht.n" bezieht. Auch der Minderj. ist zu „überwachen". Die Terminologie des S. 2 Abs. 1 spricht nicht dagegen! Entsprechend der grundsätzl. Abstellg. auf die „Verwahrlosg." überwiegt regelm. das letztere Element. Die Sch.A. hat aber ein Doppelgesicht: sie bedeutet eine Kontrolle nicht allein des zu Erziehenden, sondern auch seines Erziehers („des Erz.berecht.n"). Auch ihm ist Hilfe zwar nicht gegen Fremdschädigungen, da er (normaler Weise) hiergegen selbst sich „schützen" kann u. muß, wohl aber gegen „Schädigungen" des ihm anvertrauten Schutzbefohlenen, welche im höheren S. Eigenschädigungen seiner selbst sind, zu gewähren. Zu diesem Zwecke ist die von ihm geleistete Erz. nicht allein durch „Unterstützg." zu stärken, sondern auch prüfend in Bezug auf etwaige Fehlgriffe zu „überwachen".

In dieser Bestimmg. der Sch.A. liegt der stärkste Ansatz auch ihrer positivrechtl. Gestaltung zu einer allgemein sozialpädagogischen, vorbeugenden Einrichtung, für deren Auswirkungen der Minderj. nicht nur, wie zufolge der einseitigen Betonung der Verwahrlosungsgefahr nach RJWG., in der Hauptsache Objekt, sondern ebenso sehr Subjekt ist. — Ihre besondere Richtung empfängt im Einzelfalle diese gesetzlich festgestellte Aufgabe der Sch.A. durch die Verhältnisse, welche die Besorgnis der „Verwahrlosung" begründet haben, nach beiden Seiten sowohl hinsichtl. des Minderj., wie des „Erziehungsber.": strafbare Handlungen, z. B. Diebstahl, Neigung zum Schulschwänzen, Prostitution, Perversitäten bei ersterem; pädagogische Untauglichkeit, zumal bestimmte Belastungen, wie Trunksucht, schwere Krankheiten usw. bei letzterem! In Ansehung des ersteren hat daher nach dieser ihrer Natur jede Sch.A.. ebenso eine „heilende" (gegen die Nachwirkungen irgend welcher bestimmter, als Tatsache nicht mehr zu beseitigender Geschehnisse gerichtete; etwas zu eng hier Francke, Komm. JGG. N. VII zu § 7, der nur für die Fälle „des Fortschreitens einer beginnenden Verwahrlosg. der Sch.A. heilende Funktion" zuerkennen will) wie eine vorbeugende Eignung. Es ist daher auch innerlich nur systemgemäß, daß das JGG. sich in § 7 Abs. 3 (für die auf ihm beruhende „Erziehungsmaßregel" der Sch.A.) schlechthin zu der Einrichtung unseres Unt.Abschn. 1 Abschn. 6 bekennt, ungeachtet deren rein vmschger. Ausgangspunktes und der ihm entsprechenden überwiegend vorbeugenden Tendenz. — Auch gewisse rein objektive Umstände können im Einzelfalle den näheren Inhalt der Sch.A. beiderseits stark beeinflussen, so z. B. das Lebensalter als Minderj., vornehmlich die Pubertätszeit (vgl. dazu Francke, „Die Reifezeit" Ztrbl. Vmschw. XIV Nr. 1 S. 6 ff.). — In ihrer Tragweite als „Unterstützung" des Erziehungsber. nähert sich die Sch.A. stark derjenigen, welche nach § 1631 Abs. 2 S. 2 BGB. das Vmschger. selbst dem erziehungsber. Vater (an sich nach dem Grundsatze des § 1686 ebenso der Mutter, — bei dieser allerdings stark modifiziert durch die Zulassung der hier wohl meist Platz greifenden förmlichen „Beistands"-bestellung) zu leisten hat. Jedoch fehlt es auch nicht an wesentl. Unterschieden: für die Sch.A. genügt niemals, wie doch für Eingreifen nach § 1631 Abs. 2 cit., der bloße „Antrag" des Erziehungsber., bedarf es vielmehr stets der Darlegung einer Verwahrlosungsgefahr gemäß § 56. Der „Unterstützung" selbst des § 58 Abs. 1 S. 2 steht nicht, wie ihrem terminologischen Seitenstück aus § 1631 cit., die „Anwendung geeigneter Zuchtmittel" zu Gebote. (Daher kann ein Züchtigungsrecht des „Helfers" keinesfalls anerkannt werden, wie überhaupt keinerlei, unmittelbar persönliche Einwirkungen auf den Minderj., auch z. B. nicht die Aufenthaltsbestimmung gemäß § 1631 BGB.) Denn das Organ der Sch.A. wird niemals, wie doch u. U. der Vermittler der vmschgerichtl. „Unterstützg." nach § 1631 Abs. 2 S. 2, selbst Träger der Erz., sondern ist immer nur „Helfer" — welche Bezeichnung er nach dem Klammerzusatze auch offiziell als gesetzliche führt — des letzteren, der allein „erziehungsberechtigt" bleibt. Dieser Fortdauer des Erz.verhältnisses auf der aktiven Seite entspricht auch der unveränderte Fortbestand der passiven: es gehört zum Wesen der Sch.A., daß der Minderj. in „seiner bisherigen Umgebung" belassen, nicht, wie im Normalfalle der F.E., § 55, § 63 Abs. 1 Z. 1, aus ihr „entfernt" wird. Gerade in anbetracht der zwiefachen Richtung jeder Sch.A. (Erzieher und zu Erziehender!) ist umso nötiger, daß die fortbestehenden Verhältnisse dem „Helfer" hinlänglich offen liegen. Auch dies ist in doppelter Art zu ermöglichen:

durch ein Eindringen seinerseits in diese Verhältnisse und durch Mitteilung aus ihrem Kreise heraus, seitens der aktiv an ihnen Beteiligten (ein besonderes Recht auf „Verkehr" des Helfers, allerdings nicht in der Richtung auf die Angehörigen des Schutzbefohlenen, begründet § 28 Abs. 3 JGG.: Recht der „bestellten Aufsichtsperson" auf „Verkehr mit dem Verhafteten in dem gleichen Umfange wie einem Verteidiger gestattet". Auch sein Anspruch auf „Zutritt" zu der Hauptverhandlg., § 23 Abs. 2 a. E. ist ein Ausfluß dieses Rechts.) Das bestimmt folgerecht Abs. 4 § 58, indem er dem „Helfer bei der (richtiger: für die) Ausübung seines Amtes das R. auf — jederzeitigen — Zutritt zu dem Minderj." zuspricht (S. 1) und den „Eltern, dem gesetzl. Vertreter und den Personen, denen der Minderj. zur Verpflegung und Erziehung übergeben ist, die Pflicht, dem Helfer Auskunft zu geben", auferlegt (S. 2). Der persönliche Rahmen dieser Pflicht ist durch Einbeziehung sowohl der rechtlich, wie der tatsächlich in Betracht Kommenden sehr weit gezogen, das Maß der „Auskunft" zwar nicht ausdrücklich, aber durch das Wesen der Sch.A. bestimmt. Sie ergreift alle Verhältnisse, welche für deren Ausübung irgend erheblich sind, ist also sachlich nicht weniger unbeschränkt wie zeitlich das „Zutritts"recht und gleicht mithin der, sonst freilich nur entfernt analogen, Auskunftspflicht des Beauftragten nach § 666 BGB. Für die Erzwingbarkeit jenes Rechts (S. 1) wird gegbfalls durch Vermittlg. des Vmschger. sogar polizeil. Hilfe zu erlangen sein, für die Durchsetzung dieses Anspruchs (S. 2) freilich von seiten des Vmschger. höchstens ein Ordnungsstrafverfahren, im übrigen nur der Prozeßweg zu Gebote stehen. — Der Helfer hat sich aber nicht nur in solchen bes. Fällen, aus Anlaß von Schwierigkeiten, welche den ihm nach Abs. 4 zustehenden Befugnissen entgegentreten, sondern dauernd in Fühlung mit dem Vmschger. zu halten. Das ergibt Abs. 5 (in Vbdg., allerdings mittelbar, mit § 60 Abs. 3). Er „hat" — mindestens! — „dem Vmschger. jeden Fall, in dem es zum Einschreiten berufen ist, unverzüglich anzuzeigen". Welche Fälle im einzelnen von dieser Art, ist Tatfrage, deren Beurteilung der Umsicht wie dem Verständnis und Pflichtgefühl des „Helfers" anvertraut ist: in Frage kommen die Tatbestände des § 1666 BGB., bzw. § 1838 ebenda (Mißbrauch der Personensorge durch Vernachlässigung oder positiv schlechte Behandlung des Kindes), sowie insbes. Gründe zur Einleitung eines Fürs.Erz. Verfahrens. Diese Anzeigepflicht, welche ganz ebenso, auch in der Fassung wörtlich gleichlautend, dem Beistande auferlegt ist (§ 1698 Halbs. 2 BGB.) jedenfalls ist mit der tunlichsten Beschleunigung („unverzüglich", vgl. dazu §§ 36, 37 u. Erläut. dazu) zu erfüllen, welche auch die Sch.A., wie alle Einrichtungen der Jug.wohlf.pflege, beherrscht (insbes. auch hinsichtl. ihrer geschäftl. Behandlg. seitens des Gerichts. Vgl. für Preuß. d. Just. Min. Vfgg. v. 19. März 1924 I Nr. 3d, welche den bisher. Abs. 4 § 58 Gesch. Ordn. f. d. Ger.schr. d. A.G.e: „die F.E. Sachen sind ausnahmslos als schleunige S. zu behandeln", durch Hinzufügg. der Worte: die „Sch.A.Sachen u." ergänzt). Verabsäumung, sei es der Erfüllung überhaupt, sei es ihrer Rechtzeitigkeit, bedeutet eine Verletzung der „Amts"-pflichten des Helfers und begründet seine Entlassung gemäß § 60 Abs. 1 S. 3. — Die Weigerung des „Einschreitens" seitens des Vmschger. berechtigt zur Rechtsbeschwerde nach §§ 20 ff. FGG., u. U. auch zur Dienstaufsichtsbeschwerde. —

Die erläuterten Sätze des Paragraphen ergeben den inhaltlichen Bereich der Sch.A. Seine Bestimmung hätte nach der Begriffsfeststellung des Abs. 1 S. 1 genügt. Das RJWG. hat aber noch eine gewisse Regelung der Ausdehnung („des Umfangs des Wirkungskreises") für nötig gehalten: zunächst mehr nur negativ, durch — grundsätzlichen — Ausschluß der Vermögenssorge aus der Sch.A., S. 3 von Abs. 1, mit einem auffallenden, von § 1632 BGB. abweichenden Sprachgebrauche („Sorge über das Vermög."!), alsdann, indirekt, Abs. 2 durch Aufzählung verschiedener Möglichkeiten dieses Umfanges. Die erstere Bestimmung, der grundsätzliche Ausschluß der Vermögenssorge (welcher u. a. den Fortfall jeder Inventarisationspflicht gem. § 1640 BGB.'s zur Folge hat), hat eine besondere eigenartige Ausprägung erhalten: durch beschränkte Anerkennung auch dieser Betreug. zugunsten des „Helfers", beschränkt auf den „Arbeitsverdienst des Minderj.", offenbar aus der gesetzgeberischen Erwägung, daß nach der Lebenserfahrung nicht gefestigte (zumal im S. des § 56 schon von „Verwahrlosung" bedrohte) Minderj.e durch den eigenen Arbeitsverdienst besonders leicht in Versuchungen kommen, die auf Abwege führen. Also ein erzieherisch richtiger, jug.wohlf.-pflegerisch billigenswerter Gedanke, jedoch gegenüber dem System des bürgerl. R.s eine bemerkenswerte Singularität: denn letzterem widerspricht nach dem Grds. des § 113 in Vbdg. mit § 1651 Z. 1 BGB. (vgl. Rehbein, Komm. z. BGB. I S. 113—114, der zutreffend für das Preuß. R. auf den gesetzlichen Vorgang der §§ 6 Preuß. Ges.O. von 1810 u. des Preuß. Ges. vom 12. Juli 1875 hinweist; ferner für das freie Verfüggsrecht des Minderj. selbst auch über seinen nicht konsentierten Arbeitsverdienst Planck Komm. IV Not. 2 Abs. 3 zu § 1652 BGB.) eine Beschränkung des Minderj. in der Verfügg. über seinen konsentierten Arbeitsverdienst (um solchen wird es sich in der überwiegenden Mehrzahl der Fälle handeln) zugunsten des gesetzlichen Vertreters. Das RJWG. hat also, unter teilweiser Aufgabe seines begriffl. Ausgangspunktes, hier aus der Sch.A. eine besondere cura rei geschaffen (ein pflegschaftsähnliches Verhältnis, wie ja auch § 1693 Halbs. 2 BGB. den mit einer Vermögsverwaltung betrauten Beistand, vgl. dazu weiter unten, als „Pfleger" behandelt). — Ebenfalls eine Abweichung von der Konsequenz (des § 56) enthalten die Abss. 2 u. 3 unseres Paragraphen. Sie sind, auch in der Fassung, getreu den Vorschriften des BGB. — § 1688 Abs. 1 u. Abs. 2 — über Beistandschaft nachgebildet, mit welcher (vgl.. schon oben u. bes. § 61 RJWG.) die Sch.A. ja überhaupt sich innerl. nahe berührt. Die Vorschriften, vornehmlich Abs. 2, lassen jedoch genügende Klarheit vermissen, stehen auch mit dem Grundgedanken des Systems nicht ganz im Einklange. Da die Sch.A. des RJWG. ihrer Normalgestalt nach, von § 60 Abs. 3 abgesehen, immer gegen eine drohende Verwahrlosung ankämpft, ist die „Angelegenheit", für welche im eigentl. S. der „Helfer bestellt" wird, von vornherein (durch das Ges. selbst) stets u. gleichmäßig bestimmt. (So verdient der Vorschlag Francke's, Komm. z. JGG. N. III zu § 29 S. 59, gerade den „Helfer" im Strafverfahren z. „Beistande" des Jugendl. zu bestellen, gewiß Beifall. Vgl. auch über seine Beteiligg. am F.E.Verf. unten zu § 65.) Eine engere oder weitere Spannung des jeweiligen „Wirkungskreises" ist mit dieser Bestimmung in Wahrheit nicht vereinbar. Ihr widerstreben durchaus alle Beschränkgen des jug.wohlf.-

pflegerisch. Ermessens des „Helfers", von welchem allein vielmehr abhängen muß, welche Betätigung er „zur Verhütung der körperlichen, geistigen und sittlichen Verwahrlosung (des seiner Sch.A. unterstehenden Minderj.) für geboten und ausreichend" erachtet. Eine weitere Beschränkung, als § 58 Abs. 1 S. 3 selbst vorsieht, ist der Sch.A. wesensfremd, insbes. auch eine autoritativ durch das „anordnende" Vmschger. ausgesprochene, weil durch solches Vorgreifen des Richters dem „Helfer" unzulässig die Hände gebunden werden (allerdings werden gewisse Auflagen des Gerichts an den Minderj. selbst nicht von der Hand zu weisen sein, insbesondere dann nicht, wenn mit der Sch.A. noch andere gerichtl. Maßnahmen bez. seiner einhergehen: in erster Linie im Falle der Strafaussetzung gemäß § 10 ff. JGG.; denn für diese selbst ist in § 12 Abs. 2 S. 1 JGG. die Zulässigkeit solcher „Auferlegung" bes. Pflichten, z. B. Aufenthaltsbeschränkung, Meldepflichten u. dgl. m. ausdrücklich ausgesprochen. Diese Auflagen greifen alsdann zweifellos auch in die Sch.A. über. Sie kann übrigens ebenso wohl Grund wie Folge einer Strafaussetzung sein: ersteres gemäß § 10 Abs. 1 S. 2 JGG., wenn nämlich die — „Erziehungsmaßregel" der — bereits angeordn. Sch.A. durch den „sofortigen Strafvollzug gefährdet w. könnte"; letzteres gemäß § 12 Abs. 2 S. 1 cit., wenn als mit der Strafaussf. verknüpfte „Auflage" vom Jug.richter Sch.A. gewählt wird.) Bei genauerer Betrachtung ergeben auch die Abss. 2 u.. 3, daß das RJWG. ungeachtet der verfehlten, weil engherzigen Zuspitzung auf „Verwahrlosung" in § 56, die richtige weitergehende Grundauffassung vom vorbeugenden Wesen der Sch.A. als einer im weitesten S. das gesamte Jug.wohl erfassenden vmschger. Maßnahme hat. Allein von dieser Anschauung aus, welche der Sch.A. in der Jug.fürs. überhaupt (vgl. auch dazu meine Abhdlg. S. 214) einen sehr wichtigen Platz zuweist, läßt sich die in Abs. 2 anerkannte Dehnbarkeit rechtfertigen; denn alsdann, aber nur dann wird die Sch.A. zu einem wahren rechtl. Seitenstück der Beistandsch. Die Erziehung muß die Sch.A., anders als die Beistandschaft, also stets erfassen. Doch können einzelne Seiten der Erz. hervorgehoben werden. — Abs. 3 ist die unabweisbare Folgerung aus Abs. 2. Beide ergeben mittelbar, daß der „Helfer" in sein „Amt" (vgl. Abs. 4 u. dazu ob.) durch vmschrichterliche „Bestellung" eingeführt wird. Für diese Bestellung werden trotz Fehlens einer Bezugnahme auf § 1694 BGB. die Bestimmungen des § 1789 entsprechend anzuwenden sein; die verneinende Ansicht von Blaum, Komm. N. verdient keinen Beifall, die Nichterwähnung von § 1694 ist offenbar nur eine redaktionelle Unebenheit, da das Bestreben, die Sch.A. der Beistandsch. nachzubilden, im übr. zutage liegt. So ist auch die Erteilg. einer „Bestallg." an den Helfer gleichartig der des Geg.vmds. nach §§ 1792 Abs. 4, 1791 BGB., also auch im Falle einer Beschränkg. der Sch.A. gemäß Abs. 2, als Wiederspiegelg. der hierüber nach Abs. 3 „entscheidenden" Bestellg., ev. unter ausdrücklicher Erwähng. des „beschränkten" Umfangs, aus dem Grundsatze des § 1694 abzuleiten; nicht allein praktisch durchaus zu empfehlen, weil gerade der „Helfer" ein möglichst authentisches, förmliches Zeugnis über seine „amtliche" Eigenschaft den Beteiligten gegenüber oft dringend benötigt u. dieses nicht minder, als einfachster „Ausweis", den Verkehr mit den Behörden, z. B. im Falle des § 28 Abs. 3 JGG.'s (Einlaß in das Unters.Gefängnis zu dem dort befindl. Jugendl.), § 23 Abs. 2 a. E. (Zutritt zur Hptverhdlg.) wesentlich erleichtert.

Auch für die Form dieser Bestallg. diejenige der Bestallg. eines Beistandes zu wählen, wird keinerlei Bedenken obwalten; ebensowenig in Preußen für ihre Erteil. durch den R.spfleger.

Darüber, welche Auskunftspflicht Behörden dem „Helfer" gegenüber haben, sagt das Ges. nichts. Es kann aber gar keinem Zweifel unterliegen, daß auch sie weitgehend ist. So wird das Vmschger., aber auch das J.A. aus den ihm vorliegenden „Vorgängen" der früheren Zeit (vor Anordn. der Sch.A.) den H. über alles für seine Amtsführg. Wesentliche unterrichten müssen, nicht minder auch während dieser über Vorkommnisse u. Veränderungen von Bedeutg. ihm Bekanntgabe schulden. Im einzelnen nach umsichtigem, pflichtm. jug.fürsorg. Ermessen. Insbes. ist unbedenkl. die von § 22 JGG.'s angeordnete „Heranziehg. zur Mitarbeit in allen Abschnitten des Verfahrens" auch auf den „Helfer" auszudehnen, soweit seine Mitarbeit dieses, „das Verf., oder . . . den Jugendl. selbst zu fördern geeignet" erscheint. Daher Mitteilg. aller hier erhebl. Entscheidgen (Eröffnung des Hauptverf.'s, der Voruntersf. usw.) an ihn wohl selbstverständlich. Zuständiges „Sch.A.Gericht", d. h. zu ihrer Beaufsichtigung u. Leitg. berufen ist stets das Vmsch.ger., auch wenn die Anordn. (was immerhin vereinzelt bleiben wird) vom Jug.richter erfolgt ist, so, strikt JGG. § 36 Abs. 1 S. 2. Vgl. auch für Preußen die J.M.Verf. v. 19. März 1924 Z. I 3a (gleiche „geschäftl. Behandl."), jetzt § 57 Z. 5 der Gesch.-O. f. d. Ger.schreibereien der A.G.e in der Fassg. v. 1. März 1925, die allerdings nach dem ganz klaren strikten Wortlaut des § 7 Abs. 3 JGG.s kaum noch erforderlich war. — Die abweichende Praxis insbes. z. B. der Gr. Berliner Gerichte, welche die vom Jug.richter „angeordnete" Sch.A. auch für die „Ausführg." in dessen Hand belassen (die Sch.A.-Akten also nicht an die Vmsch.abteilg. abgeben), hat zwar in der Allg. Verf. des Just.Min. v. 20. Juni 1923 (z. JGG.; J.M.Bl. S. 450ff.) Z. I 2b, derzufolge „dem Jug.richter in der Regel auf die vmsch.gerichtl. Geschäfte zugewiesen werden sollen, die mit der Sch.A. oder mit der F.E. zusammenhängen", eine unmittelbare (formelle) Stütze, ist aber doch nach der positiven, eindeutigen u. zwingenden Vorschrift des JGG. § 36 Abs. 1 S. 2 u. jetzt auch nach der auf diese ausdrücklich bezug nehmenden § 57 Z. 5 Gesch.O. cit., welche selbst wiederum vom „Vormundsch.-gericht" spricht („weitere geschäftl. Behandlg. durch das Vmsch.ger."), sachlich zu beanstanden.

§ 59.

Die Schutzaufsicht erlischt mit der Volljährigkeit des Minderjährigen oder durch die rechtskräftige Anordnung der Fürsorgeerziehung. Sie ist aufzuheben, wenn ihr Zweck erreicht oder die Erreichung anderweit sichergestellt ist.

Der Paragraph bestimmt (in S. 1) die beiden normalen Endigungsgründe der Sch.A.: Volljährigk. u. (rechtskräftige) Anordnung der F.E. Jene deren tatsächliches, natürliches, diese ihr rechtliches, künstliches Ende. Beide Ereignisse wirken von Gesetzes wegen, ipso iure, ohne das Erfordernis einer Aufhebg. Beide hängen mit der Grundauffassg. der Sch.A. im RJWG. eng zusammen (vgl. ob. Vorbem.). Zu der einschneidenden Neuerung, eine „Sch.A." auch für die ersten Jahre erreichter Volljährigkeit zuzulassen, (für welche gerade erfahrungsgemäß sie oft bes. wünschenswert) hat das RJWG. sich nicht entschlossen. Nur in einem Falle erstreckt zwar nicht das RJWG. selbst, wohl aber das JGG. die Sch.A. über die Volljährigkeit hinaus: dann nämlich, wenn sie — vgl. ob. zu § 58 — als Maßgabe einer Strafaussetzg. angeordnet worden ist; ebenso wie diese, durch nach § 12 Abs. 1 S. 1 zulässige Bemessg. auf die Höchstzeit von 5 Jahren, kann, ja, soll die mit ihr verbundene Sch.A. aus dem „jugendl." Alter in die Volljährigkeit hinein reichen. Doch anerkennt das Ges. selbst, daß diese die Volljährigk. ergreifende Sch.A. auf die Grundlage des Jug.Wohlf.Ges. — unmittelbar — nicht gestellt werden kann; S. 3 a. E. des Abs. 2 § 12 cit. läßt deshalb „für die Zeit nach erreichter Volljähr.k. die Vorschr.n des RJWG. — nur — entsprechend gelten". Vgl. hierzu Kiesow, Komm. z. JGG. N. 3a β bb zu § 12 S. 98; ferner Francke, JGG. N. VII zu § 7 S. 27. In diesem S. hat letzterer Recht, wenn er 2 Grundformen der Sch.A. unterscheidet, die Sch.A. als „selbständige Erz.maßregel" u. die Sch.A. „im Rahmen einer Strafaussetzg.". Aber innerlich, bes. in ihrer Anwendg. auf Jugendl., also jug.fürsorg., besteht keinerlei Unterschied, u. es ist daher unberechtigt, die letztere als „unselbständige Maßregel" zu ersterer in Gegensatz zu bringen, u. nicht allzuglücklich, diesen Gegensatz in den Bezeichnungen: „Sch.A. — Bewährungsaufsicht" auszuprägen. Die zwingende Altersgrenze der Volljährigk. bringt mit sich, daß praktisch auch schon in den letzten Stadien der Minderjkeit von ihr abgesehen werden wird, es sei denn, daß dringende Notstände keine andere Behebung zulassen. Letzterenfalls wird, soferne — hier die Regel — „körperliche oder geistige Verwahrlosungs"gefahr besteht, nach Eintritt der Volljk. zweckmäßig an die Sch.A. eine Pflegsch. aus § 1910 BGB. sich unmittelbar anschließen, welche allerdings gem. Abs. 3 § 1910 seitens des bisher Minderjährigen zustimmungsbedürftig ist. Der „Vollj.keit" des § 2 BGB. steht natürl. auch hier die Vollj.keitserklärg. des § 3ff. (nach Vollendg. des 18. Lebensj.) gleich. Hingegen nicht (gem. § 1303 BGB. nur bei weibl. Minderj. von Bedeutg.!) Verehelichg. „Heirat macht" auch hinsichtl. der Sch.A. nicht „mündig"! Vgl. unt. bei der F.E. — Die Berücksichtigung der F.E. als Endigungsgrund bestätigt, daß das RJWG. (vgl. insbes. auch zu Abs. 5 des § 58) die Sch.A. als Vorstufe der F.E. auffaßt. Jedoch kommt hier nur die „rechtskräftige Anordnung der F.E." in Betracht. Jeder Schwebezustand läßt das Bedürfnis der Sch.A. durchaus fortbestehen. Das zeigt deutlichst § 66 Abs. 3, der (vgl. zu § 57 Abs. 1 S. 1) für die richterl. Begründung eines solchen (durch „Aussetzung" des F.E.Verfahrens) die Anordnung einer Sch.A. sogar zwingend fordert. — Als Maßnahme, welche einem bestimmten, dem § 56 entsprechenden Zwecke dient, muß die Sch.A. selbst aufhören, wenn der in dieser Zweckbestimmung liegende Grund fortfällt. Dies nach RJWG. in doppelter Art möglich: durch „Erreichung" des Zweckes oder durch Erlangung eines geeigneten Ersatzmittels (anderweite „Sicherstellung" des Sch.A.Zweckes). Das fernere Fehlen des Zweckes, ebenso wie die Entbehrlichkeit des Mittels entziehen der Sch.A. die rechtfertigende Grundlage. Diese Wirkung kann aber nicht von selbst eintreten, sondern bedarf ebenso wie die Begründung der Sch.A. autoritativer „zuständiger"

Feststellung. Erst letztere, nicht die bloße Gesetzesbestimmung, wie bei den einfachen Tatsachen der Volljährigk. und der rechtskr. F.E.Anordn., bringt die Sch.A. zum Aufhören. Dieses wird also unmittelbar durch einen richterlichen (vmschger.) Akt, die „Aufhebung" erreicht.

Sie setzt wie die „Anordng.", ihr Gegenstück, einen förmlichen, auch in Bezug auf Erlaß, Inhalt u. Anfechtbarkeit gleichartigen Beschl. voraus. Für den Inhalt ist selbstverständlich eine Darlegg. der Verhältn., auf welche sich die richterl. Annahme der Zweckerreichg. oder Zwecksicherstellg. gründet, regelm. unter Angabe der Ermittelgsergebnisse. Dies wird bei der „Zwecksicherstellg." tatsächl. oft schwierig sein. Überhaupt ist naturgemäß auf die Begründg. solcher Aufhebgsbeschlüsse ganz bes. Sorgfalt zu verwenden. Auch ihre „Bekanntgabe" regelt sich dem § 57 Abs. 2 entsprechend. Ebenso ist hier zweifellos die Anhörg. des J.A. u. zwar desjenigen, welches tatsächl. auf die „Ausübg." der Sch.A. leitenden Einfluß gehabt hat, nicht zu entbehren. — Kein Endigungsgrund der Sch.A. ist die „Entlassg." gem. § 60 Abs. 1 S. 3; sie betrifft nicht die Anordng. im ganzen, sondern nur das Amt des einzelnen Trägers.

Die Beendigg. der Sch.A. hat praktisch nur die Rückgabe der Bestallg. zur Folge. Eines Schlußberichts des Helfers bedarf es nicht, da er in den Fällen der Volljähr.keit u. der r.skräftigen F.E. praktisch bedeutungslos, in den Fällen der „Aufhebg." schon durch die eigenen Feststellungen des Vmschger.s erledigt; ebenso bei dem grundsätzl. Ausschlusse der Vermögensverwaltg. — für den „Arbeitsverdienst", den in aller Regel die laufenden Ausgaben aufzehren, kommt eine solche nicht in Frage — nicht einer Schlußrechnung.

§ 60.

Die Ausübung der Schutzaufsicht wird vom Vormundschaftsgerichte dem Jugendamt oder nach Anhörung des Jugendamts einer Vereinigung für Jugendhilfe oder einer einzelnen Person, soweit die beiden letzteren zur Übernahme der Schutzaufsicht bereit sind, übertragen. Bei der Übertragung ist auf das religiöse Bekenntnis oder die Weltanschauung des Minderjährigen tunlichst Rücksicht zu nehmen. Das Vormundschaftsgericht hat den Helfer zu entlassen, wenn dies dem Wohle des Minderjährigen förderlich erscheint. Die näheren Bestimmungen über die Ausübung werden von der Reichsregierung mit Zustimmung des Reichsrats oder von der obersten Landesbehörde getroffen.

Über die Führung des unter Schutzaufsicht gestellten Minderjährigen ist dem Vormundschaftsgericht auf Verlangen Bericht zu erstatten.

Das Jugendamt kann die Schutzaufsicht ohne gerichtliche Anordnung ausüben, so lange der Erziehungsberechtigte damit einverstanden ist; es hat in diesem Falle das Vormundschaftsgericht von dem Eintritt der Schutzaufsicht zu benachrichtigen.

Das RJWG. unterscheidet zwischen der „Anordnung" der Sch.A. (§ 57) u. der „Übertragung ihrer Ausübg." Letztere regelt Abs. 1 unseres Paragraphen. Die Unterscheidung hat in der Hauptsache nur konstruktive Bedeutung. Praktisch wird das eine mit dem andern gewöhnl. zusammenfallen, d. h. mit der „Anordnung" der Sch.A. einheitlich in demselben Beschlusse der „Helfer" bestimmt (und so ihm materiell die Sch.A. „übertragen") werden. Die förmliche äußere „Übertragung" vollzieht sich durch die „Bestellung", vgl. ob. zu § 58. Da das Vmschger. selbst — mit den Maßgaben des S. 1 Abs. 1 — den „Helfer" bestimmt, ist für eine Mitwirkung, zumal ein Vorschlagsr. des Gem.Waif.Rats als solchen — § 1779 Abs. 1 BGB. — kein Bedürfnis; insoweit richtig Blaum, Komm. N. 3 zu § 58. Doch ist eine befragende Heranziehung der gemäß § 42 Abs. 2 bestehenden „örtlichen Einrichtungen", also der Lokalinstanzen, mindestens aber der Gesamtbehörde des JA. auch hier sicher nicht zu beanstanden, im Gegenteil als durchaus zweckmäßig in anbetracht ihrer genauen Kenntnis, vor allem der persönl. Verhältnisse (z. B. wegen der im S. 2 Abs. 1 gebotenen „Rücksicht"), zu empfehlen. — Das RJWG. selbst gibt für diese Auswahl des „Helfers" eine bedeutsame Anweisung; es bestimmt geradezu einen Normalhelfer: das JA. Dieses u. zwar das JA. des Ortes, an welchem (zunächst) die Sch.A. eingerichtet wird, sollte an erster Stelle von dem Vmschger. berücksichtigt werden u. ist deshalb so vom RJWG. für ihre „Übertragung" genannt. Durch die Notverordn. vom 14. Febr. 1924 Art. 1 Z. 7 hat jedoch dieser prinzipale Beruf des JA. zu dem „Helfer"amte eine sehr wesentl. Maßgabe erfahren: während nach dem RJWG. eine absolute Annahmepflicht der Jug.wohlf.behörde bestand, ist jetzt ihre „Bestellung" zum H., die „Übertragung der Sch.A." auf sie an ihr „Einverständnis" gebunden. Sie steht also jetzt hierin den übrigen geeigneten H.kategorien (vgl. alsbald das Folg.) ganz gleich. — Bei großen JA. wird, aus sehr einfachen Zweckmäßigkeitsgründen sich auch hierfür bald eine feste Geschäftsverteilung ausbilden, sodaß das Vmschger. für eine Sch.A. immer mit einem oder einzelnen bestimmten Beamten des JA. zu tun hat. Diese müssen in geeigneter Art dem Vmsch.ger. bekannt gegeben u. werden alsdann sachgemäß zu „Helfern" förmlich „bestellt" werden. Auch beim JA. erscheint eine förmliche „Helferbestellung" so wenig wie im Falle der „bestellten" Amtsvmsch. nach § 41 RJWG.s entbehrlich. Jedoch wird gegen die erleichterte Form des § 41 Abs. 2 — bloße „schriftl. Benachrichtigung des Vmschger.s" — auch hier nichts zu erinnern sein. Selbstverständlich ist auf den Fall der Sch.A. auch § 11 anwendbar, wenn auch RJWG. ihn dafür nicht erwähnt. Die Delegation kann, ja wird, praktisch zweckmäßig, auch an Ausschüsse erfolgen, welche dann die Sch.A. kollegial „ausüben". Wie das mit der „Übertragung einverstandene" JA. auf dem Wege über § 11 sich für die Ausübung gewisser „Vereinigungen" u. ebenso bestimmter „Einzelpersonen" bedienen kann, ja soll, so auch das Vmschger. unmittelbar. Jedoch, um ein gedeihliches Zusammenarbeiten aller „Beteiligten", des Helfers mit dem Minderj. u. seinen Angehörigen einer- u. mit dem Vmschger. andererseits, zu gewährleisten, ohne jeden Zwang, der von vornherein Reibungen befürchten läßt. Daher nicht, wie nach § 1785 BGB. für die Vmsch., Verpflichtung zur Übernahme der Sch.A., mit bloßem sie abschwächendem „Ablehnungs"rechte, sondern umgekehrt „Bereitschaft" hierzu ausdrücklich Bedingung. Natürlich kann letztere auch stillschweigend kundgegeben, bzw. aus den Umständen gefolgert werden, so insbes. bei den „Vereinigungen", bei diesen auch ein- für allemal, z. B. im Statut oder durch geeignete Bekanntmachgen erklärt sein. — Als „Vereinigungen", die in Betracht kommen, nennt das Ges. diejenigen für „Jugendhilfe", also nur die eine Hälfte der Kategorien des § 11 S. 1 (nicht: „Vereinigung f. Jugendbewegg.". Diese will aber Fr.-P. N. 4 zu § 60 „in bes. Fällen" zulassen. Das ist sachl. in anbetracht der gegenwärt. Entwicklg. der „Jugendbewegg." nicht ganz abzulehnen, aber mit dem Ges. kaum im Einklang. Vgl. darüber zu § 11 u. § 9.) Jedoch wird bei der gerade in diesem Punkte so schwankenden Terminologie des RJWG. (beachte bes. das Verhältnis von § 9 Abs. 2 zu § 11, sowie § 13 Z. 7) der Begriff nicht zu eng gefaßt, sondern jede sozial-pädagogisch richtig eingestellte, „geeignete" Vereinigung für Jug.Angelegenheiten berücksichtigt werden dürfen. Soweit die Sch.A. als von dem „Jugendrichter" auf Grund des JGG. angeordnete „Erz.maßregel" ausgeübt wird, kommen gem. § 42 JGG. in erster Linie die „Vereinigungen" der Jug.gerichtshilfe in Betracht. Im übrigen natürlich Vereinigungen mit der Sch.A. innerlich nahestehenden Zwecken u. Arbeitsgebieten zu bevorzugen. Also insbes. der „organisierten Einzelvmsch." zugewandte, so z. B. in Groß-Berlin der „Verband f. weibl. Vmsch.", der „Verein für Einzelvmsch.en" usw., aber auch wesentlich allgemeinere wie Sektionen des deutsch. Kinderschutzverbandes u. dgl. Auch bei der etwa auszuwählenden Einzelperson entscheidet in allererster Linie natürl. diese Eignung; die in § 11 S. 1 genannten Eigenschaften „von Männern u. Frauen aller Bevölkerungskreise" spielen also auch hier die ausschlaggebende Rolle. Daneben ist aber die persönliche Beziehung des einzelnen zum Minderj. u. seinem Anhang von allergrößter Wichtigkeit. Denn die Personenfrage ist (wie neuerdings, vgl. Ztrbl. Jugr. XVI S. 96, Pastor Ahme-Oldenbg. — auf dem Berliner Lehrgange des evang. Reichserz.vbdes, Ende Juni 1924 — mit R. nachdrücklichst betonte durch die Forderg. „großer Einsicht, weitreichender Erfahrg. u. pädagog. Geschicks", ebenso wie „häufiger Besuche beim Schützling zur Erzielg. von Superiorität über den Erz.-berecht.") gerade bei der Sch.A. die Grund- u. Lebensfrage, u. darum enthält sich das RJWG. jeder bestimmten Erfordernisse. Eine Sonderfrage wäre, ob Volljährigk. für die „Übertragg. einer Sch.A." Bedingung. R.sgrundsätzl. zu verneinen. Daher z. B. Vereinigg.n f. Jug.bewegg. (vgl. ob.) allein wegen Fehlens dieser Voraussetzg. bei sonst genügender Eignung u. Reife nicht abzulehnen. Die persönl. Beziehgen zwischen „Helfer u. Schutzbefohlenen betreffend, bringt S. 2, indem er „tunlichste Rücksichtnahme auf das relig. Bekenntnis oder die Weltanschauung des Minderj." heischt, im ersteren Teile ein Ergebnis der Bestrebgen des Caritasvbds, das sich inhaltlich mit der Norm des § 33 Abs. 3 — gleiche Rücksichtnahme bei „Unterbringg." durch den JA.(Vmd.) — deckt, nur daß hier allein des Minderj., nicht auch „seiner Familie" gedacht wird (vgl. bezgl. der „Weltanschauung" auch hier R.Verf. von 1919, Art. 137, Abs. 7 u. 146, Abs. 2 u. dazu Ammann, Ztrbl. f. Vmschwesen

S. 49 u. Messer, Weltanschauung u. Erziehung, Osterwieck a. H. 1921). Doch wird praktisch gerade bei der Sch.A. nach deren eigentl. Wesen das Vmschger. zweckmäßig diese Rücksicht auch auf die „Familie" ausdehnen. Da bei der Feinheit und Schwierigkeit dieser Personenfrage Fehlgriffe in der Auswahl des H. unausbleiblich, muß die Möglichkeit eines Wechsels im Laufe der Sch.A. gegeben sein. Sie anerkennt S. 3 Abs. 1, indem er dem Vmschger. eben aus solchen, in der Eignung des „Helfers" beruhenden Gründen das R. zu seiner „Entlassung" einräumt. Wörtlich ist für diese, durchaus richtig, alleinige Voraussetzung, daß sie „dem Wohle des Minderj. förderlich erscheint". Die bewußt sehr allgemeine Fassung, welche sich mit § 44 Abs. 1 S. 1 (Übergang von der Amts- zur Einzelvormundschaft) beinahe deckt — dort nur: „Interesse" statt des hier gebrauchten „Wohl" — gibt dem Vmschger. eine sehr große Bewegungsfreiheit; nicht bestimmte eigenartige Tatbestände, wie bei der Vmdentlassung des gemeinen Reichsvmschaftsrechts (§ 1886 BGB.), sondern u. U. schon ein Werturteil über die Person des „Helfers" und üb. seine Einwirkung auf den Minderj. genügt. Allerdings wird der förmliche und beschwerdefähige Entlassungsbeschluß, auf welchen der H. (an sich) zweifellos Anspruch hat, ihm eine „Begründung" schulden, die erkennen läßt, welche bes. Erwägungen das Vmschger. geleitet haben. Jedoch wird die „Entlassung" mit Zustimmung, ja auf eigene Anregung des H. selbst, so vornehmlich des dazu etwa doch ausersehenen JA. auch vereinfacht, ohne Beschluß sich vollziehen dürfen. War das JA. nicht der H., so wird entsprechend der „Übertragung" (in S. 1 des Abs. 1) auch der „Entlassung" „Anhörung" des JA. vorangehen müssen, dann zumal, wenn Widerspruch des H.s selbst zu erwarten ist. Auch diesem vorher Gelegenheit zur Äußerung zu geben, erscheint zwar nach dem S. des Gesetzes nicht unumgänglich, aber in den meisten Fällen doch der Billigkeit entsprechend. Insbesond. wird die Entlassung von „Vereinigg.en f. Jug.hilfe", welchen eine Sch.A. übertragen worden, nicht einfach über deren Kopf hinweg erfolgen, wie ein ihnen zuzugestehendes Vorschlagsrecht für solche Entlassung, wohl selbstverständlich. Außer dem Helfer selbst wird die Entlassung auch dem „Erziehungsberechtigten" und nach Analogie von § 57 Abs. 2 dem mehr als 14jähr. Minderj. bekannt zu geben sein. Ihnen allen wird gegen die Entlassung „Beschwerde" gemäß § 20 ff. FGG. oft nicht zu versagen sein. Jedoch gelten die vorstehenden Grundsätze nur vorbehaltlich der der Reichsregierung — entsprechend § 15 — und ersatzweise der obersten Landesbehörde eingeräumten „näheren" Regelung. (Allein Reichsausf.verordnung behält für die Schwebezeit, zwischen dem Inkrafttreten des JGG. 1. Juli 1923 und demjenigen des RJWG., § 51 Z. III des ersteren vor, welcher bemerkenswerter Weise die Sch.A. als „Erziehungsmaßregel" dem Jug.richter uneingeschränkt „neben" anderen freistellt. Auch letzteres konnte nur für diese Schwebezeit Geltung beanspruchen!) Diese ist der „Ausübung" schlechthin zugedacht, vornehml. also auch der Durchführung der Rechte aus § 58 Abs. 4 und der Erfüllung der Verpflichtung (des „Helfers") aus Abs. 5, aber doch wohl für die „Entlassung" vorzugsweise von Bedeutung. Da Reichsausf.vorschr., soweit ersichtlich, zunächst nicht zu erwarten, werden die obersten Landesbehörden, in Preußen das Min. f. Volkswohlf., bald solche „näheren Bestimmungen" erlassen müssen und der ausdrücklichen

Forderung des RJWG. gemäß, welche auf durchaus richtiger Würdigung der sozialen Tragweite der Sch.A. überhaupt beruht, nicht lange bei der rein „abwartenden" Haltung z. B. der Preuß. Ausf.Anw. VI, 1 verharren dürfen. Erfahrungen sind von den freiwill. Organisationen der Jug.fürs., welche sehr vielfach schon von sich aus Sch.A.n tatsächlich eingerichtet hatten, bereits gesammelt. Für die zunächst kaum in großem Umfange zu erwartende Sch.A. der JÄ. selbst wären auch „nähere Bestimmungen für die Ausübung" durch „Aufstellung gemeinsamer Richtlinien" seitens der LJA. nicht abzulehnen. (§ 13 Z. 1.) —

Eine einzelne gibt das RJWG. unmittelbar in Abs. 2: Pflicht des „Helfers" zur Erstattung von Führungsberichten auf „Verlangen des Vmschger.". Das entspricht, da an sich das Vmschger. beliebig oft solchen Führungsbericht „verlangen" kann, der oben zu § 58 bereits betonten ständigen und möglichst nahen Fühlung zwischen „Helfer" und Vmsch.-ger., die garnicht angelegentlich genug gepflegt werden kann. Das „Verlangen" kann sofort bei der „Übertragung" ein für allemal in der Art ausgesprochen, daß, wie bei Einleitung von Vmdschaften durchaus üblich, dem Helfer regelmäßige, zu bestimmten Terminen oder nach gewissen Zeitabschnitten zu erstattende Berichte auferlegt werden. Diese selbst werden möglichst umfassend sein und alle für das „Wohl des Minderj." erhebl. Verhältnisse, also außer der Führung im engeren Sinne seine Behandlung, Beschäftigung, Unterbringung, Ergehen usw., mit besonderem Augenmerk auf die Fort- oder Rückschritte u. zweckmäßig unter Beifügung von Äußerungen anderer Stellen, der Schule, Lehr- und Dienstherren, Polizei berücksichtigen müssen. Schriftl. Form hier stets angebracht. Soweit das JA. die Sch.A. führt, formularmäßige Berichterstattg. (z. B. nach Vordrucken) nicht zu beanstanden. —

Eine Anordnung bes. Art trifft Abs. 3; mit dem Gegenstande der vorhergehenden Abss. nur in sehr losem Zusammenhange, der sich bei genauerem Zusehen beinahe auf die Fassung beschränkt. In Wahrheit schafft Abs. 3 eine von dem übrigen Ausbau des Instituts durchaus abweichende u. zwar eigentümliche Art der Sch.A., die freiwillige Sch.A. Sie hat die stärkste Analogie in der „freiwilligen" F.E., welche in den Hansestädten seit einiger Zeit besteht (vgl. meinen Art. über die „Gefährdetenfürsorge", Ztrbl. Vmschw., Maiheft 1923 u. Blaum, Komm. N. 1 zu § 65), dort jetzt meist auch gesetzl. anerkannt. Ihre einzige Bedingung ist, sachlich u. zeitlich, das „Einverständnis des Erz.-berechtigten"; sie setzt also vor allem, vgl. schon ob. zu § 56, keine Verwahrlosungsgefahr voraus. Dieses „Einverständnis" kann natürl. auch in der Form eigenen initiativischen Antrags (des „Erziehungsber.") kundgegeben werden, wie solcher bei der hansestädtischen „freiwilligen" F.E. durchaus gewöhnlich. Doch kann der Anstoß zu der Maßnahme ebenso von dem JA. ausgehen u. das Einverständnis erst auf seine ausdrückl. Aufforderg. erklärt werden. Diese Erklärung, ebenso wie der etwaige „Antrag" wird vom JA. zu Protokoll zu nehmen sein. Die Folge besteht in der sofortigen tatsächlichen Ausübg. der Sch.A. durch das JA. ohne jedes Dazwischentreten des Vmschger. Jedoch ist auch ihr die jeder Sch.A. eigene Fühlung mit der gerichtl. Instanz unerläßlich: das JA. „hat" das Vmschger. von dieser Übernahme der

Sch.A. „zu benachrichtigen". Diese selbst „tritt — durch die Übernahme — ein" (vgl. oben zu § 37). Ein anderer „Helfer" als das JA. kommt nicht in Frage. (Da hier ihm die Sch.A. nicht „übertragen", sondern von ihm — freiwillig — „übernommen" wird, Art. 1 Z. 7 Notvdn. v. 14. Febr. 1924 ohne Bedeutung.) Demgemäß weder „Bestellung" noch Bestallung oder auch nur das Surrogat der letzteren aus § 41 Abs. 2 S. 2 („schriftl. Verfügg. des Vmschger."), u. endlich auch nicht eine „Entlassung" durch das Vmschger. gemäß S. 3 des Abs. 1, da allein die Zurücknahme des „Einverständnisses" dem JA. die Sch.A. wieder entzieht. Wohl aber natürl. Niederlegg. der Sch.A., wenn diese nach der pflichtmäßigen Überzeugg. des JA. durch Zweckerreichg. oder -sicherstellg. — § 59 S. 2 — entbehrlich wird. Denn die Jug.wohlf.beh. ist auch hier berufenste Beurteilerin der jug.fürs. Notwendigkeiten des Einzelfalles, also auch der Frage, ob der Zweck der Sch.A. „erreicht oder anderweit sichergestellt ist". Hierin aber, nach der Fassung des Abs. 3 zu schließen, („die Sch.A. ausüben") erschöpfen sich die Abweichungen dieser freiwilligen von der durch das RJWG. geordneten Sch.A.: die in § 58 Abs. 5 u. § 60 Abs. 2 auferlegten Pflichten u. in § 58 Abs. 4 gewährten Rechte hat auch das „ohne gerichtliche Anordng. die Sch.A. ausübende" JA. — Ob in Preußen diese bisher dort völlig fremde Einrichtung sich als „die Regel", wie Blaum R. 4 zu § 60 meint, einbürgern wird, füglich stark zu bezweifeln. Gegenüber dem gemeinen Reichsr. die „freiwillige" Sch.A. durchaus eine Singularität: denn, wie Rehbein a. zu § 58 a. O. S. 119 zutreffend bemerkt, „gilt für das BGB. wie für das bisherige R., daß niemand sich freiwillig einer Vmsch. unterwerfen kann, für die ein gesetzl. Grund nicht „vorliegt". Die Anzeige des JA. von der freiwillig „ausgeübten" Sch.A. kann für das Vmschger. natürl. Anlaß zu einem Offizialeinschreiten in der Richtung der Anordnung einer Sch.A. werden. Diesen Fall sieht die J.Min.Verf. v. 19. März 1924 ausdrücklich vor.

§ 61.

Eine zur Zeit der Anordnung der Schutzaufsicht bestehende Beistandschaft (§§ 1687 ff. des Bürgerlichen Gesetzbuchs) soll insoweit aufgehoben werden, als sich ihr Wirkungskreis mit dem der Schutzaufsicht deckt.

Wie die Sch.A. selbst nach § 59 durch gewisse Verhältnisse erledigt werden kann, so macht sie wiederum Verhältnisse, welche durch sie sich erledigen, entbehrl. Dies gilt vor allem von der ihr in Bau u. Wesen (vgl. bes. zu § 58 Abss. 2 u. 3) so nahe verwandten „Beistandschaft" des gemeinen Reichsvmschr. Diese „soll" deshalb bei „Anordng." einer Sch.A. aufgehoben werden, wenn u. soweit sachlich sie durch letztere gegenstandslos wird, nämlich „sich ihr Wirkungskreis mit dem der Sch.A. deckt". Eine solche Konkurrenz kommt demgemäß nur in Frage bei einer der Mutter als „Erz.berecht.", an die Seite gestellten Sch.A. u. bezügl. der ihr für die Personensorge, ja sogar noch enger nur für die „Erziehung" bestellen Beistandschaft. Ein allein für die Verwaltg. des Kindes.vermögens, (vgl. die Hervorhebung in § 1687 Z. 3 BGB.) bestellter Beistand wird auch neben dem „Helfer" beizubehalten sein.

Ihrem gegenseitigen sozial-pädagogischen Verhältn. nach ist die Sch.A. offenbar das Stärkere als die (bloße) „Erz.Beistandschaft". Letztere ergibt begrifflich (daher auch die Bezeichng.) niemals eine Ausschaltung des „Erziehungsberecht.", wie sie doch die Sch.A. unter Umständen mit sich bringen kann. Dies nämlich wird man aus deren Wesen herleiten müssen, wenn auch der Wortlaut des § 58 Abs. 1 S. 2 sich allzu getreu an § 1689 BGB. anschließt, ja sogar (ersterer) durch die Erwähnung (nur) der „Sorge für die Person" (1689: elterliche Gewalt schlechthin!) umgekehrt beinahe die Sch.A. als das Schwächere erscheinen läßt. Aber eine „Verwahrlosg." kann nicht selten allein durch Beseitigung jedes erzieherischen Einflusses des Gewalthabers „verhütet" werden. — Kein Bedenken besteht natürlich gegen eine Beibehaltung der Person des Beistandes bei Aufhebung aus § 61 als nunmehrigen Helfers. Im Interesse der äußeren u. noch mehr der inneren Kontinuität der erzl. Betreuung ist diese sogar oft wünschenswert u. deshalb im Zweifel zu empfehlen. — Die Erfüllung der „Soll"-Vorschr. wird als Pflicht des Vmschger. zu gelten haben, Verabsäumung zur Beschwerde gemäß § 20ff. FGG. berechtigen. Denn eine unnütze Häufung von Ergänzungen der „natürlichen" Erziehung kann allzuleicht zu einem Leerlauf der einen oder anderen Einrichtung oder beider führen u. bedeutet auch eine jedenfalls übertriebene Hemmung der Erz.berechtigten, welche diesen als lästigen Eingriff nicht hinzunehmen brauchen.

Im Falle der Ablösung einer Beistandschaft durch d. Sch.A., bei gleichzeitigem Wechsel in der betreuenden Person gehört natürlich auch der — bisherige — Erzieh.beistand zu den nach § 58 Abs. 4 S. 2 dem „Helfer" Auskunftspflichtigen. Für den etwa neben diesem noch beibehaltenen Beistand folgt die gleiche Pflicht aus der genannten Vorschr. selbst. Denn die „Übergabe z. Erziehg." ist unbedenklich im weiteren, eigentlichen S. (der Unterstellung unter die Erz.gewalt, keineswegs bloß der Aufnahme in den unmittelbaren Einwirkungsbereich) zu verstehen, u. eine solche kommt doch auch dem Beistande zu.

Die Fortführg. der bisherig. Beist.sch.- als nunmehriger Sch.A.Akten wohl als zulässig zu erachten; desgl. bei Übertragung der Sch.A. an den Beistd. die bloße Veränderung seiner Bestallung. Erstere sogar praktisch meist zu empfehlen. Bei Beendigung der Sch.A. selbst aber werden die Akten über diese zu schließen sein. Ihre Fortführung etwa als F.E.Akten erscheint nicht sachgemäß, in Preuß. auch mit der J. Min. V. vom 19. März 1924 Z. I 3 (nach welcher in Vbdg. mit Z. 1 das. „Sch.A.-Sachen" in einer neuen Sp. XI bes. gezählt werden) kaum vereinbar. Den F.E.Akten werden diejenigen über die Sch.A. vielmehr nur als Beiakten beizufügen sein. —

Bloße „Anzeigen" gemäß § 60 Abs. 3 gelangen nach dieser Verf. Z. I f. zu General-(Sammel-)Akten — mit alphabetisch geführtem Namensverzeichn. auf vorgeheftetem „Vorblatt", — soweit nicht bei schon vorhandenen Fam.r'sakten unterzubringen oder Anlaß der „Einleitung eines (bes.) Verfahrens". —

In Preußen ist auch für die Sch.A., ebenso wie unverändert unter der Herrschaft des RJWG. (u. des JGG.) in allen Sachen der F.E., gemäß Artt. 7 u. 8 des Preuß. Ges. über die freiw. Gerichtsbarkeit das Kammergericht (nach der Geschäftsverteilg. dieses Gerichtshofs: der Ziv. Sen. 1a) höchste Instanz.

2. Die Fürsorgeerziehung.

Bisheriges R. bes. in Preußen.

Die F.E. ist von den einzelnen Hauptstücken des RJWG. das einzige, welches schon bisher in den verschiedenen deutschen Ländern Gegenstand eigener Spezialgesetze gewesen. An der Spitze stand hier Preußen, das gerade diese Sondergesetzgebg. schon verhältnismäßig früh entwickelt u. ausgebildet hatte. Zuerst durch das am 1. Okt. 1878 in Kraft getretene Ges. vom 13. März 1878 (Preuß. G.S. S. 132) betreffend die Unterbringung verwahrloster Kinder, nach der in seinem Mittelpunkte stehenden „Zwangserziehung" kurz allgemein Zw.erz.Ges. genannt, in großen Zügen (Zuständigkeit des Vmschger., Einschreiten von A. w. oder auf „Antrag", „Unterbringung" durch den als „Kommunalverband" zuständigen Provinzialverband) schon durchaus der Vorläufer der später gesetzl. eingeführten Fürsorgeerziehung, aber doch auch noch wesentlich bestimmt (§ 1) durch die das Ganze tragende Vorschrift der §§ 54 ff. RStG., also als Ersatz für eine gerichtliche Bestrafung noch strafunmündiger „Kinder" gedacht und ausgestaltet. — Sodann durch das dieses Gesetz (von 1878) wesentl. verallgemeinernde, auf dem Vorbehalt des Art. 135 EG. z. BGB. beruhende Ges. vom 2. Juli 1900, in Kraft seit 1. April 1901, welches schon in der grundlegenden Bezeichnung „Fürsorge"- statt „Zwangs"erz. mit dem bisherigen Standpunkte brach und auch sonst die 1878 geschaffene Einrichtung stark abändernd, nicht zum wenigsten erweiternd (so z. B. bezüglich der normalen Altershöchstgrenze: Heraufsetzung a) für die Anordng. — die „Unterbringg." — vom 12. auf das 18., b) für die Festhaltg. in — die „Entlassg. aus der Zw.Erz." vom 16. auf das 21. Lebensjahr; noch viel schwerwiegender aber bezügl. der Voraussetzungen: Lossagung von der einseitigen Abstellung auf strafb. Handlgen des Minderj.) ausbaute. Eine sehr wichtige Ergänzung zu diesem Ges. boten die vom Preuß. Min. d. Inn. unt. 18. Dez. 1900 erlassenen „Ausf.Best." (abgedr. u. a. bei Noelle-Boschan, Komm. S. 247 bis 267 u. Min. Bl. inn. Verw. 1901, S. 27), auch die allerdings viel weniger umfangreichen und umfassenden allgem. Verf.n des Preuß. Justmin. v. 6. Febr. 1901 u. 19. März 1901 (J.M.Bl. 1901 S. 31 u. S. 73) u. die etwas speziellere Verf. des Preuß. Min. des Inn. vom 22. Febr. 1901, welche die Gedanken der hauptsächl. die Mitwirkg. von Vereinen (auch Behörden) in der Zwangserz., zumal für die Unterbringg. empfehlenden Zirkular-Verf. z. Ges. v. 13. März 1878 sich zu eigen machte u. nur durch Hervorhebg. der Planmäßigkeit noch unterstrich (vgl. dazu u. darüber Böhme-Mende, Jug. Fürs. Vereine im D. Reich, Berlin 1918 S. 2 u. S. 3). Dieses Ges. ist mit seinen Hauptgrundlagen bis in die Gegenwart hinein in Geltung geblieben, nur in einem allerdings sehr wesentl. Punkte reformiert durch die Nov. vom 7. Juli 1915, — in Kraft (nach der wohl nicht zu beanstandenden Berechng. bei Noelle-Boschan S. 25) seit 3. Aug. 1915, welche den Meinungsstreit zwischen Kamm.Ger. und B.A. für Heim.Wes. einer- u. preuß. Ob.V.G. andererseits über die Behandlung durch Maßnahmen, zumal „Unterbringung" aus § 1666 BGB. mittellos u. erwerbsunfähig gewordener Kinder, nach einem Antrage des sich dafür besond. einsetzenden Abg. Dr. Schmedding, im S. der ersteren Instanzen authentisch beendete. — Der Preuß. Jug.Fürs.Entw. von 1918 begnügte sich in (dem einzigen § 21 des) 3. Abschn., seiner landesgesetzlichen Natur gemäß, mit einigen wenigen Abänderungen des Ges. von 1900/1915, welche hauptsächlich die Beteiligung des J.A. an der Anordng. der F.E. und der „vorläufigen Unterbringung" betrafen. — Das RJWG. räumt mit dieser landesrl. Regelung der F.E. auch für Preußen grundsätzlich auf, wenngleich es sehr stark (ausschl. Zuständigkeit des Vmschger.", Art der Berücksichtigung der „Beteiligten", Anfechtbarkeit durch sof. Beschwerde, Aufbau des Instituts auf den Provinzialorganisationen u. a. m.) auf den Schultern gerade der Preuß. Gesetzgeb. ruht, diese also sachlich in wesentl. Teilen fortgelten läßt (vgl. jetzt die ausdrückl. Hervorhebg. dieser materiellen Übereinstimmung in der Preuß. Ausf.Anw. VI Z. 3, welche daraus offiziell ableitet das Fortbestehen „aller in Erlassen u. Verfggen enthaltenen Verwalt.anordngen, soweit sie sich nicht auf Bestimmungen des FEG. beziehen, die in das Reichsges. nicht übernommen worden sind"). Kennzeichnende Abweichungen des neuen Reichsr.s sind in der Hauptsache nur: die größere Elastizität des Verfahrens (Widerruflichkeit!), Möglichkeit einer Überschreitg. des Höchstalters von 18 J. für die Anordng. und erheblich stärkere soziale Betonung (Beteiligg. der Medizinalinstanzen, Regelg. der Mitteilungspflicht gegenüber den „Erziehungsber.", Rücksichtnahme auf das „religiöse" Moment); in der oben gedachten Streitfrage folgt es grundsätzl. der letzten Preuß. Gesetzgebg. — Diesen reichsrl. „Rahmen" füllt für Preußen das Ausf.Ges. Abschn. IV nur noch in Einzelheiten aus. (Bestimmung der F.E.„Behörden", Ordng. verschiedener die „Ausführung" der F.E. angehender Fragen, der Kostentragung und -erstattung sowie des Rechts der „Aufsicht über die Ausführung der F.E."). Beinahe schwerwiegender als diese Regelung sind gewisse technische, im Preuß. Ausf.Ges. enthaltene Bestimmungen: so die, weil uneingeschränkte, auch die F.E. umfassende Übertragung „der Ausführung des Gesetzes" an den Min. f. Vwf. (früher, vgl. S. 369 Min. d. Inn.) u. die Anordng. des Erlasses von Ausf.anweisungen, zumal auch solchen „für die Verwaltg. der ... Erz.anstalten" durch die Kommunalverbände. Bezügl. des Inkrafttretens dieses Abschn. des RJWG. (der Vorschr. über die F.E.) hatte der Entw. des Preuß. Ausf.Ges.s in seinem letzten Satze — § 36 Abs. 2 S. 1 — einen ruhenden Pol durch Festlegg. auf den 1. April 1924, unabhängig von der sonstigen Ingeltgsetzg. des Reichsges.s, geschaffen u. positiv noch die „Maßgeblichkeit" der Ges.e von 1900/1915 „bis dahin" ausgesprochen. Dies durch die Notvdn. v. 14. Febr. 1924 Art. 4 erledigt. Nicht aber auch die Singularität des Art. 5 EG. z. RJWG., demzufolge die Bestimmung des § 69 Abs. 2 — betr. die Unterbringg. bekenntnisloser Minderj. — spätestens am 1. Jan. 1926 in Kraft tritt, aber landesgesetzl. zu einem früheren Zeitpunkte in Anwendung gebracht werden kann. Da hierüber das Preuß. AG. schweigt, verbleibt es für Preußen bei dem 1. Jan. 1926. Die Behandlung „schwebender", d. h. am 1. Apr. 1924 schon eingeleiteter F.E.Verfahren regelt das Ausf.Ges. § 31 durch zwei „die Bestimmgen des RJWG." geringfügig (modifiziert) zur Anwendg. bringende Vorschr.: für die auf Grund der „bisherigen gesetzl. Bestimmungen" bereits überwiesenen Minderj. ist das RJWG. in § 32 Ausf.Ges. schlechthin als „anwendbar" erklärt. Mit diesen „Maßgaben" ist — vom 1. April 1924 ab — die bisherige preuß. Gesetzgebg. aufgehoben (ebenso wie Art. 78 Preuß. AG. z. BGB.). Gesetzl. Quelle auch des R.s der F.E. war schon seit 1. Juli 1923 das JGG. v. 16. Febr. 1923 als zwingendes

Reichsr. auch für Preuß. Dieses hatte aber (vgl. ob. zu § 60 Abs. 2) auch für die F.E., zumal deren Ausführg. in § 51 Z. II „bis zum Inkrafttreten des RJWG." es bei den „Gesetzen des Landes, dem das Jug.ger. angehört", belassen, aber mit nicht unerhebl. Einschränkgen dieses Zwischenzustandes, so z. B. für die Regelg. der Zuständigkeit, § 5 Abs. 2 S. 3, die Anhörg. der F.E.Behörde bei Vorbereitg. der Strafaussetzg. gegen „Fürs.Zöglinge", § 31 Abs. 4 und die Feststellg. der Anfechtbarkeit auch der in einem „Urteile des Jug.ger.'s" als „Erz.maßregel" angeordneten F.E., § 35 Abs. 1 S. 2. — Diese Zwischenregelg. hatte ihren inneren Grund in dem systematischen Standpunkte, daß die F.E., hierin der Sch.A. gleichwertig (wegen der positiv-rechtl. einzelnen Abweichg. hinsichtl. der Zuständigkeit s. später), nur insoweit, als sie der „Anordng." auch des Jug.richters zugängl. gemacht, in dessen R.sgebiet einbezogen, mit allen ihren sonstigen Beziehgen: „Voraussetzgen, Ausführg. u. Aufhebg. sowie Erlöschen" aber dem RJWG. auch als vom Jug.richter angeordnete verblieben ist.

Für Preußen ist zwar nicht auch ein Ausf.Ges. z. JGG., wohl aber unter dem 1. Juli 1923 (Ges.-Sammlg. 291) ein solches ergangen, welches den Einklang mit Preuß. Landesstrafges.en herstellt, aber die F.E. in keiner Weise berührt. Ebenso wenig tun dies unmittelbar die Allg. Verfg.n des Just. Min. vom 7. Februar 1923 u. vom 20. Juni 1923 (J.M.Bl. S. 96 u. S. 450), welche für ihren Bereich den Rechtsstand des JGG. mit dem bisherigen R. in Einklang bringen. Doch ist die letztere Verfgg. durch eine Reihe von Anordngen über die (örtl. u. sachl.) Zuständigkeit des Jug.strafrichters u. ihr Verhältnis zu derjenigen des Vmsch.richters mittelbar auch für die F.E. von erhebl. Bedeutg. —

Die Entwicklg. des Preuß. Rechts der F.E. ist vor allem durch die Entscheidgen des Kammerger., bei welchem diese R.spflege einheitl. von dem Zivilsen. 1a geübt worden und allein seit dem 1. April 1901 schon eine sehr reiche u. eingehende Judikatur entstanden ist (über seine Fortgeltg. als höchste Instanz Preußens vgl. schon ob. bei § 61 a. E.) sehr bedeutungsvoll beeinflußt worden. Dem preuß. Praktiker recht nützlich auch die Zusammenstellung der Verfgen, Erlasse usw. bei Ebert, amtsgerichtl. Dezernat, 10. Aufl. S. 354 ff. — Im übrigen für die Literatur auf die Komm.e zu verweisen, vor allem den mehrgen. von Noelle-Boschan, auch die sehr reichhaltigen Angaben in Staudinger's Komm. z. BGB. — zu Art. 135 des EG. z. BGB., — sowie jetzt bes. den Komm. der R.G.R. (5. Aufl.) N. 5 vor § 1616 (auch die Sch.A. berücksichtigend), weiter auch auf die Berichte über den Allg. D. Fürs.Erz.Tag von 1918 u. bes. den letzten, 15. u. 16. Sept. 1924 in Heidelberg gehaltenen, Ztrbl. Jugr. XVI S. 158 ff. (Diese aus bescheidenen Anfängen hervorgegangene, aber bald sehr lebhaft gepflegte Einrichtung zum Austausche von Erfahrungen u. Meinungen auf dem Gebiete der F.E., 1906 offiziell unter der angegeb. Bezeichnung begründet u. seitdem durch all 2 jährige Zusammenkünfte betätigt, hat sich als werbende Arbeitsgemeinsch. dieses Jug.fürs.zweiges hervorragend bewährt. Vgl. auch dazu Böhme-Mende a. a. O. S. XXXI/II.)

Einen trefflichen Einblick in die preuß. Praxis des F.E.Wesens gewähren die auf Veranlassung des Minister. des Inn. regelmäßig veröffentlichten Jahresberichte der Landesdirektoren, welche auch sehr zuverlässige statistische Angaben zu enthalten pflegen. Ihrem Ursprunge gemäß betreffen sie die Ausführung der F.E., welche ja nach der gerade diesem Institute eigenen scharfen Trennung, im Gegensatze zu dem der R.spflege zugewiesenen Anordnungsverfahren, fast ausschließlich Verwaltungssache u. der Einwirkg. des Vmschger. nahezu ganz entzogen ist. Näheres hierüber vgl. unten zu § 70. Über die Frage, ob die Ausführg. der F.E. staatl. Auftragsangelegenheit (so auch die Preuß. Ausf.Anw. Abschn. VI Z. 30) oder vielmehr gleich den übrigen „Aufgaben der Jugendwohlf." Selbstverwaltungsangelegenheit, s. schon Vorbem. zu Abschn. II u. neuestens sehr eingehend Blumenthal, Preuß. Ausf.-Ges. z. RJWG. S. 77 ff.

Durch das Inkrafttreten des RJWG. hat in Preuß. auch die Zentralinstanz für die F.E. gewechselt: als solche ist an die Stelle des bisher (vgl. soeben) zuständigen Min. des Inn. derjenige f. Vwf. — § 34 Ausf.Ges.s — getreten. Auch dies für die Umstellg. der Anschauungen kennzeichnend!

§ 62.

Die Fürsorgeerziehung dient der Verhütung oder Beseitigung der Verwahrlosung und wird in einer geeigneten Familie oder Erziehungsanstalt unter öffentlicher Aufsicht und auf öffentliche Kosten durchgeführt.

Der § bestimmt das Wesen der F.E. Er trennt, auch äußerlich, plastisch diese Feststellung von derjenigen der Voraussetzungen (§ 63). Damit gewinnt die Ordnung des Gegenstandes an Durchsichtigkeit, welche gerade in diesem Punkte der bisherigen Preuß. Gesetzgebg. fehlte. Dieser Fortschritt wird z. T. erreicht durch die Anknüpfg. an u. Gegenüberstellung mit der Sch.A. Der Parallelismus mit ihr entrollt, wie überhaupt die rechtl. Natur der F.E., weit deutlicher als deren mehr versteckte Zugrundelegung in § 1 u. § 2 des Preuß. F.E.G., — vgl. über letztere u. a. R.Ger.Entsch. Bd. 75 S. 281, später noch mehrfach zu erwähnen, mit treffenden Darleggen über die teils öffentl.-rechtl., teils bürgerl. rechtl. Tragweite der F.E. —, so vor allem ihre Stellung in dem Gesamtsystem einer Jug.wohlf.pflegeordnung. Als Teil der letzteren, also selbst als eine Jug.wohlf.einrichtung, tritt damit auch die F.E. viel heller in die Erscheinung. Diese Hervorkehrung ihres innersten sozialen Kerns ist auch praktisch keineswegs bedeutungslos. Allein die mit der Einsicht in diesen verbundene Erkenntnis des wahren Zweckes der F.E. kann auch im Einzelfalle die Entscheidung über ihre Anwendung oder Nichtanwendung bestimmen.

Dem RJWG. ergibt das Wesen der F.E. die gesetzl. Beantwortung der Frage nach ihrem Zweck und Mitteln. Ersterer läßt bes. deutl. die innere Beziehg. zur Sch.A. hervortreten; denn er läuft mit dieser in der Richtung auf die Verwahrlosung Minderj. (vgl. ob. Vorbem.) zusammen. Auch die F.E. wie die Sch.A. dient dem Kampfe gegen dieses Übel und zwar (vgl. ebenfalls früher) in dessen gleichen Erscheinungsformen auf „körperlichem, geistigem oder sittlichem", bzw. gleichzeitig auf mehreren oder gar allen diesen Gebieten. Aber sie geht in ihrer Eignung als Kampfmittel dagegen über die Sch.A. hinaus:

denn während letztere nur „zur Verhütung ausreicht", wendet sich die F.E. auch einer Beseitigung dieses Jug.notst.des zu. Das Verhältnis der beiden Einrichtungen ist also das, daß „zur Beseitigung der Verwahrlosung", d. h. zur Ausrottung einer schon eingetretenen die Sch.A. niemals ausreicht, sondern immer allein die F.E. „geboten erscheint", zur „Verhütung" je nach Lage des besond. Falles mit der Sch.A. auszukommen oder ebenfalls zur F.E. zu greifen ist. Praktisch wird den sichersten Prüfstein für die Wahl zwischen der einen und der anderen Möglichkeit normaler Weise die Erwägung geben, ob auf eine solche „Verhütung" auch ohne „Entfernung aus der bisherigen Umgebung" (vgl. oben bes. zu § 55) zu rechnen ist oder nicht. Allerdings werden tatsächl. auch die Grenzen zwischen bloßer Verhütung erst drohender und Beseitigung schon eingetretener Verwahrlosung oft recht fließende sein (vgl. dazu die oben wiedergegebenen Bemerkgen von Francke, Komm. z. JGG. N. VII zu § 7, die auch hier zutreffen), so z. B. bei einmaliger Begehung besonders schwerer Strafhandlungen, etwa mit Gewalttätigkeit verbundenen Einbruchsdiebstahls, raffinierten Betruges u. dgl. oder vereinzelten Fällen von gewerbsmäßiger Unzucht. Wenngleich es bedenklich ist, hier generelle Regeln für das vmschrichterl. Ermessen aufzustellen, wird doch im allg. für diese Grenzfälle die F.E. als das wirksamere Mittel und die sicherere Gewähr der Zweckerreichung vorzuziehen sein. Denn erfahrungsgemäß wirkt auf die jugendl. Psyche, — den in der Entwicklung befindlichen Menschen überhaupt — meist eine Umgestaltung seiner äußeren Verhältnisse am heilsamsten ändernd ein. Diese Umgestaltung nämlich ist, was das Mittel anlangt, das normal kennzeichnende Merkmal der F.E. im Unterschiede von der Sch.A. Die Vorschrift des § 69 Abs. 4 S. 1, welche eine „widerrufliche" Anordng. der Erziehung des Minderj. „in der eigenen Familie" zuläßt, stellt sich eben durch diese Widerruflichkeit, wie auch sonst, ganz deutlich als Singularität im reichsrechtl. System der F.E. dar. Noch stärker als diese nicht ausnahmslose Regel für die tatsächliche Durchführung der F.E. bringt eine uneingeschränkt geltende **grundsätzliche Beschaffenheit ihrer Anlage, der Mittel zum Zweck in diesem S.,** sie zu der Sch.A. in Gegensatz: ihre zwingende Verknüpfung mit „öffentlicher Aufsicht und öffentlichen Kosten". Beide Wesensmerkmale ergeben wohl die schärfste Antithese zur Sch.A.: denn diese ist, ganz deutlich erkennbar, ein privates Aufsichtsverhältnis, auch dann, wenn die „Aufsicht" von dem JA. — vgl. oben zu § 60 Abs. 1 — „ausgeübt" wird, dem nach dem (ursprüngl.) RJWG. normalen, nur durch den „Abbau" in den Hintergrund gedrängten Falle. Die Jug.wohlf.beh. hat hier keine andere Stellung als im Falle ihrer „Bestellung" zum Amtsvmd. (gemäß § 41). Hingegen beruht die F.E. ebenso grundsätzlich auf und besteht in einer öffentlichen Aufsicht über den Minderj., in der Aufsicht also des Staates oder seiner Organe als solcher, nicht etwa wie bei der Sch.A. als Vertreter von Privatpersonen: in einer unmittelbaren Betätigung der eigentlichen „öffentl. Jug.hilfe". Mit dieser Übertragung der das Wesen der F.E. ausmachenden „Aufsicht" an geht, nahe zusammenhängend, einher die ebenfalls grundsätzl. Übernahme der von der F.E. verursachten Kosten durch die „Öffentlichkeit". Auch dies ist der Sch.A. fremd. Sie verursacht überhaupt normalerweise ebenso keine Kosten wie umgekehrt die F.E. dies gerade wesensgemäß tut. Daher kommt schon nach dieser Grundanlage eine Beteiligung der „Öffentlichkeit" an den etwa doch entstehenden „Kosten" nicht in Frage. Für die F.E. ist diese Beteiligung ebenso zwingend vorgeschrieben. Eine F.E. „auf" private Kosten gibt es nicht, auch nicht bei — selbst oder durch ihre Angehörigen — leistungsfähigen Minderj. Die „Öffentlichkeit", also die den Staat hier repräsentierende öffentl. Organisation ist vielmehr wegen der zunächst und prinzipiell sie belastenden „Kosten" auf den Erstattungsantrag angewiesen! Diese „Mittel" — im weiteren allgemeineren S. — die „öffentliche Aufsicht" und der Aufwand „öffentl. Kosten" bilden das feste, unabänderliche Gefüge der F.E., welches keinerlei Abwandlungen duldet. Eine Wahl ist nur hinsichtlich der besonderen Mittel der „Durchführung", der Art, wie jeweils die auf öffentl. Kosten geübte öffentl. Aufsicht vollzogen werden soll, gegeben. Hier ist bewußt eine nicht ganz geringe Mannigfaltigkeit zur Verfügung u. Auswahl gestellt. Das Ges. selbst nennt allerdings, aber nur als solche, allein zwei Typen: die geeignete „Familie" und die „Erziehungsanstalt", mit der Beschränkung auf letztere von der sonst bisher in gleichartigen gesetzlichen Bestimmungen, z. B. § 55 StGB. und später § 1666 BGB. ebenso wie nach § 2 Preuß. FEG. üblichen weiteren Fassung, welche auch die „Besserungsanstalten" einbezog, abweichend. (Die Fürs.Pfl.Vdn. nennt jetzt, vgl. schon früher, in § 9 neben der Erz.- auch die „Straf-, Arbeits- oder sonstige Zwangsanstalt" einer- u. die „Pflege- oder sonstige Fürs.anstalt" andererseits!) Die „geeignete Familie", — auch terminologisch aus der bisherigen Gesetzessprache, bes. § 1666 cit., einfach übernommen —, ist offenbar die sozial, zumal sozialpädagogisch „geeignete" (vgl. dazu meine Abh. Jhering's Jahrb. Bd. 72 S. 160 ff.), also die den aus § 1, auch § 9 (vgl. dort) hervorgehenden Anforderungen des RJWG.s für eine Gewährleistung des Jug.wohls entsprechende. Theoretisch ist damit dem Ermessen der zuständigen Fürs.erz.instanz ein sehr weiter Spielraum gelassen; praktisch wird es, vor allem in ländl. Verhältnissen, oft überaus schwer sein, eine solche wirklich geeignete Familie zu finden. Denn die „geeignete" Familie ist, wie bereits hervorgehoben, normaler Weise eine dem Minderj. fremde. Freilich werden die Anforderungen an positive Eignung nicht zu hoch gespannt werden dürfen. — Auch die Erzgsanstalt muß diesen Anfordergen genügen. Bei ihr wird hierfür allerdings in der Regel schon durch die über sie geübte staatliche Kontrolle (vgl. hierzu bei § 29) Gewähr geboten sein. —

Die vorstehend dargelegte Begriffsbestimmung der F.E. ergibt einmal, u. zwar sehr mittelbar, den Ausschluß der „freiwilligen" F.E. nach RJWG. Die gegenteilige Ansicht von Blaum, Komm. N. 1 zu § 65 erscheint nicht berechtigt, jedenfalls nicht durch die Berufung auf Art. 2 EG. z. RJWG. hinlängl. begründet, da es eben die Frage ist, ob die Einrichtung einer freiwilligen F.E. noch „mit den Bestimmungen des RJWG. vereinbar" oder durch sie zwingend ausgesperrt ist; sodann, ganz unmittelbar, daß auch nach RJWG. die Entfernung eines Minderj. aus seiner bisherigen Umgebung, falls sie die Öffentlichkeit mit Kosten belastet, zur F.E. führt, also ebenfalls eine Entscheidung der bekannten Kontroverse zwischen Kamm.ger. u. preuß. Ob.V.G. im S. des ersteren.

§ 63.

Ein Minderjähriger, der das 18. Lebensjahr noch nicht vollendet hat, ist durch Beschluß des Vormundschaftsgerichts der Fürsorgeerziehung zu überweisen:

1. wenn die Voraussetzungen des § 1666 oder des § 1838 des Bürgerlichen Gesetzbuchs vorliegen und die Entfernung des Minderjährigen aus seiner bisherigen Umgebung zur Verhütung der Verwahrlosung erforderlich ist, eine nach dem Ermessen des Vormundschaftsgerichts geeignete Unterbringung aber anderweit nicht erfolgen kann;
2. wenn die Fürsorgeerziehung zur Beseitigung der Verwahrlosung wegen Unzulänglichkeit der Erziehung erforderlich ist.

Für den Fall, daß Aussicht auf Erfolg der Fürsorgeerziehung besteht, kann diese auch noch angeordnet werden, wenn der Minderjährige das 18., aber noch nicht das 20. Lebensjahr vollendet hat.

Maßgebend für die Altersgrenze ist der Zeitpunkt, in dem der Antrag bei Gericht eingeht oder das Verfahren gemäß § 65 oder § 67 eingeleitet wird; der Zeitpunkt ist aktenkundig zu machen.

Als echte jug.wohlf.pflegerische Maßnahme ist gleich allen andern die F.E. bei Vorliegen eines gewissen Tatbestandes obligatorisch. Auch diese „öff. Jug.hilfe" **muß alsdann eintreten und ist nicht mehr von dem Belieben, ja nicht einmal dem Ermessen der für ihre Anordnung zuständigen Stelle abhängig.** Diesen Charakter der F.E. bringt das RJWG. viel schärfer und klarer zum Ausdruck als das Preuß. FEG., indem es des letzteren (§ 1 Ges. von 1900/1915) erlaubende Form („kann", mit Unrecht von Bäumer, N. 3a zu § 63 nicht als Ausdruck eines — natürlich pflichtmäßigen — vmsch.-richterl. „Ermessens" gewertet) durch die imperative Fassung („ist zu") ersetzt. In unmittelbarer Verbindg. mit der Feststellung dieser durch das Jug.wohl und das Gemeinwohl „gebotenen" Natur der F.E. regelt das Ges. den Tatbestand, auf welchen die Maßnahme paßt, also deren Voraussetzungen und endlich auch die Form oder Art ihrer Anordnung und Anwendung. Letztere, der Erscheinung nach, nur mehr beiläufig, in Wahrheit aber ebenfalls als einen Hauptbestandteil der ganzen Vorschr.: „durch Beschluß des Vmschger.". Die Instanz, welche darüber entscheidet, ob die „Erz.maßnahme" der F.E. zu ergreifen, ist also nach dem System des RJWG. dieselbe wie bezügl. der Sch.A.; ihrer Beschaffenheit gemäß — Vmschger. — deckt sich auch die äußere Gestalt der Anordnung bei beiden Maßnahmen, wenngleich sie für die Sch.A. (vgl. ob. zu § 57) nicht ebenfalls ausdrücklich vorgeschrieben ist. — „Vmschger." ist der nach der Geschäftsverteilung, — welche in Preußen nach § 23 AG. z. GVG. durch das Präsidium des Landgerichts für den

Lauf eines Geschäftsjahres festgestellt wird —, für die Bearbeitung der Vmschsachen zuständige Amtsrichter. Bei großen Gerichten, wie z. B. den Gr.Berlinern, vornehmlich dem A.G. Berlin-Mitte, werden oft mehrere Richter mit diesem Geschäftszweige betraut sein, unter Verteilung der Arbeit, sei es nach Buchstaben, sei es nach Bezirken. Dementsprechend erscheinen sie alle zum Erlaß von Beschlüssen auf F.E. berufen. Doch steht grundsätzlich insbes. auch nach uns. § 63 nichts im Wege, gerade die Bearbeitung der F.E.Sachen „besonderen" Vmsch.richtern zuzuteilen, wie z. B. auch manche „Beschwerdekammern" großer Landgerichte mit Beschw. ausschließlich in solchen Sachen befaßt sind. Die Bearbeitung einer F.E.Sache durch einen nach der Geschäftsverteilung nicht gerade für sie, jedoch sonst für Vmschsachen zuständigen Amtsrichter kann nicht beanstandet werden, wohl aber diejenige durch einen garnicht für Vmschsachen berufenen Richter, z. B. den Grundbuch-, Prozeßrichter u. dgl.; über die Stellg. des „Jug.richters" zur F.E. s. weiter unten. —

Im Vordergrunde und Mittelpunkte des § steht die Regelung der Voraussetzgen für die „Überweisung z. F.E." (auch diese Terminologie, welche sich das RJWG. aus dem Preuß. FEG. zu eigen gemacht hat, bringt zum Ausdruck, daß dem „überweisen" zur F.E. normal ein Umgebungswechsel wesensgemäß ist). Das Ges. unterscheidet eine mehr (äußerl.) tatsächliche von den rechtlichen Voraussetzungen. Jene besteht in einem bestimmten Höchstalter des zur F.E. zu überweisenden, gilt also, über die sonstigen Voraussetzungen hinweg, für alle Fälle. Diese ergeben sich, dem Zwecke der F.E. entsprechend, aus einer gewissen Beschaffenheit der Erz.verhältnisse des Minderj. — Die Altersgrenze ist übereinstimmend mit der preuß. Gesetzgebg. auf das vollendete 18. Lebensj. als Norm bestimmt, — das Alter, bis zu welchem nach dem Grundsatze des § 3 BGB. die Minderj.keit immer dauert, u. mit welchem auch nach dem RStGB. u. dem darin ihm folgenden JGG. die strafrechtl. „Jugend" endet. Im Hinblick auf schwerwiegende Erfahrgen des sozialen Lebens u. die an ihnen zutage getretenen Bedürfnisse hat das RJWG. — in Abs. 2 — das preuß. Ges. in bezug auf die Altersgrenze fortgebildet, indem es eine Beweglichkeit der normalen Höchstgrenze durch Verschiebbarkeit bis zum vollendeten 20. Lebensj. zugelassen hat (sehr bedauerlicherweise nicht ganze Arbeit machend, näml. nicht sogleich bis zum 21. Lebensj., der Grenze der Volljähr.keit, hinaufgehend). Damit ist die Handhabe zur Abstellg. erhebl. Mißstände bezügl. unserer Jug. geboten, da gerade die letzten Abschnitte des 2. Lebensjahrzehnts sehr häufig eine Entwicklg. zeitigen, welche die F.E. zur Rettg. des Minderj. selbst u. Sicherung der Allgemeinheit als das einzige Mittel erscheinen läßt. Doch fällt gerade auf dieser Altersstufe gegen sie in die Wagschale, daß alsdann die Charakterbildg. des Minderj. sehr oft schon derart abgeschlossen ist, daß auch die erziehl. Einwirkgen der F.E. eine Besserg., mindestens eine solche nachhaltiger Art nicht mehr versprechen. Darum hat, durchaus sachgemäß, für diesen Abschn. zwischen vollendetem 18. u. vollendetem 20. Lebensj. das RJWG. die Überweisg. zur F.E. nicht für obligatorisch erklärt, sondern dem pflichtmäßigen Ermessen des Vmschger.'s anheimgestellt. (In Preußen ist zufolge Abs. 2 § 18 Ausf.Ges.s z. RJWG. dieses Ermessen allerdings durch die obligatorische Anhörung der F.Ebehörde „vor der Beschlußfassg." von vornherein eingeengt. Vgl. darüber jetzt die Entsch. (Beschl.) des Kamm.-ger.s v. 8. August 1924 in „Volkswohlfahrt" 1925 S. 43. Für letzteres ist eine, aber auch nur eine Richtschnur gegeben durch das Erfordernis, daß „Aussicht auf Erfolg der F.E. besteht". Diese offensichtl. sehr dehnbare Bedingg. wird nach Lage des Einzelfalles unter sorgfältiger Prüfg. des Minderj. selbst u. der Umgebg., in welcher er nach erreichter Volljährigkeit zu leben haben wird, zu beurteilen sein, immerhin mit einer gewissen Begünstigung der F.E. Darum verdient sachlich vollste Zustimmung der Beschluß des L.G. I Berlin, 38. Ziv. K., v. 5. Mai 1924 — Ztrbl. XVI S. 246 — welcher unter Aufhebg. des entgegenstehenden amtsger. Beschlusses die vorläuf. F.E. gegen eine im 20. Lebensj. stehende Jugendl. anordnete, bezügl. deren das zuständige Bezirks-J.A. sich sehr angelegentlich für diese Maßnahme ausgesprochen hatte, wenn er in der Begründg. ausführt: „Aussicht auf Erfolg" sei überhaupt „kein R.sbegriff, sondern ein pädagog. Kriterium", zu dessen Beurteilg. das J.A. als „pädag. Sachverst." am besten berufen. (Über die prozessuale Seite des Beschl.s s. aber unt. zu § 67 S. 1.) Vgl. hierzu über das bisher. Preuß. R. auch Maercker-Köhne-Feist, Nachl.behandlg. (19. Aufl.) II S. 521 u. die dort zit. Kamm.ger. Entsch.en Bd. 33 A S. 73 u. Bd. 48 A S. 36. Für Preuß. ist bezügl. der geschäftl. Behandlg. durch S. 3 der Ziff. I 3a) der Just. Min. Verfügg. v. 19. März 1924 die Sonderanordng. getroffen, daß bei Zählg. eines F.E.Verfahrens betr. einen Minderj. von mehr als 18 Jahren in Sp. 3 der Geburtstag zu unterstreichen ist. Neuerdings fördert hier die Ausf.Vdn. des Just. Min.s v. 28. Apr. 1924 (vgl. „Volkswohlf." 1924 S. 242) die Einleitg. der F.E. durch die Anordng. Z. III 1, daß die Staatsanwaltsch. von Personen unter 20 Jahren, die der Verwahrlosg. verfallen oder von der nahen Gefahr einer solchen bedroht sind, dem für den Antrag auf F.E. zuständigen J.A., bei Gefahr im Verzuge auch dem Vmschgerichte Mitteilg. zu machen haben. Die Anhörg. des J.A., zumal auch über die „Erfolgsaussicht", welche Blaum N. 11 zu § 63 auffallender Weise nur als Regel hinstellt, nach der zwingenden Vorschrift des § 65 Abs. 2 Halbs. 1 wohl selbstverständlich. — Gemeinsam ist allen für die F.E. bedeutsamen „Altersgrenzen", Abs. 3, daß für ihre Beurteilung „maßgebend ist der Zeitpunkt, in dem der Antrag bei Gericht eingeht oder das Verfahren gemäß § 65 oder § 67 eingeleitet wird". Dieser Zeitpunkt ist (in jedem Falle) „aktenkundig" zu machen, ähnlich wie bei den an das Grundbuchamt gerichteten Anträgen. Über den R.'sbegriff der „Einleitg." als bestimmten, mit bes. Bedeutg. ausgestatteten Punkt des F.E.Verf.'s vgl. unt. zu § 76 u. auch bei § 65. Die letztere Zeitfeststellung zielt auf den Fall der Offizialeinleitung der F.E., welche im Sinne des § 67 — „vorläufige F.E. des Minderj." — durchaus die Regel bilden, wenngleich zufolge des normalen Antragsr. des J.A. nicht deren ausschließliche Anordnungsart sein wird. Für die von A. w. erfolgende „Einleitung" des ordentl. F.E.Verf.s wird in Preußen auch unter dem RJWG. die Beibehaltung des bisher üblichen Formulars — amtl. Vordruck V. S. Nr. 56 — sich empfehlen. Als der Zeitpunkt, in welchem „das Verfahren" eingeleitet worden, wird alsdann derjenige der Absetzung einer diesem Formular entspr. Verfügg., im Falle des § 67 aber des Beschlusses auf vorläufige F.E. zu gelten haben. Diese „Zeitpunkte" sind bei einer derartigen Praxis ohne weiteres „aktenkundig". Einer besonderen Kundbarmachung bedürfen allein die „bei Gericht eingehenden Anträge" auf F.E., sowohl wenn sie schriftlich eingereicht, als auch wenn sie, was nach wie vor unbedenklich zulässig, zu Protokoll des Vmschger. gestellt werden. Alsdann wird zweckmäßig ganz ebenso verfahren wie mit Eintragungsanträgen an das Grundbuchamt; d. h. der Zeitpunkt, in welchem sie fertig abgeschlossen dem Vmschgerichte (im letzten Falle auch schon der zust. Gerichtsschreiberei) vorliegen, wird auf ihnen besonders zu vermerken sein, jedoch ohne Angabe auch der Stunde (und gar des Stundenteils), da hier eine etwaige Konkurrenz von Anträgen als solche ohne Bedeutung u. in der maßgebl. Beziehung, Klarstellung des Lebensalters des Minderj. bei „Eingang bzw. Einleitung", nur der Tag eine Rolle spielt. Für diese Klarstellung allerdings meist weitere Ermittelungen, insbes. Heranziehung der Geburtsurkunde des Minderj. erforderlich; nur in ganz besonderen Fällen, sei es wegen der ihrer Erlangung (z. B. bei im Auslande geborenen Kindern) sich entgegenstellenden Schwierigkeiten, sei es wegen des jeden Zweifel ausschließenden persönl. Eindrucks des Minderj. selbst entbehrlich (nur mit dieser Maßgabe ist der Entsch. des Kamm.ger. vom 12. Nov. 1920, abgedr. im „Recht" 1922, S. 301, Nr. 1375 zuzustimmen). — Die Festsetzung des maßgebl. „Zeitpunktes auf den Antragseingang" bzw. die „Einleitung" in diesem S. als Fortschritt zu begrüßen gegenüber dem bishergen Preuß. R., welches das Lebensalter im Zeitpunkte der Beschlußrechtskraft entscheiden ließ und durch diese Regelung, zumal infolge der aufschiebenden Wirkung einer sofort. Beschwerde gegen den Beschluß des A.G., nicht ganz selten die F.E. in Fällen verhinderte, welche ihrer dringlichst bedürftig waren! — Eine weitere persönliche Eigenschaft als die Nichtüberschreitung dieser Altersgrenzen (welche bei der R.T.Ber. eine sehr verfehlte linksradikale Richtung auf das 14. Lebensjahr, als das bei den Pflegek.ern maßgebende, herabdrücken wollte!) ist nicht Bedingung der F.E. Insbesondere spielt der Familienstand des Minderj. keine Rolle, vor allem nicht eine etwaige Verheiratung. Auch die letztere steht, worüber schon für das Preuß. R. Einstimmigkeit herrschte, (Noelle-Boschan, N. 2b zu § 1 F.E.G.) einer F.E. nicht entgegen, ja wird sie u. U. sogar durch Betreiben des Verfahrens seitens des Ehemannes (vgl., allerdings nicht ganz so weitgehend, sondern allgemeiner Warneyer N. 7 zu § 1354 BGB. Handausgabe u. den sehr interessanten Fall Ztrbl. Vmschw. Nov. 1922, XIV Nr. 8 S. 166; auch Noelle-Boschan, N. 26 zu § 1 F.E.G.'s S. 30) der F.E. Bedürftigen noch befördern (nach dem Grdsatze des § 1303 BGB. kommt die F.E. ja nur bei weiblichen verheirateten Minderj. in Frage). Etwas abweichend Bäumer N. 2b zu § 63 unter Berufg. auf O.L.G. 21 S. 26: Eheschließg. „nur Anlaß zur Prüfg., ob durch sie Verhütg. od. Beseitigg. der Verwahrlosg. zu erwarten". Bedenklich! Man wird der Verheiratg. als solcher sachgemäß nur sehr geringe Bedeutg. beimessen, da sie nach gemachten Erfahrungen oft gerade zu dem Zwecke erfolgt, die der Verwahrlosg. anheimfallenden weibl. Minderj.n der F.E. vorzuenthalten. —

Wesentl. mehr ins einzelne geht die Normierung der sachl. oder, wenn man will, materiellrechtl. Voraussetzgen der F.E. Entsprechend der Alternative des § 62 („Verhütg. oder Beseitigg.") hat auch für sie das RJWG. eine Zweiteilg., deren eines Glied (Z. 1) auf die „Verhütung", deren anderes (Z. 2) auf die „Beseitigung" abstellt. Gemeinsam beiden Tatbeständen, daß für die Erreichung des einen und des anderen Zweckes die F.E. „erforderlich“ sein muß. Ihre bloße Zweckmäßigkeit genügt nicht; sie muß „das“, also — im konkreten Falle — das einzige Mittel zum Zweck sein. Im übr. zeigt die Formulierung der Voraussetzungen sehr starke Anlehnung an, aber auch nicht unerhebl. Abweichungen gegen das Preuß. FEG. § 1. Beinahe wörtl. übernommen ist aus letzterem der, wie dort, so auch im RJWG. unter 1. genannte Tatbestand einer die Verwahrlosung „verhütenden“ F.E. Er kennzeichnet sich damit gegenüber Z. 2 (des § 63) durch sehr viel genauere und umständlichere Fixierung der Erfordernisse. Wäre (allein) die Analogie der Z. 2 bestimmend gewesen, so hätte auch in Z. 1 genügt, auszusprechen, daß es der F.E. zur „Verhütung der Verwahrlosung“ wegen Mängel der Erz. bedürfen müsse. Eine so allgemeine Formulierung war aber schon im Hinblick auf die Konkurrenz des in § 56 verordneten anderen Mittels zur „Verhütung“ d. Verw. nicht angängig. Sie hätte, zumal mit Rücksicht darauf, ein bloßes idem per idem bedeutet. Deshalb benötigte hier unbedingt eine genauere Umschreibung sowohl des zu bekämpfenden übels wie des Heilmittels. Beides ist sachgemäß im wesentl. durch Beibehaltung der entsprechenden preuß. Bestimmung gewonnen worden: insbes. ist durch diese Nachfolge für den eigentl. „Verwahrlosgs“-tatbestand selbst ein fester, obzwar zu eng begrenzter, Boden erlangt. Er wird auch vom RJWG. den §§ 1666 und 1838 BGB. entnommen, also bei Minderj., welche d. Personensorge des eigenen Vaters oder der Mutter (letzterer auch z. B. nach § 1697 S. 2 BGB., wenn wegen ihrer Wiederverheiratung das K. unter Vmsch. und somit zu den in § 1773 Abs. 1 Hlbs. 1 genannten, § 1838 S. 2 BGB. gemeinten Minderj. gehört) anvertraut sind, in einer „Gefährdg.“ ihres geistigen oder leibl. Wohls durch „Mißbrauch“ des Sorgerechts, „Vernachlässigung“ des Kindes oder eigenes „ehrloses oder unsittl. Verhalten“ (gute Darleggen über die Auslegg. dieser gesetzl. Begriffe u. wichtige Anwendgsfälle bei Bäumer, Komm. S. 226, N. 5 B γ zu § 63), bei „Mündeln“, über welche eine solche Personsf. von dem Vater oder der Mutter nicht geübt wird, auch ohne diese Gefährdung, allein in ihrer Mündeleigensch. als solcher gefunden. Für die so durch die elterl. Perss. „gefährdeten“ oder dieser ganz darbenden Minderj. muß „eine Entfernung aus der bisherigen Umgebg.“ u. zw. eine „Entfernung“, welche nur (§ 62!) „unter öffentl. Aufsicht und auf öffentl. Kosten“, nicht aber im Wege „privater“, also etwa aus freundschaftl. Gefälligkeit bezeigter persönl. Anteilnahme od. dgl. zu verwirklichen, als Gegenmittel gegen die drohende Verwahrlosg. geboten sein. Dann, aber auch allein dann, setzt zu ihrem („körperl., geist. oder sittl.“, § 56) Schutze die „verhütende“ F.E. ein. Denn alsdann genügt die Sch.A. keinesfalls, schon deshalb nicht, weil sie zu der „Entfernung“ des Minderj., ohne die solche „Gefährdungen“ nicht abwendbar, in begriffl. Widerspruche. (Das preuß. Ges. gebrauchte statt „Entfernung usw.“ die farblosere und unbestimmtere Terminologie „anderweite Unterbringg.“ und verwies, was jetzt durch den allgem. Grundsatz des § 62 entbehrl., in dem 2. Halbteile — dort, wo das RJWG. „anderweite Unterbringg.“ berücksichtigt — auf die „Inanspruchnahme öffentl. Mittel“ — Wesentl. einfacher ließ sich der Tatbestand für die einer „Beseitigung“ „dienende“ F.E. ausdrücken. Hier entfiel schon die schwierige Abgrenzung gegen die nebenhergehende Sch.A. begrifflich. Denn gegen die bereits eingetretene u. deshalb zu „beseitigende" Verwahrlosung gibt es systemgemäß allein die F.E. Darum genügte im wesentl., dies — was aus § 56 nur zu folgern, — hier unmittelbar und ausdrücklich auszusprechen, jedoch mit einem unumgänglichen Vorbehalte: da nach § 1 Abs. 3 alle „öffentl. Jug.hilfe" nur eintritt, insoweit der Anspr. des Kindes auf Erz. von der Familie nicht erfüllt wird, hat auch die F.E. als Sonderart der „öff. Jug.hilfe" nur insoweit Raum u. Berechtigg. Für die Beseitigg. einer Verwahrlosg. durch sie ist nach diesem System (selbstverständl.) Voraussetzg., daß der Familie Einwirkg. zu solchen Erfolgen nicht ausreicht, ihre Erz. sich als unzulänglich erweist. Dieses Tatbestandselement hebt § 63 in Z. 2 sachgemäß noch ausdrücklich hervor. Hiermit sind unmittelbar nach RJWG. die „Voraussetzgen" der F.E. erschöpft. Fast handgreiflich ist diese Normierg. keine sachlich ganz restlose. Begrifflich, wie nach Lebenserfahrgen bleibt ein wichtiger Kreis unberücksichtigt, auf welchen die Tatbest.merkmale weder der Z. 1 noch der Z. 2 § 63 zutreffen: der Verwahrlosgsfälle, welche auf die Person des Minderj. selbst, seine individuellen Anlagen, Neigungen, Charaktereigenschaften usw. zurückgehen, ohne jede Beteiligung (des Einflusses oder Vorbildes) der Eltern oder sonst „Erz.ber.n". Diese Lücke tritt noch schärfer in die Erscheinung bei einem Vergleich des RJWG. mit dem preuß. FEG., welches für die Tatbestände der F.E. eine weitere Ziffer brachte und in dieser zumal den ebengedachten Kreis von Minderj. ins Auge faßte. Jedoch ist aus and. Gründen diese Unvollständigkeit in Wahrheit nicht so erheblich, wie zunächst scheinen möchte. Einmal wird gerade in den hierher gehörigen Fällen die (vgl. ob.) überhaupt fließende Grenze zwischen nur erst „drohender" und bereits „eingetretener" Verwahrlosg. sich tatsächlich oft so hinlänglich verwischen, um unbedenklich auch im S. einer „Beseitigung", aus § 63 Z. 2, gegen sie vorzugehen. Sodann aber ergänzt nach dieser Seite sehr stark das übrige Reichsr. die nicht abschließende Ordnung des RJWG.: vornehml. das JGG. Dieses wendet sich aber (§ 1) nur den mehr als 14 und weniger als 18 Jahre alten Minderj. zu (die vereinzelten Abweichgen von letzterer Altersgrenze hier bedeutungslos). In Beschränkung auf sie stellt es die fundamentalen Regeln auf, A) daß stets, wenn ein „Jugendl." eine mit Strafe bedrohte Handlung begangen, das Gericht zu prüfen hat, ob „Erz.maßregeln erforderlich" (§ 5 Abs. 1), B) daß von Strafe abzusehen ist, wenn das Gericht „Erz.maßregeln" für ausreichend hält (§ 6), C) daß der Jugendliche nicht strafbar ist, d. h. von Gesetzes wegen, niemals bestraft werden kann, „wenn er zurzeit der Tat nach seiner geistigen oder sittl. Entwickelung unfähig war, das Ungesetzl. der Tat einzusehen oder seinen Willen dieser Einsicht gemäß zu bestimmen" (§ 3). Sowohl jene — alsbald, noch vor der Verurteilung einsetzende — Prüfung als auch diese das Urteil bestimmenden Auffassungen, sei es von der Zulänglichkeit einer „Erz.maßrl.", sei es von der individuellen Nicht-Schuldfähigkeit des Jugendl., können seine Überweisung zur F.E. ergeben, die erstere allein allerdings nur in der Form der „vorläufigen" F.E. gemäß § 67 RJWG. Denn unter den gegen kriminelle Jugendl. zulässigen „Erz.maßregeln" zählt § 7 JGG.s die F.E. ausdrücklich auf und macht nur in § 5 Abs. 2 S. 3 die formale Einschränkung, daß „das J.ger. selbst nur dann die F.E. anordnen soll, wenn bei ihm in 1. Instanz die Zuständigkeit dafür auch außerhalb des Strafverf. begründet ist". Letztere Einschränkung wird man sinngemäß nur von der örtlichen „Zuständigkeit" zu verstehen haben, sodaß nicht etwa nur der — örtl. zuständige — Jug.richter, welcher nach der Geschäftsverteilung auch für Vmschsachen zuständig, selbst die von ihm für angemessen erachtete F.E. anordnen kann und nicht erst dem Vmschgericht diese nahelegen muß (and. Francke, Komm. z. JGG. N. V Abs. 2 zu § 5, der allerdings anerkennt, daß die „Fassg. des Ges." zu der hier vertretenen Auslegg. führe, vgl. auch unt. zu § 65). — Eine Lücke klafft aber nach dem System der beiden Reichsjuggesetze, des JWG. und des JGG., in Richtung zumal auf die F.E. hinsichtlich der durch eine Kriminalität als solche begründeten Besorgnis der Verwahrlosung bei 1.) den noch nicht 14 jährigen, 2.) den mehr als 18 jährigen Minderj. Der ersteren Gruppe galt die Z. 2 des Preuß. FEG. § 1, welche im RJWG. fehlt. Sie fußte hauptsächlich auf § 55 Abs. 2 RStGB. und dem diesen, unter gleichzeitiger teilweiser Abänderg., aufrecht erhaltenden Art. 34 II EG.s z. BGB. Beide Grundlagen sind für das künftige Reichsjug.recht in Wegfall gebracht: § 55 RStGB. durch seine ausdrückl., in § 47 Abs. 1 S. 1 JGG.s, — § 1 Z. 2 preuß. FEG.s durch die in § 64 RJWG. hinsichtl. des Art. 135 EG. z. BGB. und zum Überfluß noch hinsichtl. des ganzen preuß. FEG. im § 35 Ausf.Ges. z. RJWG. ausgesprochene Aufhebung. Allein die Begehung einer nach den gewöhnl. Gesetzen strafbaren Handlg. durch einen noch nicht 14 jährigen Minderj. rechtfertigt fortan die Anordnung der F.E. als Maßregel zur Verhütung der Verwahrlosung nicht mehr. Tatsächlich wird aber in diesen Fällen, wenn gegen die drohende VerwahrlosungSch.A. nicht „ausreichend" erscheint, bei den der Personens. eines Elternteils Anvertrauten die „Vernachlässigung" dieser Sorge im S. des § 1666, — bei den sie ganz entbehrenden „Mündeln" die Notwendigkeit ihrer „Entfernung aus der bisherigen Umgebung" bejaht werden, man also aus § 63 Z. 1 zur F.E. gelangen können. Für die mehr als 18 jährigen Minderj. fehlte es schon im bisherigen Rechte an einer Beziehung der Kriminalität als solcher zur F.E. aus dem einfachen Grunde, weil diese über jenes Alter hinaus niemals zulässig war. Unter der Herrschaft des RJWG. wird auch bei dieser Kategorie, soweit aus der strafbaren Handlung nicht ohne weiteres auf eine bereits eingetretene, der „Beseitigung" bedürftige Verwahrlosg. zu schließen, meist mit den soeben bezügl. der noch nicht 14 Jährigen ausgesprochenen Erwägungen geholfen wdn. können. Immerhin ist ein Mangel des § 63 gegenüber dem bisher. preuß. Rechte, daß jener nicht, wie § 13 Z. 3 Preuß. FEG. auf Grundl. von Art. 135 Abs. 1 S. 3 EG. z. BGB., ebenfalls durch Abstellung auf eine „Verhütung des völligen sittl. Verderbens des Minderj." dem Richter größere Bewegungsfreiheit bezl. der Anwendung der F.E. gewährt. Denn gerade bei den vorgeschritteneren Altersstufen ist erfahrungsgemäß doch vielfach recht zweifelhaft, ob sich überhaupt noch von einer „Unzulänglichkeit" der Erziehung sprechen und auf sie eine F.E. gründen läßt. Freilich verlieren alle diese Bedenken durch die Abschwächung, welche die Zulassung der F.E. bei mehr als 18 jährigen in Abs. 2 § 63 positiv erfahren hat (vgl. oben), wesentlich an Bedeutung. Gerade in Fällen, in denen eine Strafhandlung des Minderj. Erwägungen über F.E. Anordn. auslöst, wird aber andererseits die subsidiäre Natur, welche dieser auch nach dem RJWG. unverkennbar eignet (vgl. richtig Blaum N. 2 zu § 63, Bäumer N. 3 b das., welcher den „früher geltenden Grundsatz der Subsidiarität" jetzt allerdings nur mit

Maßgaben anerkennt) besonders sorgfältig zu beachten und deshalb angelegentlichst zu prüfen sein, ob das bei dem Minderj. hervorgetretene Übel nicht doch auf „natürlichem" Wege, d. h. durch die Einwirkungen der „geborenen" Erzieher bzw. Erz.berechtigten zu beseitigen. Erschwerend wird hier allerdings, wie bei jeder Untersuchung der Tragweite des erzieherischen Einflusses im engeren S., die Rücksicht auf die Klasse der „schwer Erziehbaren", welche auch das RJWG. (§ 70 Abs. 2 S. 5) ausdrücklich sich zu eigen gemacht hat, fühlbar werden, da diese unter den kriminellen Minderj. bes. häufig vertreten sind. —

Eine besondere Einzelfrage, vor welche § 63 stellt, ist die, ob (gegeb.-falls inwieweit) auch nichtdeutsche Minderj. bei Vorliegen der in § 63 bestimmten Tatbestände zur F.E. überwiesen werden können bzw. „zu überweisen sind". Nach dem Ausgangspunkte des ganzen RJWG. § 1 Abs. 1 müßte gesagt werden, daß auch die F.E. als untrennbare Teilerscheinung dieses „Erz."systems auf das „Deutsche K." zu beschränken ist, bei Ausländern also versagt. Aus Art. 23 EG. z. BGB. die gegenteilige Entscheidg. nicht herzuleiten, da er ganz erkennbar die — endgültige — F.E. nicht mitumfaßt, allein auf ihr gleichartige „vorläufige Maßregeln" zutrifft. Daher unter der Herrschaft des RJWG. gegen Ausländerk. er nur die letzteren anwendbar, über die §§ 67, 68 Abs. 1 hinausgehende, auf den „vorliegenden Abschnitt" gestützte „Maßregeln" aber abzulehnen. Das entspricht für Preußen mit der Maßgabe dem bisher. R.sstande und der herrschenden Meinung (vgl. Noelle-Boschan N. 2d γ zu § 1, S. 33 u. N. 3 zu § 3 FEG., sowie neuerdings die Entsch. des Kammger. v. 6. Mai 1921 im „Recht", Aug.-Heft 1922, Nr. 1377; für das frühere Preuß. R. bes. wichtig: Kammger. Entsch. Bd. 47 S. 49 ff.;), daß die F.E. gegenüber einem Ausländerk. allein auf das inländische R. keinesfalls, sondern gemäß Art. 19 in Vbdg. mit Art. 30 EG.s z. BGB. nur auf sachl. Geltung des in § 1666 BGB.s enthaltenen Grundsatzes auch im Verhältnisse zwischen Ausländerk. u. seinem Gewalthaber, also nach den eigenen Gesetzen, dem sog. Personalstatute dieser Ausländer gegründet werden kann. Die weitergehende Deutung der soeb. angezog. höchstrichterl. preuß. Entsch. (v. 6. Mai 1921) bei Blaum N. 1 a. E. zu § 63 geht wohl fehl. Ebenso erscheint es nicht unbedenklich, ja geradezu willkürlich, wenn dieser Komm., von jener bisherigen preuß. R.sprechung ausgehend, in bezug auf ausländische Minderj. zwischen § 63 Z. 1 u. § 63 Z. 2 unterscheidet: inwiefern überhaupt durch Art. 23 EG. z. BGB., wie Blaum meint, das deutsche Gericht verpflichtet sein sollte, bez. eines Ausländerks. bei dem Heimatstaat wegen „Übernahme der Fürsorge" Rückfrage zu halten, aus Art. 23 schlechterdings nicht erkennbar; keinenfalls aber macht die Formulierung des Tatbestandes in Z. 2 die deutsche F.E. bezgl. eines Ausländerk.s von den Grundsätzen und der Praxis seines Heimatstaates in höherem Grade unabhängig als Z. 1, legt also umgekehrt diese Z. dem deutschen Gerichte größere aus dem ausländischen R. sich ergebende Beschränkungen auf. Diese auch nicht durch das Haager Abkommen v. 12. Juni 1902 zu rechtfertigende Auffassung kompliziert die Frage unnötig. Für das RJWG. wird vielmehr mit der (amtl.) „Begründung", auf welche auch Blaum selbst hinweist, ganz einfach daran festzuhalten sein, daß eine Überweisung zur F.E. bei Ausländerkindern niemals Platz greift, vielmehr bei ihnen das deutsche Gericht sich mit den dringl. („schleunigen") in dieser Richtung liegenden, zumal durch „Gefahr im

Verzuge" veranlaßten Maßregeln begnügen muß und im Anschluß an sie die schnellste „Abschiebung" des von Verwahrlosung bedrohten oder ihr bereits anheimgefallenen ausländischen Minderj. zu betreiben hat.

Nur, wenn es sich um „hilfsbed. Minderj." handelt, für die „durch Entferng. aus der . . . bisherigen Umgebg. bes. Aufwendgen zur Verhütg. der Verwahrlosg. erforderlich sind", — § 55 RJWG.'s — ist nach den neuerl. Bestimmungen über die Fürs.Pfl. auch für ein endgültiges Eingreifen Raum: § 12 R.Fürs.Pfl.Vdn., § 4 Preuß. Ausf.Vdn. Diese greift a) auch, wenn das minderj. K. selbst die Preuß. Staatsangehörigkeit nicht besessen hat (§ 4 Abs. 1 S. 2), soferne es sich um Kinder von „Preußen oder ehemal. staatlosen Preußen" handelt (ebd. S. 1), Platz seitens des Bez.fürs.vbdes, in dem der Sorgeberecht. des Hilfsbed.n „innerhalb des letzten Jahres vor dem Austritt aus dem Reichsgebiet seinen gewöhnl. Aufenth. gehabt hat", ersatzweise seitens des Landesfürs.vbdes, innerhalb dessen jener „oder sein letzter preuß. Vorfahre geboren ist", in Ermangelg. auch eines solchen seitens „des Landesfürs.vbdes, in dessen Bez. der Hilfsbed. sich bei Eintritt der Hilfsbed.keit befindet" (§ 4 Abs. 1 S. 1) b), auch wenn das minderj. K. nicht einmal „die Reichsangehörigkeit besessen hat", bei K.ern von Pers.n, für welche Preuß. „durch die Reichsreg. oder die von ihr bestimmte Stelle für endgültig verpflichtet erklärt worden ist", seitens des Bez.fürs.vbdes des gewöhnl., letztjährigen Aufenth.'s des Sorgeber.n, in Ermangelg. seitens „des Landesfürs.vbdes, in dessen Bezirk sich der Hilfsbed. bei Eintritt der Hilfsbed.keit befindet". Die Hilfsbed.keit muß schon bei dem „Übertritt aus dem Auslande bestehen oder doch mindestens binnen 1 Monat nachher eintreten; alsdann unerheblich, ob dieser „Übertritt freiwillig oder erzwungen". Auf den „gewöhnl. Aufenth." wird niemals zurückgegriffen, wenn „die Abwesenheit aus dem Reichsgebiet länger als 1 Jahr gedauert hat". — Da minderj. K.er schlechthin genannt sind, Ausdehng. auch auf unehel. minderj. K.er wohl unbedenklich. Maßgebend für sie — § 1707 S. 2 BGB.'s — das Zugehörigkeitsverhältnis der Mutter. Nicht teil an dieser Fürs. „haben aber K.er staatloser Pers.n deutscher Abkunft" (§ 12 Abs. 3 a. E. R. Vdn., § 4 Abs. 2 S. 2 a. E. Preuß. Vdn. nur „Ehefrauen" genannt!) Die Kombination der beiden Grdsätze ob. zu a) u. b) in Vbdg. mit der Norm des § 5 S. 1 der Preuß. Vdn. (daß „hinsichtl. der endgültigen Verpflichtg. z. Fürs. die Bestimmungen der V. ü. F. auch auf Ausländer Anwendg. finden") ergibt, daß innerh. Preuß.s „hilfsbed." Ausländerk.er — um „Hilfsbed.keit" wird es sich in der überwiegenden Zahl der Fälle handeln! — nach § 55 cit. zur F.E. gebracht werden können.

§ 64.

Artikel 135 des Einführungsgesetzes zum Bürgerlichen Gesetzbuch wird aufgehoben.

Als zwingend gemeines Reichsr. „bricht" schlechthin grundsätzl. (vgl. ob. Einl. S. 71 über das normal umgekehrte Verhältn.) RJWG. im Bereiche seiner Ordng. Landesrecht. Dies von bes. Bedeutg. für die F.E. Denn ihrer hatte (vgl. Vorbem. zu dies. Unterabschn.) unter den Gegenständen des RJWG. die Landesges.gebg. bisher sich am meisten angenommen, hierzu ermächtigt, ja angespornt durch den Vorbehalt Art.s 135 EG. z. BGB. betr. „die Zwangserz. Minderj." Diese Anerkennung der „Landesgesetzgebg." ist nunmehr, nachdem sich das Reichsr. auch dieser Materie zugewendet hat, gegenstandslos geworden. Es erschien der Deutlichkeit wegen zweckmäßig, die Erledigung durch das RJWG., also den Anfall der Materie (der F.E.) von der bisher maßgeblichen „Landesgesetzgebg." an das Reichsr. ausdrücklich auszusprechen. Das tut § 64 durch förml. Aufhebg. des Art. 135 EG. z. BGB. Die Bedeutung dieser Derogation (über die u. a. auch Boschan, „Recht" 1922 S. 53 zu vergl.) geht über die formale Seite der gesetzgeber. Zuständigkeit hinaus; sie enthält auch die Außerkraftsetzung der materiellen Richtschnur des Abs. 1 S. 2 dieses Art. für die Ausgestaltung der „Zwangserziehung" durch Landesgesetzgebg.: die Abstellung auf die „Verhütung des völligen sittl. Verderbens" für die nicht von §§ 1666, 1838 BGB. betroffenen Fälle. Diese Maxime, welche, wenngleich in der Form nur Anweisung für das Landesr., doch sachl. eine unmittelbare — teilweise — Regelung der F.E. von Reichsweg. darstellte, ist also ausdrückl. aufgegeben (vgl. auch schon ob. zu § 63), d. i., da sie in Wahrheit nicht, wie Blaum, Komm. zu § 64, meint, eine Einengung, sondern eine Erweiterung des richterl. Ermessens üb. die F.E. ergab, eher eine Rück- als eine Fortbildg. des Instituts. Denn die Zulassg. dieses gegen das „völlige sittl. Verderben" sich kehrenden Zweckes war, wie die auf der Grundlage des § 1 Z. 3 Preuß. FEG. erwachsene Praxis gezeigt hat, eine für zweifelhafte Mischfälle tatsächlich ganz außerordentl. wertvolle clausula generalis (auch im Auslande bekennt man sich jetzt mehr u. mehr zu dies. Standpunkte: so z. B. in dem Holländ. Ges. von 1921 für die Sch.A.). — Durch die schon oben (ebenfalls zu § 63) gedachte Aufhebung der §§ 55, 56 RStGB. im JGG. auch der letzte Rest einschlägiger sonstiger reichsgesetzl. Bestimmungen über unsere Materie, welchen Art. 135 cit. selbst noch geschont hatte, in Fortfall gekommen.

In Übereinstimmung mit der Behandlg. des Art. 136 EG. z. BGB. hat das RJWG. auch für die Derogation des Art. 135 da auf diesem beruhende Landesrecht in Art. 4 seines EG.s bes. „aufgehoben" — auch hier ohne zwingenden inneren Grund für die Auseinanderreißung, welche die Übersichtlichkeit nicht erhöht. Für Preußen war diese — an sich selbstverständliche — Sonderderogation umso entbehrlicher, als hier das wichtigste von Art. 135 getragene Landesges., das FEG., durch das Ausf.Ges. zum RJWG. § 35 (nochmals) mit dem Inkrafttreten des RJWG. in Fortfall gebracht ist.

§ 65.

Das Vormundschaftsgericht beschließt von Amts wegen oder auf Antrag. Antragsberechtigt ist das nach § 7 zuständige Jugendamt. Das Antragsrecht kann landesgesetzlich ausgedehnt werden.

Das Vormundschaftsgericht muß vor der Beschlußfassung das Jugendamt, es soll, soweit dies ohne erhebliche Schwierigkeiten geschehen kann, den Minderjährigen, seine Eltern und seinen gesetzlichen Vertreter hören; weitere Anhörungen kann die Landesgesetzgebung vorschreiben.

Der Beschluß ist mit Gründen zu versehen und muß, wenn er auf Anordnung der Fürsorgeerziehung lautet, den Eintritt der gesetzlichen Voraussetzungen unter Bezeichnung der für erwiesen erachteten Tatsachen feststellen.

Das Vormundschaftsgericht kann die ärztliche Untersuchung des Minderjährigen anordnen und auf die Dauer von höchstens sechs Wochen ihn in einer zur Aufnahme von jugendlichen Psychopathen geeigneten Anstalt oder in einer öffentlichen Heil- und Pflegeanstalt zur Beobachtung unterbringen lassen.

Der die Fürsorgeerziehung anordnende Beschluß ist den Antragsberechtigten, dem gesetzlichen Vertreter, den Eltern, der Fürsorgeerziehungsbehörde und ferner dem Minderjährigen selbst, wenn er das 14. Lebensjahr vollendet hat und insoweit sein Inhalt nach dem Ermessen des Vormundschaftsgerichts ihm ohne erziehlichen Nachteil mitgeteilt werden kann, zuzustellen. Der die Fürsorgeerziehung ablehnende Beschluß ist dem Antragsteller, der Fürsorgeerziehungsbehörde und, wenn eine vorläufige Fürsorgeerziehung (§ 67) angeordnet ist, ferner allen Personen zuzustellen, denen diese Anordnung zugestellt ist.

Gegen den Beschluß steht die sofortige Beschwerde mit aufschiebender Wirkung den Antragsberechtigten, der Fürsorgeerziehungsbehörde und, wenn der Beschluß auf Fürsorgeerziehung lautet, ferner dem gesetzlichen Vertreter, den Eltern und dem Minderjährigen zu, wenn er das 14. Lebensjahr vollendet hat.

Ist das Vormundschaftsgericht nicht das des gewöhnlichen Aufenthaltsorts des Minderjährigen, so soll auf Antrag des Jugendamts die Abgabe an dieses Gericht gemäß § 46 des Reichsgesetzes über die Angelegenheiten der freiwilligen Gerichtsbarkeit stattfinden, sofern nicht besondere Gründe dagegen sprechen.

I. Die F.E. als bes. tief einschneidende, weil grundsätzl. auf „Entfernung aus der bisher. Umgebung", vgl. schon ob. zu § 55, also regelmäßig Trennung von der eigenen Familie gerichtete Erz.maßregel benötigt sorgfältigste Prüfung der sie rechtfertigenden Verhältnisse. Diese wird gewährleistet durch ein ihr dienendes, mit einer gewissen Förmlichkeit bekleidetes und sonstigen Garantien ausgestattetes F.E.Verfahren. Es bildet den Gegenstand des § 65. An die Spitze stellt dieser die beiden Gegenpole des Verfahrens: Eröffnung und Abschluß. Jene besteht in der „von Amtswegen oder auf Antrag" erfolgenden „Einleitung" (vgl. hierüber schon zu § 63 Abs. 2 u. ferner über diesen als bes. R.'sbegriff des

F.E.Verf. unt. bei § 76), dieser in dem über Anwendung oder Nichtanwendung der F.E. befindenden Beschlusse. Daß die Entscheidung ein solcher sein muß, sagt im Gegensatze zur Sch.A. (vgl. ob. zu § 57) für die F.E. das Ges. ausdrücklich. Hingegen übergeht es, wenigstens teilweise, einen anderen sehr wichtigen Punkt, dessen Regelung hier zu erwarten gewesen wäre: die Zuständigkeit für diesen Beschluß. Über sie wiederholt es nur, was bereits aus § 63 bekannt ist, daß sie — sachlich — dem Vmschger. zukommt. Von der örtl. Zuständigkeit schweigt es in diesem Zusamm.hange, gibt wenigstens keine positive Norm. Ihre Regelung, die sehr der Durchsichtigkeit entbehrt und wiederum unter den Mängeln wenig glücklicher Disposition leidet, ist vielmehr im Wege der Schlußfolgerung anderen Gesetzesaussprüchen zu entnehmen. Vor allem § 68 Abs. 1 S. 1, welcher seinerseits den § 43 FGG. in bezug nimmt: das in letzterem bestimmte forum wird von § 68 ganz deutlich als die Regel hingestellt, der gegenüber ein „neben" diesem „einstweilen" in betracht kommendes Gericht die Ausnahme bildet. § 43 cit. ordnet „die Zuständigkeit für eine Verrichtung des Vmschger., die nicht eine Vmsch. oder Pflegschaft betrifft", — hierzu gehört zweifellos die F.E. —, selbst wieder durch Bezugnahme: auf § 36 Abs. 1, 2 FGG. Diese machen den „Wohnsitz, in Ermangelung eines inländischen Wohns.s den Aufenthalt" zur Norm für die Zuständigkeit des Vmschger., und zwar ersteren in der besond. Form des „letzten inländischen Wohns.'s" auch bei deutschen Mündeln, welche (jetzt) „im Inlande weder Wohnsitz noch Aufenthalt" haben. Für die F.E. ist nach dem Zusammenhalt dieser beiden Vorschriften des FGG. — aus diesem ergibt sich für die F.E. „nicht ein anderes"! — mithin das Amtsger. des Wohnsitzes, in Ermangelung eines solchen des Aufenthalts normal zuständig mit der Maßgabe, daß für die Beurteilung dieser örtl. Beziehungen des Minderj. entscheidend ist „der Zeitpunkt, mit welchem das Gericht mit der F.E. befaßt wird", d. h. offenbar (vgl. Noelle-Boschan, N. II u. N. VA zu § 3 FGG.'s): den Antrag auf F.E. empfängt oder sich v. A. w. zur Einleitung des Verfahrens entschließt. — Zu dieser Vorschr. (des § 68) tritt aber in § 65 selbst noch eine andere für die örtliche Zuständigkeit bedeutungsvolle: diejenige des Abs. 7 (Schlußabs.) dieses §. Unmittelbar bildet die Zuständigkeitsfrage noch weniger seinen Gegenstand als den des § 68 Abs. 1. Im Wege der Umkehrung, durch arg. e contr. ergibt aber auch er eine Zust.digkeitsnorm. Die in ihm enthaltene Anordnung nämlich, daß das Vmschger., welches „nicht das des gewöhnl. Aufenthaltsorts des Minderj. ist", die F.E. an das Gericht des letzteren gemäß § 46 FGG. (auf Antrag des JA.) „abgeben soll", besagt indirekt klar, daß auch das Vmschger. „des nur vorübergehenden Aufenthaltsorts" (vgl. hierüber schon zu § 7) mit dem F.E.Verfahren — zunächst — befaßt werden kann. Denn „Abgeben" läßt sich nur ein schon eingeleitetes Verfahren; Weitergabe vor der Einleitung bedeutet Ablehnung seitens des weitergebenden Gerichts. Das Vmschger. des nur vorübergehenden Aufenthalts ist also keineswegs beschränkt auf die „schleunigen" Maßregeln des § 68 Abs. 1 S. 1, — für welche allerdings durchaus regelmäßig, ja ausnahmslos in seinem „Bezirke das Bedürfnis der Fürs. hervortreten wird", sondern kann auch in das F.E.Verfahren selbst hineinsteigen, — „soll" dieses aber niemals bis zur „endgültigen" Entschdg. durchführen, sondern vorher dem Ger. des gewöhnl. Aufenth.sorts zuleiten. Dieses ist also ganz offenbar im S. des RJWG. das normal für das F.E.Verfahren berufene, — wenn man will (so Blaum N. 5 zu § 65), das „endgültig zuständige“ Ger. Hiermit steht auch durchaus im Einklange, daß das Antragsrecht bezgl. der F.E. — in § 65 Abs. 1 S. 2 — dem JA. des „gewöhnlichen Aufenthalts“ (gemäß § 7) zusteht. Bei genauerem Zusehen ergibt aber § 65 Abs. 7 im Zusammenhang mit § 68 Abs. 1 einen gewissen Widerspruch: denn letzterer führt, wie soeben dargelegt, auf das Wohnsitzger. als das auch für die F.E. zuständige. Wohnsitz und „gewöhnl. Aufenthalt“ kann aber gerade bei dem Minderj. auseinander fallen, so wenn dieser sich in Dienst oder Arbeit befindet; tritt bei einem solch. Minderj. während eines nur vorübergehenden, z. B. besuchsweisen Aufenthalts an seinem Wohnsitz Verwahrlosung oder Verwahrl.gefahr hervor, so ist das Vmschger. dieses Ortes nach § 65 Abs. 7 gehalten, und zwar auch wenn bei ihm die Vmsch. über den Minderj. schwebt, das F.E.Verfahren an das Gericht seines Wirkungsortes „abzugeben“! Eine sachlich gewiß nicht befriedigende Lösung, selbst wenn man der formalen Schwierigkeit, dem oben bezeichneten Widerspruche durch die Deutung des § 68 Abs. 1 S. 1 begegnet, daß im S. des § 43 FGG. das Vmschger. ebenfalls nur für die „schleunigen“ Maßregeln als zuständig gelten solle. Das Gesamtergebnis alsdann: für die Durchführung des F.E.Verf. ist nicht grundsätzlich das Gericht zuständig, in dessen Bezirke die normale Erz. des Minderj., insbes. eine Vmsch. über ihn „ihren Sitz hat“. Allerdings entspricht diese Verweisung der Entscheidungen über F.E. an das Ger. des „gewöhnl. Aufenth.s“ dem Systeme des RJWG., welches in § 7 (s. dort) an letzterem Orte grundsätzl. die gesamte Jug.Wohlf.-pflege bezgl. des einzelnen Minderj. lokalisiert. Aus dieser Erwägung kann man Blaum wohl beipflichten, wenn er — N. 1 zu § 68 und N. 5 zu § 65 — letzteren § als sedes materiae der Zuständigkeitsregelung anspricht. Doch wäre eine eindeutige u. einfache Vorschrift unbedingt erwünscht gewesen. Denn auch in der Praxis gehört, wie für Preußen das Kamm.ger. (vgl. Noelle-Boschan N. 1 B a zu § 3) richtig betont hat, die Abklärung der Zuständigkeit an die Spitze des ganzen Verfahrens. —

II. Von den beiden Arten der Eröffng. einer F.E.Verf.s behandelt das Gesetz allein die „auf Antrag“ erfolgende; auch sie nur nach der Seite der Antr.sberechtigung, nicht auch anderer wichtiger Fragen, wie Form, Frist, ferner z. B. Rücknahme des Antrags usw. Das Antragsrecht ist im RJWG. selbst lediglich dem — „nach § 7 zuständigen — J.A.“ zugesprochen, unter Vorbehalt „landesgesetzl. Ausdehnung“, von welcher Ermächtigung aber Preußen in seinem Ausf.Ges. nicht Gebrauch gemacht hat. Diese Antragsberechtigg. der normalen Jug.wohlf.behörde hat sehr schwerwiegende Bedeutg.; sie ergibt nicht bloß ein formales R. (u. damit eine von vornherein bestimmte Stellg. im F.E.„Verfahren“), sondern auch materiell, d. h. jug.wohlf.pflegerisch, bedeutsame Pflichten. Zur näheren Regelg. verordnet für Preußen die Ausf.Anw. VI Z. 9, daß es „Aufgabe der Polizei, der Strafverfolgungsbehörden sowie aller anderen Beh.n sei, die JA. — gegebenenfalls auch die Vmsch.gerichte — zu benachrichtigen, wenn . . . . Minderj. zu verwahrlosen drohen, insbes. wenn diese mit Strafen bedrohte Handlgen begehen u. wegen ihrer Jugend nicht strafbar sind“, u. daß „außerdem die Behörden u. die Beamten, welche eine Freiheitsentziehg. durchführen, dem JA. Nachricht zu geben haben, wenn unversorgte K.er vorhanden sind, sowie auch darüber, wann die Freiheitsentziehg. beginnt." Die Erfüllg. der Antragspflicht des JA. soll von jeder behördl. Seite nach Möglichkeit gefördert — von der Polizei nach ders. Ziffer der Ausf.Anw. durch „Hilfe bei der Durchführg. von Zwangsmaßnahmen" —, dementsprechend aber auch von den JA. selbst angelegentlichst wahrgenommen werden! Das Antragsrecht, welches, wie Blaum N. 6 Abs. 2 durchaus zutreffend hervorhebt, zugleich Antragspflicht ist, auferlegt dem JA. besonders aufmerksame Überwachg. der ihm anvertrauten Jugd., vornehmlich der vorgeschritteneren Altersstufen, z. B. der Schulentlassenen; nur durch dahinzielende sehr umsichtige u. umfassende Betreuung kann es der Aufgabe genügen, drohender Verwahrlosg. zu wehren, schon vollendete zu kehren. Hier gerade wird eine zweckentsprechende Organisation der „Gefährdetenfürs." (vgl. mein. Auff. Ztrbl. Vmschw. 1923 Maih. S. 32 ff.) von größtem Werte sein. Sie ist aber auch für die gerichtl. Instanz in gleicher Beziehg. wichtig. Denn auch diese muß danach streben, in etwaige Verwahrlosungsfälle rechtzeitig Einblick zu erhalten. Das macht ihr schon die u. U. vom Ges. verlangte Offizialeinleitg. geradezu zur Pflicht! Eine gut durchgebildete „Vmschger.hilfe" (vgl. zu § 43 Abs. 1) ist auch um deswillen ganz unerläßlich. — Formal ist die Regelg. des Antragsr.s in Abs. 1 S. 2 gegen das bisherige R. Preußens mehr nur der Erscheing. nach eine Neuerung. Hier war bis jetzt zufolge § 4 FEG.s normale Antragsbehörde: der Landrat, in Hohenzollern (vgl. Bitter's Hdwörtbuch Art. „Amtsverfassg." I S. 57) der (ihm gleichstehende) Oberamtmann, neben beiden der Gemeindevorstand in Städten mit mehr als 10000 Einw. u. den ihnen gleichgestellten Städten der Prov. Hannover, — in „Stadtkreisen" aber der Gemeindevorstand bzw. der Vorsteher der [Kgl.] Polizeibehörde. Hierin gerade bringt das Preuß. AG. z. RJWG. nur in beschränktem Umfange Änderungen von Erheblichkeit. Der nach § 8 Abs. 1 in den Kreis-JA. als Vorsitzender des Kreisausschusses den Vorsitz führende Landrat wird auch weiterhin voraussichtlich Anträge auf F.E. als immerhin bedeutendere Kreisangelegenheit zeichnen oder „i. A." von seinem regelm. „Stellvertreter im Vorsitz" zeichnen lassen. Ebenso wird in den Städten, für welche § 7 Abs. 1 ebdort den Vorsitz u. dessen Stellvertretg., „nach den Vorschriften der Städteordng. über Deputationen u. Kommissionen" regelt, künftig die bisherige Praxis fortdauern, daß die Anträge auf F.E. von dem Dezernenten für Jug.fürs., (in der Regel wohl mit den Vorsitzenden der „Deputation" usw. identisch), gestellt werden. Nur in Städten mit früher „Königl." Polizeibehörden, d. h. solchen — vgl. N.-B. N. 10 zu § 4 FEG.s, in denen die Polizei vom Min. des Inn. der Stadt besonders „übertragen" — schneidet § 65 Abs. 1 S. 2 durch Beseitigg. des Antragsr.s dieser Stellen tiefer ein. In erster Linie in Gr.Berlin. Hier ziehen daraus die Richtlinien des Magistrats v. 31. März 1924 I 1 die zutreffende Folgerung, daß „das R. zur Stellg. von Anträgen auf F.E. . . . . . allein auf die Bezirks-JA. übergegangen ist", heben aber weiter — Z. 2 — sehr richtig u. beifallswürdig hervor, daß dieser Übergang „die Mitwirkg. der Polizei nicht völlig ausschließe", daß diese vielmehr gem. § 5 RJWG.s „Amtspflicht" der gen. Behörde u. deshalb ihr auch durch die preuß. Ausf.Anw. VI Z. 9 angelegentlichst nahegelegt sei u. im einzelnen u. a. in der Mitteilg. in betracht kommender Fälle zu bestehen habe. — Auch die Form des Antrags dieser amtl. Stellen wird von der bisher üblichen kaum merklich abweichen. (Die ob. als zulässig erwähnte Antragstellg. zu Prot. des Vmschger. wird nur für andere „Antragsberechtigte“ praktisch werden, also dort, wo landesgesetzl. von dem Vorbehalte des Abs. 1 S. 3 Gebrauch gemacht ist.) Daß pflichtmäßig der Antr. in allen einschlägigen Fällen mit größter Beschleunigung zu stellen ist, liegt in der Natur der Sache, bedurfte daher nicht ausdrücklicher Anordng. Andererseits verhindert aber das Fehlen jeglicher Fristbestimmung, deren Beobachtg. auch kaum durchführbar sein würde, eine formale Beanstandg. wegen „Verzögerung“ des Antr.s. Rücknahme wird (mit N.-B. N. 2c zu § 4 FGG.) auch für das RJWG. zuzulassen sein, selbstverständlich ohne jede Präklusionswirkg. für künftige gleichartige Antr.e. — Der sorgfältigen u. allseitigen Begründg. wird aber auch die Zurücknahme des Antr.s, ebenso wie dessen Stellg. bedürfen. —

III. Der (ordnungsmäßige) Antr. setzt gleich der Offizialentschließg. des Vmschger. das F.E.Verfahren in Gang (vgl. hierüber unt. zu § 76). Dieses Verf. selbst besteht in der ermittelnden Aufklärg. aller für die Entscheidg. ausschlaggebenden Verhältnisse; vgl. § 12 FGG.'s u. dazu die Erläut. in Schultze-Görlitz, Komm. Formal hat es als gerichtl., insbes. vmschger. Verf. Teil an den Grdsätzen, welche jedes Verf. dieser Art beherrschen. Gerichtssprache, Sitzungspolizei, Ausschließg. der Öffentlichkeit, Art u. Form der etwaigen Vernehmungen, Behandlg. der erforderl. Beweisaufnahme, zumal Beeidigung der Zeugen u. Sachverst., Ausschließg. der Gerichtspersonen wegen Befangenheit oder „Unfähigkeit“ folgen den allgemeinen, hierdurch gegebenen Regeln, also den betr. Normen des gen. Reichsgesetzes bzw. der von ihm in Bezug genommenen ZPO. Materiell ist Ausdehng. u. Inhalt des einzelnen Verfahrens ganz dch. die Lage des bes. Falles bedingt u. dem verständnisvollen pflichtmäßigen Ermessen des dieses Verfahren durchführenden Vmschger.'s vertraut. Das RJWG. beschränkt sich in der Regelg. seines Ermessens auf zwei positive Vorschriften, von denen nur die eine die Geltg. einer zwingenden Norm, die andere mehr diejenige einer empfehlenden Anleitg. beansprucht. Jene ist in zwiefacher Anwendg. ausgesprochen: sie fordert Anhörg. gewisser Beteiligten, eines essentiell zu dem Verf. gehörigen u. darum mit (der Entscheidg.) vorgängigem „Gehör“ niemals zu umgehenden Organs, des JA. (welchem für Preußen durch positive, ebenfalls zwingende Vorschr. des § 18 Abs. 2 Ausf.Ges.s in den Fällen des § 63 Abs. 2 — F.E. über mehr als 18, weniger als 20jähr. Minderj. — die „F.E.Behörde“ zugestellt ist; vgl. schon zu § 63 Abs. 2 u. die dort zit. Entsch. des Kamm.ger.s v. 8. Aug. 1924, welche auch diese vorgängige Anhörg. als so essentiell behandelt, daß sie auf ihre Verabsäumg. hin trotz nachträglicher Äußerg. des Landeshauptmanns „aus diesem formellen Grunde“ den amtsger. F.E.Beschl. aufhob) u. außer ihm gewisser persönl. dem Minderj. Nahestehender, deren Berücksichtigg. auch im F.E.Verf. als sozialpädagogische u. menschl. Pflicht erscheint. (Diese innere Verschiedenheit der beiden Kategorien ist äußerlich zwar durch ungleiche Anordngsform: dort „muß“, hier „soll“ ausgeprägt. Jedoch wird die Verbindlichkeit der Anordngen, insbes. die Bedeutg. der Nichtbefolgg. auch der letzteren als einer Gesetzesverletzg., wie Blaum N. 7 richtig hervorhebt, dadurch nicht beeinflußt!) Praktische Weis.gen für die Durchführg. dieses vorgängigen Gehörs gibt die Preuß. Ausf.Anw. v. 29. März 1924 nur (VI Z. 10) bezgl. des JA. Richtschnur dafür ist: dieses hat „dafür Sorge zu tragen, daß dem Vmschger. ein mögl. lückenloses Bild über die Verhältn.e des Jugendl. gegeben wird". In der Umschreibg. des Kreises dieser persönl. Beteiligten, welche gehört werden „sollen", folgt das RJWG. dem preuß. FEG. nur teilweise: allein „die Eltern u. der gesetzl. Vertreter" sind aus § 4 Abs. 2 des letzteren in das RJWG. übergegangen unter Beibehaltg. der Maßgabe, daß dieser Beteiligten Anhörg. „ohne erhebl. Schwierigkeit geschehen kann" (eine Voraussetzg., die ebenfalls dem arbiträren, aber pflichtmäßigen Ermessen des Vmschger. untersteht). Auch die herrschende Auslegg. dieser preuß. Bestimmung wird als unter dem RJWG. fortgeltend zu erachten sein: daß die „Anhörg." (bei gültiger Ehe) auf beide Elternteile zu erstrecken ist, daß sie sinngemäß im Adoptionsfalle den Adoptiveltern, bei einem unehel. K.e dessen Mutter u. demjenigen „gesetzl. Vertr." gebührt, welchem die Sorge für die Person des Minderj. zusteht (R.=B. N. 14 u. 15 zu § 4 FEG.'s). Für die Voraussetzg. „ohne bes. Schwierigkeiten" vgl. auch z. B. das Ges. über die relig. Kindererziehg. § 2 Abs. 3 S. 3 u. § 3 Abs. 2.

Hinzu gesellt ihnen das RJWG. mit der gleichen „Maßgabe" den Minderj. selbst u. zw. hier ohne jede Einschränkg. bezgl. seines Lebensalters, welche allerdings tatsächl. die Natur der Sache ohne weiteres ergibt, insofern eine „Anhörg." gewisser früher Altersstufen, weil zwecklos, von selbst unterbleiben wird.

Die Berücksichtigg. des Minderj. selbst unter den regelmäßig im F.E.Verf. „Anzuhörenden" im übrigen nur zu begrüßen. Denn seine persönl. Anhörg. erst verschafft dem Vmschger. den unmittelbaren Eindruck, ohne welchen ein richtiges Urteil über ihn unmöglich, vermittelt insbes. tatsächl. auch die Maßnahmen, welche sehr zweckentsprechend Abs. 4 an die Hand gibt.

Die Form der „Anhörg. von Minderj.n, Eltern u. gesetzl. Vertreter" ist auch hier nicht vorgeschrieben, Zuziehg. eines Gerichtsschreibers also nicht obligatorisch. Doch wird sie sich gerade bei dem Minderj. selbst empfehlen, um richtige Beurkundg. seiner Auslass.gen zu gewährleisten, wie seine Anhörg. überhaupt sich ganz nach den bes. Umständen des Falles richten wird. Nicht selten werden die „Anhörgen" zweckmäßig in der eigenen „bisher. Umgebg." des Minderj. getätigt, also mit gleichzeitiger Einnahme des richterl. Augenscheins von dieser Umwelt. (Allerdings brauchen die „Anhörgen" keineswegs immer in „Vernehmgen vor Gericht" zu bestehen, also unmittelbare zu sein. Das ergibt § 70 S. 2, vgl. dort, welcher letzteren Fall bes. hervorhebt. Zulässig auch Anhörg. durch Ersuchen anderer Behörden, z. B. Amtsvorstehers od. nur schriftl. Äußerg.) Ausgeschieden sind im RJWG. die vom Preuß. FEG. als „in allen Fällen zu hörende" Instanzen genannten Vertreter der Gemeinde, Kirche u. Schule. Auch diese Abweichg. wiegt aber für Preuß. nicht so schwer, wie zunächst scheinen mag: die Lücke wird, wie auch die Preuß. Ausf.Anw. VI Z. 10 ausdrückl. vorschreibt, durch das JA. gefüllt. Durch dieses wird ganz regelm. selbst der Gem.vorstand teils kraft der Anlehng. der preuß. JA.Organisation gerade an die Gemeinden, teils als örtl. Unterst.organ des JA. auch für das F.E.Verf.

zu Worte kommen. Ebenso wird hierzu mindestens einem Geistlichen Gelegenheit sich bieten, da nach § 4 Z. 3 Preuß. Ausf.Ges.'s je ein Religionsdiener aller drei staatl. anerkannten Bekenntnisse „geborenes" JA.Mitglied ist. In der Praxis wird der so zur Äußerg. gelangende Geistliche mit dem „zuständigen Geistl." des § 4 Abs. 2 Preuß. FEG. vielfach identisch sein. Doch wäre keinesfalls zu beanstanden, ja sehr zu bedauern, wenn in abweichenden, bes. in großen Städten leicht eintretenden Fällen die Praxis nicht auch künftig eben diesen Seelsorger, vornehml. den Konfirmator des Minderj. beratend heranzöge. (Vgl. für die bisher. preuß. Praxis die eingehende J. Min. Verf. vom 29. Nov. 1905 betr. „Benachrichtigg. der Geistl. in Fürs.Erz.Sachen", abgedr. bei Ebert, Amtsger. Dezernat [10. Aufl.] S. 537. Diese Verf. legt bes. Gewicht auf — rechtzeitige — Verständigg. des Seelsorgers von der etwaigen Ablehng. eines F.E.Antrags u. empfiehlt auch entgegenkommende Gewährg. der Akteneinsicht an diese Instanz.) — Für Preuß. war bisher Mitteilg. auch des F.E. ablehnenden Beschl.s an den im Verf. gehörten Geistl. vorgeschrieben, Gesch.Ordn. der Ger.schr.en der Amtsger.e § 57 Abs. 5, welcher bedauerlicher Weise durch die J. Min. Verfgg. v. 19. März 1924 Z. I 3 c abgeschafft ist. Amtl. Ausgabe v. 1. März 1925 S. 60.

Geradezu befremdlich ist die Ausschaltung des von § 4 Abs. 2 Preuß. FEG. in diesem Zusammhange ausdrückl. genannten „Leiters oder Lehrers der Schule, welche der Minderj. besucht". (Vgl. dazu im allg. das Heft „Reichsjug.wohlf.ges. u. Schule" des Pädag. Magaz. R. II H. 1; auch die Kinderhorte für schulpflichtige Kinder, vgl. dazu die Sonderschr. von Elis. v. Harnack, für eine soziale Ausgestaltg. des F.E.Verf. von Bedeutung.) Diese Abstoßung einer sehr verständigen Vorschr. des Preuß. FEG. entspricht nicht dem jug.wohlf.pflegerischen Wesen der F.E. u. dem danach auch sie beherrschenden Grundsatze des § 2 Abs. 2 RJWG. (Zurückgreifen „insbes. auf die öffentl. Einrichtungen der Schule"!) In der Auswirkung wesentlich abgeschwächt wird dieser Mangel des RJWG. einesteils durch die Betätigung der „Schulpfleger" u. „Schulpflegerinnen", an denen es wohl bei allen größeren JA. künftig nicht fehlen wird, u. die ein bes. geeignetes Mittelsorgan zwischen der schutzbedürftigen Jug. u. den staatl. Stellen, dem JA. u. auch dem Vmschger. (vgl. A. v. Gierke, Zentr. Bl. f. Vmschw. 1918 S. 50 ff.) bilden. Darüber hinaus durch die in Preußen — Z. 3 S. 1 § 4 Ausf.Ges. — obligatorische Zugehörigkeit „zweier Lehrpersonen (Lehrer u. Lehrerin)" als voller und — hierdurch allerdings in geringerem Grade — des Kreisschulrats als beratenden Mitglieds des JA.; vor allem aber durch die mit Recht von der Preuß. Ausf.Anw. VI Z. 10 dringend empfohlene Anhörg. der obengen. Schulleiter (denen dort bezügl. der „Schulentlassenen" sachgemäß der „frühere Lehrer u. der Leiter oder Lehrer der Fortbildungsschule" gleichgestellt werden) seitens des JA. selbst. (Auffallen muß ferner auch, daß das RJWG. nicht von selbst daran gedacht hat, den „Helfer" bei voraufgegangener Sch.A. unter den über die F.E. „zu hörenden" Beteiligten zu erwähnen.) Einen ganz wesentl. Fortschritt gegen das bisherige, bes. auch preuß. R. bildet sicher die in Abs. 4 des Paragraphen (welcher richtiger ganz offenbar vor den jetzigen Abs. 3 gehört hätte) jetzt neu angeordnete Einbeziehung des ärztlichen Beraters in den Kreis, auf dessen „Anhörung" das Vmschger. die Entsch. über die F.E. aufbaut. Sie ist zwar — im RJWG. — rein fakultativ ausgesprochen. Bei der starken Hinneigung des Gesetzes, überhaupt auch medizinische Sachverständige an Jug.fürs.aufgaben möglichst unmittelbar zu beteiligen — § 10 Abs. 2! — entspricht es aber zweifellos dem wahren Willen des § 65 Abs. 4, von dieser richterl. „Befugnis" möglichst weiten Gebrauch zu machen. Dies darf auch tatsächl. nach der ganzen neueren Entwickelg. der praktischen Jug.wohlf.pflege mit Sicherheit erwartet werden. Besonders im Hinblick auf die Betonung der einen bestimmten Richtung dieses medizinischen Elements, deren auch das Ges. selbst hervorhebend gedenkt: der sog. „Psychopathenfürsorge". Dieser noch junge Spezialzweig medizinischer Jug.fürs. ist gerade in Preußen zuerst gepflegt und entwickelt worden. Er strebt nach möglichst klarer und vollständiger Erkenntnis der Fälle, in denen die objektiv als Mängel der Erz. erscheinenden Fehler und Fehltritte eines Jugdl. subjektiv in irgend einer krankhaften Verfassung oder Beschaffenheit seines Seelenlebens (im weitesten S.) wurzeln, die — das ist wohl der richtige Begriff der „Psychopathie" — ohne die formalrechtl. „Zurechenbarkeit" auszuschließen, § 51 StGB., doch seine Handlungen und Entschließungen mit einem gewissen, manchmal fast mechanischen Zwange beeinflußt. Die Psychopathie zeigt gerade bei Jugdl., vgl. das Buch v. Scholtz „anormale Kinder" in der Bearbeitg. von Gregor, besondere Mannigfaltigkeit in Formen und Stufen (Idiotismus, leichte und schwere Idiotie, Imbezillität usw., vgl. das gute Referat von Rektor Grauvogel, Frankfurt a. M. im Pädag. Magaz. a. a. O. S. 31). Die „Psychopathenfürsorge", welcher zuerst in Köln im Mai 1901 ein besonderer Kongreß (vgl. darüber Soz. Mon.H. 1921 S. 1101 ff.) u. neuestens, im Anschlusse an den letzten allg. F.E.T. — vgl. oben — u. den 6. Deutsch. Jug.ger.-tag, ein solcher in Heidelberg am 18. u. 19. Sept. 1924, (vgl. den eingehenden Bericht über diese 3. Tagg. im Zentrbl. Jugr. XVI S. 169 ff., aber auch schon dort S. 12 die „Leitsätze" des Landesrats v. Lüpke) galt, will dieser Jug.abnormität dadurch gerecht werden, daß sie dem Erzieher den Arzt, besonders den Seelenarzt gleichstellt, ja, jenen in nicht geringem Umfange durch diesen ersetzt. In dieser medizinisch-pädagog. Richtung liegt vornehml. auch die Schaffung besond. „Anstalten" für solche jugendl. Psychopathen, teils reinen Heil-, teils auch Unterrichtszwecken dienender (vgl. Grauvogel a. a. O. S. 32: „Hilfsschulen"!). Die erste deutsche Heil- und Erziehungsanstalt für psychopathische Fürszögl. zumal wurde z. T. unter dem Einflusse der D. Zentr. f. Jug.Fürs., welche bereits 1907 die Gründung einer „Erz.anstalt für psychopathische Konstitutionen" beschlossen hatte (Zeitschr. f. Jug.Fürs. 1918 S. 101), in Göttingen im Juni 1912 als Provinzialanstalt eröffnet (vgl. „Sämann" Bd. 3 S. 330). Jetzt bestehen irgendwelche Einrichtungen für diese Jug.-sonderfürs. wohl überall, wenigstens an allen größeren Orten, so in Altona, vgl. Zentrbl. Jugr. XVI S. 123, ein „Beratungsamt für psychisch u. nervös Kranke." Auf hervorhebende Berücksichtigung dieser Erscheinung im Leben der Jug. wird durch das RJWG. nunmehr auch das F.E.Verf. eingestellt. Dem Richter wird nahegelegt — dies der wahre Sinn der „Kann"vorschr. —, die etwa vorhandenen krankhaften Grundlagen der bei den Minderj. hervorgetretenen Anzeichen von „Verwahrlosung" fachmännisch zu erforschen und hierbei auf „Psychopathie" besonderes Augenmerk zu richten. Mittel jener erweiterten Erforschungspflicht ist die allgemeine „ärztl. Untersuchung", welche verfahrensmäßig den Grundsätzen über

Sachverst.vernehmung folgt und im Einzelfalle durch die besond. Art der vorliegenden „Verwahrlosung" („körperliche oder geistige") beeinflußt wird, aber nach der Fassung des Gesetzes keineswegs an bestimmte, insbes. nicht die „ein- für allemal beeidigten" Sachverst. gebunden ist, wenngleich praktisch die möglichst gleichmäßige Zusammenarbeit mit einem ärztl. Berater dringend zu empfehlen u. wohl auch tatsächl. die Regel. Dieser besonderen Aufklärung dient die Beobachtung in einer „Anstalt für jugdl. Psychopathen" oder — d. h. unverkennbar ersatzweise — „öffentl. Heil- u. Pflegeanstalt". Diese der strafprozessualen Beobachtung gemäß § 81 StPO. nachgebildete Maßnahme ist letzterer doch nur in der Beschränkung ihrer Dauer auf 6 Wochen, nicht auch in ihrer selbständigen Anfechtbarkeit, („sof. Beschw.") und der sonstigen Garantie — durch Beistandsbestellung — angeglichen. Ihre möglichst häufige Anwendung erscheint nach den sich immer mehrenden Erfahrungen der F.E.-Praxis durchaus ratsam. (Die Einzelheiten dieser „Unterbringung z. Beobachtg.", so z. B. die vorherige Heranziehg. eines dafür zuständigen Arztes, am angemessensten wohl des Kreis- od. Gerichtsarztes, werden landesrechtl. noch näher zu regeln sein, mindestens durch Anweisgn der Zentralbehörden, als welche hier, da es sich um eine Maßnahme des Vmschgerichts handelt, für Preußen nicht der Min. f. Vwf., sondern der Just. Min. in Betracht kommt; vgl. die bei Ebert, Dezern. unt. 3 m u. n abgedruckten J. Min. Verf.n.) Jetzt hat eine Reihe von Fragen durch den Erlaß des preuß. Min. f. Vwf. v. 30. Juni 1923 III F 1853 I, abgedr. im Zentrbl. Vmschw. XV S. 157/8, ihre Regelg. gefunden. Praktisch vorbildlich ist die bei dem — von Storck geleiteten — JA. in Lübeck schon seit Anfang 1921 bestehende (vgl. Zentrbl. Vmschw. XV S. 156) Einrichtg. des bes. Ausschusses für Psychopathenfürs., bei welchem der Heilpädagoge u. der Arzt in nächster Fühlg. zusammenwirken. Für Preußen kommt als Gewähr dauernder Pflege dieses „Jug.wohlf."zweiges hauptsächl. der „Deutsche Verein z. Fürs. f. jugdl. Psychopathen" (E. V., gegr. 1918; „Zweck" nach § 2 der Satzg. „die psychopath. Konstitution Jugdl. zu erforschen u. die Fürs.arbeit f. jugdl. Psychopathen anzuregen, auszubauen u. zusammenzufassen"), welcher z. Z. durch Ruth v. d. Leyen geleitet, seinen Sitz (Zentrale) in Gr. Berlin hat, dort ständig mit der Psychiatr. Abteilg. der Charité zusammenarbeitet u. zahlreiche Ortsgruppen umfaßt, z. B. in Breslau seit 1922, in betracht.

IV. Auf das so dchgeführte Verfahren hat das Gericht, wenn es nicht etwa in dessen Laufe gem. Abs. 7 zur „Abgabe" der Sache, z. B. wegen Wechsels des „gewöhnl. Aufenthaltsortes" des Minderj. kommt (ein vom Preuß. FEG. garnicht geregelter Fall!, während nach dem RJWG. die ganz gleichartig der Sch.A., § 57 Abs. 3, auch für die F.E. angeordnete Abgabe als auf einer „Soll"-Vorschrift beruhend, vgl. Blaum, N. 7 zu § 65, geradezu eine Pflicht des Vmschger. bedeutet), seine Entscheidg. zu gründen. Diese kann nur entweder in der Anordnung oder in der Ablehnung der F.E. bestehen; ein drittes gibt es nicht (für die das Verf. abschließ.de Entscheidg.) Vor allem wird eine „Einstellg.", die wegen Todes oder endgültig unbekannter Abwesenheit des Minderj. (aber jetzt nicht mehr, im Gegsatze zum preuß. FEG., welches das Lebensalter zurzeit der Beschlußrechtskraft entscheiden ließ, wegen inzwischen erreichter Altershöchstgrenze!) in Frage kommen kann (vgl. hierzu für das Preuß.

R. Noelle-Boschan, Komm. FEG. N. 11 C zu § 4) nicht den Inhalt dieses „Beschlusses", sondern nur einer verfahrensleitenden Verfügung bilden. Hiervon ausgehend, gibt das RJWG. über Inhalt und Behandlung des „Beschlusses" wichtige Vorschriften, die teils von dem positiven oder negativen Spruche über die Frage der F.E. unabhängig, teils für den einen oder anderen Fall verschieden sind. (Über den „Kopf" — und ebenso die Formel — des Beschl. enthält sich das RJWG. aller Anordnungen. Auch im preuß. AG. fehlen sie. Für die letztere, die Formel, lassen sich generelle Anweisungen aus inneren Gründen nicht geben. Die treffendste Fassung ist wohl: „zur F. E. überweisen." Vgl. Noelle-Boschan S. 111. In den „Kopf" des Beschl. werden auch fernerhin, wie bisher in der preuß. Praxis, sowohl das genaue Alter wie das Religionsbekenntnis, dessen Angabe insbes. die Just. Min. Verf. vom 30. April 1902 angeordnet hatte, aufzunehmen sein, letzteres im Hinblick auf § 69 RJWG.) Gemeinsam ist allen im F.E.Verf. möglichen Beschlüssen das Erfordernis der — besonderen — „Begründung" (vgl. oben zu § 57 bezügl. der Sch.A.). Das preuß. FEG. enthielt es ausdrücklich noch nicht; doch wurde es schon auf Grund seiner von der Praxis allgemein als selbstverständlich anerkannt. Das RJWG. begnügt sich nicht, es in zwingender Form für „den Beschluß" schlechthin festzustellen, sondern gibt ihm für die „Anordnung der F.E." noch eine bes. steigernde Ausprägung. § 65 Abs. 3 verlangt hier die klare und bestimmte Subsumtion unter einen der in § 63 als „Voraussetzung" (vgl. dort) anerkannten Tatbestände durch „Feststellung der für erwiesen erachteten Tatsachen", in denen vom Ger. der „Eintritt dieser Voraussetzungen" gefunden wird. Durch diese der Schlußfeststellung — in Preußen durchaus üblweise, allerdings nach Löwe, Komm. Not. 4b zu § 266 StPO. abusiv, sogen. „tatsächl. Feststellung" — des Strafurteils angeglichene Präzisierung der konkreten Entscheid„gründe" will das Ges. das Vmschger. veranlassen, sich und den Beteiligten ganz genau Rechenschaft darüber zu geben, wie es auf der Grundlage der abstrakten Gesetzesnormen (des § 63) im Hinblick auf die besonderen Tatumstände und Verhältnisse die einschneidende Entscheidung rechtfertigt. Schon diese zur Pflicht gemachte Ausgestaltung der „Gründe" bringt ihre Absetzung als auch äußerlich gesonderten Teil der Entsch. mit sich. „Erwägungsstil" und ebenso satzliche Verbindung der „Gründe" mit der Entschsformel („da" oder dergl.) deshalb hier nicht angängig, aber auch bei dem nicht „auf Anordnung der F.E. lautenden Beschl." um der erforderl. Klarheit und Vollständigkeit willen abzulehnen.

(Nach neuerl. Mitteilg. aus vmschrichterl. Kreisen — bei Gelegenh. des ob. S. 336 erwähnten jüngsten Berl. Jug.ger.lehrganges — wird in den Anordngsbeschlüssen nicht selten auch die Auffassg. des beschließenden Ger.s, über die Art der F.E.„Ausführg.", zumal ob Anst. od. Fam.Erz. angemessen, ausgedrückt u. zwar regelmäßig wohl am Ende der „Gründe". Diese Praxis ist durchaus zu billigen. Das oft recht langwierige F.E.Verf. mit seiner eindringenden Aufdeckg. der gesamten Lebensverhältnisse des Minderj. begründet wohl ein — sachlich — maßgebl. Urteil über das geeignetste Mittel der F.E. Umso bedauerlicher, daß, wie dort ebenfalls zur Sprache gebracht, die F.E.Behörden sich solchen Anregungen des Vmschger.s verschließen! Hier sollte die Zentralinstanz, das Min. f. Vwf., korrigierend eingreifen u. zum Heile der Sache Einvernehmen erzielen! Letzteres auch im S. der Gegenseitigkeit dieses Zusammenwirkens. Vgl. hierzu umgekehrt unt. S. 394.)

Gemeinsam ist ferner ebenso allen F.E.Beschl. die Anordnung ihrer „Zustellung" an gewisse von dem Beschluß betroffene Beteiligte. Hier genügt also nicht, — wie bei der Entsch. über Sch.A. § 57 Abs. 2 —, schon die bloße inhaltliche „Bekanntgabe" als solche, die ja bei jeder „Entscheidg." des Vmschger. selbstverständlich, sondern ist eine gewisse, dem Prozeßverfahren entlehnte Form zu beobachten, welche den „Empfang" dieser Bekanntgabe durch die „Beteiligten" gewährleistet. Letzteres findet seinen Ausdruck in dem Gebrauche bestimmter Beurkundungsformen über die Vollziehung der Mitteilung (der „Zustellung"), die gemäß der allg. Regel § 16 Abs. 2 S. 1 FGG.'s „den für die Zustellung v. A. w. geltenden Vorschriften der ZPO." unterliegt. Insbes. leiden also auch alle Vorschr.n über „Ersatzzustellg" auf die Zust. der F.E.Beschl. Anwendung. Das hat praktische Bedeutung zumal für Minderj., die bereits, z. B. in Ausführung einer über sie beschlossenen „vorläufigen F.E.", sich in einer „Erz.anstalt" befinden (wirksame Zust. an den Anstaltsvorstand!) Der Kreis der Empfangsberechtigten ist nach den verschiedenen Arten des F.E.Beschlusses ungleich weit gezogen. Stets gehört zu diesen die F.E.behörde, (vgl. jedoch alsb. unt. über die Anordn. der F.E. durch den „Jug.richter"), jene Neuschöpfg. des RJWG. auf dem Gebiete der F.E., welche hier zum ersten Male in der Ordn. des Instituts begegnet, d. i. (vgl. unt. § 70 Abs. 1) die behördliche Stelle, welche normaler Weise mit der „Ausführung" der F.E. betraut ist, — in Preußen nach § 18 Abs. 1 A.G. der Provinzialausschuß, (dem in Hessen-Nassau die Landesausschüsse der Komm.Verb.e Wiesbaden und Cassel, in Groß-Berlin der Magistrat dieser Stadtgemeinde, im Kreise Lauenburg dessen Kreisausschuß, in den hohenzollerischen Landen deren Landesausschuß gleichstehen). Zweifelhaft für Preußen nach § 20 A.G., ob und wieweit auch dem LJA. solcher Empfang der F.E.Beschlüsse gebührt. Doch ist ein Anspruch, da § 20 cit. nur eine „Beteiligung an" der F.E. für die preuß. L.J.A. fordert, zu verneinen. (Auch der diese „Beteiligg." der L.J.A. gem. § 20 S. 2 „regelnde" Min. f. Vwf. kann einen solchen „Anspruch" wohl kaum begründen!) Ferner immer Beschlußzustellg. an den „Antragsteller" geboten. Mit diesen beiden ist der Kreis der Zustgsempfänger erschöpft, wenn es sich um einen (gewöhnl.) die F.E. „ablehnenden" Beschluß handelt. Allerdings wird sich auch hier praktisch, sofern neben dem F.E.Verf. eine Sch.A. über den Minderj. einhergegangen, Bekanntgabe der Entsch. an den „Helfer" durchaus empfehlen. Auch abgesehen hiervon erscheint den „Erzieh.berechten" gegenüber, vornehml. den Eltern und sonstigen „natürl." Erziehern, denen doch die „Anhängigkeit" des F.E.Verf. kaum je unbekannt bleiben wird, Gleiches im Interesse der Billigkeit angemessen. Auf förml. „Zustellg." haben diese letzteren (tatsächlich also stets Beteiligten) jedoch nur hinsichtl. des die F.E. anordnenden Beschlusses Anspruch: er „ist" auch den „Eltern und dem gesetzl. Vertr." zuzustellen. Ob unter „Eltern" auch hier, wie in Abs. 2, beide Teile zu verstehen, nach dem Sinne des Ges.s fraglich, da dieser doch offenbar lediglich dahin geht, die sachliche, authentisch erlangte Kenntnis der „Eltern" zu sichern und solche im Normalfalle, wenn nämlich die Eltern zusammenleben, regelmäßig schon durch Zust. an den einen Teil bewirkt wird. Angesichts der zwingenden Fassg. des S. 1 Abs. 5 aber der formale Zust.-anspruch auch des andern Teils unbestreitbar, sodaß eine auf Verabsäumung dieser Zust. gegründete Beschwerde Erfolg haben müßte. — „Gesetzlicher Vertreter" ist hier mit Abs. 2 durchaus übereinstimmend, also auf den zur Sorge für die Person des Minderj. Berufenen zu beziehen. Der „Antragsteller" ist bei dem „F.E. anordnenden Beschl." nicht als solcher, sondern als „Antragsberechtigter" berücksichtigt. Diesen (allen) gebührt Zust. eines solchen Beschl.; — wo landesgesetzl. von S. 3 Abs. 1 Gebrauch gemacht ist, also auch den „Antr.berechtigten", welche im Einzelfalle ihr R. nicht ausgeübt haben (in Preußen der „Antr.steller" mit dem „Antr.berechtigten" immer zwingend identisch). Endlich tritt in Analogie zu der Regelung des eine Sch.A. anordn. Beschl. (§ 57 Abs. 2) noch der tatsächlich am stärksten Beteiligte, der Minderj. selbst hinzu, dieser aber mit den beiden Einschränkungen auch des § 57 Abs. 2: des Mindestalters (vollendeten) 14. Lebensj. und der Vermeidung „erziehlichen Nachteils" durch Mitteilung des Beschl.-inhalts, letzteres gegenüber dem Preuß. FEG. eine im pädagog. Interesse sehr zu begrüßende Neuerung! In beiden Beziehungen gilt im einzeln. hier ganz das Gleiche wie bei der Sch.A. — Erweitert ist der Kreis der Zust.empfänger für einen bes. Fall des die F.E. ablehnenden Beschlusses: „wenn (in Verbdg. mit dem ordentl. F.E.Verfahren) eine vorläufige F.E. angeordnet ist", so gebührt Zust. auch des ablehnenden Beschl. „ferner allen Personen, denen diese Anordnung (der vorläufigen F.E.) zugestellt ist". — Abs. 5 S. 2 a. E. (in Preußen ist auch nach dieser Richtung für die Übergangszeit die Bestimmung des § 32 Abs. 3 S. 1 von Bedeutung, derzufolge „auf Grund des § 5 FEG. erlassene Beschl.e auf vorläufige Unterbringung als Beschl.e über Anordnung der vorläufigen F.E. gemäß § 67 RJWG. gelten". Infolgedessen gebührt nach § 65 Abs. 5 S. 2 a. E. Beschlußzust. auch allen, denen ein auf § 5 Preuß. FEG. beruhender Beschluß zugestellt worden ist. Vgl. über die Zust.empfänger eines solchen Beschl. nach § 5 cit. Noelle-Boschan N. 5b zu § 5 S. 136). Welche Personen für letztere Zust. in Betracht kommen, ergibt § 67 S. 1 Halbs. 2: denn die dort gewissen Beteiligten zugesprochene sof. Beschwerde bedingt (vgl. schon für das Preuß. FEG. richtig Noelle-Boschan N. 5b zu § 5) in gleichem Ausmaße Zust. des Beschl. auf „vorläufige F.E.". Das bedeutet gemäß § 65 Abs. 6, auf den § 67 a. a. O. zurückgreift, Notwendigkeit der Zust. des ablehnenden Beschl. in diesem Sonderfalle auch an die Eltern, den mehr als 14jähr. Minderj. selbst, seinen gesetzl. Vertr. und alle Antr.berechtigten (im einz. gilt über diese Kategorien hier alles soeben Gesagte)!

V. Die förmliche „Zustellung" eines F.E.Beschlusses erschöpft sich aber nicht in der technisch geordneten, gesicherten Übermittlung dieser Entsch. als solcher, sondern bedeutet zugleich die Eröffnung einer bestimmten Anfechtungsmöglichkeit, nämlich die Zuständigkeit des Rechtsmittels der „sofortigen Beschwerde". Dieses steht, entspr. ihrem R.e auf Zust., gegen jeden das F.E.Verf. beendigenden Beschl., u. zwar nach dem richtigen Standpunkte des Kamm.ger.s in Beschl. v. 20. Juni 1924, 1a X 501/24, Jur. Wchschr. 1924 S. 1779, gem. § 65 (u. den materiellen Bestimmgen) des RJWG., auch wenn der Beschluß, welcher angefochten wird, nach dem

FEG. ergangen ist, der „F.E.Behörde" und dem „Antragsteller", letzterem in der etwas aus dem System herausfallenden Erweiterung zum „Antragsberechtigten" zu; gegen den die Überweisung zur F.E. aussprechenden Beschluß ferner allen übrigen, (vgl. das oben über Abs. 5 Gesagte), denen dieser Beschl. zuzustellen ist. Sie ist von den Grundsätzen des § 22 FGG. beherrscht; also gleich der prozeßrechtl. sof. Beschw. an die Notfrist von zwei Wochen gebunden, welche mit der Beschl.zust. in Lauf kommt und gegen deren Versäumung § 22 Abs. 2 FGG. unter gewissen Voraussetzungen „Wiedereins. in den vor. Stand" gewährt. Sie hat stets Devolutiveffekt, was allerdings hier nicht sowohl auf ihrer Eigenart als sof. Beschw., als vielmehr auf der allg. Norm des § 18 Abs. 1 Halbs. 1 FGG. beruht. Zufolge ausdrückl. Vorschrift des Abs. 6 (vgl. im Gegensatze dazu § 67 S. 2 RJWG.'s u. die Erl. dazu) ferner auch Suspensiveffekt: sie hemmt also die R.skraft der Entsch. d. Vmschger. und dadurch, freilich mit den Maßgaben des § 68 RJWG., deren Vollziehbarkeit. Diese tritt vielmehr gemäß § 26 S. 1 FGG.s „mit der R.skraft der Entsch. des Beschw.gerichts" ein, (unbeschadet freilich dessen nach S. 2 ebd. zustehenden Rechts, „die sofortige Wirksamkeit" seiner Entsch. schon vorher anzuordnen). Denn gegen die Entsch. über eine sof. Beschw. im F.E.Verf. gibt es, wenngleich das RJWG. hierüber schweigt, unter der Voraussetzung des § 27 FGG. die sofortige „weitere Beschwerde", über welche in Preußen nach Art. 7 preuß. FGG.'s (s. ob. Vorbem. vor dies. Unterabschn. a. E.) das Kamm.-ger. (u. zw., da S. 2 des Art. 7 cit. für F.E.Sachen ausscheidet, ausschließlich) zu entscheiden hat; und im Falle ihrer Zulässigkeit wird, § 26 S. 1 a. E. FGG.s, „die Entsch. des Beschwerdeger.'s erst mit der R.skraft wirksam! Vgl. über diese weitere Beschw., bezgl. deren sich gegen das FGG. im RJWG. nichts geändert hat, ebenso wie über alle Einzelheiten der sof. Beschw. selbst Noelle-Boschan, Anm. 25 VII bzw. II ff. zu § 4. Also zwar § 29 F.G.G.s. Aber sonst kein Anwaltszwang!; doch wird dem mehr als 14jähr. Minderj., wenn er von sein. Anfechtungsrechte Gebrauch machen will, billigerweise und im Interesse techn. Ordn.gsmäßigkt. ein Beistand zu bestellen sein, wie dies für den bes. Fall der von dem „Jug.strafrichter" angeordneten F.E. das JGG. im § 29 Abs. 3 ausdrückl. vorsieht, Bestellg. eines JA.Mitgliedes zu dieser Beist.schaft nicht unzweckmäßig. — Die prozeßrechtl. Grundsätze über das Armenr. gelten gem. § 14 FGG.s (näheres ebenfalls bei Noelle-Boschan S. 99) auch für das F.E.Verf.! —

Über eine die Anordng. der F.E. durch das Jug.ger. (§ 7 Abs. 1 Z. 6 JGG.'s; vgl. hierzu ob. bei § 63 a. E.) betreffende Frage hat in der kurzen Zeit seit Inkrafttreten des JGG. sich eine lebhafte Kontroverse entsponnen: die Beteiligg. der F.E.Behörde. Sie wird von der in Schrifttum u. R.sprechg. überwiegenden Meinung sowohl für das strafgerichtl. Verf., als auch für die dieses beendende Anordn. der F.E. schlechthin versagt. Mit bes. Nachdruck durch den Beschl. des Kamm.ger.'s vom 1. Febr. 1924 (abgedr. in Ztrbl. Vmschw. — jetzt: f. Jugr. u. Jug.wohlf. — XVI S. 44, dort fälschlich als „Urteil" bezeichnet). Dieses wird — bedauerlicherweise, — voraussichtl. für absehbare Zeit der einschlägigen Praxis die Norm geben. Trotz der Autorität des Kamm.ger.s muß mit Entschiedenheit geltend gemacht werden, daß der Ausschluß der F.E.Beh. von dieser F.E.Anordnungsart ebenso dem Wesen dieser Jug.wohlf.einrichtg., wie der Gesamtheit der Bestimmungen auch des JGG. entgegen ist. (Dieser Anschauung huldigt ganz offenbar neuerdings auch die Ausf.Vdn. des Preuß. Just.-Min. v. 28. April 1924, vgl. schon ob. zu § 63, wenn sie Z. II 3 bestimmt, daß, wenn durch Urt. des Jug.ger.s die F.E. angeordnet worden, die Staatsanwaltsch. „in allen zweifelhaften Fällen dem zur F.E.Ausführg. verpflichteten Komm.vbde nach Möglichkeit Gelegenheit zur Stellg.-nahme bezügl. Einlegg. od. Durchführg. von R.'smitteln zu geben hat"; mit der hier beleuchteten R.sprechg. kaum vereinbar!) Letzteres betrachtet die Anordng. dieser so spezifischen „Erz.maßnahme" durch das Jug.ger. ganz erkennbar als bes. heikel u. daher vorsichtiger, ja geradezu delikater Behandlg. bedürftig. In diesem S. schränkt es so nachdrückl. die Zuständigk. des Jug.ger.'s zu eigener Anordng. der F.E. — § 5 Abs. 2 S. 3 — auf den Fall ein, daß dieses auch außerhalb des Strafverf.s dafür zuständig, u. gibt ferner in § 35 Abs. 1 S. 3 der gleichen Anordng. ebenfalls eine gewisse Sonderstellg. Eben deshalb haben die Just.Verw.instanzen bes. Sorgfalt auf die möglichst weitgehende Vereinigg. von vmsch.gerichtl. u. jug.richterl. Geschäften in der Hand desselben Richters gelegt. In Preuß., vgl. ob. zu § 58 a. E., bes. die Verf. des Just.Min. v. 20. Juni 1923 (J.M.Bl. S. 450 ff.) u. neuestens die ebenerwähnte Vdn. v. 28. April 1924 (J.M.Bl. S. 206) II Z. 1. Vor allem aber ist es mit dem Sinne der materiellen Vorschr.n des JGG. über die F.E. als „Erz.maßnahme" des Jug.Strafverf. schlechthin unvereinbar, von einer Anordng., deren „Voraussetzgen" ganz nach dem RJWG. (§ 7 Abs. 3 S. 1 JGG.s) beurteilt werden sollen, also nach den jug.wohlf.pflegerischen Gesichtspunkten, welche allein dieses Institut beherrschen können u. dürfen, die F.E.Beh., die Instanz, welche die Auswirkg. der Anordng. am maßgebendsten zu ermessen vermag (u. der deshalb z. B. nach der ebenerwähnten Preuß. Ausf.Vdn. v. 28. April 1924 Z. III 2 Abschrift des Strafurt.s mit Gründen „unverzügl. nach R.skraft" — sobald entbehrlich, auch die Strafakten — mitzuteilen sind), hier fernhalten zu wollen, während das RJWG. selbst — auf welches das JGG. ausdrückl. Bezug nimmt — sie in § 65 Abss. 5 u. 6 weitgehend beteiligt. Die Ansicht Francke's N. I zu § 35 JGG., daß „nach dem JGG. die F.E.Beh. ihre Zöglinge aus der Hand des Strafgerichts ebenso einspruchslos entgegennehme wie nach bisher. R. die Verw.beh. im Falle des § 56 Abs. 2 StrGB.", entbehrt durchaus der inneren Begründung. — Die Ansicht das Kamm.ger., welche jetzt u. a. auch vom L.G. Cleve (Beschl. v. 19. Febr. 1924, Zentr. Bl. XVI S. 22) geteilt wird, das ebenso wie das Kamm.ger. die entgegengesetzte des L.G. Limburg (Beschl. v. 27. Nov. 1923, Zentr. Bl. XV, Nr. 10 S. 195) ausdrücklich zurückweist, ist nicht unwesentlich durch den Ausgangspunkt beeinflußt, daß das Jug.ger. die F.E. (stets) im Strafurteil anzuordnen habe. Sie ist aber auch so keineswegs unabweisbar. Die Gründe, durch welche Dr. Marie Munk, Zentr.Bl. XV S. 238, sie gegen Limburg verteidigt, sehr anfechtbar. Vor allem aber ist dem JGG. keineswegs zu entnehmen, daß der Jug.richter die F.E. nur im Urteil anordnen dürfe. Im Gegenteil, weist gerade das JGG. selbst durch seine allein mit dieser Bedeutung innerlich sinnvolle Vorschrift des § 5 Abs. 2 S. 3 darauf hin, daß er diese Anordnung auch in der Form eines besond. von dem Strafurteile getrennten Beschlusses treffen kann. Praktisch auch deshalb wünschenswert, weil so dem Minderj. gegenüber den Stellen, welche die Anordn. empfangen, der Makel erspart bleibt, welchen die kriminelle Verurteilg. durch Darlegg. der Einzelheiten erhöht aufdrückt.

VI. Die „Abgabe" nach Abs. 7 — vgl. über diese schon mehrf. oben — kann durch einen „Antrag" sowohl des J.A. am Sitze des zunächst mit dem F.E.Verf. „befaßten" Vmschger., als auch desjenigen, in dessen „Bezirke der Minderj. seinen gewöhnl. Aufenths.ort hat" (§ 7 Abs. 1 S. 1), herbeigeführt werden. Daraus ergibt sich, rückschließend, für die Vorschrift des Abs. 2, daß auch das erstere J.A. jedenfalls „gehört" werden, also auch dasjenige Vmschger., welches nicht Aussicht auf vollständige Drchführg. des F.E.Verf. hat, weil es „nicht das des gewöhnl. Aufenth.orts des Minderj. ist", mit „seinem" J.A. den Fall erörtern muß. Sinn- u. sachgemäß erscheint im Hinblick eben auf Abs. 7 auch Mitteilung des Falles und des seinetwegen eingeleiteten Verf. an das J.A. des „gewöhnl. Aufenth." von seiten dieses zuerst tätig gewordenen Vmschger. Inwieweit „Mitteilung der Akten", die nicht mehr im RJWG., wie in § 4 Abs. 2 preuß. FEG. vorgeschrieben, aber sicher auch jetzt nicht gesetzwidrig, dem einen oder dem anderen Ger. gegenüber angebracht, muß dem Ermessen des Vmschger. verbleiben. Im allg. dürfte solche Aktenmitteilung nur gegenüber dem J.A., welches zur endgültigen Entsch. über die F.E., nicht auch demjenigen, welches allein zu der „Abgabe" Stellung nehmen soll, in Frage kommen. — Nicht (bes.) geregelt im RJWG. der Streit zweier Vmschger.e über die Abgabe bzw. Übernahme des F.E.Verf.: er unterliegt daher den Grundsätzen des § 46 FGG., sodaß in Preußen (Noelle-Boschan N. 1 Bc zu § 3) der Streit zweier nicht demselben O.L.G.-Bezirk angehörender Vmschger.e gemäß § 199 Abs. 2 S. 2 FGG. durch das Kammergericht zu entscheiden ist. — Über die rein negative Formulierung der „Gründe" für eine Abgabe nach Abs. 7 ist auf das hierzu bezgl. der Sch.A. Gesagte zu verweisen.

VII. Eine gewisse Unvollkommenheit der Ordnung des § 65 ist das Fehlen jegl. Bestimmung über die Wirkungen etwaiger Nichtbefolgung der in ihm enthaltenen Anordnungen. Auch von einer dem § 6 pr. FEG. entspr. Vorschr. — R. der „Eltern oder des gesetzl. Vertr.", welche nicht haben „angehört werden können, die Wiederaufnahme des Verfahrens zu erlangen!" — ist im RJWG. (und ebenso im preuß. Ausf.Ges.) Abstand genommen. Die Beurteilung eines Verstoßes, zumal geg. die „Soll"-Vorschr. des § 65 (vgl. ob.), richtet sich also nach allgem. Grdsätzen: Aufhebung des auf einem solchen Verstoße beruhenden Beschlusses, u. U. auch, vgl. Noelle-Boschan N. 25 V 1 g zu § 4 FEG., Zurückverweisung an die Instanz. Hierbei ist noch bemerkenswert, daß auch, soweit auf eine solche Verletzung des RJWG. gegründet, die sofortige Beschw. gemäß § 65 nicht zu den „Rechtsbeschw. aus diesem Gesetze" im S. des § 18 Abs. 2 S. 1 (vgl. die Erl. dort) gehört, also niemals im letzten Rechtszuge an das Reichsverwaltungsgericht gelangt. — VIII. Das gesamte F.E.Verfahren wird mit Rücksicht auf die eigentliche Bestimmung, der es dient, als ein bes. „schleuniges" zu behandeln sein, (vgl. unt. zu § 68). In Preuß. ist die diesbezügl. sehr sachgemäße Anweisg. für Ger.schreibereien der A.G.e § 58 Abs. 4 ausdrückl., in der jetzt gültigen Fassg., vgl. ob. zu § 58 a. E., v. 1. März 1925: § 57 Z. 4, aufrechterhalten („sind ausnahmslos als schleunige Sachen" [§ 7 Abs. 2, § 14 Abs. 2] zu behandeln; nur noch erweitert, vgl. ob. zu § 60) u. zwar selbstverständlich F.E.Sachen aller Art mit Einschluß also insbes. der Verf.n betr. vorläuf. F.E., die ja offensichtl. bes. eilbedürftig sind. Vgl. dazu auch ferner § 91 Abs. 1 Preuß. AG. z. GVG., nach dessen S. 2, zufolge arg. e contr. F.E.Sachen stets auch in den Gerichtsferien zu bearbeiten sind, u. die Preuß. Rd. Vf. v. 26. Januar 1905 bei Noelle-Boschan S. 95. Für „schwebende" Verfahren bestimmen in Preuß. die Übergangsvorschr. des § 31 Abs. 2 zum RJWG. (S. 2), daß die gemäß § 4 Abs. 2 des Preuß. FEG. bewirkten „Anhörgen" diejenige des J.A. „vor der Beschlußfassg." im ersten R.szuge entbehrl. machen u. ferner (S. 1), daß demjenigen, welcher gem. Abs. 1 des § 4 cit. einen das Verf. herbeiführenden Antr. gestellt hat, auch der demnächst — zufolge § 32 Abs. 1 des AG. — auf der Grundlage des RJWG. erlassene Beschluß zuzustellen ist. Mit diesen „Maßgaben" finden auch auf die bereits anhängigen F.E.Verf. in Preuß. „die Bestimmungen des RJWG. Anwendg.".

§ 66.

Das Fürsorgeerziehungsverfahren kann durch Beschluß des Vormundschaftsgerichts auf längstens ein Jahr ausgesetzt werden. Die Aussetzung kann aus besonderen Gründen durch Beschluß des Vormundschaftsgerichts auf höchstens ein weiteres Jahr verlängert werden. Über das vollendete 20. Lebensjahr hinaus kann das Verfahren nicht ausgesetzt werden.

Gegen die Aussetzung steht dem Jugendamt und der Fürsorgeerziehungsbehörde das Recht der sofortigen Beschwerde zu.

Für die Dauer der Aussetzung muß eine Schutzaufsicht gemäß §§ 56 ff. angeordnet werden.

Literatur: Riebesell, Aussetzg. im F.E.Verf. Ztrbl. Vmschw. Jahrgang XI Heft 14 S. 143 ff.

Der Natur eines gerichtl. Verfahrens entspricht an sich die einheitliche, ununterbrochene Durchführung von dessen „Einleitung" (vgl. dar. ob. zu § 65) bis zu seinem Abschlusse. Bei der F.E. erscheint diese Kontinuierlichkeit durch das ihr bes. eigene Beschleunigungsbedürfnis (Erl. zu § 65 a. E.) noch erhöht geboten: andererseits kreuzt sich bei ihm mit diesem Prinzip das ihm teilweise entgegenstehende einer gewissen Nachgiebigkeit gegen die das jugl. Lebensalter bes. kennzeichnende größere Änderungs- und zumal Besserungsfähigkeit des Menschen. Auf diese Eigentümlichkeit der „Jugd." rücksichtigt § 66 durch offizielle Anerkennung der Zulässigkeit einer Unterbrechung des F.E.Verf.: seiner „Aussetzung". Als gesetzl. Einrichtung war diese dem größten bisherigen Landesges., dem preuß. FEG. fremd. Gleichwohl wurde sie auch unter seiner Herrschaft in der Praxis schon sehr vielfach, fast ständig, angewendet — wie der Verfass. bezeugen kann, in der Regel mit recht gutem Erfolge! — teils in analoger Anwendung der vom Reichsr. (ZPO. § 681) bei der „Trunksucht" für das Entmündiggsverfahren eingeräumten richterl. Befugnis, teils auch auf der in § 7 FEG. ausdrückl. ausgesprochenen Geltung der „allgem. Vorschr.n über die . . . Angelegenh. der freiw. Gerichtsbk." fußend. Denn auch diese „Aussetzung" wurde gem. § 12

FGG.'s (vgl. dazu Schlegelberger, Komm.) als eine dem Richter dadurch eingeräumte „Verfahren leitende Anordnung" (die das Vmschger. „jederzeit rückgängig machen kann") in Anspruch genommen, so z. B. Beschl. des L.G. Hamburg v. 12. März 1919, Zentr. Bl. Vmschw. XI Nr. 14 S. 144 und für Preußen auch mehrfach das Kamm.ger., vgl. u. a. Bd. 44 A S. 56 sowie auch Bd. 30 A S. 60, welche letztere Entsch. zutreffend auf die gerade bei der F.E. bedeutsame „Elastizität" des Verf.s hinweist, wie sie durch die Maßnahme der „Aussetzung" erreicht werde, und für das FGG. im allg. Bd. 35 A S. 115. — Bes. umstritten war in der Preuß. Praxis das Erfordernis der Zustimmung der an dem F.E.-Verf. beteil. Instanzen zu einer „Aussetzung". Die ständige R.sprechg. des Kamm.ger. — vgl. außer den schon gen. Entsch. in Bd. 30 u. Bd. 44 auch noch bes. die in Bd. 37 A S. 91, Bd. 42 A S. 59 und Bd. 48 A S. 44, sowie die Verfgg. des Preuß. Just. Min. vom 26. Jan. 1905 a. E. (Ebert, Dezernat S. 536) — erklärte die vorherige Zustimmg. der Antragsbehörde für unerläßl. zur Gültigkeit (Unanfechtbarkeit) der Aussetzung, machte diese also von jener Zustimmung abhängig, gestand hingegen dem „verpflichteten Kommunalverbde", weil nicht Antrags-, sondern nur Ausf.Beh. der F.E., diesen Einfluß auf die Aussetzg. nicht zu, anerkannte vielmehr für ihn nur das R., „im ordentl. R.smittelverfahren Nachprüfung der materiellen Voraussetzungen (auch) des Aussetzgsbeschl. herbeizuführen" (Kamm.ger. Entsch. Bd. 37 A S. 92/93), sodaß also „auf bloßen Widerspruch des Kommunalverbdes gegen den Aussetzgsbeschl. dieser noch nicht aufzuheben" sei, da der Kommunalvbd. „insofern anders stehe als die Antragsberecht.ten, gegen deren Willen eine Aussetzg. der F.E. überhaupt unzulässig" sei! Auch diese in der Judikatur hervorgetretenen Zweifel ebenso wie die Frage der F.E.-Aussetzg. überhaupt entscheidet authentisch § 66 RJWG.'s: von einer „vorgängigen Zustimmung" ist sie keinesfalls mehr abhängig. Sie kann vielmehr „durch Beschl. des Vmschger." ohne weiteres erfolgen. Dieser kann nur nachträglich — Abs. 2 § 66 — mit der sof. Beschw. einer Nachprüfung (durch das L.G., wie nach § 65: zufolge § 18 Abs. 2 FGG., der auch hier gilt) unterzogen werden. Dieses Rechtsmittel, das im übr., zumal hinsichtl. Form und Frist, den allg. Grundsätzen (vgl. oben zu § 65) folgt, steht — ausschließlich — dem J.A., der normalen Antragsbehörde, und der „F.E.Behörde" zu. Auch nach dieser Seite sind bisherige Zweifel also nunmehr entschieden. Betr. der F.E.Behörde ist auf das zu § 65 Abs. 5 Gesagte hier nur zu verweisen; als das zu dieser sof. Beschw. berechtigte J.A. wird in erster Linie dasjenige anzusehen sein, welches tatsächlich mit dem F.E.Verf. „befaßt" ist, also wenn etwa die Aussetzung schon von dem Vmschger. des nur vorübergehenden Aufenth.orts vor einer „Abgabe" gem. § 65 Abs. 7 beschlossen werden sollte, auch das J.A. dieses Ortes. Doch wird man selbst alsdann dem J.A. des „gewöhnl. Aufenthorts" wegen seiner das gesamte F.E.Verf. beherrschenden Stellung (vgl. ebenf. zu § 65) ein konkurrierendes Beschwerderecht gegen einen solchen Aussetzungsbeschluß zubilligen. Ob auch das Beschwerdegericht selbst das F.E.Verf. aussetzen kann, sagt RJWG. selbst nicht; da es aber „den gesamten Sachverhalt, wie er z. Zt. der bei ihm erforderl. werdenden Entscheidung sich gestaltet hat, . . . zugrunde legen" muß (Noelle-Boschan N. 25 V 1 c zu § 4 und die dort zit. Kamm.ger.-Entsch.), so kann ihm auch selbständige „Aussetzung" nicht versagt sein.

(Das anerkennt ausdrückl. Kamm.ger. Bd. 48 A S. 44, indem es eine sachliche Nachprüfung der vom L.G. auf bestimmte Zeit ausgesprochenen Aussg. im Wege der sof. weiteren Beschw. zuläßt.) — Schon in der bisherigen preuß. Praxis herrschte Einigkeit darüber (vgl. bes. die Kamm.ger.Entsch. in Bd. 30 u. Just. Min. Verf. vom 26. Jan. 1905), daß die Aussetzg. v. F.E.Verf. nicht zeitl. unbegrenzt, sondern nur auf von vornherein bestimmte Frist zulässig sei. Hiervon geht unverkennbar auch § 66 aus, wenngleich er unmittelbar nur die statthafte Höchstdauer der Aussg. bestimmt: denn hieraus folgt zwingend, schon in anbetracht der Anfechtbarkeit (Abs. 2), daß in dem Beschl. positiv die Aussetzungsdauer festgestellt werden muß, da sonst die Beobachtung der (obligatorischen) Zeitvorschr. des S. 1 einer Nachprüfung unzugänglich. — Aus bes. Gründen kann die normale Aussetzungsfrist „verlängert" werden; auch diese Verlängerung ist befristet, u. zw. gleichartig der ursprüngl. Aussetzg. jährig, nämlich „auf höchstens ein weiteres Jahr". Ob diese „Verlängerung" schon bei der ersten „Aussetzung", also in dem ursprüngl. Beschl., oder nur erst nach Ablauf der Normalfrist des S. 1 durch selbständigen (2.) Beschl. möglich, nicht ganz deutlich. Da das Gesetz nicht unterscheidet, wäre an sich beides für zulässig zu halten. Die Fassung, zumal die Voraussetzung der „bes. Gründe", an welche S. 2 die Verlängerg. knüpft, legt die Deutung näher, daß erst nach Ablauf des einen, — da vorher das Obwalten „bes. Gründe" dafür sich nicht beurteilen läßt —, das weitere Aussetzgsjahr bewilligt werden könne. Für beide Fälle, die ursprüngl. wie die „verlängerte" Aussg. zieht S. 3 in dem „vollendeten 20. Lebensjahr" eine absolute Zeitschranke. Diese Anordnung, die offensichtl. praktische Bedeutung nur für die Norm des § 63 Abs. 2 hat, auf welcher sie beruht, u. mit der sie auch gesetzestechnisch den äußeren Einklang herstellt (für Preuß. hierzu wichtig auch die notwendige „Anhörung" der F.E.Behörde, A.G. § 18 Abs. 2, welcher ihr Beschwerderecht nach § 66 Abs. 2 korrespondiert), hat in der Zweifelhaftigkeit des Erfolgs von F.E.Maßnahmen bezgl. so vorgeschrittener Altersstufen (s. ob. zu § 63 Abs. 2) ihren inneren Grund.

Eine sehr billigenswerte Zweckmäßigkeitsvorschrift gibt Abs. 3: durch die „für die Dauer der Aussetzg" zwingend gebotene „Anordng. der Sch.A. gemäß § 56" wird die unerläßliche oder doch dringend erwünschte Kontrolle des Minderj. während der Unterbrechg. des F.E.Verf.s und die Fühlung zwischen ihm und dem Vmschger. gewährleistet. Letzteres wird hier sein Recht aus § 60 Abs. 2 bes. ausgiebig gebrauchen müssen. Übrigens kann umgekehrt gerade eine bereits anhängige Sch.A. „Aussetzung" veranlassen. Sie braucht alsdann natürlich nur fortzubestehen. — Nach Kamm.ger.Entsch. 37 A S. 94 (zustimmend Noelle-Boschan S. 91) ist eine „vorläufige" F.E. bei Bewilligung der Aussetzung, weil mit deren Wesen nicht vereinbar, aufzuheben. Dem ist auch für das RJWG. beizupflichten, wenngleich eine bloße „Aussetzung" der nur „vorläuf." F.E. seinem System wohl nicht unbedingt widerstrebt. Doch wird praktisch Aussetzg. in der Regel nur erfolgen, nachdem bereits eine erheblichere Besserg. des Minderj. eingetreten, u. diese rechtfertigt zweifellos die Aufhebg. der nur vorläuf. F.E. — Die „Aussetzg." einer Strafvollstreckg. gem. §§ 10 ff. JGG.'s wird ganz regelm. nicht zur Aussetzg. einer F.E. nach § 66 RJWG.'s führen, im Gegenteil eher die Anordng. einer solchen nahelegen. Denn es liegt durchaus im Sinn jenes Instituts, daß während der Probezeit des § 12 JGG.s der Jugl., welcher sich bewähren soll, möglichst wirksam in der Richtg. einer Umkehr von seinen Abwegen beeinflußt werde. Dafür ist kein Mittel, welches im Einzelfalle zu diesem Zwecke geeignet scheint, ungenutzt zu lassen, also insbes. auch nicht die F.E., wenn auf sie dies zutrifft. — Daß § 12 cit. selbst in Abs. 2 allein die Sch.A. nennt, ist selbstverständl. kein Gegengrund. Denn sie erscheint dort nur unter den Auflagen, welche der Jug.richter als „bes. Pflichten" an die Strafaussetzg. knüpfen kann. Neben dieser Einwirkg. des Straf- kann u. soll unterstützend diejenige des Vmsch.richters einhergehen. (Ob der erstere nach r.skräftiger Verurteilg. die F.E. überhaupt noch anordnen kann, zweifelhaft, — nach § 15 JGG.'s wohl eher zu verneinen.) Auch darin, daß über die Fortdauer der Strafaussetzg. — nach § 34 JGG.s — der Jug.richter entscheidet, vermag ich nicht (mit Francke, Komm. N. I zu § 12 cit.) ein Hindernis für die Zulassg. der F.E. bzw. vorläuf. F.E. während einer Strafaussetzg. zu erblicken. Denn seine Folgerg. hieraus, daß über die Aufhebg. aller dieser Erz.maßnahmen der Jug.richter „entscheide", erscheint nur durch § 34 JGG. keineswegs geboten, durch § 7 Z. 3 ebda geradezu ausgeschlossen, (wie auch Fr. selbst „die Ausführg. der Sch.A. im Rahmen der Strafaussetzg." in die „Hände des Vmsch.richters" legt).

§ 67.

Bei Gefahr im Verzuge kann das Vormundschaftsgericht die vorläufige Fürsorgeerziehung des Minderjährigen beschließen; gegen den Beschluß steht den im § 65 Abs. 6 Genannten die sofortige Beschwerde zu. § 18 Abs. 2 des Reichsgesetzes über die Angelegenheiten der freiwilligen Gerichtsbarkeit findet keine Anwendung.

Wie gewisse Erwägungen eine Hinausschiebung der sachl. Entscheidung im F.E.Verfahren, „besondere Gründe" sogar um beträchtliche Zeit rechtfertigen, so können umgekehrt ungewöhnl. Verhältnisse deren Vorwegnahme veranlassen. Das gegebene Mittel dafür ist die vornehml. vom Preuß. FEG. ausgebildete (§ 5) und in seiner Praxis sehr bewährte „vorläufige" Verwirklichung der F.E., welche sich das RJWG. § 67 in vollkommenerer Form zu eigen macht. Die unvermeidliche Langwierigkeit, die gerade für die F.E. die andererseits dort bes. gebotenen (vgl. ob. zu § 65) Garantien meist mit sich bringen, kann bewirken, daß in der Zwischenzeit die „Verwahrlosung" des Minderj. unheilbar wird und so unwiederbringlicher Schaden eintritt. Wenn solche „Gefahr im Verzuge", kann das, worauf jenes Verf. abzielt, einstweilig, „vorläufig", schon sofort in Vollzug gesetzt werden. Dieser Vollzug, welcher eine Durchführung des (ordentlichen) Verfahrens nicht bedingt, besteht in der „vorläufigen F.E.". Indem das RJWG. jener Sicherungsmaßnahme — zum Schutze sowohl des Minderj. selbst wie der Allgemeinheit — diese Form gegeben, hat es das Preuß. R. fortgebildet. Denn letzteres kannte noch nicht „eine vorläufige F.E.", also nicht eine eigentl. Vorwegnahme der im übr. gleichen einschneidenden Maßnahme, welche Gegenstand des ordentl. Verf., sondern nur eine „vorläufige Unterbringung",

d. h. einen abgeschwächteren Behelf, der auch materiell in mehrfachen, nicht unwichtigen Beziehungen, z. B. hinsichtl. der zur Ausführung berufenen Behörde („Polizeibeh. des Aufenth.orts“), der Kostentragung und u. a. m. von der wahren F.E. abwich. Das RJWG. hat diese Halbheit, welche in der Praxis zu manchen erheblichen Zweifeln Anlaß gab, überwunden und durch die Terminologie („vorläufige F. E.“) und die Abstandnahme von nahezu jeder besonderen Ausgestaltung dieser Einrichtung ausgedrückt, daß sie im Wesen ein vollständiges Ebenbild der F.E. sein soll. Man könnte sie danach mit den „einstweiligen Verfügungen zur Regelung eines einstweil. Zustandes in bezug auf das streitige R.'sverhältn.“ des § 940 ZPO. vergleichen, nur daß sie in noch höherem Grade als diese sachl. schon eine vorweggenommene Entsch. enthält. — Über den Begriff der „Gefahr im Verzuge“ — welche Formulierg. dem Preuß. FEG. entnommen — ist im allg. auf das zu § 27 Abs. 1 Gesagte zu verweisen u. im bes. auf den schon früher, zu § 65 gen. Beschl. des Kamm.ger.s v. 20. Juni 1924 (mit der unter Berufg. auf die Kamm.ger.sentsch.en in Bd. 26 S. 192 u. Bd. 44 A S. 149 gegebenen treffenden Definition, „daß mit dem Aufschub der Unterbringg. die naheliegende, bes. dringl. u. verschärfte Gefahr eintretender od. weiterer Verwahrlosg. verknüpft ist“). — Das „kann“ ist natürl. auch hier durchaus im S. einer sozialen u. sozialpädagog. Pflicht des Vmsch.ger.s als Jug.wohlf.instanz zu nehmen, bei deren Erfüllg. nicht bloß die individuellen Verhältn.e des betr. Minderj.n, sondern auch das Jug.- u. Gemeinwohl im ganzen zu berücksichtigen. — Die Zuständigk. des „Vmschger.“ ergibt § 68 (s. Erl. dazu). Nach ihrer ganzen Zweckbestimmg. u. Anlage hat ohne Zweifel die Einrichtg. in wirklich dringenden Fällen, d. h. wenn „Gefahr im Verzuge“ u. nicht auf andere Art abzuwenden, auch bei Ausländerkindern (vgl. das hierzu bei § 63 a. E. S. 377 Ausgef.) Platz zu greifen. — Ausdrückl. geregelt sind im RJWG. für die „vorläuf. F.E.“ nur drei Punkte: a) das gegen diesen Beschl. des Vmsch.ger.s gegebene R.smittel, die „sofort. Beschw.“ (ergänzt durch die sofortige weitere Beschwerde), worüber ebenfalls die Erläut. zu § 65, insbes. das dort über die Geltg. des RJWG. für Beschwerden gegen Beschlüsse auf Grund des FEG. (hier § 5) Gesagte u. aus der Praxis die unt. gen. neuere Kamm.ger.Entsch. u. der gerade die vorläuf. F.E. betreffende Kamm.ger.Beschl. v. 20. Juni 1924 zu vgl. sind; b) die Berechtigg. zu dieser Anfechtg. durch Bezugnahme auf § 65 Abs. 6 (vgl. ebenf. dort) u. c) die, oder richtiger, eine ihrer Wirkgen, daß entgegen dem allg., insbes. auch bei der sof. Beschw. aus § 65 geltenden Grundsatze des § 18 Abs. 2 FGG.s — Nichtabänderbarkeit der (mit der sof. Beschw.) angefochtenen Entsch. durch den iudex a quo — hier der „Beschluß“ (auf vorläuf. F.E.) auch durch das Vmsch.ger., von welchem er erlassen, reformiert werden kann. Hingegen hat — mangels dahingehender ausdrückl. Bestimmg. auch in § 67 u. vor allem aus inneren, im Wesen der F.E. beruhenden Gründen — die auf diesem beruhende sof. Beschw. (abweichend von derjenigen aus § 65) zufolge § 24 Abs. 1 FGG.'s aufschiebende Wirkg. nicht. — Das JA. wird seitens des Vmsch.ger.s, falls irgend tunlich, wohl vor Anordng. der vorl. F.E. gehört werden; ausdrückl. vorgeschrieben ist dies nicht, Verabsäumg. also kein Anfechtgsgrund gegenüber dem betr. Beschlusse. Vorgängiger Antrag des JA. ist ebenfalls nicht angeordnet, jedoch gegeb.falls natürlich nicht zu beanstanden; von den „Richtlinien" des Berliner Magistrats vom 31. März 1924 unt. I 3 sogar ausdrücklich berücksichtigt. Die Regel bildet für die vorl. F.E. freilich das Offizialeinschreiten. (Vgl. für Preußen schon die geradezu hierauf und gegen das „Abwarten" eines Antrags gerichtete J.Min.Verf. v. 14. Mai 1902, abgedr. bei Ebert, Dezern. unt. Nr. 8, S. 537). — In allen übr. Beziehungen untersteht die „vorl. F.E." den Grundsätzen der endgültigen; insbes. obliegt also auch ihre „Ausführung" nicht mehr, wie nach dem bisher. Preuß. R. — FEG. § 5 — der Polizei (des Aufenth.sorts), welcher daher die Ausf.Anw. VI Z. 13 die Benutzg. von „Gefängnissen, auch Polizeigefängnissen" zur Unterbringg. solcher Minderj. ausdrückl. untersagt, sond. der „**F.E.Behörde**" gemäß § 70 ff. (vgl. Näheres unt. bei § 70), was jetzt für Berlin die Richtlinien des Magistr. zu II Z. 1 besonders feststellen. In Bezug auf die Kostentragung hebt § 70 Abs. 1 S. 3 die Gleichstellung der beiden Arten der F.E. — durch Auferlegung der Kosten auch der „vorläufigen" an den „für die endgültige Anordnung der F.E. zuständigen Kostenträger" — noch ausdrücklich hervor. — Für Preußen bestimmt ferner § 19 Abs. 1 Ausf.Ges. positiv, daß dem „Vmschger. (im Falle der vorl. F.E.) bis zum r.kräftigen Abschlusse des Verfahrens von dem Orte der jeweiligen Unterbringung des Minderj. Nachricht zu geben" ist; auch dies liegt der „F.E.Behörde" ob. — Eine mehr untergeordnete Einzelheit, bezgl. deren der Beschluß auf vorl. F.E. von dem aus § 65 Abs. 3 wohl abweichen darf, ist die in letzterem vorgeschriebene „Schlußfeststellg." (vgl. ob. zu § 65 Abs. 3), die bei dem „vorläufigen" F.E.Beschl. fehlen kann, wenn auch selbstverständlich nicht muß. Hingegen gilt das Erfordernis der (besond.) „Gründe" für beide Arten von Beschl.n (entgegengesetzt allerdings, aber mit unzureichender Begründung, Bäumer, N. 4 zu § 67); ferner gem. dem ob. über die gesetzl. Gleichstellg. der beiden F.E.-Arten Gesagten auch der Grundsatz der — „ohne Erz.nachteile" angängigen — „Mitteilg." (der Gründe) an den Minderj. selbst; ebenso wie die Normen für die Beschlußzustellg. überhaupt. Die Ansicht von Blaum, N. 4 zu § 67, daß auch das L.G. im Beschw.verf. noch vorl. F.E. anordnen könne, mit welcher Bäumer, N. 5c Abs. 2 zu § 67 wohl konform, nur, dies in Übereinstimmung mit der auf das preuß. FEG. bezügl. R.lehre u. R.sprechung (Noelle-Boschan N. 5d zu § 5), insofern beifallswürdig, als das Landger. im Beschw.verf. gegen einen endgültigen („ordentlichen") F.E.Beschluß als nunmehr mit dem „Verfahren" zuständig befaßtes Ger., wenn es „Gefahr im Verz." im S. des § 67 für gegeben erachtet, in die Lage kommen kann, von sich aus vorl. F.E. anzuordnen. Hingegen ist es sehr bedenklich, ob man so weit gehen darf, — wie das L.G. I Berlin in dem oben zu § 63 gedachten Beschl. v. 5. Mai 1924 tut — in einem lediglich die vorl. F.E. betreff. Verf. das L.G. für berechtigt anzusehen, die vom „Vmschger." abgelehnte Maßnahme von sich aus als Beschwerdeger. anzuordnen. Ob die gen. Schriftsteller auch dies billigen, nicht recht erkennbar. Mit dem Ges. dieser Standpunkt kaum vereinbar, da es die Maßnahme ausdrückl. dem „Vmschger." zuspricht u. in anbetracht ihrer offenbaren Singularität eng auszulegen ist, — prozessual auch deshalb nicht, weil die sof. Beschw. in § 67 unmittelbar nur gegen einen positiv lautenden, d. h. die vorl. F.E. anordnenden Beschl.

zugelassen ist. Wohl aber ist der im ordentl. F.E.Verf. über eine Beschw. befindenden Ziv.Kamm. ferner unbenommen, daß sie das Vmsch.-ger. zur Maßnahme der vorl. F.E. veranlasse. Umgekehrt fordert neuerdings der Beschl. des Kamm.ger.s v. 22. Aug. 1924, Ztrbl. Jugr.. XVI S. 197 kategorisch die Aufhebg. auch eines bereits r.skräftigen Beschlusses auf vorläuf. F.E., wenn demnächst der Beschluß auf endgültige F.E. von dem Gericht der sofortigen weiteren Beschwerde aufgehoben wird u. dieses auf den Erwägungen einer inzwischen eingetretenen Besserung der Lebensverhältnisse des Minderj. beruht, welche zu der vorläuf. F.E. geführt haben, u. will hier von einer bloßen Aussetzg. oder Unterbrechg. des die letztere betr. Beschlusses, unter Berufung auf den Kamm.ger.Beschluß v. 29. Dez. 1906, Bd. 33 S. 78, nichts wissen! Fast noch stärker urgiert das Erfordernis einer akuten „Bedrohung" des Minderj. für die vorläuf. F.E. die mehrgen. Entsch. des Kamm.ger. v. 20. Juni 1924 (vgl. ihre ob. wiedergegebene Definition der „Gefahr im Verzuge"). Es ist aber keineswegs mit dem Kommentator dieser Entsch. in Jur. Wchschr. 1924 S. 1779 (Herm. Stern) zu begrüßen, sondern eher zu bedauern, wenn daraus das Kamm.ger., scheinbar etwas grundsätzl., die Neigung herleitet, im Gegensatze zum L.G. (I Berlin) der Stimme der Jug.wohlf.beh. in Fragen der vorläuf. F.E. weniger Gewicht beizumessen. Die „weitere Beschw." ist nach allg. Grundsätzen (vgl. ob. zu § 65) auch gegen den Beschl. des L.G. über die eine vorl. F.E. betr. sof. Beschw. zulässig. — Über den Erfolg einer Aussetzung des ordentl. F.E.Verf. vgl. schon zu § 66. — Auch bei einer auf Grund des JGG. angeordneten F.E. ist natürlich, sofern „Gefahr im Verzuge", für vorl. F.E. Raum. —

Nach der „Übergangsbestimmung" § 31 Abs. 3 Preuß. Ausf.G. „gelten" auch unter der Herrschaft des (§ 67) RJWG. die gemäß § 5 FEG.s erlassenen Beschlüsse über „vorläufige Unterbringg. Minderj." künftig als Beschlüsse auf „Anordnung der vorl. F.E.". Jedoch ist der die Kosten dieser vorl. Unterbringg. dem „Kommunalverbande, welcher die Kosten der örtl. Polizeiverwaltung zu tragen hat", auferlegende S. 1 des Abs. 2 § 5 cit. nur dann auch noch nach Inkrafttreten des RJWG. in Preußen (§ 36 Ausf.G.'s) anwendbar, wenn der die F.E. ablehnende Beschluß oder die „Einstellung des Verfahrens" vorher rechtskräftig geworden ist.

Der Preuß. Entw. v. 1918 übertrug die Ausführung der „vorl. Unterbringung des Minderj." dem JA. seines Aufenth.orts und belastete mit ihren Kosten, „wenn nicht Überweisung zur F.E. demnächst endgültig angeordnet" werde, den Träger dieses JA. (errichtenden Kommunalverband). Sicher eine einfache und jug.fürsorg. Grundprinzipien entsprechende Regelung. — Den Übergang der Kosten auch der noch „schwebenden vorl. F.E.Verf." („Unterbringgen") ordnet für Gr.Berlin II 1 der ob. erwähnten „Richtlinien" noch bes.: das städt. (sog. Zentral-)JA., Abt. Fürs.Erz. „übernimmt mit dem 1. Apr. 1924" diese Kosten ebenso wie alle später entstehenden für Beendigg. od. Rückreise (nach Entlassg.) von F.Zögl.n. Dem Bez.JA. ist „Anweisg. von Kosten, die später durch Ausstattg. u. Überführgen entstehen", untersagt.

§ 68.

Für schleunige, auf Grund dieses Abschnitts zu treffende Maßregeln ist neben dem im § 43 des Reichsgesetzes über die Angelegenheiten der freiwilligen Gerichtsbarkeit bezeichneten Gericht einstweilen auch dasjenige Gericht zuständig, in dessen Bezirk das Bedürfnis der Fürsorge hervortritt. Das Gericht hat von der angeordneten Maßregel dem endgültig und nunmehr ausschließlich zuständigen Gerichte Mitteilung zu machen.

§ 43 Abs. 2 des Reichsgesetzes über die Angelegenheiten der freiwilligen Gerichtsbarkeit findet auch Anwendung, wenn über die Person, in Ansehung deren eine Verrichtung des Vormundschaftsgerichts erforderlich wird, eine Schutzaufsicht oder ein Fürsorgeerziehungsverfahren anhängig ist.

Die Vorschrift ist eine Nachbildung des § 44 FGG. Die letzterem Ges. nicht allgemein eigene Zuständigkeit auch des Ger.s eines „Fürs.-bedürfnisses" ist wie dort, so auch im vorliegenden Abschn. des RJWG. für besondere, auf „Beschleunigung" hindrängende Fälle anerkannt. Doch sind hier die Voraussetzungen dafür wesentlich weiter gehalten: während das FGG. diese spezielle Zuständigkeit beschränkt auf die Fälle, in denen bei einem Minderj. der unnormale Zustand eines Mangels der „natürlichen" Betreuung vorliegt (§§ 1665, 1846 BGB. und Art. 23 Abs. 2 EG. z. BGB.), begründet § 68 RJWG. sie für (alle) „schleunigen auf Grund dieses Abschn. zu treffenden Maßregeln". Die Gesetzesfassung: „auf Grund dieses Abschnitts" unkorrekt oder doch nicht voll berechtigt, da nicht der ganze Abschn. VI, sondern nur dessen vorliegender Unterabschn. 2 in Frage kommt. Innerhalb der Sch.A. gibt es nach deren Wesen praktisch kaum „schleunige Maßregeln" in diesem S.; die einzige hier zu erwägende, die Anordnung der Sch.A. erfolgt aus inneren Gründen ausnahmslos „endgültig". Gesetzestechnisch spräche auch die Stellung unter die Sondervorschr.n über die F.E. gegen eine Beziehung des S. 1 des § 68 Abs. 1 auf die Sch.A., wenngleich andererseits diese in Abs. 2 (allerdings ausdrücklich!) mitberücksichtigt wird. — Eine „schleunige Maßregel" aus „diesem Abschn." in allererster Linie die „vorläufige F.E." § 67. Jedoch ist sie nicht die einzige in Betracht zu ziehende: neben ihr gehören auch enger begrenzte Einzelanordnungen hierher. Sie können, wie nach den entspr. obengenannten Bestimmungen des bürgerl. R.s sowohl tatsächl., wie rechtlicher Natur sein, so z. B. — als „schleunige Maßregel" ersterer Art: die Überführung in ein Kranken- oder Waisenhaus bzw. sofortige ärztl. Untersuchg. und Behandlg. bei verwahrlosten Findlingen od. dgl. — letzterer Art: Bestellung eines Pflegers (auch wenn etwa aus § 1631 Abs. 2 S. 2 BGB. auf den Antrag des Vaters erfolgend, der mit dem bereits verwahrlosten Kinde nicht mehr fertig wird, vgl. hierzu Kamm.-ger.Entsch. Bd. 37 A S. 95) Entlassung des Vm.des usw. Jede zur „Verhütung od. Beseitigung" im weiteren S. — dies der sachliche Grund der Bezugnahme auf den gesamten „Abschnitt" — geeignete Maßregel steht, sofern als „schleunige" wegen eines akut hervorgetretenen

„Fürs.Bedürfnisses" erforderl., dem in § 68 S. 1 bestimmten Gericht zu. Demgemäß ergreift diese Zuständigkeit natürlich ebenfalls ohne weiteres Ausländerkinder. Ihre Begründung bei dem Gerichte, „in dessen Bez. das Bedürfnis der Fürs. hervortritt", ist durchaus sachgemäß und bringt auch nach dieser Seite die vmschger. Tätigkeit mit derjenigen der JA. in Einklang, für welche in Ansehung „vorläufiger Maßnahmen" nach § 7 Abs. 1 S. 2 ja die gleiche Zuständigkeit gilt. Praktisch werden Maßregeln aus § 68 Abs. 1 wohl auch überwiegend durch diese in § 7 Abs. 1 S. 2 genannten JA., d. h. durch deren Antrag herbeigeführt werden; doch ist Offizialanwendung natürlich ebenso unbedenklich, ja u. U. geboten. — Die Anordng. des S. 1 Abs. 1 vermehrt die Zahl der „zuständigen" fora: denn nach dem allg. Grundsatze des § 43 FGG. sind die in diesem bezeichneten Gerichte, an erster Stelle das Wohnsitzger. auch für „schleunige Maßregeln" betr. eine F.E. zuständig, weil diese ebenso unter die „Verrichtungen des Vmschger., die nicht eine Vmsch. oder Pflegsch. betreffen", fallen. Neben diese aus § 43 Abs. 1 FGG.s sich ergebende Zuständigkeit (über welche im einz. die Ausführ.gen zu § 65 zu vgl.) tritt diejenige des Fürs.bedürfnisses nach § 68. Sie ist aber streng auf dringliches „einstweiliges" Eingreifen beschränkt und berührt nicht die Zuständigkeit für das eigentl. Verfahren, also diejenige des „ordentl. Gerichts". Diesem darf in der Sache nicht vorgegriffen werden; auch insoweit ist der Charakter der nur „schleunigen" einstw. Maßregel streng zu wahren. Um dies zu gewährleisten, macht S. 2 die alsbaldige Fühlungnahme des Ger.s, welches aus S. 1 eingeschritten ist, mit dem zum ordentl. Verfahren berufenen ersterem zur Pflicht, damit dieses Verfahren, soweit erforderlich, jenen „Maßregeln" angepaßt und durch sie in seiner Abwickelung nicht gestört werde. Dieses für das ordentl. Verfahren zuständige Ger. hat nach der amtl. „Mitteilung" des „schleunig" eingeschrittenen auch die alleinige („ausschließliche") Kognition über die „Maßregel" selbst, soweit hinsichtl. ihrer vmschger. Tätigkeit noch in Frage. — Die „Mitteilung" gem. Abs. 1 S. 2 (nur um eine solche, nicht um eine „Abgabe" gem. § 46 FGG., — welchen irriger Weise Blaum, Komm. gerade hier **wiedergibt!** —, handelt es sich, da die „schleunige Maßregel" ja **bereits als vollendete** Tatsache vorliegt) ist selbst, mit tunlichster Beschleunigung, „unverzüglich" (vgl. ob. zu § 27 Abs. 2) zu bewirken, u. U. also telegraphisch oder telephonisch. Freilich wird die Ermittelung des „endgültig zust." Gerichts tatsächlich oft recht schwierig sein. Hier muß dann das durch § 7 Abs. 1 S. 2 berufene JA. helfend eingreifen. —

Unter dem Einflusse der Zuständigkeitsregelung hat sich das RJWG. in Abs. 2 zu einer Vorschrift veranlaßt gesehen, welche aus dem Rahmen einer Ordnung der F.E. selbst heraustritt. Sie rundet aber das durch die Zuständigkeitsbestimmungen des FGG. in Verbindung mit denjenigen des RJWG. geschaffene System innerl. sachgemäß ab. Nach letzterem war nämlich ein Ausbau des Grdsatzes des § 43 Abs. 2 FGG.s, — daß die Anhängigkeit einer Vmsch., Pflegsch. oder Beistandsch. ebenfalls die Zuständigkeit des Gerichts, „bei" welchem eines dieser Verhältnisse begründet, für außerhalb ihrer liegende Verrichtungen des Vmschger.s ergebe —, durch Ausdehnung auch auf Sch.A. oder F.E. (deren „Anhängigkeit") beinahe selbstverständlich, jedenfalls folgerecht. Sie fördert jenes Ineinandergreifen des vmschger. Verfahrens im engeren S. mit dem die F.E. oder die Sch.A. betreffenden, auf welches die Ordnung des RJWG. so sehr zugeschnitten ist, in hohem Grade, vereinfacht auch den Geschäftsbetrieb, erspart Schreibwerk, schneidet unfruchtbare, zeitraubende Zuständigkeitsstreitigkeiten u. Leerlauf ab usw., ist also durchaus praktisch. —

Die aus dem JGG. herzuleitende Zuständigkeit wird, soweit sie von derjenigen des RJWG. abweicht, auch durch die Vorschrift des § 68 Abs. 1 nicht berührt. Die Form der „schleunigen Maßregeln" aus § 68 wird im Gegensatze zu den „Anordngen" gem. §§ 65, 66, 67 regelmäßig die der „Verfügung" sein. Ihre Wirksamkeit beginnt (mangels and. Bestimmung des RJWG. und in Preußen des A.G. dazu) nach dem allgem. Grundsatze des § 16 Abs. 1 FGG. „mit der Bekanntmachung" an den davon Betroffenen. (Doch wird gerade hier eine sofortige Invollzugsetzung entsprechend § 53 Abs. 2 S. 1 FGG., welcher § 68 jedenfalls nicht entgegensteht, praktisch sich in den meisten Fällen dringend empfehlen.) über die im Gegensatze dazu positiv geordnete „Ausführbarkeit" der Beschl.e auf F.E. und vorl. F.E. vgl. unten zu § 70 Abs. 2. Die geschäftliche Eilbedürftigkeit der F.E.Sachen überhaupt gilt für die „Maßregeln" aus § 68, ebenso wie für die vorl. F.E. natürlich in erhöhtem Grade!

§ 69.

Im Falle der Familienerziehung ist der Minderjährige mindestens bis zum Aufhören der Schulpflicht in einer Familie seines Bekenntnisses, im Falle der Anstaltserziehung soweit möglich in einer Anstalt seines Bekenntnisses unterzubringen.

Minderjährige ohne Bekenntnis sollen nur mit ihrem Einverständnis, sofern sie ihr Bekenntnis selbst bestimmen können, andernfalls mit demjenigen des Erziehungsberechtigten in einer Familie oder in einer Anstalt eines bestimmten Bekenntnisses untergebracht werden.

Den Erziehungsberechtigten muß von dem Orte der Unterbringung des Kindes sofort Mitteilung gemacht werden, sofern dadurch der Erziehungszweck nicht ernstlich gefährdet wird. Gegen eine Verweigerung dieser Mitteilung steht den Erziehungsberechtigten das Recht der Beschwerde an das Vormundschaftsgericht zu.

In Ausführung einer angeordneten Fürsorgeerziehung kann die Erziehung in der eigenen Familie der Minderjährigen unter öffentlicher Aufsicht widerruflich angeordnet werden, wenn dadurch die Erreichung des Zweckes der Fürsorgeerziehung nicht gefährdet wird. Innerhalb der ersten drei Monate nach Ausführbarkeit des Fürsorgeerziehungsbeschlusses bedarf die Anordnung der Zustimmung des Vormundschaftsgerichtes. Gegen die Verweigerung der Zustimmung steht der Fürsorgeerziehungsbehörde die sofortige Beschwerde zu.

Der § leitet zur „Ausführung" der F.E. über. In diesen Zusammenhang waren im Preuß. FEG. § 9 die Normen, welche in § 69 im Vordergrunde, ausdrücklich gebracht. Die (hier wiederum) wenig glückliche Stoffanordnung des RJWG. erweckt, besonders durch die Fassung des Eingangs des § 70 („regelt die Ausführung der F.E.") den Eindruck, als beginne die Behandlung dieses Gegenstandes erst mit § 70, falle also § 69 noch aus der Materie heraus. Abs. 4 des letzteren macht, etwas versteckt, jedoch das Gegenteil erkennbar. —

Inhaltlich wiederholt, zwar mehr mittelbar, § 69 den schon in § 62 ausgesprochenen Grundsatz möglicher Zwiefältigkeit einer F.E.Ausführung: Familien- od. Anstaltserziehung (vgl. über das allg. Verhältn. der beiden Arten Wilh. Bloch, „Der Sämann" IV S. 746 u. Noelle-Boschan S. 59 sowie die dort angezog. Ausführgen der amtl. „Begdg."). Welche von beiden Arten zu wählen, unterliegt der Entscheidg. der F.E.Beh., wie für Preuß. jetzt die Ausf.Anw. VI Z. 15 ausdrückl. feststellt; doch hat nach Z. 12 ebda das J.A. — sc. des gewöhnl. Aufenth.s — sich „unverzügl. nach Empfang eines die F.E. anordnenden vmschgerichtl. Beschl.s od. strafgerichtl. Urteils" unter „Mitteilg. über die persönl., häusl. u. wirtschaftl. Verhältn. des überwiesenen gutachtlich darüber zu äußern, ob Unterbringg. in eine Fam. od. Anst. zweckmäßig erscheint". Einen bes. Unterschied macht, in einer ganz bestimmten Beziehg., zwischen Fam.- u. Anst.erz. die Verfgg. des Preuß. Min. f. Vwf. v. 26. Aug. 1922 (Ztrbl. XIV S. 225): die in jener befindl. F.E.Zögl.e wahlberechtigt, die in dieser untergebrachten nicht! (Vgl. im übr. auch ob. S. 391 a. E.)

Einzelnes: Abss. 1) u. 2). Auf Betreiben der religiösen, um den Ausbau des deutschen Jug.rechts bemühten Strömungen, vor allem des kathol. Caritasverbdes, welcher schon zum preuß. Entw. v. 1918 in dieser Richtung (vgl. Denkschr. S. 18) sehr entschieden Stellung genommen, hat das RJWG. für diese „Unterbringungs"möglichkeiten vorwiegend eine Seite ins Auge gefaßt: die konfessionelle. Diese Einstellg. der F.E. soll auch in Zukunft grundsätzlich festgehalten (vgl. hierzu bes. hinsichtl. der Anstaltserz. Backhausen, Zentrbl. Vmschw. XI S. 137 ff. und dess. Verfass. Sonderschr. „Die evangelische Anst.erziehung"), aber schonend verwirklicht werden. Die „religiöse" Rücksichtnahme, welche sich, ausgesprochen, vor allem für bekenntnis l o s e Minderj. geltend macht, ist gegenüber dem bisherigen R.sstande, vornehml. dem preuß., eine gesetzgeberische Neuerg. Auf dieser Tragweite einer gerade damit in die F.E. hineingetragenen sozialen Note (betrieben hauptsächl. von linksradikaler Seite, zumal der U. S. P. D. Abg. Wurm, vgl. Prot. der R.T.Beratgen zum RJWG., S. 7819) beruht die Hinausschiebg. des Geltungsbeginns durch Art. 5 EG.s z. RJWG. (vgl. Vorbem.) welcher für Preuß. danach erst auf den 1. Januar 1926 fällt, da für dieses Land von der Befugnis des Hlbs. 2 Art. 5 EG.s zur V o r verlegg. des Termins k e i n Gebrauch gemacht worden ist.

Für den Normalfall, der Zugehörigk. zu einem bestimmten Bekenntnisse, schließt sich RJWG. dem preuß. FEG. § 9 Abs. 1 S. 2 u. 3 einfach an. Das Bekenntnis (dessen „aktenkundige" Feststellg. eben im Hinblick auf diese event. spätere „Unterbringg." in Jug.strafs. die Ausf.Vdn. des preuß. Just. Min. v. 28. April 1924 II Z. 2 schon bei der ersten verantwortl. Vernehmg. des Beschuldigten, spätestens bis zur Hauptvhdlg. fordert) ist für die Auswahl der „Familie" u. auch der „Anst." (vgl. dazu Knaut, Evangel. Anst.erziehung im Ztrbl. Vmschw. XIV S. 229 ff.) grundsätzl. bestimmend, letzteres mit dem ebenfalls schon im preuß. R. gemachten Vorbehalte der Möglichkeit solcher „bekenntnismäßigen" Unterbringg. Diesen geboten praktische Gründe, da schon die Finanzlage in vielen Gegenden Deutschlands die Einrichtung von Anst.n verschiedener Bekenntnisse nebeneinander ausschließt, eine weite Verschickung von F.E.-Zögl.n nur um dieser „konfessionellen" Unterbringg. willen aber teils pädagogisch, teils — ebenfalls — finanziell unerwünscht. Immerhin wird die in Abs. 1 vorbehaltene „Möglichkeit" in den Bez.n der meisten preuß. F.E.Behörden tatsächlich bestehen (vgl. über die Behelfsmaßnahmen für den Fall ihres Fehlens die alte Ausf.Anw. V a. E.). — Die bekenntnismäßige Zugehörigkeit selbst richtet sich jetzt nach dem Ges. betr. relig. Kindererz., durch welches der Vorbehalt des Art. 134 EG. z. BGB. zugunsten der Landesgesetzgebg. endgültig erledigt, in Preußen seit 1. Okt. 1921 in Kraft (vgl. schon zu § 1 und üb. das frühere preuß. R., bes. dessen kamm.gerichtl. Judikatur oben zu § 33 Abs. 3). Nach diesem bestimmt die „freie Einigung der Eltern", in Ermangelung solcher die Personensorge des allg. Bürgerl. R., letztere jedoch mit gewissen Maßgaben hinsichtl. einer Abweichung von dem bei der Eheschließg. gemeinsamen oder von dem bisher. Bekenntnisse, bis zum vollendeten 14. Lebensjahre des Kindes, — von diesem Zeitpunkte ab aber dessen eigene „Entscheidung" die Rel.szugehörigkeit. Dementsprechend verlangt auch für die Unterbringung in Famerz. § 69 Abs. 1 übereinstimmend mit dem preuß. FEG. „mindestens bis zum Aufhören der Schulpflicht" Bekenntnismäßigkeit. Da die Schulpflicht jedenfalls in Preuß. nach den Grundsätzen über Volksschulen (die allein hier in Betracht kommen) mit dem gen. Lebensalter endet (entspr. S. 2 Art. 145 R.Verf.), so deckt sich das für die konfessionelle Fam.erz. entscheidende Lebensalter mit demjenigen des Gesetzes von 1921. Hingegen ist die Religionsmündigkeit (über welche im allg. Boschan, „Recht" v. 1922 S. 54 zu vgl.) kraft positiver Vorschrift des RJWG. ohne Bedeutung für den „Fall der Anst.erziehung". Vgl. bes. hierzu ferner den Aufsatz von Vossen, Zentrbl. Vmschw. XV (Nov. 1923) S. 147 ff. Die vor dem gen. Zeitpunkte erfolgte „anstaltl." Unterbringung des F.E.Zögl. dauert also auch über das entscheidende Lebensalter hinaus stets fort; ebenso ist nach dessen Beginne für diese „Unterbringung" das (bisherige) Bekenntn. des Minderj. ohne weiteres maßgebend. Das mit dem vollendeten 14. Lebensj. erlangte religiöse Selbstbestimmungsr. ist also höchstens auf eine Fam.erz. von Einfluß dahin, daß nunmehr der Entschluß des Minderj. selbst, sein Bekenntn. zu wechseln, auch eine anderweite Famunterbringung (in einer Familie des neuen Bekenntn.s) nach sich zieht. Doch wird aus erz.schen Gründen, die natürl. überwiegen, von einer Veränderung der einmal bewährten häusl. Umgebung, lediglich aus religiösen Gesichtspunkten, nach Möglichkeit abzusehen sein ebenso wie gerade deshalb das Ges. selbst eine bekenntnismäßige Zeitschranke für die Anst.erziehung ablehnt. — Im wesentl. dieselben Grdsätze stellt preuß. AusfAnw. (v. 29. März 1924) VI 17 fest (vgl. schon ob. bezügl. der Einrichtg. von Anst.n für „Minderj. versch.

Bekenntnisse"): regelmäßig können bei der Unterbringg. des Minderj. die F.E.Beh.n zunächst davon ausgehen, daß die Erz. in demjenigen Bekenntnisse zu erfolgen hat, dem der Minderj. nach den Feststellgen des Ger.s angehört; erforderl.falls nähere „Ermittlgen" seitens der F.E.Beh. zur Behebg. von Zweifeln, u. U. auf ihr Betreiben Berichtigg. des Gerichtsbeschlusses. Vor erreichter Religionsmündigkeit auf die „Meinung" des Minderj. selbst auch nicht nach § 2 Abs. 3 S. 5 bzw. § 3 Abs. 2 ebenf. S. 5, ja nicht einmal nach § 5 S. 2 Ges.s vom 15. Juli 1921 zu rücksichtigen. Denn diese Bestimmungen gelten allein dem Falle einer Veränderg. des „bisherigen" Bekenntnisses; § 69 Abs. 1 sieht aber gerade eine mit diesem in Einklange stehende, es also beibehaltende „Unterbringg." vor. — Die Grundsätze des § 69 Abs. 1 gelten für jeden Fall der F.E., d. h. ebenso für die „vorläufige" (§ 67) wie für die endgültige (§ 65). Sie sind ferner von einer Stellungnahme der JA. unabhängig, allerdings unbeschadet ihres Anspruchs auf Mitwirkung bei der F.E.Ausf. gemäß § 70 Abs. 2 S. 2. Über die entsprechende Norm des § 33 (vgl. im übr. Erl. zu Abs. 3 das.) geht § 69 Abs. 1 insofern hinaus, als er nicht bloße Rücksichtnahme „auf", sondern ganz kategorisch Anpassg. an das religiöse Bekenntnis fordert; er bleibt hinter ihr aber durch Nichteinbeziehung der „Weltanschauung" (vgl. auch dazu Boschan a. a. O. S. 54 u. ob. zu § 33 Abs. 3) zurück, der Fassg. nach auch durch die Nichterwähng. der „Familie" (des Minderj.) als für das „Bekenntnis" erheblichen Faktors. Dieses ist aber sachlich ohne Bedeutung, da nach den allg., soeben dargelegten Regeln das Bekenntnis der „Familie" von selbst für dasjenige des Minderj. bestimmend, jenes praktisch nur zu billigen, da mit dem bisher noch so unabgeklärten Begriffe der „Weltanschauung" u. einer auf sie aufgebauten Einrichtg. die F.E. nach ihrer bes. Zweckbestimmung nicht verträglich ist. (Literatur: Gramzow, Weltanschauungen der Gegenwart, Verl. der Buchgemeinde 1925.) — In Preußen war durch die „Ausf.Bestimmungen" zum FEG. vom 18. Dez. 1900 (vgl. ob. Vorbem.) unter Va tunlichste Bevorzugg. der Fam.erziehg. angelegentl. empfohlen u. als deren vornehmster Zweck „Erz. im religiös-sittl. S." hingestellt worden (s. bei R.-B. S. 352). Diese Richtschnur ist auch unter dem RJWG. für Preußen, dessen Ausf.G. u. Ausf.Anw. (v. 29. März 1924) VI Z. 17 insoweit sich jeglicher Anordnungen enthalten, festzuhalten. Einen positiven Anhalt dafür kann man der Ausf.Anw. höchstens aus Z. 16 (Betonung der Religion im allg.) entnehmen. Vgl. näheres bei Vossen (Landesrat Düsseldorf) Ztrbl. Vmschtw. Nov. 1923 S. 147 „Zur Frage des relig. Bekenntnisses bei Fürs.Zögl."; ebenso die fernere Anweisg. der bisherigen Ausf.Best., daß „über die Aufnahme des Zöglings" in eine Familie mit deren Haupte ein „Vertrag abzuschließen" sei. (Auch das RJWG. geht nach § 74 S. 4 stillschweigend davon aus, daß die „Unterbringg. von Minderj. zur Ausführg. der F.E." durch Verträge zu erfolgen habe.) Ein sehr wesentl. Punkt in diesen Verträgen bei den „schulpflichtigen" F.E.Zögl. naturgemäß die Überwachg. ihres Schulbesuchs u. ihrer häusl. Arbeit für den Unterricht. Sie wird in der Regel ausdrücklich dem Fam.haupte aufzuerlegen sein u. durch die damit gegebene bes. Verpflichtg. zur Beteiligg. am Rel.unterrichte den von Abs. 1 angestrebten Einklang mit der „bekenntnismäßigen" Gestaltg. der F.E. vermitteln. In diesem S. erwähnen auch die in Gr.-Berlin üblichen Formulare, deren Fortgebrauch unter dem neuen R. an sich bis auf weiteres unbedenkl., in § 4 Abs. 2 (Erz.- u.

Dienstvertrag) bzw. § 8 Abs. 1 (Lehr- u. Erz.vertrag) ausdrücklich die Verpflichtg. des Dienst- bzw. Lehrherrn, den Zögl. zu regelmäßigem Besuche des Gottesdienstes seines Bekenntnisses anzuhalten. Aus schwerwiegenden Rücksichten auf das Gemeinwohl, nämlich die Erz. der jugendl. Allgemeinheit ordnet das preuß. Ausf.G. in § 25 übereinstimmend mit § 19 FEG.s an, daß „schulpflichtige zur F.E. überwiesene Minderj.“, wenn ihr Besuch der „öff. Volksschule ohne sittl. Gefährdung der übrigen die Schule besuchenden K.er“ nicht erfolgen kann, den „erforderl. Schulunterricht während des schulpflichtigen Alters anderweitig“ zu empfangen haben, — nach näherer, dem Komm.vbde als dem Träger der F.E.Beh. (u. der F.E.Ausführg. selbst) obliegender Bestimmung, welche im „Streitfalle“ auch künftig, wie schon nach dem preuß. FEG. vom zust. Oberpräsidenten — fortan „nach Anhörg. der Schulaufs.-Beh.“ — zu korrigieren ist. — Auch dies in erster Linie für die Fam.erz. von Bedeutg. Die anstaltl. Unterbringg., welche in Preuß. nach der ausdrückl. Norm der Ausf.Anw. VI Z. 22 in Erz.s-, nicht Bessergsanst.n (insbes. Arbeitshäusern) zu bewirken ist, wird in der Regel mit einem in diesen Anst. selbst erteilten Unterrichte u. nur ganz ausnahmsweise dem Besuche der freien allg. Volksschulen einhergehen. Ebenso sind hier besondere „Aufnahmeverträge“ entbehrl., da das Verhältn. der F.E.-Zögl.e zu diesen Verpflegern durch die Statuten der betr. Anst.n bzw. sogar die Satz.gen der höheren Körperschaften, von denen jene errichtet worden, von selbst gegeben ist. Der Vertragsschluß ist demgemäß hier ein stillschweigend durch die Überweisg. u. ihr entsprechende Aufnahme des F.E.Zögl.s vollzogener. Die Erfüllg. der Erz.pflichten gegenüber den ihnen zugewiesenen Minderj. wird, wie in jeder Richtg., so zumal nach der „bekenntnismäß.“ Seite bezgl. der „Anst.n“ ganz bes. durch die „Aufsicht“ gewährleistet, welche den staatl. Organen, in Preuß. nach § 26 Abs. 1 Ausf.Ges.s den Oberpräs., über diesen dem Min. f. Vwf. gerade in Bezug auf sie zukommt. (Eine bestimmte Richtg. für die Ausübg. dieser „Aufsicht“ kennzeichnet die ob. genannte Z. VI 22 der preuß. Ausf.Anw.: für den Fall, daß „überflüssige Gebäude bei Landarmen- od. Arbeitshäusern von den F.E.Beh.n zur Errichtg. eigener Erz.anst.n benützt werden“. Dann vollst. Abgeschlossenheit dieser Gebäude von den für die Landarmen u. Korrigenden bestimmten, keine Berührg. der beiden Kategorien, Trennung auch des Lehr- u. Aufsichtspersonals!) Unter Nachlaß einer Beteiligg. der L.J.A. — vgl. unt. zu § 71 — an diesen „Aufsichtsrechten“ u. zumal an den kraft ihrer stattfindenden „Besichtiggn“ der F.E.Anst.n durch die Staatsbehörden — § 26 Abs. 2 cit. in Vbdg. mit § 71 Hbs. 3 RJWG. —

Eine Sonderfrage, welche gerade der Hinweis des § 69 auf die zwiefache Art zulässiger F.E.Ausf. — Fam.- u. Anst.erz. — nahelegt, über welche aber sowohl das RJWG. wie das preuß. Ausf.G. u. selbst die Ausf.Anw. gänzlich schweigen, ist die nach dem Züchtigungsr. gegenüber F.E.Zögl.n. (Vgl. Mönkemöller, Ztrbl. Vmschw. XIII S. 217 ff.). Im allg. wird sie — wie dies R.G. III Straffen., Entsch. v. 17. Mai 1909, Ztschr. f. Jug.wohlf. Bd. I S. 472 ff. tut — zu bejahen sein (mit der ausdrückl. vom R.G. gemachten Einschränkg. auf die „Grenzen“ einer maßvollen, vernünftigen u. durch die Umstände gebotenen Anst.zucht“) u. zwar nicht nur bezügl. der in Anst.n untergebrachten, sondern auch der in

Fam.n aufgenommenen Minderj. Denn die Zugehörigkeit zum Fam.kreise (vgl. das ob. üb. d. preuß. Ausf.Anw. Gesagte) macht eine Züchtigg.. in den Grenzen der Erz. unerläßlich (wie auch das R.G., s. die von Olshausen Komm. N. 10a z. § 223 RStGB.s angez. Entsch.en in Goltdammer's Archiv, Bde.n 41 u. 42, ganz auf die Unterwerf. unter die väterl. Zucht abstellt; dieser untersteht, wenngleich die Überweisung zur F.E. nicht Übergang der elterl. Gew. bewirkt, ja nicht einmal, vgl. Noelle-Boschan, N. 4 c zu § 9 FEG., „ein elterl. Verhältn." begründet, der F.E.Zögl. jedenfalls). Doch wird d. einzelne Züchtigung sich stets durchaus auf das Maß der erz.schen Notwendigkeit beschränken, daher bei Mädchen naturgemäß mit bes. Rücksicht angewendet werden müssen, (vgl. auch dazu Olshausen a. a. O. N. b u. c; nach e. dch. Anfrage der Abg. Christmann veranlaßten Bescheide des preuß. Min. f. Vwf. sollen z. B. in der Mädchen F.E.Anst. Kaiserswerth seit Jahrzehnten körperl. Züchtiggen überhaupt nicht vorgekommen sein) in den Anst.n auch einer Selbstkontrolle der Anst.sleitung — Eintragg. in das Strafbuch u. dgl. — unterliegen. Vgl. Behnke, Ztrbl. Vmschw. XV S. 55. Überschreitg. des Züchtigungsr. macht in jedem Falle auch der F.E.Ausf. strafbar. Eine grade in dieser Bez. wichtige und zweifellos segensreiche Einrichtg. der nach § 11 Preuß. FEG. vom Kommun.Verbd. „zur Überwachung der Erz. und Pflege für jeden in Fam. untergebr. Zögl." zu bestellende „Fürsorger". Das Preuß. AG. z. RJWG. hat gleich diesem selbst die vornehml. für ländl. Verhältn. in der Praxis wohlbewährte Einrichtung nicht (ausdrücklich) übernommen. Die Lücke wird unbedingt durch die JA., die ja nach § 70 Abs. 2 S. 2 grundsätzl. „regelmäßig" an der F.E.Ausführg. zu beteiligen sind, insbes. die zu ihnen gehörenden „in der Jug.wohlf. erfahrenen und bewährten" Einzelpersonen (§ 9 Abs. 2 S. 1) ausgefüllt werden müssen. Denn die Fam.erz., vor allem in geeigneten Fam. des flachen Landes, ist zumal für d. älteren F.E.Zögl. aus mannigfachen sozialen u. pädagogischen Gründen auch weiterhin außerordentl. wichtig, sei es als von vornherein gewählte, sei es als eine die anfängl. Anst.erz. ablösende Unterbringung, — wie sie ganz unverkennbar auch § 23 Abs. 2 Preuß. Ausf.G. für die „Schulentlassenen" als Norm ansieht. Gerade bei der Fam.erz., die in diesem S. natürl. jeden Fall, auch die mit einem Lehr- oder sonstigen, z. B. städt. Dienstvertrage verbundene umfaßt, ist aber die nötige Kontrolle und jug.wohlf.pflegerische Ausgestaltung teils infolge der räuml., teils infolge der persönl. Verhältn. vielfach ebenso schwierig wie dringend nötig. Daher sind die jetzt von der Preuß. Ausf.Anw. VI Z. 24 gegebenen Weisgen im ganzen durchaus zu begrüßen: Beibehaltg. der bisher. Fürs., (von der Ausf.Anw. nur zu eng lediglich als „vorläufige" empfohlen), „regelm." Betrauung des JA. mit der Beaufsichtigg., aber verstärkt durch bes. „Erz.inspektoren od. Fürsorger", welche hauptsächl. als „ehrenamtl. Vertrauenspers.n durch Vermittlg. des JA. oder im Einvernehmen" mit diesem auszuerwählen. — Die einstweilen suspendierte (vgl. ob.) Sondervorschrift des Abs. 2 regelt ihren Gegenstand — Unterbringg. der „bekenntnislos." Minderj. — offensichtl. nur unvollständig. Zunächst in zeitl. Hinsicht insofern, als eben die Suspension nicht erkennbar macht, wie in der Zwischenzeit diese F.E.Zögl.e nach dem Willen des Ges.s zu behandeln. Auch hierüber schweigen Preuß. Ausf.Ges. u. Ausf.Anw. v. 29. März 1924 ebenfalls. Den allg.

Grdsätzen beider Ges.e über die Ausführg. der F.E. ist zu entnehmen, daß für diesen Fall das (pflichtmäßige) Ermessen der F.E.Beh.n frei zu entscheiden hat. Das bekenntnismäßige Übergewicht, sei es der Gegend u. Bevölkerungskreise überhaupt, sei es der Fam. insbes., welcher der F.E.Zögl. entstammt, wird hierfür Richtschnur sein. Sehr entschieden tritt für baldige Schaffg. „frei religiöser oder konfessionsloser Anst.n" Webler, Ztrbl. Vmschw. XV S. 10 ein. Dem ist beizupflichten; denn auch nach Inkrafttreten des Abs. 2 bleibt an sich zweifelhaft, wo „Minderj. ohne Bekenntnis" unterzubringen, sofern sie oder, bei mangelnder Rel.mündigkeit, die zur „Bekenntnisbestimmg. berufenen Erz.berechtigten" (vgl. zu § 1) ihr „Einverständnis" zur Unterbringg. in Fam. oder Anst. bestimmten Bekenntnisses verweigern. Sinn der neuen gesetzl. Ordng. doch wohl, daß für diese „Bekenntnislosen" künftig (die älteren Ausf.Anweisg.n V b Abs. 4 heben, allein zwischen männl. u. weibl. F.Z. [„nur für", Zahl 80—200] unterscheidend, umgekehrt gerade die „konfessionelle Einrichtg." der F.E.Anst.n hervor) bes. Anstalt.n oder doch Teile von solchen, zwar nicht in jeder Provinz, aber doch für gewisse größere räuml. Bezirke bereit stehen sollen. Auch darüber fehlt in Preuß. zunächst noch jede Anordng. (die Ausf.Anw. vom 29. März 1924 VI Z. 17 begnügt sich mit dem Hinweise auf Anst.n, in denen Minderj. verschiedener Bekenntnisse untergebracht sind). Sie wird gem. § 34 Ausf.Ges. z. RJWG. vom Min. f. Vwf. zu treffen sein.

In nur losem Zusammenhange mit dem Inhalte der Abss. 1 u. 2 (der „bekenntnismäß. Einstellg." der F.E.) stehen die Abss. 3 u. 4 des §. Auch sie bedeuten eine stärkere Hervorkehrg. sozialer Gedanken, also eine Vervollkommnung der F.E. Denn sie gewährleisten die — tunlichst ständige — Fühlg. zwischen dem F.E.Zögl. u. seinem „natürl." Erz., vornehml. der „eigenen Familie".

Hierin liegt die innere Beziehg. zwischen den beiden letzten u. beiden ersten Abss. des §. Sie selbst stehen zueinander im Verhältn. einer Steigerg. Die stärkste u. innigste Fühlg. zwischen dem Zögl. u. der eigenen Fam. wird durch die von Abs. 4 — als Besonderheit — zugelassene Rückgabe an diese selbst hergestellt. Die Aufnahme dieser „Anordng." unter die Ausführgsmaßnahmen einer F.E. (vgl. über sie im allg. Hartmann, Ztrbl. Vmschw. XV S. 89) ist keineswegs unbedenkl. Auch durch die vom Ges.e gemachten beiden Vorbehalte — der „Nicht-Gefährdg. des Zweckes der F.E." und, dies aber nur für eine sehr kurze Zeit, die „ersten drei Monate nach Ausführbarkeit des F.E.Beschl.", der vmschger. Zustimmg. — werden die Bedenken keineswegs ausgeräumt. Gegenüber dem bisher. Preuß. R. bedeutet von den beiden Bestimmgen diejenige des Abs. 3 eine Neuerg.: die (dauernde) Kenntnis des „Erz.berechtigten" von dem Verbleib des zur F.E. überwiesenen Minderj. war hier, als ein ihm bezügl. der F.E. kraft seines Erz.r.s zustehender Anspruch, gesetzl. nicht anerkannt. Vielmehr war nur — § 9 Abs. 2 FEG. — die Mitteilg. „von der Unterbringg. u. von der Entlassg. des F.E.Zögl.s an das Vmschger." vorgeschrieben. Das RJWG. läßt zumal in seiner Ausgestaltg. für Preuß. diese Mitteilgspflicht zurücktreten, macht sie nämlich nach § 19 Abs. 2 Ausf.-Ges.s von einem bes. „Ersuchen" des Vmschger.s, das als generelles, ein für allemal gestelltes von der Ausf.Anw. VI Z. 21 ausdrückl. abgelehnt wird, abhängig (vgl. die vorl. F.E. betr. ob. zu § 67 S. 402) u. stellt dafür die Mitteilgspflicht gegenüber dem „Erz.berechtigten" durchaus in den Vordergrund. Diese ist „sofort" u. nach dem unverkennbaren Ges.swillen auch regelmäßig, d. h. bei jedem Ortswechsel, zu erfüllen. Die Preuß. Ausf.Anw. v. 29. März 1924 VI 19 hebt für diese Mitteilgspflicht noch deren „Unverzüglichkeit" hervor u. knüpft daran die Anordng., daß zusammen mit der Mitteilg. über die erste Unterbringg. dem Erz.berecht.n ein „Merkblatt" übersandt wird, „das in kurzer, eindringl. Weise die Aufgaben der F.E. schildert u. die Bestimmgen über den persönl. u. schriftl. Verkehr bekanntgibt"! Der „Briefverkehr" sei „tunlichst zuzulassen"; mit Angehör. mindestens 1 mal monatl., unter Absperrg. „erz.widriger Einflüsse". Mit Rücksicht auf solche — bei „ernstl. Gefährdg. des Erz.zwecks" — könne den Erz.berecht. auch der persönl. Besuch des Minderj. untersagt werden, ebenso „wegen Ungebühr der Erz.berecht.n"! Für diese Besuche könne die F.E.Beh. — im Wege der Delegation natürl. auch die Anst.sleitg. — auch Besuchszeiten festsetzen, ebenso, daß diese monatl. nur 1 mal gestattet. — Mit den vorstehenden Maßgaben, d. h. bei genügender Gewährleistg. des „Erz.zwecks" u. der richtigen Beeinflussg. wird man umgekehrt in geeigneten Fällen auch Besuche des Minderj. bei den Angehör. zulassen dürfen. So finden, nach unmittelbarer Mitteilg., in dem Gr.Berliner Knaben-Fürs.erz.heim Lindenhof regelm. Sonntagsbeurlaubgen zu der in Berlin wohnenden Fam. (in best. Zeitabständen, alle 3 Mon. u. dgl.) statt mit überwiegend gutem Erfolge. Nach Z. 20 (VI) der preuß. Ausf.Anw. sind die Gründe für die Unterlassg. einer Aufenth.mitteilg. dem Erz.berecht. „auf Antr. bekanntzugeben", desgl. Besuchsverbote durch „begründeten Bescheid". Von jener entbinden nicht schon Bedenken allg. Art, die zum Ausschlusse der Maßnahme des Abs. 4 (vgl. dort) genügen, sondern nur besondere, der unmittelbaren Verbindg. zwischen „Erz.berecht.en" u. F.E.Zögl. entgegenstehende („ernstl. Gefährdg. des Erz.zwecks" durch diese Verbindg.!) Hierfür ist geg.falls die F.E.Beh., welcher diese Mitteilgen obliegen, „beweispflichtig"; sie kann sich u. U., zumal bei Veränderg. des Unterbringungsortes, auf ungünstige Erfahrgen berufen, welche mit dem persönl. Zusammenhange zwischen beiden Teilen gemacht worden sind, ja die „Verlegg." des F.E.Zögl.s vielleicht gerade veranlaßt haben. Aber auch alsdann steht dem Erz.berecht. der — unbeschränkt zugelassene — R.sbehelf des S. 2 Abs. 3 zu. Durch ihn findet die dauernde Einwirkg. deutlichen Ausdruck, welche dem Vmschger. (vgl. dazu Köhne in „Der Sämann" I S. 193 ff.), wenigstens virtuell, auch auf die Ausführg. der F.E. zugestanden ist. (Eine interessante Entsch. für den Fall, daß der F.E.Zögl. aus der Anst. entwichen u. zu dem „Erz.berecht.n" selbst — dem eigenen Vater — zurückgekehrt ist, R.G. Ziv.S. Bd. 98 Nr. 72 S. 246 ff..: Haftg. des Vaters für den Sohn, welcher den zwecks Zurückführg. dessen Festnahme versuchenden Beamten mit einem Jagdgewehr schwer verletzte! Grund: für die „Zwischenzeit", der Entweichg. u. der Rückkehr ins Elternhaus, lebte Erz.recht, also auch Erz.pflicht des Vaters wieder auf!) Die auf die „Beschwerde" ergehende „Anordng." der Mitteilg. muß für die F.E.Beh. an sich als bindend gelten, vorbehaltlich jedoch ihres Beschwerder.s nach den allg. Grdsätzen §§ 20 ff. FGG.s. Umgekehrt ist die Beschwerde auch dem Erz.berecht. nicht zu versagen, sofern das Vmschger. die „Verweigerung" der Mitteilg. gutheißen sollte. Die Zulassg. eines Beschwerdezuges von der F.E.Beh. an das ordentl. Gericht ist nach dem Verhältn. beider Instanzen eine Singularität, erklärt sich aber aus dem eben ausgesprochenen Gedanken der dem Vmsch.ger. auch bezügl. der schon angeordneten F.E. verbleibenden Einwirkg. Die „Beschwerde" des S. 2 Abs. 3 ist zweifellos R.sbeschwerde aus dem RJWG. im S. des § 18 Abs. 2 S. 1, führt aber gleichwohl nicht auf das dort genannte Ger. als letzte Instanz. — Grundsätzl. verschieden von, obzwar verwandt mit dem Anspruch auf Kenntnis vom Unterbringgsorte ist diejenige auf „Verkehr" des Erz.berecht. mit dem F.E.Zögl. Über ihn enthalten sich das RJWG. u. Preuß. Ausf.Ges. gleich dem Preuß. FEG. bewußt aller Vorschriften, lassen also der Regelg. durch Verwltgsanordngen absichtl. Raum. § 1636 BGB. (R. des Vmschger.s zur „näheren Regelg. des Verkehrs" des Sorgeberecht. mit dem Kinde; vgl. dazu ob. S. 293) gilt, so auch richtig N.-B. 1 A b zu § 9 FEG. für die Dauer der F.E. zweifellos nicht. Die für die Übergangszeit durch den Erl. des Min. f. Vwf. v. 25. Okt. 1922 (Ztrbl. Vmschw. XIV S. 226) gegebene Norm ist durch die oben gen. Z. 20 ausdrückl. aufgehoben.

Abs. 4 erhebt in etwas veränderter Form zum Bestande des Reichsr.s, was in Preuß. bereits nach § 10 Abs. 2 FEG. gegolten hatte. Übernommen ist aus diesem die — jederzeitige — Widerruflichkeit der Zuweisg. an die „eigene Fam." u. Fortdauer der „öffentl. Aufsicht". Letztere aber systemgemäß nicht mehr, wie in § 10 Abs. 2 cit. zugunsten des Kommun.vbdes, sondern — ebenso wie der „Widerruf" — der F.E.Beh. Bemerkenswert an der reichsrechtl. Gestaltg., daß sie nach der ausdrückl. Stellungnahme des Gesetzes schon sehr bald nach Anordng. der F.E. erfolgen, ja grundsätzl. nicht einmal als unmittelbar sich ihr anschließende „Unterbringg." abgelehnt werden kann. Dies keineswegs unbedenkl. Damit wird der Ausnahmecharakter, den sie richtig im Preuß. FEG. als nur nach voraufgegangener (wohlbewährter) anderweiter Unterbringg. (vgl. N.-B. N. 5 zu § 10) anwendbare F.E.Maßnahme hatte, wesentl. abgeschwächt. Doch wird auch in Zukunft keine F.E.Beh. der eigenen Fam. überweisen, ehe diese nicht mindestens im Wege vorl. F.E. erprobt worden ist. [In Gr.Berlin wird eine gewisse „Staffel" ziemlich fest eingehalten: a) „Verteilgs"station (für schulentlass. männl. F.Z. der ob. gen. Lindenhof, für schulentlass. weibl. entspr. Anst. zu Lichtenrade erst im Entstehen, — für schulpflicht. F.Z. Anst. i. Zehlendorf, — für Kleinkinder städt. Waisenhaus), in der die Minderj. auf ihre Anlagen u. so auch auf weitere geeignetste Unterbringg. geprüft werden; b) Anstalts-Erz.; c) Fam.Erz.; d) Erz. im eigenen Hause!] — Ein Anspruch des „Erz.Berecht." wie nach Abs. 3 besteht hier nicht. — Nichteinholg. der vormsch.ger.l. Zustimmung begründet nicht allein Beschwerde, mindestens Auff.Beschw. gegen die verabsäumende F.E.Beh., sondern u. U. auch anderweite Regelg. der Unterbringg. nach § 68, also Entferng. aus der eig. Fam. im Wege „schleuniger Maßregel". Umgekehrt darf die F.E.Beh., wenn ihr d. Vmschger. die „Zustimmg." zu so frühzeitiger Rückgabe des Minderj. versagt hat, diese nicht vornehmen vor der Entscheidg. des gegeb.falls angerufenen höheren Ger. über die sof. Bschw. (gegen jene Versagg.). Denn letztere hat nicht aufschiebende Wirkg., § 24 Abs. 1 FGG. (unterliegt auch sonst den allg. Grundsätzen dieses Ges.); die Beteiligg. des Vmschger. beruht auch in Abs. 4 auf den Grundgedanken des Abs. 3.

Gerade für die Befolgg. des § 69 (Anwendg. u. Dchführg. der hier vorgesehenen Maßnahmen) die in § 70 Abs. 2 S. 2 vorgeschriebene („regelmäßige") Heranziehg. der JA. zur F.E.Ausf. praktisch bes. bedeutsam. Darum auch dem JA.Beschwerde gegen die „Anordng." der F.E.-Beh. nach Abs. 4 zuzubilligen. Ebenso geg. Unterlassg. des „Widerrufs" dieser Zuweisung, wenn solcher nach den Verhältnissen des Falles angezeigt. Die Überwachg. des zur „Erz. in der eig. Fam." zurückgegeb. F.Z. überaus wesentl., nicht allein des Minderj. selbst, sondern vornehml. auch seines „Erz.Berechtigt.", u. naturgemäß am erfolgreichsten von dem JA. des betr. Bez., weil örtl. viel näher, bzw., zumal auf dem Lande, von dessen „Ausschüssen", Vertrauenspers.n u. sonstigen Organen zu bewirken. Sie (die JA., ev. dch. diese Organe) haben hier die meist weit entfernte zentrale F.E.Beh. wichtig zu unterstützen, insbes. dch. Anzeige von Umständen, welche den „Widerruf" nahe legen. Säumigkeiten in dieser Hins. schwere Pflichtwidrigkt.! Bestellg. eines bes. persönl. „Fürsorgers" natürl. auch hier keineswegs ausgeschlossen, im Gegenteil oft sehr zweckmäßig; auch Anordng. förml. Sch.A. als mit Abs. 4 wohl vereinbar zuzulassen. — Für die Beschwerden des J.A. ist auf Grund des Abs. 3 das Vmschger. als zuständig zu erachten, da an dieses alle hierhergehörigen Angelegenheiten im S. des Ges., wenngleich das nicht ausgesprochen, zu ziehen sind. —

Die Durchsetzg. des „Widerrufs", d. h. der Zurückführg. des F.Z. aus der „eig. Fam." in die frühere bzw. sonst in eine „fremde" Unterbringg. — Anst. oder auch „geeignete" Fam. — in gleicher Weise zu verwirklichen wie die Wiederzuführg. entwichener F.Z., in Preuß. also, gem. VI Z. 14 Ausf.Anw. dch. das JA. des Aufenth.sortes. Auch dabei hat „die Polizei auf Ersuchen Hilfe u. Beistand zu leisten" (vgl. unt. zu § 70). Zweckmäßig aber zunächst Wiedereinbringg. auf gütl. Wege zu versuchen, d. h. wie bei entlaufenen in die eig. Fam. zurückgekehrten F.Z.n dch. Appell an Vernunft u. Gutwilligkeit der Angehörigen unter Hinweis auf § 76 RJWG. (früher § 21 FEG.), der zweifellos auch nach erfolgtem „Widerrufe" zutrifft.

§ 70.

Die Landesgesetzgebung regelt die Ausführung der Fürsorgeerziehung und bestimmt die Fürsorgeerziehungsbehörde sowie die Träger ihrer Kosten. Nach Möglichkeit ist die Fürsorgeerziehungsbehörde mit dem Landesjugendamte zu vereinigen. Die durch die vorläufige Fürsorgeerziehung entstehenden Kosten fallen dem für die endgültige Anordnung der Fürsorgeerziehung zuständigen Kostenträger auch dann zur Last, wenn die Fürsorgeerziehung endgültig nicht angeordnet wird. Besteht über den Ersatz der Kosten zwischen den Fürsorgeerziehungsbehörden für den gewöhnlichen und vorübergehenden Aufenthaltsort Streit, so gilt § 7 Abs. 2 entsprechend.

Eine von dem zuständigen Vormundschaftsgericht angeordnete Fürsorgeerziehung eines Minderjährigen muß von der Fürsorgeerziehungsbehörde des Ortes, der die Zuständigkeit des Vormundschaftsgerichts begründet hat, ausgeführt werden. Sie soll regelmäßig sich bei der Ausführung der Fürsorgeerziehung der Jugendämter bedienen. Die Ausführbarkeit der Fürsorgeerziehung tritt mit der Rechtskraft, bei der vorläufigen Fürsorgeerziehung mit dem Erlasse des Beschlusses ein. Die Unterbringung soll unter ärztlicher Mitwirkung erfolgen. [Minderjährige, die an geistigen Regelwidrigkeiten leiden (Psychopathie, Epilepsie, schwere Erziehbarkeit usw.) oder an schweren ansteckenden Erkrankungen (Tuberkulose, Geschlechtskrankheiten usw.), sind, soweit es aus hygienischen oder pädagogischen Gründen geboten erscheint, in Sonderanstalten oder Sonderabteilungen unterzubringen.]

Die Fürsorgeerziehungsbehörde gilt für den Abschluß von Dienst- und Lehrverträgen als gesetzlicher Vertreter des Minderjährigen.

Die Fürsorgeerziehungsbehörde ist befugt, die Entmündigung eines Fürsorgezöglings wegen Geisteskrankheit oder Geistesschwäche zu beantragen.

Die „Ausführg." der F.E. (F.E.Ausf.) ist die Gesamtheit der generellen (mehr abstrakten) Einrichtgen und der konkreten besond. Maßnahmen, welche bestimmt sind, den Zweck der „Verhütg." oder „Beseitigg" e. „Verwahrlosg." durch das Erz.mittel der F.E. zu erreichen. Als praktische Pädagogik im unmittelbarsten S., als Jugendreal„politik" (diesen Ausdruck Felisch's, vgl. ob. Einl. S. 65, in spezifischer Prägung genommen) eminentester Art, hängt sie (s. dazu auch sof. bei § 71) nahe mit den Anschauungen und Gepflogenheiten räuml. begrenzter Kreise zusammen. Durchaus sachgemäß weist daher das RJWG. die F.E.Ausf. grundsätzl. der Landesgesetzgebg. zu. Es bewährt sich hier ganz bes. prägnant als „Rahmengesetz", indem es dieser Landesgesetzgebg. nur in großen Zügen ihre Grundlinien vorzeichnet. Der vom Reichsges. selbst gegebene Rahmen besteht, als zwingend gültige Ordng., allein in der Bestimmg. a) des normalen Organs der F.E.-Ausf., der „F.E.Behörde", b) ihrer örtl. Zuständigkeit, c) ihrer Zuständigkeit für gewisse personelle Beziehungen der F.Z.e (Abss. 3 u. 4), d) des Zeitpunktes der „Ausführbarkeit" der F.E., e) der Befolgg. gewisser die Allgemeinheit nahe berührender hygienisch-pädagogischer Rücksichten, f) der die vorläufige F.E. betreffenden Kostentraggsgrundsätze (einschl. der für Streitfälle über den Kostenersatz maßgebenden). Hinzu treten 2 mehr instruktionell („soll") wenngleich mit der auch solchen Vorschriften eigenen Verbindlichkeit (vgl. ob. zu § 65 Abss. 2 u. 7) gegebene Anweisgen: über die Beteiligg. der JA. an der F.E.Ausf. überhaupt, s. schon Erl. zu § 69 a. E., und diejenige ärztlicher Sachverstdiger bei der „Unterbringg." insbes. (SS. 2 u. 4 des Abs. 2), sowie endl. eine dem Verhältnis von F.E.Behörde und LJA. geltende Empfehlg. des Reichsgesetzes (Abs. 1 S. 2; vgl. alsbald unt.). Die gesamte übrige Einzelregelung der F.E.Ausführung verbleibt den Landesgesetzen.

Zentral für diese Ordnung des RJWG. ist die F.E.Behörde (F.E.Beh.). Sie ist die berufene Stelle, bei welcher alle Fäden der F.E.Ausf. zusammenlaufen. Der Begriff und Ausdruck sind (vgl. schon zu § 65 Abs. 5) neu, — wenigstens dem Preuß. FEG., ersterer jedenfalls als abgeklärte rechtl. Größe, fremd. Seine Einführg. durch das RJWG. vereinfacht das System der F.E. offensichtl. bedeutend: in zahlreichen Punkten ergibt sich eine folgerechte durchsichtige Regelung durch Abstellung auf die „F.E.Beh." als Trägerin der aus der F.E.Ausf. abgeleiteten R.e und Pflichten (so: § 65 Abss. 5, 6 in Vbdg. mit § 67, §§ 66, 69 Abss. 2, 3, § 72 Abs. 3 u. sonst). Wer, d. h. welcher Teil des großen Staatsorganismus (im weiteren S.) F.E.Beh. ist, bestimmt ebenfalls Landesgesetzgebg. In Preußen § 18 Abs. 1 A.G.s: grundsätzl. die „Provinzialausschüsse", vgl. ebenfalls zu § 65 Abs. 5, mit den ihnen gleichartigen Nebenbildgen. über den „Prov.Ausschuß" s. den Art. in Bitter's Hdwb. des Verw.R.s (2. Aufl.) Bd. II S. 322. Maßgebend noch immer die §§ 45 ff. der Prov.O. v. 29. Juni 1875 in der Fassg. des Ges. v. 22. März 1881: Prov.Aussch.e die z. Zwecke der Verwaltg. der „kommun. Angelegh.n" (der Prov.) bei den staatl. Prov.Instanzen gebildeten Vertretgen, bestehend aus 1 Vorsitzenden u. 7—13 Mitgliedern, (darunter v. Amtsweg. der Landesdirektor u. sein Stellvertreter, nicht aber der Ob.Präs. oder Reg.Präs. selbst u. unt. Ausschluß auch aller Beamten des Prov.Vbds.), — gewählt von d. Prov.Landtagen auf 6 Jahre. Vgl. über ihre Funktionen bes. v. Stengel, D. Verw.R. S. 147 u. Hatschek, D. u. Pr. Verw.R. (1922) I S. 114 ff., bes. S. 122. — Gr.Berlin aus dem Prov.Vbd.e Brandenbg. ausgeschieden u. auch in seiner neuesten, dch. das Ges. v. 27. April 1920 festgestellten Gestalt (vgl. ob. zu § 8) nach dessen § 1 Abs. 2 „für sich ein von der Prov. Brdbg. abgesond. Komm.Vbd. u. Verw.Bez."; demgemäß folgerecht hier die Stellg. des Prov.Aussch.s dch. das A.G. (z. RJWG.) § 18 dem Magistrat zugesprochen, welcher dch. — auch den Berl. Gerichten mitgeteilte — Bekanntm. v. 29. März 1924 als F.E.Beh. „bis auf weiteres" (d. h. bis z. Erl. der endgült. Satzg.) die Abt. I des zentr. JA. der Stadt Berlin (Poststr. 16) bezeichnet hat. — Im übr. für die jetzige Prov.Einteilg. Preuß.s das Handbuch üb. d. Preuß. Staat f. 1922 zu vgl.: 2 Provinzen Schlesien (Ob.= u. Nied.=Schl.); dafür statt des ehemal. Westpreuß. u. Posen 1 Prov. „Grenzmark", Verwaltg.Sitz Schneidemühl. —

Bemerkenswert an dieser Regelg. für Preuß., daß damit die maßgebende Stellg. v. einer einzelnen, mehr monarchischen Beh.Spitze, (dem Landesdirektor, L.hauptmann) als dem Haupte der prov. Selbstverw. (des „verpflichteten Komm.Verb." i. S. u. Sprachgebrauche des FEG.; nach § 1 Abs. 1 Prov.O. ist K.Vbd.: die Prov. als „mit den R.en einer Korporation ausgestalteter Träger der Selbstverwaltg.", vgl. v. Stengel S. 146) auf eine Körpersch. übergegangen ist, den „Ausschuß". Bisher war hier die F.E. „ausführende Behörde" ein einzelner Repräsentant des Komm.Vbd.s. Jetzt wird dieser, dch. die ausdrückl. Zuteilg. an ein körperschaftl. Gebilde, — wie auch Ausf.Anw. VI Z. 15 hervorhebt —, nur mehr ausführendes Organ der „gesetzl. zur Führg. der laufenden Geschäfte berufenen Stelle". Also erhebl. Verschiebg. der Grundlage! (Die Betrauung gerade der Prov.Ausschüsse mit der F.E.Ausf., als F.E.Beh. Stütze der hier vertretenen Auffassg. daß ihrem Wesen nach ungeachtet des gegenteiligen, allerdings mehr nur den Charakter einer „Deklaration" tragenden Ausspruches des § 1 Preuß. AG.s [s. darüber schon S. 118] auch die F.E.Ausf. Selbstverw.-angelegh. ist; einen weiteren gewichtigen Beweisgrund hierfür bietet auch § 24 Abs. 1 A.G.s, s. darüber später). Bewußt abgelehnt damit der Wunsch des Reichs-Ges.s, daß „die F.E.Beh. nach Möglichkeit mit dem LJA. vereinigt" werde, so auch schon der Entw. des Preuß. A.G., obwohl dieser noch die obligator. Errichtg. v. LJÄ., in Anlehng. an die prov. Organisationen, vorsah; vgl. Begr. S. 21 zu § 19 Abs. 1. — Auf der Grundlage der Notvdn. Art. 1 Z. 2 S. 2, von dessen freiem „Ermessen" Preußen — A.G. § 12 Abs. 1 — dahin Gebrauch gemacht, daß es die Errichtg. v. LJÄ. den Prov.Vbd.n freigestellt hat („kann"!) kam die grundsätzl. Übertragg. der F.E.Ausf. auf die LJÄ. in Preußen nicht mehr in Frage. Statt dessen hat sich das Pr. A.G. § 20 mit einer etwas vagen allg. „Beteiligg." der LJÄ. begnügt; s. unten zu § 71.

Die F.E.Behörde ist in jedem Falle zu der — landesgesetzlich näher geregelten — Ausführung der F.E. berufen, also auch bei nur „vorläufiger" F.E. Hierin weicht das Reichsr. von dem bisher. preuß. grundlegend ab. Denn nach § 5 Abs. 2 des preuß. FEG.s oblag die „vorläufige Unterbringg. des Minderj." (in einer Anst. oder . . . Fam.) der Polizeibehörde des Aufenth.orts. Diese ist fortan schlechterdings ausgeschaltet, insoweit das Reichsr. gegen landesgesetzl. Aus- oder Umgestaltg. nicht nachgiebig; die F.E.„Behörde" fortan vielmehr essentieller Bestand jeder landesrechtl. Ordng. auch der vorl. F.E. Die Abschaffung der Beteiligg. der polizeil. Instanzen ist in Preußen nur zu begrüßen, da bisher — vgl. auch dazu R.G.Entsch. Bd. 75 S. 282 — die Zwiefältigkeit der für eine F.E.Ausführg. in Betracht kommenden Stellen (Pol.behörden und Kommun.verb.), bes. durch allerlei Zuständigkeitszweifel bei Überleitg. aus der vorläuf. in die endgültige F.E., vielfach Komplikationen und Unzuträglichkeiten ergeben hat, vor allem aber wegen der richtigen Hervorkehrg. des pädagog. Moments auch an der vorl. F.E., die damit aus der mehr nur zwangsmäß. „Unterbringg." — so auch im FEG. ihre offizielle Bezeichng. — wirkl. Erz.einrichtg. geworden ist (vgl. Bäumer Note 1 zu § 67). — Auch die, ebenf. zwingend gemeinrechtl. Regelung der örtl. Zuständigkeit der F.E.Behörde — Abs. 2 S. 1 — ist glücklich. Sie wird begründet durch die (örtl.) Beziehg. des Minderj., auf welcher die „Zuständigkeit" des Vmschger. beruht, das die F.E. angeordnet hat: also im Falle der vorläuf. F.E. gem. § 68 Abs. 1 (vgl. dort) durch den Ort, an welchem „das Bedürfnis der Fürsorge hervorgetreten" ist, welches das Vmschger. (d. and. Ortes) zur Anordnung der vorläufigen F.E. veranlaßt hat. Der Provinzialausschuß, zu dessen Bezirke dieser Ort gehört, „hat" („muß", Abs. 2 S. 1) die vorläuf. F.E. auszuführen. Dies wird zufolge der einfachen, eindeutigen Zuständigkeitsregelung in § 68 Abs. 1 praktisch auch der vorläuf. F.E. dadurch keine Schwierigkeiten machen, daß § 70 Abs. 2 S. 1 die F.E.-

Beh. zur F.E.Ausf. nur in Ansehung einer „von dem zuständigen Vmschger. angeordneten F.E." beruft. Höchstens bei Anordnung e. endgültigen könnte letztere Bestimmung insofern Zweifel verursachen, als an sich nicht klar ist, was bezgl. der Ausführung der von einem nicht zuständigen Vmschger. angeordn. F.E. das Ges. will. Hier ist die Lösung dem S. 3 Abs. 2 (§ 70) zu entnehmen, nach welchem bei der „endgültigen" F.E. die Ausführbarkeit erst „mit der R.kraft" des Anordngsbeschl. eintritt: denn in aller Regel wird die F.E.Beh. selbst durch die ihr nach § 65 Abs. 6 zustehende sof. Beschw. den Eintritt der R.skraft des von einem unzuständigen Vmschger. erlassenen Anordngsbeschl. verhindern. — Ebenso klar wie die örtl. ist die zeitl. Bestimm. der „Ausführbarkeit" der F.E. — S. 3 Abs. 2 — welche natürl. ebenso sehr die Pflicht zur wie die Möglichkeit der Ausführg. der F.E. bedeutet. Materiell ist damit hinsichtl. der F.E. schlechthin, d. h. der endgültigen, übereinstimmg. mit dem bisherigen preuß. Rechtsstande hergestellt; vgl. zu diesem die sehr bemerkensw. Entsch. des R.Ger. Z.S. Bd. 75 S. 281, welche den F.E.Beschl. als „r.serzeugender (konstitutiver), nicht festsetzender (deklarativer) Natur" bezeichnet, als einen neuen R.szustand schaffend, der, an sich öffentl.rechtl., auch bürgerl.rechtl. Wirkgen übt, nämlich „nach der bürgerl.rechtl. Seite besteht in dem für die Dauer u. die Zwecke der F.E. erfolgten Übergange der vermögensrechtl. Lasten der Erz. u. des Unterrichts auf den zur Ausführg. des Beschlusses berufenen Komm.Vbd." Technisch für die zweifelsfreie Feststellg. des hier maßgebenden Zeitpunktes nur bezgl. der „endgültigen" F.E.Vorsorge getroffen: denn nur für die Ermittelg. der (formellen) „R.skraft" steht in dem förml. „R.skraftzeugnisse", vgl. darüber für Preußen R.-V. R. 25 X a zu § 4 FGG., ein zweifelsfreies Mittel zur Verfügg. (die durchaus praktische Anordn. der allg. Verf. des Preuß. Just.Min. vom 19. März 1901, daß der Eintritt der „Vollstreckbarkeit" den zur F.E.Ausf. berufenen Organen alsbald mitzuteilen sei, gilt nach Z. I 3d der mehrgen. J.Min.-Verf. v. 19. März 1924 auch gegenüber der neuen „F.E.Beh.", gesteigert noch durch die Pflicht, „unverzüglich unter Beifügg. der Akten" zu gebender Nachricht; ebenso die andere zur Vorbereitg. dieser rechtzeitigen Mitteilg. getroffene in § 57 Abs. 4 Gesch.O. f. Ger.Schr.n der A.G.e: daß das Ersuchen um das sogen. Notfristzeugnis „stets alsbald nach Eingang der Zustellg.urkunden unter Mitteilg. der Zustellgstage" zur Beantwortg. „unmittelbar nach dem Ablaufe der R.smittelfrist" vom Ger.Schr. der ersten an den der höheren Instanz zu richten sei, vgl. R.-V. S. 132 [§ 57 Z. 4 in der Fassg. v. 1. März 1925 soweit unverändert]).

Der „Erlaß des Beschlusses", welcher bei der vorl. F.E. wesensgemäß deren Ausführbarkeit begründet, tritt nach außen zeitl. deshalb nicht so scharf in Erscheinung, weil er fast immer — zunächst — nur aktenmäßig in einem rein schriftl. Verf. erfolgt. Hier wird der gem. S. 3 Abs. 2 (f. d. F.E.Ausführbarkeit) entscheidende Zeitpunkt der allg. Regel des § 16 Abs. 1 FGG. zu entnehmen sein: Beginn der Wirksamkeit mit der „Bekanntmachg." an die F.E.Beh., mit Zustellg. des Beschl., auf welche sie als nach § 67 S. 1 Hlbs. 2 in Verbdg. mit § 65 Abs. 6 „beschwerdeberechtigte" unbestreitbaren Anspruch hat (übereinstimmend Bäumer Note 5c zu § 67). — Das preuß. FEG. enthielt sich sowohl für die endgültige wie für die nur vorl. F.E. jeder ausdrückl. Feststellg. des Zeitpunktes der Ausführbarkeit; diese ergab sich hier vielmehr — vgl.

R.Ger. Bd. 75 S. 281 — aus § 26 FGG.'s (R.skraft des Beschl., auch wenn vom Beschwerde-Ger. erlassen; weil sof. weitere Beschw. gegeben). R.-B. R. 7 zu § 5 verlegte für die vorl. F.E. die „Wirksamkeit" auf die Zeit der Beschl.zustellg. an den gesetzl. Vertreter oder den mehr als vierzehnj. Minderj. selbst. —

Über Mitteilgspflicht bez. der als F.E.Ausf. veranlaßten „Unterbring. des Minderj." vgl. schon ob. zu §§ 69 u. 67.

Auf Vorstehendes beschränken sich die vom Gesetze festgestellten Normen. In ihnen haben wir den von letzterem gezogenen „Rahmen". Durch welche Maßnahmen im Einzelfalle nach diesen Grundsätzen die F.E.Beh. die F.E. „ausführen" will, hängt letzten Endes von ihrem freien Ermessen ab. Diesem nur in wenigen allgemein sozialwichtigen Punkten die Wege gewiesen. Die bedeutsamsten, d. s. die in § 69, zumal Abs. 1 das. enthaltenen, sind bereits dort erörtert u. beleuchtet worden. Ergänzend wäre noch darauf hinzuweisen, daß grundsätzl. von der in Abs. 4 § 69 nachgelassenen ungewöhnl. „Ausführgs"art — („widerrufliche") Rückgabe an die eigene Familie — auch die vorläufige F.E. nicht ausgeschlossen ist, wenngleich für sie diese nach dem jeweiligen Anlasse und Zwecke kaum ernstlich in Frage kommen, zu ihr auch die „Zustimmg. des Vmschger." nicht zu erlangen sein wird. Zwingende, das „F.E.behördliche" Ermessen bindende Anordngen über die „Ausführg." gibt außer § 69 Abs. 1 u. auch Abs. 3 weder das Reichs- noch das Landesrecht. Letzteres bietet für Preußen in dem AG. z. RJWG., abgesehen von den schon besprochenen Ergänzgen der Pflicht zur Aufenthaltsmitteilg. in § 19 Abs. 1 und der Vorschrift des § 25 (über die Einschulung der noch „schulpflicht. zur F.E. überwiesenen Minderj."), unmittelbar auf die F.E.Ausf. bezügl. Bestimmgen überhaupt nicht, begnügt sich vielmehr damit, den Komm.Vbdn. für „die Ausführg. der F.E. (u. die Verwaltg. der von ihnen errichteten Erz.Anst.n)" den „Erlaß von Anweisungen" aufzuerlegen; diese bedürfen, soweit die „Aufnahme, Behandlg. (!), den Unterricht u. die Entlassg. der Minderj." betreffend, also in erkennbar weitem Umfange, der „Genehmigg. der Min. f. Vwf. u. für Wissensch., Kunst u. Volksbildg." Letzteres in nahem Zusammenhange mit einer die F.E. beherrschenden Norm, welche diese sachl. gestaltend beeinflußt, obzwar sehr allg. Natur u. in höchsten staatsrechtl. Grundsätzen beruhend: der Staatsaufsicht über die F.E.Ausf. Da deren Regelg. „Sache der Landesges.gebg.", auch die Staatsaufsicht über sie vom RJWG. ganz übergangen, aber im Preuß. A.G. § 26 Abs. 1 ausdrückl. festgestellt; zugunsten der Ob.Präs.n u. in höherer Instanz des Min. f. Vwf. als ihrer Subjekte, zu Lasten der „Komm.Vbde u. der . . . zur Unterbringg. von Minderj. benutzten Anst.en" als ihrer Objekte (hinsichtl. ersterer nach dem Übergange der F.E.Ausf. auf die Provinzialausschüsse nicht mehr ganz zeitgemäß). Diese Staats„aufsicht" über die F.E. natürl. nicht zu verwechseln mit der „öffentl. Aufsicht" über den F.Z., welche auch nach § 26 Abs. 1 das Wesen der F.E. ausmacht (s. dort). In letzterer besteht ja — so bes. prägnant auch die Pr. Ausf.Anw. VI Z. 15 a. E. u.. Z. 24 a. A., indem sie der F.E.Beh. die „Beaufsichtigg. der in Fam., Dienst-, Arbeits- und Lehrstellen untergebr. Minderj." zuspricht — die F.E.Ausf., welche selbst wieder Teil der großen Gesamtverwaltg. des Staates ist u. deshalb seiner Aufsicht untersteht (ihre Feststellg. dch. bes. Ges.ausspruch ebenfalls, wenn auch nur indirekt, Beweisgrund für die im Gegens. zu Ausf.Anw. VI

Z. 30 u. bes. § 1 Ausf.G.s vertretene Auffassg. von der Selbstverw.-Natur der F.E.Ausf.; denn bei „staatl. Auftragsangelegenheiten", dem Gegenstück der Selbstverw. vgl. früher liegt die Staatsaufs. unmittelbar im Begriffe des Auftragsverhältnisses. — Entgegengesetzt neuerdings wieder sehr entschieden Blumenthal, Das Preuß. A.G. z. RJWG. S. 76.) — Auch die Ausf.Instanzen u. ihre Hierarchie die gleichen; nur aus prakt. Zweckmäßigkeitsgründen im Pr. A.G. § 26 Abs. 1 S. 2 eine bedeutsame bes. „Fachaufsicht" anerkannt [nach Ausf.Anw. a. a. O.: Gesundheits-, Schul- u. Gewerbeschul- sowie Gewerbeaufs., ferner Bau- u. Feuerpolizei.]

Insbes. ist mit der gänzl. Aufhebg. des FEG., wie dessen schon berücksichtigter § 11 (Bestellg. eines „Fürsorgers" zur Überwachg. der in einer Fam. untergebrachten Zögl.e), auch die ebenfalls oben berührte, mehr nur negative Vorschr. des § 10 Abs. 1 das. in Wegfall gekommen, daß F.Z.e in Arbeitshäusern und in Landarmenhäusern überhaupt nicht, — in Anst.n „für Kranke, Gebrechl., Idioten, Taubstumme u. Blinde . . . nur solange, als es ihr körperl. oder geistiger Zustand erfordert", untergebracht werden sollen. Im Verwaltungswege erneuert jetzt diese Vorschr. die schon ob. zu § 69 gedachte Anordng. der Ausf.Anw. v. 29. März 1924 VI Z. 22. — Wohl aber beschränkt das Reichsr. noch dch. eine Reihe als „Soll"-Vorschr.n ausgesprochener Anweisgen, in einem Falle — § 70 Abs. 2 S. 5 — sogar in zwingender Form die Ermessensfreiheit der F.E.Beh. nicht unerheblich. Diese Normen haben teils allgemeinen, die Stellg. der F.E.Beh. als solche betr. Charakter, teils nur Einzelheiten der „Unterbringgsart" zum Gegenstande. Zu den ersteren gehört S. 2 Abs. 2 unseres § 70 und § 37 (in Verbdg. mit § 10 Abs. 1 S. 2) JGG.s. Ersterer legt den Einfluß der ordentl. Jug.wohlf.beh. auch auf die „Ausführg. der F.E." gesetzl. fest; wie diese als Normal-Antragsbeh. und kraft essentiellen Anspruchs auf „Anhörg." an dem F.E.-Verf. ausschlaggebend beteiligt ist, so soll sie auch der Verwirklichg. der F.E. „regelmäßig" nicht fernstehen. Den Rahmen, welchen allein in diesem Punkte das Reichsges. gezogen u. f. Preuß. auch das Ausf.Ges. noch offen gelassen hat, füllt in einz. wichtigen Beziehgen die Ausf.-Anw. aus: der auf den Anfang der F.E.Ausf. bezüglichen Z. 12 (VI) ist bereits ob. zu § 69 gedacht worden. Von grdsätzl. Wichtigkeit sind ferner die unt. a) Z. 14 u. b) Z. 16 gegebenen Anordnungen bzw. Direktiven: nach ersterer ist die Zuführg. des Minderj. in die von der F.E.-Beh. bestimmte Fam. oder Anst. Sache des J.A. des Aufenth.ortes. Dieses hat die Überführg., wie z. B. die Richtlin.n des Gr.Berl. Magistr. v. 31. März 1924 II c noch bes. hervorheben, in jed. Fall nur „mit Sorgfalt ausgewählten" Begleitern (Ziviltransporteuren), bei weibl. Minderj. „in der Regel" Begleiterinnen, zu übertragen u. von der Polizei nur „auf Ersuchen Hilfe u. Beistand" (s. ebenf. ob. zu § 69) entgegenzunehmen. Benutzg. von „Zellentransportwagen" verboten. Die Kosten der Überführg. zu Lasten der F.E.Beh. (daher die sachgem. Anweisg. der ebengen. Richtlinien, die Quittg. als „urkundl." Beleg über Beginn der F.E. u. für die Kosteneinziehg. „sofort in Urschrift der F.E.Beh." einzureichen). Diese „kann" die Überführg. selbst bewirken (in Gr.Berlin z. B. Abholg. der auf Ersuchen der Bez.Ä. von den Polizei-Ä. festgenommenen Minderj. dch. „Beauftragte" der F.E.Beh.). — Nach b) Z. 16 soll die „Erziehg. zur Arbeit" im Vordergrunde stehen, da „gerade die Handwerkslehre ausgezeichnetes Erz.Mittel" u. nach „der Erfahrg. gelernte

Arbeiter weniger leicht arbeitslos werden als ungelernte"; diese Norm: „Erlerng. eines Berufes tunlichst zu fördern" (!) ergänzt die früher gewürdigten allg. Gedanken der F.E.Ausf. (Festigg. des F.Z. zur Selbsterz. u. „Erhebg. dch. d. Religion"; f. Preuß. jetzt diese Vorsch. im Verw.-wege erneuert dch. Ausf.Anw. VI Z. 16 in Vbdg. mit Z. 17) vgl. zu § 69]. „Regelmäßig" (§ 70 Abs. 2 S. 2): eine Abweichg., die Umgehg. der J.A. bei der F.E.Ausf. bedarf besond. triftiger Rechtfertigung. Hierin kommt materiell u. formell zum Ausdruck, daß auch die Ausführg. der F.E. durchaus von höchsten jug.wohlf.pflegerischen Gesichtspunkten beherrscht, auf die Förderung des Jug.- und Gemeinwohls eingestellt sein soll. Diesen Stempel höheren sozial-pädagogischen Wertes kehrt die in § 71 (vgl. früher u. alsbald dort) gewünschte „Beteiligung auch der L.J.A." an er F.E.Ausf. noch stärker hervor. Der Ausdruck „bedienen" in S. 2 Abs. 2 cit. nicht eben wörtlich zu nehmen. In ein „Dienstverhältnis" zur F.E.Beh. treten die J.A. „bei der Ausf. der F.E." natürlich niemals. Vielmehr handelt es sich hier um eine Beistandsleistung, also „Amtshülfe" im S. des § 5 RJWG. — Eine gewisse Verwandtschaft hat mit dieser Anweisung diejenige des § 37 JGG.s. Bei ihr tritt allerdings, wenigstens der Erscheinung nach, die Maßgeblichkeit gerade der F. E.-Behörde in den Vordergrund.

Die Ausf. der F.E. kann geg.falls mit einem staatl. Anspruch auf Bestrafung des einzelnen F.E.Zögl. kollidieren. Dieser soll keineswegs schlechthin jener weichen, sodaß die „Ausf. der F.E." sich auch gegen ihn als das stärkere Interesse der Allgemeinheit (der „öffentl. Jug.hilfe") überwiegend durchsetzt; eine gegenseitige Beschränkg. dieser beiden Richtgen liegt darin, daß vor der Vollstreck.g einer Rechtsstrafe gegen F.E.-Zöglinge die F.E.Behörde über diesen (alsbaldigen) Strafvollzug anzuhören ist. Von ihrer pflichtmäßigen Äußerung über die Vereinbarkeit des letzteren mit dem bei der F.E.Ausf. verfolgten Erz.zwecke, im S. des § 10 Abs. 1 S. 2 JGG.'s, wird die Entschließung der Strafbehörde abhängen. Im Strafermittlungsverf. ist der F.E.Beh. Gelegenheit zur Äußerung zu geben, § 31 Abschn. 4 JGG.'s. Selbstverständlich werden nach der ganzen Ausgestaltg. der F.E.Ausf. aber auch sonst alle auf schwebende Strafverf. bezüglichen Erörterungen durch die Hände der F.E.Beh. gehen. Sie wird dann bei Anst.erz. zweckmäßig mit der Anst. ins Benehmen treten u. diese zu einem Führungsbericht veranlassen, der auch sonst im Rahmen der F.E.Ausf. regelmäßig zu erstatten ist. [Jedoch ist hierbei die Allg. Verf. des preuß. Just.Min. v. 23. Juni 1923 (J.M.Bl. S. 460) zu beachten, nach welcher im amtl. Sprachgebrauche der Just.Behörden der Ausdruck „F.Z." möglichst nicht mehr zu gebrauchen u. im Strafverfahren jeder Hinweis auf eine bestehende F.E., die nicht zur Aufklärung der Sache geboten erscheint, zu unterlassen.] Dieser reichsgesetzl. R.stand steht mit dem in Preußen schon bisher, bes. nach der Allg. J.Min.Verf. v. 19. Okt. 1920 § 3 Abs. 3 für die Aussetzg. der Strafvollstreckg. geg. der F.E. überwies. Minderj. geltenden in vollem Einklange. — Sowohl die auf die Mitwirkg. der JA., wie auf die Verständigg. mit den Strafvollstreckungsbehörden bez. gesetzl. Anweisg. umfaßt die Ausführg. beide Arten von F.E., die vorläuf. u. endgültige. (In sehr nahem sachlichem Zusammenhange mit § 37 JGG.'s stehen Anordnungen über eine bestimmte Behandlg. der aus den Strafgefängnissen entlassenen F.E.Zögl., wie sie vielfach im Verwaltungswege für die

Länder, so in Preußen neuestens wieder dch. den zugleich namens des Just.Min. ergangenen, auch die Vollstreckg. einer Freiheitsstrafe gegen einen F.E.Zögl. berücksichtigenden Erlaß des Min. f. Vwf. v. 12. Okt. 1922, s. Ztrbl. Vmschw. XIV S. 202/3, — wünschenswerte Fühlungnahme zwischen dem Landesdirektor u. der Strafanstaltsverwaltg.! — getroffen sind.) —

Besonderheiten der „Unterbringung" betreffen die beiden Regeln der SS. 4 u. 5 Abs. 2 uns. Paragraphen über die Ausführg. der F.E.; ersterer noch in reichlich unbestimmter, etwas allg. Art, aber doch über die für das F.E.Verf. aufgestellte Norm erheblich hinausgehend: während hier der Arzt nur befragt werden „kann", „soll" die Unterbringung (des zur F.E. überwiesenen) unter ärztlicher Mitwirkung erfolgen. Hierdurch soll den individuellen gesundheitl. Entwicklgs.-momenten des Jugendl., welche für dessen künftigen Lebensgang und damit auch für die Allgemeinheit von so schwerwiegender Bedeutung, ausreichend Rechnung getragen werden. Dort, wo gemäß § 10 Abs. 2 S. 1 ein besonderes „Gesundheitsamt oder eine entspr. Behörde" besteht, wird die „ärztliche Mitwirkung zur Unterbringung" sachgemäß von ihr mindestens geleitet, wo nicht geradezu ihr übertragen werden; u. U. kann sich hierin die Betätigg. des JA., dessen Teilerscheinung nach § 10 Abs. 2 ja jenes Gesundheitsamt ist, auch im S. des § 70 Abs. 2 S. 2 erschöpfen. — Soweit nicht bloß allgemeine gesundheitl. Rücksichten zu nehmen, sondern bestimmt ausgesprochene Krankheitserscheinungen geistiger (das Gesetz nennt 3 bes. schwere „Regelwidrigkeiten": Psychopathie, Epilepsie, Schwererziehbarkeit, von denen allerdings die letzte, weil stark auf der Grenze des Moralischen stehend, größte Vorsicht erheischt; vgl. dazu W. Hoffmann in s. Referat auf der „Jenaer Jug.ger.tagg." 1920, Ber. S. 23 und die Auslassungen von Kraepelin, sowie das Referat von Elis. v. Harnack, Ztrbl. Vmschw. XIV S. 31, auch unt. zu § 73 u. neuestens die beiden Bücheranzeigen von E. v. Düring, Ztrbl. Jugr. XVI S. 48, betr. Langenberg's „Jug.verwahrlosg. u. Erz.Schule" u. S. 78 betr. 2 Schriften des Belgiers Vandervelde) oder körperlicher (hier Tuberkulose- u. Geschlechtskrankheiten hervorgehoben) Art zu bekämpfen sind, genügte dem Reichsges.e die stets Platz greifende „ärztl. Mitwirkg." nicht. Aus „hygienischen oder pädagog. Gründen" hatte es hier eine festumschriebene Unterbringungsart angeordnet: in „Sonderanstalten oder doch -abteil.gen" (öffentl. Anst.n), bestimmt zur Aufnahme gerade solcher jugendl. Kranker, letztere Methode (die bloßen Sonderabteil.gen) natürl. unter bes. sorgfältiger Trennung der Jugendl. von gleichartigen Erwachsenen. § 70 Abs. 2 S. 5. (Administrativ hatte für Preußen auf dieser Grundlage die Verf. des Min. f. Vwf. v. 30. Juni 1923, Ztrbl. Vmschw. XV S. 157 — vgl. ob. zu § 65 Abs. 4 — diese Unterbringg. näher geregelt.) — Durch die Notvdn. v. 14. Febr. 1924, Art. 1 Z. 8 ist der **§ 70 Abs. 2 S. 5 aufgehoben**: aus Gründen der allg. Finanzlage zur Ersparg. der damit unvermeidlich verknüpften bes. schweren Belastg. Vgl. für Preußen Ausf.Anw. (v. 29. März 1924, VI Z. 18, der zufolge durch diese Aufhebg. zwar die von dem ebengen. Erl. v. 30. Juni 1923 festgestellte „Verpflichtg. der Komm.vbde, derartige Anst.n oder Abteil.gen zu schaffen", fortgefallen, im übrigen aber der Erl. aufrecht erhalten ist.) — Die Aufhebg. ist entschieden zu bedauern. Der nicht allzu große finanzielle Gewinn wird reichlich überwogen durch die sozialpädagogische Einbuße, welche die Aufgabe der von § 70 Abs. 2 S. 5 vorgesehenen spezif. Behandlg. der schwersten Jugendabnormitäten nach entsprechender medizinischer Einstellg. bedeutete, (die übrigens für Preußen bereits die Just.M.Verf. vom 14. Juni 1909 [J.M.Bl. S. 26 betr. Ermittel.gen über den geistigen und körperl. Gesundh.zustand der Minderj. im gerichtl. F.E.Verf.] angebahnt hatte). Diese medizinische Erz. gerade der F.Z. war vom RJWG. zu einem gewissen Abschlusse gebracht. Praktisch spielt auch fortan hier die auf Abs. 2 S. 2 beruhende Mitwirkg. der J.A., zumal ihrer etwaigen medizinischen Unterabteil.gen gem. § 10 Abs. 2, eine wichtige Rolle, wie zur Vorbereitung dieser so sehr gesteigerten, aber auch jeder ärztl. Fürsorge für Fürs.Zögl. Heranziehung der Schulärzte (auch Schulpflegerinnen, die jetzt in Preußen mehr und mehr zur ständigen Einrichtung des Schulwesens werden), sehr wichtig. Auf die sachgemäße Einschulung der mit „geistigen Regelwidrigkeiten" behafteten F.E.Zögl.e, zumal der Psychopathen und Epileptiker ist besondere Sorgfalt zu verwenden (die immer zahlreicher begründeten „Ausschüsse" bzw. Vereine f. jugl. Psychopathen-Fürs. richten gerade hierauf ihr bes. Augenmerk, so z. B. der in Breslau 1921 entstandene, Ztrbl. Vmschw. XIV S. 242.) Vgl. dazu die Min.Erl.e vom 16. Juni 1894 bzw. 2. Jan. 1905 über die Beschulung „schwachbegabter" Kinder bzw. die Entwicklung, Aufgabe und Einrichtg. solcher „Hilfsschulen" — s. auch darüb. schon ob. zu § 65 — (bei Schumann-Schneider, Verordn. über das Volksschulwesen S. 349 ff.). Über die „Unterbringung" in Psychopathenanstalten, mit welcher das Reichsges. selbst die Ausführung der F.E. dem F.E.Verf. gem. § 65 Abs. 4 kongruent gestaltet hat, s. ferner auch Gregor (als Leiter der badischen F.E.Anst. Flehingen praktisch bes. erfahren) Ztrbl. XIV S. 157 ff. (Nov. 1922) „aktive Pädagogik in der F.E." — bes. S. 159 sehr beherzigenswerte Winke! — neuestens auch dens., Leitfaden der F.E. Berlin 1924 u. dazu Elsa v. Liszt, Jur. Wchschr. 1925 S. 918/19 und unten zu § 73; bei der vorläufigen F.E. angewendet, wird diese Anst.-behandlung für die Entschließung über „endgültige" F.E. wertvolle aufklärende Dienste leisten. Sehr ausgesprochen in dies. S. wirkt u. a. das in Templin (Uckermark) bestehende Heim „Waldhof" f. „körperl. u. geistig anormale Knaben"; Ztrbl. Vmschw. XIV S. 244. Die Sonderunterbringg. aus Anlaß körperl. „schwerer, ansteckender Krankheiten" ist natürlich auf deren Dauer zu beschränken, die rein pädagogischen Aufgaben sind auch hier baldmöglichst in Angriff zu nehmen. —

Von vorstehendem abgesehen, entscheidet das Ermessen der F.E.-Behörde. In Preußen bringt ihre jetzige körperschaftl. Gestalt gemäß § 18 Abs. 1 A.G. unvermeidlich dessen Übertragung auf ein oder einzelne bestimmte Mitglieder des Prov.-usw.Ausschusses als Hauptdezernenten dieses Jug.fürs.Zweiges mit sich. In der äußeren Form wird sich daher allerdings seine künftige Behandlung von der bisherigen (zentraler Leitung der F.E. durch die Landesdirektoren) wenig unterscheiden. Richtlin. für dieses administrative Ermessen sollen die auf § 24 Ausf.Ges.s beruhenden „Ausführungsanweis.gen" (zumal über die Verwaltg. der . . .Erz.anst.n) der Kommun.vbde bilden (vgl. ob.). Die nach dem Entw. z. Ausf.Ges. geforderte vorgängige Anhörg. der LJA. ist beseitigt. (Bis die vorgeschriebenen — neuen — Ausf.Anw. vorliegen, werden unbedenkl. die praktisch recht bewährten Ausf.Best. v. 18. Dez. 1900 u. auf grund ihrer gegebenen „Richtlinien" — von den für die Stadt Berlin aufgestellten, zuletzt im Dienstbl. 7. Juli 1922 S. 20 veröffentl. sagt dies die Zwischenregelg. des Magistrats v. 31. März 1924 am Schlusse ausdrücklich — weiter befolgt werden können.) Die Erwähng. nur der von den Komm.verbänden „errichteten Erz.sanstalten" ergibt keine Beschränkung der F.E.Ausf. auf sie. Auch eine Unterbringung in private Erzieh.anst.n, wenn diese „unter staatl. Aufsicht stehen" oder „vom LJA. für geeignet erklärt sind", im S. des Preuß. Ausf.G. nicht zu beanstanden, da dieses in § 30 die vmsch. Rechte der Vorstände solcher Anst.n ausdrücklich anerkennt. — Diese Anerkennung ist aber auch noch in anderer Hinsicht sehr bedeutungsvoll. Sie zeigt, daß das Preuß. Ausf.G. im Einklange mit dem RJWG. selbst an der allgem. Auffassung von der personenrechtl. Stellung der F.E.Beh. zu dem F.E.-Zögl.e festhält, welche schon das Preuß. FEG. beherrschte: das formale Pers.sorger. geht ungeachtet der weittragenden Erz.Befugnisse, welche ihrem Wesen nach die F.E. dem sie „ausführenden" Organe einräumt, nicht auf die F.E.Beh. über, verbleibt vielmehr, so insbes. auch die „gesetzl. Vertretg." grundsätzl. dem (bisherigen) „Erz.berechtigt.". Seine R.e auf persönl. Einwirkg. (Unterh., Erz. u. Beaufsichtigg.) erleiden Einschränkungen nur, soweit dies die Zwecke der F.E. erheischen. (Dies sagt sehr prägnant die schon z. § 62 S. 369 u. SS. 418/9 zit. R.G.Entsch. Bd. 75 S. 279.) Das gilt insbes. von der früh. gedachten Regelg. seines, des Erz.Berecht., persönl. Verkehrs mit dem F.Z., den Briefen u. Besuchen. Vor allem der letztere Punkt in d. Praxis strittig geworden (vgl. bes. Hartmann, Ausf.F.E. dch. die Preuß. Prov.Verw., Ztrbl. Vmschw. XV S. 86 ff.), was, z. T. auf Drängen der politisch., bes. der links stehenden Parteien, allmähl. eine freiere Gestaltg. der F.E. herbeigeführt hat. —

Grundsätzl. hat also das F.E.Organ nicht eine vmschl. Stellg., eine „elterl. Gewalt" über oder die „gesetzl. Vertretg." für den F.Z. (vgl. jetzt auch Urt. des R.Fin.Hofs v. 17. Mai 1923, Ztrbl. Jugr. XVI S. 75 u. später). Dem tut das Reichs- u. übereinstimmend das Preuß. Landes-R. nur durch folgende Normen in 2 Richt.gen Eintrag, — ersteres zugunsten der F.E.Beh. selbst, letzteres zugunsten gewisser bisher in Preuß. als Vmd. über F.Z.e anerkannter F.E.Ausführgsorgane. — Aus praktisch., auf der Erfahrg. beruhenden Erwäg.gen räumt nämlich das RJWG. in den gerade bei der F.E.Ausf. häufigen u. wichtigen Beziehgen der F.E.Beh. weitgehende R.e ein: a) für den Abschluß von Dienst- u. Lehrverträgen „gilt die F.E.Beh. als gesetzl. Vertreter des Minderj.". Hierin schließt sich (vgl. das eben gen. Urt. d. R.Fin.Hofs a. a. O. S. 175) das RJWG. durchaus der bisherigen Preuß. R.sprechg. u. Praxis an, welche bereits die Befugnis des „verpflichteten Komm.Vbd.s", solche Verträge ohne Mitwirkg. des gesetzl. Vertr.s u. ohne Genehmigg. des Vmschger. abzuschließen, bejaht hatten (vgl. ab. auch sof.). § 70 Abs. 3. — b) für die Entmündigg. eines F.Z. wegen Geisteskrankheit oder -schwäche (vgl. hier üb. d. bish. R.sstand bes. in Preuß. den Just.Min.Erl. v. 28. Nov. 1899 u. dazu Dannemann, R. u. Wirtsch. 1. Jahrg. S. 479 ff.) ist die F.E.Beh. neben den sonst gesetzl. Berechtigten zur Antragstellg. befugt. § 70 Abs. 4. — Beide Verhältnisse werden tatsächlich oft zumal eine anstaltl. Unterbringg. von F.E.Zögl. abschließen, also in den Verlauf der F.E.Ausf. bedeutungsvoll einschneiden, ja geradezu deren Ende überhaupt herbeiführen, — jenes bei den (sonst) normalen, dieses in der Hauptsache bei „geistig regelwidrigen" F.E.-Zögl.n (bezügl. deren die Entmündigg. vielfach eine „vorzeitige Entlassung" gem. § 73 — vgl. dort u. Bäumer, N. 1 zu § 73 — vermitteln wird). — Die Hingabe in einen Dienst oder eine Lehre, deren deshalb auch schon die Ausf.Best.n vom 18. Dez. 1900 unter VI (Noelle-Boschan S. 257) vorzugsweise gedachten, ist, nach der richtigen Auffassg. (so auch die gen. Ausf.Best.en selbst) ein besond. Fall der Fam.erziehung (vgl. auch dazu N.-B. N. 6 zu § 9 FEG.s). Solche Lehr- und Dienstverträge können übrigens (was Bäumer S. 269 zu Unrecht verneint) über die Minderjährigkeit hinaus geschlossen werden. (Vgl. Kamm.Ger.-Entsch. B. 28 A S. 179.) Die F.E.Beh. ist wegen ihrer ausgesprochenen jug.wohlf.pflegerischen Einstellg. bei dieser Unterbringg. zu gesteigerter Sorgfalt verpflichtet. Eingehende, sehr genaue Ermittlungen (tunlichst) aller Verhältnisse der betreffenden Häuslichkeit oder Dienststelle müssen voraufgehen. Die Befolgg. eines gleichmäßigen Schemas und demgemäße Anwendung von Vordruck daher zweckentsprechend und zu empfehlen. In der Regel wird gerade hier den örtlich der Angelegenheit viel näher stehenden JA. — des betreff. Bez.s („des Lehr- oder Dienstherrn") — die Hauptarbeit zufallen, eine wichtige Anwendg. des § 70 Abs. 2 S. 2. Aber auch die Ortspol.Beh.n müssen nach § 5 des RJWG. dabei helfend mitwirken. Ebenso wird die Benutzung bestimmter, amtl. festgesetzter, von der Aufsichtsbehörde genehmigter Formulare für die Verträge selbst, geordnet möglichst nach §§ für die einzelnen Vereinbar.gen, unumgänglich sein. Verabsäumg. dieser Sorgfalt beim Vertragsschlusse führt nicht nur zu einer Remedur im Verwaltungswege, sondern macht auch zivilrechtlich nach denselben Grundsätzen wie den Vormund haftbar; denn § 70 Abs. 3 geht insoweit durch die Gleichstellung („gilt") — nur — der F.E.Beh. mit dem gesetzl. Vertreter über das bisher. R. Preuß. bewußt hinaus, welches letztere dem Kommun.vbd. allein kraft seiner öffentl.rechtl. Stellung die Bestimmg. über Lehr- und Dienstverhältnisse des Zögl.s zusprach. Zufolge dieser Fortbildg. kann die Frage, ob die von der F.E.Beh. geschlossenen Lehr- und Dienstverträge der vmschgerichtl. Genehmigung nach § 1822 ZZ. 6 u. 7 BGB. bedürfen, jetzt kaum noch aufgeworfen werden. Sie wird auch von Fr.-P. N. 12 zu § 70 verneint, von Bäumer N. 6 b ebenda für das RJWG. offen gelassen, von Blaum N. 4 verneint, mit dem „Vorbehalte" von § 1822 Z. 7 (Beschränkung auf 1 jährige Dauer, also im Ergebnis doch bejaht!). Die Begründg. von Fr.-P., daß die F.E.Beh. „nicht Vormund" sei (also § 1643 BGB.s Platz greife, welcher ZZ. 6 u. 7 nicht nennt!), freilich nicht überzeugend: einem anderen „gesetzl. Vertr." als einem Vormunde wird doch die F.E.Beh. zweifellos nicht angeglichen! Trotzdem wird man sich für die Verneing. entscheiden, einesteils, weil dies ganz offenbar dem Sinne des RJWG. gemäß, welches die F.E.Beh. wegen ihrer ausgesprochenen jug.fürs. Eignung auch nach dieser Seite möglichst frei stellen, von allen Hemm.gen entbinden wollte, andererseits, weil die verzögerliche Einholung der Genehmigg. des oft weit entfernten Vorm.Ger.s praktisch untunlich. — Im Rahmen des Abs. 3 ist die F.E.Beh. „der gesetzl. Vertreter". Vater (Mutter) und Vormund sind ausgeschaltet. Lehr- und Dienstverträge, welche diese abschließen, daher nichtig, allerdings nicht etwa als solche mit den Folgen des § 76 verknüpft. Eine dem § 58 Abs. 1 S. 3 entsprechende Bestimmg. (Obsorge des „Helfers“ auch üb. den „Arbeitsverdienst“ des unter Sch.A. gestellt. Minderj.) ist zugunsten der F.E.Beh. *nicht* getroffen. Prakt. deshalb entbehrl., weil der bare Arbeitsverdienst der F.Z.e regelmäßig sehr gering (gewöhnl. *Abgeltg.* der Arbeit durch Kost u. Logis). — Wie die F.E.Beh. Dienst- u. Lehrverträge schließen, so kann sie solche als „gesetzl. Vertr.“ selbstverstl. auch wieder lösen, in erster Linie nach erzieherischen (so richtig Bäumer N. 6 b), daneben aber auch nach wirtschaftl. Gesichtspunkten. — Die Entmündigung wegen Geisteskrankheit u. schwäche, — diejenige wegen Trunksucht oder Verschwendung ist teils systemgemäß, teils, weil praktisch kaum in Frage kommend, ausgeschieden, — folgt auch, *soweit* von der Fürs.Erz.Beh. beantragt, den allg. Vorschr. des 6. Buchs 3. Abschn. ZPO. Im bewußten Unterschiede von Abs. 3 ist hier die F.E.Beh. *nicht* (beschränkt) zum gesetzl. Vertreter, sondern nur als antragsberechtigt erklärt. Die Antragsrechte des § 646 Abs. 1 cit. bestehen daneben fort. Praktisch ist die Befugnis aus § 70 Abs. 4 durch die einschränkende Bestimmung der Not-Vdn. Art. I Ziff. 8 bezüglich der Einrichtung von Sonderanstalten und Sonderabteilungen für psychopathische Fürs.Zögl. an Erheblichkeit entschieden gewonnen. —

Besondere Bedeutung gibt dem Abs. 3 die mehr aus gesetzgebungspolitischen Rücksichten ausgesprochene Fortdauer der Stellung gewisser wichtiger F.E.Organisationen nach § 30 Preuß. Ausf.Ges.: um einen zu schroffen, technisch unerwünschten Bruch mit dem preußischen System zu vermeiden, soll die reichsrechtl. Einführung der „F.E.Beh.“ doch die Vormundschaft nicht berühren, welche bisher auf der Grundlage der Fürs.Erz. von einem ihrer Organe geführt wurde; die auf § 1 Art. 78 Ausf.Ges. z. BGB. beruhende Amtsvmsch. des „Vorst.des einer unter der *Verwaltg.* des Staates“ oder einer Gem.behörde stehenden *Erziehgs.*-(Verpfleg.gs-)anst. für die *in* der Anst. — dauernd — untergebr. Minderj. u. die gemäß § 12 Abs. 1 Preuß. FEG.s bevorzugt „bestellte“ Vmsch. des Vorst.des e. unter staatl. *Aufsicht* stehenden Erz.anst. (vgl. Noelle-Boschan NN. 1—5 z. § 12 FEG.). Sie *bleiben* (vgl. ob. zu § 47) ungeachtet des § 33 Ausf.G. z. RJWG. — grundsätzl. Geltung „des *RJWG.* für die *auf grund* der *bisherigen* gesetzl. Bestimm.gen überwiesenen Minderj.“! — in Preußen auch unter dem RJWG. *bestehen* (über ihrer aller, ledigl. des Systems wegen fingierte Geltung „als bestellte“ Anst.vmsch.n im S. § 47 RJWG. s. ebenfalls oben zu Abschn. IV a. E.). Diese Anerkenng. der dem ält. Preuß. R. entstammenden Vmsch.en von Vorst.den gewisser F.E.Anst. ergibt durch das Eingreifen des Abs. 3 § 70 RJWG.s die Frage, wer bei Vorliegen einer solchen Vorst.dsvmsch. zum Abschlusse der Lehr- u. Dienstvertr.e als berechtigt zu erachten, der Provinzial-Ausschuß als „F.E.Behörde“ oder der einzelne Anst.Vorst. Die Natur der Sache führt auf letztere Entscheidg.: der in jeder Beziehg. dem Zögl. viel näherstehende „Vorstd.“ der besond. Unterbringg. wird — davon ist auszugehen — die zweckentsprechendste u. der eigenen Zukunft des Minderj. ersprießlichste anderweite Vergebg. viel sicherer u. zutreffender beurteilen als die wesentl. entferntere u. dem Einzelfalle mehr bürokratisch gegenüberstehende F.E.Beh. Die Übertragung der — gesamten — „Vmsch.“ an den Anst.Vorstd. erhebt ohne weiteres seine Vertrauenswürdigkeit für diese Sonderangelegenheit (Lehr- u. Dienstvertragsabschluß; über jeden Zweifel. Ihn insoweit nur tatsächlich zu beteiligen u. den rechtlich wirksamen Vertragsschluß der F.E.Beh. vorzubehalten, wäre eine gewisse Versagung dieses Vertrauens, mithin ein innerer Widerspruch u. auch eine unpraktische Umständlichkeit. Allerdings wird der Anst.Vstd. in bezug auf die Ermittelg. der Verhältnisse u. sonstige Sorgfalt beim Kontrahieren die gleichen Maximen zu befolgen haben, wie nach obigem die F.E.Beh., also ebenfalls Zusamm.arbeit mit den JA. usw. Im Verhältnis zu der F.E.Beh. darf der in Vmds.stellung befindl. Anst.Vorst. als von ihr stillschweigend für diese Angelegenheit ein- für allemal delegiert gelten. — Auch abgesehen hiervon wird erstere die „gesetzl. Vertretung" nach Abs. 3 nur durch geeignete Organe betätigen können. Als solche erscheinen die Vorst.de der Anstalten, in denen die Zögl. (bis dahin) untergebracht — durchaus normaler Weise lösen Lehr- u. Dienstverhältn.e die Anst.erz. ab! — am meisten berufen. Ihnen wird daher wirtschaftlich regelmäßig die gesamte Erledigung (die „Vorbereitung") d. Angelegenh. obliegen, der F.E.Beh. nur der rechtl. Abschluß verbleiben. Das nach § 126 b R.Gew.Ordn. auszustellende „Lehrvertrags"exemplar gebührt der F.E.Beh., gelangt aber in den Fällen einer Vmsch. des Anst.Vst.s zweckentsprechend in dessen Hände. — Was in der fragl. Beziehg. für die nach § 30 Ausf.Ges.s beibehaltenen preuß. Anst.svmsch.n, muß sinngemäß u. billiger Weise auch gelten von den nach § 47 neu hinzutretenden „bestellten" Vmsch.n der Vorstd.e „von Anst.n, die unter der Verwaltg. einer öffentl. Körpersch. (nach Preuß. Ausf.Ges. z. BGB. Art. 78 § 1 nur: der „Gemeinde") stehen oder privater Anst.n, die vom LJA. für geeignet erklärt sind", soweit diese „Anst.n", was sehr wohl möglich (bes. in Gr. Berlin auch praktisch), der F.E.Ausführg. dienen. [Nicht in „Vertretg." des F.Z., sond. in Verfügg. üb. ihn war auf der Grundlage des bisher. Preuß. R.s der „Dienstverschaffungsvertrag" getätigt, welchen allein geg. Kamm.ger. 28 A S. 179, aber nicht überzeugend, Landsberg, R. u. Wirtsch., dem „verpfl. Komm.Vbde." zusprach — jetzt das Urt. des R.Fin.H.'s als mit § 1651 BGB.s unvereinbar dem gesetzl. Vertr. versagt.]

Rein rahmengesetzl. ordnet das RJWG. die Kostentragg. der F.E.-Ausführg. (vgl. hierzu insbes. Marcull, Preuß. Verw.Bl. XXIV N. 37 S. 549 ff.). Nur eine Schranke zieht es der hier im übr. vollen Freiheit der Landesges.gebg.: die Kosten einer „vorläuf." F.E. fallen immer (vgl. schon ob. zu § 67) „dem für die endgült. Anordng. der F.E. zuständigen Kostenträger" (richtiger offenbar: „dem sonst für die endgült. angeordnete zuständigen") zur Last, also in Preuß. dem Kommun.vbd., zu dessen Bezirke der Ort gehört, der die Zuständigk. des „das endgült." Verf. durchführenden Vmsch.ger.s begründet hat, § 70 Abs. 2 S. 1 RJWG.! — auch dann, wenn die endgült. F.E.Anordn. nicht erfolgt. Diese zwingende reichsrechtl. Norm für Preuß. von Bedeutg.: denn dort fielen bisher (vgl. aus der R.sprechg. bes. R.G.Entsch. Bd. 70 S. 363 in S. Ortsarm.vbd. Posen geg. Prov. Posen; s. auch unt. zu § 75) nach § 5 Abs. 2 S. 1 FEG.'s in letzterem negativem Falle die Kosten der vorläuf. F.E. dem Träger der „Kosten der öffentl. Polizeiverwaltg." zur Last (vgl. schon ob. § 67 u. Noelle-Boschan N. 15 zu § 5 FEG.). Aus Gründen technischer Praktikabilität ist für etwaige Streitfälle hinsichtl. des Kostenersatzes (zwischen der F.E.Beh. des gewöhnl. u. derjenigen des nur vorübergehenden Aufenth.sorts) „entsprechende Anwendg. des § 7 Abs. 2" angeordnet, d. h. für solche Streitigkeiten, sofern es sich um F.E.Beh.n desselben Landes handelt, dessen „oberste Landesbeh.", also in Preuß. das Min. f. Vwf., andernfalls das Reichsverw.ger. als zuständig erklärt. Im übrigen greift das Reichsges. der landesrechtl. Regelg. der Kostentragg. in keiner Weise vor. Sie ist für Preuß. durch § 22 Ausf.Ges. z. RJWG. dahin erfolgt, daß zu Trägern dieser Kosten die „Kommun.vbde., bei denen F.E.Beh.n (nach § 18) bestehen", erklärt sind, also die den Provinzialausschüssen usw. (vgl. ob.) nach dem Landesverw.ges. entsprechenden, in Preuß., § 1 der Prov.-Ordn. v. 29. Juni 1875, die die betr. Provinz repräsentierenden Kommun.vbde. Letztere „erhalten zu diesen Kosten einen Zuschuß von $^2/_3$ aus der Staatskasse" (§ 22 S. 2). Auf ihn sind aber gem. § 23 Abs. 3 S. 2 von den Beträgen, welche die Kommun.vbde. von den nach § 75 RJWG.s privatrechtl. „Erstattungspflichtigen" wieder einzuziehen vermögen, $^2/_3$ in Anrechng. zu bringen. Die Beteiligg. des Staates überhaupt u. gerade im Verhältn. von $^2/_3$ insbes. — welches letztere sich auch mit den nach dem RJWG. § 51 für die Jug.arm.lasten zugrunde gelegten Quotisier.gssätzen deckt — entspricht ebenso wie die Kostenträgerschaft der Kommun.vbde. durchaus dem bisher. Preuß. R. (§ 25 Abs. 1 S. 2 u. Abs. 2 S. 1 FEG.). Abweichend, nämlich darüber hinausgehend, ist fortan nur (wegen ungünstiger „Erfahrgen bei leistungsschwachen Gemeinden" mit dem bisher. R.sstande, Begrdg. z. preuß. Ausf.Ges. z. RJWG. S. 23/24) die volle Kostenlast der F.E. als solche den Komm.verbänden aufgebürdet einschließlich auch der „durch die nötige reglementsmäßige erste Ausstattung, die Beerdigung der während der F.E. verstorbenen und die Rückreise des aus der F.E. entlass. Zögl.s entstehenden", welche nach § 15 Abs. 1 S. 1 preuß. FEG. — in innerem Zusammenhange mit der dieses noch beherrschenden (vgl. früher vielf.) Unklarheit der Abgrenzung zwischen F.E. und Jug.arm.pflege — dem O.A.V., bei welchem der Minderj. seinen U.W. hatte, also der örtl. Kommun.instanz auferlegt waren. [S. auch hierzu jetzt Blumenthal a. a. O. N. 1 zu § 22, welcher als Übergangsregelg. richtig § 31 Abs. 3 S. 2 anspricht: entscheidend Zeitpunkt der R.skraft des Beschlusses oder der Einstellg. des Verf.s auf „vorläufige Unterbringg.". Liegt dieser vor 1. April 1924, so bleibt es bei der bisherigen preußrechtl. Beteiligg. der O.A.Vbde; sonst: nur die Komm.vbde Kostenträger! Entsprechend in dieser Hinsicht bei der endgültigen F.E. zwischen den am 1. April 1924 im S. des § 31 Z. 2 „schwebenden" u. den damals abgeschlossenen Verf. zu scheiden!] Über den strafrechtl. Schutz der F.E.-Ausf. s. § 76 und Erl. dazu.

§ 71.

Das Landesjugendamt ist, soweit es nicht selbst Fürsorgeerziehungsbehörde ist, nach näherer Bestimmung der Landesgesetzgebung bei der Ausführung der Fürsorgeerziehung zu beteiligen; es soll insbesondere bei dem Erlaß allgemeiner, grundsätzlicher Anordnungen über die Art ihrer Ausführung gutachtlich gehört werden und ist zu Vorschlägen über die Ausführung befugt; ihm kann ferner die Mitwirkung bei wichtigen Maßnahmen der Fürsorgeerziehungsbehörde und bei der Aufsicht über die in Anstalten seines Bezirkes untergebrachten Zöglinge sowie die Zuständigkeit zur Entscheidung von Beschwerden über Anordnungen der Fürsorgeerziehungsbehörde, die die Ausführung betreffen, übertragen werden, sofern dafür nicht die Gerichte für zuständig erklärt werden.

Mannigfache Gründe teils äußerer — die behördl. Anlehng. gerade an die Provinzialorganisation (vgl. zu § 70) und die starke Heranziehung anstaltl., also auf breiterer räuml. Grundlage aufgebauter Einrichtgen — teils innerer Natur — die einschneidenden Wirkungen auf das Fam.-leben der Bevölkerung und der schon hierin begründete nahe Zusammenhang (vgl. ebenf. schon zu § 70) mit volkstüml. Anschauungen, sowie die bes. ausgeprägte Beziehung zum Gemeinwohle — lassen eine möglichst weitblickende Gestaltg. der F.E.Ausführg. wünschenswert erscheinen. Das wiederum legt die lebendige Einflußnahme amtlicher Stellen nahe, welche größere Bereiche u. Verhältnisse der Jug.wohlf. übersehen. Solche sind nach dem System des RJWG. die LandesJ.A. Unter ihren Prinzipalaufgaben erwähnt demgemäß folgerichtig auch schon § 13 Z. 6 (s. dort) „die Mitwirkung bei der F.E.". Entsprechend bezeichnet das Reichsr. selbst in § 70 Abs. 1 S. 2 als die vollkommenste u. deshalb erwünschteste Gestaltg. einer Organisation der F.E.Ausf. die „Vereinigung der F.E.-Behörde mit dem L.J.A.". Das Preuß. Recht hat dieser reichsrl. Empfehlung („nach Möglichkeit"!) nicht entsprochen, sich vielmehr für eine Trennung beider Jug.fürs.beh. entschieden. (Vgl. „Begr." zum Ausf.G. S. 21 u. oben). Daher greift hier die Norm des § 71 S. 1 Platz, daß das L.J.A. „nach näherer Bestimmung der Landesges.gebg. bei der F.E. zu beteiligen" ist. Für Preußen tut dies das Ausf.Ges. z. RJWG. § 20 S. 1 unmittelbar nur durch die ganz allgemeine, höchst unzulängl. Wiederholung der Norm aus § 71 Satz 1, mit der aus § 12 Abs. 1 Ausf.-G.s („können verzichten!") sich ergebenden, selbstverständl. und generellen Einschränkung: „soweit . . ." — unter Abstandnahme von jeder dort der Landesgesetzgebg. vorbehaltenen näheren Bestimmung, die vielmehr dem Min. f. Vwf. übertragen wird. Zur Zeit steht diese generelle Ergänzung noch aus. Die Ausf.Anw. vom 29. März 1924 bringt sie nicht. Sinngemäß werden aber Anregungen, in deren Richtg. die L.J.A. an der F.E.Ausf. doch zu beteiligen sind, dem System des preuß. Ausf.Ges. entnommen werden dürfen. Hierfür erscheint ein Zurückgehen auf seinen Entw. angemessen. Nach dessen § 25 Satz 2 waren die L.J.A. vor dem Erlaß der auf die F.E.Ausf. bezügl. Ausf.Anw. der Kommun.vbde. gutachtlich „zu hören". Diesem aus ihrer Stellung sich ergebenden Anspruche dürfte nach dem jetzigen § 24 Abs. 2 wohl unbedenklich ein weitergehender, auf initiativische Einreichung von Vorschlägen über die Ausf. im S. des § 71 Hbs. 2 zu entnehmen sein. Auch die Anteilnahme der L.J.A. an der Aufsicht über die FE. in dem beschränkten Umfange des § 26 Abs. 2, näml. über die ihr dienenden Anst.en zumal entspricht diesem Standpunkte des preußischen Gesetzgebers (Teilnahme an der Besichtigg. solcher Anst.en, welche im „Benehmen", also nach geeigneter Verständigung und unter Mitwirkung der L.J.A. erfolgen sollen.)

Ebenso wird die nach S. 2 des § 20 Ausf.Ges. für die gesamte „Regelung" dieses Punktes zuständige Stelle, der Preuß. Min. f. Vwf., den L.J.A. als „Beteiligung an der F.E.Ausf. gemäß § 71 Abs. 1" zweckmäßig auch die Nachprüfung noch anderer typisch wichtiger Maßnahmen der F.E.Beh. zuweisen, so die Behandlung der Sonderabteilungen oder Sonderanstalten für abnorme Zögl.e aller Art, auch grundsätzl. bedeutsame Zuständigkeits- oder Kostenstreitigkeiten zwischen F.E.Beh.n u. a. mehr. Auch die Vermittlg. von „Erfahrgen" der J.A. ihres Bez. an sie u. an die F.E.Beh.n auf diesem bes. „Gebiete der Jug.wohlf." — § 13 S. 2 RJWG.s — wäre eine förderl. „Beteiligg." der L.J.A. an der F.E.-Ausf. — Hingegen kommen die am Schlusse des § 71 bes. hervorgehobenen „Beschwerden über Anordngen der F.E.Beh.", — von denen für eine durch das RJWG. selbst (§ 69 Abs. 3 S. 2) „die Gerichte", näml. das Vmschger., als „zuständig erklärt" worden ist, u. die wohl auch sonst, soweit auf das RJWG. gestützt, also im S. dessen § 18 „R.sbeschwerden aus diesem Ges.e" (nicht: Dienstaufs.beschw.n), von dessen Vorschriften schlechthin auszunehmen — mangels einer dahingehenden Bestimmg. des Preuß. Ausf.Ges.s für die Zuständigkeit der L.J.A. zunächst nicht in Betracht. Die „oberste Landesbeh." wird aber in ihrer „näheren Regelg." (der l.j.a.lichen Beteiligg. an der F.E.Ausführg.) auch solche Beschwerden, wenigstens einen Teil von ihnen, unbedenkl. in die Zuständigk. der L.J.A. einbeziehen dürfen, ohne damit die Autorität der F.E.Beh. selbst zu schwächen. Vielmehr wird so der Sache der F.E. angesichts der übergeordneten Stellg. der L.J.A. nur ein guter Dienst erwiesen werden. Letzterer entspricht unmittelbar den Richtlinien, welche das RJWG. selbst für die „näheren Bestimmgen" der Landesges.gebg. aufstellt. Ebenso ergeben diese e. Weitspannung des Kreises der „allg. gesetzl. Anordngen", also möglichst vielseitige „gutachtl." Befragg. der L.J.A. Denn die Richtlinien sind auch für das Administrativermessen der Verwaltg.szentralinstanz maßgebend. Die Abstandnahme Preuß.s von der „Landesges.gebg." berührt sie keineswegs. Sie hat ihren Grund lediglich in dem freiwill. Verzicht auf das obligatorische L.J.A.

§ 72.

Die Fürsorgeerziehung endigt mit dem Eintritt der Volljährigkeit.

Die Fürsorgeerziehung ist früher aufzuheben, wenn ihr Zweck erreicht oder anderweitig sichergestellt ist, und zwar von Amts wegen oder auf Antrag der im § 65 Abs. 6 Genannten mit Ausnahme des Minderjährigen. Die Aufhebung kann auch unter Vorbehalt des Widerrufs erfolgen, dessen Ausübung landesgesetzlich zu regeln ist.

Landesgesetzlich kann bestimmt werden, daß für die Entscheidung über die Aufhebung gemäß Abs. 2 das Vormundschaftsgericht oder die Fürsorgeerziehungsbehörde zuständig ist mit der Maßgabe, daß der Antragsteller, wenn die Fürsorgeerziehungsbehörde zuständig ist und die Aufhebung ablehnt, binnen zwei Wochen seit Zustellung des ablehnenden Beschlusses die Entscheidung des Vormundschaftsgerichts anrufen kann, gegen dessen Beschluß die sofortige Beschwerde stattfindet. Sofern das Vormundschaftsgericht für die Aufhebung der Fürsorgeerziehung zuständig ist, muß es vor seiner Entscheidung die Fürsorgeerziehungsbehörde gutachtlich hören; dieser steht gegen den die Fürsorgeerziehung aufhebenden Beschluß die sofortige Beschwerde mit aufschiebender Wirkung zu.

Der Antrag auf Aufhebung kann außer vom Jugendamt nicht vor Ablauf eines Jahres seit der Rechtskraft des die Fürsorgeerziehung anordnenden Beschlusses gestellt, ein abgewiesener Antrag kann vor dem Ablauf von sechs Monaten nicht erneuert werden.

Auch das Reichsr. kennt — in übereinstimmg. mit dem bisherigen Preuß. § 13 FEG. — eine doppelte Beendigung der F.E. (genauer: der F.E.Ausf.): die eigentl. „Beendigung", d. i. die von Gesetzes weg. eintretende und die „Aufhebung". Nicht ganz korrekt nennt auch § 72, ebenso wie der preuß. bisherige § 13 letztere „frühere Aufhebung". Die Volljährigkeit (Abs. 1) macht nicht eine Aufhebg., wenigstens nicht im materiellrechtl. S. ein Eingreifen der F.E.Beh., welches selbst die F.E. zu Ende brächte, nötig, sondern setzt als objektiver Tatbestand ohne solches der F.E. ein Ziel. Das Verhältn. ist ein analoges, wie zwischen dem „Eintritt" der unehel. Amtsvmsch. nach § 35 (vgl. § 36 S. 3) und der Bestellg. einer jug.amtl. Vmsch. — Verschieden von dieser Aufhebung der F.E.Ausf. ist die förmliche Aufhebg. des F.E.Beschl. auf gegen ihn eingelegte sof. Beschw. (vgl. über diese „Aufhebg." noch Kamm.ger.-entsch. Bd. 42 A S. 58 ff.). — In der Sache unterscheidet, auch hier dem bisherigen preuß. R. sich anschließend, das Reichsr. zwei Einrichtgen, die sachl. eine abgeschwächte F.E.Aufhebung bedeuten: die in § 72 selbst. Abs. 2 genannte „Aufhebung unter Vorbehalt des Widerrufs" und die durch § 69 Abs. 4 (vgl. dort), wohl nicht zuletzt wegen eben dieser inneren Verwandtsch. mit der „widerrufl. Aufhebg.", gleichfalls nur auf Widerruf zugelassene Rückgabe an die eigene Fam. — Nicht eine „Aufhebung" ist die Aussetzung des § 66 RJWG. (vgl. grade darüber noch Kamm.Ger. Bd. 44 A S. 55); doch kann sie in gewissem Umfange, nämlich in Ansehg. einer vorläuf. F.E., zur Aufhebung führen (vgl. ob. zu §§ 66, 67 und unt. alsbald). — Verschieden von der Aufhebg. ist endlich dem Wesen, wenn auch nicht der realen Gestalt nach die „vorzeitige Entlassung" gem. § 73; sie ist, genauer betrachtet, überhaupt kein F.E.s-rechtlicher, sondern ein rein tatsächl. Vorgang. Rein äußerl. gleichen sich die „Beendigung" (Abs. 1) und „Aufhebung" (Abs. 2) darin, daß beide die „Entlassung" des F.E.Zögl. aus der F.E. ergeben. Sie muß mit der die ganze Abwicklg. der F.E. einschl. ihrer Ausf. beherrschenden Schleunigkeit verwirklicht werden, insbes. bei anstaltl. Bewahrung (letzteres gilt natürlich praktisch nicht minder für die soeben gedachte „vorzeitige" Entlassung; s. zu § 73). Jedoch steht nichts entgegen, daß bei Familien-Unterbringg. der Zögl. in seiner bisher. Umgebung verbleibt, auch nachdem die

F.E. auf die eine oder andere Art, durch die Volljährigk. oder Aufhebg. ihr Ende erreicht hat. Praktisch kommt dies bes. unter ländl. Verhältnissen in Betracht u. wird dort dem früheren Zögl. selbst oft nicht unerwünscht sein. Zustimmg. des letzteren, bzw., wenn er noch nicht volljährig, seines „Erzieh.berechtigten", dessen R. zur Aufenth.bestimmg. nach § 1631 Abs. 1 BGB.s mit dem Ende der F.E. wieder auflebt, dafür selbstverständl. Voraussetzung. In Fortfall kommt auch bei einem solchen Verbleiben des Minderj. in der mit seiner F.E. betraut gewesenen Fam. die „öffentl. Aufsicht" über diese nach § 62. Das folgt als Umkehrg. zwingend aus dem Begriffe der F.E. — Im Falle der Anst.erz. genügt natürlich nicht, daß der Minderj. aus dieser ausscheidet; er ist auch, grundsätzl. kostenlos (allerdings mit dem gesetzl. Vorbehalte des § 75), in seine frühere Umgebg. oder nach Wunsch an den Ort eines neuen „Unterkommens" zu befördern. An diesem von dem preuß. FEG. § 15 Abs. 1 (vgl. ob. zu § 70) ausdrückl. anerkannten Anspr. des F.E. Zögl. ist für Preußen auch dch. die jetzige R.sänderung nicht gerührt worden (vgl. die schon ob. wiedergegeb. Ausführg. in der „Begr." zum Ausf.G. des RJWG.). Eine — bedauerliche — Lücke des Reichsges., welche dessen preuß. Ausf.G. nicht ausfüllt, ist das Fehlen jeder Bestimmung über eine „angemessene" Fürsorge für den bisher. F.E.Zögl. „bei Beendigung der F.E.". Das preuß. FEG. § 14 Abs. 1 S. 2 a. E. hatte einen Anspr. hierauf ausdrückl. zugestanden: auf „Sorge für ein angemessenes Unterkommen, soweit nötig". Die von den Kommun.verb. nach § 24 A.G. noch erwarteten Ausf.Anweisgn werden diese Lücke unbedingt zu füllen haben; praktische Einzelheiten, die dabei zu berücksichtigen, sind z. B. auch bei Entlassung aus Anstalten, (die regelmäßig eigene Kleidung für ihre Zögl.e haben) die dem bürgerl. Leben entsprechende Wäsche- und Kleiderausrüstung (vgl. hierüber Noelle-Boschan, N. 5 u. N. 11 b zu § 15, sowie N. 8 zu § 14 FEG.s). Hier wird im einzelnen der Mitwirkg. des J.A. eine wichtige Rolle zufallen.

Die Beendigung der F.E. durch „Eintritt der Volljährigkeit" entspricht dem System des RJWG., welches sich (vgl. oben bes. zu § 4) grundsätzl. nur der minderj. „Jugend" zuwendet. Auch die neue reichsrechtl. F.E. ist eine F.E. (nur) Minderj.r, wenngleich dies hier nicht ebenso ausdrückl. gesagt ist wie in der offiziellen Bezeichng. des preuß. Ges.s. Die Volljährigk. wird — nach den allgem. bürgerlrechtl. Grundsätzen — erlangt: durch Vollendg. des 21. Lebensjahres (§ 2 BGB.) oder Volljährigk.serklärg. gem. § 3 ff. BGB.s. Letztere tritt in Wirksamkeit nicht schon mit dem Zeitpunkte, in welchem (vgl. Schultze-Görlitz, Komm. N. 2 Abs. 2 zu § 16 FGG.) der Volljährigkeitsbeschl. dem gesetzl. Vertreter des Minderj. bekannt gemacht ist; daher kann hier auch als „Eintritt d. Volljährigk." erst der Zeitpunkt der R.skraft dieses Beschl. gelten (§ 56 Abs. 2 FGG.). Nach § 3 BGB. ist sie (vgl. schon bei § 63) mit dem Lebensalter zulässig, welches noch jetzt die Normalgrenze für Anordng. der F.E. — über die „Förderlichkeit" (§ 5 BGB.s) wird bei bisher. F.E.Zögl. sachgemäß auch die F.E.Beh. gehört werden; nur mit dieser Maßgabe verdient die Ansicht Bäumer's N. 7 A zu § 70 Zustimmung, daß eine Mitwirkg. der F.E.Beh. u. a. bei der Volljähr.keitserklärg. zu unterbleiben habe, weil diese außerhalb der „Zwecke der F.E." liegt u. dementsprechend der F.E.Beh. kein „Beschwerder. zusteht". Formalrechtl. ist sie hier nicht beteiligt, „das R. der gesetzl. Vertretg." erstreckt sich nicht so weit. Sozial ihre Mitwirkg. hier schlechterdings unentbehrlich. — Die Vollendung des 21. Lebensjahres, ebenso wie eine Volljährigk.erklärg. in diesem Jahre selbst kommt ausschließl. für die Ausführg. der F.E. (u. zw. der endgültigen F.E.) in Betracht: ein schwebendes F.E.Verfahren muß nach der zwingenden Vorschr. § 63 Abs. 2 spätestens mit Vollendg. des 20. Lebensj.s des Minderj. abgebrochen werden, ebenso aber natürl. auch mit einer etwaigen früheren Volljähr.keitserklärg., die allerdings nach § 5 BGB.s kaum je bei Minderj.n, gegen welche ein F.E.Verf. schwebt, erfolgen wird. Aus demselben Grunde darf folgerecht auch eine nur „vorläufige" F.E. niemals über diesen Zeitpunkt (20. Lebensj.) fortdauern, da sie doch nur die endgültige vorbereitet. Die Ausführg. der vorl. endet also zwingend mit dem vollendeten 20. Lebensj. — insoweit bedarf § 72 Abs. 1 systemgemäßer Ergänzg. — und kommt nur gleich der endgült. F.E. durch noch frühere Vollj.k.erkl.g zum Abschlusse.

Das Gegenstück zu dieser Beendigg. der F.E. ist ihre „Aufhebung". Sie tritt nicht von R. weg ein, sondern wird durch „Beschluß angeordnet"; sie beruht nicht auf abstrakten generellen Voraussetzgen, die evident zutage liegen, sondern auf konkreten besond. Verhältnissen, welche der Ermittlung bedürfen und im Gesetze nur abstrakt, nach den für ihre Beurteilg. leitenden Gesichtspunkten bezeichnet sind. Sie hat ihren inneren rechtfertigenden Grund nicht in der allgem. Beziehung der Einrichtg. zur „Jugend", sondern in ihrer spezifischen Zweckbestimmung. Hierin gleicht sie ihrer milderen Schwestererscheing., der Sch.A. In voller Übereinstimmg. mit letzterer ist auch die ebengedachte abstrakte Bestimmg. (genauer: Bezeichng.) der Voraussetzgen gehalten. Auch die F.E. ist „aufzuheben, wenn ihr Zweck erreicht oder anderweit sichergestellt ist"; Erledigg. des Zweckes durch Erfüllg., ebenso wie des Mittels durch Ersatz erledigen die F.E. selbst gleich der Sch.A. Sehr verschieden aber muß der Maßstab der Beurteilung sein, der an diese „Voraussetzung" im Einzelfalle bei jener und bei dieser zu legen. Bei der F.E. ergeben ihre viel einschneidendere Natur und die größere Schwere der mit ihr bekämpften Übel für eine Bejahung der Zweckerreichg. und ebenso -sicherstellg. viel strengere Anforder.gen als bei der Sch.A. Bestimmte, zumal bindende Normen sind dafür nicht zu geben; vielmehr kommt alles auf den richtigen jug.fürs.ischen Blick im allgem. und die verständnisvolle Würdigg. der Verhältn. im einz. an. Diese Frage wird der Klarstellg. natürl. immer besondere Schwierigkeiten bereiten. Am besten und zuverlässigsten „erreicht" ist der „Zweck der F.E." offenbar, wenn die Erz. des betr. Minderj. derart abgeschlossen, seine Persönlichkeit in solchem Grade gefestigt ist, daß die (künstliche) Ersatzerz. entbehrlich. Hierauf stellt richtig jetzt ausdrücklich die Preuß. Ausf.Anw. VI Z. 16 ab: „nachhalt. Erfolg nur dann, wenn es gelingt, den Jugendl. auch innerl. zu festigen u. zur Selbsterziehg. anzuleiten". Denn „Ziel der F.E. der an Leib u. Seele gesunde, von Gemeinsinn erfüllte tüchtige Mensch. Das Ziel noch nicht gesichert, wenn der Jugendl. unter äußerem Zwange Fleiß u. Wohlverhalten betätigt." Doch können auch schon andere, äußere Umstände genügen, so z. B. Tod des einen Elternteils oder auch r.kräftige Scheidg. der Eltern, ja selbst nur tatsächl. Trenng. von dem Vater oder der Mutter, deren persönl. Einwirkg. den Minderj. nachteilig beeinflußte, insbes. z. B. Entmündigg. und Entferng. des trunksüchtigen Vaters oder der liederlichen Mutter, Gewinng. eines tüchtigen, unbedingt verläßl. Vorm.ds u. a. m. Wie gerade in letzterem Falle, so auch sonst vielfach die Grenze zwischen der „Erreichg." und der (bloßen) „anderweiten Sicherstellg." des F.E.zwecks tatsächl. fließend. Doch gibt es Tatbestände, welche zweifellos allein diesen Grund für eine Aufhebg. der F.E. verwirklichen, so z. B. die Anordng. einer Sch.A. bei Erlangg. eines geeigneten Helfers, Ermittelg. einer aus persönl., freundschaftl. Gründen aufnahmebereiten, nach ihrem Rufe und ihrer materiellen Lage weder auf öffentl. Aufsicht, noch öffentl. Kostenbeisteuer angewiesenen Fam. Die „Aufhebg." insbes. wegen „Sicherstellg." durch eine Sch.A. bedeutet eine Umkehrg. des Verhältn.s zwischen beiden Einricht.gen, wie es nach § 59 S. 1 das normale: Ablösg. der Sch.A. grade durch die F.E. An sich beide Fälle denkbar; ja keineswegs ausgeschlossen, daß von einer F.E. wiederum zurückgegriffen wird auf die Sch.A., die schon vor ihr bestanden und zu ihr übergeleitet hat. — Die Tatbestände, bei denen „anderweite Sicherstellg. des Zweckes" der F.E. Anlaß ihrer Aufhebg., und zwar vornehml. die (hinsichtl. dieser „Sicherstellg.") zweifelhaften ein wichtiges Anwendungsfeld der (nur) widerruflichen Aufhebg. der F.E. Denn diese ist ihrem Begriffe nach überall da angezeigt, wo mit der Gefahr eines Rückfalles in die „Verwahrlosg. des Minderj." zu rechnen, deren Verhütg. oder Beseitigg. die einzelne F.E. galt. Soweit deren „Zweck erreicht" scheint, kommt eine solche Gefahr, als nach menschl. Ermessen ausgeschlossen, — und daher auch ein Widerruf der F.E.Aufhebg. — von vornherein nicht in Betracht. So stellen schon die Preuß. Ausf.Best. v. 18. Dez. 1900 unt. IX die „Dauer der Führg. des Zögl. und der Verhältn.e, in welche er nach der Entlassg. eintritt", als für die Unwiderruflichkeit der Aufhebg. entscheidend hin. Sie knüpfen daran die pädagogisch und allgem. sozial sehr verständige Anordng., daß der nur „widerrufl." entlassene F.E.-Zögl. sich für die Schwebezeit „der vom Kommun.verb. über ihn angeordn. Aufsicht unterstelle". Diese Sicherung des Widerrufs werden auch die gem. § 24 Preuß. Ausf.G. z. RJWG. noch zu erlassenden Ausf.Anweis.gen der Kommun.verbände zweckmäßig sich zu eigen machen. Ein sehr taugl. Mittel für ihre Durchführg., für welche allg. am besten die Gesichtspunkte der Ausf.Anw. VI Z. 24 betr. die Beaufsichtigg. der zur F.E. untergebrachten Minderj.n, also die Normen über eine Konkurrenz bes. „Vertrauenspersonen" neben dem JA. (s. über letzteres unt.) verwendbar, bieten zumal bei Anordng. einer Sch.A. während der „Probezeit", — welche (wie hinsichtl. der Zulässigkeit solcher „besonderer Pflichten" für den Minderj., so auch sonst) der „Probezeit" für Aussetzg. der Vollstreckg. einer Freiheitsstrafe nach § 12 JGG.s innerlich sehr nahe verwandt — die „Fürsorgevereine", welche am besten auch der widerrufl. entlassenen F.E.Zögl.e, ebenso wie der mit „Strafaussetzg." verurteilten Minderj. sich annehmen werden, da sie das gegebene Bindeglied zwischen der F.E.Beh. einer- und dem Vmschger. andererseits (vgl. hierzu Ztrbl. Vmschw. XIV S. 52 und Kiesow, Komm. z. JGG. N. 4 zu § 12). Denn letzterem, dem Vmschger., ist in Preußen nach § 19 Abs. 3 Ausf.G. z. RJWG. von „der" (also jeder) „Beendigg. der F.E. vor Eintritt der Volljährigkeit" — seitens der F.E.Beh. — Mitteilg. zu machen, — im Falle nur „widerrufl.

Aufhebg." mit der Folge erhöhter Beobacht.gspflicht des Vmschger., (dessen Interesse ja auf jeden aus der F.E. entlassenen Minderj. gelenkt werden soll). Ob auch bei nur „vorläuf." F.E. eine widerrufl. Aufhebung angängig, zweifelhaft. Das Ges. steht dem zwar unbedingt nicht entgegen; doch wird wohl begriffl. eine nur „vorläuf. Aufhebung" der selbst nur vorläufig getroffenen Maßnahme abzulehnen und der Ausgleich praktisch darin zu finden sein, daß erforderl.falls, d. h. bei ungewöhnlich langer Dauer des „ordentlichen" Verfahrens — über die endgültige F.E. — die vorläufige F.E. sich, sofern Rückfälle nach ihrer Aufhebung sie wiederum erheischen, stets ohne weiteres erneuern läßt.

In der Hauptsache durchaus übereinstimmend mit dem FEG. ist für Preußen auch weiterhin formell die „Aufhebg." der F.E. geordnet: Voraussetzungen, Zuständigkeit, äußere Gestalt der Anordng. und für den Spezialfall „des Widerrufvorbehaltes" Ausübg. dieses Widerrufs, — die erstere Beziehung unmittelbar durch das Reichsges., die drei letzteren durch die Preuß. Landesgesetzgebg. (das Ausf.G. z. RJWG.), welche von dem auch hier den Rahmencharakter wahrenden Reichsr. als maßgebend anerkannt ist. Als formale Voraussetzung läßt auch das RJWG. — welches hierüber betr. der Sch.A. (§ 59) nichts sagt — neben einer Offizialentschließung („v. A. w.") gleichwertig den Antrag auf Aufhebg. zu. Das R. zum Antrage aber gesteht es, aus der es kennzeichnenden Tendenz allgem. stärkerer Beteiligung der zur Betreug. des Minderj. berufenen Jug.wohlf.behörde, außer den Antragsberecht. des Preuß. F.E.G.s (§ 13 Abs. 2), welche dch. Hinweis auf § 65 Abs. 6 berufen, aber unter ausdrückl. Ausnahme des aus sozialpädagogischen Gründen hier nicht einzubeziehenden (mehr als 14jähr.) Minderj. selbst, der zu solchen „Anträgen" schnell u. oft auch ohne jeden zureichenden Grund geneigt sein würde, auch dem JA. zu. Als hierfür „zuständig" muß teils nach der positiven Bezugnahme auf § 65 Abs. 6, teils nach dem Wesen der Sache, weil die zur Beurteilg. dieser Frage geeignetste Stelle, gem. § 65 Abs. 1 S. 2 das JA. des gewöhnl. Aufenth.s des Minderj. gelten. Dieses ist bez. des Antragsr.s aus § 72, kraft seiner allgem. übergeordneten Stellung in der Jug.fürs., gegenüber den sonstigen Antragsberecht. bevorrechtigt. Die aufschiebende Befristung von 1 Jahre „seit der R.skraft des die F.E. anordnenden Beschl.", sonst die zeitl. Schranke des Antrags auf Aufhebg. der F.E., — gegen das bisher. Preuß. R. eine durchaus billigenswerte Neuerung! — besteht für das JA. nicht, offenbar im Vertrauen darauf, daß ein von ihm schon früher gestellter Aufheb.gsantrag auf rein sachl. und triftigen, allseitig sorgfältig geprüften jug.fürs. Gründen beruhen wird. Hingegen ist für Erneuerung eines etwa abgelehnten Aufheb.gsantrags auch das JA. an die dem Preuß. FEG. (§ 13 Abs. 4) entnommene, innerl. durchaus begründete Sperrfrist von 6 Monaten gebunden. Die Berechng. dieser Fristen folgt den allgem. Regeln des BGB. § 188. Von den beiden Möglichkeiten der Zuständigkeitsregelg. (hinsichtl. der F.E.-Aufhebg.), welche das RJWG. offen läßt — Vmschger. oder F.E.Ausführ.gsorgan — hat sich das Preuß. Ausf.G. unter Festhaltg. des bisher. Preuß. R.sstandes für letztere entschieden: § 21 Abs. 1 S. 1. Wie bisher durch Beschluß des Kommun.verb.des, so erfolgt fortan die Aufhebg. der F.E. dch. solchen der „F.E.Behörde", die ja auch sonst in dieser Richtg. durchaus an die Stelle des ersteren getreten ist. Ob diese Fortgeltung der Zuständigkeit sachl. sehr wünschenswert war, läßt sich nach den Erfahr.gen der F.E.Praxis bezweifeln. Grade die Vmsch.-ger.e haben in zahlreichen Fällen doch das viel zutreffendere Urteil über die Einflüsse, denen bes. seitens der eigenen Fam. u. sonstigen Umwelt der Minderj. nach Aufhebg. der F.E. ausgesetzt sein wird. Der ständigen Beziehg. zum Vmschger., welche das RJWG. für die F.E. (vgl. ob. zu § 69 Abss. 3 u. 4) als unerläßl. zugrunde legt, hätte vielleicht folgerichtiger entsprochen, auch über die Aufhebg. dem Vmschger. die Entscheidg. vorzubehalten, (vgl. meine krit. Auslassg. z. Entw. d. Ausf.-G.s, Ztrbl. Vmschw. Junih. 1923). Mindestens verstößt nach dem soeben ausgesprochenen allgemeinen Gedanken durchaus gegen die Parität der beiden Jug.fürs.instanzen, Vmschger. u. F.E.Beh., daß das Reichsges. zwar für den Fall einer Zuständigkeit der ersteren zur F.E.Aufhebg. letzterer einen Anspruch auf vorgängige „gutachtliche Anhörung" und die sof. Beschw. gegen den Aufheb.gsbeschl., sogar mit aufschiebender Wirkung (!), aber nicht auch umgekehrt dem Vmschger. gleichartige R.e bzw. R.sbehelfe gegenüber der F.E.Beh. zugesteht. Vielmehr ist dieser hier eine zieml. souveräne Stellung eingeräumt. Im Falle der v. A. w. (durch sie) erfolgenden Aufhebung bedarf es irgend einer vorgängigen „Anhörung" nicht, zumal auch nicht des JA. (des gewöhnl. Aufenth.s, vgl. ob.). Allerdings wird aus praktischen, d. h. sozial-pädagogischen Erwäg.gen diese seitens der F.E.Beh. wohl tatsächlich niemals unterbleiben. Im Antragsfalle ist die Aufhebung überhaupt keinerlei Anfechtung und damit Nachprüfung ausgesetzt. Auch dies höchst bedenklich, da Fehlgriffe der F.E.Beh.n hier sehr wohl denkbar. Nur ihr die F.E.Aufhebg. ablehnender Beschl. kann, wie bisher nach FEG. § 13 Abs. 3, vom Antragsteller an das ordentl. (Vmsch.)Ger. — binnen der ebenfalls dem Preuß. R. eigenen Frist von 2 Wochen seit Zustellg. des Ablehn.gsbeschl.s — gezogen werden, nach Art der in § 69 Abs. 3 a. E. zugelassenen Anrufung dieser Instanz gegen Maßnahmen der F.E.Beh. und mit der Folge, daß gegen den Beschluß des Vmschger. die sof. Beschw. (nach den allg. Grdsätzen wie in § 65) gegeben ist. Diese greift immer Platz, auch dann, wenn der Beschl. des Vmschger. dem Antragsteller Recht gibt, letzterenfalls also zugunsten der F.E.Beh. (wie im bisher. Preuß. R. entspr. schon zugunsten des Komm.Vbd.), sodaß auch insoweit die F.E.Beh. bevorzugt, da sie eine Nachprüfg. der vmschger. Entscheidg. herbeiführen kann. Abweichend vom früheren Preuß. R. nur ist dieser sof. Beschw. der F.E.Beh. gegen den Beschl. des Vmsch.-ger.s nicht aufschiebende Wirkung beigelegt.

Allg. aus § 72 Abs. 2 RJWG. u. dem auf ihm beruhend. § 21 Abs. 1 S. 2 Pr. A.G.s zu folgern, daß auch die „Beschlüsse" d. F.E.-Beh. der „Zustellg." bedürfen. Sie untersteht, wenngleich hierüber keine der beiden Vorschr.en ausdrückl. sich verhält, den gewöhnl. Grundsätzen, d. i. den Normen der ZPO. Eine für Preußen auch dem § 52 Abs. 1 S. 2 LVG.s v. 1. Aug. 1883 zu entnehmende Norm, welcher zwar nicht unmittelbar f. d. Zustellg. selbst, aber doch f. die mit dieser „beginnenden" Fristen auf d. „bürg. Prozeß-Ges.e" bezug nimmt. Mithin auch bei den die F.E. aufhebenden Beschlüssen, die jedenfalls in Preußen — S. 1 des § 21 Abs. 1 cit.: „Entscheidg."! — als solche ergehen müssen, Zustellg. „dch. übergabe e. Ausfertigg." des Beschluss. unerläßl., § 170 Abs. 1 Hlbs. 1 ZPO. (s. d. bisher.

Preuß. R. allerdings abweichend, aber kaum sehr überzeugend, N.-B. N. 11 zu § 13). Als Empfangsberechtigte dies. Beschlüsse sind anzusehen a) der Antr.steller u., soweit diese v. ihm verschieden, b) das gem. § 65 Abs. 1, also im S. v. § 7, zuständige JA. des gewöhnl. Aufenth.s (letzteres zumal in den Fällen der „widerrufl." Aufhebg., wegen der hieran zu knüpfend. Folgen), außerdem c) der gesetzl. Vertr. u. der sorgeberechtigte Elternteil, — in sinngem. Dchführg. d. Norm d. § 72 Abs. 2 S. 1. — Ob d. 2 Wochenfrist d. § 21 Abs. 1 S. 2 A.G.s „präklusiv" gem. § 52 Abs. 1 S. 2 LGB.s, also nach Abs. 2 daselbst geg. ihre Versäumg. Wiedereinsetzg. in den vorig. Stand (§ 233 ff. ZPO.) zu gewähren, zweifelhaft, wohl aber zu bejahen.

Wer d. Beschl.e der F.E.Beh.n (i. Preuß.: d. Provinz-Aussch.e) zu vollziehen hat, wird dch. die im Rahmen der „Anweis.gen" nach § 24 Abs. 1 zu erlassenden Dienstinstruktionen zu regeln sein.

Die grundsätzl. wichtige Frage, ob geg. d. positiven, d. h. die die F.E. aufhebenden Beschl.e der F.E.Beh. „Rechtsbeschwerde aus dies. Ges." (§ 18 RJWG.) gegeb., mindestens f. Preuß. zu verneinen, da die F.E.Beh. nicht zu den „Stellen" gehört, welchen „JA.Aufgaben" übertragen sind" § 15 Z. 1 A.G.s. Hier vielmehr nur eb.so wie geg. alle förml. Verstöße administrat. oder Aufsichtsbeschwerde!

Über das bisherige Preuß. R. hinausgehend, regelt, der ausdrückl. Weisg. des Reichsges.s folgend, das Pr. AG. § 21 Abs. 2 die „Ausübg." des geg.falls vorbehaltenen Widerrufs. Sie steht allein der F.E.Beh., als der für die Aufhebg. normal zuständigen Stelle, zu. An eine Frist ist sie gesetzl. nicht gebunden. Doch steht zweifellos nichts entgegen, daß die F.E.Beh. selbst sich den Widerruf nur für eine bestimmte Zeitspanne vorbehalte. Letztere wird alsdann maßgebend sein. Bedingung für die Widerrufsausübung ist vorgängige Anhörung des JA. Auch hier denkt das Ges. offenbar an das JA. des „gewöhnl. Aufenth." des Minderj. Doch wird, sofern der Minderj. während der widerrufl. F.E.Aufhebg. tatsächlich länger außerhalb seines „gewöhnl. Aufenth." geweilt hat, die F.E.Beh. sach- u. zweckgemäß auch die JA. der anderweiten Orte hören. Daher wird nach Empfang des Beschlusses über die widerrufliche Aufhebg. (s. soeben) jedenfalls auch das JA. des § 7 — soweit nicht etwa förmliche Sch.A. einsetzt — irgend eine Überwachg. des Minderj. einzurichten haben. (Vgl. ob.) In „dringenden Fällen", d. h. wenn verzögerte Rückbringung des Minderj. in die F.E. diesen selbst oder die Allgemeinheit oder beide schädigen sollte, kann dem JA. auch erst „nachträglich", wenn der Minderj. schon wieder zurückgebracht worden ist, Gelegenheit zur Äußerung gegeben werden. Die Ausf.Anw. v. 29. März 1924 VI Z. 27 erwähnt als Beispiels-Tatbestände einer solchen „Dringlichkeit": Vorführg. oder Selbstmeldg. des Minderj. „in verwahrlostem Zustande", bezeichnet aber, irreleitend, die Folge als „Abstandnahme" von der Anhörg. des JA. Anhörg. des LJA. ist zwar nicht vorgeschrieben, aber andererseits, da unbedenklich als „Beteiligung" im S. des § 71 R.Ges.s, § 20 S. 1 Preuß. Ausf.Ges.s zu verwirklichen, dem Gesetze auch nicht entgegen. — Die Ausübg. des Widerrufs steht in jedem Falle der F.E.Beh. zu, auch dann, wenn sie nicht selbst die Aufhebg. der F.E. u. deren Widerruflichkeit ausgesprochen hat; letztere kann nämlich, was das Preuß. Ausf.Ges. nur mittelbar anordnet, auch von dem gem. § 72 Abs. 3

S. 1 a. E. R.G.'s, § 21 Abs. 1 S. 2 Ausf.G.s über den ablehnenden Beschl. der F.E.Beh. befindenden Vmschger. festgesetzt werden. Alsdann aber hat entsprechend seiner Entscheidg., daß die F.E., wenngleich nur unter Widerruf, aufzuheben, das Vmschger. auch die Entscheidg., ob der Widerruf von der F.E.Beh. mit Erfolg auszuüben: zeitl. „innerhalb der ersten 3 Monate nach der Aufhebg.", sachlich durch maßgebl. „Zustimmung". Letzteres R. entspricht der vmschgerichtl. Mitwirkg. nach § 69, nur daß die gegen Verweigerg. der Zustimmg. seitens des Vmsch.ger.s dort der F.E.Beh. zugestandene sof. Beschw. ihr hier nicht gegeben ist. — Die unter Vorbehalt des Widerrufs geschehende Aufhebg. der F.E. kann tatsächl. in Gestalt versuchsweiser Rückgabe an die eigene Fam. des Minderj. erfolgen. Diese Fam.Unterbringg. ist aber von der in § 69 Abs. 4 vorgesehenen verschieden, da letztere nicht auf grund einer Aufhebg., sondern gerade „in Ausführg." der F.E. getätigt wird, bei ihr also (vgl. ob. zu § 69 Abs. 4 cit.) die „öffentl. Aufsicht" unmittelbar fortdauert. Allerdings auch in Beziehg. auf letztere die so verwirklichte „Aufhebg. unter Widerruf" der Unterbringg. gem. § 69 Abs. 4, der Erscheinung nach, sehr ähnlich: denn auch bei jener ist zur praktischen Sicherung des Widerrufsr.s eine gewisse „öffentl. Aufsicht", näml. Aufsicht der F.E.Beh., mindestens durch das Organ des zuständigen JA., unentbehrlich. — In den letzten Lebensabschnitten der Minderjährigk. eine nur widerrufl. Aufhebg. der FE. wenig zweckentsprechend, da die Rückverbringg. des Minderj. in die F.E. dann geg.falls doch nur auf sehr kurze Zeit möglich u. von vornherein kaum noch Erfolg verheißend.

Auch für den Fall des § 21 Abs. 2 S. 4 A.G.s nimmt „in dringenden Fällen", unt. Erwähng. der gleichen Beispiele, die Ausf.Anw. a. a. O. das R. der F.E.Beh. in Anspr., vor Erlangg. d. vmschgerl. „Zustimmung" dch. Wiederaufnahme d. Minderj. zu handeln. Dies kaum zu beanstanden u. auch prakt. keineswegs bedeut.gslos, da hinsl. der F.Z., bei denen die F.E.Beh. nur „unt. Widerruf" aufhob, die Gefahr baldg. (auch schon innerhb. der ersten 3 Monate eintretender) sehr schwerwiegender u. akuter Rückfälle bes. groß. — Andererseits wird man dem JA. schon aus Billigkeitsgr.den in normalen Fällen auch vor „Ausübg." des vom Vmschger. konsentierten Widerrufs Äußerg. zur Sache ermöglichen.

§ 73.

Die vorzeitige Entlassung eines Minderjährigen wegen Unausführbarkeit der Fürsorgeerziehung aus Gründen, die in der Person des Minderjährigen liegen, ist unter der Voraussetzung zulässig, daß eine anderweitige gesetzlich geregelte Bewahrung des Minderjährigen sichergestellt ist.

Der § rührt an ein besond. heikles Problem der F.E. — Tatsächl. kann die F.E.Ausf. (von d. Beendigg. dch. Ablauf d. Minderj.keit abgesehen) nicht allein deshalb, weil ihr Zweck erreicht oder seine Erreichg. doch „sichergestellt" worden, sond. auch, weil er umgekehrt ganz u. gar nicht erreicht worden u. als endgültig nicht erreichbar festgestellt bzw. zu erachten ist, abgebrochen werden müssen. Auch den erzieh.schen

Bemüh.gen der „öffentl. Jug.Hilfe", zumal auf dem Gebiete der F.E. kann sich eine unüberwindl. Unmöglichkeit der Leistung entgegenstellen, für welche der Grundsatz gilt: impossibilium nulla obligatio, d. h. es kann die Erz.bedürftigkeit, der Anlaß zu der F.E. des einzelnen Minderj., in so tief wurzelnden, selbst ihr unzugänglichen, also unausrottbaren Eigenschaften seiner „Person" begründet sein, daß die F.E.Ausf. zweckloses Beginnen, Vergeudung von Zeit, Mühe und finanziellen Kräften, kurz ein durchaus „unproduktives" (welches Moment als für die Gesamtgestaltg. der F.E. richtunggebend mit R. gerade neuerdings immer mehr in den Vordergrund gerückt wird, vgl. z. B. Backhausen, „Produktiver" Umbau der F.E., Ztrbl. Vmschw. XVI Nr. 1 S. 1 ff.) Unternehmen ist. Auch das verträgt sich nicht mit dem Wesen der F.E. Die für dieses bestimmende, (nach § 62) immanente Zweckrichtg. verbietet ihre Ausführg. ebenso sehr dann, wenn die Verfolgung des Zweckes wegen Unerreichbarkeit, wie dann, wenn sie wegen Erreichg. oder „Sicherstellg." nicht mehr in Frage. Auch im ersteren Falle ist — dies spricht § 73 allerdings nur mittelbar aus — der Minderj. aus der F.E. zu entlassen, aber diese Entlassung gleicht der des letzteren Falles nur äußerlich. Sie ist nicht (auch) eine nach der rechtl. Ordnung des F.E.Wesens, also aus Rechts-, sondern eine aus sozialen Wirklichkeitsgründen erfolgende, nicht eine recht-, sondern eine „vorzeitige". Darum darf sie auch als sozialer Vorgang der gem. § 72 Abs. 1 od. Abs. 2 sich vollziehenden nicht gleichen. Bei letzterer die Rückkehr des Minderj. in das Leben, also die „Entlassung" als isolierter, in sich selbst beruhender Akt unbedenklich, — bei Nichterreichbarkeit des F.E.Zweckes sowohl im Interesse des Minderj. selbst, wie in dem der Allgemeinheit ganz unannehmbar. Sie darf daher hier nicht als aus dem Zusammenhange des Gemeinlebens losgelöster selbständiger Vorgang, sondern nur im Rahmen einer sozialen Ordng. vor sich gehen, welche die genannten Beteiligten, den Minderj. u. die Gesellschaft, gegen sonst leicht aus ihr erwachsende Schäden sichert. Diese gesetzgeberische Erkenntnis, die richtige Folgerg. aus schwerwiegenden Erfahrungen der F.E.Praxis, gegenüber dem früheren, zumal dem Preuß. R.e ein sehr bedeutsamer und glücklicher Fortschritt! Freilich heischt er Vorsicht in der Anwendg.: die gesetzl. Anerkennung eines gewissen Kreises Minderj., der sog. „asozialen" Elemente, als „Unerziehbarer" veranlaßt sicherl. auch ernste Bedenken. Umso mehr, als das RJWG. selbst — in § 70 Abs. 2, vgl. dort, u. sonst — die bloß „Schwererziehbaren" ausdrückl. berücksichtigt und mit der bes. Sorge für sie schon den meisten Fällen genügt hat, welche der F.E. ungewöhnl. Schwierigkeiten verursachen und an ihrer Zweckerreichung verzweifeln lassen, also die Maßnahme aus § 73 nahelegen könnten (vgl. zu alledem bes. Vossen, Ztrbl. Vmschw. XV Nr. 4 S. 69 ff. und den Ber. über die Bamberger Tagg. ebd. S. 77, demzufolge auf dieser, in der Aussprache über das Vossen'sche Referat, mit R. gemahnt wurde, den „Begriff der Unerziehbarkeit sorgfältig zu definieren und von der Schwererziehbarkeit deutl. zu unterscheiden, da die Zahl der Schwererziehbaren groß, die der Unerziehbaren klein sei"). In gleichem S. befürwortet zutreffd. später wieder Vossen selbst in seiner Besprechg. der ges.geberischen Vorarbeiten zum Reichsbewahrungsges., Ztrbl. Vmschw. XV, Nr. 9 S. 168 ff. dringlich eine klar umrissene, richtig beschränkte Abgrenzg. der „Asozialen". Fürwahr die Hauptsache! Im Einzelfalle kann die Überzeugung von der „Unerreichbarkeit“ auf sehr verschiedenen Stufen der F.E., früher oder später, gewonnen werden. Ein bes. wichtiger Zeitpunkt praktisch die Schulentlassung; solche „Schulentlassenen“ gehören — zweifellos — zu denjenigen, welche entsprechend § 23 Abs. 2 Preuß. Ausf.G. z. RJWG. „in Anstalten unterzubringen“ sind. Nicht aber fällt auch die „weitere Bewahrung“ an sich unter § 73 — wie Vossen a. a. O. S. 71 meint —, welche nach Vollendung des 21. Lebensj.s und der hierdurch gem. § 72 Abs. 1 notwendigen Entlassung aus sozial gleichen Gründen sich etwa noch gebieten sollte. Denn diese Entlassung aus der F.E. ist nicht eine vor- sondern eine rechtzeitige. Gemeinsam ist aber dem bei ihr vorliegenden „Bewahrungs“-bedürfnisse mit dem aus „vorzeitiger Entlassg.“ sich ergebenden die Richtg. auf die allgemeine soziale Sicherung. (Das betont richtig auch Vossen S. 168 — „wesentl. das die Allgemeinheit schädigende Moment“! —, der wohl nur zu großen Wert der Unterscheidg. von „sozial nutzlos“ u. „sozial schädlich“, praktisch selten scharf zu trennen, beimißt.) Vgl. im allg. auch Fr.-P. Beil. XII a. E. Um ihretwillen wird die spezialgesetzl. Regelung des Bewahrungsbedürfnisses, welche § 73 ausdrückl. vorbehält, rechtspolitisch sachgemäß nicht, wie der § selbst zu eng sagt, auf „Minderj.“ zu beschränken, sondern auf „Jugendl.“, in dem weiteren S. noch menschl. entwicklungsfähiger und -bedürftiger Personen, d. h. deren Erziehung noch nicht abgeschlossen, auszudehnen sein. Dieses Ges. kann nach § 73 ein Landes- oder ein Reichsges. sein. Gegenwärtig ist aber (schon seit einigen Jahren) ein solches der letzteren Gesetzgeb.gsinstanz in Vorbereitung (vgl. auch dazu Vossen a. a. O. bes. S. 168; der dort berichtete Std.punkt der von Polligk. geleiteten „Fachkomm.“, daß „schon der Einfachheit halber ein Reichs-Ges. anzustreben“, an sich gewiß zu billigen, da gerade den Asozialen eine gewisse Unstetheit eignet u. auf dies. Gebiet zwischenstaatl. Beziehg.n der verschied. deutschen Länder bes. leicht möglich. Eine Ausgabe des Entw. — nebst Begrdg. — v. Hans Maier schon 1921 bei G. Braun-Karlsruhe erschien.), von dessen Inhalt die nähere Aus- u. Dchführg. des § 73 abhängt. In dies. Ges. w.den auch Bestimm.gen darüber nachzuholen sein, welche Organe vor einer solch. „vorzeit. Entlassg.“ anzuhören — in betracht kommen JA. u. Vmsch.-Richter — u. welche R.sbehelfe etwa geg. diese Maßnahme der F.E.Beh. gegeben. Auch eine gewisse Beteiligg. der LJA. sachl. sehr angezeigt, in anbetracht der immerhin grundsätzl. Wichtigkeit solcher vorzeitigen Entlass.gen u. der Tragweite der sich anschließenden weiteren „Bewahrg.“ (die V. ü. F. v. 13. Febr. 1924 berührt die „anderweite Bewahrg.“ der Asozialen nur ganz mittelbar).

[In allerjüngster Zeit hat die auf Schaffung eines bes. Verwahrungsgesetzes gerichtete Bewegg. von mehr privater Seite neue, sehr lebendige Anregungen empfangen. Dem in der Sache vornehmlich von der R.T.Abg. Frau Neuhaus beeinflußten offiziellen Entwurfe — Frau N. hatte schon 1918 ein solches Ges.gebgswerk betrieben u. am Schluße der Verhandlgen des 29. R.T.Ausschusses über das RJWG. durchgesetzt, daß ihr Antrag betreffs Beratg. auch dieses Gesetzentw.s dem Reichstag zur Überweisung an denselben 29. Ausschuß unterbreitet wurde — haben jetzt der D. Ver. für öff. u. priv. Fürs., sowie der D. Vbd. zur Förderg. der Sittlichkeit eigene Entwürfe gegenübergestellt. Sie sind z. T. schon gemeinsam beraten worden. Beide Entw.e sind vollständig im Ztrbl. XVII, veröffentlicht worden, der des D. Ver.s f. . . . .Fürs. in Nr. 1 S. 4/5, mit ausführlich erläuternder Einleitg. von Hartmann S. 2 ff., derjenige des D. Vbd.s z. Förd. der Sittl.keit von der Vorsitzenden des letzteren, Anna Pappritz, in Nr. 2 S. 32 ff.; vgl. dazu auch Dr. Ilse Szagunn im Nachrichtenbl. der Berl. Hausfrauenvereine S. 91. Sie zeigen, unter sich mit nicht sehr wesentl. Abweichgen, starke Anlehnungen an die Struktur der F.E.: Zuständigkeit des A.G. (Vmdsch.ger.), Verf.einleitg. auf Antr. oder v. A. w.; sofortige vorläuf. Unterbringg. bei „Gefahr im Verzuge"; „Bewahrg." in Anst.n od. geeigneten Familien unter Rücksichtnahme auf Rel.bekenntn. od. Weltanschauung; Aufhebg. bei Zweckerledigg., zulässiger Weise zunächst nur auf Widerruf; Möglichkeit der Überleitg. in Sch.A. — der erstgen. Entw. mit der noch stärkeren Ausprägung der ausdrückl. Abstellg. auf das vollendete 18. Lebensj. u. der Zulässigk. einer „Aussetzg." bis zu 1 jähriger Dauer, der letztere mit der bemerkenswerten Sonderanordng. allzweijährl. Kontrolle des Bewahrungserfolges durch eine eigens zusammengesetzte Sachverständigenkommission. All diesen gesetzgeberischen Vorbereitgen nicht fern steht auch der Entw. des D. R.St.G.B., welcher im 7. Abschn. seines I. Buchs „Maßregeln der Besserg. u. Sicherg." u. als solche in § 42 Z. 4 (u. § 51) die Sch.A. allgemein, Z. 1 u. § 43 „die Unterbringg. in einer öff. Heil- od. Pflegeanst., falls die öff. Sicherheit dies erfordert", bei „als nicht zurechnungsfähig Freigesprochenen od. außer Verfolgg. Gesetzten od. als vermindert zurechnungsfähig Verurteilten", in Z. 3 u. § 45 die „Sicherungsverwahrg." gegen „für die öff. Sicherheit gefährl. Gewohnheitsverbrecher" nach Rückfallsverurteilg. kennt. Die in § 51 dies. Entw.s ausdrückl. nur für die Sch.A. ausgesprochene soziale Tendenz: „den unter Sch.A. Gestellten an ein gesetzmäßiges Leben zu gewöhnen u. ihm das wirtschaftl. Fortkommen zu erleichtern", ist allen diesen Maßnahmen des St.G.B.Entw. gemeinsam u. das innere Verbindgsglied zwischen ihnen u. den Zielen des künftigen Bewahrgsgesetzes.]

Das techn. Mittel zur Feststellg. u. Erfassg. des Tatbestandes des § 73 wird sehr häufig das Verf. nach § 70 Abs. 4 (vgl. dort) bilden: die ärztl. u. gerichtl. Garantien, welche das ordl. Entmündigg.Verf. bietet, oft der sicherste, ja vielleicht der einzige Weg, den absonderl. Erz.Schwierigkeiten innerhalb einer F.E.Ausführg. auf den Grund zu kommen (geeignet, wenn auch schwächer, natürl. eb.falls schon die Sonderbehandlg. gem. § 70 Abs. 2 S. 5, soweit trotz Notvdn. Art. 1 Z. 8 etwa noch verwirklicht). Daher verdient d. Entschließg. der obgen. „Fachkommission" — Vossen a. a. O. S. 169 —, dies. Weg dch. Erweiterg. des Entmündigg.Tatbest.des des § 6 Z. 1 BGB. (fortan: „entmündigt kann werden, wer . . . . seine persönl. oder seine Vermögensangelegenheiten nicht zu besorgen vermag"!) auszubauen, grdsätzl. Beifall; die Bedenken V.s selbst dageg. nicht stichhaltig. Vgl. übrigens auch hierzu Dannemann (Prof. Dr. med. in Gießen) a. ob. zu § 70 Abs. 4 gen. O., bes. S. 481. — Auch die „vorzeitige Entlassg." nach § 73 kann zur Rückgabe an die eigene Fam. führen (s. noch Hartmann Ztrbl. Vmsch.-wesen XV S. 89. [Sie läßt in § 2 Abs. 2 auch der soeben gen. Pappritz'sche Bewahrgsges.Entw. ausdrückl. zu. Ebenso nähert dieser in der Formulierg. des Bewahrgstatbestandes — 1.) geisteskrank, 2.) geistesschwach, 3.) durch „geistige, körperl. oder moralische (!) Mängel" begründete Unfähigkeit, „für sich oder seine Angelegenheiten zu sorgen", mit der Folge des „Anheimfalls an Verwahrlosg." oder der „Gefährdg. der Sicherheit anderer" — sich den üblichen „Voraussetzgen" der Entmündigg. stärker als der Entw. des Vereins f. priv. u. öff. Fürs.]

§ 74.

Die gerichtlichen Verhandlungen sind gebühren- und stempelfrei; die baren Auslagen fallen der Staatskasse zur Last. Die nach § 65 Abs. 2 zu hörenden Personen können im Falle ihrer Vernehmung vor Gericht Ersatz ihrer Auslagen nach den für Zeugen geltenden Vorschriften verlangen. Dies gilt jedoch nicht für den Minderjährigen und seine Eltern. Verträge über die Unterbringung von Minderjährigen zur Ausführung der Fürsorgeerziehung sind stempelfrei.

Die Vorschrift des S. 1 deckt sich vollkommen, auch im Wortlaute, mit dem bisherigen Preuß. R. (§ 8 S. 1 FEG.). Die schon dort vorhandene Unkorrektheit der Fassung — Erwähnung nur der gerichtl. „Verhandlungen", während selbstverständlich (vgl. Bäumer, N. 1 zu § 34) auch die meist ohne eigentl. „Verhandlung" ergehenden Beschlüsse der Beschwerdeinstanzen an der Gebühren-usw.freiheit teil haben, — ist bestehen geblieben. (In Preußen gilt also insoweit der Grundsatz des § 1 Abs. 1 S. 1 des oben zu Abschn. IV S. 243 erwähnten Ges.'s über staatl. Verwalt.Gebühren v. 29. Sept. 1923 nicht, obwohl an sich die auf „Beschwerde" ergehenden Entsch.n im F.E.Verf. seinen Tatbestand erfüllen.) Auch S. 2 u. S. 3, letzterer lediglich mit der systemgemäß unabweisbaren Folge aus der Erweiterung der obligatorischen („tunlichen") Anhör.gen auf den Minderj. selbst (§ 65 Abs. 2), entspricht im Grundsatze ganz dem Preuß. FEG. § 8 S. 2. Doch weicht die Fassung von derjenigen des Preuß. Ges.'s in einer Art ab, die auch in der Sache zu nicht ganz unerhebl. anderen Ergebnissen führt. Der Erstattungsanspruch des § 74 S. 2 ist nicht wie derjenige des früheren § 8 S. 2 in allen Fällen einer „Vernehmung" im F.E.Verf. (zumal über den diesem zugrunde liegenden Antr. bzw. im Amtnsverfahren über die Angemessenheit einer F.E.Anordnung), sondern nur in denjenigen einer „Vernehmung vor Gericht", also nicht unwesentlich enger, anerkannt — darüber, daß auch jetzt wie schon nach dem FEG. die „Anhörungen" geeignetenfalls dch. andere Behörden erfolgen können, s. schon oben bei § 65 Abs. 2 —, beschränkt sich aber alsdann nicht auf die Erstattung „barer Auslagen", sondern umfaßt den Auslagenersatz im vollen Ausmaße der „für Zeugen geltenden Vorschriften". Das sind nach den unter sich übereinstimmenden § 70 StrPO. u. § 401 ZPO. Anspruch auf „Entschädig. für Zeitversäumnis, u. wenn sein Erscheinen eine Reise erforderl. macht, auf Erstattg. der Kosten, welche dch. die Reise u. den Aufenthalt am Orte der Vernehmung verursacht werden", „nach Maßgabe der Gebühr.-Ordng." vom 30. Juni 1878/20. Mai 1898, in der jetzt geltenden Fassung vom 10. Juni 1914. Da alle „Verhandl.gen", also auch die gerichtl. Vernehmungen „gebührenfrei", d. h. die Beteiligten nicht belasten dürfen, so geht der Anspruch der „Zeugen" im F.E.Verf., wie nach § 70

StrPO. (deren Grundsätze im übr., vgl. unt., für das F.E.Verf. gem. § 15 FGG.s nicht gelten) gegen die „Staatskasse". Nicht- oder (vermeintlich) ungenügende Berücksichtigung des Anspruchs berechtigt zur Beschwerde. — Die Abstellung auf die „für Zeugen geltenden Vorschriften" ist also nicht nur eine korrektere Ausprägung des § 8 FEG. Nach der systematischen Einheit der sachlich zusammengehörigen reichsrechtlichen Bestimmungen hat S. 2 natürlich nicht etwa ausschließende Bedeutung: die durch die Gebühr.Ordn. geregelten, durch die ZPO. § 413, StrPO. § 84 anerkannten gleichartigen Ansprüche der Sachverst. gelten auch für das F.E.Verf. Dies namentlich für die „Anhörung" von Ärzten, sofern diese nicht ausschließlich als Zeugen zugezogen werden, von Bedeutung (etwas anders, allerdings nicht ganz deutlich Bäumer, N. 3b zu § 74). Ob die in S. 2 erwähnten „zu hörenden Personen" in anderer bestimmter Beziehung im Falle „ihrer Vernehm. vor Ger." den Zeugen gleichstehen, ob nämlich bei Nichterscheinen im Termine die in den Prozeßgesetzen (§ 380 ZPO., § 50 StPO.) vorgesehenen Druckmittel, Strafen u. zwangsweise Vorführung, anwendbar, sagt weder das Reichs- noch für Preußen das Ausf.Ges. ausdrücklich. Man wird aber, wie Noelle-Boschan N. XIII zu § 4 FEG. tut, den § 15 FGG. auch weiterhin unbedenkl. in vollem Umfange heranziehen, aus ihm also die Lücke bejahend ausfüllen können. Wesentlich zweifelhafter ist die gleiche Frage für die „Eltern" u. den Minderj. selbst, da hier die Analogie des § 141 Abs. 3 ZPO. — Erzwingbarkeit des persönl. Erscheinens der „Parteien" durch Geldstrafen! — doch wohl versagt. Eine Abhilfe kann aber, wenigstens gegenüber den Eltern, Art. XV Preuß. FGG. (Zulassung von vmschgerichtl. Ordn.Strafen gegen Sorgeberechtigte aller Art) gewähren. — Wörtlich übernommen ist aus dem Preuß. FEG. auch S. 4: die hier von der Stempelpflicht befreiten „Unterbringgsverträge" umfassen — hierin geht das RJWG. über § 8 Abs. 2 FEG. bewußt u. angemessen hinaus — alle „zur Ausf. der F.E. von Minderj." geschlossenen vertraglichen Abmachungen, also nicht nur die von der F.E.Beh. als „gesetzl. Vertr." (vgl. oben zu § 70 Abs. 3), zumal in Ablösung der Anst.Erz. getätigten Dienst- bzw. Lehrverträge, sondern auch die mit Anstalten, soweit hier überhaupt Vertragsverhältnisse in Frage (vgl. ebenf. ob.) u. die nicht in gesetzl. Vertretung, sondern anderweit von der F.E.Beh oder nur mit ihrer Genehmigung etwa jetzt noch eingegangenen, zumal künftige „Dienstverschaffungsverträge" (Bäumer N. 6b zu § 70, Fr.-P. N. 3 zu § 74).

§ 75.

Die Kosten der Fürsorgeerziehung sind dem Kostenträger auf sein Verlangen aus dem pfändbaren Vermögen des Minderjährigen oder des auf Grund des Bürgerlichen Rechts zu seinem Unterhalt Verpflichteten zu erstatten. Die näheren Bestimmungen trifft die Landesgesetzgebung. Allgemeine Verwaltungskosten werden nicht ersetzt.

Auch hier schließt sich das RJWG. in der Hauptsache dem bisherigen Preuß. R. an, § 16 in Vbdg. mit § 15 FEG. Vgl. außer N.-B. zu § 16 noch Marcull, Preuß. Verw.Bl. XXIV Nr. 37 S. 549. Systemgemäß sind auch in diesem Punkte, weil mit der „Tragung der Kosten der F.E." unmittelbar zusammenhängend, also dem Grundsatze des § 70 Abs. 1 S. 1 entsprechend, die „näheren Bestimmungen der Landesgesetzgebung" vorbehalten. Nur zwei bereits dem Preuß. FEG. eigene Normen spricht das Rahmengesetz aus: die Erstattungspflicht hinsichtlich dieser Kosten als Regel (welche R.Ger.Entsch. Bd. 75 S. 283 aus den „Bestimmungen des BGB. über die Geschäftsführg. ohne Auftrag, §§ 677 ff., u. über die Bereicherg., §§ 812 ff. als ihrer „rechtl. Grundlage" erklärt) S. 1 und den Ausschluß der „allg. Verwaltungskosten" von ihr S. 3 (im Preuß. FEG. § 16 Abs. 1 S. 1 u. Abs. 2 S. 2). Etwas prägnanter stellt das RJWG. die Erstattungspflicht allein für das „pfändbare Vermögen des Minderj. oder des . . . . . zu seinem Unterh. Verpflichteten" fest. Diese Erstreckung der Pfändungsbeschränkungen — der §§ 811 u. 850 ZPO. bzw. des von letzterem in bezug genommenen Lohnbeschlagnahmegesetzes vom 21. Juni 1869 mit den ergänzenden Lohnpfändungsverordnungen — auch auf die vorliegende öffentl.rechtl. Erstattungsforderung ist vor allem für die Heranziehg. des Minderj. selbst von Bedeutg.; der ihm in seiner Lehr- oder Dienststelle zufließende Arbeitsverdienst muß nach den gedachten Grundsätzen freibleiben. Ein wirtschaftl. Ausgleich gegen unbillige Verkürzung der von § 75 S. 1 zugelassenen Erstattung wird sich hier aber praktisch aus der Tatsache ergeben, daß bei so untergebrachten F.E.Zögl. bes. „Kosten" der F.E.Ausf. in der Regel deshalb nicht entstehen werden, weil diese Zögl.e den Aufwand ihrer Unterbringung im allg. „abzuverdienen" pflegen. Es entspricht daher nur einer auf den Erfahrungen beruhenden einfachen Lebensklugheit, daß f. Preuß. § 23 Abs. 2 A.G.s bei „Schulentlassenen Kosten für die F.E. nur dann, wenn sie in Anst. untergebracht oder durch Krankheit arbeitsunfähig sind", erhoben wissen will; denn unter diesen Ausnahmsverhältnissen entstehen in der Tat besond. „Kosten" u. fallen wenigstens bezügl. des Minderj. Pfändgsbeschränkgen aus dem Gesichtspunkte des § 850 Abs. 1 ZPO. tatsächlich fort. — Andererseits ist die Erstattgspflicht im RJWG. auf die „Kosten der F.E." schlechthin ausgedehnt, nicht wie im Preuß. FEG. § 16 Abs. 1 S. 1 auf die „(während der F.E. entstandenen) Kosten des Unterhalts" beschränkt. Nach dem jetzigen R. werden also auch die Kosten der Zu- und Zurückführung ohne weiteres von der Erstattungspflicht erfaßt. (Die nach dem Gesetzesausdrucke „F.E." mit darunter fallenden Kosten des Verf. scheiden nach § 74 S. 1 aus.) Letzteres wurde allerdings durch Auslegung auch schon aus dem Preuß. FEG. § 16 (vgl. M.-B. N. 3: „Kosten des Unterhalts im weitesten S. zu verstehen"!) hergeleitet. Allerdings war hier die Zuständigkeit für diese Kostenerstattung noch abweichend geregelt als nach dem RJWG.: Ersatzanspruch ebenso wie Pflicht zur Tragung der Kosten der „Überführung, der dabei nötigen reglementsmäßigen ersten Ausstattung" u. der Rückreise des aus der F.E. entlassenen Zöglings (ja selbst der Beerdigung des während der F.E. verstorbenen) belasteten nach FEG. § 15 Abs. 1 S. 1 den Ortsarmenvbd. (des Unterst.wohns. des Zöglings). Vgl. hierzu aus der R.sprechg. mit bes. Beziehg. auf die Kosten der nur „vorläufigen" Unterbringg. gem. § 5 FEG.s u. der ihr demnächst entsprechenden Überweisg. außerhalb der Provinz die schon ob. zu § 70 Abs. 1 S. 3 gen. R.Ger.Entsch. Bd. 70 S. 363 ff. (u. auch die alsbald zu berücksichtigende

R.Ger.Entsch. Bd. 61 S. 381 ff.). Das RJWG. hat jede Trennung nach Kategorien von Kosten aufgegeben, unterschiedslos alle den Kommun.-verb. auferlegt u. dementsprechend auch ihnen die Erstattungsforderungen zugesprochen (ganz unabhängig von der „Abschaffung" der O.A.V.e als der Unterst.träger, welche jetzt durch die Fürs.Pfl. Vdn. v. 13. Febr. 1924 vollzogen ist, bei Erlaß des RJWG. aber noch ganz außer Erwägung war). Damit sind die Positionen („Nachweisungen") des Haushaltsplanes, aber nicht durchweg auch die Einziehungsstellen fortgefallen, welche bisher bei örtlichen Verwaltungsinstanzen bestanden und zwar jene, aber nicht (überall) diese ausschließlich auf die Provinzialverwalt. übergegangen. Vgl. z. B. f. Groß-Berlin die Grundsätze u. Richtlinien für F.E.Ausf. v. 18. Febr. 1922 II Z. 4, 5 einer- u. die Richtlinien des Magistrats vom 31. März 1924 III Z. 1, 2 andererseits. In wortgetreuer Festhaltung des S. 2 Abs. 2 § 16 FEG. präzisiert auch § 23 Abs. 1 S. 2 preuß. Ausf.Ges. z. RJWG. die außer Ansatz bleibenden „allg. Verwaltungskosten" durch ergänzende Erwähnung der Kosten „des Baues u. der Unterhaltung der von den Kommun.Vbd.n errichteten Anst.". Grundsatz ist also: alle „sächlichen" Kosten endgültig zu Lasten des „Trägers" der F.E.Ausf., zu Lasten also in Preuß. (§ 22 S. 1 Ausf.Ges.; vgl. ebenf. zu § 70 a. E.) der Kommun.verb.de, bei denen F.E.Beh. bestehen. Nur die „personellen" Kosten sind erstattgsfähig und -pflichtig. Wer dieser Pflicht als „zum Unterh. (des Minderj.) verpflichtet" — außer letzterem selbst — zu genügen hat, bestimmt das bürgerl. R.: § 1603 ff. BGB. In Betracht kommen also in erster Reihe die Verwandten aufsteigender Linie, vor allem die Eltern; der unehel. Vater im Rahmen des § 1708 BGB.s, also unter den Voraussetzgen von dessen Abs. 2, die gerade bei unehel. F. Z.n häufig vorliegen werden, auch über das 16. Lebensj. hinaus; (vgl. über die Anwendbarkeit des § 361 Z. 10 RStGB.s auf Verletzgen dies. Unterh.pflicht noch Entsch. des Kamm.ger.s v. 22. Dez. 1922, Ztrbl. Jugr. XVI S. 76) daneben der Ehegatte der verheirateten Minderj., (vgl. ob. zu § 65), dieser sogar nach **§ 1608 BGB.** vor den Verwandten, — aber auch unt. Umst. der Vater des unehel. K.es einer zur F.E. untergebrachten Minderj. (denn der Unterhalt u. z. B. die Beerdigung eines von einem F.Z. während der F.E. geborenen unehel. K.s gehören nach feststehender preuß. Praxis zu der Unterh.spflicht des Kommun.verb.s, welche grundsätzl. ebenso weit geht wie die der Eltern, vgl. Schmidt, preuß. Verw.Bl. XXV Nr. 5 u. Nr. 43) nach § 1708 BGB. mindestens im Falle des § 1718 (Vatersch.anerkennung nach der Geburt zu „öffentl. Urkunde"; vgl. ebenso Fürs.pfl.Vdn. § 20 Abs. 2). — Für die Erstattungsforderungen sind in Preußen als maßgebend auch weiterhin (vgl. schon FEG. § 16 Abs. 2 S. 1) „Tarife zugrunde zu legen", welche fortan von dem Min. f. Vwf. — bisher dem des Inn. — „nach Anhörung der Kommun.verb.e festgesetzt werden" (sie sind jetzt nach der Stabilisierung der Währung, vgl. Blumenthal, Ztrbl. Vmschw. XV S. 236 „auf den Goldstand gebracht"). Diese können aber — eine zumal in der gegenwärtigen Finanznot u. Finanzunsicherheit sehr verständige Erweiterg. des bisherigen preuß. R. — „in bes. Fällen bis zur Höhe der entstandenen Selbstkosten" überschritten werden, § 23 Abs. 1 S. 3. (Die Ausf.Anw. v. 29. März 1924 VI Z. 29 erwähnt als solche „bes. Fälle" „wohlhabende" Minderj. bzw. Unterh.verpflichtete oder „bes. hohe Kosten durch Verschulden des Minderj.". Richtiger als auf diese mehr subjektiven Momente dürfte auf das objektive der unverhältnismäßigen Schwere der F.E.Kosten, welche diese im Einzelfalle für den Kommun.verbd. untragbar machen, abzustellen sein. Natürlich hat eine Überschreitung der Tarife jeweilig nur Zweck bei entsprechender ihr gegenüberstehender Leistungsfähigkeit der Pflichtigen. Bei solchen Überschreitungen, insbes. aber auch bei vermeintl. nicht richtiger Anwendung der Tarife ist der „Widerspruch" praktisch von Bedeutung, welchen übereinstimmend mit FEG. § 16 Abs. 3 jetzt auch preuß. Ausf.Ges. § 23 Abs. 3 S. 1 gegen die Erstattgsforderung zuläßt mit dem Erfolge einer „auf Antrag des Kommun.vbdes" einsetzenden Nachprüfg. durch den Bez.ausschuß (u. zwar — so richtig N.-B. N. 12 Abs. 1 zu § 16 — den für den Widersprechenden bezirksmäßig zuständigen) als Verwaltungsinstanz, nämlich im Beschlußverfahren, also in gleichartiger Funktion wie gemäß § 2 Abs. 3 S. 2 Ausf.Ges. (nicht wie nach § 16 Abs. 1 als verwalt.gerichtl. Instanz); auch hier wie in § 2 Abs. 3 zur „endgültigen, d. h. unanfechtbaren Entscheidg." berufen, deren Nachprüfg. im Gegensatze zum bisher. Preuß. R. (§ 16 Abs. 4) im „ordentl. Rechtswege" nicht mehr zu erreichen ist. Das bedeutet aber nicht etwa Ausschluß dieses ordentl. R.sganges auch für die Klärung anderer Streitpunkte, welche sich bei Erhebung der Erstattgsforderungen ergeben können, insbes. der materiellrechtl. Unterh.spflicht im S. des BGB., z. B., wenn diese wegen angebl. eigener Bedürftigkeit aus § 1603 BGB. oder ähnl. bestritten wird. Jedoch werden solche Erstattungsprozesse nicht etwa uneingeschränkt den eigentl. Unterh.sprozessen gleichzuachten sein (schon weil als solche durch den Grundsatz „in praeteritum non vivitur" ausgeschlossen!) haben daher u. a. nicht an der Zuständigkeit für diese teil (jetzt ausschließl. AmtsG.e, GVG. § 23 Z. 2 Abs. 6, vgl. schon für das bisher. Preuß. R. N.-B. N. 13 zu § 16). Erstattungsford.n der Komm.Vbd.e können auch gegen andere „Unterh.spflichtige" als nur Verwandte, z. B. Behörden, die Renten, Stiftungen, die Stipendien zu gewähren haben u. dgl., gerichtet werden (etwas anders, aber nur bezügl. der „Abtretg." der Unfallrenten Bäumer N. 6e zu § 75). Sie unterstehen dann grundsätzl. gleichen Normen. Nur ist in diesen allerdings sehr seltenen Ausnahmefällen der leitende Gesichtspunkt für die Durchführg. des Erstattungsanspr. ein anderer. Den unterh.pfl. Verwandten, vornehmlich den Eltern gegenüber soll auch hier der erzieherische Gesichtspunkt möglichst stark in den Vordergrund gerückt werden, der materielle Druck der Kostenbeitreibung an die moralische Pflicht sorgsamer Kindesbetreuung gemahnen; vgl. schon die Gr.-Berliner Richtlinien von 1922 II Z. 5 Abs. 5 u. jetzt bes. auch Blumenthal a. a. O. S. 236. Die wirtschaftl. Entlastung des Komm.vbd. u. mittelbar des Staates dch. das finanzielle Ergebnis des Kostenerstattungsverfahrens wird immer nur bescheiden sein (vgl. die lehrreichen Nachweise zumal für Gr.Berlin bei Blumenthal S. 235), der Komm.Vbd. also auf den Beitrag des Staates angewiesen bleiben, welcher ganz wie nach bisher. R. (s. welches, bes. hinsichtl. des „Umfangs der staatl. Beitragspflicht, die grdsätzl. Ausführ.gen der überaus eingehenden Reichsger.Entsch. Bd. 61 S. 381 ff. sehr lehrreich) auch weiterhin in Preußen $^2/_3$ der F.E.Kosten ausmacht u. in dieser Höhe subsidiär ist, da „$^2/_3$ der von den Erstattungspflichtigen eingezogenen Beträge auf den Staatsbeitrag anzurechnen" sind (früher: § 15 Abs. 2 S. 1 bzw. § 16 Abs. 5 FEG.s, jetzt: § 22 S. 1 bzw. § 23 Abs. 3 S. 2 Ausf.Ges.s z. RJWG.; also: wenn dem

Komm.Vbd. volle Beitreibg. gelingt, gar kein Staatsbeitrag. Gehen nur z. B. 3/4 der Kosten ein, 1/6 Staatsbeitrag!) Eine Etatisiergsnorm wie § 15 Abs. 2 S. 2 FEG.s gibt das A.G. nicht. (Materiellrechtlich ist der Anspruch — auf Erstattung der Erz.-usw.Kosten — gegen den F.Z. selbst u. vor allem seine unterh.pflichtigen Verwandten ganz analog dem in Preuß. aufgrund der §§ 31, 65, 68 AG. z. UWG., zuletzt in der Fassg. des Ges. v. 11. Juli 1891, für die Armenvbde gegebenen. Vgl. ob. zu Abschn. V u. ferner noch R.Ger.Entsch. Ziv.S. Bd. 76 Nr. 17). Doch wird der fortan zuständige Min. f. Vwf. wohl nach gleichartigen Gesichtspunkten verfahren. Ebenso besteht keine Mindestgrenze, unt. welche die Erstattgsforderungen nicht herabgehen dürfen, wie etwa nach § 16 Abs. 3 der V.ü.F. (dort: 10 Gold-Mk.). Aus Gründen der Wirtschaftlichkeit wird der Komm.Vbd. aber bei zu geringfüg. Beträgen von selbst die Beitreibg. unterlassen. — Die Verjährg. ist, ebenfalls in Ermangelg. einer der V.ü.F. § 26 entsprechenden Sondervorschr. (dort 2 Jahre f. Ersatzansprüche d. Fürs.Vbde. aufgrund der Vdn.), und da insbesond. § 196 ZZ. 11 u. 12 BGB.s nicht anwendbar, weil es sich nicht um die privatrechtl. Ansprüche der Anst.n u. einzeln. „Verpfleger" handelt, die ordentl. des § 195: 30 Jahre. Auch die Unterbrechg. der Verjährg. folgt den allgem. Regeln. — Da nach dem Grundsatze des (durch Art. 2 Notvdn. v. 13. Febr. 1924 aufrechterhaltenen) § 55 auch öfftl. Unterstützg. hilfsbed. Minderj., also Fürs. im S. der V.ü.F. dch. „Fürs.Erz." geleistet werden kann (s. ob. zu Abschn. V), so kann verschuldete Nichtbeitreibbarkeit der Kosten der letzteren den Tatbestand des § 20 Abs. 1 dieser Vdn. darstellen, also zwangsweise Verbringg. des zwar arbeitsfähigen, aber arbeitsscheuen Unterh.pflichtigen (Vaters oder Mutter) in ein Arbeitshaus herbeiführen. Hingegen kommt bezügl. des schon zur F.E. untergebrachten Minderj. Anhaltg. zur — unmittelbaren — „Erfüllg. der Unterh.pflicht" im Verwaltungswege nicht in Frage. Diese Gesetzeskonkurrenz ist begrifflich ausgeschlossen.

§ 76.

Wer, abgesehen von den Fällen der §§ 120, 235 des Strafgesetzbuchs, einen Minderjährigen, bezüglich dessen das gerichtliche Verfahren auf Unterbringung zur Fürsorgeerziehung eingeleitet oder die Unterbringung zur Fürsorgeerziehung angeordnet ist, dem Verfahren oder der angeordneten Fürsorgeerziehung entzieht, oder ihn verleitet, sich dem Verfahren oder der Fürsorgeerziehung zu entziehen, oder wer ihm hierzu vorsätzlich behilflich ist, wird auf Antrag der Fürsorgeerziehungsbehörde mit Gefängnis bis zu zwei Jahren und mit Geldstrafe bis zu hunderttausend Mark oder mit einer dieser Strafen bestraft. Die Zurücknahme des Antrags ist zulässig.

Der Versuch ist strafbar.

Als öffentl.rechtl. Verhältn. von ganz bes. sozialem Gewicht hat auch die F.E. Anspruch auf strafrechtl. Schutz gegen r.swidrige störende Eingriffe: nach jeder praktisch erhebl. Seite, sowohl hinsichtl. des Verf.'s, wie hinsichtl. der Ausf. Diesen gewährt der dem preuß. FEG. (§ 21) fast wörtlich nachgebildete § 76. Der Schutz bezweckt eine Abwehr, welche die erzieherischen Wirk.gen dieser „öffentl. Jug.hilfe"leistung in deren einem oder anderem Teile gewährleistet. Rein formale Ordnungswidrigkeiten oder Verstöße, insbes. gegen das Verf., z. B. trotzige Versagung der von dem Vmschger. erforderten Äußerungen, Lässigkeit in der Befolgung der gerichtl. Anordnungen, unberechtigte Zeugnisverweigerung fallen, selbst wenn an sich eine Auflehnung gegen die Behörde, nicht darunter. Der „Vorsatz" muß vielmehr auf bewußte Durchkreuzung des Erz.unternehmens als solchen gerichtet sein. (Andere als vorsätzliche Zuwiderhandlungen kommen nach der Natur des Straftatbestandes nicht in Frage. Nur fahrlässige Einwirkungen, welche tatsächlich den Erfolg des „Entziehens" aus der F.E. haben, z. B. ungenügende Sorgfalt bei der Instruktion des aus einem Urlaub heimzusendenden Zögl., welche dessen Fortbleiben aus der Anstalt verursachte, macht nicht aus § 76 strafbar.) Auch § 76 hat eine durchaus materiell jug.wohlf.pfleg. Tendenz. Das kommt u. a. darin zum Ausdruck, daß einerseits der Antrag, von welchem — in Abweichg. vom bisher. preuß. R. — die Strafverfolg. jetzt abhängt, der F.E.Beh. als der zur Erzieh.arbeit berufenen Instanz zugestanden, andererseits (wie auch bereits im preuß. R.) schon der Versuch strafbar ist. Jede planmäßige antipädagogische Einwirkg. auf den Minderj. soll, wenn einer F.E. zuwiderlaufend, durch diese Strafsanktion verhindert und tunlichst bekämpft werden. Darum **richtet sie sich selbst gegen den „Erz.berechtigten" (vgl. ob. zu § 1).** Darum steht andererseits aber auch Rücknahme des Antrages der F.E.-Beh. frei (für den Fall nämlich, daß sie von der pädagog. Unschädlichkeit des betr. Eingriffs sich überzeugt haben sollte.) Der „Antrag", seine Rücknahme, ebenso wie der „Versuch" unterliegen im übr. den allg. strafrechtl. Grundsätzen (§ 61 ff., 64 u. 43 RStGB.). — Der Versuch ist dementsprechend (vgl. § 141 u. § 160 StGB.) auch bei der „Verleitung" — über die Olshausen, Komm. zu § 141 N. 4 zu vgl. — strafbar. Desgl. ist der Tatbestand der „vorsätzlichen Behilflichkeit" dem allg. Strafrecht (§ 49 Abs. 1 u. Olshausen dazu) zu entnehmen.

Als Zielrichtg. des Handelns kommt immer, bei allen 3 Untertatbeständen ein „Entziehen" in Betracht: d. h. ein Verhalten, dch. welches der Minderj., sei es der Abwicklg. des F.E.Verf.s, sei es der F.E.-Ausf. endgült. unzugängl. gemacht wird (bzw. „Entziehen" im S. des Erfolges: ein Verhältnis, bei welchem er — in gleich. Art — unzugängl. gemacht ist.) Bloße Hinhaltg., sei es dch. Verschleppg. des Verf.s, sei es dch. Verzögerg. der Ausf. (z. B. Verlangsamg. der Zuführg. oder eigenmächtig. Verlängerg. etwaiger Unterbrechgen, wie „Verleitg." zu Urlaubsüberschreitg.n) genügt nicht. —

Damit bezügl. eines Verfahrens dieses strafbare Handeln mögl. werde, ist nötig, daß jenes — dch. Einleitg. — bereits „schwebt". Das bedingt Klarstellg. des Zeitpunktes, welcher nach dem RJWG. als Verfahrens-„Einleitg." zu gelten hat: nach § 63 Abs. 3 (vgl. schon dort) auch hier maßgebend entweder der Eingang des Antr.s bei Gericht oder die Eröffng. des Verf. dch. dieses (Offizial-Einleitg.) „gem. § 65 oder § 67". Schon sprachl. die letztere Wendg. nur so zu deuten, daß der Ton auf „gemäß § 65 oder § 67", nicht auf „eingeleitet" liegt, daß also auch die hier erwähnten Fälle ledigl. gleich, nicht etwa im Gegensatze zu denjenigen des 1. Teils der Bestimmg. eine „Verfahrenseinleitg." bedeuten. Dies auch allein sinn- u. sachgem.; denn sowohl hinsichtl. des bestimmenden Lebensalters, § 63, wie hinsichtl. der Strafbarkt., § 76, entscheidend die Anhängigkeit des Verf.s, die schon mit d. bloßen Antragseingang (nach d. Syst. des RJWG. ebenso wie nach dem des FEG.s) eintritt. In Richtg. auf uns. § 76 insbes. auch deshalb, weil (allein) bei demjenigen, welcher in Kenntnis eines dem Ger. bereits vorliegenden Antrags auf F.E. eine Entziehgshandlg. des § 76 — mit dem hier überhaupt erforderl. „Bewußtsein" der Rechtswidrigkeit — tätigt, gerade der strafbare Vorsatz obwaltet, geg. welchen § 76 sich wendet. Entgegengesetzt, aber zu Unrecht, da offenbar dem Geiste der Bestimmgen zuwider, Bäumer, Komm. N. 4 A a zu § 76.

Geeignetes sachl. Objekt dieses Reats: jede Art der F.E., auch die nur vorläufige u. die „ausgesetzte", ja zufolge der ob. gekennzeichneten Zielrichtg. selbst die „auf Widerruf aufgehobene" (hierin anders Francke, JGG. N. 1 a. E. zu § 37 Abs. 3: der Minderj. sei „nicht F.Z., solange die Aufhebg. nicht widerrufen"!).

Die „Entziehg." kann eine unmittelbare oder mittelbare, dch. bloße „Verleitg." oder „Hilfe" zur Selbstentziehg. begangene, braucht aber auch ersterenfalls keineswegs immer eine körperl. oder mechanische zu sein. Auch (i. gewiss. S. gerade), wer dch. übermächtige geistige Einwirkg., unüberwindl. Suggestion den Minderj. dieser Erziehgsmaßnahme vorenthält, „entzieht" selbst. Doch fließen die Tatbestände hier stark ineinander. Darum stellt mit R. das Ges. sie hinsichtl. der Strafschwere untereinander — wie schon § 21 preuß. FEG.s — völlig gleich. — Hingeg. bleibt straffrei stets die Selbst„entziehg." an sich. Ihr ist lediglich mit geeign. pädagog. Maßnahmen zu begegnen. Wohl aber kann sie mit „Verleitg. z. Entziehg." tatsächl. zusammentreffen. So bei einer Mehrheit v. Ausreißern hinsichtl. eines jeden gleichzeitig „Selbstentziehg." und „Verleitg." bzw. „Behilflichk." dazu mögl. — Freilich wird die F.E.Beh. in Fällen dies. Art wohl aus praktisch pädagog. Erwäggen von Strafanträgen absehen. Ferner: Anstiftg. u. Beihilfe bei allen Formen d. „Entziehg." nach § 76 denkbar u. strafbar. — Als Subjekt nach § 76, wie ein anderer F.Z., so überhaupt jed. Minderj. geeignet. Seine Strafbarkeit gegebfalls, wenn Täter noch nicht 18 jähr., dch. das JGG. bestimmt. Privilegierg. bei. naher Angehörig. (z. B. von Geschwistern oder selbst nur der Eltern), wie etwa nach § 247 Abs. 1 u. 2 StrGB.s aus triftigen wohlerwogenen Gründen hier nicht vorgesehen. —

Außer der schon erwähnten ist auch sonst eine „Konkurrenz" von Tatbeständen mit § 76 vereinbar. Er selbst nennt, hierin ebenfalls dem § 21 FEG.s folgend, die „§§ 120 u. 235 StGB." — jener die vorsätzl. Gefangenenbefreig. bzw. Hilfe zur Selbstbefreig., dieser d. „Entziehg." einer minderj. Person aus dem Einwirkungsbereiche von „Eltern, Vmd. oder Pfleger" (kurz gesagt: der „Erzieh.gsberechtigten" als solcher), pönalisierend. Soweit ein „Entzieh.gs"delikt nach § 76 zugleich eine dieser Strafvorschriften erfüllt, ist es entsprechend den Grundsätzen über „Idealkonkurrenz" (§ 73 StGB.; im engeren S. nach d. Entw. des neuen StGB.s, vgl. schon ob. S. 222, aufgegeb.) nach dem schwereren Strafgesetze, also eben nach dies. §§ des GemStrR. zu ahnden. Beide androhen als Haupt- nur Freiheitsstrafe, u. zwar normal Gefängnis: § 120 bis zu 3 Jahren; § 235 unbeschränkt, aber mit Nachlaß mildernder Umstände, bei deren Vorliegen Geldstrafe bis 3000 ℳ zulässig, im erschwerten Falle des Abs. 3 sogar Zuchthaus.

Zuständig in allen Fällen des § 76 — da hier stets „Vergehen" vorliegt — in I. Instanz Schöffenger. (nach GVG. in Fassg. der Bekanntmachg. v. 22. März 1924 [R.G.Bl. I Nr. 25 S. 299 ff.] § 24 Z. 2 i. Vbdg. mit § 29) d. h. der Amtsrichter mit 2 Schöffen, von welchen „mindest. einer 1 Mann sein muß" (Zuziehg. eines 2. A.R. wird kaum je „nach Umfg. u. Bedeutg. d. Sache notwendig erscheinen"; § 29 a. a. O. Abs. 2 S. 2), u. die insbes. gegenüber „Jugl.n" den Voraussetzg.n für „Jug.Schöffen" i. S. des § 20 Abs. 1 JGG.s zu genügen haben, also das „kleine" Schöffenger. des § 17 Abs. 1 S. 2 ebd.; — in II. Instanz stets die „große Strafkammer". Sofern §§ 120 bzw. 235 Abs. 1 StrGB. anwendbar, ebenfalls das Schöffen- (u. zwar regelm. das „große"), bei § 235 Abs. 3 das Schwurger. —

Praktisch wird eine Idealkonkurrenz mit § 120 cit., wenn nichts als F.E.Verf. oder F.E.Ausf. vorliegt, niemals werden: der F.Z. oder derjenige, geg. welchen ein F.E.Verf. schwebt, ist niemals „Gefangener", auch nicht im bloßen S. eines polizeil. der Freiheit Beraubten (wie z. B. nach R.Ger.Str.S. Bd. 44 S. 171 der v. d. Poliz. in einer Irren-Anst. untergebrachte gemeingefährl. Geisteskranke): denn die Poliz. erlangt über den F.Z. als solchen niemals mehr, (im Geg.satze z. bisherig. Pr. R.), — was Ausf.Anw. VI Z. 14 u. Z. 13 noch ausdrückl. feststellen, vgl. schon z. § 70 S. 418 ff. — irgend welche Herrschaft, auch nicht nach § 67 RJWG. (vgl. dort) im Falle der vorläuf. F.E. bzw. nach LandesR. bei der Zuführg. in die F.E. Es müssen also für eine solche Idealkonkurrenz noch andere Tatbestände hinzukommen: etwa Verbüßg. einer Freiheitsstrafe seit.s des Minderj., der zu einem Termin im F.E.Verf. zugeführt wird, oder (in den Ausnahmsfällen des § 37 JGG.s) geg. welchen die F.E. bereits „ausgeführt" wird. Nicht minder f. die Idealkonkurrenz mit § 235: z. B. Rückgabe in die Erz. der eig. Fam.

Die Höchstgeldstrafe, welche § 76 androht, muß unbedingt jetzt, nach Stabilisierg. der deutsch. Währg. (bei Verkündg. des RJWG. v. 9. Juli 1922, stand die Papier-M., an welche bei dessen Strafandroh.gen gedacht ist, = rund $^1/_{125}$ Gold-M.) als überholt gelten dch. die nunmehr für Geldstrafen maßgebende R.Vdn. v. 6. Febr. 1924 (R.G.Bl. I S. 44 ff., in Kraft seit „1 Woche nach" der am 9. Febr. erfolgten Verkündg. 16. Febr. 1924). Vgl. dazu f. Preuß. J.Min.Vfg. v. 13. Febr. 1924 (J.Min.Bl. 1924 S. 69). Insbes. der Grundsatz des Art. II Abs. 2 das., daß Höchstnorm der Geldstrafen 1000 GM., zweifellos auch hier zutreffd. Denn damit ist der innere Einklang mit § 21 Pr. FEG.s hergestellt u. widerfährt auch dem Sinne des jetzigen Geldstrafen-Systems allein Gerechtigkeit (vgl. Art. I der Vdn. v. 6. Febr., daß Geldstrafen auf 100 000 GM. „erhöht" werden können, wenn ein Verbrechen oder Vergehen „auf Gewinnsucht beruht" [wörtlich übernommen, insbes. mit gleicher Höchstgeldstrafe, die auch dort zu Gefängnis hinzutreten kann, vom neuen StrGB. Entw. § 69] u. Art. VIII, daß d. Vorschr. i. d. Artt. I—VII „f. d. gesamte" Reichs- u. Landesr. gelten"!). Auch die sonstigen „modernen" Grundsätze über Geldstrafen (insbes. der Reichsges.e v. 21. Dez. 1921 u. v. 27. Apr. 1923, die in der Verordng. v.

6. Febr. 1924, wie J.Min.Verf. v. 13. Febr. 1924 richtig sagt, nur „kodifiziert" sind) beherrschen das Anwend.gsgebiet d. § 76 ebenso wie dasjen. d. § 30: „Berücksichtigg. d. wirtschaftl. Verhältnisse des Täters bei der Strafzumessg." (§ 27 c Abs. 1, hier prakt. bes. bedeutsam); — Fristgewährg. oder solche v. Teilzahl.gen, wenn nach diesen Verhältnissen d. sofortige Zahlg. dem Täter nicht zuzumuten (§ 28 Abs. 1); — Einsatz v. mindestens 1 Tag, höchstens 1 Jahr Gefängn. für die nicht beitreibbare Geldstrafe mit der Maßgabe jederzeitiger Abwendbarkeit dies. Freiheitsersatzstrafe dch. Zahlg. u. der Ermächtigg. zur Abstandnahme v. der Vollstreckg. der Freiheitsstrafe bei unverschuldeter Nichtzahlg. (§ 29 Abs. 5 bzw. Abs. 6); — Verjährg.: in 2 Jahren bei Geldstrafen bis zu 150 *M*, in 5 Jahren bei höheren Geldstrafen, § 70 Abs. 1 ZZ. 5 u. 6 RStrGB.s. —

Einer interessanten u. bemerkenswerten ziv.rechtl. Folge aus der unberechtigten Aufnahme des — in specie mehrmals — aus d. F.E.-Anst. entwichenen Sohnes, also der mindestens dch. Unterlassg. begang. Vorenthaltung, welche R.Ger.Ziv.S. Bd. 98 Nr. 72: „Haftung für die vom Sohne" dem zur Festnahme eintreffenden Beamten mit dem Jagdgewehre des Vaters zugefügten Verletz.gen zieht (aus d. Gesichtspunkte des Wiederauflebens der elterl. Aufsichtspflicht für die Dauer der tatsächl. Bewahrg. des F.Z.!) ist schon oben zu § 69 a. E. S. 413 gedacht worden.

Schlußbestimmungen.

§ 77.

Welche Behörden die in diesem Gesetze der obersten Landesbehörde [oder dem Landesjugendamt] übertragenen einzelnen Aufgaben wahrzunehmen haben, bestimmt die Landesregierung.

Die allein durch den „Abbau" der Notvdn. aufrechterhaltene der beiden „Schlußbestimmungen" des RJWG., — auch sie durch diesen Abbau nicht unwesentl. im S. eines Zurücktretens des Reichs- gegenüber dem Landesrechte umgestaltet, Notvdn. Art. 1 Z. 2 S. 3: „Einschiebung" des Zusatzes „oder dem Landes-JA." hinter dem Worte „Landesbehörde" im Texte des Reichsgesetzes! Die Tragweite dieser Einschaltg. ist schon ob. im Unterabschn. „Landes-JA.", insbes. zu § 12 gewürdigt. Dort ist auch bereits des auf ihr beruhenden preuß. R.sstandes gedacht, welcher sich aus § 12 Z. 2 Ausf.G. in Vbdg. mit II B Z. 1 A.A. (u. § 12 Z. 1 Ausf.Ges.) ergibt dahin, daß in Preußen ausschließl. die „Obliegenheiten" der ZZ. 1—7 § 13 RJWG. den LJA. verblieben, „alle anderen durch das Reichsges. den LJA. übertragenen Aufgaben" aber dem Min. f. Vwf. zugesprochen sind, der in Preußen nach § 34 Ausf.-Ges. die „oberste Landesbehörde" („mit der Ausführung des Gesetzes beauftragt") ist. — Daß hier in Wahrheit nicht die „Landesregierung", sondern ein Landesgesetz „die oberste Landesbehörde bestimmt" hat, ist aus dem Reichsgesetze nicht zu beanstanden, da dieses offenbar dem „Landesrecht" im allgemeineren S. die Entscheidg. hat übertragen wollen. Weniger unbedenkl. (vgl. schon früher), daß die auch nach der Neuredaktion des § 77 der „Landesregierung" vorbehaltene Entscheidg. darüber, welche Behörde die den LJA. „übertragenen einzelnen Aufgaben wahrzunehmen habe", hier tatsächl. von der „obersten Landesbehörde" selbst, durch die vorgedachte Anordnung der A.A., getroffen worden ist. —

Neben dem Min. f. Vwf. kommt in Preußen, aber nicht eigentlich als „oberste Landesbeh." im technischen S., sondern mehr als die Landeszentralinstanz ihres besonderen Ressorts u. nur in sehr beschränktem Umfange, der Min. f. Wissensch., Kunst u. Volksbildg. in Betracht: zufolge der Sondervorschr. des § 24 Z. 2 Ausf.G.s (vgl. ob. zu § 70). Auch den Min. des Inn. in Preußen etwa zu den „weiteren" obersten Landesbeh.n der Jug.wohlf. zu rechnen, wie Fr.-P. zu § 77 a. E. offenbar will, erscheint nicht berechtigt, da für seine zuständige Mitwirkg. auf diesem Gebiete jetzt, insbes. seit der vollen Übertragung der Fürs.-Erz. auf den Min. f. Vwf. (vgl. z. B. § 26 Z. 1 Ausf.G.s: ausdrückl. Anerkennung dieses Min. als der „höheren Instanz" über den Oberpräsidenten hinsichtl. der Aufs. über die F.E.Ausführung), kein Raum mehr ist.

§ 78.

[Für die aus der Durchführung dieses Gesetzes den Trägern der Jugendwohlfahrt (§ 8) erwachsenden Kosten gewährt das Reich den Ländern einen Betrag, der bis zu anderweiter gesetzlicher Regelung, mindestens aber für die nächsten drei Jahre, auf jährlich hundert Millionen Mark festgesetzt wird. Die Grundsätze für seine Verteilung und Verwendung werden von der Reichsregierung mit Zustimmung des Reichsrats aufgestellt.

Die Neuregelung der Zuschüsse erfolgt durch den Reichshaushalt für das Rechnungsjahr 1926 oder besonderes Reichsgesetz.]

durch Art. 3 der Notvdn. aufgehoben.

Ein gewisser Ersatz für die gesetzl. Zusage einer Kontingentierung der Länder durch das Reich, durch deren Wegfall insbes. auch einer künftigen, im RJWG. „für das Rechn.gsjahr 1926 oder besond. Reichsges." vorbehaltenen gesetzl. Regelg. der Boden entzogen worden, ist jetzt im Verwaltungswege, insbes. auch für Preußen geschaffen; allerdings nicht mehr wie nach § 78 für die „Durchführg. des RJWG." schlechthin, sondern zugespitzt auf die Entfaltg. der Amtsvmsch., zumal der gesetzl. A.vdsch. für unehel. K.er u. ferner, aber mehr nur in zweiter Linie, auf den Pfl.k.erschutz: im Geiste der belebenden Einwirk.gen auf erstere Einrichtung, durch welche, vgl. ob. Vorb. zu Abschn. II, die Reichszentralinstanz, der Reichsmin. des Inn. noch unmittelbar vor dem Inkrafttreten des RJWG. dessen tatsächlicher Einführg. die Wege zu ebnen versuchte, hat die gleiche Instanz in einem Erlasse vom 2. Juni 1924 (s. die Anl. zu d. Erlasse des preuß. Vwf.Min. v. 7. Juni 1924, „Volkswohlf." 1924, S. 279) bekannt gegeben, daß sie durch Verhandl.gen mit dem Reichsarbeits- u. dem -finanzminister die Flüssigmachung eines Betrages von 3 Millionen GM. (während der Inflation im J. 1923 sollte auf einen Antrag Preußens der im RJWG. festgesetzte Betrag auf 7 Milliarden erhöht werden) für die „Aufgaben der Jug.wohlf." zur Verfügung der Länder erreicht habe, gleichzeitig aber für die Verteilg. u. Verwendg. gewisse „Richtlinien" aufgestellt.

Nach diesen sollen 1. die Mittel nur an solche Gemeinden oder Gem.-vbde verteilt werden, welche die gesetzl. Amtsvmsch. durchführen u. das Pfl.K.Schutzalter des § 19 RJWG. nicht herabsetzen, 2. vorzugsweise Gemeinden usw. bedacht werden, die beim Inkrafttreten des RJWG. keine Berufsvmsch. eingerichtet hatten, 3. nur „bedürftigen" Gemeinden usw. die Mittel gegeben werden. Die preuß. Landeszentralinstanz hat in ihrem obengedachten Erlasse v. 7. Juni 1924 für Preußen diesen Ausführ.gen des Reichsmin. noch folgendes hinzugefügt: 1. auf Preußen würden etwa 1,6 Millionen GM. entfallen, 2. dieser Reichszuschuß sei nur ein einmaliger, Wiederholung im nächsten Rechnungsjahre (mindestens in gleicher Höhe) nicht zu erwarten, 3. schon eingegangene Anträge auf „Befreiung" von der Einrichtg. der Amtsvmsch. seien zurückzugeben zur Prüfung auf Zurücknahme wegen des Kontingentierungserlasses der Reichsinstanz, 4. um dieser Prüfung willen werde der Endtermin für Einreichg. solcher Befreiungsanträge auf den 1. Aug. 1924 hinausgeschoben, 5. bis 1. Sept. 1924 sei „durch die Hand der Oberpräsidenten" zu berichten, bei welchen Gemeinden usw. die Voraussetz.gen des Kontingentierungserlasses für eine Beihilfe vorlägen, u. in welcher Höhe diese befürwortet werde; die von der Landesinstanz nach den „Richtlinien" v. 15. Mai 1924 (vgl. ob. zu Abschn. IV), als positiv zur Durchführg. der Amtsvmsch. verpflichtet, bezeichneten Gemeinden usw. seien von der Beihilfenbewilligg. ebenso wenig ausgeschlossen wie diejenigen, welche „Befreiungsanträge" nicht eingereicht hätten.

[Zu der Aufhebg. des § 78 selbst vgl. jetzt Polligkeit in Polligkeit-Blumenthal's Ergänzungsband zu Fr.-P. S. 65: Hinweis auf den Zusammenhang mit dem durch die III. St.N.Vdn. vorbereiteten Finanzausgleich zwischen Reich, Ländern u. Gemeinden u. die sachl. Einschränkg. des RJWG. selbst durch die Notvdn.!]

Auszug aus der Satzung für die Wohlfahrtspflege der Stadt Berlin.

(Gemeindeblatt Berlin 1925 Nr. 30.)

§ 1.

Arbeitsgebiet.

A. Allgemeine Wohlfahrt.
B. Jugendwohlfahrt.

§ 2.

Aufgaben der Zentralverwaltung.

I. 1. Einheitliche Gestaltung der Wohlfahrtspflege, insbesondere Aufstellung gemeinsamer Richtlinien;
2. Bearbeitung von Aufgaben, die über den Kreis der einzelnen Verwaltungsbezirke hinausgehen;
3. Entscheidung in Zweifels- und Streitfällen der Verwaltungsbezirke.

II. Als Aufgaben im Sinne von I. 2. gelten:

[A. **In der Allgemeinen Wohlfahrt:**

1. Blindenpflege; Verwaltung der Blindenschule, städtische Fortbildungsschule für Blinde, städtische Blindenbeschäftigungsanstalt;
2. Taubstummenpflege; Verwaltung der städtischen Taubstummenschule;
3. Obdachwesen; Verwaltung des städtischen Obdachs Fröbelstraße;
4. Arbeitshauswesen; Verwaltung des städtischen Arbeitshauses, Wanderarbeitsheims, Arbeitsanstalt für säumige Nährpflichtige;
5. Volksspeisung, soweit die Bezirksämter nicht eigene Einrichtungen für die Volksspeisung besitzen.]

B. in der Jugendwohlfahrt (Jugendpflege und Jugendfürsorge):

1. als Landesjugendamt: die Aufgaben des § 13, Ziffer 1—7 RJWG. Zu den Aufgaben gehört auch die einheitliche Begutachtung der Unterhaltssätze, insbesondere für uneheliche Kinder;
2. als Fürsorgeerziehungsbehörde: Ausführung der vorläufigen und endgültigen Fürsorgeerziehung;
3. als Verwaltungsstelle der öffentlichen Krüppelfürsorge: Bearbeitung der zentralen Angelegenheiten dieser Fürsorge gemäß dem Preuß. Krüppelfürsorgegesetz und den städtischen Richtlinien dazu;
4. als Verwaltungsstelle städtischer Anstalten und Stiftungen: Verwaltung der nachbezeichneten Anstalten der Jugendwohlfahrt:
a) Waisenhäuser Berlin (mit Kinderasyl) und Berlin-Lichtenberg; Kinderheime Heinersdorf, Malchow, Gütergotz;

b) Landwirtschaftliche Erziehungsanstalt Struveshof bei Ludwigsfelde (Krs. Teltow);
Erziehungsheime Lindenhof in Berlin-Lichtenberg,
Haus Kinderschutz in Zehlendorf (Wannseebahn),
Kleinbeeren bei Großbeeren, Krs. Teltow;
Lehrlingsheim Brandenburg a. d. Havel;
c) Heilerziehungsheim Templin (Uckermark) und Jugendheim Lichtenrade;
d) Kindererholungsheime: Scheuen bei Celle, Nest bei Köslin, Zossen.
Verwaltung solcher Stiftungen, deren Verwaltung der Jugendwohlfahrt übertragen ist;

5. als Verwaltungsstelle der öffentlichen Jugendpflege: Verwaltung der zentralen Angelegenheiten der Jugendpflege und Förderung der Jugendbewegung.

§ 3.

Aufgaben der Bezirksämter.

Den Bezirksämtern liegt die Durchführung der Wohlfahrtspflege (einschl. der Krüppelfürsorge) ob, soweit sie nicht nach § 2 Aufgabe der Zentralverwaltung ist. Insbesondere sind Aufgaben der Bezirksämter: die Ausübung der gesamten Einzelfürsorge im Bezirk und die Verwaltung der der Wohlfahrtspflege dienenden öffentlichen Anstalten und Einrichtungen, soweit sie nicht gemäß § 2 der Zentralverwaltung unterstehen.

Die vorstehenden Aufgaben gelten, soweit es sich um Aufgaben des § 1 der Verordnung über die Fürsorgepflicht handelt, als den Bezirken zur Durchführung übertragene Fürsorgeaufgaben gemäß § 15 Absatz 2 Preuß. Ausführungsverordnung zur Verordnung über die Fürsorgepflicht.

Organe der Zentralverwaltung.

§ 4.

Zentrale Wohlfahrtsdeputation. — Landes-Wohlfahrts- und -Jugendamt.

Für die Aufgaben der Zentralverwaltung wird eine Wohlfahrtsdeputation gebildet. Sie besteht aus:

3 Magistratsmitgliedern,
2 auf Vorschlag der Vorsitzenden der Bezirksämter vom Oberbürgermeister zu ernennenden Bezirksamtsmitgliedern,
17 Stadtverordneten,
9 Bürgerdeputierten, von denen 8 Vertreter der auf dem Gebiete der Wohlfahrtspflege tätigen freien Organisationen und 1 Vertreter der Kriegsbeschädigten- und Kriegshinterbliebenen-Organisationen sein sollen.

Der Stadtmedizinalrat gehört, falls er nicht Deputationsmitglied mit beschließender Stimme ist, der Deputation mit beratender Stimme an.

Der Beratung und Beschlußfassung der Deputation unterliegen insbesondere Angelegenheiten, die:

a) das Gesamtgebiet der Wohlfahrtspflege betreffen oder über das Aufgabengebiet des Landesjugendamtes oder eines Ausschusses (Beirats) hinausgehen,
b) der Beschlußfassung beider städtischer Körperschaften bedürfen.

Die Wohlfahrtsdeputation kann nach Bedarf Unterausschüsse bilden.

Die Geschäftsstelle der Wohlfahrtsdeputation ist das Landes-Wohlfahrts- und Jugendamt. Ihm liegt in den von ihm bearbeiteten Angelegenheiten (§ 2) die Vertretung des Landesfürsorgeverbandes und des Bezirksfürsorgeverbandes Berlin nach außen ob.

§ 5.

Verwaltungsausschuß des Landes-Jugendamtes.

Als Landesjugendamt im Sinne des Reichsjugendwohlfahrtsgesetzes und des Preuß. Ausführungsgesetzes dazu wird ein Verwaltungsausschuß gebildet. Ihm gehören mit beschließender Stimme an:

3 Magistratsmitglieder, darunter tunlichst der Vorsitzende der Wohlfahrtsdeputation als Vorsitzender,
7 in der Jugendwohlfahrt erfahrene und bewährte Stadtverordnete,
1 leitender Fachbeamter des Landesjugendamts,
8 in der Jugendwohlfahrt erfahrene und bewährte Männer und Frauen,
1 evangelischer und 1 katholischer Geistlicher und 1 Rabbiner,
1 Lehrer und 1 Lehrerin,

ferner 4 Vertreter der Bezirksjugendämter und 1 Vertreter der Justizbehörden. Hinzu treten mit beratender Stimme, soweit sie nicht bereits Mitglieder mit beschließender Stimme sind, der Stadtschulrat, der Stadtmedizinalrat, der Vorsitzende des Ausschusses für Berufsberatung (Landesberufsamt), der Oberregierungs- und Medizinalrat des Polizeipräsidiums Berlin und 1 Gewerberat.

Die Magistratsmitglieder und der leitende Fachbeamte sowie die in der Jugendwohlfahrt bewährten acht Männer und Frauen werden vom Magistrat bestimmt, und zwar die zuletzt erwähnten auf Grund von Vorschlägen, die von den freien Vereinigungen zu machen sind, welche sich ganz oder vorwiegend mit der Förderung der Jugendwohlfahrt befassen oder der Jugendbewegung dienen. Die Vereinigungen haben mindestens die doppelte Anzahl der auf sie entfallenden Vertreter vorzuschlagen. Die Vorgeschlagenen müssen die Wählbarkeit für Ehrenämter des Selbstverwaltungskörpers besitzen.

Die sieben Stadtverordneten und die beiden Lehrpersonen werden von der Stadtverordnetenversammlung gewählt. Nach Möglichkeit sollen die gleichen Personen in die zentrale Wohlfahrtsdeputation (§ 4) und in den Verwaltungsausschuß des Landesjugendamts entsendet werden. Die geistlichen Mitglieder werden von den zuständigen Stellen der betreffenden Religionsgesellschaften ernannt. Die Vertreter der Bezirksjugendämter werden durch den Oberbürgermeister, der Vertreter der Justizbehörden wird durch den Magistrat berufen, und zwar die ersteren auf Grund eines Vorschlags der Vorsitzenden der Bezirksämter, der letztere auf Grund eines gemeinsamen Vorschlages des Kammergerichtspräsidenten und des Generalstaatsanwalts bei dem Kammergericht. Der Gewerberat wird durch die vorgesetzte Dienstbehörde ausgewählt.

Die Amtsdauer der Mitglieder des Verwaltungsausschusses beträgt 4 Jahre.

Der Verwaltungsausschuß kann nach Bedarf Unterausschüsse bilden.

Organe der Bezirksverwaltungen.

§ 8.

Bezirkswohlfahrtsdeputation. — Bezirks-Wohlfahrts- und -Jugendamt.

Für die Aufgaben der Bezirksverwaltungen soll in jedem Bezirk eine Bezirkswohlfahrtsdeputation unter entsprechender Anwendung der für die zentrale Wohlfahrtsdeputation geltenden Bestimmungen gebildet werden, deren Zusammensetzung durch übereinstimmenden Beschluß der Bezirkskörperschaften geregelt wird. Dabei ist darauf Bedacht zu nehmen, daß der Deputation auch Vertreter der im Bezirk auf dem Gebiete der Wohlfahrtspflege tätigen freien Organisatonen angehören.

Die Geschäftsstelle der Bezirkswohlfahrtsdeputation ist das Bezirks-Wohlfahrts- und -Jugendamt. Ihm liegt in den von ihm bearbeiteten Angelegenheiten (§ 3) die Vertretung des Landesfürsorgeverbandes und des Bezirksfürsorgeverbandes Berlin nach außen ob. Ihm kann eine besondere „Abteilung für Kriegsbeschädigten- und Kriegshinterbliebenenfürsorge" eingegliedert werden.

§ 9.

Verwaltungsausschuß des Bezirksjugendamts.

Dem Verwaltungsausschuß des Bezirksjugendamtes, welcher Jugendamt im Sinne des § 2 Abs. 2 Preuß. Ausführungsgesetz zum RJWG. ist, gehören an:

2 oder 3 Bezirksamtsmitglieder, darunter tunlichst der Vorsitzende der Bezirkswohlfahrtsdeputation als Vorsitzender,
4 oder 7 in der Jugendwohlfahrt erfahrene und bewährte Mitglieder der Bezirksversammlung,
6 oder 8 in der Jugendwohlfahrt erfahrene und bewährte Männer und Frauen,
1 evangelischer und 1 katholischer Geistlicher, soweit Kirchengemeinden dieser Bekenntnisse im Verwaltungsbezirk vorhanden sind,
1 Rabbiner, soweit Synagogengemeinden im Verwaltungsbezirk vorhanden sind und der Rabbiner im Verwaltungsbezirk ansässig ist,
1 Lehrer und
1 Lehrerin,
der leitende Fachbeamte des Bezirksjugendamts.

Ist ein leitender Fachbeamter des Bezirksjugendamtes nicht bestellt, so gehören dem Verwaltungsausschuß an:

3 Bezirksamtsmitglieder, darunter tunlichst der Vorsitzende der Bezirkswohlfahrtsdeputation als Vorsitzender,
4 in der Jugendwohlfahrt erfahrene und bewährte Mitglieder der Bezirksversammlung,
6 in der Jugendwohlfahrt erfahrene und bewährte Männer und Frauen.

Im übrigen bleiben die Zahlen der Mitglieder des Verwaltungsausschusses unverändert.

Fällt ein Geistlicher oder der Rabbiner infolge Fehlens der Voraussetzungen für seine Mitgliedschaft fort, so erhöht sich die Zahl der in der Jugendwohlfahrt erfahrenen und bewährten Mitglieder der Bezirksversammlung entsprechend.

Hinzutreten mit beratender Stimme, soweit sie nicht bereits Mitglieder mit beschließender Stimme sind, das ärztliche Mitglied des Bezirksamts, oder, wenn ein solches nicht vorhanden ist, der Stadtarzt, ferner ein Kreisschulrat, ein Kreismedizinalrat, ein Gewerberat und ein Vormundschaftsrichter. Außerdem können die Stadtjugendpfleger (-pflegerin), ein leitender Fürsorger (Fürsorgerin) und der leitende Stadtvormund (-vormünderin) mit beratender Stimme zugezogen werden.

Diese Bestimmungen des § 5 Abs. 2 und 3 gelten entsprechend mit der Maßgabe, daß anstelle von „Magistrat" „Bezirksamt", anstelle von „Stadtverordnetenversammlung" „Bezirksversammlung" tritt. Die Auswahl des Kreisschulrats, des Kreismedizinalrats, des Gewerberats und des Vormundschaftsrichters erfolgt durch die ihnen vorgesetzte Dienstbehörde.

Die Festsetzung der Einzelzahlen erfolgt für jeden Verwaltungbezirk unter Beobachtung des vom Gesetz festgesetzten Zahlenverhältnisses durch übereinstimmenden Beschluß beider Bezirkskörperschaften.

Die Amtsdauer der Mitglieder des Verwaltungsausschusses beträgt 4 Jahre.

Der Verwaltungsausschuß kann nach Bedarf Unterausschüsse bilden.

§ 10.

Für Mündel, für die das Bezirksjugendamt eine Amtsvormundschaft im Sinne von § 32 RJWG. führt, ist widerruflich die Ausübung der vormundschaftlichen Obliegenheiten Beamten des Bezirksjugendamts zu übertragen. Ausnahmsweise können die Obliegenheiten ehrenamtlich einem Mitgliede des Bezirksjugendamtes übertragen werden.

Die beauftragten Beamten und Mitglieder sind zur gesetzlichen Vertretung der Mündel befugt; sie führen die Bezeichnung Stadtvormund, unterstehen dem Bezirksjugendamt und sind an dessen Weisungen gebunden. Sie weisen sich durch eine Bescheinigung des Bezirksjugendamts aus.

Von der Übertragung der vormundschaftlichen Obliegenheiten und dem Widerruf ist dem Vormundschaftsgericht Mitteilung zu machen.

§ 12.

Wohlfahrts- und Jugendkommissionen.

Für die Durchführung der Wohlfahrtspflege in den einzelnen Fällen, soweit sie unter Mitwirkung ehrenamtlicher Organe erfolgt, werden Wohlfahrts- und Jugendkommissionen gebildet.

Das Nähere über Zusammensetzung und Tätigkeit der Kommissionen regelt eine Geschäftsanweisung.

Anlagen zu § 1 der Satzung.

[A. Allgemeine Wohlfahrt:

a) Fürsorge für Rentenempfänger der Invaliden- und Angestelltenversicherung, soweit sie nicht den Versicherungsträgern obliegt,

b) Fürsorge für Kleinrentner und die ihnen Gleichstehenden,

c) Blinden- und Taubstummenfürsorge,
d) Armenfürsorge,
e) Obdach- und Arbeitshauswesen,
f) Altersheime,
g) Volksspeisung,
h) Rechtsauskunftswesen,

— vgl. Verordnung über die Fürsorgepflicht § 1 Abs. 1 b und c, Abs. 2 —.]

B. Jugendwohlfahrt:

a) Jugendfürsorge: Fürsorge für Säuglinge, Kleinkinder, Schulkinder, Schulentlassene, insbesondere:
 1. Schwangeren- und Wochenfürsorge, Mutterschutz,
 2. Fürsorge für hilfsbedürftige Minderjährige,
 3. Gemeindewaisenrat,
 4. Pflegekinderschutz,
 5. Amtsvormundschaft und Adoptionswesen,
 6. Fürsorgeerziehung,
 7. Jugendgerichtshilfe und Schutzaufsicht,
 8. Fürsorge für geistig und körperlich abnorme Minderjährige, einschl. der Krüppelfürsorge,
 9. Mitwirkung bei der Jugendhilfe der Polizeibehörden (Wohlfahrtsstelle und Frauenhilfsstelle im Polizeipräsidium), bei der Beaufsichtigung der Arbeit von Kindern und jugendlichen Arbeitern und bei der Fürsorge für Kriegerwaisen und für die Kinder von Kriegsbeschädigten,
 10. Beratung in Angelegenheiten der Jugendlichen.

b) Jugendpflege, insbesondere:
 1. Förderung der freien Jugendpflege und Jugendbewegung und ihrer Einrichtungen,
 2. Einrichtung und Verwaltung von Jugendheimen,
 3. Erholungspflege und Kinderspeisung,
 4. Bildungspflege einschl. Bekämpfung der Schund- und Schmutzliteratur, sowie des Unwesens im Kino,
 5. Praktische Amtshilfe auf dem Gebiet der Jugendpflege und Jugendbewegung,
 6. Wandern und Jugendherbergen,
 7. Leibesübungen,
 8. Einrichtung und Verwaltung von Spiel- und Sportstätten und Eisbahnen,

— vgl. Reichsgesetz für Jugendwohlfahrt §§ 3 und 4, Verordnung über die Fürsorgepflicht § 1 Abs. 1 e und f, Preuß. Krüppelfürsorgegesetz §§ 1, 2, 8 —.

Die gesundheitlichen Aufgaben der Gebiete A—D sind der Deputation für das Gesundheitswesen (Hauptgesundheitsamt) bzw. den entsprechenden Bezirksverwaltungen übertragen (§ 10 Abs. 2 RJWG., § 11 Abs. 1 Pr. A.G. dazu, §§ 1—3 der Satzung für das Gesundheitswesen der Stadt Berlin vom 28. November 1923/20. Dezember 1923/30. Januar 1924). Die genannten Behörden müssen im Einvernehmen mit dem Jugendamt vorgehen. (§ 10 Abs. 2 Satz 2 RJWG.)

Nach § 5 der an anderer Stelle dieser Nummer veröffentlichten neuen Satzung für die Wohlfahrtspflege der Stadt Berlin ist als Landesjugendamt im Sinne des RJWG. und des Pr. A.G. dazu ein Verwaltungsausschuß des Landesjugendamts der Stadt Berlin zu bilden. Ihm gehören unter anderen Mitgliedern an: 8 in der Jugendwohlfahrt erfahrene und bewährte Männer und Frauen, die vom Magistrat auf Grund von Vorschlägen bestimmt werden, welche von den in Berlin wirkenden freien Vereinigungen zu machen sind, die sich ganz oder vorwiegend mit der Förderung der Jugendwohlfahrt befassen oder der Jugendbewegung dienen. Dabei haben die Vereinigungen mindestens die doppelte Anzahl der auf sie entfallenden Vertreter vorzuschlagen. Die Vorgeschlagenen müssen die Wählbarkeit für Ehrenämter der Stadt besitzen.

Wir fordern hiermit die freien Vereinigungen auf, ihr Vorschlagsrecht binnen einer Frist von vier Wochen auszuüben. Die Vorschläge sind auf Mitglieder und stellvertretende Mitglieder zu erstrecken und dem Jugendamt der Stadt Berlin, C 2, Poststraße 16, Zimmer 65, einzusenden. (Jug. 1)

Berlin, den 20. Juli 1925.

Magistrat.

Nachtrag

der wichtigsten Neuerscheinungen in Gesetzgebung, Rechtsprechung, Schrifttum und Jugendwohlfahrtspraxis.

A. Gesetzgebung.

I. Allgemeines.

Zu dem R.J.W.G. sind jetzt auch in Sachsen u. in Bayern die Landesausführungsgesetze ergangen: in Sachsen unter dem 20. März 1925 (Sächs.G.Bl. S. 55); vgl. dazu MinRat Dr. Mayer-Dresden, Ztrbl. Jugr. XVII S. 142; in Bayern unter dem 20. Juli 1925 — Ingeltungsetzung des R.J.W.G. mit 1. Januar 1926. Vgl. hierzu Luppe, Ob.Bürgm. Nürnberg u. Noppel-München Ztrbl. Jugr. XVII S 135 ff. u. S. 138 ff.

II. Besonderes.

a) Zu § 33 Abs. 2 (bzw. § 43 Abs. 2): unter dem 16. Juli 1925 sind die R.Ges.e betr. 1. Aufwertung von Hypotheken, 2. Ablösung öffentlicher Anleihen verkündet worden, R.G.Bl. I S. 117 u. S. 337, insbes. ersteres für Mdelvermög. von Bedeutung durch Bestimmung des „berichtigten Wehrbeitragswertes" als Norm für Mündelsicherheit von Hypotheken, § 7 Abs. 2 S. hierzu Lamm, Ztrbl. Jugr. XVII S. 130 ff. u. ferner zumal für Preußen die A.V. des Just.Min. vom 8. August 1925 (J.M.Bl. S. 275): Anweisg. an Vmschrichter, mit bes. Sorgfalt zu prüfen, ob seitens der gesetzl. Vertr. die Termine u. Fristen hinsichtl. des Vermögens der K.er u. Mündel gewahrt werden, Hinweis auf die Bedeutg. des 1. April 1926! Ferner R.Ges. vom 17. Aug 1925 (R.G.Bl. S. 312) über die Anlegung von Mündelgeld.

b) Zu § 3 Z. 7: das Reichsversorgungsgesetz (vom 17. Mai 1920) hat seit 31. Juli 1925 eine Neufassg. erhalten, desgl.

c) Zu § 25 Abs. 2: das Angest.Vers.Ges. in § 58 Abs. 1 u. die R.V.O. in § 1291 Abs. 1 durch Ges. vom 28. Juli 1925 R.G.Bl. I 157, I 159); Gewährg. von Kinderzuschlägen auch an unehel. Mütter.

d) Zu § 4 Z. 1: durch Art. 7 der neuen Ausf.Vorschriften z. Vdn. üb. Erwerbslosenfürs. v. 2. Mai 1925 u. Neufassg. der Bestimmungen üb. öff. Notstandsarbeiten ist seit 1. Mai 1925 insbes. auch die Fürs. f. jugendl. Erwerbslose neu geregelt; vgl. Ztrbl. XVII S. 82—84.

In Vorbereitung befinden sich gegenwärtig

e) Zu § 2 Abs. 1 das Reichsschulgesetz (zur Ausführg. von Art. 146, insbes. Abs. 2 R.Verf. u. als Ges. über die Erteilg. von Relig.-unterricht in den Volksschulen); vgl. über den Entw. des Reichsmin. des Innern, bis heute allerdings noch nicht veröffentlicht, u. a. D.A.Z. v. 5. Sept. 1925, Nr. 419; ferner ebd. Dr. Roeseler, Nr. 480 v. 11. Okt. 1925;

f) zu § 4 33. 5 u. 6 ein R.Gef. über den Schutz der Jug. bei Lustbarkeiten (J.Sch.G.), vom Reichsrat am 28. Mai 1925 genehmigt; vgl. den Abdruck des Entw. u. dessen Erläutergen von Reg.Rat Becker, Ztrbl. Jugr. XVII S. 53—56, sowie ein R.Ges. zur Bekämpfung der Schund- u. Schmutzliteratur gem. Art. 118 Abs. 2 R.Verf. (s. ob. S. 133), z. Z. dem Reichsrat unterbreitet;

g) zu § 4 Z. 2 der Entw. eines Ges.s über die Wochenhilfe; vgl. zumal über die Bekämpfg. des ursprüngl. Entw.s des Reichsarbeitsmin.s, jetzt daraufhin abgeändert, Ztrbl. Jugr. XVII S. 68, 69.

III. Noch unabgeschlossene Bestrebungen richten sich

a) auf gänzl. Aufhebg. der Notvdn. v. 14. Februar 1924, also uneingeschränkte Wiederherstellg. des § 9 R.J.W.G.s Vgl. Ztrbl. Jugr. XVII S. 59 (die dort angekündigte Verhandlg. des bezügl. Antr.s — welcher im Hauptausschusse angenommen worden sei — im R.T.Plenum bisher nicht erfolgt) u. bes. den Ber. üb. die Mitgl.Vers. der D. Freien Jug.wohlf.zentrale, Ztrbl. Jugr. XVII S. 88;

b) nach den Meldgen der Tageszeitgen über den Einspruch der Länder Preußen u. Bayern: auf Aufhebg. bzw. Einschränkg. der Fürs.Pfl.Vdn.

IV. Internationales Recht. Das deutsch-polnische Vmsch.-Abkommen v. 5. März 1924 (RGBl. II 1925 S. 145), gemäß Deutsch. Ges. v. 19. März 1925 (R.G.Bl. II 1925 S. 139) am 12. April 1925 in Kraft getreten, gleichzeitig mit dem deutsch-poln. Rechtsverkehrsvertrag v. 5. März 1924. S. den Abdruck beider Ztrbl. Jugr. XVII S. 96.

B. Rechtsprechung

I. des Kammergerichts zum R.J.W.G.

1. Zu § 39 Abs. 2 (ob. S. 279, 280) Entsch. Kamm.ger.s Z. S. 1a v. 1. Mai 1925 (Jur. Rdsch. 1925 S. 721 ff.): das nach § 39 Abs. 2 angerufene Vmschger. kann dem ablehnenden J.A. die Übernahme der Amtsvmsch. aufgeben, auch in Ansehg. vor dem 1. April 1924 geborener K.er u. unabhängig davon, ob das übernehmende J.A. vor dem 1. April 1924 Berufs- oder Sammelvmsch. hatte, also unter §§ 27, 29 Pr.A.G.s fällt. Ausreichend, wenn letzteres bei dem abgebenden J.A. zutrifft.

2. Zu § 63 Abs. 2 (ob. S. 374) bzw. § 67 (ob. S. 402) Entsch. des Kamm.ger.s Z.S. 1b v. 22. Mai 1925 (Jur.Rdsch. 1925 S. 811 ff.): Zulässigkeit der vorl. F.E. nicht bedingt durch Erfüllg. der gesetzl. Erfordernisse der endgültigen F.E. — Keine vorherige Anhörg. der F.E.Beh. bei Beschl. auf (nur) vorläufige F.E. (Hierfür eine Vorentsch. v. 17. Okt. 1924, Jur. Rdsch. 1925 Nr. 89 angezogen.) Auch keine Feststellg. der „Erfolgsaussicht" im S. von § 63 Abs. 2 erforderlich.

3. Zu §§ 68, 67 bzw. 70 Abss. 1 u. 2 (S. 404, 405 bzw. 418) Entsch. des Kamm.ger.s Z.S. 1a v. 22. Mai 9125 (Jur. Rdsch. 1925 S. 813): Abgabe der „einstweilen bearbeiteten schleunigen" F.E.Sache gem. § 68 Abs. 1 S. 2 macht das Gericht, an welches sie erfolgt,

zu dem nunmehr ausschließlich mit der Sache befaßten; das alte Gericht durch die Erklärg. der Übernahme vollständig ausgeschaltet, das Übernahmegericht an seine Stelle getreten. Demgemäß auch beschwerdeberechtigt die F.E.Beh. des neuen Gerichts, weil jedenfalls mit den Kosten auch der nur vorl. F.E. u. insbes. der „einstweilen" gem. § 68 Abs. 1 S. 1 angeordneten belastet.

4. Zu § 65 Abs. 4, § 67 (S. 389 u. 401) Entsch. des Kammerger. Z.S. 1 a v. 12. Juni 1925 (Jur. Rdsch. 1925 S. 810): Die Anordng. der ärztl. Spezialuntersuchg. oder der Sonderunterbringung u. Sonderbeobachtung in Anstalten usw. ist immer nur Teil des auf endgültige F.E. gerichteten Verf.s, als solcher aber auch mit vorl. F.E. vereinbar, also neben dieser gleichzeitig zulässig.

5. Zu § 43 Abs. 1 (S. 294) Entsch. K.G.Z.S. 1 a v. 8. Mai 1925 (Ztrbl. Jugr. XVII S. 153): Gegen die vmsch.gerichtl. Entziehg. des Pers.sorger.s nach § 1666 B.G.B.s genügt nicht die Feststellg., ob hinsichtl. vereinzelter Mißbräuche des Sorger.s Besserg. eingetreten; unbedingt erforderlich die eingehende Prüfg. unt. Berücksichtigg. zumal der jugendl. Individualität, ob das Elternhaus die erzieherisch geeignete Umgebg.

II. Anderer höchster Gerichte.

1. des Reichsgerichts zu §§ 63, 65 Abs. 6, 67 (ob. S. 394) Beschl. vom 19. März 1925, Ziv.S. Bd. 110 S. 312 ff. Auch die sofort. weitere Beschw. geg. einen Beschl. auf (vorl.) F.E. unterliegt der Formvorschrift des § 29 F.G.G.s, muß also entw. zu Prot. des Gerichtsschreibers oder durch einen Rechtsanwalt eingelegt werden; nicht geeignet Einlegg. zu richterl., zumal amtsgerichtl. Prot. — Ablehng. des entgegenstehenden Beschl.s des Bayerisch. Oberst. L.G. v. 4. Juni 1923.

2. des Bayerischen Oberst. L.G. v. 16. Mai 1925 (Jur. Rdsch. 1925 S. 806) zu § 65 Abs. 6 (ob. S. 394): Gegen die Versäumg. der Frist für die sof. Beschw. Wiedereinsetzg. in den vor. Stand gegeben u. zw. bei nur unverschuldeter Fristversäumnis, nicht gebunden an „Naturereignisse oder andere unabwendbare Zufälle".

3. des Sächs. O.L.G. Dresden v. 11. Nov. 1924 zu § 5 (ob. S. 136): Versagg. der Beiordng. eines R.A.s bzw. Vertr.s nach § 116 Z.P.O. gegenüber dem ein Mdel im Armenrecht vertretenden auswärtigen JA. (Frankfurt a. M.) mit Anheimgeben, das J.A. des Prozeßorts (Dresden) mit der Proz.führg. zu beauftragen, Entsch. des A.G.s von beiden höheren Instanzen bestätigt, Ztrbl. Jugr. XVII S. 26/27.

C. Schrifttum.

1. Allgemeines.

a) Von dem Komm. von Goeze neuerdings die 2. Aufl. erschienen (Verlag v. F. Vahlen);

b) der Verlag von Carl Heymann, Berlin, hat zum R.J.W.G., ebenso wie zur Fürs.Pfl.Vdn. u. zum R.Vers.Ges. Formularvordrucke[1]) herausgegeben. Die auf das erstere Gesetz bezügl. betreffen die Amtsvmsch., das Pfl.k.wesen, die Durchführg. der Gem.W.R.Aufgaben durch J.A., sowie diejenige der Sch.A., der J.E. u. der J.Ger.hilfe;

c) der Caritasverlag zu Freiburg i. Br. hat „Lehrtafeln" ebenfalls sowohl zur Fürs.Pfl.Vdn., wie zum R.J.W.G. herausgegeben: die erstere Serie umfaßt Karten betr. den Begriffsinhalt des J.A., den Aufbau des J.A., den Aufbau des J.A. zumal in Preußen, die Aufgaben des J.A., die prakt. Durchführg. der Jug.wohlf.Aufgaben, die Aufgaben der Vmsch. u. die Sch.A.;

d) das deutsche Archiv f. Berufsvmder versendet seit Febr. ds. Js. an seine Mitgl. „Rundbriefe" in zwanglosen Nummern, welche vornehmlich die Tätigkeit des Archivs selbst, aber auch Schrifttum, Rechtsprechg., Gesetzgebg. u. Betätigg. der prakt. Arbeit in Beziehg. auf das R.J.W.G. ersichtlich machen.

2. Besonderheiten.

a) Zur Frage der Haftg. der vmsch. Organe des J.A. (ob. S. 232) vgl. Delius im Pr. Verw.Bl. v. 11. Okt. 1924, „die Haftpflicht der J.A., der Amtsvmder u. der Anst.- bzw. Kreisvmsch.n".

b) Zu § 8 (S. 144) die verwaltungsrechtl. Stellg. des J.A. nach den deutsch. Gem.-Verfassgen Amman, Ztrbl. Jugr. XVII S. 56.

c) Zur Frage der „Schwererziehbarkeit" § 73 (ob. S. 440) Behnke, Ztrbl. Jugr. XVII S. 125 ff.

D. Jugendwohlfahrtspraxis.

1. Vom 24.—28. Aug. 1925 hat in Genf der 1. allg. Kinderwohlfahrtskongreß stattgefunden mit nach 3 Sektionen gesonderten Beratgen in den 3 lebenden Hauptsprachen (vgl. die Vorankündigg. Ztrbl. Jugr. XVII S. 73—74). Ein deutsch. Sonderbericht wird von dem an der deutsch. Delegation beteiligten Pastor Beutel-Berlin demnächst im Ztrbl. oder als Beilage zu diesem erscheinen, der offizielle Bericht durch das Sekretariat des Kongresses Genf, rue Massot 4, erhältlich.
2. Die 3. internationale Pädag. Konferenz des internat. Arbeitskreises für Erneuerg. der Erziehg. war nach Heidelberg für die Zeit v. 2.—15. Aug. 1925 einberufen (Ztrbl. Jugr. XVII S. 96). Berichterstattg. steht noch aus.
3. Eine Statistik der Amts- od. Berufsvmsch.en mit dem Stichtag v. 31. März 1925, umfassend sämtliche Mündel im Deutsch. Reiche, ist von Prof. Klumker-Frankfurt a. M. durch die unter C d genannten „Rundbriefe" mittels einer bes. Fragekarte in die Wege geleitet.

---

[1]) Die Gr.Berliner Formulare befinden sich z. Z. infolge Verabschiedg. der Satzg. (vgl. S. 455—461) in Umarbeitg. u. konnten deshalb nicht, wie beabsichtigt, abgedruckt werden.

Druckfehlerberichtigungen u. Ergänzungen.

S. 128 Z. 2 v. unt.: **Min.**Erlaß statt MärzErl.
S. 148 Z. 15 v. ob.: BezirksJ.A. statt Jug.Bezirksämtern.
S. 148 Z. 17 v. unt.: Ausbildungs**halb**stellen statt -hauptstellen.
S. 153 Z. 10 v. ob.: Kirchengemeinden statt Kirchen.
„ „ Z. 12 v. ob.: Synagogengemeinden statt Synagogen.
S. 182 (Text des § 19): **Bewahrung** statt Verwahrung.
S. 202 Z. 23 v. unt.: Zulässigkeit statt Zuverlässigkeit.
S. 260 Z. 6 v. ob.: nunmehrige statt uneheliche.
S. 294 Z. 15 v. unt.: Ehegatten statt ehel. Gatten.
S. 374 Z. 24 v. ob.: fordert statt fördert.
S. 390 letzte Zeile v. unt.: ergänze: normaler vor: „Altershöchstgrenze".
Ferner zu ergänzen:
S. 220 über § 30 die Unt.Abschn.überschrift: „5. Strafbestimmungen."
S. 284 in der Unt.Abschn.überschrift: „Zum Vormundschaftsgericht und zur Einzelvormundschaft."
S. 304 über § 46 die Unt.Abschn.überschrift: „3. Mitvormundschaft, Gegenvormundschaft, Pflegschaft u. Beistandschaft des Jugendamts."
S. 306 über § 47 die Unt.Abschn.überschrift: „4. Anstalts- und Vereinsvormundschaft."

Sachregister.

Die Paragraphenzahlen ohne Zusatz betreffen das RJWG., die mit „A. G." bezeichneten das Preuß. AusführGes. zu diesem vom 29. März 1924, die eingeklammerten Zahlen die Seiten des Kommentars. Durch „zu" ist erkennbar gemacht, daß das Stichwort im RJWG. selbst (überhaupt oder an der betr. Stelle) nicht vorkommt, durch Fettdruck (der Seitenzahlen), daß die Ausführung diesem Gegenstande besonders gilt. — Auf Angabe solchen Stellen sind die Zitate bei Sammelbegriffen, wie J. A., F. E. und dgl. m. beschränkt.

A.

B.

H.

[1]) **Bei der großen Zahl von einschlägigen §§ des Ausf.-Ges. mußte hier von Zitaten des letzteren abgesehen werden.**

L.

N.

O.

T.

Z.

FSC
www.fsc.org
MIX
Papier | Fördert gute Waldnutzung
FSC® C083411

Kolibri 360 GmbH
Ferdinand-Jühlke-Straße 7
99095 Erfurt, Deutschland
produktsicherheit@kolibri360.de